향토전설집

Series of Korean Literature at China

이 전집은 대산문화재단의 2005년 해외한국문학연구 지원을 받았습니다.

연세국학총서 73
중국조선민족문학대계 19

향토전설집

연변대학교 조선문학연구소
허경진·허휘훈·채미화 주편

보고사

◉ 허경진
연세대 국문학과 및 동 대학원 졸업. 문학박사. 목원대 국어교육과 교수를 거쳐 현재 연세대 국문학과 교수로 있다. 2005년 중국 연변대 겸직교수를 지냈으며, 저서로『한국의 한시』40권,『허균평전』,『조선위항문학사』,『평민열전』,『사대부 소대헌 호연재부부의 한평생』등이 있다.

◉ 허휘훈
연변대 조문학부 및 동 대학원 졸업. 문학박사. 현재 연변대 조문학과 교수로 있다. 연변대 조선문학연구소 소장, 연변조선족민속학회 회장, 중국민간문예가협회 회원이다. 저서로『조선민간문화연구』,『조선문학사』(공저),『조선한국당대문학사』(공저),『중조한일민담비교연구』(주필) 등이 있다.

◉ 채미화
연변대 조문학부 및 동 대학원 졸업. 문학박사. 현재 연변대 조선-한국학학원 원장이며, 연변대 여성연구중심 주임, 연변조선족자치주지식여성연합회 회장으로 있다. 저서로『고려문학미의식연구』(1995년 박이정),『조선고전문학사』(1998년 3월 연변대학출판사),『조선-한국당대문학사』(2004년 곤륜출판사) 등이 있다.

연세국학총서73
중국조선민족문학대계 19

향토전설집

초판 1쇄 발행_ 2006년 4월 28일

주편자_ 허경진·허휘훈·채미화
      연변대학교 조선문학연구소
발행인_ 김흥국
발행처_ 도서출판 보고사
등 록_ 1990년 12월(제6-0429)
주 소_ 서울시 성북구 보문동 7가 11번지 2층
전 화_ 922-5120/1(편집) 922-2246(영업)
팩 스_ 922-6990
메 일_ kanapub3@chol.com
홈페이지_ www.bogosabooks.co.kr
ISBN _ 89-8433-401-4(세트)
       89-8433-420-0(94810)
정 가_ 32,000원

*잘못된 책은 바꾸어 드립니다.
*저자와의 협의에 의하여 인지는 생략합니다.

간행사

　우리 조상들이 중국땅에 이주해온 이후, 오랜 역사를 통해 탁월한 저력으로 독자적인 문화를 창출해냈고 또한 많은 문화유산을 물려주기에 이르렀다. 그 가운데 우리 조상들의 알찬 삶의 지혜와 다양한 경험들이 축적되어 있다. 바로 이 때문에 문화유산중 큰 비중을 차지하는 구비문학과 기록문학이 소중하며, 다시 읽어야할 보전(宝典)으로 남게 되었다.
　과경(跨境)민족으로서의 중국 조선민족은 19세기 후반이래로 수차의 문화적 격변의 시대를 살아왔다. 이른바 개화기의 격류 속에서는 전통문화와 서구문화사이의 갈등, 한문학과 국문문학간의 교체를 경험했고, 식민지시대에는 국문문학의 문체혁신과 일제에 의해 책동된 전통문화의 쇄멸말살이라는 시련을 겪기에 이르렀다. 이런 변화와 역경속에서도 중국땅에 망명하였거나 이 땅에서 류이민 혹은 정착민으로 생활해온 우리 겨레의 지조있는 애국문인들은 결코 붓을 던지지 않았다. 류린석, 김택영, 신규식, 신채호, 안중근, 리상룡, 김정규, 김소래, 최서해, 렴상섭, 주요섭, 최상덕, 강경애, 현경준, 김창걸, 안수길, 박영준, 황건, 김조규, 윤동주, 박팔양, 리륙사, 함형수, 리학성, 천청송, 김학철, 윤해영, 채택룡, 설인 등 헤아릴 수 없이 많은 문학도와 시인, 작가들이 바로 필설로 그 시대를 증언해온 대표적인 지성인들이다.
　그들 중에는 고국을 떠나 갈바람에 흩날리는 낙엽처럼 정처없이 떠돌다 두만강, 압록강을 건너와 허허넓은 만주벌판, 낯선 이국땅 서러운 추녀 밑에서 간도아리랑을 부른 망향시인이 있었고 하늬바람 불어치는 산해관을 넘어 북경, 서안, 상해, 무한 등 천년고도에 떠돌이로 남아 언론매체를 빌어 ≪천고≫를 울리고 ≪진단≫을 노래하고 청구의 ≪광명≫을 만방에 호소한 청년전위가 있었는가 하면 백산, 흑수, 송료, 제로, 태항, 중원의 고전장에서

융마일생을 수놓아 가며 목숨을 바친 무명용사도 있었다. 려순, 나가사끼, 후꾸오까의 감옥에서 단지혈맹의 뜻을 굽히지 않고 다리를 절단해가면서도 끝까지 혁명의 지조를 지켜왔거나 끝내 ≪한점 부끄럼없이≫ 꽃처럼 피여나는 피를 민족의 제단 앞에 바친 암흑기의 푸른 별들도 있다. 그들은 문자에 앞서 몸으로 지탱해온 삶 그 자체가 더 고결하고 값진 것으로 여겨왔던 것이다. 그들의 피와 땀으로 가꾸어온 문화의 숲은 헌걸찬 우리 민족의 에너지를 부단히 충전시켜 주는 불멸의 혈맥, 끈질긴 생명력의 고동으로 무성하게 자라고 있으며 영광과 비애의 굴곡, 흥망과 성쇠의 기복이 교차되는 수많은 역사 주체의 명멸을 간직한채 군건하고 강인한 기백으로 오늘날까지 민족의 정기를 면면히 이어주고 있다.

그들이 남긴 풍부한 문학유산은 그동안 중외(中外)학자들에 의하여 적지 않게 발굴 연구되었으나, 지금까지의 연구는 단편적인 자료에 근거를 둔 것으로서 그 진면목을 체계적으로 파악하기에는 역부족이라고 할 수 있다. 이런 의미에서 중국 조선족과 광복전 재중 한인, 조선인들의 문학자료를 체계적으로 발굴, 정리, 출판하는 것은 정체(整体)적인 민족문학연구에서 대단히 중요한 작업이 아닐 수 없다. 그들이 남긴 문학자료는 지금도 중국각지와 해외의 여러 도서관, 박물관, 문서보관소에 신문, 잡지, 일기, 필사본, 프린트본, 활자본 등 형식으로 흩어져있다. 이런 현실을 감안하여 본 대계는 선배들이 중국땅에 남긴 문학자료들을 집대성하여 후세인들로 하여금 문화민족으로서의 자긍심을 갖게 하고 애국애족의 정신을 계승 발양하며 문학, 언어, 역사, 민속, 언론, 사회 등 여러 분야를 망라한 학계인사들에게 21세기 중국 조선민족문화의 새로운 비약을 위한 계통적인 연구자료를 제공하는데 그 목적과 의의가 있다.

중국조선민족문학의 진수를 정리, 간행하기 위한 계획이나 준비작업은 연변대학 조선언어문학연구소(현재의 조선문학연구소)의 창립과 더불어 20세기 80년대부터 본격적으로 시작되었다. 권철교수를 비롯한 연변대학 조선언어문학연구소의 조선문학관계 선배학자들은 1950년대부터 벌써 재중 조선인 문학자료수집에 착수하였고 1990년에는 권철, 조성일, 최삼룡, 김동훈 등 네 연구원의 공동집필로 된 ≪중국조선족문학사≫를 공개출판하기에 이르렀다. 1992년 연변대학 조선언어문학연구소(현재의 조선문학연구소)는 한국 숭실대학교 인문대학과의 공동연구과제로서 소재영, 권철, 김동훈, 조규익 교수를 중심으로 집필한 ≪연변지역조선족문학연구≫를 펴냈다. 같은 시기에 김영덕, 최문식교수를 비롯한 연변대학 고적연구소에서는 ≪류린석전집≫, ≪김택영전집≫, ≪윤동주유고집≫, ≪한양가≫, ≪연변조사실록≫ 등 중국지역에서 발굴, 정리한 17권의 민족고전을 출판하였다.

이와 동시에 문학현장의 사실을 증언하기 위해 두 연구소 산하의 수십명의 연구원들은 연변의 각 현시와 북경의 백림사, 상해의 서가회, 남경의 용반리, 심양시 서류보관소 그리고 할빈, 대련, 서안, 남통 등지의 도서관, 박물관 등 중국 국내 수백처의 자료관을 누비면서 우리 민족의 해방전 문학자료들이 흩어져 실려 있는 ≪천고≫, ≪진단≫, ≪천고≫, ≪진단≫, ≪독립신문≫, ≪민성보≫, ≪북향≫, ≪만선일보≫, ≪카톨릭소년≫, ≪광복≫, ≪신한청년≫, ≪조선의용대통신≫, ≪한민≫, ≪연변문화≫ 등 신문과 잡지, 그리고 지난 세기초부터 이 땅에서 유전되였던 ≪백두산민담≫, ≪장백산강강지략≫, ≪초등소학수신≫용 우화집과 ≪싹트는 대지≫, ≪재만조선인시집≫, ≪혈해지창≫ 등 최초의 소설집, 시집 및 극본들을 속속 발굴하였으며 무려 1,500만자에 달하는 작가문학자료와 800여수의 민요, 2,000여편의 전설과 민담을 수집하였다. 그들은 하늘을 비상하는 나비가 아니라 발로 땅을 기여다니는 지네와 같이 지나간 역사와 문화현장에 파고들어 문학현상 자체를 자기의 피부로 촉감하고 확인함으로써 오늘의 이 방대한 민족문학대계의 탄생을 준비하였던 것이다.

본 대계의 출간과 관련하여 우리는 다음과 같은 몇 가지 원칙에서 이 사업을 추진키로 하였다.

첫째, 본 대계에는 중국 조선족 작가와 재중 한국인, 조선인 작가들이 건국(1949년) 이전에 창작한 시, 소설, 일반 산문, 극작품 등 일체의 문예작품들을 수록한다.

둘째, 우리 문학의 세 가지 큰 갈래인 조선문문학, 한문문학, 구비문학을 통해 역사적으로 이룩한 모든 양식을 함께 수록한다. 먼저 건국 전에 창작된 작품을 30권에 나누어 1차적으로 간행하고 이를 더욱 확대하여 진정한 의미의 문학대계가 되게 한다.

　셋째, 구비문학작품은 건국 전에 수집된 것과 건국 후에 수집된 것을 망라하며, 그 내용이 해방 전에 이미 구전으로 전승되었음을 감안하여 이를 모두 1차 간행분에 포함시킨다.

　넷째, 언어상으로나 역사적으로 가치가 있는 일부 원전은 원전과 현대역을 동시에 수록한다. 현대역을 통하여 한문과 원전의 감상을 가능하게 하고 정확한 원전의 제시로 그 연구의 자료가 되게 한다. 단 일부 한시와 고문은 번역사업이 미처 미치지 못해 원문만 그대로 싣기로 한다.

　다섯째, 건국 전의 작가문헌은 그 문체들이 발생한 시대적 선후를 염두에 두면서 한시, 현대시, 소설, 산문, 희곡 순으로 배열하고 구비문학은 민요, 전설, 민담 순으로 배열한다. 건국 이후의 작품은 대부분 쉽게 찾아볼 수 있는 것들이어서 2차적으로 그 출간을 계획해보려 한다.

　1차 간행에 교부된 작품집 목록은 아래와 같다.

　　　제1-3권 한시집
　　　제4-6권 시집(조선문)
　　　제7-13권 소설집
　　　제14-5권 산문집
　　　제16권 희곡집
　　　제17권 민요집
　　　제18권 문헌설화
　　　제19-20권 전설집
　　　제21-27권 민담집
　　　제28-29권 중국에 번역 소개된 문학작품
　　　제30권 별책(색인)

　끝으로 본 대계가 편집 출판되는 동안 관심있는 모든 분들의 협력과 질정을 바라며 어려운 가운데도 이 사업에 동참해주신 편찬위원, 책임편자, 역주자 여러분과 연변대학 고적연구소 임원들에게 감사드린다.

　그리고 본 사업의 취지를 이해하고 편집비를 지원해주신 한국 대산문화재단, 학교 특성화사업으로 선정하여 간행비를 지원해주신 한국 연세대학교의 후의에 감사드리며, 아울러 편집과 교정에서 제작에 이르기까지 노고를 아끼지 아니한 보고사 여러분께도 고마움을 표한다.

2005년 12월 26일
중국 연변대학교 조선문학연구소 전 소장 김동훈
중국 연변대학교 조선문학연구소 소장 허휘훈
한국 연세대학교 국학연구원 허경진

편집위원 명단

명예주필: 권 철
주　　필: 김동훈, 허휘훈
감　　수: 권 철, 전성호

편찬위원: 중국　권 철(연변대 조선문학연구소 고문, 교수)
　　　　　　　김경훈(연변대 조선-한국학학원 부교수, 문학박사)
　　　　　　　김동훈(원 연변대 조선문학연구소 소장, 교수)
　　　　　　　김병민(연변대 총장, 교수, 문학박사)
　　　　　　　김영덕(원 연변대 고적연구소 소장, 교수)
　　　　　　　김호웅(연변대 조선-한국학연구중심 주임, 교수, 문학박사)
　　　　　　　리광일(연변대 조선-한국학학원 교수, 문학박사)
　　　　　　　전성호(원 연변문학예술연구소 소장, 연구원)
　　　　　　　채미화(연변대 조선-한국학 학원 원장, 교수, 문학박사)
　　　　　　　최문식(연변대 민족연구원 원장, 교수)
　　　　　　　최삼룡(연변문학예술연구소 연구원)
　　　　　　　허휘훈(연변대 조선문학연구소 소장, 교수, 문학박사)

　　　　　　일본　오오무라 마스오(일본 와세다대 교수)

　　　　　　한국　고운기(연세대 국학연구원 연구교수, 문학박사)
　　　　　　　김영민(연세대 국문과 교수, 문학박사)
　　　　　　　김 철(연세대 국문과 교수, 문학박사)
　　　　　　　유중하(연세대 중문과 교수, 문학박사)
　　　　　　　이경훈(연세대 국문과 교수, 문학박사)
　　　　　　　전인초(연세대 중문과 교수, 문학박사)
　　　　　　　최유찬(연세대 국문과 교수, 문학박사)
　　　　　　　표언복(목원대 국어교육과 교수, 문학박사)
　　　　　　　허경진(연세대 국문과 교수, 문학박사)

책임편찬 : 전성호
편 찬 자 : 전성호

◉ 일러두기

이 ≪대계≫는 다음과 같은 요령으로 엮었다.
1. 중국 조선족의 기록, 구비문학작품을 비롯하여 재중한인(韓人), 조선인이 중국지역에서 창작한 작품들을 함께 수록하였다.
2. 20세기 전반기에 창작발표된 문학작품을 일차적 선제대상으로 확정하였다.
3. ≪대계≫ 각권의 출판은 한시, 현대시, 소설, 산문, 희곡, 민요, 전설, 민담 순으로 배렬하였다.
4. 한시와 기타 한문(漢文)으로 씌여진 원전은 매편마다 원문을 앞에 싣고 역문을 뒤에 함께 수록하여 상호 참조하기에 편리하도록 하였다.
5. 원전에 나오는 일부 지명, 인명, 전고, 방언과 알기 어려운 글자, 루락, 오기 등에 대해 필요한 주를 달았다. 주석표기는 원문(혹은 역문)에 번호를 붙이고 해당면 하단에 각주(脚注)함을 원칙으로 하였다.
6. 고한문 원전은 번체자로 표기하고 리해가 어려운 한자어의 경우에는 팔호안에 한자를 넣어 병기하였다.
7. 작품에서의 맞춤법, 띄여쓰기, 외래어 표기는 중국에서의 현행 조선말 규범원칙을 따르되 어학적, 민속적 가치가 높은 해방전 원전은 원문 그대로 수록하였다.
8. 이 ≪대계≫에서 사용한 주요 부호는 다음과 같다.
    1) ( ) : 음이 같은 한자를 병기함.
    2) [ ] : 음은 다르나 뜻이 같을 때나 혹은 풀이한 한문을 병기함.
    3) ≪ ≫ : 책명, 작품명, 대화나 인용을 나타냄.
    4) 〈 ? 〉 : 불확실한 경우를 나타냄.
    5) □ : 원전 또는 원문에서 루락된 문자를 나타냄.
    6) 주석은 ①②로 표시하여 해당면 하단에 표기함.

차례

간행사 … 5
일러두기 … 11
해제: 중국조선족 향토전설에 대한 리해·전성호 … 19

제1부 간도전설

● 룡정시 편

해란강(1) … 39   해란강(2) … 42
말발굽산 … 44   모아산 … 50
형제바위 … 54   각시바위 … 57
구룡바위 … 62   뽕나무와 가래나무 … 65
매 미 … 69   놋쟁이굽 … 72
좁쌀꽃 … 74   천보산의 보화 … 79
매바위 … 81   장수발자국 … 83
적암동 … 85   금망아지 … 87
낭자바위 … 89   거북산(1) … 91
거북산(2) … 93   장수동 … 95
독교봉과 미인산 … 97   노루바위 … 98
장사늪 … 101   부채바위와 꽃사슴 … 108

◉ 안도현 편

백운봉 … 111	옥설봉 … 115
관일봉과 수달처녀 … 119	와호봉 … 123
록명봉의 석굴 … 128	부리봉 … 131
신선봉 … 134	장기봉 … 137
금강봉 … 139	산삼동 … 144
백두천지의 세 산봉 … 149	천지를 기운 돌바늘 … 152
룡을 동인 돌기둥 … 155	백두공 … 159
천 지 … 164	천지수 … 170
세 자매강 … 173	백두산 견우교 … 179
천 하 … 182	장백약수 … 184
백두산 약수천 … 186	옥장천 … 189
금선천 … 193	숭덕사 … 196
불로초 … 199	백두산 만병초와 봇나무 … 205
장백산 들쭉 … 210	칠선녀와 마디풀 … 213
령 지 … 216	죽죽새 … 221
귀죽새 … 223	쇄자새 … 225
최총각보고졸새 … 227	팽이봉 … 229
메밀봉 … 231	청량샘 … 235
룡두바위와 호두바위 … 240	오봉산 … 242
목두바위 … 244	아기봉 … 246

◉ 훈춘·화룡·왕청·돈화 편

적 지 … 248	적지늪과 회룡봉 … 250
귀인봉산 … 255	권 하(圈河) … 257
련꽃늪 … 259	정자봉의 유래 … 261
부엉이산과 쥐봉 … 262	홍진장사굴의 유래 … 268
기우제바위 … 270	평풍산의 샘물 … 272
쿨룽산 … 275	호랑산 … 277
베개산과 사랑늪 … 281	

◉ 흑룡강성 편
  경박호(1) … 284
  경박호와 모란강 … 298
  자라산 … 306
  구룡천 … 316
  경박호(2) … 291
  원한늪과 룡바위 … 301
  룡 문 … 312
  발해왕 발터와 뽕나무밭 … 321

◉ 길림성·료녕성 편
  태왕비석 … 326
  자라바위 … 335
  오녀산의 전설 … 344
  13릉의 우물 … 351
  고려장터 … 331
  세린하의 전설 … 340
  망아산의 전설 … 348

제2부 항일전설

◉ 연길현 편
  소가죽 힌징 … 357
  올가미전투 … 365
  손가락권총 … 374
  홍춘식 안해의 꾀 … 379
  표적바위 … 383
  대포산 … 389
  장영헌의 이야기 … 395
  천 벌 … 403
  이름없는 렬사 … 408
  손원금의 이야기 … 416
  백마에 깃든 이야기 … 424
  제일루의 사건 … 430
  ≪배갑투≫ … 361
  기생-봉선아씨 … 369
  조호랑이 … 377
  지혜롭게 통신을 전하다 … 381
  80만원바위 … 387
  지혜롭게 경찰서를 습격 … 392
  ≪담배쌈지≫ … 400
  단오 이튿날에 있은 일 … 405
  일거량득 … 412
  항일에 나선 초동 … 419
  ≪호미도 신식무기≫ … 428
  일송정에 깃든 이야기 … 432

◉ 화룡현 편

십장님을 삭도바가지에 … 435
《자위단 단장의 딸》 … 442
약수동의 《애솔나무》 … 452
꺽다리 손철운 … 458
《빠이탠 커이》 … 467
《뭐, 박으라구?》 … 474
끓는 물을 들씌우다 … 479
최순사 이야기 … 485

약수동의 수양버들 … 438
항일에 나선 최씨의 안해 … 446
약수물 … 455
위만군을 생포 … 463
무산식당주인 최기수 … 471
아들이 남긴 글쪽지 … 476
《어린이노래》에 깃든 사연 … 481
산 사람의 무덤 … 489

◉ 안도현 편

《내 아들이요》 … 493
귀 떨어진 전사 … 499
옥녀늪 (2) … 505
혁명동 … 513
《어허, 아이고!》 … 518
보태산 … 522
거꾸로 난 발자국 … 528
축지법을 쓰다 … 533
병사리권총 … 538
지혜롭게 출하곡을 얻다 … 544
성명부지의 조선인통역 … 551
신묘한 기습전 … 559
떡 한함지 … 568
묘책을 써서 악질주구를 처단 … 574
꼬마정찰원 … 583
황태룡의 이야기 … 592
녀전사와 애기 … 602

해 갈 삼 … 495
옥녀늪(1) … 502
별유천지 … 508
봉황새바위 … 516
들입자산 … 520
왕덕산 … 525
동생 대신 사형장에 나서다 … 530
어머니와 아들 … 535
모자의 마음 … 540
여럿이 뭉치면 쇠도 녹인다 … 548
《퉁퉁디 쑤이죠》 … 555
독살음모를 분쇄한 이야기 … 564
풋강냉이 한함지 … 571
되찾은 소 … 579
훈련장에 깃든 전설 … 587
마지주의 행차를 털다 … 597

◉ 훈춘현 편
  박지형 … 606   황정해의 탈출기 … 611
  ≪광차이≫ … 617   채가마을 … 620
  놀음산 … 627   어머니의 마음 … 631
  불행중 다행 … 634   생콩 한줌 … 635
  안순화의 일화 … 640   지혜롭게 총을 빼앗다 … 643
  붉은넥타이 … 645   용감하고 지혜롭게 탈옥 … 648
  불 사 조 … 651   비밀쪽지 … 655
  밀강도끼 … 657   보총 한자루 … 660
  신출귀몰 … 663   죽지 않는 사람 … 666

◉ 왕청현 편
  이름없는 소녀 … 671   교묘하게 적들의 무장을 해제 … 675
  눈물에 젖은 춤 … 678   배낭을 멘 두 젊은이 … 680
  가야도도 울었다 … 683   헝겊뽈 … 687
  유격구로 보내온 약상자 … 689   마음은 하나 … 693
  묵은 잿더미에 불이 일다 … 696   구원받은 소녀 … 701
  슬기로운 소녀 … 704   백설우에 찍힌 발자국 … 707

◉ 기타지구 편
  은화의 이야기 … 710   ≪마하이야≫ … 717
  패망상 만화 … 720   절절 끓는 소낙비 … 722
  신창동전투 … 725

해제
중국조선족 향토전설에 대한 리해

전성호

먼 상고시기는 잠시 제쳐두고 근대에 이르러서만 해도 이미 200년에 가까운 중국이주의 력사를 기록하고있는 우리 조선족은 중국땅에 나름으로서의 민족사회를 이룩하여 생활하는 과정에서 많은 민담들을 류전하여왔는데 지금까지 채록된 조선족민담은 3000여편, 단행본으로 출간된 책만 해도 65권이나 된다.[1]

본 《향토전설집》은 《중국조선민족문학대계》 편찬집단의 의도에 따라 《조선족전설집》[2]과 《항일전설설화집》[3]에 근거하여 묶었고 이에 따라 제1부 간도전설, 제2부 항일전설로 배렬하였음을 미리 밝혀둔다. 그것은 이 두 전설집이 비교적 대표성을 띤것이라 인정되기때문이다.

I. 간도전설에 대하여

1. 앞세우는 말

주지하다싶이 전설은 서민들속에서 창조되고 서민들속에서 전하여지면서 서민들의 마음을 달래고 서민들의 정신생활에 향수를 주는 구전문학의

---

1) 김동훈 허휘훈 주필, 《중조한일민담비교연구》(료녕민족출판사, 2001년 10월 제1판). 서론 참조.
2) 김태갑 편, 《조선족전설집》. 민족출판사, 1991년 6월 제1판.
3) 김태갑 박창묵 편, 《항일전설설화집》. 연변인민출판사, 1992년 7월 제1판.

한 형태이다.

중국에 이주하여 그 대부분의 정착지를 《간도》로 하였던 우리 민족의 향토전설들은 거의 모두 세개 방면으로 이루어졌다. 그 하나는 고국으로보터 가지고온 전설을 그대로 혹은 조금 가공하여 류전하면서 향수하였고 다른 하나는 원주민들속에 류전되였던 전설들을 받아들여 류전하면서 향수하였으며 또 다른 하나는 이 땅에 정착하여 새롭게 만들어 류전하면서 향수하였다. 이를테면 《고려장터》와 같은 전설들은 분명 고국으로부터 가지고 온것을 그대로 류전하면서 향수한것이고 《적지》나 《귀인봉산》, 《각시바위》, 《오녀산의 전설》 등은 분명 고국에서 오랫동안 전승되여온 이야기를 그대로 혹은 거기에 이곳의 산이나 지명을 바꾸어서 엮으면서 향수한 것이며 백두산에 관계되는 부분적인 전설들은 분명 원주민들속에서 류전되였던것을 우리것으로 받아들여 향수한것이다. 그리고 《경박호(1)》, 《경박호(2)》를 비롯하여 《룡문》, 《원한늪과 룡바위》, 《자라산》, 《발해왕 발터와 뽕나무밭》 등 발해시기의 전설들도 있는데 이러한 전설들도 분명 이곳 원주민들속에서 류전되였던 전설들이라 인정된다. 이밖에 다른 많은 전설들은 이주민들이 이 땅에 이주하여 정착하면서 새롭게 만들어 류전시킨 전설들이다.

하지만 우리 민족에게 향수되고있는 모든 향토전설들의 래원을 두고 모두 이런 식으로 분류하기는 어렵다. 그것은 원주민들속에서 류전되였던 많은 전설들도 류전되는 과정에서 진일보 개작되고 다듬어지면서 우리 민족의 심미욕구에 맞게 윤색되여 자타가 잘 분별되지 않기때문이다.

2. 향토전설의 주조-풍물전설

그러나 한가지 분명히 말할수 있는것은 우리 민족의 향토전설들에 풍물이야기가 많다는 그것이다. 다시 말하면 곳곳의 명산대천이거나 기암괴석, 동굴 등 그 지방 특유의 풍물과 관계되는 전설들이 많다는 말이다. 이를테면 백두산과 백두산의 매개 봉우리, 기암괴석들을 둘러싼 전설들과 《모아산》, 《말발굽산》, 《형제바위》, 《각시바위》, 《구룡바위》, 《매바위》, 《장수발자국》, 《낭자바위》, 《거북산》, 《독교봉과 미인산》, 《노루바위》,

≪부채바위와 꽃사슴≫, ≪괭이봉≫, ≪메밀봉≫, ≪룡두바위와 호두바위≫, ≪오봉산≫, ≪목두바위≫, ≪신선봉≫, ≪아기봉≫, ≪자라산≫, ≪룡문≫, ≪룡두산의 전설≫, ≪오녀산의 전설≫, ≪망아산의 전설≫, ≪귀인봉산≫, ≪정자봉의 유래≫, ≪우심산≫, ≪부엉이산과 쥐봉≫, ≪기우제바위≫, ≪쿨룽산≫, ≪호랑산≫ 등 이러저러한 산들과 산봉우리를 둘러싼 전설들, 그리고 ≪장수동≫, ≪적암동≫, ≪록명봉의 석굴≫, ≪산삼동≫, ≪신선동≫ 등 동굴을 둘러싼 전설들, ≪해란강(1)≫, ≪해란강(2)≫, ≪세 자매강≫, ≪구룡천≫, ≪세린하≫, ≪권하≫ 등 강들과 백두산의 ≪천지≫거나 ≪경박호(1)≫, ≪경박호(2)≫, ≪경박호와 모란강≫ 등을 비롯하여 ≪장사늪≫, ≪천지수≫, ≪옥장천≫, ≪금선천≫, ≪청량샘≫, ≪적지≫, ≪련꽃늪≫, ≪평풍산의 샘물≫ 등 호수나 샘물을 둘러싼 전설들이 모두 그러하다.

이러한 풍물전설들에는 물론 그 산이나 산봉우리, 기암괴석, 동굴, 강의 이름, 늪의 이름과 모양 등 풍물들의 특징을 드러내기 위하여 꾸며진 이야기들이 많다. 이를테면 백두산의 각 봉우리들을 둘러싼 전설들과 두만강, 압록강, 송화강 등 강들과 천지, 경박호 등 호수들을 둘러싼 전설들이 대개 그러하다. 이러한 전설들은 대개 그 유래를 밝히는것에 치중하면서 이러한 풍물들의 특징을 드러내였다.

그러면서도 이러한 풍물전설들의 이야기들을 살펴보면 여기에는 ≪와호봉≫, ≪신선봉≫, ≪백두공≫, ≪아기봉≫, ≪괭이봉≫ 등과 같이 부모효도의 주제를 가지고있는것도 있고 ≪옥설봉≫과 같이 순결한 애정담에 장백산 생명의 원천설을 주제로 한 이야기도 있으며 ≪록명봉≫, ≪부리봉≫, ≪금강봉≫, ≪모아산≫ 등과 같이 용감정의를 주제로 한 이야기들도 있고 ≪천지수≫, ≪청량샘≫, ≪룡두바위와 호두바위≫ 등과 같이 순결한 애정을 주제로 한 이야기들도 있다.

이러한 이야기들에는 또 형제우애거나 인과보응, 악세력징벌, 불효징벌 등 우리 민족의 애증관(愛憎觀)과 지향을 함께 담은것이 보통이다.

3. 향토전설의 주류-권선징악

이른바 권선징악이란 선한것을 권장하고 악한것을 벌한다는 뜻인데 다시 말하면 착한 사람에게는 복이 차례지지만 악한 사람에게는 징벌이 따른다는 뜻이다. 서민들의 구두문학으로서의 전설은 흔히 권선징악의 주제를 가진다.

이에 따라 우리 중국조선족의 향토전설들도 권선징악의 주제가 주류를 이루고 있다. 앞에서 이미 언급하였던 여러 주제의 전설들도 따져보면 거기에는 권선징악의 주제가 복선으로 따르고있었다. 그러면서도 ≪각시바위≫, ≪구룡바위≫, ≪적암동≫, ≪장수동≫, ≪백운봉≫, ≪산삼동≫, ≪신선동≫등은 이 면에서 대표성을 가진다. ≪각시바위≫에서 보면 마음씨가 착한 색시 미향이는 구원을 받을수 있었으나 마음이 악한 정승돠 그 하인들은 구원을 받을수 없었던 이야기를 엮고있고 ≪구룡바위≫에서 보면 효성이 지극하고 마음이 착한 두 형제는 고생 끝에 선녀들의 도움을 받아 무사히 집으로 돌아왔으나 마음이 악착한 부자는 천벌을 받아 급살하였다는 이야기를 엮고있으며 ≪적암동≫마음이 무던한 머슴꾼총각은 신선로인의 도움을 받아 금맥을 찾아 행복한 살림을 꾸릴수 있었으나 탐욕스런 부자놈은 벌을 받아 암장속에 매몰되는 이야기를 엮고 있다. 그리고 ≪장수동≫에서 보면 마음씨 착하고 어여쁜 꽃분이와 힘이 장수같고 부지런한 석돌이를 일방으로 하고 백부자나 고부자를 다른 일방으로 하여, ≪백운봉≫에서 보면 효자아들을 일방으로 하고 부자놈을 다른 일방으로 하여, ≪산삼동≫에서는 마음씨 곱고 일 잘하는 억복이를 일방으로 하고 부자 만필이를 다른 일방으로 하여, ≪신선동≫에서는 마음씨 착하고 부지런한 떠꺼머리총각을 일방으로 하고 린색하고 욕심 많은 한 부자를 다른 일방으로 하여 권선징악의 이야기를 엮고 있다.

4. 간도정착, 간도개척과의 밀착

상술한 풍물전설을 비롯하여 우리 민족 향토전설들의 내용을 다시 살펴보면 우리는 여기서 이주민족으로서의 우리 민족의 그 어려웠던 간도정착과 간도개척의 력사와 밀착되여있음을 느낄수 있다. 이를테면 해란강을 둘러싼 전설들이 바로 그러하다. 이러한 전설들에는 고국을 떠난 우리 민족 이주민들이 새로운 이주지역에 와서 정착하는 과정에서 삶의 권리와 삶의 보장을 찾기 위한 희생적인 투쟁과 벼농사를 위한 노력들이 안받침되여있다. 이를테면 ≪해란강(1)≫에서 보면 우리 이주민들의 주요한 정착지의 하나였던 해란강반 룡정벌을 무대로 하여 이야기를 펼치고 있는데 이야기의 줄거리는 우리 민족의 정착지에 갑자기 마귀가 나타나 자기가 이 땅과 이 강의 주인임을 내세우면서 행패를 부리는것을 해라는 총각과 란이라는 처녀가 앞장에 서서 이 마귀와 싸워 이김으로써 두 마을 사람들이 다시 안락한 생활을 영위할수 있게 하는것이다. 이 이야기에서의 마귀는 곧바로 당시 우리 민족의 정착과 생활을 방해하였던 본 지방의 갖은 악세력들을 대표한다. 다시 말한다면 해와 란이를 비롯한 사람들의 마귀와의 싸움은 생존과 정착을 위한 우리 민족 이주민들의 지방 악세력들과의 투쟁이였다. 그리고 ≪해란강(2)≫에서는 주로 우리 민족 이주민들이 이 땅에 와서 벼농사를 시작하는 이야기를 엮고있는데 이는 곧 우리 이주민들의 벼농사개척을 의미하고있는것이다. 그리고 ≪매미≫는 우리 민족 이주민들의 이주과정의 어려움을 엮고 있다.

이밖에도 많은 전설들에서 마귀거나 독수리, 호랑이, 흑룡, 외적 혹은 기타 악한과의 투쟁을 비롯하여 지방 악세력과의 헌신적인 투쟁을 그리고있고 그 승리를 그리고있는데 이러한 전설들도 거의 대부분 우리 민족의 이 땅에서의 그 어려웠던 정착과 개척에 관계되는것이라 인정된다. 이러한 전설들이 상당다수를 차지하고있다.

5. ≪백조처녀≫형 전설

우리 중국조선족의 향토전설들을 살펴보면 거기에는 또 우리 민족 고유전설의 하나인 ≪나무군과 노루≫와 같은 선녀하강형 전설이 많은것이 하나의 특징으로 되고있는데 민담분류를 두고 하는 학계의 분류에 따르면 ≪백조처녀형≫4) 전설인것이다. 이를테면 ≪천지≫, ≪칠선녀와 마디풀≫, ≪백두산 견우교≫, ≪구룡바위≫ 등이 그러하다. ≪천지≫에서 보면 백두산 기암괴석에 반하여 하늘의 칠선녀와 함께 지상에 내려왔던 한 천녀가 토끼로

---

4) 김동훈 허휘훈 주필, 앞의 책. p. 518.

변하여 불로초를 캐려 하다가 호랑이한테 변을 당하게 된 찰나에 지용이라는 용감한 총각의 구원을 받는 이야기를 엮었고 ≪칠선녀와 마다풀≫에서 보면 옥황궁의 칠선녀가 천지에 내려와 목욕을 하고 풀밭에 누워서 놀다가 바늘같이 뾰족한 풀잎들이 몸을 찌르자 풀끝을 꺾어놓는 이야기를 엮었다. 그리고 ≪백두산 견우교≫는 조선이나 중국, 일본 등에 모두 있는 견우직녀의 이야기를 발전시켜 견우와 직녀가 백두산 천활봉에서 서로 만나게 하기 위하여 백두산 까치들과 사슴들이 돌다리를 놓아주는 이야기를 엮었다. 이밖에도 ≪구룡바위≫를 비롯하여 적지 않은 전설들에 천녀하강의 이야기들이 깃들어있다. 물론 그 주제들은 좀씩 다르다.

6. ≪동물보은≫형 전설

우리 중국조선족의 향토전설들에는 은혜를 입은 동물들이 그 은혜에 보답하는 ≪동물보은형≫전설들이 적지 않다. 여기에는 노루의 보은, 토끼의 보은, 거부기의 보은, 자라의 보은 등이 포함된다. 이를테면 백두산을 둘러싸고 엮어진 전설인 ≪백두산 약수천≫ 등을 비롯하여 ≪토끼골과 령지버섯≫, ≪거북산(1)≫, ≪거북산(2)≫, ≪노루바위≫, ≪자라바위≫ 등 전설들이 그러하다. ≪백두산 약수천≫을 보면 새끼사향노루가 자기를 살려준 로인에게 약수천을 마련하여주는 이야기를 엮었고 ≪토끼골과 령지버섯≫은 한 나무꾼 총각에 의해 구원을 받은 토끼가 나무꾼총각에게 령지버섯을 따다 주는 이야기를 엮었으며 ≪거북산(1)≫에서는 고국에서 갓 이주하여온 한 부부가 어려운 형편에서도 굶어서 초기에 든 한 로인을 보살펴주었는데 그 로인이 바로 거북신이여서 후에 그 은공을 갚은 이야기를, ≪거북산(2)≫에서는 한 어부에게 잡혔다가 다시 놓여난 거부기가 그 은혜를 갚은 이야기를, ≪노루바위≫는 범에게 잡힐번했던 사향노루가 효자아들에게 구원된후 그 은혜를 갚은 이야기를, ≪자라바위≫는 어부에게 잡혔던 자라가 리랑이라 부르는 한 총각에 의해 구원되자 그 은혜를 갚기 위하여 리랑에게 물고기들의 말을 알아들을수 있는 호심경을 줌으로써 마을사람들을 재난에서 구원시킨 이야기를 각각 엮고 있다.

이밖에도 많은 전설들에서 우리는 동물보은의 성격들을 찾아볼수 있다.

7. 동식물전설

앞에서 이미 《동물보은》형 전설을 두고 운운했지만 우리 민족의 향토 전설에는 확실히 동물과 식물에 관한 전설이 많다. 이중에는 동물과 인간, 동물과 동물, 식물과 인간, 식물과 식물, 동물과 식물, 동식물과 자연 등으로 서로 얽힌 이야기들이 있어 우리의 전설세계를 다채롭게 해준다.

특히 《부채바위와 꽃사슴》, 《죽죽새》, 《귀죽새》, 《쇄자새》, 《최총각보고졸새》, 《부엉산과 쥐봉》 등 동물이름으로 된 전설들과 《뽕나무와 가래나무》, 《좁쌀꽃》, 《불로초》, 《백두산 만병초와 봇나무》, 《장백산 들죽》, 《령지》 등 식물의 이름으로 된 전설들은 따로 동화와 같은 하나의 계렬을 이룬다 해도 과언이 아니다. 그중 《부채바위와 꽃사슴》이나 《부엉산과 쥐봉》 등 전설들은 그대로 하나의 동화세계를 이루고있고 《죽죽새》, 《귀죽새》, 《쇄자새》, 《최총각보고졸새》 등은 새의 울음소리를 본따서 엮은 이야기로 하여 특이하며 《불로초》, 《백두산 만병초와 봇나무》, 《장백산 들죽》, 《령지》 등 전설들은 백두산의 특산을 신비스런 이야기로 엮어 특이하다. 그리고 《뽕나무와 가래나무》, 《좁쌀꽃》 등도 나름으로의 이야기들을 가지고있어 흥미롭다.

이밖에도 우리 민족의 전설들에는 건국신화의 성격을 닮은 《태왕비석》과 같은 부여국 건국전설이 있고 또 《형제바위》와 같은 《계모피해》형 전설도 있으며 《고려장터》와 같은 《기로》형 민담[5])도 있으며 기타 많은 류형의 전설들이 있다.

Ⅱ. 항일전설에 대하여

1. 앞세우는 말

중국조선족은 중국공산당의 령도밑에 일제침략자를 항격하는 투쟁중에

---

5) 이른바 《기로》형 민담이란 늙은 부모를 산채로 버리던 악습이 없어지게 된 래력을 이야기한 유래담을 말한다. 김관웅, 《<기로>형 민담의 비교연구》. 김동훈 허휘훈 주필, 앞의 책 p. 227 참조.

서 피의 대가를 치르면서 수없이 많은 영웅적인 이야기들을 엮어내였다. 지난날 항일유격구로 되여있었던 촌락들을 비롯하여 연변지구의 많은 촌락들을 돌아보면 ≪어느 마을 어느 집에 들려서 들으나 그 마을 그 가정의 수난의 력사가 있었고 어느곳 어느 지방으로 가서 들으나 그 고장의 장하고 눈물겨운 력사가 이야기로 전해지고 있다.≫6) 이리하여 특히 연변지구의 촌락들을 돌아보면 지금에 와서는 ≪산마다 붉은 진달래, 마을마다 하얀 렬사비≫라는 자랑스러운 칭호를 들을만큼 거의 모두 렬사비들을 세우고있고 우리 민족 후대들은 이와 같은 렬사들의 이야기들을 들으면서 성장하였다.

우리 민족 항일무장부대거나 항일유격, 그리고 적통치구를 비롯한 기타 지구에서 엮어진 이와 같은 이야기들은 물론 그 대부분이 실화거나 실화에 가까운 사실의 기록이다. 그러나 그중 적지 않은것들은 인민들속에서 나타나 입으로 전달되고 다시 입에서 입으로 전해지는 가운데서 윤색되고 다듬어져 지금은 이미 소박하나마 구비문학의 틀을 갖춘 전설적인 문체로 되였다.

본 해제에서는 우리 민족의 항일전설들을 두고 인물의 류형과 이야기의 내용에 근거하여 영웅호걸담(英雄豪杰談), 용감정의담(勇敢正義談), 기지지혜담(奇智智慧談), 우정우애담(友情友愛談), 지명풍물담(地名風物談), 신화환상담(神話幻想談), 풍자조소담(諷刺嘲笑談) 등으로 분류하여 고찰하기로 한다.

물론 본 해제에서 이렇게 나름으로 분류하여 고찰하노라 하였지만 이속에는 아직도 많은 문제점들이 있는바 한편의 전설이 동시에 두가지 혹은 그 이상의 분류항에 속할수 있음은 피면할수 없다. 그것은 상술한 우리 민족 항일설화들의 내용이 거의 모두 비슷한 성격을 가지고있기때문이다. 그리하여 본 해제에서는 이야기들을 고찰할 때 그 대절적인 면에 립각하여 분류하였다. 보다 타당하고 보다 과학적이며 보다 전면적으로 고찰할수 있는 분류표준을 제정할수 없었던 한계점을 두고 본연구는 유감스럽게 생각한다.

---

6) 김태갑·박창묵, ≪항일전설설화집≫. 연변인민출판사, 1992년 7월 제1판, p. 1 참조.

2. 영웅호걸담

우리 민족의 항일설화중에서 가장 많은 비중을 차지하는것이 인물설화들이고 또 그 대부분이 영웅인물들의 영웅적사적을 취급한 호걸담이다. 그것은 연변에서만 하여도 항일투쟁중에서 2726명[7]의 항일렬사가 나타났다는 사정과 관계된다. 여기서 ≪조호랑이≫, ≪장영헌의 이야기≫, ≪손원금의 이야기≫, ≪항일에 나선 초동≫, ≪꺽다리 손철운≫, ≪최순사의 이야기≫, ≪산 사람의 무덤≫, ≪무산식당주인 최기수≫, ≪황태룡의 이야기≫, ≪박지형≫, ≪<광차이>≫, ≪안순화의 일화≫, ≪불사조≫, ≪비밀쪽지≫, ≪죽지 않는 사람≫, ≪은화의 이야기≫ 등 많은 전설들이 이에 속한다. 이러한 인물설화들은 거의 모두 영웅호걸로 칭송할만한 인물들의 사적을 엮고있다. 그중 ≪죽지 않는 사람≫, ≪박지형≫ 등은 비교적 대표성을 가진다.

≪죽지 않는 사람≫은 주인공 박지운이 세번이나 왜놈들에게 잡혔다가 탈주한 이야기를 엮고있는데 이 전설은 박지운을 통하여 우리 민족 항일용사들의 가장 기본적인 성격을 보여주고있다. 그 성격인즉 우리의 항일용사들은 과감히 야수와도 같은 일제의 침략에 도전하여나섰고 또 무비의 용감성과 지혜로 적과 대적하는것으로써 인민대중을 위하며 인민대중을 위하여서라면 죽음도 두려워하지 않는다는것이다. 그리고 다른 한면으로 볼 때 왜놈들이 박지운을 그토록 잡으려고 해도 잡지 못했고 죽이지도 못한 이 사실을 통하여 원쑤들이 아무리 이를 갈면서 우리의 영웅적인 항일용사들을 없애려고 해도 없애지 못함을 보여주기고있다. 즉 우리의 항일용사들은 천하무적이라는것이다.

≪박지형≫은 박지운의 사촌형 박지형이 단신으로 일제와 대적하다가 체포되고 파옥후 유격대원의 도움으로 항일유격대에 들어가는 이야기를 엮고있다. 이 전설은 엮음새에서 신화적이고 환상적인 성격을 다분히 풍기고있다. 이와 같은 성격속에서 항일에 떨쳐나선 우리 민족 항일용사들과 인민들의 무비의 힘을 과시하였고 우리 민족 항일의 유일정확한 길은 중국공산당이 이끌고있는 조직적인 항일무장유격투쟁이라는것을 힘있게 강조하여준다.

---

7) 연변인민출판사, ≪연변조선족자치주개황≫. 1984년 11월 제1판 p. 77 참조.

이밖에도 ≪조호랑이≫, ≪장영헌의 이야기≫, ≪손원금의 이야기≫, ≪껵다리 손철운≫, ≪무산식당주인 최기수≫, ≪황태룡의 이야기≫, ≪불사조≫, ≪비밀쪽지≫, ≪은화의 이야기≫ 등 전설들은 일제와의 유격전에서 위훈을 떨쳤거나 무장탈취, 무기제조, 정찰, 대적공작 등 투쟁에서 업적을 쌓은 영웅들의 사적을 엮고 있다.

3. 용감정의담

우리 민족 항일전설에서 많은 부분은 정의감이 있는 인물들이 용감하게 원쑤와 싸운 이야기들이다. 앞에서 보았던 주인공들이 벌써 그러한 성격의 대표자들이다. 특히 ≪베감투≫, ≪호미도 신식무기≫, ≪항일에 나선 최씨의 안해≫, ≪여럿이 뭉치면 쇠도 녹인다≫, ≪성명부지의 조선인통역≫, ≪녀전사와 애기≫, ≪밀강도끼≫, ≪이름없는 소녀≫, ≪눈물에 젖은 춤≫, ≪가야하도 울었다≫, ≪백설우에 찍힌 발자국≫, ≪절절 끓는 소낙비≫ 등 전설들은 전문 그런 성격을 내세우고있다.

≪항일에 나선 최씨의 안해≫는 최씨라는 농군의 안해 현씨가 남편과 아이의 원쑤를 갚은 이야기를 엮고있다. 지주와 그 마름의 만행에 의하여 남편과 아이를 잃었고 두번이나 옥살이를 하였던 현씨는 처음에는 관가의 힘을 빌어 원쑤를 갚으려 하다가 이것이 허사인줄을 알고 유격대에 들어갔다. 그리고 기회를 노리다가 마침내 자기의 철천지 원쑤를 처단한다.

≪녀전사와 애기≫는 일본군이 장백산중의 한 밀영지를 기습하였을 때의 이야기인데 어린애의 울음소리때문에 전체 항일부대가 재난을 당할 위기에서 어린애의 어머니인 항일녀전사가 어린애를 둘러안은채 대오의 반대방향으로 달림으로써 자기를 희생시키고 항일부대의 안전을 담보한다.

≪눈물에 젖은 춤≫은 항상 밀영지에 찾아가 춤을 추어 전사들을 기쁘게 하였던 한 소녀의 이야기를 엮었다. 어느날, 유격대에서 왜놈들을 습격하러 가게 되자 그 소녀도 남몰래 따라갔고 전투가 승리하자 소녀는 또 춤을 추기 시작하였다. 그러다가 미끄러넘어 져 산아래로 뒹굴면서 팔이 끊어졌고 온몸에 상처를 입었다. 하지만 소녀는 벌떡 일어나 상한 팔을 몸에 딱 붙이고 성한 팔만을 나풀거리며 춤을 추었다.

이밖에 ≪베감투≫, ≪호미도 신식무기≫, ≪밀강도끼≫ 등은 항일군민들이 무장탈취투쟁에서 발휘한 용감담을 다루었고 ≪여럿이 뭉치면 쇠도 녹인다≫, ≪절절 끓는 소낙비≫, ≪성명부지의 조선인통역≫, ≪가야하도 울었다≫ 등은 유격대의 투쟁에 배합한 각계층 인민들의 정의로운 투쟁사적을 엮었으며 ≪이름없는 소녀≫, ≪백설우에 찍힌 발자국≫ 등은 소년아동들의 덕행과 투쟁사적을 엮었다.

4. 기지지혜담

우리의 항일전설에는 지혜로써 일제와 싸운 이야기들이 많다. 특히 ≪올가미전투≫, ≪기생 봉선아씨≫, ≪손가락권총≫, ≪홍춘식 안해의 꾀≫, ≪지혜롭게 통신을 전하다≫, ≪지혜롭게 경찰서를 습격≫, ≪<담배쌈지>≫, ≪십장님을 삭도바가지에 모시다≫, ≪<자위단 단장의 딸>≫, ≪위만군을 생포≫, ≪끓는물을 들쒸우다≫, ≪거꾸로 난 발자국≫, ≪병사리권총≫, ≪지혜롭게 출하곡을 얻다≫, ≪신묘한 기습전≫, ≪묘책을 써서 악질주구를 처단≫, ≪꼬마정찰원≫, ≪마지주의 행차를 털다≫, ≪지혜롭게 총을 빼앗다≫, ≪보총 한자루≫, ≪신출귀몰≫, ≪교묘하게 적들의 무장을 해제≫, ≪배낭을 멘 두 젊은이≫, ≪헝겊뿔≫, ≪슬기로운 소녀≫ 등은 전문 우리 항일군민들의 슬기와 지혜담을 엮고있다.

그중 ≪홍춘식 안해의 꾀≫는 한 녀인의 지모를 엮고 있다. 그녀의 남편은 지하혁명가였고 그녀는 소금밀수, 밀주로 생활을 영위하였다. 그녀는 사염밀매를 하면서도 놈들을 속여넘겼고 밀주를 고아 팔면서도 놈들을 속여넘겼다. 또 한번은 밤중에 남편이 집에 들어섰는데 날이 밝아 왜놈들이 몰려들자 그녀는 얼른 노전을 두루 말더니 그속에 남편을 감추고 자기는 구들장을 뜯어고치는 시늉을 함으로써 또 놈들을 속여넘기고 남편을 구원하였다.

≪십장님을 삭도바가지에 모시다≫는 로동자들속에 낀 유격대원들이 철도부설공사장에서 삭도바가지로 군수품에 사용할만한 기자재들을 빼돌리다가 벌어진 이야기를 엮고있다. 어느 한번, 이것을 눈치챈 왜놈들이 달려들어 자기네를 삭도바가지에 태워 기자재들을 숨겨둔 곳까지 실어가라고 하였다. 삭도바가지를 운전하던 지하공산당원은 운전을 하다가 삭도바가지

가 중간쯤에 이르렀을 때 세워놓고 기계를 파괴하고 자리를 떴다. 삭도바가지에 탔던 놈들은 밤사이에 모두 삭도바가지에서 얼어죽고말았다.

이밖에도 ≪지혜롭게 통신을 전하다≫, ≪올가미전투≫, ≪지혜롭게 경찰서를 습격≫, ≪신묘한 기습전≫, ≪지혜롭게 총을 빼앗다≫, ≪교묘하게 작의 무장을 해제≫, ≪거꾸로 난 발자국≫, ≪신출귀몰≫, ≪배낭을 멘 두 젊은이≫ 등 전설들은 유격대원들이 슬기롭게 정찰임무를 완성하거나 적을 기습하고 적을 따돌린 이야기를 엮었고 ≪손가락권총≫, ≪병사리권총≫, ≪담배쌈지≫, ≪묘책을 써서 악질주구를 처단≫ 등은 백성들이 지혜로 놈들을 처단하고 총을 빼앗은 이야기를 엮었으며 ≪기생 봉선아씨≫, ≪<자위단 단장의 딸>≫, ≪끓는물을 들쎄우다≫, ≪마지주의 행차를 털다≫, ≪지혜롭게 출하곡을 얻다≫ 등은 투쟁중에서 우리 민족 녀인들이 발휘한 지혜를, ≪위만군을 생포≫, ≪꼬마정찰원≫, ≪보총 한자루≫, ≪헝겊뿔≫, ≪슬기로운 소녀≫ 등은 투쟁중에서 소년아동들이 발휘한 지혜담을 각각 엮고 있다.

5. 우정우애담

우리의 항일전사들은 원쑤에 대한 증오가 깊었던만큼 사랑의 감정도 강렬하였다. 그들의 품성에서 분명한 애증관은 하나의 미덕으로 된다. 그리하여 우리 민족의 항일전설들에는 우정우애담이 비교적 많다. 특히 ≪아들이 남긴 글쪽지≫, ≪<어린이노래>에 깃든 사연≫, ≪내아들이요≫, ≪동생대신 사형장에 나서다≫, ≪어머니와 아들≫, ≪모자의 마음≫, ≪떡 한함지≫, ≪풋강냉이 한함지≫, ≪되찾은 소≫, ≪생콩 한줌≫, ≪유격구에 보내온 약상자≫, ≪마음은 하나≫, ≪구원받은 소녀≫ 등 전설들은 대표적인 이야기로 된다.

그중 ≪<어린이노래>에 깃든 사연≫은 3세대에 걸쳐 이중으로 겹쳐진 모성애의 이야기를 엮고있다. 주인공인 홍혜순은 지하당지부 서기였고 그녀의 남편은 지금 투옥중인 혁명가였다. 적들은 그녀의 머리에 거액의 상금을 걸고 그녀를 잡으려고 하였다. 그리하여 그녀는 갓난 딸애를 친정어머니한테 맡겨두고 장인골로 들어가 활동하게 되였다. 1930년 음력 10월하순의 어느날, 그녀는 지방에 내려왔다가 어머니더러 3호동네로 오라고 하였다. 그녀의 어머니는 곧 외손녀를 업고 달려갔다. 세 모녀의 만남이 이루어졌다. 이 만남을 마지막으로 1930년 겨울에 그녀는 적들과 싸우다가 적탄에 맞아 끌려가 비장한 최후를 마쳤다.

전설 《떡 한함지》도 감동적인 이야기이다. 어느날, 우리 항일군의 한 소대가 한 농가에 들었다. 취사원 김영숙은 한 할아버지가 보내준 입쌀로 떡을 빚어놓고 전사들을 먹이려고 하였다. 이때 적의 토벌대놈들이 덮쳐들었다. 전사들은 모두 산에 올랐다. 그런데 영숙이가 보이지 않았다. 소대장이 걱정하고있는데 영숙이가 떡함지를 이고 올라왔다. 원쑤에 대한 증오와 동지에 대한 사랑이 영숙이로 하여금 이처럼 위험한 관두에서 이렇게 행동하도록 하였다.

이밖에 《생콩 한줌》은 부모를 잃은 어린 남매가 생콩 한줌을 아끼는 이야기를 엮었고 《아들이 남긴 글쪽지》는 유격대에 참가하였다가 전사한 둘째아들을 그리는 한 어머니의 기다림을 엮었으며 《내아들이요》는 한 한족어머니가 자기의 아들을 희생시켜가면서 조선민족항일유격대원을 숨겨준 이야기를, 《동생대신 사형장에 나서다》는 항일유격대원인 동생을 구원하기 위하여 형이 사형장에 나가는 이야기를, 《풋강냉이 한함지》는 한 녀인이 삶은 풋강냉를 유격대 부상병들에게 가져다주는 이야기를, 《되찾은 소》는 왜놈들에게 빼앗긴 한 농민의 황소를 유격대원들이 찾아주는 이야기를, 《유격구에 보내온 약상자》는 김씨네 형제가 숨겨두었던 약상자를 유격대에 가져온 이야기를, 《마음은 하나》는 한 한족부부가 조선족항일유격대원을 구원한 이야기를, 《구원받은 소녀》는 조선족지하공작원이 한족 녀자애를 구해준 이야기를 각각 엮고 있다.

6. 지형풍물담

항일시기에 창조된 우리 민족의 항일전설들에는 지형이나 풍물을 둘러싸고 엮어진 이야기들도 적지 않다. 《표적바위》, 《80만원바위》, 《대포산》, 《일송정에 깃든 이야기》, 《약수동의 수양버들》, 《약수물》, 《해갈삼》, 《옥녀늪(1)》, 《옥녀늪(2)》, 《혁명동》, 《봉황새바위》, 《들입자산》,

≪보태산≫, ≪왕덕산≫, ≪채가마을≫, ≪놀음산≫, ≪신창동전투≫ 등이 여기에 속한다. 이러한 전설들은 지형이나 풍물을 둘러싸고 일제의 만행을 공소하였고 일제의 랑패상을 보여주었으며 우리 민족의 항일의지와 업적들을 보여주었다.

그중 ≪대포산≫과 ≪일송정에 깃든 이야기≫가 가장 대표적이다.

≪대포산≫전설의 줄거리는 이러하다. 일제가 1922년에 룡정에 세운 령사관이 불타버리자 1926년에 다시 령사관을 짓고 령사를 파견하였는데 파견된 령사들마다 부임하자 곧 괴상한 병에 걸려 반신불수가 되거나 앓아누웠다. 치료가 효험이 없었다. 무당놀음을 놀았어도 소용이 없었다. 그러던 끝에 왜놈들은 한 풍수쟁이의 말을 듣고 령사관 서남쪽에 위치한 한 산봉우리에 주의를 돌렸다. 거기에는 령사관을 겨냥한 대포모양의 바위가 놓여있었다. 왜놈들은 그 바위를 까버리려고 관동군을 풀었고 나중에는 비행기와 대포까지 동원해서야 까부실수 있었다. 이로부터 사람들은 이 산을 일러 대포산이라 하였다.

≪일송정에 깃든 이야기≫의 줄거리는 이러하다. 룡정시 서쪽에 비암산이 있는데 벼랑 코숭이에 소나무 한그루가 자라고있었다. 룡주사에서 보면 앉은 호랑이 같았고 평지에서 보면 청기와정자와도 같았다. 사람들은 이 소나무를 일러 일송정이라 하였고 많은 애국지사와 열혈청년들이 가끔 여기에 찾아와 집회도 가지고 모의도 하였다. 이에 일제는 그 정기를 눌러버리려고 이 일송정에 매일 보총과 기관총, 박격포탄을 안겼다. 그랬건만 일송정은 더욱 푸르싱싱하게 자랐다. 악에 받친 왜놈들은 한밤중에 일송정 원가지에다 구멍을 뚫고 후추씨를 밀어넣었다. 그때로부터 일송정은 시들기 시작하더니 1938년에 이르러서는 말라죽었다. 그러나 사람들의 마음속에 자리잡은 이 일송정의 이름은 영영 지워지지 않았다.

이밖에 ≪80만원바위≫, ≪표적바위≫, ≪약수동의 수양버들≫, ≪약수물≫, ≪해갈삼≫, ≪옥녀늪(1)≫, ≪옥녀늪(2)≫, ≪혁명동≫, ≪봉황새바위≫, ≪들입자산≫, ≪보태산≫, ≪왕덕산≫, ≪채가마을≫, ≪놀음산≫, ≪신창동전투≫ 등은 각각 부동한 지점과 부동한 측면에서 일제의 패망상을 보여주었고 우리 민족의 항일의지와 그 성과를 보여주었다. 그리고 ≪비행가령≫은

민생단이라는 루명을 쓴 한 유격대 대장이 목숨을 내걸고 일제와 싸운 이야기를 엮음으로써 당시 이른바 ≪민생단숙청≫의 극좌적인 진상을 밝혔다.

7. 신화환상담

우리 민족의 항일전설들에는 신화적이고 환상적인 이야기들도 적지 않다. 이미 앞에서 취급한 전설들에도 그러한 이야기가 많았다. 그리고 ≪천벌≫, ≪제일루의 사건≫, ≪별유천지≫, ≪혁명동≫ 등 설화작품들이 특히 대표적이다.

≪천벌≫은 이런 이야기를 엮고있다. 어느 하루, 항일유격대에서는 동불사경찰분주소를 공격하였는데 점심무렵이 되자 놈들의 지원병이 덮쳐들었다. 항일유격대는 부득불 북산으로 후퇴하지 않으면 안되였다. 놈들은 우리 유격대를 집요하게 추격하였고 유격대의 탄알은 자꾸만 줄어들었다. 이때 구름 한점 없던 하늘에 검은 구름이 덮이더니 광풍이 몰아치고 소나기가 퍼부었다. 그리고 좀 지나서는 천둥소리가 하늘땅을 뒤흔들고 번개가 구름덩이들을 쫙쫙 갈라댔다. 하지만 유격대를 소멸해버릴 절호의 기회라 인정한 놈들은 추격을 멈추지 않았다. 유격대원들은 모두 산에 올랐다. 탄알이 떨어져 더는 놈들과 싸울수 없게 되였다. 바로 이때 푸른 번개가 산기슭에 내리 박히고 천둥이 울더니 앞장에서 전투를 지휘하던 왜놈 지휘관이 벼락에 머리통을 얻어맞고 말등에서 굴러떨어졌다. 왜놈들은 곧 혼란에 빠졌다. 이에 사기가 오른 유격대원들은 즉시에 반격을 하여 놈들을 일망타진하였다. 그후 이 소식은 전설처럼 항간에 퍼져 모두들 하느님이 천벌을 내려 왜놈들을 징벌하였다고 하였다. 이처럼 이 전설은 하늘도 우리 민족 항일유격대의 정의의 싸움을 돕고있는것으로 엮고있다.

≪별유천지≫는 우리의 항일유격근거지를 놈들이 토벌할래야 토벌할수 없고 사람마다 빈부차이가 없이 행복하게 살고있는 별유천지에 비겨 묘사하고있다. 전설은 신분과 목적이 다른 두 사람이 이 별유천지를 찾아가지만 한사람은 찾아갈수 있었고 다른 한사람은 찾아갈수 없었다는 이야기를 통하여 앞으로 우리가 건설하려는 인민정권의 참모습을 보여주었다. 이밖에 ≪혁명동≫도 일제놈들의 토벌대가 오면 저절로 문이 닫기고 유격대가 오

면 저절로 문이 열린다는 신비한 석굴의 이야기로써 우리 항일유격근거지를 묘사하였는데 이와 같은 신화적인 환상의 색채속에서 일제의 불가피적인 패망을 예시하였고 항일유격근거지의 모습을 형상화하였다.

8. 풍자조소담

우리 민족 항일전설들에는 일제의 패망상을 풍자하고 조소한 작품들이 많지는 않지만 특히 인기를 끌고있다. 이미 앞에서 소개하고 분석한 설화작품들에도 이러한 풍자와 조소의 성격들이 적지 않게 있었다. 그리고 특히 ≪<빠이탠 커이>≫, ≪<어허, 아이고>≫, ≪<퉁퉁디 쑤이죠>≫, ≪패망상만화≫ 등 작품들은 이 면에서 비교적 전형성과 대표성을 띠고있다.

그중 ≪<퉁퉁디 쑤이죠>≫는 일제가 장백산의 나무를 략탈할 때 발생한 이야기를 엮고있다. 명월구에서 이도백하로 가는 신작로를 닦을 때였다. 항일유격대의 신출귀몰하는 전법에 겁을 먹은 왜놈들은 신작로 량켠 30메터 구간의 나무를 몽땅 베여버리기로 작정하였다. 그런데 인부들 태반이 중국인(한족)이고 십장도 중국인(한족)인데 이 일을 책임진 일군 대위는 중국말(한어)을 잘 모르는 처지라서 의사소통이 되지 않았다. 생각을 더듬던 끝에 그자는 하나의 묘책을 생각해냈는데 나무는 한어로 쑤(樹)라 하고 몽땅은 퉁퉁디(通通地)라 하며 눕는다는것은 자는것과 같으니 쑤이죠(睡覺)라 하면 될것이라 생각하고 전화로 한족십장에게 ≪쑤디퉁퉁디쑤이죠!≫라는 명령을 내렸다. 한족십장은 무슨 소리인지 알수 없었지만 다시 물을수도 없어 그저 헛대답만을 하여놓고 그 답안을 찾아내기에 골몰하였다. 결국 한족십장은 ≪모두들 나무에 기대여 잠을 자라≫고 전달하였다. 과연 이튿날에 검사하러 내려왔던 일군 대위는 대경실색하고말았다. 응당 베여져있어야 할 나무는 한대도 축나지 않았고 그대신 인부들만이 나무에 기대여 드렁드렁 코를 골며 자고있었으니말이다. 이처럼 이 전설은 중국말을 모르는 한 일군 대위의 형상을 빌어 왜놈들의 랑패상을 조소하고있다.

이밖에도 ≪<빠이탠 커이>≫는 룡정으로부터 화룡으로 군수물자를 싣고 가던 위만군 운수병 두놈이 녀색에 반하여 대낮에 우리 민족 녀유격대원들의 꼬임에 걸려든 이야기를 엮고있고 ≪패망상 만화≫속의 ≪데끼다, 데끼다≫와 ≪관자리를 다투다≫ 등도 모두 항일유격대의 기습에 혼이 나간 왜놈들의 랑패상을 풍자 조소하였다.

   보다싶이 이 부류에 속하는 설화들은 거의 모두 일제의 패망상과 랑패상을 풍자하고 조소하면서 우리 민족 항일투쟁의 필승의 진리를 밝히고있다.

제1부 간도전설

해란강(1)

  룡드레촌(지금의 룡정)에서 맑고 맑은 강을 따라 서남쪽으로 한참 올라가면 강을 사이두고 오른쪽에는 비암산이 우뚝 솟아있으며 왼쪽에는 주암산이 창공을 떠이고 서있다.
  아득한 옛날 강을 사이두고 비암산과 주암산기슭에는 의좋게 사는 두 마을이 있었다. 량쪽 마을 사람들은 모두 이 강물을 에워 농사짓는 사람이 아니면 고기를 잡아 사는 어부였으므로 이 강물을 목숨처럼 아꼈다.
  비암산기슭마을에는 인물이 곱고 고기그물 잘 뜨는 란이라는 처녀가 있었고 주암산기슭마을에는 힘이 세고 농사일 잘하는 해라는 총각이 있었다.
  해와 란은 늘 함께 배를 타고 고기를 잡거나 밭에 나가 일도 같이하군 하였다. 그들은 일터에서 정이 들어 날따라 그정이 두터워져갔다.
  어느해 늦가을이였다. 두 마을 사람들은 지은 곡식을 산처럼 쌓아놓고 강에서 잡은 고기는 알뜰히 날리여 두틈지어 생여놓고 엄통설한을 보내려 하였다.
  그런데 어느날 갑자기 하늘에 먹장구름이 내리덮이고 번개와 우뢰가 요란하더니 폭풍우속에서 웬 악마가 나타났다. 악마는 대가리에 뿔이 두 개 나고 온몸은 털로 덮여있었다. 험상궂은 악마는 말을 타고 천근짜리 장도를 한손으로 휘두르며 달려와서 대성질호하였다.
  「천하의 땅은 모두 내것이로다!」
  악마는 량식과 말린 고기를 모두 떨어가고 또 두마을에서 미녀까지 랍치해갔다. 마을사람들은 이 힘꼴 센 악마를 물리칠 궁리가 금시 나지 않아 그저 바람처럼 날아가는 악마를 보고만 있었다.
  겨울이 왔다. 마을사람들은 량식이 떨어져 얼음을 끄고 고기를 잡아 목숨을 부지하려 했으나 고기는 한 마리도 잡히지 않았다. 어부들이 물속을 기웃이 들여다보았더니 거울처럼 맑던 강물이 들죽처럼 흐렸으니 고기인들 어떻게 흐린 물속에서 살수 있으랴! 고기들은 어디론가 진작 달아났던 것이다.

이듬해 가을이 돌아오자 포악한 악마는 또 달려와서 량식과 미녀를 빼앗아갔다. 그때로부터 이 두 마을 사람들의 가슴에는 흐린 물이 흘러들기 시작하였다. 그들은 올해나 래년이나 기대를 걸었으나 해마다 모조리 빼앗기고 먼지만 털고 나왔다. 참을래야 참을수 없게 된 마을사람들은 목숨을 걸고 판가리싸움을 하기로 하였다. 마침내 농민들은 호미를 들고 어부는 노를 들고 일떠났고 힘장사 해는 서슬 푸른 장검을 비껴들고 사람들의 앞장에 나섰다.

어느날 악마는 또 천근짜리 장도를 휘두르며 달려왔다.

용감한 해는 날쌔게 뛰여나와 대성질호하며 악마에게로 달려들었다. 악마는 감때사납게 히히 웃으며 서슴없이 덮쳐들었다. 해는 장검을 번개 치듯 휘두르며 그놈을 맞받아 나갔다. 해와 악마는 강가에서 번쩍번쩍 칼부름을 하였는데 해의 장검이 악마의 몸에 닿을가 하면 악마의 천근짜리 장고가 막군 하였다. 싸움은 해가 뜰 때부터 해가 서산봉에 기울어질 때까지 계속되였으나 끝내 승부가 나지 않았다. 호미를 들고 노를 든 사람들은 해가 지기전에 악마를 찍어죽이라고 해에게 기세를 돋우어주었다. 후원의 웨침과 더불어 해의 칼이 번쩍하더니 악마의 대가리가 털썩 하고 강가에 떨어졌다.

마을사람들은 힐떡거리며 땀을 훔치는 해를 둘러쌌다. 그들의 환성은 천지를 진감하였다. 그런데 이때 강가에 떨어져 펄떡펄떡 뛰던 악마의 대가리가 다시 모가지에 가 붙었다. 악마는 되살아나서 눈을 흡뜨며 해에게 달려들었다. 해는 하루종일 싸움터에 기운이 점점 약해져갔다. 사람들속에서 또 천지를 진감하는 웨침소리가 터졌다. 그 후원소리에 기운을 얻은 해는 노한 사자마냥 달려들어 단칼에 놈의 모가지를 또 내리쳤다. 그러나 떨어진 놈의 대가리는 또 인차 되붙었다. 박투는 다시 벌어졌으며 더욱 격렬해졌다. 그런데 해는 이미 기진맥진해졌다. 마을사람들은 큰소리로 해를 후원하면서 올가미를 악마의 목에 뿌렸다. 악마가 올가미를 번개같이 벗기려는 순간 해의 장검이 번쩍하고 악마의 모가지를 잘랐다. 악마의 대가리가 또다시 붙으려고 풀떡풀떡 뛰는 위기일발의 찰나에 란이 나는듯이 달려와 치마폭에 싼 매운재를 악마의 모가지에다 확 쳤다. 악마의 대가리는 다시 붙으려고 펄떡였으나 매운 재때문에 다시 붙지 못하고 그 흉측스러운 몸뚱이는 쿵하고 땅에 자빠졌다. 그러자 마을사람들은 일시에 달려들어 악마의 시체를 강물속에 처넣어버렸다.

　두 마을 사람들은 용감한 해를 추켜들고 아낙네들은 령리한 란을 둘러싸고 승리의 환성을 높이높이 올리였다.

　이날부터 강물은 이전처럼 맑아지고 고기들도 떼지어 오락가락 헤염치였다.

　악마와 싸워이긴 강변에서 용감한 해와 총명한 란의 혼례식이 거행되였다. 신랑신부는 꽃과 소나무로 장식된 룡배속에 앉아있었고 두 마을 사람들은 잔에 미주를 따라들고 그들의 행복을 축하하였다.

　용감한 해와 총명한 란이여, 해란이여!

　그제부터 이 강이름도 해란강이라 불리여졌다고 한다.

정리: 정길운

해란강(2)

그리 멀지 않은 옛날 연변이 개척되기 시작할 때의 이야기다. 그때 해란 강은 오늘처럼 큰 강도 아니였고 강이름도 없었다. 무연한 진펄속을 흐르는 그 강도 꼬지개덩이나 큰돌을 딛고도 건늘수 있는 작은 내물이였다. 그리고 강 량역에는 마을이라고 해야 몇호가 되지 않는 집들이 띄염띄염 몇집씩 살고있을뿐이였다. 그때 평강벌 아래쪽 세전이벌어구에 로소삼대가 사는 한 집이 있었는데 이 집에는 맨아래로 해와 란이라는 오누이가 있었다.

어느 한해였다.

누이 란이는 조선 삼남에 있는 외가에 놀러가게 되였다. 나서 처음 놀러 간지라 외가에서 반년 푼이 보내고 외할아버지와 함께 돌아왔다. 조선에 있는 동안 란이는 난생처음으로 이밥을 먹어보았는데 천하 별미였다. 그래서 돌아올 때 벼씨 한말을 이고 들어왔다.

이듬해 봄 란이는 오빠 해와 함께 외할아버지께 물어가며 진펄에다 논두짐을 풀었다. 이해 논농사는 아주 잘되여 시누런 벼가 땅이 꺼질 지경이였다. 그래서 집집마다 그 벼를 심어보겠다고 종자로 가져가다보니 란이네는 이밥 한끼도 해먹어보지 못했다.

그 이듬해 온 마을에서 벼농사를 시작하니 강역의 무연한 진펄이 온통 논으로 변했다. 그런데 이해따라 어떻게나 가문지 강물이 점점 줄어들어 삼복지간이 되니 물은 거의 말라버리고 논판은 거북등처럼 갈라졌다. 페농은 점 찍어놓은것이라 이제라도 논밭을 번지고 메밀이나 심자는 사람들도 있었다.

란이는 자기가 숫구멍이 빠지게 이고온 벼종자가 이렇게 결단나는것을 보니 가슴이 찢기는것 같아 침식마저 잃다가 아주 드러누워버리고말았다.

누이동생이 드러눕고 마을사람들이 한숨으로 나날을 보내는것을 본 오빠

해는 더는 가만 앉아있을수 없었다. 어느 하루해는 이궁리저궁리 하다가 골안에 있는 샘물줄기를 찾으면 물 문제를 해결할것 같은 생각이 번개처럼 떠올라 앞골안으로 샘물을 찾아 떠났다. 울창한 숲을 헤치고 골안 막치기에 가서 산기슭 우묵진 곳을 파헤치니 수정같이 맑은 샘물이 콸콸 솟구쳐 올라왔다. 해는 너무도 기뻐 그날 밤 집에 돌아오는 길로 누이동생 란에게 샘물줄기를 찾은 이야기를 했다.

오빠의 말에 힘을 얻은 란이는 머리를 동이고 삽을 둘러메고 이튿날 해를 따라 떠났다. 해와 란이는 첫골안에서 샘물줄기를 터뜨리고 두번째 세번째 골안에서도 샘물줄기를 터뜨렸다. 그들이 샘물줄기를 찾아 떠난 소문은 당일로 자자하게 산지사방에 퍼졌다. 그리하여 이튿날부터 남녀로소가 삽과 팽이를 둘러메고 골짜기마다 샘물을 찾아떠났다. 며칠사이에 세전이벌로부터 평강벌 그리고 그 웃쪽에까지 골안마다에서 샘물줄기가 터져내리니 본래는 실개천같이 작던 개울이 큰 강을 이루어 풍년수가 차고넘쳤고 벼농사에 물고생을 모르게 되였다.

이리하여 가을에는 탐스러운 벼가 익어 황금같은 이삭이 고개를 숙이고 그 이듬해부터 년년이 벼농사를 지어 기름기도는 이밥을 먹으며 살수 있게 되였다.

사람들은 이고장에서 벼농사를 짓는데 기울인 해와 란의 기특한 소행을 두고두고 잊지 않으려고 이때부터 이 이름없던 강을 해란강이라 부르게 되였다 한다.

구술: 김대섭
정리: 김명한

말발굽산

사철푸른 소나무 우거진 모아산고개를 넘어 과일나무 줄지어선 산기슭을 따라 서쪽으로 20리가량 가면 해란강을 굽이치는 세전이벌을 굽어보며 우뚝 솟은 산이 있으니 그 이름 말발굽산이라 부른다.

그 생김생김이 신통히도 말발굽과도 같아 말발굽산이라 부르기도 하겠지만 그보다도 사람들이 이 산을 말발굽산이라 부르는데는 그럴만한 이야기가 있다.

호랑이 담배피우고 곰이 말하던 그렇게 아득히 먼 옛날의 이야기가 아니지만 그래도 지금으로부터 세여보면 꽤 먼 옛날에 있은 일이다. 그때 지금의 말발굽산이 솟은 그곳은 좀 높은 산언덕이였고 그 언덕밑에는 넓고도 깊은 십리늪이 있었다. 그리고 늪아래와 남쪽엔 기름진 벌이 있었다. 바로 이 늪에서 그리 멀지 않은 곳에 고래등같은 기와집을 쓰고 이 벌을 차지하고 사는 큰 부자가 있었다.

어느해 어느달인지는 알수 없으나 어느 하루 그 부자가 퇴마루에 나앉아 멀리 벌을 내다보는데 뼈가 황소뼈마디처럼 굵고 키가 구척이나 되며 눈이 불처럼 이글이글 타는 젊은이 가 지게에 쪽바가지를 달고 뜨락에 들어섰다. 젊은이는 부자집 뜨락에 들어서자 지게를 벗어놓고는 부자앞에 와서 절을 하며 사정했다.

「부모 량친을 잃고 살길을 찾아 구름처럼 떠돌아다니다가 먼먼 길을 걸어 이곳까지 찾아왔사오니 부디 불쌍한 사람 굽어살펴서 일을 시켜주시와요!」

부자는 지게다리에 달랑달랑 달린 쪽바가지와 그의 람루한 옷차림을 번갈아보며 한마디 웅대도 없었다. 그러니 그 젊은이는 그 자리에 꿇어엎딘채 일어나지도 않고 다시 부자에게 여쭈었다.

「소인은 양처럼 순해서 말을 잘 듣고 황소처럼 부지런해서 일을 잘하오니 다문 며칠이라도 일을 시켜주시와요.」
 그 말에 깍쟁이부자는 그만 귀가 솔깃해서 너럭바위같은 어깨가 쩍 바라진 젊은이를 찬찬히 뜯어보았다. 옷은 비록 람루하나마 얼굴이 준수하고 뼈마디가 굵직굵직한 것이 꼬리는 없어도 황소같은녀석이라 일에는 막힐데가 없을것 같았다.
 「좋네, 내 시키는대로 일만 하세. 그럼 난 자네를 쫓지도 않을거구 장차 장가까지 보내줄테네. 자, 저 사랑채에 들게.」
 이리하여 외도토리 젊은이는 부자집 머슴이 되여 이튿날부터 들에 나가 밭일을 하게 되였다.
 부자는 대답은 했으나 어딘가 미심쩍어 은근히 그의 뒤를 따라나가 일하는것을 살펴보았다. 보니까 과연 말과 같이 힘도 세거니와 솜씨 또한 날래였다. 김을 맬라치면 남들이 밭머리도 채 긁기전에 호미날에서 번개일듯 번쩍번쩍하더니 풀 한 대 남기지 않고 저쪽 밭머리에 나갔다. 이렇게 허리쉼도 없이 진종일 일하는데 허리 아프다느니 맥없다느니 하는 말 한마디 입밖에 내지 않았다. 게다가 꼴단이나 나무짐 같은것을 지고 들어올 때 보면 등짐이 어찌나 큰지 작은 산이 움씰거리고 움직이는것 같았다.
 부자는 검불속에서 수은을 얻고 땅속에서 진주라도 얻어낸 듯 입이 함박만해서 집식솔들앞에서 제자랑 절반 머슴자랑 절반을 했다.
 「허허… 모두들 내가 깍쟁이여서 머슴으로 오자는 사람이 없다고들 말하지만 어디 들어보게, 내가 어떤 머슴을 두었나.」
 부자는 얼음에 박 밀듯 머슴총각의 일본새를 슬슬 엮어 자랑하는데 말하는 사람도 신이 나서 말했지만 듣는 사람도 옛말같은 말에 정신이 팔려 구수하게 그 말을 들었다. 그중에서도 눈 한번 깜박이지 않고 귀가 솔깃해서 듣는 사람은 그의 딸이였다.
 부자는 갓 마흔에 첫버선이라고 무남독녀 외딸애기를 두었는데 이쁘기로 물찬 제비 같고 꽃본 나비 같았다. 딸은 아버지의 말을 듣고난뒤부터 어인 연고인지 저도 몰래 그 머슴총각을 한번 보고싶었다. 그래서 하루는 아버지 몰래 뜨락을 거니는체하며 사랑방을 훔쳐보았는데 보자는 머슴은 일밭에 나갔는지 보이지 않고 그대신 사랑방앞에 생전 보지도 못하던 각가지 꽃들이 떨기떨기 웃음지으며 향기를 풍기고있고 처마밑에 매단 새초롱속에 이름모를 새들이 청아한 목소리로 우짖고있었다. 이날부터 부자집 딸은 날마다 몰래 나와서 곱게 핀꽃을 보고 웃음짓기도 하고 재갈거리는 새들과 동무하며 노래도 불렀다. 꽃과 즐기고 새들과 동무하며 하루하루 보내노라니 어쩐지 그 머슴총각이 더욱 간절하게 보고싶어졌다.

그러던 어느날 부자집 딸은 오늘은 기어코 그 총각을 보리라 마음먹고 해질녘부터 일밭에서 돌아오는 머슴총각을 기다렸다. 서산에 해가 꼴깍 넘어가자 머슴총각이 구척장신에 산더미같은 짐을 지고 들어서는데 갑자기 눈앞에 태산이 막힌듯하였다. 머슴총각은 짐을 벗어놓고 품속에서 황금같은 꾀꼬리를 꺼내여 새초롱에 잡아넣더니만 이글이글 두눈에 부드러운 웃음을 담고 사랑채로 들어갔다. 그때까지 부자집 딸은 무엇에 홀린것처럼 멍하니 머슴총각만 지켜보며 말뚝처럼 그 자리에 서고만 있었다.

그후부터 부자집 딸은 더욱 자주 나오게 되였고 그러니 머슴총각을 만나는 경우도 자주 생겼다. 처음에는 부끄러워 머슴총각이 허리굽혀 인사하면 머리도 들지 못하던것이 차차 날이 가고 달이 감에 따라 서로 말도 주고받았고 나중에는 머슴총각이 무거운 짐을 지고 들어서는걸 보기만 하면 손에 든 짐을 받아주기까지 하였다. 오는 정이 있으면 가는 정이 있고 정이 깊으면 사랑이 움이 튼다고 머슴총각과 부자집 딸은 서로 사랑까지 하게 되였다.

머슴총각은 진종일 고되게 일하다가도 집에 들어설 때면 혹시 부자집 딸이 자기를 맞아주나 않을가 하여 부랴부랴 집에 들어섰고 부자집 딸은 긴긴 하루밤을 해만 쳐다보다는 해넘어가기 바쁘게 뜨락에 나와서 머슴총각을 맞았다. 저녁이면 머슴총각은 사랑채에서 피리를 불며 부자집 딸을 그리였고 부자집 딸은 련당에서 못가에 비낀 달을 보며 구성진 피리소리를 들었다. 보면 반갑고 보지 않으면 그리워 서로 애타는 가슴만 조였다. 하여 부모량친들이 깊이 잠든 밤이면 부자집 딸은 쥐도 새도 모르게 련당에서 나와서는 머슴총각과 함께 사랑채에서 노닐기도 했고 수양버들 휘늘어진 못가에서 놀기도 했다.

그러나 꼬리가 길면 드러나는 법이다. 어느날 저녁 부자집 딸은 사랑채에

가 놀고 오다가 그만 어머니의 눈에 띄우고말았다. 어머니는 딸이 사랑채에서 나오는걸 보자 깜짝 놀라 말 한마디 하지 못하고 그만 기혼하고말았다. 부자는 대인이요 빈자는 소인인 세상에서 귀한 집 딸이 머슴총각과 좋아하니 기절초풍할 노릇이 아니고 뭐랴. 그러나 어머니는 호랑이같은 남편이 귀한 딸에게 날벼락이라도 안길것 같아서 입을 꾹 다물고 까딱 말을 내지 않았다. 그대신 그 이튿날부터 날마다 남편을 보고 한다는 소리가 머슴총각을 내보내자는 말이였다. 부자는 처음엔 안해가 하는 소리를 듣고 녀편네가 괜히 굴러온 복덩이를 차던지려 한다고 퇴박을 주었지만 두번 세번 꿈결에 혼자 말하는것을 듣고야 그 내막을 눈치채고 당장 안해를 깨워놓고 따지고들었다. 부인은 하는수 없이 딸이 머슴총각과 눈이 맞아하는 사실을 털어놓고야 말았다. 부인의 말을 들은 부자는 도끼를 찾아들더니만 딸이고 머슴이고 다 없애치우겠노라 펄펄 날뛰였다. 그러자 부인이 부자앞을 막아나서며 소리쳤다.

「이…이러지 마세요…제 딸 죽이고 제 허물 드러나면 집안이 망하는데 어쩌자고 맨발로 바위를 차려 하시우?」

「그럼 어쩐단말이요?」

그러니 부인이 목소리를 낮추어 하는 말이

「인젠 날도 밝아오는데 어찌겠어요. 래일밤 단단히 잡도리를 했다가 밤중에 몰래 잡아죽여 저 못에 처넣읍시다.」

라고 하였다. 부자는 그제야 그만 손에 들었던 도끼를 스르르 놓았다.

어느새 해가 뜨고 머슴총각은 또 일밭으로 나갔다. 총각은 밭에 나왔으나 웬 일인지 일이 손에 잡히지 않고 마음이 뒤숭숭했다. 간밤에 부자집 딸이 놀러왔다가 인젠 어머니까지 눈치를 챈것 같은데 아버지까지 알면 큰 야단이니 어서 도망치자고 하던 일이 생각났다. 둘이 함께 도망하면 어디로 가서 어떻게 살며 그렇다고 사랑하는 사람 남겨두고 어떻게 혼자서 떠나가랴. 머슴총각은 눈앞이 그믐밤처럼 어두워 종일 한숨으로 보냈다.

억만가지 갈피잡을수 없는 생각을 하고있는데 어느새 하루해는 까까중머리에 콩알굴듯 서산에 떨어지고있었다. 바로 이때 백마가 먼지를 뽀얗게 일구며 머슴총각을 향해 화살처럼 씽 날아오르고있었다. 백마가 머슴총각앞에 와 멎자 뜻밖에도 말잔등에서 부자집 딸이 뛰여내렸다.

「어서 이 말을 타고 우리 함께 도망하자요. 집으로 돌아가면 그대는 죽는 몸이 돼요!」

「아가씨, 그게 웬 말이요?」

머슴총각은 청천벽력같은 그 소리에 영문을 몰라 물으니 부자집 딸은 어제저녁에 아버지 어머니가 꿍꿍일 하던 일을 자초지종 얘기했다. 머슴총각이 그 말을 듣고

「아가씨, 그대는 귀한 몸이니 비천한 이 인간을 따라 고생함이 당치 않소. 외토리 이내 신세 살아도 죽은거나 다름없으니 두려울것 없소. 내 비록 싸우다 죽기는할망정 잡히지는 않을테요. 아가씨 먹은 마음 변함없거든 우리 이승에서 못맺은 인연 죽어 황천에 가 맺자구려. 자 어서 가소!」

라고 하니 부자집 딸이 무릎꿇고 두손 모아 하는 말이

「사람 사람으로 태여날제 빈부귀천이 따로 없었거늘 그 말씀 당치 않소이다. 소녀 한번 먹은 마음 철석과 같사오니 저승으로 가실라거든 소녀도 함께 데리고 가사이다!」

머슴총각이 들어보니 마디마디 피눈물되여 가슴속에 떨어지며 구곡간장이 찢어지는듯하였다.

이때 저쪽에서 구름처럼 먼지를 일구며 숱한 사람이 말타고 쫓아왔다. 머슴총각은 말없이 입술을 옥물고 눈에 불을 일구며 부자집 딸을 부여안고 풀쩍 말잔등에 뛰여올랐다. 그러자 백마는 기다리기나 했다는듯 뒤발로 땅을 치고 하늘에 솟더니 네굽을 안고 번개같이 내달렸다. 말발굽에서 불꽃이 번쩍번쩍하고 길에 먼지가 뽀얗게 이는데 바로 그뒤에 숱한 말들이 효용하며 쫓아왔다.

앞에서는 머슴총각과 부자집 딸이 탄 백마가 달리고 뒤에서는 부자네가 탄 말들이 뒤쫓아오고있었다. 앞에서 한발 내뛰면 뒤에서는 한발 뛰쫓고 앞에서 채찍을 안기면 뒤에서 박차를 가했다.

그런데 한식경이나 달리니 눈앞엔 넓고 깊은 십리늪이 나타났다. 머슴총각과 부자집 딸은 그 자리에 멈춰섰다. 넘자니 날개가 없어 넘을수 없고 건느자니 늪이 너무 깊어 수중혼이 될 판이였다. 그렇다고 되돌아서자니 그것

은 목을 늘여 칼을 받는거나 다름없었다.

두사람이 가슴을 조이며 망설이고있을 때 부자네가 탄 말들은 발굽소리를 요란히 내며 거의 지척에 다가오고있었고 「이놈 게 섰거라!」하는 부자의 웨침소리까지 들렸다 이렇게 되니 부자집 딸은 하늘을 우러러 탄식하였다.

「하늘도 무심하오. 사랑이 죄가 되여 우리 두사람 천추의 원귀가 되게 되였사오니 창천은 부디 굽어살피옵소서!」

바로 이때였다. 백마가 뒤발로 땅을 차고 하늘공중에 솟으며 천지가 떠나갈 듯 호용을 하더니 단숨에 십리늪을 날아넘어 늪 맞은편 산마루를 콱 박차고 또다시 하늘에 높이 솟아올랐다. 급해맞은 부자는 눈에 달이 올라 연신 말을 채질하다보니 말을 탄채 수중고혼이 되고말았다.

머슴총각과 부자집 딸이 어느곳에 가서 어떻게 금슬지락을 누렸는지는 여지껏 아는 사람이 없다. 그러나 그들이 탄 백마가 땅을 차고 올라간 산언덕에는 그때 그 백마의 발자국이 그냥 그대로 남아있어서 사람들은 그 산을 일컬어 말발굽산이라 부르고 말발굽산에 깃든 전설을 후세에 길이길이 전하였다.

정리: 박창묵

모아산

멀고먼 옛날 모아산은 오늘의 모아산과 그 모양도 전혀 같지 않았고 이름도 달랐다. 그 모양 멀리서 보면 마치 버섯처럼 생겼다고 버섯산이라고 불렀다. 곁에 다가가 보면 사면은 깎아지른 절벽이요 꼭대기는 가름밭로 된 넙적한 청석으로 구멍이 숭숭 났는데 큰것은 수레가 둬대 드나들만큼 크고 작은것은 주먹이 나들만큼 했다. 이런 구멍이 어찌나 많던지 사면이 벌집 같았다. 오뉴월 삼복지간에도 그 돌굴속에서 쓸어나오는 랭기에 몸서리가 치고 때때로 산우에서 구들장같은 돌이 떨어지며 산산쪼각나는 바람에 아무도 감히 그 산기슭으로 가볼 생각을 하지 못했다. 이와 같이 하나의 독버섯 같다고 독심(毒蕈)산이라고도 불렀다.

독심산은 무시로 세전벌에 재난을 가져다주었다. 안개가 푹 낀 날이면 독심산에서는「어라, 쉬ㅡ!」하는 갈도소리 요란하고 뒤이어「삘리리, 쿵작!」하는 풍악소리속에 한무리 사람들이 독교를 메고 나오는데 곧추 령언덕까지 내려왔다. 독교가 언덕에 이르러 멈춰서면 두 궁녀가 받쳐든 일산밑으로 곤룡포를 입은 사나이가 석장을 짚고 부축을 받아내리는데 들판을 휘둘러보고 소리없이 돌아가면 일없어도 만약 석장을 휘두르며 너털웃음을 치고 돌아들어가면 영낙없이 광풍이 휘몰아치고 우박이 쏟아졌다. 그러면 세전벌은 큰 재해를 입었다.

사람들은 이것을 산신의 조화라 여기고 재난을 면케 해달라고 사월초파일 석가여래님 생일날이면 독심산에 굉장한 산신제를 지내군 했다. 그러나 해해년년 산신제를 성심성의로 지냈지만 그 효험이 그리 크지 못했는데 특히 농사가 잘되는 해에 그 피해가 더 심했다.

어느 한해였다.

이해따라 풍우가 순조로와 농사가 아주 잘 되였다. 초복전에 벌써 조는 자당도리를 치고 옥수수는 키를 넘었다. 세전벌에 농사를 지어 처음으로 되는 희한한 농사였다. 그러나 농군들은 독심산을 바라보며 한편 근심이 태산같았다. 그저 산신령님이 돌봐서 제발 무사하기만 바랬다. 이해에 산신제를 특별히 잘 지낸 탓인지 삼복이 지날 때까지 그 곤룡포입은 사나이가 독심산 기슭 령밑까지 여러번 내려오긴 했으나 웬 일인지 재화는 내리지 않았다. 담이 큰 일부 사람들이 먼 곳에 숨어 엿보노라니 그 사나이는 빙그레 웃기까지 했다고 한다. 아마도 농사가 너무도 잘되니 산신령도 기'뻐서 그러는 모양이라고들 했다. 일부 사람들은 그래도 아직 처서가 멀었는데 처서까지 지나가야 시름을 놓을수 있다고들 했다. 그런데 과연 처서까지도 무사했다. 사람들은 그제야 안도의 한숨을 내쉬며 만시름을 놓았다. 인젠 들판의 곡식들이 여물어가기 시작했다. 그런데 바로 처서가 지난 닷새만이였다.

이날 아침은 안개가 어찌나 폭 끼였는지 눈앞도 분간하기 어려웠다. 안개가 껴서 얼마 안되니 갈도소리와 풍악소리가 사십리 세전벌이 떠나가게 요란스레 울리더니 곤룡포 입은 사나이가 독교에 앉아 내려와 온 들판을 돌아보았다. 그러다가 늦은 아침때가 되여 안개가 걷히기 시작하자 그 사나이는 걷히는 안개와 함께 령길을 따라 올라가더니 령우에 오르자 독교에서 내려 일산밑에 우뚝 섰다. 그리고 내리자마자 석장을 휘두르며 미친듯이 웃어대더니 안개가 산봉에서 거의 사라지니 바빠라고 독교에 올라 독심산 제일 큰 굴속으로 들어가버렸다.

불길한 징조라 모두들 선떡을 받은듯 사맥이 풀렸다.

아니나 다를가 한낮이 되여 날씨는 찌는 시루안처럼 무덥더니 독심산너머로 손바닥만한 검은 구름이 동동 떠오더니 어느새 하늘은 먹장구름에 뒤덮이고 천둥소리 요란했다. 뒤이어 광풍이 대작하며 우박이 쏟아지는데 우박이 닭알만큼씩 큰것이 있는가 하면 주먹보다 더 큰것도 있었다. 삽시에 우박은 한자나 되게 내렸다. 그 우박은 또 인차 녹으며 홍수로 변하였다. 그 홍수는 눈깜짝사이에 탐스러운 곡식이 익어가는 들판을 말끔히 씻어갔다. 들판에서는 울음판이 터져 사람들은 땅을 치며 하늘을 우러러 대성통곡하였다.

이때 독심산 령밑 마을에 늘 낡은 삿갓을 쓰고다니며 소를 모는 목동아이가 있었다. 이번 우박바람에 목동이 모는 소떼가 반나마 죽어버렸다.

마음씨 착한 목동아이는 힘이 장사였지만 언제 한번 남들과 싸우는 일이 없었다. 그러나 목동은 언녕부터 독심산의 곤룡포입은 사나이를 미워하며 이 벌판의 화근을 뿌리뽑려고 생각했다. 그러던차 이처럼 큰 재난을 당하고 보니 더는 참을수 없어 눈에 쌍심지를 켰다.

「내 죽는 한이 있더라도 저 고약한놈을 없애버리고말테다.」

목동아이는 밀강도끼를 둘러메고 독심산으로 올리 달렸다. 마을사람들이 미처 말릴새도 없었다.

어느새 싸움이 벌어졌다.

곤룡포 입은 사나이가 투구를 쓰고 갑옷을 입고 장검을 비껴들고 졸개들을 이끌고나와 앙천대소하였다.

「요놈자식, 눈에 비벼넣어도 차지 않을 자식! 다도 크구나! 감히 이 어른과 맞설테냐? 어서 덤벼라!」

목동아이는 도끼를 둘러메고 달려들었다. 그러나 도끼로 찍기도 전에 그 사나이의 장검이 두동강이 나고말았다.

「하루강아지 범무서운줄 모르는구나!」

그러나 말소리가 끝나기도 전에 목동이 벌떡 뛰여일어서는데 신기하게도 목동은 둘이 되였다. 몇번 쓰러졌다. 일어서니 목동은 순식간에 백여명으로 되였다. 이리하여 일대 혼전이 벌어졌다. 고함소리 비명소리 산천을 뒤흔들었다. 목동은 싸울수록 많아져 천여명으로 되였다. 그자는 더는 담당해낼수 없이 굴속으로 도망쳤다. 천여명의 목동도 도끼를 들고 뒤쫓아 들어갔다.

산속에서 함성소리 비명소리 들렸다.

이윽토록 싸우더니 천지를 진동하는 요란한 소리와 함께 독심산이 탁 터졌다. 먼지가 하늘높이 치솟고 바위와 돌들이 산지사방으로 휘날려갔다.

독심산이 터져버리자 함성소리 비명소리도 사라지고 사위는 잠잠해졌다. 얼마간 지나 먼지가 사라지니 독심산은 모양이 변했는데 내려앉아 지금의 모양이 되였다.

사람들은 후에 독심산 기슭에서 목동의 삿갓을 얻어봤다. 사람들은 그 삿갓을 산정에 묻고 목동을 추모했다.

  이때부터 안개낀 날이라도 독심산에서는 아무런 소리가 나지 않았고 세전벌에는 아무런 재화가 덮쳐들지 못했다고한다.

  그리고 사람들은 목동아이와 그의 삿갓이 묻힌 이 산이 멀리서 보면 목동의 삿갓과 비슷하다고 하여 모아산(帽兒山)이라 불렀다고 한다.

구술: 김태섭
정리: 김명한

형제바위

오봉산아래 구수하강기슭에는 나란히 솟은 세 바위산이 있는데 사람들은 이 산을 형제바위라고 부른다. 이 형제바위에는 구슬픈 전설이 깃들어있다.

멀고먼 옛날, 오봉산아래에 있는 한 초가집에서는 홀애비가 세 오누이를 데리고 가난하게 살아가고있었다. 워낙 가난한 살림인데다가 부역에 나갔던 아버지가 허리까지 상하고보니 집안형편은 더구나 말이 아니였다.

어느날 아버지는 세 오누이를 머리맡에 앉혀놓고 이렇게 말했다.

「이 애비탓에 너희들도 고생이 막심하구나. 그러나 아모쪼록 의좋게 지내면서 집살림을 잘 꾸려나가거라.」

이리하여 맏이와 둘째는 밭일을 나가고 누이동생은 집일을 하면서 오누이가 살림을 지탱해나갔다.

그러던 어느날, 새벽조반을 지어먹은 두 형제가 산에 올라 괭이를 휘두르며 묵밭을 일굴 때였다.

맏이가 밭이랑을 짓느라고 괭이를 내리박으니 불이 번쩍하며 괭이날이 도루 튕겨나왔다. 맏이는 무심히 그곳을 파헤쳤는데 눈부신 빛이 번쩍거려 저도 모르게 놀랐다.

「동생, 이게 도대체 뭘가?」

형의 급한 부름소리에 씨를 묻던 동생이 바삐 달려왔다.

「형님, 아무리 보아도 돌맹이는 아닌것 같은데 아버지한테 가지고가서 묻자요.」

둘째가 형의 옷섶을 당기면서 재촉하였다.

형제는 그 돌맹이를 밥보자기에 소중히 싸가지고 와서 아버지한테 보였다. 그런데 그것은 천만뜻밖에도 금덩이였다.

아버지는 두 아들에게 그 금돌을 어디서 주었는가고 묻고나서 그곳에 금줄기가 있음직하니 이제부턴 금캐는 일을 하는게 좋겠다고 말했다.

이튿날부터 두 형제는 금덩이를 팔아 아버지의 병을 치료하는 한편 금캐기에 달라붙었는데 형제가 합심하여 금을 캐니 고래등같은 기와집까지 덩실하게 지어놓고 남부럽지 않게 살아가게 되였다. 게다가 아버지의 병까지 씻은 듯 나으니 집안엔 웃음이 그칠 날이 없었다. 이렇게 되자 아버지는 새 마누라를 얻어들일 생각으로 자식들을 불렀다.

「애들아, 너희 어머니가 세상 뜬지도 벌써 3년이 되였구나. 집안에 너희들의 뒤시중을 들어줄 사람이 없으니 얼마나 고달프겠느냐. 그리고 늙은 나도 인젠 의지할 곳이 있어야겠다. 너희들 생각은 어떠하냐?」

아버지의 말에 세 오누이는 깜짝 놀랐다. 그러나 곰곰히 생각해보면 아버지의 말씀에 도리가 없는것이 아니였다. 그래서 효성스러운 맏이가 그렇게 하는것이 좋겠다고 말하니 두 동생도 찬동하였다.

그런데 아버지가 맞아들인 새 마누라가 요사스럽고 심보 고약한 녀인일 줄은 천만뜻밖이였다. 그년은 놀고먹기만 하면서 세 오누이한테 죽도록 일만 시켰다. 계모의 등쌀에 세 오누이는 첫닭이 울면 산에 올라 금캐기를 해야 했고 금돌을 등짐으로 져다가 밤도와 금방아를 찧어야 했다.

여우같은 계모는 세 오누이가 나이 들고 또 자기한테도 아이가 생기게 되자 이 집 재산을 독차지하여 제자식한테 몽땅 물려주자는 못된 궁리까지 하게 되였다.

어느 하루 계모는 세 오누이를 금캐러 보낸 뒤 돈으로 미리 사들인 살인 백정 세놈을 시켜 세 오누이를 해치게 하였다.

세놈은 세 오누이가 잔디밭에 둘러앉아 점심을 먹을 때 갑자기 덮쳐들었다. 마귀같은 놈들은 검정천으로 세 오누이의 눈을 싸매고 바줄로 팔다리를 동여맨후 산기슭에 있는 깊디깊은 늪에다가 그들을 처넣었다.

불쌍한 세 오누이는 계모의 간특한 계책에 걸려 이렇게 수중고혼이 되고 말았다.

하루가 지나고 이틀이 지났다. 아버지는 아무리 기다려도 세 오누이가 돌아오지 않는지라 미심결에 마누라한테 물었다.

「아니 령감님두, 개들이 금캐기에 재미를 붙인 모양인데 괜히 근심할게 있나요? 이제 금을 많이 캐가지고 올텐데요…」

계모는 아양을 떨면서 거짓말을 꾸며댔다. 마누라만 보면 오금을 못쓰는 아버지는 그 말에 더는 세 오누이를 찾지 않았다.

이듬해 봄이였다. 늪 한복판에 전에 없던 련꽃 세송이가 솟아올라 꽃잎을 펼쳤다. 그 꽃송이는 세 오누이의 얼굴과 신통하였다. 그제야 계모의 작간 인줄을 알게 된 아버지는 세 오누이가 보고싶으면 늘 마누라 몰래 늪가에 나가 눈물을 흘리며 련꽃을 보군 하였다.

이 낌새를 알아차린 계모는 또 숱한 삯군을 내여 늪물을 퍼내고 련꽃을 말려죽일 악독한 궁리를 했다.

삯군들이 퍼내기 시작하여 석달열흘이 되던 날이였다. 갑자기 맑던 하늘에 먹장구름이 밀려들고 번개가 일고 우뢰가 울었다. 련꽃을 없애자고 늪가에서 돌아치던 악독한 계모는 하느님의 징벌을 받아 그만 재가루가 되고말았다.

뒤미처 늪 한복판이 쭉 갈라지며 세개의 큰 바위산이 우뚝 솟아올랐다. 사람들은 원통하게 죽어간 세 오누이의 넋이 고향을 못잊어 바위산으로 되살아났다고 하면서 이 세 바위산을 형제바위라 이름지어 불렀다고 한다.

정리: 황상박

각시바위

지척소에서 북쪽을 바라보면 약 30리쯤 떨어진 곳에 하늘높이 우뚝 솟은 뾰족산이 보인다. 이 산에서 뻗어나간 락타형산등성을 타고 동으로 좀 가노라면 병풍산이 있는데 여기에 사람들이 「각시바위」라고 부르는 바위가 있다. 사람들이 이 바위를 각시바위라고 부르는데는 이런 전설이 있다.

그것은 연길을 지척소라고 부르던 멀고먼 옛날에 있은 일이라 한다.

한창 진달래꽃 붉게 피여 향기를 풍기던 양춘가절에 어느날 백두산 산상봉에서 재운을 타고 한 화상이 자취없이 채영마을에 내렸다. 화상은 등이 구부정하여 룡두죽장을 짚고서 가가호호 찾아다니며 동냥을 했다. 화상의 의포는 수수하나 얼굴에 내린 흰 수염은 풍성히 덮여있어 희한하였다. 말하는 음성은 남달리 우렁우렁하여 그 어딘가 위엄이 있어보이였다. 화상은 이 마을 집집마다 동냥을 마치고 성벽을 한길넘게 쌓고 외따로 있는 큰 고래등기와집을 찾아갔었다.

묘두무늬를 박아 만들어진 큰대문앞에 이르러 「뚝딱, 똑딱」목탁을 다독이며 목소리를 높여 념불을 외우기 시작했는데 이 집을 놓고볼진대 지척소일대에서 첫째가는 호부자요 세도가 컸다. 주인의 성은 리가요 벼슬직함은 정승이라 하여 이일대 사람들은 리정승이라 불렀다. 리정승은 어찌나 욕심이 많았던지 백성들은 개, 닭소리도 성밖에서 사라지게 했고 얼마나 악했던지 날새도 그 집 성안에 날아들지 못했다 한다. 리정승은 백성들을 부려먹기 위해서는 하늘에 대고 이 세상에 낮만 있게 해달라고 빌었다 한다. 그리고 본댁에 첩이 있건만 어디에 고운 녀자가 있다고만 하면 처녀건 과부건 게걸욕심을 쓴다는것이였다.

이날 정승은 뜨락에서 수풀처럼 서있는 쌀뒤주들을 쳐다보다 밖에서 화상의 동냥을 청하는 념불소리를 듣자 대문을 심술궂게 「쾅」소리내며 밀고 나서더니 화상에게 대통을 내저으며 퉁명스레 쏘아붙이였다.

「여보 중, 동냥을 줄게 없으니 어서 물러가오.」

「그러시지 마시고 시주를 좀 하십시오. 이런 부자댁에서 시주를 안하시면 뉘댁에서 하오리까!」

「어허, 그놈이 꽤 추근추근한걸, 부자면 어째? 네덕에 부자냐. 잔말말고 가끔 물러 못갈가.」

금방 화상을 떠밀듯이 대통을 대문가에 대고 두드리며 을러매였다.

그러나 화상은 조금도 기가 꺾이지 아니하고 줄곧 애걸하듯 동냥을 청하였다.

한참동안 거슴츠레해서 가로보고있던 리정승은 무슨 궁리를 했던지 입가에 쓴웃음을 띠우며 화상보고 말을 건늬였다.

「시주를 줄테니 담을 그릇 내놓아라.」

요행 정승의 입에서 시주를 주겠다는 승낙이 떨어지자 화상은 희색이 만면해서 도포소매속에서 자루를 끄집어내주었다.

이윽하여 정승과 하인은 자루밑굽이 불룩한 자루를 들고 화상의 앞에 내놓았다.

화상은 자루를 받아들고 코가 땅에 닿도록 공손히 절을 하고 그 집에서 물러갔다.

이때 광경을 숨어서 지켜보고있던 이 집 한 젊은 녀인이 아무도 모르게 비단치마폭에 눈이 부신 흰쌀을 싸가지고 뒤뜨락문을 빠져나왔다.

보행하여 얼마쯤 갔을 즈음에 화상은 등뒤에서 나는 녀인의 목소리에 몸을 돌려 멈춰섰다.

「스님께서는 이 시주를 받아주세요.」하고 그 화월같은 젊은 녀인은 비단치마폭에 싼 백옥미를 내여드리려고 급히 서둘렀다. 화상은 이 마음씨 착한 젊은 녀인을 눈으로 어루만지듯이 찬찬히 볼뿐 아무 응답도 없었다.

「화상님, 그 자루엔 마른 말똥이 들었는가보이다. 리정승은 심사가 고약해서 그런짓을 했사와요. 시주쌀을 받아주세요.」

화상은 머리를 끄덕이고 흰수염을 쓰다듬더니 한참만에야 조용히 말을 떼였다.

「음, 고맙다. 기특한 색시. 내 어찌 이 자루에 든 말뜽을 모를 리가 있겠느냐…」

화상은 자애에 넘치는 눈으로 색시의 얼굴을 바라보았다.

그러자 젊은 녀인은 본시 한 평민의 집에서 태여났는데 성은 천씨요 이름은 미향이였다. 하도 마음씨 곱고 인물 또한 고와서 이고장 사방 백리를 두고 모르는 사람이 없고 칭찬하지 않는 사람이 없었다.

미향이 몸매가 날씬하여 양류요, 둥근 얼굴은 하늘의 보름달처럼 희맑고 반달눈섭 아래엔 샘물같은 눈이 반짝이고 줄지은 새하얀 이발이 웃을 때마다 드러나 마치도 함박꽃같이 고왔다.

미향의 손재질은 또한 세상에 비할바 없었다. 그가 짠 천은 하늘의 칠색 무지개 세웠는가, 산속의 봉황새 날아예는가 하였고 그가 지은 옥의는 야밤에도 금빛을 뿌렸다.

이렇듯 미향의 인물과 행실, 재주 희한하여 이 일대에서 출중하게 생겼다는 총각들은 저마다 욕심내고 구혼자들이 구름 모이듯 했다. 미향이는 꿀벌같이 근로하고 사슴처럼 선량하며 매마냥 억센 허허대장부 총각과 천상배필을 맺었던것이다. 이 한쌍의 원앙이 록수에 놀고 추월추풍 화원에서 지내더니 귀엽고 총명한 옥동자를 낳았다. 두 부처는 옥동자를 금이야 옥이야 귀히 여기며 살림을 아기자기하였다.

그러던 어느날 끔찍히 사랑하던 랑군이 수자리에 뽑혀갔다. 그런데 한번 간 랑군은 종무소식이였다. 미향은 자나깨나 근심이였다.

이때 벌써부터 미향이에게 눈독을 들인 리정승이 라졸들을 거느리고 성화같이 뛰여들어 미향이를 묶어갔던것이다.

미향의 전후사를 들은 화상은 한탄의 한숨을 세번 쉬였다.

「애, 미향아 고맙다. 예로부터 악한자는 엄벌을 받고 착한자는 상을 받는 법이니라.」 화상은 돌아서려고 하는 미향의 팔을 친절히 잡아당기며 귀에 대고 조용히 일렀다.

「오늘 한낮이 되면 미향이가 지금 있는 땅바닥에서 물이 콸콸 솟아오를 것이다. 아무쪼록 아무에게도 고하지 말고 너는 옥동자를 찾아 업고서 애의 울음소리 내지 말고 병풍산 높은 산등성에 급히 올라가거라. 그리고 한가지 꼭 삼가야 할 일이 있네라. 너의 뒤에서 무슨 소리가 나든지간에 단념코 앞만 향해 가고 뒤를 절대 돌아보지 말것이로다.」

미향은 고개를 숙인채

「화상께선 어디에 계시며 성호는 누구시라 하오이까?」하고나서 머리를 드니 화상은 그림자도 남기지 않고 간데온데없거늘 미향은 공중을 향해 사례하였다.

과연 한낮이 되자 미향이가 있는 집 마루바닥에 큰 구멍이 뚫어지더니 처음엔 안개같은 것이 솟아퍼지고 뒤이어 물이 콸콸 솟기 시작하였다.

미향은 화상께서 시킨대로 곧 옥동자를 찾아 업은채 반달음으로 병풍산을 향해 톺아오르기 시작했다. 그런데 별안간 청청하늘에 난데없는 태풍이 일고 폭우가 쏟아지더니 뢰성벽력이 천지를 뒤흔들었다. 순식간에 리정승이 사는 성안은 푸른물이 차고있었다. 고래등같은 기와집도 푸른 물에 잠겨 자취를 감추었다.

악에 박친 리정승은 미향이의 수작이라고 하면서 하인들을 풀어 말에 올라 긴칼을 빼들고 미향이를 뒤쫓았다.

정승은 미향이를 찍으려고 긴칼을 들었다. 아찔한 찰나에 태풍이 세차게 불어 정승과 하인들은 추풍에 락엽인양 뒤로 굴러가고 미향은 태풍의 힘을 얻어 산으로 살같이 오르고있었다. 악이 잔뜩 박친 정승과 하인들은 또 발악적으로 덮쳐들었다.

이때였다. 별안간 굉장히 큰 벼락소리가 귀전을 쳤다. 그순간 미향은 놀라 화상의 당부도 감쪽같이 잊고 문뜩 뒤를 돌아보았다. 걸음이 약간 늦추어졌다. 된소리에 혼비백산했던 정승은 더 악에 차 칼을 추켜들어 미향의 머리를 찍으려했다.

「악!」

미향은 혼비하여 일시에 모진 소리를 쳤다.

이 순간 그의 몸은 옥동자에게 젖을 물린채 바위로 변했다.

정승의 칼이 바위에 닿자 긴칼은 두동강이 났다. 동강이난 칼은 하나는 정승의 목을 자르고 다른 하나는 하인들의 목들을 잘라 동댕이쳤다.

그때 쾅쾅 솟던 물은 연집장이 되여 연길벌을 적시며 지금껏 유유히 흐르고 있다.

미향의 착한 덕행으로 하늘이 도와 잘살게 된 이 고을 사람들은 미향이를 기념하여 이 바위를 「각시바위」라고 명하였다.

「각시바위」는 지금까지 푸른 하늘을 떠이고 우뚝 솟아 전설을 전해가고 있다.

구술: 김룡길
정리: 김룡덕

구룡바위

　두만강물길을 따라 룡정현 백금을 지나 30리가량 내려가느라면 두만강을 한입에 삼킬듯 물결우에 불쑥 솟은 바위돌 볼수 있다. 이고장 사람들은 이 바위를 구룡바위라고도 부르고 룡바위라고도 부른다.
　먼 옛날 이곳에는 남편을 여의고 두 아들과 함께 어려운 나날을 보내는 녀인이 살고있었다.
　남편이 돌아간 그날부터 부자집에서는 문지도리가 닳게 빚받이를 다녔다. 하지만 입에 풀칠하기조차 어려운 형편에 어디 가서 돈을 구하여다 빚을 물어준단말인가.
　그지없이 가난한 이 녀인한테서 아무것도 짜낼수 없다는것을 알게 된 부자는 청지기를 보내여 추상같은 호령을 내렸다.
　「나으리께서 새집을 짓겠는데 너희들더러 빚대신 백두산의 천년 묵은 홍송을 바치랍신다. 이 대들보감을 이레동안에 가져다바치지 못하면 두 아들을 잡아갈테다.」
　실로 청천벽력이였다. 남편을 잡아먹은 이 마귀굴에 두 자식을 들여보낼 일을 생각하니 온몸에 소름이 쭉 끼치였다. 하여 어머니는 화김에 그만 몸져눕게 되었다.
　저녁에 어머니한테서 사연을 들은 두 아들은 주먹을 부르쥐였다.
　「어머니 걱정하지 마십시오. 우리들이 그 빚을 꼭 갚고야말겠습니다.」
　두 아들은 백두산으로 가서 홍송을 찍어 떼를 무어오겠다고 하였다.
　「얘들아, 그건 안된다. 어른들도 감히 엄두를 내지 못하는 일을 너희들이 어떻게 하겠다고 그러느냐? 해보지도 못하고 물길도 모르면서…」
　어머니가 굳이 말려도 두 아들은 행장을 꾸려가지고 어머니에게 공손히 절을 올린후 길을 떠났다.
 백두산에 찾아간 그들은 아름드리 홍송을 베여서 떼를 열두동강이나 무었다. 형은 가래질하고 동생은 샷대질하면서 떼를 타고 마을로 돌아오기 시작하였다.
 굽이를 돌고 여울턱을 지나며 물을 따라 내려오는 그들은 가슴이 한없이 부풀어올랐다. 이 떼목을 끌고 가면 어머님병도 고치고 빚도 물고 새옷도 지어입고… 황홀한 꿈을 지닌 그들은 노래가 절로 나왔다.

> 어야디야 가래를 지어라
> 백두산의 홍송이로다.
> 어야디야 샷대질 하여라
> 이 떼를 몰고가면
> 병든 어머니 웃으며 반긴다
> 어야디야 어서 가잔다.

 두 형제를 실은 떼가 나리밭골 굽이를 에돌고 함박골어구도 무사히 지나갔을 때였다. 래일이면 마을앞에 떼를 붙이리란 기쁨으로 두 형제는 가슴이 설레였다.
 그런데 이때 갑자기 저 멀리에서 젖빛안개가 자욱하게 내려앉더니 그들이 몰고가는 떼목으로 몰려들었다. 두 형제는 한치 눈앞도 가려볼수 없었다. 이럴 때면 떼군들은 떼머리에다 푸짐한 제상을 차려놓고 대가리 아홉이 달린 성난 룡왕한테 두손을 모아 빌어야 한다. 하지만 빈주먹밖에 없는 그들은 제상을 차릴수 없어 빈손으로 비는수밖에 없었다.
 「인자하신 룡왕님께서 불쌍한 우리 형제를 보살펴주옵소서!」
 빈주먹으로 비는 그들을 내려다보던 룡왕은 성이 상투밑까지 치밀어올랐다. 그는 대노하기 시작하였다. 뽀얗게 내려오던 안개는 졸지에 대줄기같은 비줄기로 변하였고 찰랑이던 물결은 한길씩 뛰여오르며 울부짖었다. 가랑잎처럼 이리저리 밀리우던 열두동강 떼는 눈깜짝할 사이에 산산히 흩어지었다.

구사일생으로 강기슭에 헤여나온 두 형제는 땅을 치며 통곡하였다. 생각할수록 눈앞이 캄캄한데 어머니의 가냘픈 숨결소리가 귀전에 들려왔다.

「애들아, 딴 방도가 없구나! 한평생 남의 머슴질하기보담 한다리를 잃더라도 룡왕님께 빌어 어머니를 모시고 한뉘 마음편히 살아가는것이 나올것 같구나!」

그러자 형이 먼저 자기 오른쪽 넙적다리를 찍어서 제상을 차리고 룡왕님께 빌자고 하였다. 그리고는 도끼를 동생한테 넘겨주었다. 그러니 동생이 제다리를 찍어 제상에 쓰자면서 도끼를 도로 형한테 넘겨주었다. 그들이 시퍼런 도끼를 서로 밀며 옥신각신할 때였다.

비가 억수로 쏟아지던 하늘에서 번개가 번쩍이고 천둥이 울더니만 밝은 해살이 눈부시게 쏟아져내렸다. 순간, 두 형제가 고개를 번쩍 쳐들고 하늘을 쳐다보니 칠색무지개발이 룡왕의 목덜미에 사정없이 내려꽂지 않았겠는가! 감사납게 으르렁거리던 육중한 룡은 맥없이 꼬리를 서너번 휘젓더니 가쁜 숨을 몰아쉬는것이였다. 아름다운 선녀들이 칠색무지개를 타고 내려와 흩어진 홍송들을 주어모아 차곡차곡 열두동강 떼를 묶느라고 물우에서 날아다니고있었다. 떼가 무어지자 떼꼬리가 그들쪽으로 서서히 다가왔다. 그들은 얼른 떼우로 뛰여올라가 선녀들한테 고맙다는 인사라도 하려고 하였다. 두 형제가 제각기 삿대도 집고 가래대도 집자 선녀들은 새하얀 명주천 팔소매를 날리며 무지개를 잡아타고 하늘로 날아오르는것이였다.

이리하여 형제가 무사히 떼를 몰고 집으로 돌아와보니 부자와 청지기는 벼락을 맞고 급살하였었다. 대가리 아홉인 룡도 하느님의 천벌을 받고 바위로 굳어지고말았다. 그 바위가 바로 지금의 구룡바위이다. 바위에는 큰 구멍이 있는데 그것은 룡의 눈알자리이고 강물우에 솟은 바위는 룡의 짝 벌린 웃아가리라고 한다.

구술: 김명호
정리: 황상박

뽕나무와 가래나무

룡정시 팔도구에서 삼도만으로 통하는 대통로를 따라 약15리가량 가면 길 오른켠쪽에 깊숙한 골짜기가 나진다. 이 골짜기 량켠에 길길이 자란 뽕나무와 키넘은 가래나무를 두고 이런 이야기가 전해진다.

먼 옛날, 나라에서는 침노하는 외적을 막으려고 변경 일대에는 높은 성벽과 튼튼한 진지를 쌓기로 하고 숱한 민부를 동원시켰다.

사처에서 뽑혀온 민부들은 낮에 밤을 이어가며 일손을 다그쳤다.

어느날 임금은 신하를 거느리고 한창 일손을 다그치고 있는 변경 공사장을 친히 돌아보고저 시찰길에 올랐다.

무더운 삼복 불볕아래 숨막히는 어가에 앉아 달포간 먼길을 가고보니 임금은 차라리 자기 발로 씨엉씨엉 걷기보다 더 나은것 같지 않아 아예 신하들의 권고도 뿌리치고 도보로 걸었다.

산을 넘고 강을 건너 걷다나니 임금도 신하들도 로독이 나고 배에서는 무시로 밥 달라는 꼬르륵소리가 그칠새 없었다.

신하들이 엇갈아 임금에게 더위를 덜어드리느라고 부채질을 하였으나 덮쳐드는 임금의 초기만은 막아낼 방도가 없었다. 떠날 때 가지고 온 식량도 이젠 거덜이 났던것이다.

얼굴이 백지장같이 새하얗게 질린 임금은 이젠 배고프다 못해 손가락 하나 까딱할 맥도 나지 않았다.

임금이 먼길에서 초기를 만나 길가에 드러누워 아주 일어나지 못하는 날에는 함께 수행한 신하들의 머리가 그냥 붙어있을리가 만무하였다. 하여 신하들은 더는 시간을 늦출수가 없었다. 그래서 두리번두리번 사방을 살펴보는데 이때에 골짜기 길량켠 수풀속에서 이름모를 새들이 갖가지 아름다운 소리로 울고있었다.
 그중 어느 한 새소리가 하두나 정답게 들려오는지라 임금도 고개를 돌리게 되었다.
「꾀꼴, 꾀꼴…」
 들을수록 임금은 정신이 들었으며 새소리가 유정하게 안겨왔다. 임금은 다리쉼을 멈추고 자리에서 일어나 이 새소리가 나는 쪽으로 수풀을 헤쳐나갔다.
「꾀꼴, 꾀꼴…」
 새노란 황금같은 새가 잎새푸른 나무가지에 앉아 목청을 다듬고있다가 갑자기 낯선 손님이 나타나자 그만 놀라 푸르릉 하늘높이 날아가버렸다.
 헌데 황금새가 날아오르는바람에 그 나무에서 그 무엇이 뚝 떨어지기에 다가가보니 맛이 좋았다. 임금은 즉시 신하들을 불렀다.
「여봐라, 어서 저 나무에 올라가 열매를 따오도록 하여라!」
 임금은 황금새가 앉았던 나무를 가리키며 말하였다. 신하들이 그 나무를 살펴보니 과연 작은 대추알같은 열매들이 수없이 열려 가지마다 휘여질 지경이였다. 신하들이 그 나무에 올라가 따온 열매로 시장기를 누른 임금은 그제야 두눈에 정기가 돌고 온몸에 새힘이 솟는듯하였다.
 이 이름모를 열매로 시장기를 말린 임금 일행은 또다시 시찰길에 올랐다.
 변경일대의 시찰을 마치고 궁정에 돌아온 임금은 끼니마다 산해진미로 만포식을 하였지만 서울에서 몇천리 떨어진 외진 골짜기에 먹던 그 나무의 열매만은 도무지 잊을수가 없었다.
 그때 황금새가 앉았던 나무의 열매가 아니였더라면 시찰은 고사하고 진작 객사하였을지도 몰랐을것이다.
 일년후였다.
 한창 나라일에 바삐 돌던 임금은 시절을 놓칠세라 신하들을 불렀다.
「여봐라, 때는 한창 여름철이라 지난해 시찰길에 만났던 그 나무를 어찌 잊을수가 있겠느냐? 그 나무의 열매로 시장기를 껐으니 내 오늘 그 나무의 은공을 잊지 않으련다.」
 임금은 자기가 친히 「구왕수」라고 석자를 쓴 월계관을 신하에게 주면서 그 산골짜기에 서있는 나무에 씌우도록 하였다. 이렇게 해서 백성들이 함부로 그 나무를 다치지 못하고 잘 보살피게 하려는것이였다.

임금의 령을 받은 신하들은 말을 타고 그 나무를 찾아 먼길을 떠났다. 며칠낮 며칠밤을 걸어 겨우 이 산골짜기에 이른 신하들은 숲속에 서있는 이 나무 저 나무를 살살히 눈박아보았다. 그런데 이리 보고 저리 봐도 열매가 달린 나무라곤 눈에 띄우질 않았다.

「왜 열매모양을 물어보지 못했을가? 이럴줄 알았더면 나무의 생김새를 그려달라고 했을걸.」

임금께서 찾아보라는 그 나무를 찾지 못한 신하들은 초조해서 어쩔줄 몰랐다. 그러는 새 어슬어슬 땅거미가 기여들어 또 하루밤을 길가에서 지내게 되였다.

그런데 이튿날 아침 안개낀 숲속에서 문뜩 「꾀꼴, 꾀꼴…」하는 새울음소리가 들려왔다. 신하들이 급히 다가가보니 새는 진작 간 곳이 없는데 그 주위에 열매가 주렁진 나무 두대가 둥을 두고 서있었다.

「임금님께서는 황금새가 앉았던 나무라고 하셨은즉 틀림없이 이 나무일것이오이다!」

한 신하가 좋아하며 말했다.

「그러하오나 열매가 열린 나무가 두대이니 도대체 어느 나무에다 월계관을 씌우겠소이까?」

다른 신하가 말했다.

그때 그곳에 선 나무는 곧게 자란 뽕나무와 사처로 마구 가지를 뻗치며 자란 가래나무였는데 두나무 다 열매가 있은탓으로 임금께서 말씀하신 나무가 어느것인지 누구도 알길 없었다.

이때 보지 않던 새 한 마리가 숲속에서 「포르릉!」하고 날아와서 가래나무 가지에 앉았다. 이걸 본 신하들이 또 말을 주고받았다.

「비록 황금새는 아니오나 보지 않던 새가 날아와 앉는걸 보니 저 나무임에 틀림이 없소이다!」

이리하여 신하들은 임금이 준 월계관을 가래나무에 씌우게 되였다.

임금이 친히 보낸 월계관을 보란듯이 머리에 쓰게 된 가래나무는 그때로

부터 가지를 곧게 뻗으면서 고개를 뻔뻔스럽게 쳐들게 되였다

　뽕나무는 자기곁에서 남의 영예를 빼앗은 가래나무를 보니 점점 밸이 꼬여났다. 기실 임금의 초기를 말린 열매는 뽕나무에 열린 오디였던것이다.

　그후부터 꼿꼿하게 자라던 뽕나무는 밸이 꼬여 가지를 사방에 뻗치며 마구 자라게 되였는데 새파랗던 오디는 붉디못해 새까맣게 되였다고 한다.

정리: 황상박

매 미

　룡정시 백금향 소재지에서 두만강을 거슬러 약 15리가량 올라가노라면 강물을 끼고있는 장벽같은 바위가 나타난다. 그 맞은켠에 버들숲이 우거져있다. 여름이면 이 숲에서 맴, 맴 맴… 하는 매미의 자지러진 울음소리를 들을수 있다.
　처량히 들려오는 매미의 울음소리를 두고 이 고장 사람들은 이런 이야기를 전하고 있다.
　멀고 먼 옛날, 조선 황해도 송천땅에 지주집 머슴노릇을 하는 한 젊은 부부가 살고있었다.
　낮에 밤을 이어 들이대는 지주집일이 어찌도 가혹했던지 허약해진 남편은 견디여내기가 어려웠다. 그렇지만 매일 일을 끝마치고 돌아오는 저녁길이면 어둠이 깃든 돌담 풀속에서 맴, 맴, 맴… 하고 울어대는 매미가 일에 지친 그를 위안해주군 하였다.
　어느날, 근근득식으로 살아가는 이들 부부의 가정에는 귀염둥이가 태여났다. 하지만 가난에 쪼들릴대로 쪼들린 애어머니는 젖이 말라붙어서 갓난애는 한사코 울기만 하였다.
　지주집에 가서 두부망질을 해주던 남편은 이마에 흐르는 땀방울을 팔소매로 훔치면서 이렇게 생각하였다.
　「이걸 가져다 아기어미에게 끓여주면 젖이 좀 나잖을가?」
　남편은 사위를 둘러보다가 가만히 비지를 옷섶에 싸가지고 집으로 돌아왔다. 그런데 한창 비지를 지질 때였다. 갑자기 뜨락에 사립문이 바사지는 소리가 나며 부산스러운 발자국소리가 들려왔다.
　일이 심상치 않다고 여긴 남편은 제꺽 가마의 비지를 가마후령에 쏟아넣은후 가마를 제대로 걸어놓았다.
 뒤이어 지주놈의 개다리들이 들이닥쳤다.
「이녀석아, 비지는 왜 가져왔느냐? 엉?」
「전 모릅니다. 무슨 비지를 가져왔다고 그러십니까?」
 남편은 전혀 모르쇠를 놓았다.
「이자식, 무슨 대꾸질이냐? 된맛을 보지 못하였구나!」
 개다리들은 집안의 가장집물을 닥치는대로 마스기 시작하였다. 한창 끓던 가마도 산산히 박산나고 텅 빈 오두막엔 설음만 차넘쳤다.
「여보세요. 어서 지주가 없는 곳으로 떠나자요. 하루를 살아도 맘 편히 살아야죠.」
 피골이 상접한 안해의 가느다란 목소리를 들으며 남편은 누데기보짐을 꾸리였다. 그날 밤 그들 내외는 정든 고향, 때묻은 집뜨락을 나서는 두 내외의 가슴은 칼로 오리오리 에이는듯 아파났다.
 바로 이때였다.
 맴, 맴, 맴… 하고 고요한 밤정적을 깨뜨리며 매미의 울음소리가 한없이 구슬프게 들려왔다.
「여보세요, 저 풀벌레가 어쩌면 저리도 유정하게 울까요?」
「아마 우리를 떠나보내기 아쉬워서 우는가보오. 참 기특한 미물이지.」
 안해의 말에 남편은 이렇게 대답하면서 풀숲을 헤치고 그 매미를 조심히 붙잡아서 등에 진 쪽박안에다 넣었다.
 그들 내외는 산을 넘고 강을 건너 마침내 두만강역에 이르게 되였다.
 헌데 악독한 지주놈이 풀어놓은 개다리들이 몰래 뒤를 따라나설줄이야 누가 알았으랴!
「이놈, 게 섰거라! 도망을 가면 어디까지 갈테냐, 웅? 그래 네 아비때 진 빚은 갚지도 않구 뺑소니칠 작정이냐?」
 개다리녀석들은 성난 승냥이마냥 으르렁거렸다.
「가긴 제가 어디로 가겠습니까? 살자리를 보려고 나섰지요.」
 남편의 음성은 떨렸다.
「무슨놈의 대꾸질이냐? 어서 되돌아서지 못할가?」

흐름 세찬 두만강 푸른 물결을 눈앞에 두고 그들 내외는 악독한 지주개다리놈들한테 붙잡히게 되었다.

「강물에 빠져죽더라도 마귀같은 네놈들의 손에는 걸려들지 않겠다!」

젊은 내외간은 모진 마음을 먹고 사품치는 두만강에 몸을 던졌다.

물우에는 새노란 쪽박만이 둥둥 물결따라 흘러갔다.

매미를 담은 쪽박은 강 건너 버들숲에 닿았다. 매미는 쪽박에서 기여나와 버들숲에 올랐다. 그때의 매미가 오늘까지도 불쌍한 젊은 부부를 그리면서 울고 또 운다고 한다.

정리: 황상박

놋쟁이굽

　도문에서 서남쪽으로 두만강을 거슬러올라가면 백룡이라는 오붓한 마을이 있는데 거기서 다시 약 2~3리쯤 더 올라가면 물결 세찬 두만강굽이가 있다. 사람들은 이곳을 놋쟁이굽이라고 한다.
　먼 옛날 이고장에서는 한 빈한한 놋그릇장사군이 살고있었다. 그는 여러가지 놋그릇을 쪽지게에 가득 지고 두만강을 넘나들며 팔거나 쌀과 바꾸어 련명하고있었다.
　늦가을 어느날, 놋그릇장사군은 또 노란빛이 반짝이는 놋쟁반, 놋식기, 놋숟가락 등을 쪽지게에 가득 지고 두만강을 건느게 되였다.
　물곬을 손금보듯하는 놋그릇장사군은 예나 다름없이 강북쪽개버들숲을 향해 작시미를 지팽이로 삼고 강물에 들어섰다.
　정갱이까지 오는 강물은 뼈속까지 스며들었으나 이제 이 놋그릇들을 팔아 몸져누운 안해의 병을 고치고 돌맞이 어린것에게 옷견지라도 사입힐것을 생각하니 온몸에 힘 솟구쳤다. 이윽고 강둔덕에 올라선 놋그릇장사군은 놋지게에 작시미를 받쳐놓고 한참동안 숨을 돌리였다.
　놋장사군이 바위틈 옹달샘에 갈린 목을 추키고 돌아설 때였다.
　난데없는 회오리바람이 일더니 놋지게를 허망 들어올렸다가 뚝아래 강물속에 처넣었다! 하느님도 무심하였다.
　빈털터리가 되여 집으로 돌아갈 생각을 하니 눈앞이 캄캄하였다. 놋그릇장사군은 정신을 잃고 그 자리에 쓰러졌다.
　얼마나 지났는지 갑자기 「남풍 불어라!」, 「북풍 불어라!」 하는 소리에 깨여나보니 귀여운 노랑새 한 마리가 머리우에서 재잘거리고있었다. 아무리 귀담아들어도 그것도 새소리 같지 않았다.

「귀여운 새야, 넌 지금 무슨 말을 하고있느냐?」
놋그릇장사군이 이렇게 묻자 노랑새는 포르르 뚝너머로 날아가는것이였다. 놋장사군의 눈길은 노랑새가 날아가는 쪽으로 옮겨졌다.
강뚝아래의 나루터에서는 배사공들이 한창 물건을 나르고 있었는데 주인이 「남풍 불어라! 북풍 불어라!」하며 중얼거리고있었다.
(옳지, 회오리바람은 저놈들의 조화였구나!)
두손으로 무릎을 탁 치며 일어난 놋장사군은 그 즉시로 작시미를 손에 들고 고을의 원님한테로 달려갔다.
놋그릇장사군의 말을 듣고난 원님은 즉시 라졸들을 시켜 그 주인을 불러들였다.
「여봐라 듣거라. <남풍 불어라. 북풍 불어라!>하면서 바람을 몰아왔기에 저 사람의 놋지게가 돌개바람에 강물속에 처박혔은즉 당장에서 놋그릇값을 갚도록 하여라!」
원님의 명이라 누가 감히 거역하랴.
이렇게 되여 놋그릇장사군은 돈을 푸짐히 쥐였는데 사람들은 그 때로부터 이 강굽이를 놋쟁이굽이라고 불렀다 한다.

구술: 박상룡
정리: 황상박

좁쌀꽃

　구수하 맑은 물을 젖줄기 삼아 오붓하게 모여앉아 사는 우리 겨레들은 먼 옛날부터 두리봉기슭에 하얀 「좁쌀꽃」이 피여날 때면 꼭꼭 모내기를 시작하군 했다. 그러면 그해는 영낙없이 대풍년이 들었다고 한다. 어찌하여 이곳에 「좁쌀꽃」이 생겨났고 좁쌀꽃이 필 때 모를 내면 또 어째서 풍년이 드는가? 여기에 이런 이야기가 전한다.
　멀고 먼 옛날 구수하강반에 작은 산간마을에 늙고 병든 어머니가 아들 하나를 데리고 근근득식으로 살아가고있었다.
　일찍 남편을 잃은 어머니는 봄이 오면 다 해진 짚신을 신고 싸리나무광주리를 옆에 끼고 민들레꽃 피여나는 산언덕에서 산나물을 뜯어다가 주린 창자를 달랬고 가을이면 령너머 산속에 가 산열매를 뜯어다가 하루하루 연명해갔다.
　이렇게 가난하게 지내는 살림살이였지만 어머니는 오뉴월 땡볕에 오이 자라듯 아들이 날마다 커가는 것을 볼 때마다 아무리 험한 고생이라도 달갑게 겪고나갈 새힘이 솟아나군 하였다.
　찌는듯한 삼복 불볕아래에서도 삯김매기에 뜨거운 땀방울을 흘리였고 칼바람 휘몰아치는 삼동추위에도 삯빨래하기에 손을 얼구었으며 밤이면 삯바느질에 장밤을 꼬박 새우군 하였다.
　이처럼 어머니는 갖은 고생을 마다하지 않고 한푼두푼 모은 돈으로 땅마지기를 마련하여 아들에게 넘겨주면서 이렇게 말하였다.
　「얘, 아들아, 땅을 제 살결처럼 중히 여기면서 벼농사를 잘 짓기만 하면 가히 남부럽잖게 살아갈수 있느니라. 그러니 이제부터라도 농사일을 빈틈없이 착실하게 배우도록 하여라.」

하지만 아들은 어머니 말씀을 귀등으로 흘러보냈다. 외동아들이라고 너무 귀엽게 자래워서인지 아니면 조상의 산을 잘못 쓴 탓인지 어려서부터 어머니의 말이라면 마이동풍으로 여기는 아들이였다.

하긴 어머니는 하나밖에 없는 아들이라고 금이야 옥이야 키우면서 여직껏 잔소리 한번 한적이 없었고 아들을 위해 온갖 정성을 몰부어왔었다.

아들이 입맛이 떨어져 수저를 들지 않을 때면「애야, 넌 왜 요즘 그렇게 수척해가느냐?」라고 하면서 상우에다 물고기 반찬을 갖추어놓았고 때론 품팔이삯전으로 소고기도 사다가 끓여주었다.

아들의 몸에 조금이라도 신열이 나면「애야, 뭐니뭐니해도 몸이 튼튼해야 커서 일을 잘할수 있느니라.」라고 하면서 어머니는 깊은 산에 들어가서 약초를 캐다가 달여먹였으며 옷이 좀만 페여져도 새옷을 갈아입히군 하였다.

하지만 아들은 어머니의 검은 머리카락이 어찌하여 그토록 새하얗게 세여지고 두손등은 왜 거북등처럼 갈라터지고 손가락이 왜 솔뿌리같이 되였는지 꼬리만치도 몰랐고 또한 알려고도 하지 않았다.

어느덧 아들의 뼈마디가 참나무옹이처럼 단단하게 되였다.

어느 하루 어머니는 다시금 아들을 불러놓고 타일렀다.

「애야, 이 에미 몸이 갈수록 못해가는구나. 아마 인젠 별수 없이 네가 대신 들일을 도맡아해야 할것 같다.」

어머니는 아들의 손에 쟁기를 쥐여주며 뜨거운 눈물을 떨구었다. 그러나 쟁기에 얼룩진 어머니의 눈물자국이 채 마르기도전에 아들은 밭머리에다 쟁기를 내동댕치고 정자나무그늘밑에 벌렁 누워 낮잠만 잤다.

「소털같이 많은 날에 하루쯤 일하지 않아도 별일 없겠지. 래일로 미루어 하자.」

이렇게 게두덜거리며 아들은 좀체로 일하려 하지 않았다.

그러니 어머니는 아들이 짓는 논농사가 걱정되여 봄이면 남먼저 벼종자를 담그라고 잔소리를 하였고 벼종자가 싹이 트기전에 어서 모판을 잘 다져놓으라고 닥달을 하였다.

하지만 나이가 점점 많아짐에 따라 아들은 그저「네, 네, 그렇게 하구말구요. 걱정마십시오!」라고 어머니앞에서 곧잘 대답은 하였으나 속으로는「흥,

어머닌 젊어서 하루를 놀면 늙어서 보약 열첩을 쓰는것보다 낫다는 도리를 모르는구나!」하고 코방귀를 뀌였다.

그러다보니 아들은 여직 벼와 돌피도 가려낼줄 몰랐다. 이리하여 가을이 면 다른 집들에서는 땡땡 여문 낟알을 거두어 들였지만 유독 그만은 쭉정이 농사를 면치 못하였다.

어느덧 가을이 가고 겨울이 지나가고 새봄이 와서 벼모철에 들어섰다. 어느날 어머니는 솔뿌리같이 엉성한 손가락으로 파뿌리같이 흰 머리카락을 맥없이 뒤로 쓸어넘기며 아들을 간곡히 타일렀다.

「애야, 농사일이란 절기가 있는 법이니라. 그러니 실농군이 되려면 철을 놓치지 말아야 하느니라.」

그리고 며칠밤을 두고 궁리한 끝에 자기의 흰 무명치마자락을 찢어 나무대기에 동여 처마밑에 내걸어놓고 말했다.

「애야, 보았느냐? 어머니가 이 흰치마쪼각을 처마밑에 내걸면 모낼 때가 된것이니 시작해야 하느니라. 그리고 날마다 어머니가 이 천쪼각을 내린 뒤에야 일터에서 돌아와야 하느니라.」

그날부터 아들은 어머니의 말씀대로 흰천쪼각을 바라보며 첫새벽부터 저녁늦게까지 논에 나가 모내기를 다그쳤다. 헌데 하루는 그토록 곱도록이 일을 잘하던 아들이 이른 보리저녁때에 집으로 돌아왔다.

병석에 누워있던 어머니가 웬 영문인지 몰라 간신히 벽을 짚고 일어나 퇴마루에 나가보니 처마밑에 세워둔 흰 천쪼각을 동여맨 나무대기가 바람에 날려 마당에 자빠져있었다. 어머니는 마당에 나가 넘어진 나무대기를 다시 세웠다. 그러니 아들은 할수 없어 또 일터로 나갔다.

이와 같이 며칠 일하고나니 아들은 그만 힘들고 일에 싫증이 났다. 아들은 어머니가 처마밑에 내건 흰 천쪼각이 더없이 밉살스러웠고 자기가 마치 그 흰 천쪼각 때문에 일하는것처럼 생각되였다.

이튿날 아들은 일하러 가는척하며 문을 나서자바람으로 처마밑에 내건 흰 천쪼각을 잡아빼여 땅바닥에 내동댕이치고 강가에 나가 해종일 고기잡이를 하였다.

저녁때에 아들이 고기다래끼를 들고 집에 들어서는걸 본 어머니는 너무도 기가 막혀 따지고물었다.

「애야, 너 일은 하지 않고 어디로 갔댔느냐?」

「고기잡이를 갔댔습니다. 어머니, 밖에 나가보세요. 흰 천쪼각이 없지 않나요?」

어머니는 너무도 어이없이 더 말이 나가지 않았다.

아들이 이처럼 애먹이는바람에 어머니의 병은 갑자기 심해져 그만 이세상을 떠나게 되였다. 어머니는 림종을 앞두고 마지막숨을 몰아쉬며 아들에게 부탁하였다.

「애야, 내가 죽으면 우리 논밭이 내려다보이는 저 두리봉기슭에 날 묻어다오.」

추석날이 되었다. 남들은 백옥같은 이밥을 지어가지고 부모산소에 제 지내려 갔으나 아들은 새노란 조밥을 가지고 어머니 산소로 가는수밖에 없었다. 아들은 어머니 묘에 대고 말하였다.

「어머니, 이 게으르고 불초한 자식을 용서하십시오. 또 농사를 잘못 지어 제상에 조밥을 놓았습니다.」

그제야 잘못을 뉘우친 아들이 목놓아 통곡하며 어머니를 불렀으나 한번 가신 어머니는 다시 되돌아올줄 몰랐다.

가을이 가고 겨울이 가고 또다시 새봄이 와서 모내기철이 되였다. 어느날 아침이였다. 사립문밖에 나선 아들이 얼결에 두리봉기슭의 어머니 산소를 쳐다보니 어머니 산소등에 꼭마치 흰 천쪼박이 걸려있는것 같았다. 아들이 천방지축 달려가보니 어머니 무덤곁에 전에 본적없는 이름모를 꽃나무가 자라났는데 흰 좁쌀알같은 작은 꽃송이가 무더기로 피여있었다.

「어머니, 저승에 가셔도 이 아들 시름을 놓지 못해 흰꽃을 피워 일깨워주시는구만요. 어머니, 곧 모내러 가겠으니 안심하십시오!」

아들은 흐르는 눈물을 옷자락으로 훔치러 그길로 모내러 나갔다.

이른봄의 랭기가 뼈속까지 스며들고 허리가 부러질 지경으로 아파났지만 아들은 참고견디며 정성껏 모를 내였다. 이리하여 가을에는 백옥같은 입쌀밥을 지어 어머니 산소에 제사까지 지내니 마을사람들이 모두다 칭찬하였다.

그 이듬해부터 아들은 명심해서 두리봉기슭 어머니 산소의 그 꽃나무에 좁쌀알같은 하얀 꽃이 필 때면 철을 놓칠세라 모를 내군 했는데 그러면 가을에 가서 영낙없이 대풍이 들었다.

후날 사람들은 이 두 모자의 이야기를 전하면서 이름모를 그 꽃을 좁쌀꽃이라 불렀다고 한다.

정리: 황상박

천보산의 보화

아주 먼 옛날에 천보산에는 금과 은이 수없이 매장되여있었다 한다. 그런데 지금 이 광산에서 동과 연, 아연만을 캐내니 여기엔 신기한 전설이 깃들어있는것이다.

천보산아래에 자리잡고있는 한 마을에는 늙은 어머니를 모시고 가난하게 살아가는 동철이라는 젊은이가 있었다.

어느해 봄, 산에 가서 나무를 하던 동철이는 풍경이 아름다운 낯선 곳에 이르게 되였는데 그곳에서 강물에 마주앉아 꽃사발을 씻고있는 아릿다운 처녀를 보게 되였다.

그런데 처녀는 그만 꽃사발 하나를 강물에 떨구어 급급히 건지려다가 발을 빗디디며 강물에 빠져들어갔다.

동철이는 쏜살같이 달려가 강물에 뛰여들어 물속에 허우적거리는 처녀를 구해냈다.

생명의 은인을 만난 처녀는 자기는 산신령의 딸 영자라는것과 계모의 학대에 늘 어지러운 일들을 한다는 신세를 하소연했다.

이때로부터 총각은 날마다 처녀를 만났던 곳에 가서 나무를 하였다. 그런데 달포가 지나도록 처녀는 그림자도 얼씬하지 않았다.

그러던 어느 하루 동철이가 나무를 해놓고 흘러가는 강물을 하염없이 바라보며 영자를 그리고있는데 갑자기 등뒤에서 정다운 부름소리가 들려왔다. 영자가 왔던것이다.

동철이가 너무 기뻐 어쩔줄 모르는데 영자는 「래일 아버지께서 저의 목숨을 구해주신 오빠에게 은혜를 갚겠다고 하오니 꼭 와주세요.」라고 하면서 산으로 들어가는 비결을 알려주고는 긴 치마폭을 날리며 흰구름처럼 사라졌다. 잠시후 밀림속에서 영자의 목소리가 메아리쳤다.

「천보산에 금과 은이 많고 많은데 오빠께서 무엇을 좋아하시겠는지요? 꺼리시지 않거들랑 내 말 들어요. 탁상우의 무쇠가마를 달라하세요.」

이튿날 점심때에 동철이는 영자가 시켜준대로 산에 올라갔다. 돌문이 드르렁 열리는대로 안에 들어서니 그곳은 오색이 령롱하고 금빛이 번쩍였다.

무슨 요구가 있는가 하는 산신령의 물음에 동철이는 작은 무쇠가마를 달라고 하였다.

산신령이 망설이자 계모가 인차 나서서 상우의 무쇠가마를 동철에게 뿌려주며 「가져가오. 가져가!」하고는 동철이를 돌문밖으로 밀어냈다.

밖에 나와보니 가마는 온간데 없고 동철의 앞에는 아릿다운 영자가 빙그레 웃고 서있었다. 이리하여 동철이와 영자는 그날 저녁으로 백년가약 맺고 부부로 되였다.

「발없는 말이 천리를 간다.」고 천보산에 금, 은이 많다는 소문은 부자 정패천의 귀에까지 들어갔다.

그놈은 동철이를 핍박하여 산으로 들어가는 비결을 알아낸후 다음날 꼭두새벽에 수레 여든한대에 우마를 메워가지고 백여명의 라졸을 거느리고 천보산으로 들어갔다.

욕심스레 금, 은을 수레에 싣는것을 보고 대노한 산신령은 령을 내려 돌문을 닫아버렸다. 하여 정패천과 라졸들은 몽땅 산속에 갇혀 죽어버리고말았다.

그놈들의 피와 살이 썩어 눈부시던 금덩이는 빛을 잃고 구리(銅)로 변했으며 백설같이 희던 은덩이도 재빛안개가 끼여 연과 아연으로 변했다.

그리하여 천보산에서는 금과 은대신 동과 연, 아연을 캐내게 되었다고 한다.

정리: 룡명

매바위

옛날도 옛날 천보산부근에 한 젊은 포수가 살았다.

어느해 가을 그는 장가를 들게 되였는데 색시를 금방 데려다놓고 큰상을 받길 때였다. 난데없는 매 한 마리가 씽 하고 날아들어오더니 첫날상에 놓여있는 고추를 물린 수탉을 넙적 채가지고 달아났다.

그러자 잔치집에는 일대 소동이 일어났다.

「저놈의 매를 잡아죽이고 닭을 도로 앗아와야 한다. 그러지 않으면 이 집은 물론 온 마을에 큰 재앙이 떨어지게 된다.」

로인들의 말을 들은 새신랑은 얼른 활을 메고 매를 쫓아갔다.

그런데 매는 수십길이나 높이 날아올라 까만 점이 되여 떠가고있었다. 그래서 신랑은 도무지 활을 쏠수가 없었다.

신랑은 기회를 노리며 매를 따라가는수밖에 없었다.

이렇게 가고 가고 또 기다리보니 어느덧 산고개 셋을 넘고 강을 세개나 건너게 되였다.

바로 그때였다. 인젠 별일 없으리라고 생각했던지 매란놈은 산정에 쏙 내려앉는것이였다.

신랑은 얼른 시위를 당겼다.

잉- 하고 첫 화살을 날리자 뒤미처 찍- 하는 소리가 났다. 또 한살을 날리니 익- 하는 소리가 났다. 다시 또 한살을 날리니 뻑- 하는 소리와 함께 매는 입에 물었던 통닭을 뚝 떨구고 그 자리에 쓰러지고말았다.

신랑이 뒤를 따르던 사람들은 환성을 올렸다.

우악스러운 매는 두눈과 주둥이에 화살 세대를 맞고 숨을 거두었다.

이때 산뒤에서 준수하게 생긴 로인 한분이 나타났다.

「여보게 젊은이, 자넨 정말 장한 일을 했네. 이놈의 매인즉 동해바다 룡궁의 악한인데 오늘 신부의 닭을 앗아먹었더라면 진짜 요귀로 되여 이 천보산을 천재산(千災山) 만재산(万災山)으로 만들어버렸을거에. 다행히 자네가 잡아죽었기에 인젠 이 고장이 화를 면하고 유복한 고장으로 되였네.」

신랑은 하도 신비스러워 「네, 그렇습니까? 그런데 로인님은 어데 계십니까?」 하고 물으니 그 로인은 「허허, 그건 물어서 뭣하나?」 하고는 온데간데없이 사라졌다.

마을사람들은 명포수인 신랑을 높이높이 받들어 모셔다가 신부와 함께 다시 상을 받게 하였다.

이로부터 천보산 호선당마을 서남골에는 큰 매바위가 생겨났으니 그때 신랑의 화살에 맞아죽은 매가 그대로 바위로 굳어진것이라 한다.

구술: 리항백
정리: 리룡득

장수발자국

룡정시 삼합진에 가면 두만강기슭에 한왕산이 있는데 한왕산의 멍석만큼 한 돌판우에 두어자가량되는 발자국이 찍혀져있는것을 볼수 있다. 사람들은 돌판우에 새겨진 이 발자국을 장수발자국이라고 하면서 다음과 같은 이야기를 전하고있다.

먼 옛날이이였다. 해마다 4월 8일이면 이 고장에서는 소녀를 잡아다가 재물로 바쳐야 했다. 이를 어길 때면 뿔이 난 흉악한 악마가 조화를 부려 왕가물이 아니면 장마가 들게 해서 한해 농사를 망쳐버린다는것이였다. 그바람에 벌써 10년째나 열명의 꽃같은 소녀들이 생죽음을 당하게 되였다.

이렇게 되니 마을의 끌끌한 장정들은 더는 참을수 없어 손에 쟁기를 들고 악마와 싸우러 떠났지만 한사람도 돌아오지 못했다.

또 4월이 다가왔다. 이번에는 병들고 늙으신 아버지를 모시고 근근득식 살이기는 삼녀라는 외동딸이 악마의 제물로 붙잡혀갈 차례였다.

래일이면 초파일날이였다. 삼녀는 밤을 패가며 마지막으로 아버지의 옷 건지며 신발을 정성껏 손질해놓았다. 첫닭이 홰를 치자 삼녀는 쏟아지는 눈물을 닦으며 밖으로 나갔다.

「마을사람들을 위해 이 한몸 죽는것은 한이 없사오나 병들고 늙으신 아버지는 어이 살아가실고?」

초파일날, 한낮이 되여서 삼녀는 제관에게 끌려 제단에 올랐다. 죽음을 앞두고서도 불쌍한 아버지를 못잊어 「아버지! 아버지!」라고 애절하게 부르는 삼녀의 웨침소리는 사람들의 간장을 찢어놓는듯 하였다.

드디여 강심에서 제물을 기다리던 악마는 참다못해 물갈기를 일으키며 강기슭으로 뛰쳐나와 삼녀를 끌고 들어가려고 하였다.

「사람 살려요! 사람 살려요!」

멍석돌우에서 꼬니를 두던 한왕이 애처로운 소리에 와뜰 놀랐다. 한성에 진을 치고 쳐들어오는 적을 무찌른 한왕은 시찰길에 이곳을 지나다가 다리쉼을 할겸 멍석돌우에 앉아 꼬니를 두던참이였다.

한왕이 귀를 강구고 들어보니 틀림없는 소녀의 비명소리라 그는 장검을 빼들고 발을 구르며 소리나는 쪽으로 몸을 날리는것이였다. 한왕은 악마의 정수리를 향해 장검을 내리찍었다. 칼소리는 천둥이 우는듯 했고 악마의 뿌드득 이가는 소리는 벼락치듯 요란했다. 하지만 한왕의 장검에 목이 날아난 악마는 또다시 몸뚱아리를 머리에 붙여가지고 결사적으로 달려들었다.

한왕은 필생의 힘과 칼부림재간을 다해서 허궁 몸을 날려 련속 열두번이나 내리찍었다.

구사일생으로 살아난 삼녀는 그제야 정신이 들어 치마폭에 마른모래를 싸다가 끊어져나가는 악마의 몸뚱아리마다에 치고 뿌리고 하면서 은인을 도와 나섰다.

열두동강이 난 악마는 끝내 끝장을 보고야말았다.

한왕의 앞에 무릎을 꿇고 앉은 소녀는 뜨거운 눈물을 흘리며 몇번이고 절을 올렸다.

이날 악마를 족칠 때 남긴 한왕의 발자국은 오랜 세월과 더불어 비바람에 씻겨 없어졌지만 멍석돌우에 찍힌 발자국만은 지금까지 남아있다.

그때로부터 이고장 사람들은 악마의 시달림에서 벗어나 시름놓고 잘 살아가게 되였다고 한다.

정리: 황상박

적암동

 맑고 푸른 구수하반에 오봉이라는 마을이 있다. 오봉마을 동쪽령에 올라서면 우중충 치솟은 붉은 바위를 볼수 있다. 이 바위밑에는 적암동(赤岩洞)이라는 동굴이 있다. 아래에 이 적암동에 대한 전설을 들어보기로 하자.
 멀고먼 옛날이였다. 이 마을 부자집에는 머슴을 사는 무던한 총각이 있었다. 머슴살이 신세인지라 그에게는 눈물과 한숨뿐이였다.
 그러던 어느해 늦겨울, 그날도 머슴총각은 땔나무를 하려고 산으로 갔다. 한동안 나무를 베고나니 총각은 몸이 녹작지근해서 섶나무에 기대앉아 잠들어버렸다.
 그런데 백발이 성성한 웬 로인이 지팽이를 짚고 총각앞으로 다가왔다. 풍채좋고 인자한 그 로인은 웃음을 머금고 이렇게 말했다.
 「젊은이 고생하누만. 어서 나를 따라 저리로 가세.」
 총각은 로인을 따라 바위꼭대기에 올라갔다. 로인은 시쌩이로 바위를 톡톡 세번 내리짚는것이였다. 바위에는 여기저기에 작은 홈타기들이 패워졌다.
 「젊은이 여름철에 비가 내리면 이 바위에 와보게. 홈타기마다에 금가루가 붙어있을거네.」
 말을 마친 로인은 안개속으로 사라졌다. 머슴총각이 놀라 화닥닥 깨여나보니 꿈이였다.
 여름철 어느날 비가 내렸다. 총각은 꿈에서 보았던 그 로인을 생각하며 바위로 가보았다. 과연 바위의 홈타기마다에는 새노란 금가루가 붙어있었.
 머슴총각은 금가루를 팔아 땅도 사고 쌀도 사고 새집 짓고 마음착한 안해까지 맞아들여 오붓한 살림을 꾸렸다.
 발없는 말이 천리를 간다고 이 일을 알게 된 마을의 부자놈은 총각을 찾아왔다. 무던한 총각은 자초지종 이야기해주었다. 집으로 돌아온 부자놈은 이날부터 하늘을 쳐다보며 비가 오기를 고대하였다.

그러던 어느날 하늘에 먹장구름이 낮추 드리우고 우뢰가 울더니 소나기가 쏟아져내렸다. 욕심이 굽빠진 항아리 같은 부자놈은 마름을 불러내여 정과 마치를 들고 한달음에 바위우로 올라갔다.

「비야 비야 금비야, 많이 많이 내려다 큰 홈타기 파고판다. 금가루는 남을 주고 금덩이만 나를 달라.」

부자놈은 소리까지 먹여가며 바위의 여기저기에 깊고 큰 홈들을 팠다.

그런데 한참후 「꽝꽈르르」하고 귀청을 터질듯한 천둥이 울고 번개가 번쩍이더니 바위속에서 암장이 확 솟구쳐올랐다. 쇠물같은 암장은 대뜸 욕심쟁이 부자놈을 휘말아갔다.

그후부터 마을사람들은 붉은 암장이 솟구친 이 동굴을 적암동이라 불렀는데 그때 금가루가 뿌리여나간것이 지금의 오성산 금줄기라고 한다.

정리: 황상박

금망아지

룡정시에는 유명한 팔도금광이 있는데 이 금광의 유래를 두고 치호네 부부가 금망아지를 얻은 전설이 전한다.

어느해 봄이였다.

치호네 부부는 오송산 양지비탈에서 뙈기밭을 일구고있었다.

한창 억척스럽게 팽이질하던 치호의 처 금녀가 「아!」하고 와뜰 놀라며 일손을 멈추었다.

「아이유, 꽃도 고와라.」

금녀를 넌지시 바라보던 치호는 심드렁해서 안해에게 말하였다.

「난 또 뭐라구, 그까짓 꽃을 가지고.」

「아이참, 당신은 그저…」

금녀는 눈을 곱게 흘기곤 무릎을 꿇고 앉아 손으로 조심조심 꽃뿌리를 파헤쳤다. 집에 떠다가 옮겨심을 직징이였다.

「이 꽃이 무슨 꽃일까요?」

「나도 모르겠소.」

치호는 시답잖게 대꾸하며 꾸뻑꾸뻑 제앞을 파나갔다.

하루일을 끝치고 저녁에 꽃을 안고 돌아와서 마당가에 심던 금녀는 꽃뿌리에 매여달린 흙속에서 망아지모양으로 된 누르스름한 돌망아지 하나를 발견하였다. 금녀는 그것이 하도 깜찍스러워 주어가지고 집에 들어와 베실로 목을 매여 세살나는 아들에게 놀음감으로 주었다. 그랬더니 아들놈은 신바람이 나서 베실을 가로타고 올리뛰고 내리뛰며 말타는 놀음을 놀아대였다.

하루이틀 이렇게 삿자리우를 끌고 다니는바람에 돌망아지곁에 끼였던 때들이 차츰 벗겨지기 시작하였다.

그러던 어느날, 치호네 집으로 저녁마실을 왔던 석수쟁이 로인이 그 돌망아지를 집어들고 이리저리 살펴보더니 치호한테 물었다.

「자네 이 놀음감을 어디서 얻었나?」

「저 오송산에서 파온 꽃뿌리흙속에서 주었습니다.」

「오송산에서?」

로인은 놀라며 재차 물었다.

「네, 그런데 어째서 그러십니까?」

치호는 로인을 의아쩍게 바라보았다.

석수쟁이로인은 10여년 떠돌아다니며 석탄도 캐보고 쇠돌도 캐보고 금도 일어본 로인이였다.

로인은 치호의 물음엔 대답도 하지 않고 그 돌망아지를 등불에도 비춰도 보고 손톱으로 긁어도 보고 화로불에 달구어도 보더니만 벌떡 일어나 덩실덩실 춤을 추며 웨쳐대였다.

「이건 금망아질세! 금망아지! 우리 동네로 금망아지가 이사왔으니 대통운이 틔였네!」

그리하여 이튿날 온 마을의 남녀로소가 떨쳐나서 오송산에 올라가 팽이로 파고 절구로 찧고 물로 씻고 함박으로 일고 불로 구으며 금을 캐느라고 법석이였다. 그날 그들은 또 노다지를 얻고 큰 잔치를 베풀었다.

그때로부터 팔도 오송산에서 금을 캐기 시작하였다 한다.

정리: 신명건

낭자바위

룡정시 삼도향 낭장지에서 북장지로 가는 신작로를 걷다가 오른편 산기슭을 바라보면 신기한 낭자바위가 우뚝 솟아있다.

오가는 사람들은 이 바위를 볼 때마다 머리를 뒤로 꽁진 랑자(색시)가 귀여운 젖먹이를 업고 서서 아득한 하늘가를 바라보며 그리운 님을 애타게 기다리고있는듯한 감을 느끼군한다. 기실 이 바위에는 눈물겨운 이야기가 깃들어있다.

먼 옛날에 한 젊은 부부가 이 골안에서 오붓한 새살림을 꾸리고 살아가던 때였다. 한번은 서울에서 부역에 나갈 민부를 뽑아올려보내라는 급령이 내렸다. 그런데 뜻밖에도 이 마을 민부의 등록장엔 그 남편이름도 적혀있었다.

남편은 고을 원을 찾아가 딱한 사정을 아뢰며 이번만은 부역을 면제시켜다라고 애걸하였으나 원은 듣는둥마는둥 하였다.

「여보, 슬퍼말고 내가 돌아오는 날꺼지 꼭 기다려주오.」

부득불 남편은 부역으로 끌려나가게 되자 부부는 하염없이 흐르는 뜨거운 눈물을 삼키며 이 산기슭 오솔길에서 생리별을 하지 않으면 안되였다.

그후 안해는 귀여운 귀동자를 보게 되였다. 아버지의 얼굴을 똑 떼여닮은 귀동자를 안고 볼수록 안해는 먼길 떠난 랑군님이 애틋이 그리워졌다.

그때마다 안해는 랑군님을 바래드리던 이곳으로 와서는 남편이 몸성히 돌아오기를 손꼽아 기다렸다.

그런데 랑군님이 돌아오리라던 그 기일을 헤아려보며 오늘일가 래일일가 하고 기다려도 남편은 소식이 감감하였다. 그래도 안해는 한가닥 희망을 안고 이곳에 와서 내내 기다렸다. 하지만 달이 가고 해가 바뀌여도 남편은 끝내 돌아오질 않았다. 그 안해는 귀동자를 업은채 랑군님을 애타게 기다리못해 그만 그 자리에서 바위로 굳어지고말았다.
 그리하여 후세사람들은 이 바위를 가리켜 「낭자바위」라 이름지어 불렀다고 한다.

정리: 황상박

거북산(1)

 도문에서 두만강을 거슬러 30리가량 올라가면 석건평이 있다. 사람들은 이곳의 서산을 거북산이라고 부른다.
 옛날 한 두메산골에 지주집 부엌데기로 있던 시봉이와 삯나무군 건도가 서로 사랑을 속삭이였다. 하지만 지주의 박해로 성사될수 없게 되자 남몰래 약속하고 밤도와 도주하였다. 달포가량 걷고걸어 그들은 잡초가 무성하고 인적없는 이곳에(지금의 석건)와서 자리잡았다.
 그들은 먼 산에 가서 나무를 찍어다 오두막을 지었다. 풋나물로 연명하는 그들의 생활은 구차했으나 금슬만은 좋았다.
 하루는 남편이 잡아온 두어뽐 되는 송어를 끓여놓고 먹으려는데 갑자기 밖에서 문 두드리는 소리가 들려왔다. 문을 여니 백발이 성성한 로인이 지팽이에 의지하여 서있었다.
 로인은 천리밖에 있는 아들집으로 간다면서 하루밤만 묵어가자는것이였다. 건도는 제꺽 밖에 나가 로인을 부축해 집으로 안내하였다. 시봉이는 자기네도 먹어보지 못한 송어를 통채로 로인께 대접하였다. 로인은 초기들었는지 눈깜짝할 새에 송어 한마리를 다 먹었다.
 「인젠 살아났군. 요새 주막마다 물고기가 없어서 전굶이를 했네. 난 물고기라야 때를 에우니깐.」
 이렇게 말한 로인은 수염을 내리쓰다듬으며 얼굴에 웃음을 담았다.
 이튿날 새벽에 젊은 내외간은 송어잡으러 나갔다. 돌아오니 로인은 그냥 자고있었다. 아침식사를 마친 로인은 「로독이 들어 더는 갈수 없구만. 아무래도 자네들 신세를 더 져야겠네.」하고 말하였다.
 로인의 말이 떨어지게 바쁘게 내외는 이구동성으로 찬성하였다.
 「할아버지께서 우리를 친자식처럼 믿어주신다면 우리는 감지공친하겠습니다.」

 그후부터 건도는 날마다 물고기를 잡아오고 시봉이는 나물을 캐들여 로인을 대접하면서 극진히 보살폈다.

 하지만 로인의 기력은 점점 못해갔다. 나중에는 변소출입도 하지 못하였다. 젊은 내외는 강에 가서 물고기도 잡아오고 산에 가서 약초도 캐여다 달여 대접하면서 로인을 공대하였지만 병은 별로 낫지 않았다.

 이듬해 봄이 왔다. 하루는 로인이 젊은 내외간을 불러앉혔다.

 「난 자네들의 효성을 잘 아네. 자네들은 꼭 행복하게 살아야 하네. 그러자면 산을 병풍처럼 둘러 광풍도 우박도 막은후 물을 끌어들여 농사를 지어야 하네. 종자두 있어야 하구.」

 늙은이는 말을 마치자 하늘을 쳐다보며 몇마디 중얼거리고는 손벽을 착착착착 네번 쳤다. 그러자 순식간에 천지개벽이 일어났다. 없던 병풍산이 둘러서고 맑은 강물이 흐르고 큰항아리엔 벼종자가 골똑했다.

 「허허, 이만하면 어떻소?」

 젊은 내외는 꿈같은 현실에 두눈이 휘둥그래졌다가 차츰 정신을 가다듬고 로인한테 연신 절하였다.

 「난 기실 세속의 늙은이 아니라 동해의 거북신이네. 나를 잊지 않으려거든 저산에 치성이나 올리게.」

 젊은 내외가 감지덕지하여 재차 절하고 머리를 드니 로인은 온데간데없이 사라졌다. 하여 그들은 로인의 가리켜준 산에다 날마다 치성을 드렸다. 보름이 못되여 산에서 커다란 바위가 불쑥 솟아올랐다. 하늘을 향하여 곧게 빼든 머리, 우물정자로 무늬진 잔등… 새로 솟은 바위는 신통히도 산 거북같았다.

 그후부터 시봉이와 건도는 자기들 마을이름을 저들 이름첫자를 따서 시건이라 부르고 우박을 막는 높은 산은 자기들 이름 두 번째 자를 따서 봉도령이라 불렀다. 그리고 거북신이 앉아있는 서산을 거북산이라 불렀다. 하여 시건은 풍채, 수재, 한재를 모르는 곳으로 되였고 젊은 내외는 행복하게 살았다 한다.

정리: 최원련

거북산(2)

먼 옛날 두망강변에 늙은 어부가 홀로 고기잡이를 하며 외롭게 살아가고 있었다.

마음씨 착한 어부는 물고기를 잡아서는 가난한 마을사람들에게 얼마씩이라도 나누어 주군 하였다. 마을사람들도 찰떡이나 술이 생기면 늙은 어부를 청해가군 하였다.

어느 하루 어부가 고기그물을 당겨보니 가마뚜껑같은 거부기 한마리가 걸려나왔다. 백발이 되도록 이처럼 큰 거부기는 본적없는지라 어부는 여간만 희귀치 않았다.

그런데 거부기가 눈물을 흘리고있는지라 어부가 물었다.

「너는 왜 구슬픈 눈물을 흘리는거냐?」

「저는 동해바다 룡궁에서 사나이다. 이고장 산천경개 아름답다는 얘길 듣고 부모님 몰래 구경나왔다기 길을 잃고 이처럼 그물에 걸렸나이다.」

거부기의 대답이였다.

「음, 몹시 기다리겠구나. 물길을 따라 곧추 내려가거라. 그러면 집에 닿게 될거다.」

며칠이 지난 뒤였다. 어부 강가로 나와보니 거부기가 모래톱에서 기다리고있었다.

「안녕하옵니까. 저는 당신께서 구해준 거부기이옵니다. 은혜를 갚고저 선단묘약 한알을 가져왔사오니 어서 받으소서.」

어부가 극구 사양했지만 거부기는 기어이 어부에게 약을 자시라고 하였다. 늙은 어부는 거부기가 준 약을 먹은후 힘이 솟고 젊어지는것만 같았다.

늙은 어부가 장생불로약을 먹었다는 소문이 부자놈의 귀에 들어갔다.

부자놈은 졸개들을 거느리고 어부네 집으로 찾아가서 거부기를 내놓으라고 호통쳤다. 어부가 듣지 않으니 부자놈은 졸개들을 시켜 어부를 꽁꽁 묶어 강에 처넣게 하였다.

물에서 놀던 거부기가 어부의 시체를 발견하게 되었다. 복수하자고 다짐한 거부기는 마을에 올라와서 사연을 알아보았다.

부자놈의 작간임을 알게 된 거부기는 야밤삼경에 부자놈의 집에 기여들어 잠에 곯아빠진 부자놈의 목을 물어죽였다.

그리고는 늙은 어부를 양지쪽언덕에 묻고 석달열홀 흙을 파서 무덤을 높이높이 쌓았다.

어부의 무덤을 누가 파갈가봐 거부기는 매일 무덤꼭대기에 기여올라가 지키였는데 나중엔 그만 무덤과 함께 산으로 굳어지고말았다.

그후 마을사람들은 어부와 거부기의 덕성을 널리 전하면서 이 무덤산을 거북산이라고 불렀다 한다.

정리: 한정춘

장수동

해란강하류에 자리잡은 룡정시 석정향 서북쪽 츠렁바위중턱에는 장수동이라는 굴이 있는데 여기에는 이런 이야기가 전해지고 있다.
먼 옛날, 이고장에는 마음씨 착하고 어여쁜 꽃분이네와 힘이 장수같고 부지런한 석돌이네 두집이 살고있었다. 꽃분이와 석돌이사이에 남모르게 사랑이 싹트기 시작하였다.
헌데 꽃분이 어머니가 약 한첩 못써보고 병으로 돌아가자 꽃분이는 백지주네 빚값으로 끌려갔다. 꽃분이와 백년가약을 맺은 석돌이는 너무도 분하고 억이 막혀 백부자를 찾아갔다.
「나으리님, 도대체 꽃분이네 갚아야 할 빚이 얼마나 됩니까?」
「그래 얼마면 네깐놈이 그 숱한 빚을 갚아준단말이냐? 흥, 어림두 없지…」
「나으리님, 제가 꼭 갚겠나이다.」
그 말에 한동안 생각을 굴리던 부자놈은 코웃음치며 말했다.
「좋다. 저 츠렁바위에 맞구멍을 뚫도록 하여라. 그것두 백날을 기한으로 하란말이야. 알아들었겠지.」
부자놈의 말에 가슴이 섬찍해났건만 꽃분이를 찾아올수만 있다면 하늘에 올라가 별을 따온다 해도 해내고싶은 석돌이였다.
이튿날부터 석돌이는 정과 마치를 가지고 츠렁바위에 구멍을 뚫기 시작했다.
달포가 지나가는 동안 정날은 무디여졌고 메자루도 여러번 갈아대야 했으나 석돌이는 쉼없이 끈질기게 달라붙어 구멍을 뚫으며 안으로 들어가고 또 들어갔다.
하루, 이틀… 한달, 두달… 날이 가고 달이 갈수록 절벽바위의 돌구멍은 안으로 깊어만 갔다.

그동안 심보 고약한 백부자는 고개너머 고부자에게 높은 값으로 꽃분이를 팔아먹었다.

석돌이가 굴을 뚫기 시작한지 꼭 백날이 되는 날 저녁이였다.

「쫘르릉!」

요란한 소리와 함께 석돌이 눈앞에는 검붉은 먼지구름이 확 피여올랐다. 이윽고 정신을 차리고보니 이상하게도 츠렁바위중턱에 맞구멍이 휑하니 뚫어져있었다.

석돌이는 너무도 기뻐서 정신없이 그 굴속으로 곧추 달려들어갔다. 굴속으로 달리고 달리던 석돌이는 어느새 고래등같은 기와집 뒤뜰로 들어서게 되였다.

그런데 뜻밖에도 휘늘어진 버드나무밑에 맥없이 주저앉아 어깨를 들먹이며 울고있는 꽃분이를 발견하게 되였다. 석돌이는 저도 몰래 소리쳤다.

「꽃분이, 내가 왔소!」

「아니, 석돌오빠!」

「이게 꿈이요, 생시요? 빨리 몸을 피하시오. 큰일나겠소.」

「빨리 가자요!」

석돌이는 꽃분이의 손목을 잡고 부자네 집뜨락을 빠져나와 앞으로 달리고 또 달리였다.

이 일을 안 고부자는 마름들을 시켜 석돌이와 꽃분이를 뒤쫓게 하였다. 그러나 석돌이와 꽃분이를 막 붙잡으려는 순간 「꽝-쫘르릉!」 요란한 소리와 함께 마름놈들은 벼락에 맞아 죽어버렸다.

한많은 세상에 태여난 석돌이와 꽃분이는 굴속으로 들어간채 다시는 마을로 내려오지 않았다.

석돌이와 꽃분이는 굴속에서 말라죽을지언정 백부자나 고부자놈들의 시달림을 받지 않으려고 굳게 다지였던것이다.

그후부터 굴속에서는 맑디맑은 샘물이 흘러나왔는데 사람들은 그 샘물을 두고 세상을 통탄하여 흘린 석돌이와 꽃분이의 눈물이라고 하였다.

그리고 사람들은 석돌이가 장수같은 힘으로 뚫은 굴이라하여 이 굴을 「장수굴」이라 불렀다 한다.

정리: 황상박

독교봉과 미인산

동불사와 로투구 변계에는 우람진 산 하나가 가로누워있는데 사람들은 그 모양의 도끼같다고 하여 도끼봉이라 부른다. 기실 그 산모양은 독교봉이다 독교봉옆에는 또 미인산이라는 산이 있는데 이 두 산을 두고 전해지는 이야기가 있다.

옛날 이 근방의 한 마을에 이팔청춘이 되도록 문밖에 나가보지 못한 규수가 있었다. 한두해도 아닌 열몇해를 골방에서 보내다가 하루는 부모에게 청들어 독교를 타고 소풍하러 나갔다.

때는 한여름이라 수풀이 우거졌고 산새들의 노래소리가 구성지였다. 난생처음 당하는 황홀경에 매혹된 소녀는 독교에서 내려 애들마냥 풍풍 뛰며 나비잡이도 하고 풀잎을 뜯어 향기도 맡으며 한껏 뛰놀다가 아예 옷을 훌훌 벗어던지고 물홈에 들어가 미역을 감았다. 시간 가는줄도 모르고 기껏 목욕한 그는 독교 왼편 양지쪽에 누워 소르르 잠이 들었다. 해가 지고 달이 지고 새날이 와도 그는 깰념을 않고 그냥 군잠이 들었다. 세월은 그를 깨울념도 않고 흘러갔다. 소녀와 독교는 점차 돌로 굳어지고말았다.

그후 독교는 점점 자라나서 오늘의 독교봉으로 되였고 그 옆에 봉긋한 젖가슴을 드러내고 잠든 소녀는 미인산으로 되였다.

그후 독교봉이란 이름은 사람들에 의하여 구전되면서 도끼봉으로 되었다.

정리: 김성훈

노루바위

　세전이벌 막끝에서 남쪽으로 7, 8리가량 골짜기로 들어가노라면 돌돌돌 옥같이 맑게 흐르는 내물을 옆에 끼고 신통히도 노루처럼 생긴 바위가 우뚝 솟아있다. 이 고장 사람들은 이 바위를 노루바위라고 부르면서 이런 이야기를 전하고 있다.
　아주 멀고 먼 옛날 이곳에는 병든 홀어머니를 모시고 고생스레 살아가는 효자아들이 있었다.
　효자아들은 아버지 생전의 빚을 갚으려고 어린 몸에 꼭두새벽부터 저녁 늦게까지 지주집 농사를 지어주는 한편 짬짬이 약초를 캐다 어머니 병구완을 해주군 하였다. 그런데 험한 산을 오르내리면서 좋다고 하는 약초를 다 캐여다 대접하였으나 어머니의 병세는 좀처럼 차도가 보이지 않았다.
　그러던 어느 하루는 이 마을을 지나가던 의사 한분이 어머니의 병을 보더니만 어머니 병엔 사향이란 약을 써야지 다른 약은 모두 소용없다고 알려주는것이였다.
　이튿날 효자아들은 물푸레나무로 활을 만들어 메고 사향노루를 잡으러 수림이 우거진 앞산골짜기로 들어갔다.
　며칠째 험한 령을 넘어다니며 수림을 헤쳐보았으나 사향노루라고는 그림자조차 보지 못하였다. 어린 나이에 몹시 지친데다가 사향노루새끼 한 마리 보지 못하니 아들은 맥이 탁 풀려 진대나무통에 기대여앉아 쉬게 되였다.
　「사향노루를 잡지 못하면 어머님을 구할수 없는데 어머님 없이 어린 이 몸은 어떻게 살아갈고?」
　아들이 이런 생각을 하며 저도 모르게 한숨을 쉬는데 갑자기 무엇이 나무숲을 헤치고 나오는 소리가 와작와작 났다.

효자아들이 바짝 정신을 차리고 보니 누런 놈이 어슬렁어슬렁 내려오는데 늙은 호랑이였다. 호랑이는 내려오다가 갑자기 멈춰서서 몸을 쪼그리고 두 발톱을 잔뜩 살구며 앞을 노려보는것이 약한 짐승을 덮치려는게 분명하였다.

효자아들은 딴 생각할 새 없이 물푸레나무로 만든 활을 번쩍 추켜들어 연신 화살을 날렸다. 화살은 면바로 호랑이의 대갈통과 두 눈깔을 맞혔다. 살을 맞은 호랑이는 「따웅!」하고 무서운 비명을 지르더니 허공중에 뛰여올라 땅에 떨어지며 네각을 뻗어버리고말았다. 호랑이를 잡은 효자아들은 사방을 두리번거리며 범에게 쫓기운 짐승들을 찾았으나 아무것도 없었다. 이때 등뒤에서 난데없이 큰 사향노루가 불쑥 나타나더니만 효자아들을 보고 고개를 끄덕이며 말했다.

「총각님, 놀라지 마소. 난 어미사향노루이온데 우리 귀동자를 구해주어 대단히 고맙소이다. 그 은혜를 갚겠사오니 래일 꼭 저앞 골짜기에 와서 너럭바위밑에 선 늙은 느릅나무통을 세번 울려보옵소서. 그러면 수가 날것이오이다.」 어미사향노루는 말을 마치자 눈깜짝할 새 자취를 감추었다.

이튿날 효자아들은 아침밥을 대충 먹고는 활을 메고 헛일삼아 앞골짜기 너럭바위 있는데로 갔다. 아들은 어미노루가 시켜준대로 나무가지를 주어들고 느릅나무를 세 번 울리였다.

아니, 이게 웬 일인가? 갑자기 땅속에서 솟아났는지 껑충껑충 사향노루 한 마리가 뛰여오더니 곤손히 무릎을 꿇고 인사를 하였다.

「형님, 형님, 구해주신 은혜를 갚으려고 왔사오니 어서 말씀하세요!」
「은혜랄게 있느냐, 어머님 약 구하러 왔다가 우연히 한 일인데.」
「형님, 형님, 어머님 병에 무슨 약을 쓰신대요?」
「사향을 쓴다지만 어디 가서 구하겠냐?」
「형님두 참 제가 사향노루래요. 어서 제것을 떼가세요!」

효자아들은 그때까지 사향노루를 본적이 없는지라 한참이나 빤히 쳐다보다가 난처해하며 말했다.

「그렇지만 그 귀중한것을 떼주고나면 넌 어떻게 살겠느냐?」
「호호, 형님두 참, 형님에게 떼여주고 또 만들면 되잖아요? 사향은 값진 약이니 형님네 집에서 돈이 요구될 때면 또 저를 찾으세요.」

사향노루는 말을 마치자 소중히 간직하고 다니던 사향을 지체없이 떼주었다.

집으로 돌아온 아들은 즉시로 사향을 어머니에게 대접시켰다. 그랬더니 어머니의 고질병은 가신듯이 뚝 떨어졌다.

효자아들은 어머니 병이 낫자 잡은 호랑이와 쓰고 남은 사향을 팔아서 지주집 빚까지 갚고 아주 잘살게 되었다.

그런데 욕심많은 지주놈이 그만 이 일을 알게 되였다. 효자아들을 욱박질러 자초지종을 알아낸 지주놈은 어느날 동녘이 푸름해지자 활을 메고 앞산 골짜기로 들어갔다. 느릅나무옆에 다가간 지주놈이 몽둥이로 세번 치니 과연 사향노루 한마리가 뛰여나왔다. 그러나 지주놈을 본 노루는 사향을 주기는커녕 삑 돌아서더니만 아무소리 없이 골짜기아래로 가버리는것이였다. 사향을 얻어보자고 한 노릇이 헛물을 켜게 되니 지주놈은 부아통이 터질지경이였다.

「빌어먹을놈, 사향을 안주겠으면 네놈이라도 잡아다가 한끼니 잘 먹어보겠다.」

지주놈은 노루의 뒤를 바싹 쫓아갔다.

때마침 산아래 내가에 이른 사향노루가 갈한 목을 추기려고 시원스레 꿀꺽꿀꺽 물을 들이켜고있었다.

악독한 지주놈은 팽팽한 활시위를 힘껏 당기며 사향노루를 겨누어 화살을 날렸다. 그런데 참 별일이였다.

화살이 쌩 날아오는 소리에 사향노루가 고개를 번쩍 들고 노려보자 화살이 빙 되돌아가더니만 지주놈의 이마에 콱 박히여 지주놈은 피를 물고 쓰러졌다.

그때 고개를 들고 지주놈을 노려보던 노루는 그대로 제자리에 굳어져 바위가 되고말았는데 그것이 오늘의 노루바위라고 한다.

정리: 황상박

장사늪

도문에서 서남으로 십여리가량 가느라면 한 자그마한 마을이 있고 이곳에서 두만강줄기따라 한쉼 더 가면 논벌 한가운데 못이 있나니 이 못을 일컬어 장사늪이라고 한다. 이 못을 장사늪이라 부르는데는 이런 유래가 있다.

옛날 이 마을에는 권세높고 재산많은 량반부자가 살고있었는데 그에게는 꽃분이라 이르는 딸이 있었다. 꽃분이는 얼굴이 함박꽃처럼 아름다운데다가 마음씨 또한 비단처럼 곱고 재주와 학문이 초군 하였다.

꽃분이가 열여덟살 되던 해 봄이였다.

어느날 밤, 꽃분이는 글을 읽다말고 봄의 그윽한 정서에 끌리여 초당에서 나와 후원을 거닐기 시작하였다. 밤이 깊건만 둥근 보름달은 후원을 대낮처럼 환하게 밝혔고 꽃들은 서로 다투듯 싱싱한 꽃향기를 풍기였다. 꽃분이는 황홀해져서 홀로 화초사이를 돌아다니며 꽃향기를 마시고 꽃포기들을 어루만지였다. 이리그러니 스스로 시상이 떠올라 봄에 내한 시 한수를 지어 읊었다. 그런데 시를 읊고나니 뒤이어 그 시구에 화답하는 대구소리가 조용히 들려왔다.

「누구일가?」꽃분이는 뜻밖의 일에 깜짝 놀라 사방을 휘둘러보았다.

뒤에는 두길 잘되는 높다란 토담이 있고 앞에는 겹겹이 철웅성같이 닫힌 문이 있는 후원이라 자기의 집안식구 아니고는 누구도 감히 오를수도 없는 곳인데 참으로 이상하였다.

「누구세요? 게 누가 왔어요?」꽃분이가 나직이 웨치자 그의 앞에는 체구가 름름하고 건장한 사나이가 달빛을 가리우며 한걸음 다가선다.

「에그머니!」꽃분이는 깜짝 놀라며 긴 치마자락을 걷어쥐고 그 총각을 여겨보지도 않고 당황히 초당으로 발길을 돌렸다.

「작은아씨, 잠간만!」 총각은 꽃분의 앞을 다시 가로막았다.
「아닌밤중에 남의 집 후원에 들어옴이 가당치 않소이다. 어서 나가세요.」 꽃분이는 아닌밤중에 나타난 총각에게 야무지게 호령했다.
「룡길이올시다.」 총각은 이름만 대고 꽃분의 손을 덥석 쥐였다. 룡길에게 손을 잡히운 꽃분이는 본능적으로 그 손을 뿌리쳤다. 그의 머리속에는 그 어느때 자기 부모들이 하던 말이 아직도 생생하게 남아있었던것이다.
어느날, 꽃분의 집에 새로 사온 말이 마구간에서 뛰쳐나왔다. 말은 제멋대로 사람들을 짓밟아버리며 온 마을을 뛰여다녔다. 워낙 사나운 말인지라 사람들은 그 말곁에 얼씬도 못했다. 네발을 구르며 날뛰는 말발굽에 피해는 자꾸만 커졌다. 이때 「내가 붙잡지요.」하고 룡길이가 두 팔을 걷고 나섰다. 룡길이는 위험을 무릅쓰고 날래게 뒤다리를 거머잡고 잉 하며 왼쪽으로 비틀었다. 말은 꼼짝못하고 모로 넘어졌다. 룡길이는 다시 힘을 주어 이번에는 말을 오른쪽으로 굴렀다. 말은 버둥거리지도 못하고 눈만 뜨부럭뜨부럭 하였다.
한번은 또 이런 일이 있었다. 꽃분의 아버지는 서울에 있는 어느 대감에게 긴급히 전할 기별이 있었다. 그는 룡길에게 심부름을 시켰다. 그랬더니 룡길이는 오백리 먼길을 아침에 떠났다가 저녁에 돌아왔다.
이때 아버지는 「그놈이 량반의 자식이면 훈련대장감인데 아쉽게도 천인의 자식이 돼서…」하고 중얼거렸다.
이런 일이 있은 뒤부터 마을사람들은 룡길이를 장사총각이라고 일렀다.
꽃분이는 룡길이를 눈여겨보다가 망측한 생각이 들어서 슬며시 얼굴을 돌렸다. 그러다가 그는 「이게 무슨 무례한짓이야.」하고 룡길이를 겉으로 꾸짖었다.
「작은아씨, 제가 천한 종이라 망측하게 여기시겠요마는 왕이나 장수나 재상이 어디 씨종자가 따로 있겠습니까? 전들 후일에 훌륭한 사람이 되지 말라는 법이 없을겁니다.」
꽃분이는 고개를 숙이고 말없이 서있었다.
「작은아씨의 그 재주와 학문 아름다운 마음씨에 저는 벌써부터 흠모하고 있었습니다. 작은아씨…」 룡길이는 말을 맺지 못하고 불같이 뜨거운 손으로 꽃분의 손목을 다시 덥석 잡았다.
 꽃분의 가슴속은 더욱 설레였다.
 「자, 어서 그만 돌아가세요. 다음날 다시 만납시다. 누가 보면 안돼요」 하면서 꽃분이는 초당으로 들어갔다.
 다음날 밤, 룡길이는 다시 초당에 찾아갔다. 꽃분이는 그를 두말없이 반가이 맞아들였다.
 …이리하여 룡길이와 꽃분의 사랑은 맺어졌고 그들의 사랑은 날이 갈수록 깊어져갔다.
 그런데 이때 꽃분의 부모는 꽃분이를 량반부자집의 자식에게 시집보내려고 사위감을 고르고있었던것이였다.
 또 며칠이 지난 어느날 밤이였다. 이날 밤도 룡길이는 남몰래 초당에 숨어들었다.
 「우리가 이렇게 사랑하면 부모도 승낙할것입니다.」
 「그랬으면 얼마나 좋겠어요.」 꽃분의 눈은 새별같이 반짝이였다.
 「앞으로 나는 큰일을 하고싶은데 어떻게 생각합니까?」
 「큰일을 하세요. 저도 돕겠어요.」
 룡길이는 자기의 힘과 용기에 꽃분의 재주와 글재간을 합친다면 태산이라도 허물어뜨릴수 있다는 긍지를 느끼며 사랑을 속삭였다. 그들이 초당에 숨어 이렇게 사랑을 속삭이고있을 때 꽃분의 어머니는 이날 밤따라 잠이 오지 않아 딸의 방에 나가서 놀다오리라는 생각으로 후원으로 나섰다. 그는 초당에 이르자 노상 버릇대로 불쑥 딸의 방문을 열었다.
 막다른골목에 이른 룡길이는 꽃분의 후일이 두려워 비호같이 뒤문을 걷어차고 뺑소니를 쳤다. 꽃분의 어머니는 뛰여나가는 사내가 룡길이란 것을 알자 「저놈 저 종놈!」하며 고래고래 소리를 질렀다. 꽃분이는 잠자다가 일어나는체 하고 일부러 눈을 비비며 「어머니 웬 일이세요?」 하고 시침을 땠다.
 「아니, 이년아, 그래 룡길이란 녀석을 들여놓다니, 아이구, 망했구나. 망했어!」 꽃분의 어머니는 펄펄 뛰면서 이를 부드득 갈고나서 「쌍놈자식 어디 두고보자!」고 얼굴이 붉으락푸르락 안방으로 씽 건너갔다. 꽃분이는 어머니를 붙잡고 실토해보려고 문밖까지 나갔다가 그만 용기를 잃고 마루바닥에 쓰러졌다.

안방에 건너간 꽃분의 어머니는 령감을 깨운다 아들을 불러들인다 하며 복새를 쳤다. 물론 주인량반과 아들은 그의 말을 듣고 펄쩍 뛰였다.

「그놈을 당장 죽여버립시다. 그냥 두었다가는 우리 집에 큰 화단이 생기겠습니다.」 아들은 룡길이를 당장 요정을 내자고 덤벼쳤다. 그러나 룡길이가 힘장사라는것을 아는 주인량반은 아들을 진정시키며 「그놈이 보통놈이 아니다. 그놈의 겨드랑이에 날개가 있다는 말도 있으니 잘못하다가는 도리여 해를 입기 쉬울것이다.」 하고 서뿔리 건드리지 말라고 하였다.

사실 룡길의 겨드랑이에는 날개가 있었다. 그는 500리길도 단 하루동안에 갔다 헌걸히 돌아왔던것이다. 세사람은 밤이 깊도록 룡길이를 없애치울 방도를 의논했다. 그들은 룡길이가 자는 틈을 타서 그의 겨드랑이에 있는 날개를 떼여버린 다음 여럿이 합심하여가지고 죽여버리자고 의향을 모았다.

이튿날, 주인량반은 심복하인들을 불러서 비밀리에 이 일을 알려주었다.

「날개를 떼여버리는자에게는 열냥, 모가지를 떼는자에게는 백냥을 준다.」

주인량반은 이렇게 룡길의 날개와 목숨에 상금까지 걸었다.

룡길이의 용맹을 공연히 시기하던자, 또는 주인에게 아첨하는자, 재물에 침을 흘리는자들도 서로 먼저 공을 세우려고 족제비처럼 룡길이의 뒤를 살살 밟기 시작하였다.

한편 꽃분이의 안방에서 뛰여나온 룡길이는 꽃분에게 필경 무슨 일이 생기리라고 생각하였다. 룡길이는 꽃분이를 괴롭히는것이 가슴이 아파서 다음날 밤 또 초당에 숨어 들어갔다. 그러나 초당은 휑뎅그렁할뿐 꽃분이는 온데간데없고 빈방에는 찬 랭기만이 쌀쌀히 돌았다.

「어데로 갔을가?」 룡길이의 가슴속에는 또 한가닥의 불안이 깃들었다. 그는 초조한 마음을 걷잡을수가 없어서 량반집 안방출입을 하는 어머니에게 꽃분이와의 관계를 실토하였다. 룡길이의 어머니는 눈물을 흘리며 한숨을 지었다.

「올라가지도 못할 나무는 쳐다보지도 말라구 공연한짓을 했구나. 우리는 천민이다. 너는 량반에게 장가를 못든다.」

「아닙니다. 꽃분이는 나를 사랑합니다. 나는 꼭 훌륭한 사람이 되겠습니다.」

「글쎄 안된다는데. 이제 이 집에서 쫓겨나게 됐구나.」
「일없어요. 쫓겨나면 내가 벌지요.」 룡길이는 어머니를 위로하였다. 그리고 안채에 들어가서 꽃분이의 거처와 그의 기색을 살펴봐달라고 부탁하였다. 룡길이의 어머니는 아들이 가궁하여 이튿날아침 일찍 안채에 들어갔다.

꽃분이는 안채의 제일 가운데 방에 있었다. 그는 안색이 파리해가지고 좋은 일을 보아도 웃지 않으며 글도 읽지 않고 있었다.

어머니에게서 이 말을 들은 룡길이의 마음은 더욱 아팠다. 그는 어떻게 하면 안채에 들어가서 꽃분이를 만나 위로해주고 용기를 넣어줄가고 생각하였다. 그러나 문이 첩첩 닫기고 사람의 눈이 삼엄하여 좀체로 범접할 수가 없었다.

룡길이는 애간장을 태우며 꽃분이의 뜨락안을 밤낮으로 배회하였다.

한편 꽃분이는 「쌍놈과 결혼해서는 안된단 법을 누가 만들었을가? 룡길이와 같이 훌륭한 청년을 사랑하는것이 무엇이 잘못인가? 왜 사람에게 이런 차별을 두었는가?…」하고 세상을 원망하여 눈물로 세월을 보냈다. 그는 실로 옥에 갇힌 춘향이였다. 몸은 날로 수척해갔고 어여쁘던 얼굴은 생기를 잃었다.

어느날 꽃분이는 결심 끝에 룡길이와의 관계를 어머니에게 실토하였다. 그랬더니 어머니는 「집안이 망했구나, 이런 망신이 어데 있어.」하면서 노발대발하였다. 그후부터 꽃분에 대한 감시는 더욱 심해졌고 룡길이의 목숨을 노리는자들의 행동도 더욱 교활하게 되였다.

룡길이는 어느날 굳은 결심을 다졌다.

「오늘은 낮에 자고 밤이 오면 어떻게 해서라도 꽃분이를 구해내리라.」 이렇게 맘먹은 그는 량반집앞 련못가에 서있는 커다란 수양버드나무아래에 거적을 깔고 드러누웠다. 그는 꽃분이를 눈앞에 그리며 앞으로 그와 행복하게 살아나갈 생각에 잠겼다.

이때였다. 룡길이의 뒤만 밟으며 기회를 호시탐탐 엿보고있던 주인아들놈과 하인놈들이 수양버드나무밑에 나타났다. 사실 룡길이는 이자들이 자기뒤를 밟고있는것을 몰랐던것이다. 그자들은 룡길이가 깊이 잠들었다는것을 확인하자 우르르 룡길에게 달려들었다. 놈들은 굵은 바로 룡길이의 팔다리를 꽁꽁 동여매고 그의 겨드랑이의 날개를 떼려고 하였다. 룡길이는 반항하였다. 그러나 자다가 불의의 봉변을 당한 그는 아무리 힘이 장사고 용맹한들 수가 많은 그놈들을 어찌 당해내랴. 그는 날개를 떼우고 온몸을 칭칭 묶이우고말았다. 룡길이의 눈에서는 불이 펄펄 일어났다. 그는 온 전신을 부르르 떨며 량반놈과 그 앞잡이놈들에게 눈총을 쏘았다.

「저놈을 빨리 늪에 던져라.」 주인량반이 장죽을 쳐들고 호령하였다.

「이놈아, 사람을 죽이는것이 량반이냐 ―」 룡길이는 장승처럼 버티고 섰다.

하인들은 량반놈의 분부대로 룡길이의 몸에다가 무거운 돌덩이를 여러개 매달았다.

풍덩 소리와 함께 그의 몸은 늪복판에 떨어졌다.

늪은 매우 깊었다.

룡길이는 물속에 얼마동안 들어갔다가 몸을 솟구치며 불끈 솟아올랐다. 그는 간신히 반신을 물우에 내놓고 주인량반과 그의 아들, 하인 등을 다시 쏘아보았다.

「내 오늘 죽기는 죽는다만 내 죽은 뒤 꽃분이가 죽거든 그 시체나 이 늪 가운데 던져라. 만일 그렇지 않으면 네놈들 구족을 다 잡아가리라.」 하고는 물속으로 사라졌다.

이 소식을 듣고 꽃분이는 부모를 원망하며 목놓아울다가

「나도 룡길이의 뒤를 따르리라.」 하고 자결하려들었다.

룡길이를 죽인 뒤 꽃분이의 부모들은 꽃분이를 달래려고 그의 방에 갔다. 그러나 꽃분이가 글읽던 책상우에는 한장의 짧은 편지만이 남아있었다.

「저의 시체도 룡길이를 죽인 그 늪속에 던져주십시오.」 이것은 꽃분이의 유서였다.

꽃분이의 아버지 어머니는 미친듯이 날뛰며 꽃분이를 찾았다. 그러나 꽃분이는 벌써 자기 손으로 목을 매고 숨을 끊었던것이다.

거짓체면과 허위로써 추악한 행동을 일삼는 량반의 한사람인 꽃분의 아버지는 딸의 유언을 들어줄리 만무하였다.

「량반의 집 규수의 시체를 종놈과 합장하다니 되기나 할말이냐.」 하며 그는 딸의 시체를 따로 매장하였다.

얼마후 이 일을 알게 된 마을사람들은 량반 몰래 꽃분이의 시체를 늪속으로 옮기고 늪을 장사늪이라고 부르기 시작하였다.

그후 량반의 집재산은 추풍락엽처럼 밤을 자고나면 날아났고 아이들은 열여덟살을 넘기지 못하고 죽군 하였으니 사람들은 룡길이의 혼이 량반의 씨를 멸한다고 하였다.

정리: 최정록

부채바위와 꽃사슴

룡정시 용산향 소재지에서 서북방향으로 좁은 골짜기를 따라 약 15리가량 올라가노라면 하늘가에 치솟은 산봉우리가 보이는데 그 산 중턱 수림속에 부채처럼 생긴 부채바위가 있다. 이 고장에서는 이 바위를 부채바위라고 부르면서 이런 이야기를 전하고 있다.

먼먼 옛날, 꽃구름 뭉게 피는 천궁에는 한동안 무더위가 계속되였다.

어느날, 천제는 부채를 들고 소풍하러 뜨락에 나섰다. 날씨가 너무 무더워 부채질을 하지 않으면 얼굴에서는 주먹땀방울이 줄줄 흘러내렸다. 열두폭 긴 금부채를 펼쳐든 임금은 오가는 바람을 다 잡아올 듯 팔을 휘휘 흔들었다.

이때 실실이 드리운 양류간에서 꾀꼴새의 울음소리가 느닷없이 들려왔다. 그 울음소리에 홀딱 반한 임금은 내처 걷기만 하다가 돌부리에 채이여 하마트면 코방아를 찧을번했다. 신하들의 부축임을 받아 일어나니 그토록 아끼고 사랑해오던 금부채가 그만 손에서 뿌리워나갈줄이야 어찌 알았으랴! 임금은 금부채를 찾았으나 부채가 어디로 갔는지 보이지 않았다.

이 금부채는 펼쳐들고 아무것이나 요구하면 쏟아져나오는 신선부채였다. 임금은 너무도 아쉬워서 불호령을 내렸다.

「여봐라, 금부채를 즉시 찾아오거라!」

이튿날부터 온 천궁이 떨쳐나서 석달열흘을 찾아보았으나 이 금부채는 나지지 않았다. 임금은 천궁에서 아주 용하다는 점쟁이를 불러다가 부채를 잃은 그 자리에서 점을 치게 하였다. 점쟁이는 임금의 부채는 이미 천궁밖으로 나갔다고 하였다.

천궁밖이라면 하늘아래 무연히 펼쳐진 아득한 바다인지라 부채는 틀림없이 룡궁에 떨어졌음이 분명하였다. 임금은 그 즉시로 자기의 충실한 부하를 시켜 룡궁에다 긴급통령을 내리게 하였다.

「금부채를 제때에 천궁으로 올려보내지 않으면 하늘이 주는 엄벌을 면치 못할지어다.」

하느님의 조화를 등대고 룡궁을 다스리고있는 룡왕은 바다물이 미치는 구석까지 천궁의 통령을 전달하면서 금부채를 찾아내라고 하였다.

어느 하루, 백발로인이 천궁임금을 찾아왔다.

「천궁임금이 소중한 부채를 떨구다니, 그 금부채는 하늘에도, 바다에도 없네, 바로 지상에 있네!」

깨여나보니 꿈이였다.

임금은 그 즉시로 천궁의 선녀들을 불러들였다.

「여봐라, 너희들중 누가 지상에 내려가 나의 금부채를 찾아오겠느냐?」

임금의 령이 떨어지기도전에 칠칠한 선녀 일곱이 자진하여나섰다.

「저희들이 지상에 내려가 금부채를 찾아오겠나이다.」

이리하여 일곱 선녀들은 오색령롱한 칠색무지개를 타고 지상으로 훨훨 내려왔다.

선녀들은 산과 들 하천과 초원을 샅샅이 훑기 시작하였다. 그들은 산봉우리중턱에서 눈부시게 번쩍이는것을 발견하였다.

「아니, 저것이 무엇일가? 어쩌면 천궁에서 번쩍이던 그 부채빛과 꼭같을가?」

선녀들은 훨훨 올라가보니 임금님이 떨군 금부채가 틀림없었다.

헌데 그 부채를 중간에 놓고 꽃사슴들이 지키고있었다. 과연 삼엄한 경계로 하여 선녀들은 부채가 있는쪽으로 한발자국도 접근할수가 없었다.

천궁의 금부채가 떨어지면서 샘물구뎅이가 생기였던것이다. 물이 없어서 고생하던 꽃사슴들이 이를 발견하고 물을 마시면서 밤낮으로 지키고있었던것이다.

선녀들을 통하여 사연을 알게 된 천궁의 임금은 꽃사슴들의 기특한 소행에 못내 감동되였다.

「참, 조련치 않은 꽃사슴들이구나. 비록 부채는 가져오지 못해도 꽃사슴들이 지키고있다니 한결 마음이 놓이게 되느니라.」

　임금은 꽃사슴들에게 월계관을 씌워주라고 하면서 푸르싱싱한 감람수가지를 하사하였다.

　그래서 꽃사슴들의 머리에는 뿔이 생겨났고 그때의 그 금부채는 오늘의 부채바위로 변하였다고 한다.

정리: 향천

백운봉

천지의 서북쪽에 우뚝 솟은 백운봉은 언제나 흰구름이 가리여 제 모습을 드러내는 때가 드물다. 그래서 백운봉이라 부르는데 이 이름의 유래를 두고 이런 이야기가 전한다.

옛날 백두산기슭 어느 마을에 홀어머니를 모시고 살아가는 효자가 있었다. 그런데 아들이 그처럼 효성을 다했지만 어느해 어머니는 그만 불치의 병에 걸려 몸져눕고말았다. 아들은 어머니 병을 고치려고 동네방네 돌아다니며 명의라는 명의는 다 보이고 좋다고 하는 좋은 약은 다 썼으나 웬 일인지 아무효험이 없었다.

아들은 궁리하고 궁리하던 끝에 동네에서 제일 년세가 많은 로인을 찾아갔다. 아들의 가긍한 얘기를 듣고난 할아버지는 석자수염을 쓰다듬으며 이윽히 생각하더니 무겁게 입을 열었다.

「글쎄 백두산 제일 높은 봉우리에 명약이 있다고 하더라만 눈처럼 희고 얼음처럼 차가운 그 약은 천하 제일 효자가 아니고서는 캐여올수 없다고 하더라.」

로인의 말을 듣고난 아들은 고맙다고 꾸벅 절을 하고는 바람처럼 집으로 돌아왔다.

「어머니! 백두산에 어머님 병환을 고칠 명약이 있다 하옵기로 소자는 어머님을 잠시 떠나오니 제 돌아올동안 부디 몸조심하옵소서.」

「아니 못간다. 백두산이 어디라고 네가 가느냐. 호랑이가 가로막아 못간단다. 높은 산이 가로막혀 못간다.」

어머니는 가문의 3대독자인 아들에게 무슨 변이라도 생길가봐 한사코 만류했다. 그러나 오직 어머니 병만 고칠수 있다면 죽어도 원이 없겠다고 굳은 다짐을 먹은 아들은 이웃들을 찾아가서 그동안 어머님을 보살펴달라고 부탁하고는 즉시 백두산을 바라고 떠났다.

　몇날 며칠을 걸었던지 거의 백두산에 닿을무렵 하루는 난데없는 호랑이무리들이 효자의 앞길을 가로막았다. 화등잔같은 두눈을 부릅뜨고 엉뎅이를 땅에 착 붙이고 노려보는 호랑이들은 보기만 해도 간담이 서늘했다.

　힘으로는 이길수 없는 호랑이들인지라 효자는 말로 사정했다.

　「호랑이야, 난 어머님 약을 구하러 백두산으로 간다. 너희들도 어미가 있어 세상에 태여났겠는데 모자간의 정을 안다면 내 가는 길을 막지 말아다오.」

　그랬더니 그 사나운 호랑이들도 고개를 끄덕이며 수림속으로 슬슬 사라져버렸다.

　효자는 마침내 백두산밑에 이르렀다. 하늘을 찌른 봉우리들이 허리에 구름을 두르고 장엄히 솟아있었다.

　효자는 로인이 가르쳐준대로 그중 높은 서쪽산봉우리로 달려갔다. 그런데 산아래에 당도하여 쳐다보니 산봉우리는 온통 구름에 가리여 오르려 해도 지척을 분간할수 없을 지경이였다. 그렇지만 효자는 이를 악물고 한발자국 두발자국 톺아오리기 시작하였다. 손톱이 터져 피가 나고 짚신이 닳아 떨어져 발바닥이 아파났지만 효자는 어머님 병을 고칠 생각에 쉼없이 오르고 올랐다.

　그런데 참 이상한 일이였다. 산을 칭칭 감은 구름속을 오르건만 효자가 오르는 길은 개인날처럼 앞이 환히 열렸다.

　끝끝내 산봉우리에 올라온 효자는 그 아름다운 백두산경치를 볼새도 없이 산을 샅샅이 훑으며 약을 찾았다. 찾고 찾다가 한 괴상한 바위밑에서 은빛이 유난히 빛나는것을 발견하고 그리로 갔다. 찬찬히 눈으로 보니 눈처럼 희고 손으로 만져보니 얼음처럼 차가운데 약내를 물씬 풍기고있었다. 령약임에 틀림없었다.

　효자는 그 약을 향해 세번 절을 올리고 조심조심 바위짬에서 그 약을 파냈다. 마을로 돌아온 아들은 은혜를 베풀어주신 그 로인님을 찾아가 약을 꺼내보였다.

　「옳도다! 바로 이 약이로다! 너의 효성이 하늘을 감동시켰구나.」

로인은 연신 칭찬하며 껄껄 웃었다.
「어서 집에 가서 이 약을 달여 어머님께 대접하여라.」
집으로 돌아온 효자는 즉시 약을 달여서 어머님께 대접하였다. 그랬더니 며칠이 지나지 않아 어머님의 병은 가신 듯이 나았다.
이 소문은 바람처럼 사처에 퍼졌다.
아래마을에 욕심통 부자가 있었는데 이 소문을 듣고나니 욕심통이 터져 견딜수 없었다. 우선 자기가 나이를 많이 먹었으니 이 약을 얻으면 장생불로할것이요 다음으로는 이 약을 캐여다 팔면 돈가리에 올라앉아 후손만대 복을 누릴 것은 뻔한 일이였다.
부자는 남들이 그 령약을 먼저 캐가는것만 같아서 그 이튿날로 끌끌한 머슴 일곱을 뽑아 손수 거느리고 떠났다.
몇날 며칠을 걸었던지 거의 백두산에 이르게 되였다. 그런데 이때 난데없는 호랑이무리가 앞길을 가로막았다. 부자네 패거리들은 창과 칼을 휘두르며 죽기내기로 호랑이들을 쫓았다. 호랑이무리들은 량편으로 갈라지더니 그들의 뒤꼬리로 돌아와 덤비지는 않고 그저 뒤쫓기만 하였다. 부자네 패거리들은 걸음아 날 살려라 하고 뛰다보니 바지에 피똥을 쌀 지경이였다. 이렇게 쫓기며 백두산밑에 가닿았으나 기진맥진하여 산에 오를수 없었다. 그래서 하루 쉬고 산에 오를 작정을 했다. 그런데 이튿날 깨여나보니 이번에는 산봉우리에 구름이 자욱히 덮여 도무지 오를 엄두를 내지 못하였다. 부자네들은 좋은 날을 기다릴 수밖에 없었다. 그러나 몇날 며칠을 기다려봐도 그상이 장상으로 산은 흰구름에 덮여 동서남북을 분간할수조차 없었다.
몇사흘을 지났던지 하루는 깨여나보니 동산봉우리에 붉은 해가 솟아 천지의 물이 금빛을 뿌리고 서북쪽 산봉우리가 그림을 보듯 눈앞에 선히 나타났다. 욕심통 부자가 눈을 비비고 다시 보니 산꼭대기에 흰빛을 뿌리는것이 완연히 보이는데 령약임에 틀림없었다. 부자는 닭알침을 꿀꺽 삼키고 머슴들을 재촉하여 산을 오르기 시작했다.
그런데 참으로 이상했다. 동산에는 그냥 붉은 해가 떠있고 머리우의 하늘도 구름 한점 없이 푸르게 개였는데 그들이 오르는 봉우리에만은 어디서 갑자기 구름이 몰려왔는지 지척을 가릴수 없었다. 그래도 부자는 그 령약을 얻을 욕심에 머슴들을 재촉하여 봉우리를 오르기 시작하였다.

　그러나 오르면 오를수록 구름은 더 짙어져 곁사람이 뺨을 쳐도 알수 없을 지경인데다가 호랑이에게 쫓기고 맥이 진한지라 욕심통 부자는 그만 돌을 헛디디고 산아래로 굴러떨어지고말았다.

　그후부터 사람들은 감히 이 봉우리에 오를 생각을 하지 못했는데 이 봉우리에 사시장철 흰구름이 덮여있다고 하여 백운봉이라 불렀다 한다.

구술: 남은철
정리: 리천록

옥설봉

　백두산 십륙기봉의 하니인 옥설봉은 천지남쪽에 있는데 사시장철 적설이 십여장이나 쌓여있어 설산이라고 부른다. 산아래에는 얼음으로 된 빙혈이 많은데 빙혈로부터 연한 연기 같은것이 모락모락 피여올라 마치 선인이 련단을 굽는것만 같다. 한여름이 되면 천지수에 거꾸로 비낀 그 숭엄하고 아름다운 은백색의 기세는 한층 황홀하여 뭇사람들을 경탄게 하는데 이 봉우리를 옥설봉이라 부르는데 이런 이야기가 전한다.

　까마아득히 먼 옛날 백두산은 바다밑에 있었는데 후에 천지가 변화되여 륙지로 되였다. 이렇게 되자 이곳에는 나무도 생기고 짐승들도 생겨났으며 사람들도 이고장에 와서 살게 되였다. 헌데 어느 한해 갑자기 화산이 터지는바람에 모든 생물이 생매장을 당하게 되여 어디 가나 짐승들이 뛰노는것을 볼수 없었고 사람들의 말소리도 더구나 들을수 없었다.

　이때 백두산북쪽기슭에 천녕이라고 부르는 총각이 있었는데 전지신명이 도왔던지 유독 그만이 재난속에서 살아남아 황폐한 이고장에서 근근득식으로 하루하루를 살아가고있었다. 이러던 어느날 불현 듯 파랑새 한 마리가 날아와서 청아한 목소리로 지저귀며 천명의 앞에서 날아옛다. 생명가진것이란 좀체로 보지 못하다가 나는 짐승이라도 보니 어찌나 기쁜지 천명이는 새가 날아가는쪽을 무작정하고 따라갔다. 이렇게 거의 한식경이나 새를 따라가던 천명이는 좀 이상한 생각이 들어 가던 길을 멈춰섰다. 그러니 파랑새도 날아가지 않고 그의 옆에 내려앉아 지저귀였다. 말못하는 짐승이라도 필유곡절이라 천명이는 다시 생각하고 파랑새를 따라 가기로 작심했다.

　천명이 파랑새를 따라 하루낮 하루밤을 걸어가노라니 날이 밝고 아침노을이 붉게 피는데 파랑새가 높은 산봉에 날아올랐다. 천명이 파랑새따라 산에 오르니 산에 큰 굴이 나타났다. 파랑새가 굴속에 날아들자 천명이도 굴속에 들어갔다. 천명이 굴속에 들어서니 굴속에는 밀보리이삭이 수북이 쌓여있었고 퐁퐁 솟구치는 정갈한 샘물도 있었다. 파랑새는 포르릉 한구석에 날아가 앉더니 「째잭째잭」하며 울어댔다. 천명이 새가 우는 곳에 가보니 웬 처녀가 정신을 잃고 쓰러져있었다. 천명이는 처녀를 흔들어 깨웠다. 몇 달 안에 사람을 만나니 반가와 낯선 처녀라도 사양치 않았다. 헌데 처녀는 가는 실오리같은 숨이 붙어서 아무것도 모르고있었다. 천명이는 정신을 바싹 차리고 처녀를 구하기 시작했다. 그러니 파랑새가 작은 주둥이로 밀보리알을 부지런히 까댔다. 천명이는 타다남은 나무가지를 끊어다 불을 지피고 움푹 패인 돌을 주어다 돌가마를 해걸고 미음을 쑤어 처녀의 입에 한방울한방울 떠넣어주었다. 반나절이 지나서 처녀의 얼굴에 피기가 돌며 숨도 고르게 쉬였다. 천명의 얼굴에 웃음이 피여올랐다. 천명이가 일심으로 처녀를 구하는 것을 본 파랑새는 밀보리알을 물어다 돌가마에 넣어도 주고 천명이더러 죽물이라도 마시라고 쩩쩩거리며 울었다. 천명이는 죽물 몇모금 마시자 저도 모르게 그만 소르르 잠이 들었다. 그러자 비몽사몽간에 향기 진동하더니 백발로인이 천연죽지팽이를 짚고 와서 점잖게 이르되

「저 처녀는 하늘이 도와 요행 명을 보존했은즉 옥설봉에 가서 선단을 구해다 먹일지라!」라고 하였다.

천명이 옥설봉이 어데 있느냐 물으려는데 백발로인은 구름배를 잡아타고 하늘공중으로 떠났다.

「할아버지! 할아버지ㅡ」

천명이가 자기 소리에 놀라 깨니 꿈이였다. 천명은 꿈은 꿈이라도 옥설봉을 찾아가 약을 구해다 처녀를 구하리라 마음먹었다. 천명은 죽물을 떠먹이고 굴을 나서 옥설봉을 찾았다.

천명이 밖에 나서 궁리가 막연하여 이산저산을 바라보는데 파랑새가 날아와 길을 인도해주었다. 천명은 파랑새를 따라 가고 또 갔다. 한 봉우리를 오르고나면 또 한 봉우리가 나타났다. 봉우리마다에는 백옥인지 빙설인지 분간할수조차 없는 돌들이 해빛을 받아 빛을 뿌리고있어 눈을 뜰수 없었다. 천명이는 파랑새를 따라 궁전같은 동굴속에 이르렀다. 한아름씩 되는 백옥

기둥이 서있고 벽과 천장에는 옥고름이 달려있었다. 신기하기도 하지만 두렵기도 한 동굴이였다. 하지만 옥설선단을 꼭 찾아내여 그 처녀를 구하고말리라는 천명의 마음은 일편단심이였다. 천명이 한숨 쉬며 숨이나 돌리려는데 역시 꿈에서처럼 짙은 향기가 진동하더니 굴 한가운데 꿈에 본 백발로인이 나타났다. 백발로인은 곱게 장식한 얼음의자에 앉아 천명이를 보고있었다. 천명이는 백발로인앞에 가서 세번 절하고 찾아온 사연을 이야기했다. 백발로인은 껄걸 웃었다.

「허허허…내 자네 이렇게 찾아올줄 믿었네. 정성이 지극하여 내 이 약을 주니 가지고 가서 사흘에 한알씩 먹이면 될걸세.」

백발로인은 팔소매안에서 옥설선단 세알을 꺼내 천명에게 주었다. 천명이 그 약을 두손으로 공손히 받아들고 너무도 고마워 허리 끊어지게 절하려는데 백발로인은 바람처럼 사라졌다. 천명이 옥설선단을 받아들고 빙혈밖에 나서니 갑자기 몸이 허공중에 떴다. 천명이 발밑을 내려다보니 자기는 옥같은 쟁반우에 서있는데 발아래 산과 바위들이 얼른거리며 뒤로 물러갔다. 천명이는 옥쟁반에 실려가고있었다. 이때 파랑새는 천명의 어깨우에 살짝 내려앉아 천명이와 함께 오고있었다. 파랑새와 천명이는 얼마 지나지 않아 처녀가 누워있는 굴속까지 날아왔다.

굴속에 이르자 천명은 옥설선단 한알을 꺼내여 물에 풀어 처녀의 입에 떠넣였다. 처녀는 옥설선단 한알을 받아먹자 눈을 뜨고 두리번두리번 사위를 살폈다.

천명이를 보자 처녀는 수집어하면서 자리에서 일어나려 했지만 힘이 모자라 일어날 수 없었다. 천명이는 처녀를 자리에 누워있으라고 권하고는 자기가 이곳으로 오게 된 자초지종도 이야기하고 옥설선단을 얻어오게 된 사연도 말해주었다. 그러니 처녀는 눈물을 흘리며 낮은 소리로 천명에게 감사드리고 뒤이어 자기는 땅이 움씰거리며 천동지동이 칠 때 큰 흙덩이에 얹혀 허공 만리에 오르다 정신을 잃었는데 눈을 떠보고서야 이고장에 온줄 알게 되였다고 말하고는 다시 눈을 사르르 감았다. 사흘뒤에 천명이는 처녀에게 또 옥설선단 한알을 먹였다. 그랬더니 처녀가 기지개를 켜더니 자리에서 일어나 앉았다. 사흘이 지나자 천명이는 마지막으로 한알 남은 옥설선단을 처녀에게 먹였다. 그러자 처녀가 자리에서 일어나 굴밖출입을 했다.

어느덧 처녀는 몸이 완쾌하여 천명이와 함께 이 일 저 일을 하였다. 일이 이렇게 되자 파랑새는 런 며칠 부지런히 밀보리이삭을 물어다 쌓아놓더니 천명이와 그 녀인 앞에 사뿐 내려앉아 골을 땅에 숙이며 절하고는 포르릉 하고 날아올랐다. 천명이와 처녀가 굴밖에 따라나오니 파랑새는 그들 머리 우에서 세바퀴 뱅뱅 날아돌고는 멀리멀리 날아갔다.

그때로부터 일년이 지났다. 어느날 파랑새가 이 굴가에 와보니 굴앞 뜨락에는 밀보리가 무성하게 자랐는데 굴앞에서는 천명이와 그 녀인이 옥골선풍같은 아들을 한가운데 놓고 즐겁게 웃으며 이야기를 주고받고있었다. 천명이와 그 녀인은 옥설선단으로 귀중한 목숨을 구해주고 복한 가정까지 이루게 한 백발로인의 은혜를 잊지 못해 해마다 한번씩 향불을 피우고 백발로인과 파랑새의 장수를 빌었다. 이후부터 생명이 없던 백두산일대에 그의 자손들이 퍼져 잘살게 되였는데 후세 그의 자손들은 옥설선단 덕분에 조상들이 살아난 봉우리를 옥설봉이라 하고 옥설봉에 깃든 사연을 대를 이어 전해주었다고 한다.

구술: 김복시
정리: 리천록

관일봉과 수달처녀

백두산의 서쪽벼랑을 타고넘어 10리가량 가다가 골짜기를 톺아오르면 높은 산봉우리 하나가 나진다. 이 산봉우리를 가리켜 예로부터 관일봉(觀日峰)이라 불러왔다.

이 산봉우리에 아직 이름이 없었을 때의 이야기다.

어느해 어느달이였던지는 모르나 무수한 외적들이 백두산이 욕심나서 쳐들어왔을 때의 일이다.

나라에서는 용맹이 과인하고 지혜가 출중한 젊은 장수를 보내여 외적을 물리치게 하였다. 그런데 적들의 수효가 엄청나게 많아서 젊은 장수는 일시 적들을 물리칠 방도가 나지 않았다. 그래서 젊은 장수는 어떻게 하면 적은 군사로 희생을 적게 내고 승전할것인가 골똘히 생각하다나니 저도 모르게 새에 폭포수밑에 이르렀다.

폭포수밑에서는 깜찍하게 생긴 수달이 한놈이 풀적풀적 폭포를 향해 뛰고있었다. 젊은 장수가 한참 서서 바라보노라니 수달이 자꾸 뛰는것은 폭포우로 올라가려는게 분명한데 그놈의 힘과 물재주로는 어림도 없는 일이였다. 젊은 장수는 오르지 못할 곳으로 기를 쓰며 오르려는 수달이 하도 가긍스러워 그놈을 제격 품에 안고 천지에 올라가 물에 넣어주었다. 그랬더니 수달이란놈은 고맙다고 인사나 하듯이 머리를 뒤번 까땍까땍하더니만 물속으로 사라졌다.

그날 밤이였다. 젊은 장수가 걱정이 되도록 적을 칠 방법을 생각하다가 잠자리에 들려고 할 때였다. 홀제 문소리가 나며 아릿다운 녀인이 사뿐사뿐 걸어들어오는것이였다. 심심산중 인가도 없는 곳에 난데없는 녀인이 나타난지라

「아닌 밤중에 웬 계집이뇨?」하고 젊은 장수가 위엄있게 물었다.
「놀라지 마옵소서. 소녀는 장군께서 구해주신 수달이옵니다.」
「수달이 어이하여 인간으로 되였는고?」
녀인은 햇버들처럼 가는 허리를 살그머니 굽혀 절을 올리고나서 입을 열었다.
「소녀는 본디 천지룡궁 룡왕마마의 따님이옵니다. 오늘낮에 하도 심심하던중 수달로 변하여 밖으로 놀러 나왔다가 그만 승차하(承搓河) 급한 물에 밀리워 폭포밑으로 굴러떨어졌사옵니다. 마음씨 어진 장수님을 만나지 않았던들 소녀 어찌 목숨을 부지하고 부모슬하에로 돌아갈수 있었겠사옵니까? 그리하와 룡왕마마께서는 이 은혜에 보답하라고 소녀를 사람으로 변신시켜 이리로 보내셨나이다.」
젊은 장수가 생각해보니 이는 필시 하늘이 도움이라 기뻐하며 물었다.
「하다면 룡왕마마께서는 어찌 분부하셨는고?」
이 말에 룡왕의 딸 수달처녀는 살짝 낯을 붉히며 대답했다.
「룡왕마마의 분부인즉 외적이 이곳에 쳐들어오면 백두산의 산천초목은 물론 천지도 큰 재앙을 입게 될터이니 소녀더러 장군님을 받들어모시고 적을 칠 대사를 도모하라 하였사옵니다.」
젊은 장수는 이 꿈에도 생각지 못했던 기이한 일에 놀랍고도 반가와 수달처녀의 손목을 덥석 잡으며 말했다.
「천지신명의 굽어살피시여 그대를 보내왔으니 이 또한 연분이라 우리 이 밤으로 부부의 정을 맺고 적을 칠 일을 의논해보자.」
「아니올시다. 세상일이 모두다 때가 있는 법이오니 너무 일찍 서둘렀다가 대사를 그리칠가 저어되옵니다. 소녀는 외적을 다 물리치고 승전하는 날에야 진짜사람으로 환생될수 있나이다. 그러니 그날을 기다려주옵소서.」
「고맙소. 공주 내 기어이 승전하고 그대를 안해로 맞으리다. 헌데 싸워이길 방도를 아직 구하지 못했으니 이 일을 어찌하리오.」
「장수께서는 근심마시고 래일부터 백두산의 해돋이를 명심해서 살피옵소서. 해가 한번 불쑥 솟아올랐다가 사라지면 그날은 진지를 굳게 지키시며 방어만 하셔야 하옵니다. 해가 두번 솟구치면 적을 족쳐나가되 먼곳으로 진격하지 마옵시고 부근에서 싸워야 하옵니다. 만약 해가 세번 솟구쳐 오르면 그날은 적들을 족쳐나가야 할뿐만아니라 적장의 머리를 베야 하옵니다. 그러면 틀림없이 승전할것이오이다.」

룡왕의 딸은 말을 마치자 몸을 한번 뒤채더니 귀여운 수달로 변하였다. 젊은 장수는 전처럼 그 수달을 백두산 천지물에 넣어주었다.

이튿날부터 젊은 장수는 백두산의 지형지물을 친히 살펴본후 군사들을 물샐틈없이 배치하고 백두산의 해돋이를 눈여겨 살펴보는데 과연 수달처녀의 말과 같이 하루는 해가 불끈 솟았다가 사라지는것이였다. 그래서 젊은 장수가 진을 치니 철옹성이 되어 적들은 한발자국도 범접하지 못하였다. 며칠후에는 해가 두번 불끈 솟았는데 젊은 장수가 군사를 이끌어 짓쳐나가니 적들이 아우성치며 도망하는지라 얼마쯤 쫓다가 군사를 거두고 다시 때를 기다렸다.

그러던 어느 하루, 장군이 몸소 나가서 해돋이를 바라보는데 둥그런 해가 세번 검은 구름에 삼키웠다가 불덩어리처럼 불끈 솟아올라 온 천하를 환히 밝게 비추는것이였다.

「끝내 때가 왔구나!」

젊은 장수는 무릎을 탁 치고나서 그길로 군사를 휘몰아 적진을 맹렬하게 들이쳤다. 적들은 얼마 배겨내지 못하고 가을바람에 락엽이 뒹굴 듯 이리저리 쫓기고 쓰러졌다. 장군은 파죽지세로 적진에 돌입하여 해질무렵에는 마침내 적장의 머리를 베고 최후승전을 하였다.

그날 밤, 젊은 장수가 군사를 걷어들이고 승리의 축하연을 베풀 때였다. 고요하던 천지물이 갑자기 량편으로 쭉 갈라지며 풍악소리 진동하더니 오룡차가 둥둥 날아올라와 장수의 막하에 당도하였다.

「천지룡궁의 공주마마 헌신 아뢰오!」

오색채의에 칠보단장 곱게 한 수달처녀가 사뿐사뿐 걸어들어와 젊은 장수앞에 합장배례하고

「장수님의 승전을 축하하옵니다.」라고 하니 젊은 장수는 공주의 손을 잡고

「이 모두가 공주마마의 덕분인줄 아뢰오.」라고 하였다.

그제야 영문을 알게 된 장병들은 젊은 장수가 룡궁공주의 백년가약을 축하하여 만세를 부르고 잔을 높이 들었다.

그후로부터 백두산에는 그 어떤 외적도 감히 범접못했는데 해돋이를 보고 외적을 물리친 그 산봉우리를 관일봉이라 부르게 되였다 한다.

정리: 리천록

와호봉

옛날옛적 백두산기슭 아래우 두 마을에 형제가 살고있었다.

웃마을 형은 늙으신 어머니를 효성으로 모시는 효자로서 원근 각지에 이름이 났고 아랫마을 동생은 한다하는 명의로서 원근 각지에 이름을 높이 날렸다.

그런데 어느해 여름, 어머니가 갑자기 이름 모를 중병에 걸려 몸져눕게 되였다. 이렇게 되자 형은 어머니를 모시고 동생을 찾아갔다.

한식경이나 어머니의 맥을 짚어보고난 동생은 겨우 약 한첩을 지어주면서 말했다.

「형님, 먼저 이 약을 대접해보시오.」

형은 집에 이르자 지체없이 어머니한테 약을 달여 대접했다. 약은 한첩이지만 동생은 명의이니 꼭 나으려니만 생각했다.

그러나 어머니의 병은 치도기 보이지 않았다. 그래시 형은 또 동생을 찾아갔다.

또 찾아온 형을 보자 동생은 못볼것을 보기나 한것처럼 상을 잔뜩 찡그리더니 약 한첩 던져주며 뱉듯이 말했다.

「옛소! 약 한첩만 더 주겠으니 얼른 가지고 가오!」

동생의 행동거지에 형의 배속에서는 굵은뱀, 가는뱀이 꿈틀거리며 일어섰다.

「동생! 요까짓 약으로 골수에까지 스민 어머니의 병을 뗄수 있단말인가?」

「좌우간 대접해보오. 나도 별 방도가 없소.」

「아니, 그건 어떻게 하는 소리냐?」

「나도 명색이 의원인데 약값도 안가지고 온 사람인데 어떻게 값진 명약을 줄수 있단말이오?」

「뭣이 어째? 약값을 가지고 오라구?」

「그렇소, 형님도 알지만 난 절름발이오. 병신몸에 살림마저 넉넉치 못하니 아무리 형제간, 모자간이라 해도 약값만은 제대로 받아야겠소.」

동생의 말에 형은 속이 울컥해났으나 어쨌든 이번 약이나 대접하고보자고 치미는 분을 가까스로 눅잦히며 집으로 돌아왔다.

형은 지어온 약을 정성껏 달여 어머니한테 올렸다. 그러나 병세는 여전하였다.

「음, 병신 바른놈이 없다더니 다리병신인 이놈이야말로 심지가 비뚤어지기로 말이 아니구나.」

화가 치밀대로 치민 형은 종주먹을 불끈 부르쥐고 동생한테로 뛰여갔다. 형은 동생을 보자마자 팔을 걷어붙이며 따지고들었다.

「이놈아! 넌 타남의 병은 척척 떼주면서도 제 어머니의 병에 대해서는 이다지도 등한하단말이냐. 엉? 세상에 이런 법이 있단말이냐?」

그러나 동생은 별일 다 보겠다는 듯 흥! 하고 코방귀를 뀌였다.

「형님, 일전에도 말하지 않았소? 약값만은 옳게 치뤄야 한단말이오. 돈 한푼 내지 않고 병을 떼자고드니 낸들 어떻게 명약을 드릴수 있겠소.」

형은 하도 기가 막혀 꽥 소리질렀다.

「이놈아! 그럼 어머님은 너의 어머님이 아니란말이냐?」

「물론 나의 어머님이 옳소. 그렇지만 지금은 세간을 갈랐으니 어찌 애시적과 같겠소? 살림이 다른 이상 의례 약값은 약값대로 치뤄야 한단말이오.」

그 말에 형은 화가 천둥같이 동했다.

「좋다! 그럼 달라는대로 돈을 줄테니 병고칠 약을 내라!」

「정말 돈을 다 줄수 있소?」

「이놈아 주겠다면 주는거다! 그래 도대체 얼마를 내라는거냐?」

「그럼 좋소. 어머님의 병환에는 백두산꼭대기에 사는 백년 묵은 대호의 생피가 명약이오. 이 약은 인명과 바꿔오는것이기에 적어도 형님네 집에 있는 검정소 두마리에 집까지 내놓아야겠소.」

「뭐? 검정소 두 마리에 집까지?」

「그렇소!」
 형은 너무도 억이 막혀 두눈이 뒤집힐 지경이였다.
「걷어치워라 이눔! 의원이 되더니 환장을 했구나. 좋다! 네가 잘되는가 내가 잘되는가 어디 두고보자!」
 집으로 돌아온 형의 가슴은 팥죽가마처럼 부글부글 끓어올랐다. 돈에 환장한 동생 신세를 지느니 차라리 어머님을 업고가다가 세상뜨게 하는 한이 있더라도 제힘으로 백두산에 업고 올라가서 백년 묵은 대호를 잡아 생피를 대접시키기로 작심하였다.
 집으로 오자마자 형은 어머니를 둘쳐업고 황황히 집을 나섰다.
 형은 높은 산만 바라보면서 가고 또 갔다. 어쨌든 백두산은 구름우에 치솟은 산이니깐 높은 산만 바라보면서 오르고 또 올랐다.
 얼마나 걷고 며칠을 갔던지 형은 마침내 백설이 흩날리고 흰구름이 서려 감도는 백두산상봉에 이르고야말았다!
 어머니를 업은 그의 잔등에서는 땀이 물처럼 좔좔 흘러내렸다. 여태까지 깊은 잠에 드신듯 전혀 자취라고 없던 어머니가 갑자기 물을 찾으셨다.
「물이 어디 있을가? 옳지. 천길벼랑아래가 바로 천지수로구나! 어서 내려가 물을 떠다가 대접해야지.」
 형은 어머니를 내려놓고 두 주먹으로 구슬땀을 훔치면서 벼랑을 타고 내려가려고 서둘렀다.
 바로 그때 저쪽켠에서 따웅! 하고 무서운 소리가 우뢰처럼 귀전을 때렸다. 눈여겨보니 벼랑바위 한 끝에 어룽더룽한 범 한마라가 산더미처럼 도사리고 앉았는데 화등잔같은 두 눈에 항아리같은 입을 쩍 벌리고 당장 집어삼켜버릴 기세로 그를 노려보고있지 않겠는가.
「아, 과연 일점불차 백년묵은 대호로구나!」
 형은 활을 벗겨 들고 범한테로 접근해갔다.
 범은 몸뚱아리를 홱 솟구치더니 어느결에 질풍같이 달려와 형을 삼키려 들었다.
 형은 화살을 날렸다! 화살은 범의 왼쪽눈에 가 꽂혔다. 그러자 범은 스무 길이나 올리솟더니 형한테 덮쳐들었다.

「아, 인젠 어머님도 못구하고 죽는구나.」
　형이 이런 생각을 하는 순간 범은 산악을 떠밀듯한 소리를 지르더니 그 자리에서 몸뚱아리를 비비탈다가 꺼꾸러지고마는것이였다.
　형이 범한테로 다가가보니 범은 누가 쏜 화살에 맞았는지 면바로 숨통을 맞고 죽었다.
「참으로 훌륭한 솜씨로구나!」
　형은 찬탄하며 사위를 둘러보았지만 사람은 없었다.
　형은 범의 주둥이에서 콸콸 흘러내리는 피를 보자 정신이 펄쩍 들었다. 그는 얼른 두손에 피를 받아가지고 어머니한테로 뛰여갔다.
　피 한모금을 넘기자 어머니는 후— 하고 날숨을 내쉬며 기지개를 쭉 켰다. 한번 더 받아드렸더니 어머니는 몸을 털고 일어나셨다
　세번만에는 「인젠 정신이 펄쩍 나는구나」 하시면서 혼자 씨엉씨엉 걷기까지 하였다.
「애야, 내 병이 인젠 다 나았으니 어서 집으로 돌아가자.」
　어머니는 펄펄 날듯이 걸으셨다.
　두 모자는 집으로 돌아왔다. 그들이 집에 이르자 어느새 아래마을 동생이 와있었다.
「어머님 어떠십니까?」
　동생은 어머니한테 인사를 올린뒤 형한테도 문안했다.
「형님, 과연 욕보셨수.」
　그러자 형은 픽 돌아앉아 외면하면서 「흥!」하고 코방귀만 뀌였다.
「걷어치워라, 무슨 렴치로 그런 문안을 다 하느냐? 어서 썩 물러가거라!」
　그러자 동생이 말했다.
「형님 노여워마우. 어머님 병환은 백두산 백년대호의 피를 대접해야만 낫는데 병신다리를 가진 이 동생이 어떻게 그런 명약을 얻어내겠소? 그때 내가 좋은 말로 곱도록 말했다면 형님이 그런 용단을 내리지 않을수도 있었을거요. 그래서 형님의 분을 잔뜩 돋구어주었던거요. 형님이 어머니를 모시고 떠나자 난 활을 메고 뒤를 따랐소. 범의 숨통에 박힌 그 화살을 형님도 보았을거요.」

말을 마친 동생은 눈물을 흘리며 표연히 집을 나섰다.

「뭣이? 범의 숨통에 박힌 화살?」

그제야 곰곰히 생각을 더듬어본 형은 느껴지는바가 있어서 부리나케 뒤쫓아가 동생의 손을 꼭 그러쥐였다.

「동생, 궁량 짧은 이 형을 용서해주게. 기실은 동생덕분에 어머님의 병을 고쳤구만.」

「그렇지만 형님 이 동생의 처사도 너무 과분했소.」

이로부터 형제는 더욱 의좋게 지내면서 어머니를 모시고 잘살아갔다. 그리고 그때 형제의 화살에 맞아죽은 백년대호는 그 자리에 쓰러진채 돌로 굳어져 백두산의 한 봉우리로 되였는데 후세사람들은 그 봉우리를 와호봉(臥虎峰)이라 이름지어 불렀다 한다.

정리: 리룡득

록명봉의 석굴

　백두산 소천지의 가파로운 뒤등성이를 타고넘어 십여리가량 가면 몇십쌍 잘되는 허허벌판이 있다.
　이곳은 두견화와 금매화 그리고 고산양귀비 등 이름모를 각가지 화초가 철따라 피여나고 령지초와 불로초의 그윽한 향기까지 풍겨 실로 백두명승의 별유천지라고 할수 있다. 게다가 사슴들이 무리지어 뛰놀고 뭇새들이 춤추며 노래하니 그 정경은 참말로 가관이다. 그도 그럴것이 기온이 낮은 백두산에는 사시장철 흰눈이 날리지만 유독 이곳만은 지하로부터 온기가 모락모락 피여올라 겨울에도 눈이 쌓일줄 모르고 여름에는 화초가 무성하니깐.
　이 아름다운 화원의 서쪽켠에는 깊고도 넓은 지하석굴이 있다. 면적이 3백평방메터를 헤아리는 이 석굴에는 수백명 사람들이 동시에 둘러앉을수 있다. 그러면 이 석굴은 어떻게 생긴것인가?
　멀고 먼 옛날부터 맑은 시내물과 늪까지 있는 이곳은 뭇새들의 왕국이였다. 그런데 어느해 구렝이가 나타나 이곳을 독차지 하였다. 구렝이는 사슴과 새들을 잡아먹기 시작했다. 불의지변을 당한 사슴과 새들은 야삼경에 조용한 곳에 모여 이 일을 어떻게 대처할것인가를 의논하였다. 힘이 세고 용감한 금사슴만 있으면 아무 근심도 없었으련만 그때 금사슴은 남쪽나라 사슴국으로부터 일보러 가고 없었다. 토의한 끝에 림시책을 세우고 총명한 꽃사슴과 백학을 대표로 파견하여 구렝이한테 청을 들기로 했다. 꽃사슴도 모두들 위하여 어린 새끼들을 떼여놓고 남편인 금사슴을 대신하여 담판하러 갈것을 청원하였다.
　날이 밝자 백학과 꽃사슴이 구렝이를 찾아 떠났다. 시뿌둥해있던 구렝이는 온몸에 예쁜 꽃무늬가 돋친 꽃사슴을 보자 마음이 근질거리나 낯에 희색을 띠였다.

　꽃사슴은 절을 올리고나서 「우린 매일 당신한테 잡수실 음식을 바쳐올릴테니 다시는 잡아먹지 말아주소서」라고 하니 구렝이는 「그럴수는 있으나 내 요구를 들어줘야 그렇게 할수 있도다.」라고 대답하였다.

　사슴과 백학은 낯에 화기를 띠며 「어떤 요구가 있나이까?」라고 물었다.

　「너희들이 보는바와 같이 난 외토리로 그지없이 고독하여 안해를 맞이하려는데 너 꽃사슴이 내 안해로 되여준다면 무슨 청이라도 들어주겠노라.」구렝이는 침까지 줄줄 흘리면서 말했다.

　꽃사슴은 재화가 불의에 떨어졌지만 마음을 다잡고 「우리는 뼈와 종자가 다를뿐만아니라 난 금사슴과 짝을 뭇고 어린것까지지 있는 몸이외다.」라고 말했다. 백학도 곁들어 나서면서 그래도 동종에서 배필을 선택하는게 좋을 것이라고 여쭈었다.

　그러나 구렝이는 그들의 말을 아예 들으려고도 하지 않았다. 이때가 천재일우의 좋은 기회라고 여긴 구렝이는 삽시에 꽃사슴을 품에 안고 똬리를 틀었다. 꽃사슴은 좋은 말로 구렝이를 구슬리며 뒤발로 구렝이의 홍문을 슬슬 긁어주었다. 그랬더니 똬리가 스르르 풀렸다. 이때라고 생각한 꽃사슴은 젖먹던 힘까지 다해서 풀쩍 뛰여 구렝이의 품에서 빠져나와 도망을 쳤다. 그러나 악독한 구렝이는 독즙을 뿜어 사슴의 몸에 들씌웠다. 꽃사슴은 정신을 잃고 바늘바늘 떨다가 불쌍한 새끼들만 남겨둔채 숨지고말았다.

　그후부터 구렝이는 더욱 흉악하게 날쳤다. 그통에 뭇짐승들은 천수만한을 품고 정든 고향을 떠났다.

　애기사슴들이 어미를 잃고 구슬피 울 때 갑자기 록명봉상상봉으로부터 찬란한 금빛이 비쳤다. 애기사슴들이 달려가보니 남쪽나라 사슴국으로 갔던 아버지 금사슴이 돌아왔던것이다.

　새끼사슴은 기쁨에 겨워 아버지품에 와락 안겨 구슬피 울면서 어머니와 동네어른들이 겪은 처참한 사연을 낱낱이 일러바쳤다.

　질통한 사연을 듣고난 금사슴은 눈에 퍼런 불을 켜고 이를 갈면서 「형제자매들의 원쑤를 기어이 갚겠다.」고 하늘에 맹세하였다.

　똬리를 틀고 이 광경을 지켜보던 구렝이는 두가닥 혀를 날름거리며 당장 잡아먹을 태세를 취했다. 이때 금사슴은 네발굽을 바위에다 딱딱 쫓고나서 살같이 허공에 날아올랐다가 떨어지면서 오른발로 구렝이의 대갈통을 힘껏 짓밟았다. 구렝이는 대갈통이 박살났으나 그래도 발악하면서 몸뚱이로 금사슴을 휘감아 조여죽이려고 하였다. 그러나 어느결에 사슴과 새들이 달려들어 발로 쫓고 부리로 쫓아 구렝이를 만신창으로 만들었다. 구렝이는 그만 죽어버리고말았다.

구렝이를 죽일 때 금사슴이 어찌나 힘있게 내리 밟았던지 외쪽발이 바위를 뚫고 들어가는바람에 석굴이 생겼다.

이 석굴 오른쪽에 석토로 이루어진 볼록스레한 봉이 있는데 그것은 구렝이가 죽어서 변한것이라고 한다.

금사슴이 돌아와 구렝이를 처단해버린후 피난갔던 사슴들이 돌아와 짝을 찾는 울음소리 산천을 뒤번지니 사람들은 지판봉(芝盤峰)이라고 부르던 이 높은 봉을 록명봉(鹿鳴峰)이라 부르고 이 석굴은 사슴발굽자리라 하여 록제동(鹿蹄洞)이라 불렀다 한다.

구술: 박성화
정리: 리천록

부리봉

반공중에 우뚝 솟은 백두산꼭대기에 하늘아래 또 하늘이 펼쳐진듯 거울같이 맑고 푸른 천지가 있고 그 두리에는 열여섯개의 봉우리들이 다정한 형제처럼 천지를 둘러싸고 있다. 그 가운데봉우리꼭대기가 수리개의 부리와 같다 하여 부리봉이라 하는데 백두의 우유빛 안개가 사라지면서 해빛이 찬연할 때면 마치 푸른 창공을 가로질러 당금 날아엘 태세이다.

이 기묘한 봉우리에는 이런 이야기가 전해지고 있다.

멀고먼 옛날 심산벽곡 어느 한 마을에 그림 잘 그리고 무예 또한 출중한 신동이란 소년이 있었다. 마음씨 착하고 일잘하는 신동은 어려서부터 장백불로초를 가꾸면서 그것들을 마을사람들에게 골고루 나누어주어 함께 잘살아갔다.

그런데 신동이 나이 15세 되던 해에 살기 좋던 이고장에 갑자기 액운이 떨어졌다. 어디서 어떻게 나타났는지 입은 지지벌겋고 눈은 통방울같고 귀는 함지짝같은 9척 괴물이 나타나서 마을의 장정들을 하나하나 잡아먹기 시작했다.

그러던 어느날 신동이 마당앞에 앉아 그림을 그리고있는데 갑자기 바람이 쏴— 일더니 몸이 허공중에 둥둥 떴다. 한참후에 눈을 떠보니 옹기중기 바위돌에 둘러싸인 곳으로 왔는데 숱한 장정들이 18층 루각을 짓고있었다.

「내 보아하니 네 그림재간 신선같아 이리로 데려왔노라. 당장 이 18층 루각꼭대기에다 서발 주둥이에 열두발 날개, 아홉발 몸뚱아리를 가진 수리개 한 마리를 새겨놓을지어다. 알겠느냐?」

마귀가 신동한테 호령하였다. 어디라고 감히 거역하랴.

이리저리 생각을 굴리던 신동은 18층 루각꼭대기에 올라 수리개를 새기기 시작했다. 손부리에 피가 마를 새 없이 3년간 고생하여 부리는 날카롭고 눈은 영채돌고 놓으면 당장 날아갈듯 용맹한 수리개 한 마리를 다 새겨놓았다. 그제야 마귀는 신동을 집으로 돌려보냈다.

몇날 몇밤을 걷고걸어 고향마을에 당도해보니 사람들은 병이 들어 지쳐 누웠고 살기 좋던 마을은 그지없이 황폐해졌다. 이런 정경을 가슴아프게 생각한 신동은 지친 몸을 겨우 지탱하면서 험악한 산발을 더듬어가며 진귀한 약초를 캐여다가 마을사람들에게 대접하였다. 신동의 정성은 과연 효험이 있어서 황폐하던 마을이 다시 활기를 띠게 되었다.

그런데 또 마귀가 나타나 못살게 굴줄이야!…

갑자기 광풍이 휘몰아치더니 이번에는 마귀놈이 마을의 꽃다운 처녀들을 잡아가기 시작하였다. 날이 갈수록 집집마다 근심이요, 사람마다 수심이였다. 이리하여 마을의 남녀로소가 한데 모여 마귀를 대처할 방도를 생각해보았으나 신통한 묘책이 없었다. 이 광경을 눈앞에 보는 신동은 참을래야 참을수 없었다. 드디여 한목숨 바쳐 마을사람들을 구원하리라 다짐한 신동은 지체없이 마귀가 있는 곳을 찾아떠났다.

신동이 몇날 며칠을 걸어 백두폭포에 이르렀을 때였다.

「으하하!」 험상궂은 웃음소리가 나더니 신동의 앞에 구척마귀가 턱 버티고 서서 호통치는것이였다.

「요 앙큼한 놈아! 어디라고 이렇게 와서 함부로 날치는거냐? 이 어르신님은 백두의 대왕님이라 감히 티끌 하나 다치지 못할것이니 어서 썩 물러가지 못할고!」

「이 간악한 마귀놈아! 네 무뢰함이 지나친고로 생사결판을 하고저 이 신동이 찾아왔다.」

신동은 창검을 쑥 빼들었다. 좁고 깊은 골짜기에서 신동이와 마귀는 혼전을 벌렸다. 칼이 부딪쳐 번개일고 바위돌은 윙윙 소리를 냈다. 신동이를 업신여겼던 마귀는 갈수록 어렵게 되자 요술을 피웠다. 바위가 무너져내리고 땅이 꺼져들어갔다. 그러나 신동은 주저없이 용맹하게 싸웠다. 마귀가 떨어지는 돌맹이를 피하는 틈을 타서 신동이는 힘껏 올리뛰며 마귀의 대가리를 겨냥하고 찍었다. 함지짝같은 마귀의 한쪽귀가 뭉청 떨어져나갔다. 땅에 검붉은 피가 쏟아졌다. 악에 받친 마귀는 200자나 되는 바위꼭대기에 훌쩍 날아오르더니 또 요술을 피워댔다. 마귀가 손을 들어 하늘을 찌를듯 높이 솟은 두 바위를 가리키자 그 두 바위가 움직이면서 서로 맞붙기 시작했다. 마귀는 신동이를 바위틈에 끼워죽일 작정이였다. 이 아슬아슬한 순간 어디서 날아왔는지 큰 수리개 한 마리가 화살마냥 바위틈새로 씽 내리꽂지더니 신동이를 제꺽 채가지고 하늘공중으로 솟구쳤다. 때를 같이하여 18층 루각이 와르르 무너지고 두 바위가 서로 마주붙는것이였다. 용맹한 수리개를 탄 신동은 하늘로 올라갔다. 내리꽂겼다 하면서 마귀와 용감히 싸웠다. 하늘에서 우뢰가 울고 땅이 진동쳤다. 신동이 힘껏 마귀의 목을 자르면 다시 붙고 또 자르면 또다시 붙군 하였다. 신동이 세번째로 마귀의 목을 잘랐을 때 용맹한 수리개는 갈퀴같은 발톱으로 마귀의 몸뚱아리를 제꺽 집어 천길벼랑에 내동댕이치고 마귀의 대가리를 물어서 천지의 깊은 물속에 처넣었다. 그리고는 천지의 동쪽편 높은 산꼭대기에 날아가 눈을 뚝 부릅뜨고 앉는것이였다.

천길벼랑밑에 떨어진 마귀의 몸뚱아리는 산산히 쪼각났는데 오랜 세월을 두고 썩고썩어서 부석돌이 되였고 천지의 깊은 물에 대가리가 떨어질 때 마귀는 이를 옥물었는데 그로 하여 천지밑에 바위돌은 지금도 들쑹날쑹 톱이처럼 날카롭다고 한다. 그리고 천지의 동쪽 높은 바위꼭대기에 앉은 수리개는 백두산 마귀가 다시 살아나면 곧 덮쳐들 태세를 대기하고있는데 마귀가 영영 죽고 세월이 오래가니 돌로 굳어져 오늘의 부리봉이 되였다.

오랜 세월을 두고 이 부리봉이 백두산주위 수백리를 지켜보며 액운을 쫓아버렸기에 백두산 일대의 사람들은 다시는 재환을 모르는 행복한 마을로 되였다 한다.

구술: 한영수
정리: 정해철

신선봉

　백두산 천지물 둘러선 뭇봉우리들은 모두가 아아한 기암괴석돌로 이루어졌지만 지판봉(芝盤峰)과 백운봉(白云峰) 사이에 유독 흙으로 된 볼록한 봉우리가 있는데 이 산을 가리켜 선부(仙埠)라고도 부르고 신선봉이라고도 부른다. 이 봉을 이렇게 부르게 된데는 그럴만한 이야기가 전해지고 있다.
　멀고먼 옛날 백두산 서쪽기슭 마미하(馬尾河)에는 류씨라는 초부가 살고있었다. 어느해 추구월망간 교교한 달밤이였다. 백두산 토산봉우리에 몇사람이 모여앉아 주안상을 벌려놓고 음풍영월 읊조리며 호탕하게 웃고있었는데 그 소리가 산아래 강건너까지 들려왔다. 류씨는 하도 이상스러워 같이 채약하러 온 공씨와 함께 토산에 올라가 보았다. 헌데 사람들은 오간 자취도 없고 짙은 향기만이 폴폴 풍겨나고있었다.
　이때로부터 두 친구는 밤마다 버릇처럼 이 산봉을 살펴보게 되였다. 헌데 이상하게도 삼라만상이 고요히 잠든 달밝은 밤이면 전처럼 음풍영월을 읊조리며 호탕하게 울어대는가 하면 때로는 가죽뿔만한 둥근 불이 둥둥 떠다니기도 하였다. 두 친구는 의논끝에 낮에 살그머니 자판봉에 올라 알맞춤한 바위굴에 은신하고 그 내막을 알아보려 하였다.
　그날은 정월 대보름날이였다. 달은 밝고 밤은 고요한데 자정이 되자 호호백발 로인들이 눈갈이 흰옷을 떨쳐입고 넓적한 청석돌부리에 빙 둘러앉았다. 헌데 그들은 이날따라 풍월은 읊조리지 않고 선단묘약을 달이는 묘방들을 내놓고 담론하고있었다. 귀담아들으니 인삼불로요, 지삼령지요 하면서 약명을 라렬하기도 하고 령약들의 배합밀방을 이야기하는데 똑똑히 들리지 않았다. 그러다 날이 희붐히 밝아오니 말소리가 뚝 그치였다. 두 친구가 살펴보니 신선들은 오고 간데가 없었다. 동령에 해가 솟자 조심스레 신선들이 놀던 곳으로 나가보니 이상하게도 그곳에는 간밤에 신선들이 외우던 그러한 령약들이 무덕무덕 자라있었다.
　령약들을 탐욕스레 매만지고있던 공씨는
　「동생! 동생을 놓고 보면 늙으신 모친이 불치의 병으로 고생하고있고 나로 말하면 대를 이어받을 외아들이 시름시름 앓고있으니 이 령약을 캐여가면 좋지 않겠나?」하며 류씨를 보고 물었다. 그러니 류씨는
　「우리 사정은 그러하나 대명천지 밝은 세상에 임자의 허락도 없이 어찌 함부로 처사하겠소?」라고 하였다.
　이 말을 듣고 못마땅하게 생각한 공씨는 류씨와 더는 다른 말을 하지 않고 욕심스레 약초밭에 달려들어 약초밭을 마구 짓밟으며 큰것으로 골라 명약들을 한망태 캐넣었다.
　공씨는 주인이 나올가 겁을 집어먹고 「나는 먼저 가네, 천천히 캐가지고 오게나.」하고는 오금에 워낭소리를 내며 도망쳐버렸다.
　홀로 남은 류씨는 하도 어이없어 공씨가 짓밟아놓은 령약들을 부축여세우고 흙으로 북을 돋아주었다.
　이때 남쪽 하늘에서 오색채운이 둥실둥실 떠오더니 백발로인이 은발수염을 날리며 삼절죽장을 짚고 내려왔다.
　류씨는 삼배절을 올리고 온 사연을 일일이 고하였다. 점잖게 앉아서 류씨의 말을 듣던 로인은 「부모효심 지극하고 례의범절 대낮처럼 밝으니 그 마음 참으로 어여쁘도다. 제 자식만 궁한줄 알고 약밭을 짓밟은 공씨의 심사 고약가하기는 하다만 뉘우칠 여지를 주고자 적당한 책벌을 주었노라」하고는 령약 몇종을 골라 류씨에게 주면서 달여먹는 방법까지 자세히 알려주었다. 류씨 허리굽혀 사례하고 머리를 쳐들어보니 백발로인은 간곳이 없고 발밑에 구름이 뜨더니 류씨를 싣고 마미하기슭까지 실어다주었다.
　류씨가 구름에서 내리니 소나무우에서 사람을 살리라는 공씨의 애처로운 소리가 들려왔다. 생각하면 공씨의 행동거지가 고약하기 그지없었으나 죽는 사람 보고 그저 지날 수 없어 류씨는 공씨를 살려주었다.
　집으로 돌아온 류씨는 돌로 약탕관을 만들어 신선할아버지가 가르쳐준대로 약초를 섞어 달여놓고는 몇년 묵은 석청을 넣어서 아홉알의 환을 지었

다. 류씨는 그 약을 사흘에 한알씩 어머니에게 대접하였더니 어머니 병은 차츰 차도가 생겼다. 어머니는 마지막 약 한알을 먹고는 성한 몸이 되어 집일까지 보살피게 되였다. 이리하여 온집안은 화애로운 웃음이 떠돌았다.

하지만 다욕한 공씨는 그 약을 가져다 되는대로 삶아서 아들에게 하루에 세사발씩이나 먹였다. 그러다보니 공씨의 아들은 그만 눈뜬 봉사로 되고말았다.

이때로부터 사람들은 이 산봉우리를 신선들이 내려와 령단묘약을 굽는 산이라고들 하면서 신선봉이라 부르게 되었다.

구술: 차광순
정리: 리천록

장기봉

　백두산 온천에 가면 그 맞은켠 우중충 높이 솟은 울바자 벼랑바위우에 두사람이 정답게 마주앉아 장기를 두고있는 형태의 기암을 볼수 있다. 사람들은 이 바위를 장기봉이라 부르는데 여기에는 이런 전설이 깃들어있다.
　아득히 먼 옛날에 하늘나라 옥황상제의 두 아들이 칠선녀한테서 백두산이 천하절경이라는 말을 듣고 속이 근질근질하던차에 하루는 호화롭고도 거치장스러운 별의를 훨훨 벗어내치고 흰구름을 잡아타고 백두산천지로 내려왔다.
　천지의 못가에 내려앉아 감탄을 금치 못하며 백두산 십륙기봉을 차례로 돌아보고난 그들은 천길만장의 흰갈기를 날리며 떨어지는 폭포수를 따라 온천에 내려와 목욕을 하고 평퍼짐한 곳을 찾아앉아 장기를 두게 되었다.
　어느덧 열흘이란 시간이 흘렀다. 백두산의 기묘한 자연미에 홀딱 취해서 노니는 그들 두 귀공자는 열흘이란 시간이 담배 몇대 피우는참에 지나지 않았으나 옥황은 두 귀공자가 열흘이 지나도록 상천회궁하지 않아 초조하기 그지없었다.
　「애들이 왜 상기도 회궁하지 않느뇨?」
　옥황은 생각다못해 우뢰대신을 불러 우뢰로 귀띔하도록 엄명을 내렸다.
　꽝 파르릉- 파르룽-
　천지를 들었다놓으며 요란한 우뢰소리가 울렸다. 하지만 두 귀공자는 그 소리를 들었는지말았는지 저들의 놀음에만 정신을 팔았다.
　또 열흘이란 시간이 흘렀다. 퍼르뎅뎅해난 옥황상제는 또 비대신을 불러 비를 퍼부어 두 아들을 부르라고 엄명을 내렸다.
　쏴 쫠쫠- 쏴 쫠쫠-

비는 무섭게 동이들이로 쏟아졌다. 그러나 두 아들은 장삼소매를 툭툭 털고 앉아 천애절벽으로 창창 쏟아져내리는 폭포수를 바라보며 의연히 장기만을 두고있었다.

어느덧 한달이 지나갔다. 대노한 옥황상제는 이번에는 눈대신을 불러들였다. 눈으르 퍼부어 백두산을 살풍경으로 만들어놓는다면 두 아들이 할수없어 회궁할줄로 여겼던것이다.

눈이 펑펑 쏟아졌다.

눈이 내리자 온 산은 도리여 소복단장되고 수십길 폭포수엔 수정고드름이 천사만사로 드리워 그 기묘함이 일월도 무색할 지경이였다. 이에 두 아들은 더더욱 성수가 났다.

이러다나니 두 귀공자가 내려간지도 옹근 백날 광음이 흘렀다. 보아하니 두 귀공자는 천상일을 까맣게 잊어버리고 하토에 재미를 붙여 돌아올 기미가 아니였다.

「허, 괘씸한지고. 제 아무리 백두산이 절승경개라 할새 어쨌든 하토의 불모의 땅이거늘 옥황궁 귀공자로 그런 어줍은 곳에 정신을 팔고있으니 더는 용서할수 없도다!」

이렇게 단념한 옥황은 황후와 만조백관의 권유에도 불구하고 불벼락을 쳐 두 아들을 죽여버리기로 작심하였다.

번쩍! 버번쩍!

방아가닥같은 불뭉치가 백두산 폭포수아래 온천 건너편 너래방석돌우에 내리박혔다.

이 찰나에 백두산 산신령이 두 귀공자가 자기 소원대로 천년을 두고, 만년을 두고 영원토록 백두산에 머물러 즐겁게 하려고 얼른 조화를 부려 그 불뭉치를 가로질러 막았다.

옥황은 악이 치받쳤으나 백두산 산신령을 당해낼수 없었다.

그리하여 백두산에서는 두 귀공자가 비가 오나 눈이 오나 변함없이 오늘 이때까지 날에 날마다 편안히 마주앉아 장기를 둘수 있게 되였다고 한다.

정리: 리룡득

금강봉

백두산기슭, 화평영자검사소에서 동쪽으로 10리쯤 가면 들쑹날쑹한 기암괴석으로 이루어진 석림의 세계가 나타난다. 이 석림을 사람들은 금강봉이라고 하는데 어찌하여 백두산기슭에 금강봉이 생겨나게 되였는가?

화승대가 세상에 금방 나왔을 때의 일일것이다. 조선의 금강산에 이름난 포수가 있었다. 총 한방에 나는 새도 영락없이 떨구는 포수라 그의 사냥재간은 이만저만이 아니였다. 그러나 살림살이는 형편없이 궁하였다.

하루는 이 금강산포수가 술집에 들어가서 술을 마시는데 그의 맞은편 상에 앉은 사람들의 말소리에 그만 귀가 솔깃해났다.

「어, 자네 아는가?」

「뭘 그러나?」

「백두산이란 곳에 사슴이 욱실거린다네.」

「거 참, 사슴잡이를 했으면 부자가 되겠네.」

집으로 돌아오며 포수는 생각이 깊었다. 금강산이 비록 좋기는 하지만 굶주리고 헐벗고서야 무슨 재미로 살아가랴, 차라리 두만강 건너 백두산에나 가보자.

이리하여 안해와 의논한후 어린 아들 손을 잡고 세식구가 길을 떠났는데 짐이라햐 괴나리보짐에 화승대 하나뿐이였다.

그들은 열흘 남짓이 걸어서야 두만강을 건너 백두산기슭 한곳에 이르렀다. 지세를 보니 앞에는 내물이 흐르고 뒤에는 산이 솟은 양지바른 언덕이라 오두막을 짓고 살아갈 자리를 잡았다.

식솔들이 거처할 곳이 있게 되자 금강산포수는 곧 사냥을 떠났다.

「아니 로독이나 풀고 나가보세요.」

「괜찮소.」
「아버지, 제일 큰 사슴을 잡아오세요.」
포수는 이렇게 집식구들과 작별하고 수림속으로 사라졌다. 그런데 열홀, 스무날이 지나도 포수는 돌아오지 않았다.
아들은 어머니와 함께 아버지가 간 곳을 바라보면서 기다리고 또 기다렸다. 한달, 두달, 석달이 지나도 포수는 돌아오지 않았다.
「어머니, 아버지가 잘못되지나 않았을까요?」
아들의 머리를 쓰다듬어주는 어머니도 소리없이 눈물을 방울방울 떨구었다.
「아버지는 꼭 돌아올거다.」
어머니는 아들을 이렇게 달래였다.
그러나 3년이 지나도 아버지는 돌아오지 않았다. 이제는 말치 않아도 아버지가 저세상 사람이 된것이 번연하였다.
그러던 어느 하루, 아들은 어머니앞에 무릎을 꿇고 앉아 말하였다.
「어머니, 전 아버지 원쑤갚으러 떠나겠어요.」
「너 그게 무슨 소리냐?」
「어머니, 백두산속에 마적이 있대요. 그놈들은 전문 포수들을 해치고 포수들이 잡은 노루, 사슴, 범 따위를 앗아내는 놈들이래요.」
「너 그 소리 어디서 들었냐?」
「밖에 나가 알아봤어요. 아버지는 명포수니까 짐승한테는 절대 잘못되지 않았을거애요. 난 꼭 그놈들을 찾아가서 원쑤를 갚겠어요.」
어머니는 아들을 와락 끌어안았다. 나이는 어리여도 뜻이 장하고 패기있는 아들이였다. 이날이 닥쳐오기를 얼마나 고대하던 어머니였던가!
이튿날 어머니는 아들을 전송하였다. 문을 나서자 어머니는 아들의 신들매도 다시 죄여주고 옷도 다시 여며주고 괴나리보짐도 다시 살펴보아주었다.
「애야, 몸 성히 다녀오너라.」
어머니는 눈물이 글썽해서 아들을 바래였다. 아들의 모습이 수풀속에 사라지자 어머니는 입술을 깨물고 오두막으로 달려갔다.
집을 떠난 아들은 오직 아버지의 원쑤를 갚으려는 생각으로 망망한 수림을 폐지르며 헤매고 다녔다. 밤이면 아름드리 고목에 등을 붙이고 쪽잠을 잤고 낮이면 산을 넘고 강을 건넜다.

그러던 어느날 푸름한 새벽이였다. 「땅」하고 총소리가 지척에서 울렸다. 그는 자리를 차고 일어나 총소리 난쪽을 바라보았다. 사위는 쥐죽은듯 고요하였다. 한참 있노라니 그와 멀지 않은 곳에서 사람이 나타났다. 화승대를 멘 포수였다. 포수는 어깨에 무엇인지 메고 산비탈을 가로질러가고있었다.

망망한 수림속에서 사람을 찾아헤매는 포수아들이였건만 막상 사람을 보니 어쩐지 두려움이 앞서서 찾아가지 못하고 머뭇거리게 되였다.

그런데 바로 이때였다. 땅 하는 총소리와 함께 앞에서 걷던 그 포수가 푹 꼬꾸라지는것이였다.

「앗!」

포수아들은 와뜰 놀랐다. 그러면서 피뜩 떠오르는 생각이 있었다.

「필시 어느놈이 저 포수를 죽이고 포수의 손에서 사냥물을 앗아내려는게로구나. 아버지도 틀림없이 저런놈한테 해를 입었을거야.」

아들은 그놈이 나타날 때까지 기다리기로 마음먹었다. 그러나 점심때가 다되여가는데도 인기척이라곤 나지 않았다.

아들은 배가 고프니 전날 뜯어넣었던 산열매로 주린 배를 달래고 목이 마르니 칼로 봇나무껍질을 짜개고 떨어지는 물방울을 핥아먹었다.

해가 서산에 뉘엿뉘엿 기울어지기 시작할무렵까지 이렇게 기다렸다. 이때 죽어넘어진 포수곁에 불쑥 한사람이 나타났다.

어깨에 총을 멘것으로 보아 그도 포수 같기는 한데 먼저 쓰러졌던 포수의 총을 제 어깨에 메고는 허리를 꺾고 앉는것이였다. 한참후 그가 일어서는데 어깨에는 기다란 뿔이 달린 짐승대가리가 놓여져있었다.

「저놈이 포수를 죽이고 총과 사슴을 빼앗는 마적놈이구나!」

아들은 이가 뿌드득 갈리였다. 아버지도 저놈의 손에서 세상을 떴으리라고 생각하니 치가 떨리였다. 당장 달려가서 칼로 그놈의 잔등을 푹 찔러주고싶었다. 그러나 아들은 그렇게 할수 없었다. 그는 요리조리 몸을 숨기며 그놈을 뒤따랐다.

그놈은 보아내기 어려운 옴폭한 곳에 움막을 짓고 살고있었다. 움막앞에 이른 아들은 「주인님 계십니까?」하고 인기척을 냈다.

그놈은 총을 들고 나오며 돼지 멱따는 소리를 질렀다.
「웬놈이냐?」
아들은 태연하게 말했다.
「금강산에서 이곳으로 왔는데 부모를 여의고 고향으로 돌아가다가 길을 잃었습니다. 하루밤만 묵어가게 해주십시오.」
아들을 깐깐히 훑어보던 그놈은 나어린 소년인지라 안심되는 모양이였다.
아들은 집안에 들어가서야 주인의 얼굴을 똑똑히 보았다. 그는 애꾸눈이였다 하나밖에 없는 그의 눈은 몸서리칠 정도로 크고도 표독스럽게 생긴 통사발눈이였다.
아들은 그놈이 내주는 노루가죽을 펴놓고 장작개비 한토막을 골라다가 베개로 삼고 누웠다. 이때 그놈이 물었다.
「너 그래 금강산으로 가겠느냐?」
「가지 않으면 어쩌겠어요.」
「혼자 갈만하냐?」
「이렇게 되는대로 가지요.」
「부모도 없는데 가지 말고 여기서 내 잔심부름이나 해주면 어떻겠나?」
「글쎄요.」
아들은 마침 잘됐다고 뒤를 달았더니 그놈은 「글쎄고 뭐고 나와 함께 있자꾸나.」라고 하였다.
이렇게 되여 아들은 애꾸눈의 손에 떨어졌는데 눈치가 약은 그는 애꾸눈의 시중을 곧잘 들어주면서 기회만 노렸다.
그러다가 하루는 애꾸눈이 멀리 간 틈을 타서 막뒤에 있는 작은 움막에 들어가 보았다. 그것은 창고였는데 한켠에는 총들이 줄느런히 세워져있고 다른켠에는 숱한 사슴뿔이 걸려져있었다.
아들은 전에 금강산에 있을 때 아버지의 총박죽에다 표식을 해놓은적이 있는지라 벽에 걸린 총가운데서 아버지의 화승총을 찾기 시작했다.
하나 둘 찾기 시작하여 마지막 두 번째 총을 잡았을 때였다. 아들은 너무도 눈에 익은 표식을 보고 그만 그 황승총을 가슴에 꼭 끌어안았다.
「아버지, 아버지를 해친 원쑤를 끝내 찾았구만요.」 아들은 총탁에다 낯을 비비며 방울방울 눈물을 흘리였다.

　그날 밤 애꾸눈이 돌아온후 밤이 깊어지기를 기다렸다. 아들은 드렁드렁 코를 골며 자빠진 애꾸눈의 가슴팍에 드디여 칼을 박았다.

　아버지의 원쑤를 갚은 아들은 움막앞에 나가 우등불을 피웠다. 시뻘건 불길이 치솟으며 움막주위를 대낮처럼 환하게 비추었다. 아들은 움막창고에 들어가 애꾸눈한테 목숨을 잃은 포수들의 총을 몽땅 걷어내온 뒤 번갈아가며 한방씩 쏘았다. 포수가 사망되면 총을 쏴서 포수의 혼을 잠재워야 한다던 아버지의 말씀이 떠올랐던 것이다.

　총소리가 울릴 때마다 골안의 여기저기에서 시퍼런 불빛이 번쩍이며 뢰성이 울렸다.

　이튿날아침에 아들이 골짜기로 나가보니 난데없는 기묘한 바위들이 수풀처럼 생겨났다. 그 바위들을 헤쳐보니 그것은 피살당한 포수들의 수자와 꼭 같았다. 억울하게 돌아간 포수들의 원혼이 모두 바위로 치솟았던 것이다.

　아들은 산에 가서 아버지가 물려준 총으로 사슴 한 마리를 잡아왔다. 그는 불을 지펴 사슴고기를 굽고 물을 길어다 술대신 부으면서 아버지를 위해 제사를 지냈다.

　아들은 석림의 봉우리가 고향의 금강산과 비슷하게 생겼을뿐만아니라 금강산포수인 아버지의 원혼이 변하여 생긴것이라 하여 이 석림을 금강봉이라 이름지었다.

　그때 포수아들이 지은 이름이 지금까지 전해와서 이 석림을 금강봉이라 부르고 있다.

구술: 리광일
정리: 리천록

산삼동

　백두산 입구인 화평영자 검사소를 거쳐 삼도백하 심산유곡을 거슬러 올라가면 내은부(訥殷部) 옛터가 있다. 이곳에서 동남방향으로 험산준령을 타고 오르면 나락같은 바위함정이 나타나는데 사람들은 이를 산삼동이라 한다. 어느때부터 산삼동이라 불렀는지도 딱히 모르나 그 바위함정을 산삼동이라 부르는데는 이런 이야기가 전해지고있다.
　먼먼 옛날 내은부 남산기슭에는 마음씨 곱고 일 잘하는 억복이라는 대걸총각이 살고있었다. 아버지가 병으로 세상을 뜬데다가 어머님까지 불치의 병으로 몸져눕다나니 가세가 궁하여 조반석죽도 이어가지 못하게 되였다.
　때는 산삼 캐는 철이라 그는 산매를 타볼 생각이 간절하였으나 식량이 떨어져 처처 궁리하던 끝에 내키지 않는 발길로 부자집을 찾아갔다. 억복이를 본 부자는 진작 생각이 있던 바라 선심을 쓰는체하여 변이 없는 쌀 두말을 꿔주면서 만필이와 함께 산삼을 캐여다 반작을 하라고 하였다. 만필이는 궁흉극악하고 방자무기한놈이라 억복이는 속이 섬찍하였으나 쌀까지 꾼 신세라 그렇게 하자고 응하는수밖에 없었다.
　이튿날 두사람은 꿀망태기를 둘러치고 산매를 타기 시작하였다. 허지만 그들은 며칠을 가고 갔지만 애삼 한뿌리 보지 못하였다. 어느날 그들은 해가 서산에 기울어질 무렵에 한 령마루에 올랐다. 령마루에 올라 산세를 보니 인삼이 있음직하였다. 그들은 이곳에다 천막을 치고 산신제까지 지냈다. 저녁까지 먹고난 그들은 해나른해져 소르르 잠이 들었다.
　꿈속에서 억복이는 울울창창한 참솔밭을 지나 단애절벽 높은 곳에 올라섰다. 억복이가 홀로 선 소나무를 붙잡고 아래를 내려다보니 바위함정이 보이고 그속에는 붉은 모자만 쓴 알몸뚱 아이들이 몸은 흰구렝이 같으나 대가리는 사슴같은 괴상한 짐승을 타고 노는데 그 짐승은 아주 유순하여 아이들을 썩 잘 보살폈다. 너무도 희귀하여 눈박아보기만 하는데「쾅」하는 소리가 나 놀라 깨여보니 길몽이였다. 억복이 날이 밝고 해가 솟자 자리를 털고 일어나니 만필이가 이말저말 쌍소리를 췌치며 지난밤에 무슨 꿈을 꾸었느냐고 물었다. 억복이는 만필이더러 산속에 들어와서 불상지언을 하지 말라고 차근차근 타일렀다. 하지만 억복이는 말치 않는 속셈이 있었다. 억복이는 산매군의 몽사에 동자를 보면 동자삼을 캘수 있다는 말을 들은 일이 있었다. 꿈에 본 괴상한 짐승이 곧 삼신임에 틀림이 없는것 같았다. 아침을 치른 후 억복이는 만필이와 함께 연장을 메고 꿈속에서 본 그곳을 찾아가니 과연 홀로 선 소나무아래 바위함정이 있었다. 소나무를 붙잡고 자세히 내려다보니 인삼달이 활짝 피여 미풍에 너울너울 춤추는데 마당삼이 한벌 쭉 깔려져 있었다. 억복이는 박달나무 지팽이로 곁에 선 소나무를 힘주어 두드리며「방초」하고 소리치니 산천이 쩌렁쩌렁 울렸다. 이들 두사람은 내려갈 길을 찾아헤맸으나 어데나 가파로운 벼랑바위라 속수무책이였다. 만필이가 안달아 야단을 쳤다. 억복이는 말없이 생각만 하고있다가 오미자덩쿨을 뜯어다 바줄을 꼬아서 그것을 타고 내려가자고 하였다. 두사람은 오미자바줄을 길게 꼬아서는 한쪽끝을 소나무에 매고 경험 있는 억복이가 타고 내려가고 만필이는 우에서 잡아당겨 올리기로 하였다. 새빨간 삼달을 내려다보는 만필의 얼굴에는 웃음이 꽃처럼 활짝 피였고 귀에는「동사잠 몇십뿌리만 캐오면 예쁜 색시를 얻어 세간까지 내주겠다.」던 부자주인의 말이 쟁쟁했다. 만필의 눈앞에는 달덩이같은 색시가 아물아물하기도 하고 원앙 한쌍이 동방화촉에 비단금침을 베고 누워 즐기는것도 선히 나타났다. 만필이가 제 좋은 생각을 하고있는데「바줄이야」하는 소리가 들려왔다. 깜짝 놀라며 바줄을 당겨올리니 잎 하나 세근(細根) 하나 다치지 않은 동자삼이 망테속에 수십뿌리나 들어있었다.

만필이 기쁨에 겨워 두근거리는 가슴을 안고 또다시 다른 망태를 바줄에 매여 내려보내고 희귀하게 큰 산삼을 보았다. 예로부터 인심은 조석으로 변하고 황금에 흑사심이라더니 동자삼을 본 만필이는 그 동자삼을 제 혼자 차지할 생각이 불같이 일어났다. 만필이 함정에 대고 아직도 많으냐고 물으니 억복이는 이제는 얼마 남지 않았다고 대답했다. 만필이는 억복의 대답소리를 듣고 한망태는 부자에게 주어 그 덕분에 색시를 얻어 세간을 나고 이번에 올라오는 삼은 제가 감추었다가 가지자고 딴마음을 먹었다. 만필의 이런 흑심을 알리 없는 억복이는 어린 삼은 후에 캐자고 남겨놓고 큰 삼들만 골라가면서 정성들여 파서 또 올려보냈다. 삼망태가 올라오자 만필이는 부랴부랴 바줄을 버리고 산삼을 둘러메고 줄행랑을 놓았다.

억복이는 사경에 처한줄도 모르고 한식경이나 기다려도 바줄이 내려오지 않으니 「바줄아이야」, 「바줄이야」 하고 연신 소리를 질렀으나 감감무소식이였다. 시간이 얼마나 흘렀는지 해는 너울너울 서산을 넘었다. 억복이는 고함을 치다못하여 목까지 다 쉬여 더는 소리도 칠수 없게 되였다.

억복이는 만필이가 검은 심보를 품고 도망쳤다는것을 알았다. 어머니가 병들어 누웠으니 억복의 목숨이자 어머니 생명이였다. 억복이는 어떻게 하나 살아나가 병든 어머니를 시중하리라 다짐하고 가파로운 벼랑바위를 톺아오르기 시작했다. 억복이는 오르다는 떨어지고 떨어졌다가는 다시 톺아오르기를 몇십번인지도 몰랐다. 바위굽에는 붉은 피가 흥건했고 손톱발톱은 이즈러져 피투성이가 되였다. 그래도 억복이는 죽기내기로 험한 벼랑을 톺아올랐다. 안깐힘을 다하여 절벽중턱까지 올랐는데 억복이는 또다시 깊고깊은 함정에 떨어져 인사불성이 되고말았다. 억복이는 이튿날 새벽에야 정신을 차렸다. 하지만 하루를 굶은데다 피까지 흘려 손가락 하나 까딱할 맥도 없었다.

이때 꿈에서 보았던 짐승이 나타나 억복이에게 풀잎에 맺힌 이슬을 먹여주었다. 그런데 이상하게도 이 풀에서는 진한 향기까지 풍겼다. 억복이는 주린 배를 달래느라 향기나는 풀잎을 마구 뜯어먹었다. 그랬더니 온몸에 힘이 솟고 시장기가 오간데 없었다. 이때 괴상한 짐승은 억복의 무릎밑을 떠들었다. 억복이 인차 그 괴상한 짐승의 뜻을 알아차리고 그의 등에 업혀 두뿔을 꼭 붙잡으니 괴상한 짐승은 억복이를 업고 스르르 바위벼랑밑으로 기여오르기 시작했다. 벼랑으로 한참 기여오르던 괴상한 짐승은 벼랑 한곳에 이르러 멈춰섰다. 억복이 그 옆을 보니 우묵진 바위틈에 십여포기 산삼이 서있었다. 억복이 삼뿌리를 정성스레 캐들고 보니 이 삼은 전일 캐던 인삼보다 훨씬 더 굵은 왕삼들이였다. 억복이가 삼을 다 캐자 괴상한 짐승은 또 다시 억복이를 업고 벼랑꼭대기까지 기여올라가 억복이를 소나무곁에 내려놓았다. 벼랑봉에 올라온 억복이 은혜백골난망이라며 허리굽혀 절하고 일어나니 괴상한 짐승은 파아란 환약 두알을 억복에게 주었다. 억복이는 이것이 바로 어머님의 불치의 령약이라 짐작하고 품속에 정성으레 간직하였다. 헌데 눈깜짝새에 괴상한 짐승은 온데간데 없었다. 그 짐승은 산신이였다.

다욱하고 궁흉극악한 만필이는 집으로 돌아와 부자에게 자신의 흉계를 자랑삼아 털어놓았다. 그러니 그놈이 그놈이라 부자놈은 불의지재 수천냥을 얻었다고 좋아서 야단치고는 남들에게 만필이와 억복이는 산매를 타다 서로 갈라졌는데 생사여부를 알길 없다고 헛소문을 퍼뜨렸다. 이 소문을 들은 마을사람들은 억복의 생사를 근심했고 그의 어머님은 기혼하여 쓰러져 목숨이 경각에 이르렀다. 하지만 이때 부자와 만필이는 고량진미에 미향주를 마시며 일확천금을 얻었다고 좋아 야단이였다. 헌데 이때라 이상하게도 산삼들이 움쭐움쭐 움직이더니 눈깜짝새 흰뱀으로 변하여 기여나왔다. 어떤 뱀들은 기둥으로 바라올라 대들보에 서리서리 감겼고 어떤 뱀들은 상다리를 타고올라 상우에 와 똬리를 틀고 앉아 붉은 입을 짝짝 벌리며 부자와 만필이를 물려고 혀를 날름거렸다. 기겁한 그놈들은 금강죽으로 뱀을 때려잡으려 했다. 이때 대들보에 감겼던 뱀들이 뚝뚝 떨어지며 두놈의 목에 감기고 팔과 다리 전신에 칭칭 감겼다. 부자와 만필이는 어쩔수 없게 되였다. 온 식구들이 놀라 아우성을 치는바람에 동네 장년들이 모여왔으나 말할수 없이 끔찍한 흉상이 버러져 누구도 어찌하는수가 없었다.

바로 이때 산중고혼이 될줄 알았던 억복이가 돌아왔다. 철면피한 만필이와 부자는 억복이를 보자 잘못을 빌면서 제발 목숨만 살려달라고 애걸복걸 하였다.

자기를 죽이려 하던 만필이를 보자 억복의 눈에선 불이 일었다. 억복이는 치를 떨며 사실의 자초지종을 마을사람들에게 알려주었다. 억복의 말을 들은 마을사람들은 천벌을 받아 저 꼴이 되였은즉 돌봐줄바가 아니라 하면서 침을 뱉으며 흩어져갔다. 일이 이렇게 되였으니 두놈은 물론 온 집안 식구가 뱀한테 물리여 살길이 없게 되였다.

억복이는 모친님이 불변세상하고 쓰러졌다는 말을 듣고 동네 어른들과 함께 집으로 뛰여왔다. 억복이는 삼신님이 주신 환약 한알을 어머님께 대접하였다. 어머니는 산신이 보낸 약 한알을 자시자 정신을 차렸고 두알을 자시자 언제 앓았느냐싶게 일어나 울고 웃으며 하였다. 억복이는 어머님의 보신약으로 산삼 몇뿌리만 남기고 나머지는 팔아서 가난한 집들에 고루 나누어주어 가세를 돕게 하였다.

억복이는 매년 삼매철이면 마을 청장년들을 데리고 그 버랑함정에 가 새로 자라난 산삼을 파왔다. 그러니 가난한 동네가 너남없이 잘사는 동네로 되였고 억복이도 차차 살림이 꽃피여 착실한 랑자를 맞아들여 알뜰살뜰한 새살림을 꾸리고 즐거운 나날을 보내게 되였다.

이때로부터 사람들은 이 버랑함정을 산삼동이라 정답게 불러왔다.

구술: 안자성
정리: 리천록

백두천지의 세 산봉

아득히 먼 옛날옛적의 어느 하루 아침 세상만물을 좌우하는 하늘의 조물주께서 자기가 손수 만든 세 산봉우리를 깨웠다.
「얘들아, 인젠 그만 잠자고 어서 일어나거라.」
세 산봉우리가 깨여나 보니 벌써 해가 높이 솟았다.
「어서 하계에 내려가 좋은 자리를 차지하지 않다간 이제 더는 적중한 자리가 없으리라!」
이에 세 산봉은「네-」하고 대답한후 흰구름을 잡아타고 미리 봐두었던 백두산천지가로 내려왔다.
헌데 막상 내려와 보니 백두산천지 둘레에는 벌써 천태만상의 산봉우리들이 깊숙이 뿌리박고 빙 둘러앉았다.
「아뿔사! 한발 늦었구나.」
그들은 속으로 늦잠을 잔 자신을 후회하며 웅기중기 눌러앉은 산봉우리들을 보고 물었다.
「그래 너희들은 어느새 이렇게 내려와 앉았느냐?」
그러자 백두봉, 백운봉 등 열세개 봉이 이구동성으로 대답했다.
「세상에 백두산천지처럼 아름다운 곳이 또 어디 있느냐? 우린 벌써부터 눈독을 들였다가 조물주의 명이 떨어지자 오늘 꼭두새벽에 내려와 자리를 잡았단다.」
이에 크게 실망한 세 산봉은 이제 어디로 갔으면 좋을지 도무지 궁리가 나지 않았다.
그것도 그럴것이 그들은 언녕부터 둥실 떠가는 흰구름도 그저 지나갈수 없어 서서히 내려와 재롱을 피우고 하늘나라 선녀들도 날마다 내려와 미역

감다가는 이 아름다운 천지가에 내려와 뿌리내려 대대손손 살아가자고 작심했기때문이다.

이때 그중 한봉우리가 사방을 둘러보더니 문뜩 좋은 꾀가 생각나서 백두봉과 회개봉사이로 다가갔다.

「자하, 여기는 대단히 성기구만요. 나도 한몫 끼여들어 의좋게 지냅시다요.」

이렇게 말하며 슬그머니 쏙 끼여들었다.

「자하,」하며 끼여들었다 하여 사람들은 이 봉우리를 「자하봉」이라 이름지어 불렀다고 한다.

이를 본 다른 한 산봉도 좋은 수가 떠올랐다. 머리를 짜며 생각을 굴리던 그는 다시 하늘로 씽 날아올라갔다. 조물주더러 자기의 우람진 몸을 약하고 길게 다듬어달라고 청들었다. 잠간사이에 자기 몸을 기둥처럼 다듬고난 그 산봉우리는 다시 내려오자마자 백운봉과 제운봉사이로 살짝 끼여들었다.

옆의 산봉우리들이 말하자 「자, 봐라 내 몸은 기둥처럼 약해서 자리가 얼마 차지하지 않는다. 너희들이 몇자국씩 드텨 앉으면 서로 의좋게 지낼수 있지 않니?」라고 했다.

이렇게 되여 그도 끝내 끼여들게 되었는데 옥기둥같이 다듬어진 봉우리라 하여 옥주봉이라 불렀다.

자하봉, 옥주봉이 이렇게 제 자리를 찾아안고 볼라니깐 그들과 함께 내려왔던 산봉 하나가 어디로 갔는지 도무지 보이지 않았다. 그래서 그들이 한창 궁리하고있는데 「우르릉 땅! 우르릉 땅!」하고 모진 울부짖음소리가 서쪽에서 들려왔다.

그 소리가 어찌나 웅글지고 세찼던지 날아가던 새들도 넋을 잃고 떨어지고 천지물이 끓어번지듯 막 사품쳤다.

그리고 그 소리와 함께 천년 묵은 큰 범 한 마리가 제운봉과 옥설봉 사이에 훌쩍 날아내렸다.

그통에 겁을 집어먹은 제운봉과 옥설봉은 혼비백산하여 얼른 범한테 자리를 내여주었다. 이렇게 되여 턱 들어앉게 된 범은 그제야 좋아서 앙천대소하였다.

「흐흐흐흐, 이렇게 둔갑술을 쓰지 않고서야 천하명승인 이 천지가에 내 자리가 있기나 할라구?」

하긴 그는 생각다못해 둔갑술로 큰 범으로 변한 다음 그 위엄으로 천지가의 이렇듯 좋은 자리를 끝끝내 차지하고야말았던것이다.

이 산봉이 바로 지금의 와호봉(臥虎峰)이다.

이리하여 백두산천지가에는 원래 열세개 산봉이던데로부터 지금의 열여섯개 봉우리가 의좋게 둘러앉게 되어 백두산천지의 아름다움과 웅위로움을 이 세상에 더한층 자랑하게 되였다고 한다.

정리: 리룡득

천지를 기운 돌바늘

천하 명승이라 소문 많은 백두산에는 천지를 기워놓았다는 돌바늘이 있다. 폭포곁의 단애절벽을 톺아오르면 하늘로 출입하는듯한 꽝장히 큰 돌대문이 나타나는데 그 중간으로는 바람결에 휜 비단이 펄펄 날리는듯한 승차하가 흐르고 있다. 사람들은 이 강을 두고 천궁으로 래왕하는 강이라 하여 천하(天河)라고도 부른다. 굽이치고 감뛰는 천하의 기슭을 따라 2리 남짓이 올라가면 대문안의 쪽문을 방불케 하는 달문(闥門)이 나타나는데 여기로부터 천지물이 흐르기 시작한다. 달문의 오른쪽 석봉은 천지 북쪽에서 동쪽으로 돗바늘마냥 뻗어나갔는데 이를 두고 사람들은 천지를 기운 돌바늘이라 부른다. 이 돌바늘에 올라서면 망망한 천지의 푸른 물결과 십륙기봉의 기암괴석이 한눈에 안겨오는데 유람객들은 눈앞에 펼쳐진 천하 절경을 두고 찬탄과 찬사를 아끼지 않는다. 헌데 이 돌바늘에는 유구한 백두의 력사와 더불어 사람의 심금을 울려주는 신비한 전설이 깃들어있다.

백두산천지가 생겨난지 얼마 되지 않은 때 일이다. 산좋고 물좋은 백두산 기슭에는 오붓한 마을이 자리잡고 앉았고 사람들은 여기서 행복하게 살아가고있었다. 그런데 어느해 하루 천지의 물이 갑자기 붇고불어서 산을 터지고 쏟아져내렸다. 온 천하가 물바다로 되였다. 전답과 집들은 모두 물속에 잠기고 사람들도 물매장을 당하고말았다. 오직 높은 산중턱에 외딴 집을 짓고 살던 한 어머니와 그의 유복자만이 목숨을 부지할수 있게 되였다. 하지만 몇 달을 두고 물이 줄지 않는데 식량마저 거의 거덜이 나서 살길이 없게 되였다. 쌀독을 들여다보던 어머니는 땅이 꺼지게 한숨을 쉬였다. 이렇게 지나다가는 며칠이 안되여 모자가 굶어죽게 되였다. 어머니는 다문 며칠이라도 아들을 더 살리기 위해 절식하기로 작심하였다. 생각던 끝에 어머니는 하늘을 우러러보며 녀와씨에게 빌고빌었다.

「하늘을 기워 우리 인생의 목숨을 구하여주신 녀와씨! 천지의 물이 붇고 불어 사람들은 무리죽음을 당하고 천만다행으로 가엾은 우리 모자만 남았는데 우리 모자의 목숨도 경각에 이르렀사옵니다. 녀와씨 나는 죽어 저승에 간데도 서러울것이 없사오나 열소경의 한 막대같이 귀한 내 아들을 보살펴주옵소서! 녀와씨, 인세에 남은 유일한 한목숨을 불쌍히 여기시여 굽어살피시면 저는 구천에 가서라도 뼈를 갈아서 그 은혜를 갚겠사옵니다.」

며칠이 지나 쌀이 얼마 남지 않은 쌀자루를 맥없이 바라보던 어머니는 아들의 손목을 꼭 붙잡고 눈물을 흘리다 숨지고말았다. 저승에 간 어머니는 저승에 가서도 이 일을 잊지 않고 녀와씨에게 빌고빌었다. 늦게야 인간세상의 참상을 알게 된 녀와씨는 「내 늙은것이 한이로구나. 어찌 인세의 이런 참경을 이제사 알았단말인고」 하더니 인차 증손녀를 천지에 내려보내여 이 일을 처사하리라 령하였다. 증손녀는 하토에 내려오자 먼저 유복자를 사경에서 구해놓고는 천지가에 이르렀다. 지형을 돌아보고난 녀와씨의 증손녀는 룡분봉의 흑요석을 뽑아내여 갈고 갈아 바늘을 만들어가지고 굉장히 큰 바위를 꿰매달고 한뜸한뜸 터져나간 물곬을 깁기 시작하였다. 녀와씨의 증손녀는 후세사람들이 한쪽 기슭의 물만 마시게 하고저 한쪽 기슭만을 좀 틔워놓아 물이 조금씩 흘러나가게 하였다. 증손녀는 천지를 기워 물을 가둬놓고 이 희소식을 녀와씨에게 보하였다. 녀와씨는 대희하여 증소녀의 일솜씨를 칭찬하시고는 그를 보고 친절하게 타일렀다.

「애야, 지금 지상에는 그 불쌍한 유복자를 돌볼 사람이 없구나. 이제 너는 다시 상천하지 말고 지상에 있으면서 유복자를 살뜰히 보살펴라. 그리고 유복자가 크거들랑 그와 백년가약을 맺고 인간세상의 인종을 늘이도록 하여라.」

증손녀는 증조모의 말씀대로 지상에 남아서 유복자를 알뜰살뜰히 보살펴주며 백두산 령약까지 캐여다 보양시켰다. 유복자는 하루하루 몰라보게 자라나더니 몇년이 지나지 않아 어린 때 벗은 장골사내가 되였다.

백두산의 두견화 곱게 피여 향기뿜는 어느해 봄날 그들은 청실홍실을 늘이고 잔치를 하였다. 잔치후에 증손녀의 몸에서는 아들딸들이 수두룩히 태여나 녀와씨의 말대로 인세의 인종을 늘이게 되였다.

  천지의 북쪽기슭에는 지금도 뾰족한 돌바늘이 가로 걸려 천지의 물을 가둬놓고있는데 사람들은 이 돌바늘우에 올라서 그 돌바늘에 깃든 전설을 듣군 한다.

구술: 신금철
정리: 리천록

룡을 동인 돌기둥

백두산 산정에 올라 화개봉과 천문봉사이를 내려다보면 화개봉중턱에 오십자 남짓이 우뚝 솟은 돌기둥이 있는데 사람들은 이 돌기둥을 룡을 붙잡아 동여매였던 돌기둥이라 하기도 하고 천지의 하늘을 떠받든 기둥이라 하여 천지일주(天池一柱)라고도 한다.

사람들이 이 돌기둥에 룡을 붙잡아매였다고 하는데는 이런 이야기가 전해지고있다.

멀고먼 옛날 백두산기슭에는 양류버들에 제비가 날고 기화요초가 앞다투어 피여났으며 천지속에는 수많은 고기떼들이 꼬리치며 놀았다. 산기슭에는 오붓하게 자리잡은 마을이 있었다. 여기서 사람들은 화목한 나날을 보냈다.

그런데 어느 하루 백두산에는 방자무비한 흑룡이 나타났다. 행복하던 이곳에는 검푸른 구름이 떠돌고 만물은 불의지변으로 근심과 고통속에 허덕이게 되였다. 흑룡은 제멋대로 천지를 쏘다니며 이속들을 쫓았으며 맛나는 고기들은 하루에도 몇백마리씩 잡아먹었다. 기껏 먹어댄 흑룡은 둔갑술을 써서 사람으로 변해가지고는 숫처녀들을 붙잡아다 간음하고 장사총각들을 마구 죽여버렸다. 이러니 인심은 황황하고 호천망극하여 통곡소리 산천을 뒤흔들었다.

이렇게 되자 비오는 날이면 물고기들이 비줄기를 잡아타고 하늘에 올라 이 참경을 옥황상제에게 고해바쳤고 비그친 뒤엔 사람들이 무지개를 타고 올라 이 참경을 옥황상제에게 고해바쳤다.

이 참보를 접한 옥황상제는 대노하여 흑룡을 회궁시켜 이실직고하라고 명을 내렸다.

어명을 받은 흑룡은 천궁에 들어가 옥황상제에게 절을 하고는 눈물코물을 흘리면서 거짓말을 늘어놓기 시작했다.

「옥황상제님, 참으로 억울한 일이오이다. 신이 천지에 이르러 물속에 들어가보니 큰고기 몇놈이 작은 고기들을 못살게 해치므로 그놈들을 처단하여 수많은 고기들을 죽음에서 구해주었사옵니다. 그리고 백두산기슭에 내려가보니 몇놈의 불한당들이 백성들의 재물을 로략질하고 처녀들과 유부녀를 희롱하는고로 그놈들도 처단하여 만백성의 민심을 수습하였나이다. 허나 남은 작당들이 아직 있어 거짓고자질로 청백한 신을 해치려 하니 현지현명하신 옥황상제님께서는 굽어살피시여 선과 악을 분별해주신다면 죽어도 원이 없겠나이다.」

지계의 송사와 흑룡의 말은 판판 달랐다. 옥황상제는 흑룡을 보고 엄히 일러주었다.

「네 이놈, 일후에 지계총감을 내려보내여 사실여부를 밝힐터인즉 그때에 가서 거짓말이 밝혀지면 중곤은 고사하고 릉지처참을 면치 못할것이로다. 들었느냐?」

흑룡은 어쨌든 이 장면을 면하고 살아야만 한다고 생각했다.

「네, 신의 말에 거짓이 있다면 옥황상제님께서 릉지처참이 아니라 18층 지옥밑 펄펄 끓는 기름가마에 튀여내여 절해고도에 던져버려 무주고혼이 된다 해도 한이 없겠사옵니다.」

옥황상제는 지계총감에게 천서만단의 복잡한 이 일을 잘처사하라 령하였다. 흑룡은 천궁에서 지체하다 일이 탄로되면 죽음을 당할가 두려워 한시바삐 천궁을 떠나려 했다.

「신이 천궁으로 회궁한후 남은 악당들이 무슨 일을 저지를지 알길이 없어 신은 이 길로 지계에 내려가 불쌍한 인간들을 굽어살피겠나이다.」

흑룡은 말을 마치자 비실비실 뒤걸음쳐 나와서는 걸음아 날 살려라 하고 주자를 놓았다. 목숨을 잠시나마 부지하게 된 흑룡은 어속들과 인간들의 상소가 괘씸하기 그지없었다. 이제 지계총감이 내려오면 모든 일이 백일하에 드러나게 된다. 흑룡은 자기가 지계에 내려와 한 모든 악착한 행실을 덮어감추기 위해 또다시 흉계를 꾸며내지 않으면 안되였다. 흑룡은 어속과 인간들을 모조리 죽이고 쫓아버리는것으로 제가 저지른 죄를 덮어감추고 후환을 없애려 하였다. 흑룡은 지계로 하강하자 천지에 뛰여들어 물고기들을 마구 물어죽이며 천하쪽으로 내쫓았다. 많은 물고기들은 악착한 흑룡한테 쫓기여 천하를 지나 폭포로 떨어져내렸다. 그러다보니 살아남은 물고기도 폭포를 타고 떨어지다 절반은 죽고 겨우 목숨이나 붙은 물고기들은 눈물을 흘리며 하수를 따라 내려가 살길을 찾지 않으면 안되였다. 고기떼를 말끔히 죽이고 쫓아보낸 흑룡은 인가에 덮쳐들어 불을 토하며 집을 태웠다. 그러니 어떤 집은 멸문지화를 당하여 몰살하고 겨우 살아남은 사람들은 아우성치며 도망치는수밖에 없게 되였다. 흑룡은 그 복새판에도 어여쁜 세 처녀를 골라서 자기의 희롱감을 삼으려고 룡문봉 십팔층 석굴에 가두어놓았다.

흑룡이 떠난 지 이틀째 되는 날 옥황상제는 지계총감을 지계에 내려보냈다. 지계총감이 내려오니 흑룡은 가살을 부리며 고량진미 진수성찬을 상다리 부러지게 차려놓고 불로주를 부으면서 입을 막으려 서둘렀다. 의심이 든 지계총감은 물속의 어속들과 인간들을 불러오라 명하였다. 흑룡은 울상이 되여 「그 불한당 악당들이 내가 천궁으로 회궁한 새에 이곳의 어속과 인간들을 모조리 쫓아버렸은즉 이 일을 어찌면 좋겠나이까?」 하며 수다를 떨었다.

지계총감은 더 큰 의심을 품고 흑룡이 차린 상을 물리라하고 백하수에 이르렀다. 백하수에는 정장어, 이면수, 가재들이 득실거렸다. 지계총감은 그들을 불러놓고 흑룡의 행패를 하나하나 물었다. 물고기들은 울면서 흑룡의 빚어낸 피비린 참안을 하나부터 열까지 죄다 고하였다. 사실여부를 알게 된 지계총감은 어속들에게 흑룡의 죄를 엄하게 단속할터이니 근심말고 이곳에 안거하라 일렀다. 그리고나서 지계총감이 길을 돌려 룡문봉기슭에 오니 인내가 풍겼다. 인내를 따라가니 커다란 암동에 집채같은 돌문이 꽉 닫겨있었다. 틈새로 나오는 인내를 맡아보니 안에 산 사람이 있는것이 분명했다. 지계총감은 이를 증거물로 삼으려고 손가락 하나 다치지 않고 천지가에 올라와 흑룡을 불러놓고 천주에 용납못할 죄를 이실직고하라 령하였다. 하지만 흑룡은 지계총감을 속이려고만 들었다.

노여움이 머리끝까지 치민 지계총감은 흑룡을 쏘아보며 발로 땅을 탕 하고 굴렀다. 그러자 십팔층대문이 저절로 열리면서 거의 죽게 된 세 처녀가 나와 흑룡의 하늘에 사무치는 죄를 피눈물 흘리며 공소하였다.

일이 탄로되자 음흉한 흑룡은 고두사죄하며 제발 목숨만 살려달라고 빌었다. 지계총감은 흑룡의 말을 귀등으로도 듣지 않았다. 그는 산천이 무너지듯 소리를 질렀다.

「네 이놈, 지계에 내려와 만인공노할 죄를 짓고 옥황상제까지 속였으니 그 죄악은 하늘인들 용납할소냐?!」

지계총감은 화개봉중턱에 솟은 돌기둥에다 흑룡을 동여달아매놓고 해빛에 말리우고 추운 밤에 얼구면서 석달열흘을 두고 죽이라는 엄형을 내렸다. 그리고는 세 처녀에게 한쪽끝이 뾰족한 자대를 내여주며 뾰족한 끝이 가리키는 방향으로 가기만 하면 부모형제들을 만날터이니 어서 떠나라 하였다. 세 처녀는 백배 사례하고 죽음의 구렁텅이에서 빠져나와 오매에도 그리던 부모형제를 만나게 되였다. 생사여부를 몰라 애간장을 태우며 눈물짓던 부모들은 딸들을 보자 일희일비라 울고 웃으며 야단들이였다. 그러나 기쁨은 일시라 안거락업치못한 그들은 먹을것 입을것이 난사였다. 헌데 이상스럽게도 그 자대를 쌀자루에 넣었더니 쌀자루가 불룩하게 쌀이 담겨졌고 옷속에 넣으니 똑같은 새옷이 지어졌으며 새로 닦은 집터우에 올려놓았더니 새 집들이 일어섰다. 이렇게 되니 살아남은 사람들은 성공대를 만들어놓고 구명은인에게 백골난망의 은혜에 삼가 감사를 올리며 행복한 새살림을 하기 시작하였다. 하지만 돌기둥에 매달린 잔인한 흑룡은 석달열흘이 지나자 해빛에 타서 돌기둥에 꽁꽁 말라붙었다.

백여년전까지만 하여도 이 돌기둥에는 흑룡이 말라붙은 얼럭덜럭한 껍질이 감겨져있었댔는데 풍우한설의 천기변화로 씻기고 날려 지금은 그 돌기둥만 남아있다고 한다.

구술: 구명산
정리: 리천록

백두공

아주 먼 옛날에 있은 이야기다.

앞에는 구슬같이 맑은 개울을 끼고 뒤에는 병풍같은 산언덕을 업고 앉은 한 마을이 있었는데 이 동네에는 부모를 잘 공경하고 이웃과 다정히 지내는 마음 착한 한 젊은이가 살고있었다.

이 젊은이는 어려서부터 부자집에서 머슴살이하는 아버지를 도와 몹시 고생한탓인지 아니면 늘 배불리 먹지 못한탓이였는지 스무살을 갓 넘어서자 벌써 머리가 하얗게 세여 사람들은 이 젊은이를 이름 대신 백두공(白頭公)이라 불렀다.

백두공은 셈이 들자 아예 로쇠한 아버지를 대신하여 집안일을 한어깨에 떠맸다. 몇마지기 잘되는 땅을 거의 혼자 힘으로 다루었지만 남달리 이악스레 일한 탓으로 해마다 가을이면 곡식낟가리를 덩실하게 쌓아놓군 하였다. 하지만 그 기쁨도 며칠이 못갔다. 부자는 땅임자라고 반도 넘는 소작료를 받아가고 관가에서는 이름 모를 가렴잡세를 받아갔다. 이러다보니 보리고개를 넘기기도 어렵게 되였고 가슴속에는 원한만 쌓였다 그렇지만 이름없는 백성이라 어디 가 하소연할 곳도 없었다.

어느해 여름이였다. 무정한 하늘에서는 석달째 비 한방울 내리지 않아 푸르싱싱하게 자라던 곡식은 시들시들 시들어만 갔다. 밭이랑에 꿇어앉아 하늘을 쳐다보며 두손을 모아 비비고 빌어도 하늘에서는 비 한방울 떨어지지 않았고 너무나 안타까와 가슴을 치고 땅을 치며 울어도 흐르는 눈물로는 누렇게 말라만가는 곡식을 구할수 없었다. 풍년세월에도 살아가기 어려운데 흉년까지 들면 어떻게 살아간단말인가? 다른 수가 없었다. 백두공은 물지게로 강물을 길어다 밭에다 쳤다. 열지게, 스무지게, 서른지게…벌써 닷새째나

물을 길었다. 하지머리 긴긴해에 멀건 죽물로 대충 끼니를 에운 백두공은 허리가 활등처럼 휘여들고 눈앞이 그믐밤처럼 캄캄해났다.
「야, 이런 때 밥 한술만 먹어도 기운이 나련만. 휴— 밥, 밥이 어데 있어?」
백두공이 마른입을 쩝쩝 다시고는 무거운 다리를 끌며 물지게를 지고 강으로 향하는데 등뒤에서 아버지의 석쉼한 목소리가 맥없이 들려왔다.
「애야, 점심을 가져왔으니 어서 이리 오너라 쿨룩쿨룩…」
「아니 아버지, 편찮으신 몸으로 이 고열에 웬 일이십니까?」
백두공은 달려와 아버지를 그늘밑으로 모셔갔다. 아버지는 그늘밑에 가 앉자 배보에 싼 밥그릇을 헤쳐놓았다.
「점심때도 지났는데 얼마나 배가 고팠겠느냐. 이밥이다. 어서 먹어라.」
로쇠한 아버지의 눈에 눈물이 그렁했다. 백두공이 밥그릇을 들여다보니 과연 배꽃같이 하얀 이밥이였다. 그릇에 담긴 밥은 반사발도 되나마나했지만 주린 배를 달래가며 일하는 백두공은 식욕이 확 당겨 그 밥을 단입에 삼키고싶었다. 하지만 그는 밥 대신 침을 꿀꺽 삼켰다. 굶주림에 시달려 부석부석하고 누르무레해진 아버지의 얼굴을 쳐다보니 백두공은 차마 그 밥을 먹을수 없었다. 그래서 밥그릇을 아버지앞에 공손히 밀어놓았다.
「소자는 기력이 좋아 아무걸 먹어도 되오니 이 밥을 부친님께서 드옵소서.」
아들의 말이 목이 메도록 고맙게 안겨왔다. 하지만 아들의 효성을 잘 아는 아버지와 이 경우에 거짓말을 하지 않고서는 그 밥을 먹일수 없었다.
「애야, 내 오늘 친구집에 놀러 갔다가 한끼니 잘 얻어먹었다. 이 밥은 내가 먹다남긴 밥이니 어서 먹어라. 너는 우리 집 기둥인데 네가 꺼꾸러지는 날엔 온집식구가 살길이 없다. 어서!」
아버지는 아들앞에 밥그릇을 밀어놓고 강가에 가 시원히 세수나 하겠다며 자리를 피했다. 아버지가 자리를 뜨자 백두공은 범 본 놈이 창구멍 틀어막듯 그 밥을 두서너입에 다 먹었다. 눈정신이 나고 사지에 새힘이 불끈 솟는듯했다. 하지만 백두공은 이 이밥이 어떻게 왔는지 알수 없었다.
점심참에 부자집 나무를 패고 나오던 아버지는 담장밖에서 생쌀을 먹고 눈 개똥무지를 보았는데 통쌀이 우루루한 무데기였다. 굵은 범이 뼈를 가리라 하고 그것을 담아다 물에 씻고 씻어서 지은 밥이다. 아버지는 고열에 시달리는 아들을 생각하여 자기는 그 밥 한술 뜨지 않고 가져다 아들앞에 밀어놓으며 엉뚱한 거짓말까지 하고 자리를 피했었다.

이를 알리 없는 백두공은 밥을 먹자 힘이 나는지라 허리쉼도 하지 않고 물지게를 지고 강으로 내려갔다. 그런데 웬 일인가? 아버지가 인사불성이 되여 강가에 쓰러졌다. 백두공은 물지게를 벗어던지고 정신없이 달려가 아버지를 부축여안았다. 아버지는 실오리같은 숨을 겨우 쉬고있었는데 배가 죽은 등에 가 붙어있었다. 심한 초기가 들어 맥을 잃고 쓰러진것이 분명했다. 아버지가 친구집에 가 얻어먹었다는 말은 거짓말이였다. 백두공은 하늘에 닿은 죄를 진것만 같았다. 하지만 죄는 후에 씻더라도 우선 아버지를 살려야만 했다.

다른 방도가 없었다. 백두공은 강가에 우묵스레한 호박돌이 있기에 그것을 주어들고 거기에다 방금 먹은 밥을 토했다. 그리고는 그 밥을 강물에 헤은후 아버지입에 조금씩 떠넣었다. 한식경이 지나자 아버지는 정신을 차리고 일어나 앉았다. 백두공은 아버지앞에 무릎 꿇고 빌었다.

「아버지, 이 불효자식이 하늘이 용서못할 죄를 지었사오니 그 죄를 다스려주옵소서.」

「애비가 아들을 생각함이나 아들이 애비를 생각함은 다 마찬가지 정인데 무슨 죄될것이 있겠느냐. 죄라면 가난이 죄다. 이러지 말아라.」

이상한 일이였다. 아버지 말이 끝나자 비였던 우묵한 호박돌속에서 백옥같은 이밥이 넘쳐나고있었다. 눈여겨 살펴보아도 이밥이요 맛을 봐도 틀림없는 이밥이였다. 아버지와 아들은 꿈이냐 생시냐 하며 배가 세간나도록 그 밥을 먹었다. 헌데 이상하게도 호박들속에서는 계속 밥이 솟아나왔다. 그래서 그 밥을 밥그릇에 쏟아넣느라고 호박돌을 거꾸로 엎으니 나오던 밥이 더 나오지 않았다. 정말 신기한 호박돌이였다. 신기한 호박돌을 옷섶에 싸안고 집에 돌아온 백두공은 거미줄이 친 쌀독밑에서 쌀 몇알을 찾아내여 호박돌안에 넣어보았다. 과연 희한한 일이 생겼다. 호박돌안에서 쌀이 쏟아져내렸다.

「쌀, 쌀이다!」

주림에 허덕이고 고역에 시달리던 온집안식구들은 꿈이냐 생시냐며 덩실덩실 춤까지 추었다.

「애들아, 하늘이 무정하다 하였더니 하늘이 유정하여 우리에게 이런 보배를 보내주었구나. 어서 쌀을 쌀독에 담아두어라.」

아버지 말이 떨어지자 집식구들이 쌀을 독마다 가득 담아놓았다. 그러니 보기만 하여도

마음이 흡족하고 배가 불렀다.

마음 착한 백두공은 이웃들과 이웃동네의 가난한 사람들께도 그 쌀을 나누어주어 쌀고생을 하지 않게 하였다. 이로부터 사람들은 저마다 백두공을 칭찬하며 그를 은인으로 받들었다. 먹을것이 있고 입을것이 있으니 노래 없던 곳에 노래소리 흥겹고 춤이 없던 곳에 성수나는 춤판이 벌어져 한숨과 눈물로 쓸쓸하기만 하던 동네에 화기가 차넘치였다.

이때 관가에서는 큰일이 났다고 야단이였다. 관가 창고에 차넘치던 쌀이 소리없이 날마다 줄어들고있었다. 대노한 관가의 우두머리는 수하의 관원들까지 의심되는 사람들은 모조리 잡아가두고 물매를 안겼다. 하지만 창고안의 쌀은 쌀대로 줄어만 들었다. 관가 우두머리는 도깨비감투라도 쓴 도적놈이 있을것이니 엄히 지켜보아 잡으라고 불호령을 내렸다. 우두머리 령이 떨어지자 한다하는 장사들과 믿을만한 심복들을 창고안에 매복시키고 크고작은 대문앞에도 파수군을 세워 도적의 그림자도 얼씬하지 못하게 하였다. 헌데 창고안의 쌀은 쌀대로 여전히 줄어만 들었다. 대노한 우두머리는 관가의 문무백관들을 모여놓고 며칠내에 이 일을 알아내지 못하는 날엔 누구도 용서치 않을테니 그리 알라고 엄포를 놓았다. 관가 우두머리의 령이 떨어지자 수하의 백관들이 저마다 나서 점쟁이를 불러다 점을 친다. 무당을 불러다 굿을 한다, 정탐군을 내세워 민가에 개처럼 쏘다닌다 하며 야단법석이였다.

이러구러 이해 팔월이라 한가위날이 닥쳐왔다. 백두공은 동네방네에 즐거운 추석명절을 마련해주려고 집집에 보낼 입쌀을 호박돌안에서 받아내고 있었다. 한두집도 아니요 동네방네에 보낼 쌀을 이렇게만 내니 마당에 쌀마대가 산더미처럼 쌓였다.

이로 하여 일은 끝내 생기고야말았다. 받아내는 쌀의 수량이 엄청나게 많고 그 시간이 길었던 탓에 관가의 지붕으로부터 백두공네 초가집 지붕까지 한가닥의 흰줄이 하늘의 은하수처럼 걸려있었다. 이를 본 관가에서는 즉시

관병들을 동원하여 흰줄을 따라 백두공네 집에까지 이르렀다.

우당탕 문을 짓부시는 소리를 듣자 백두공은 일이 잘못된줄 알고 생사결단하고 호박돌을 안고 뒤문으로 내뺐다.

「저놈을 잡아라. 저놈을 도적이다!」

칼을 든 관병들이 미친 듯이 백두공을 추격했다. 백두공이 죽기내기로 언덕까지 뛰여올랐을 때 서발이나 되는 장검을 빼든 관병들은 지름길로 가서 백두공을 포위하고 점점 죄여들었다. 더는 뛰여나갈수 없었다. 이제 잡히면 호박돌도 빼앗길것이고 목숨도 구할 길이 없게 되였다. 백두공은 죽어도 관병놈들의 칼아래에서 죽고싶지 않았고 또 죽어도 그 신기한 호박돌만은 관병들에게 넘겨주고싶지 않았다. 백두공은 호박돌안에 흙을 한줌 쥐여넣고 그 호박돌을 가슴에 끌어안았다. 그러자 호박돌안에서 흙이 쏟아져나오기 시작했다. 그 흙은 폭포처럼 쏟아져나오며 백두공을 묻어버리고 잠간사이에 언덕우에 언덕이 솟아났다. 죄여들던 관병들은 쏟아지는 흙사태에 밀리여 뒤걸음을 치다가 나중에는 걸음아 날 살려라 하고 줄행랑을 놓았다.

점점 커가는 흙무지는 나중에는 구름을 찌르고 구만리장천에 거연히 솟아 크고큰 산으로 변하였다. 이로부터 가근방 사람들은 산속에 묻힌 마음착한 백두공을 추모하여 그 산을 백두산이라 하고 신기한 호박돌에 깃든 이야기를 길이 전하였다 한다. 그때 산속에 깊이 묻힌 백두공은 더는 존경하는 아버지를 공경 못하고 다정한 이웃들도 더는 돕지 못하고 죽는 일이 하도 서러워 눈물을 주르르 떨구었는데 그 방울방울 눈물이 떨어져 샘물로 솟았다. 그리하여 왼쪽눈에서 떨어진 눈물은 호박돌에서 솟아흘러 압록강이 되였다 한다. 그리고 백두공이 마지막 숨을 거두며 내쉰 큰 한숨이 우로 솟구치는바람에 구멍이 생겨 그곳에 물이 차니 그것이 천지수로 생겨 그곳에 부모를 공경하며 이웃을 보살피던 뜨거운 마음이 물을 덥혀 백두산온천에서는 오늘도 그렇게 뜨거운 온수가 솟아나고 있다 한다.

구술: 김상보
정리: 김세영

천 지

멀고 먼 옛날 장백산 심산벽곡에 못지(池)자 성을 가진 지용이라는 젊은 사냥군이 살고있었다. 심산벽곡에서 나서자란 지용이는 문만 나서면 하루에도 천리길을 멀다하지 않고 걸었으며 궁술이 또한 초군하여 장백산하에는 그와 궁술을 비할 사람이 없었다. 이러다보니 차차 그 이름이 널리 전해져서 장백산하에 사는 사람들은 그를 모르는 사람이 없었다.

지용이는 날에 날마다 장백산 험산준령을 넘나들며 사냥을 해서 생계를 유지했다. 어느 하루였다. 사냥하러 나갔던 지용이가 곱게 자란 미인송나무에 기대여 쉬고있는데 갑자기 무성한 숲속에서 토끼 한 마리가 껑충 뛰여나왔다. 도리도리한 눈은 별빛처럼 반짝이였고 흰 털은 백설과도 같았다. 몸은 하늘에 나는 제비처럼 날씬하고 깡충거리고 뛰는 양을 보니 동작도 몹시 날래였다. 아무리 봐도 이 토끼는 다른 토끼들과는 같지 않았다. 장백산 심산속에서 수년을 하루와 같이 사냥을 해오면서 토끼란 토끼는 다 보아왔지만 이런 토끼는 지용이도 처음 보았다. 지용이는 저도 모르게 그만 토끼에게 마음이 확 쏠렸다. 지용이는 이 토끼를 산채로 붙잡아다가 한번 잘 길러보리라 생각했다. 지용이 활을 어깨에 둘러메고 나는 듯이 흰토끼의 뒤를 바싹 쫓았다. 자그마한 흰토끼는 활등같이 허리를 굽혔다는 펴고 폈다가는 굽히며 달리는데 달릴수록 더욱 빨리 뛰였다. 지용이 또한 화살같이 달리여 흰토끼의 뒤를 바싹 따랐다. 앞에서는 화살같이 내빼기만 하고 뒤에서는 비호같이 뒤쫓기만 하다보니 어느새 흰토끼는 장백산 산마루에 있는 큰 늪가에 이르고 지용이도 뒤따라 큰 늪가에 이르게 되였다. 그런데 눈깜짝하는 새에 흰토끼가 오간데없이 그림자도 보이지 않았다. 이상하기도 하고 놀랍기도 하여 지용이는 두리번거리며 사위를 살폈다. 이때 갑자기 「사람 살려요, 사람 살려요!」하는 다급한 소리가 지용의 귀를 쳤다. 죽는 사람들 두고 토끼를 찾아 헤맬 형편도 못되였다. 지용이는 소리나는쪽으로 번개같이 뛰여갔다. 우중충하게 솟은 바위를 돌아서니 몸서리치는 광경이 벌어졌다. 꼬리가 서발이나 되는 호랑이가 주홍같은 입을 딱딱 벌리며 가냘픈 소녀에게 덮쳐들고있었다. 갈구리같은 발톱으로 소녀의 어깨를 톺고「따웅!」하며 산이 무너질듯 무서운 소리를 지르는 호랑이의 눈에서는 퍼런 불길이 들들 굴러떨어졌다.

　순간 지용의 눈에서도 번개치듯 불이 번쩍 일었다. 지용이는 활을 벗어들고「쏴, 쏴, 쏴,」화살 세개를 련속 호랑이의 숨통을 향해 날려보냈다. 지용이는 과연 말과 같이 이름난 명사수였다. 화살 세개가 련속 날아가 호랑이의 숨통을 찔렀다. 호랑이는 천지가 떠나갈듯 무서운 소리를 지르며 허공중에 뛰여올랐다가「쿵」소리와 같이 땅에 떨어지더니 네각을 뻗어버리고 죽고말았다. 지용이는 다급히 소녀앞으로 달려갔다. 호랑이발톱에 긁히운 어깨에서는 붉은 피가 흘러내리고있었으며 얼굴이 백지장같이 된 소녀는 정신을 잃고 땅에 쓰러져있었다. 인가와 멀리 떨어진 곳이라 다른 방도가 없었다. 지용이는 지체없이 그를 안아다 하늘같이 파란 늪가에 내려놓고 거울같이 맑은 늪의 물로 소녀의 상처를 깨끗이 씻어주었다. 참으로 놀랍기도 하고 이상하기도 한 일이였다. 지용이가 늪가의 맑은 물로 소녀의 상처를 씻어주자 눈깜싹새에 흐르던 피도 멎고 긁히운 상처도 씻은듯이 다 나았다. 지용이 생각해보니 이 큰 늪의 맑은 물은 천하에 다시없는 약수였다. 소녀는 잠잠히 누워있었다. 지용이는 수정같이 맑은 늪의 물을 손에 떠서 조심스레 한방울 두방울 소녀의 입에 떨궈넣었다. 백지장같이 창백하던 소녀의 얼굴이 점차 불깃불깃해지며 혈색이 돋았다. 희망이 보였다. 지용의 얼굴에 웃음이 어리기 시작했다. 지용이는 소녀의 얼굴을 뚫어지게 내려다보았다. 이윽하여 소녀는 눈을 떴다. 아름다운 눈동자에 수정같이 맑은 정기가 흐르기 시작했다.

　소녀는 정신을 차리자 눈앞에 서있는 몸집이 웅장하고 용모가 호걸남아답게 뛰여난 젊은 사냥군을 유심히 쳐다보았다. 그리고 자기 신변에 네각을 뻗어버리고 죽어나자빠진 호랑이와 호랑이의 숨통에 꽂힌 화살 세개도 똑똑히 보았다. 모든것이 손금보듯 빤했다. 순간 소녀는 목이 꺽 메여 말이 나가지 않았다. 소녀의 정기 도는 눈에서 뜨거운 눈물이 줄줄 끊어진 념주마냥 주르르 굴러떨어졌다. 소녀가 구원되였다. 이때라 지용이는 다시한번 소녀를 눈여겨보았다. 몸에는 백설같은 흰옷을 입었다. 윤기 반드르르한 검은 머리는 춘삼월 버들가지처럼 내리드리웠는데 얼굴은 피는 꽃과도 같이 고왔다. 버들잎같이 가는 눈섭아래 두눈은 새별같이 빛났다. 코는 당실하고 입술은 새빨간 꽃잎파리를 문것 같았다. 절세의 미녀였다. 그런데 이처럼 인연이 희소한 고산준령에 어디서 이토록 고운 절색의 미녀가 왔단말인가? 지용이로서는 아무리 생각해도 알수 없는 일이였다. 그는 생각다못해 소녀를 보고 물었다.

「소저, 소저의 이름은 무엇이며 소저는 어이하여 홀로 이런 고장에까지 왔나이까?」

소녀는 부끄러워 아미를 숙이고 말하였다.

「소녀는 인간세의 사람이 아니라 하늘나라의 천녀옵니다. 백두산에 기암절벽이 절경을 이루고 늪의 물이 수정같이 맑은데다 보라빛 제비가 떼지어 날아예며 갖가지 화초가 사람들의 마음을 황홀하게 한다기에 옥황상제 몰래 칠선녀들과 함께 내려와 산우에서 절경을 구경하고 놀기도 하고 하늘같이 파란 늪에 들어가 목욕도 했사와요. 그런데 칠선녀들은 소녀를 옥토끼로 변하게 하고는 저더러 산아래 내려가서 불로초를 캐오라 했어요. 그래서 산아래 내려왔다가 그대를 만났는데 아마도 하늘이 준 연분인가 보나이다.」

이리하여 두사람은 재미나게 이야기를 주고받았는데 천녀는 지용이가 여직까지 장가들지 않았다는것을 알게 되였다. 지용이는 그 용모가 남중 호걸인데다 마음이 비단같이 곱고 지혜와 용모 또한 무쌍한 총각이라 처녀의 마음속에서는 지용에 대한 사랑이 불타기 시작했다. 마침내 천녀는 지용에게 자기의 불타는 사랑을 고백하고야말았다. 지용이는 천녀의 그 불같이 뜨거운 마음을 알게 되자 그의 불같은 사랑을 받아안고 천녀와 평생을 함께 살리라 부부지의를 맺었다.

이날부터 지용이와 천녀는 한쌍의 부부가 되여 사랑을 주고받으며 세월이 가는줄 모르고 재미나게 살아갔다. 그런데 호사다마라고 이 일은 얼마

지나지 않아 하늘을 순라하는 순라신에게 발견되였다. 하늘의 순라신은 이 일을 알자 급히 옥황상제를 찾아가 고하였다. 옥황상제는 순라신의 말을 듣자 대노하여 그를 보고 말하였다.

「천상에는 하늘이 낸 법이 있거늘 하늘나라의 천녀가 어찌 인간세상의 범인과 부부를 맺는단말이냐? 대역무도하도다! 경은 당장 인간세에 내려가 천녀를 보고 즉각 천궁에 돌아오라 령을 전할지라! 만약 듣지 않을진대 우리 천상의 법으로 엄벌을 내리겠으니 그리 전하라! 들었는고?」

「들었사옵니다.」

「즉각 내려가도록 하라!」

「네잇-」

하늘의 순라신은 옥황상제의 령을 받자 일각도 지체하지 않고 백두산에 날아내렸다. 그는 한 귀틀집앞에서 천녀를 찾아내고 천녀앞에서 엄히 옥황상제의 령을 전하였다. 헌데 천녀는 옥황상제의 그 무서운 령을 받고도 놀라는 기색이 없이 태연자약하였다. 천녀는 순라신을 보고 이렇게 말하였다.

「지용이 그이는 소녀의 구명은인이옵니다. 그의 은정에 보답하기 위하여 소녀는 죽어도 그와 함께 있겠사오니 그리아옵소서!」

순라신은 아무리 말려도 소용이 없는지라 다른 수가 없어 천궁에 돌아왔다. 그는 옥황상제앞에 이르러 천녀가 하던 말 그대로 옥황상제에게 고하였다. 옥황상제는 성이 머리끝까지 뻗쳐 전신을 부르르 떨었다. 옥황상제는 지용이라는 그 인간을 처단하지 않으면 천녀도 천궁에 돌아오지 않을것이라 생각하고 하늘의 설신(雪神)을 불렀다. 옥황상제는 설신을 불러놓고 눈을 억수로 퍼부어 산을 봉해놓고 지용이를 눈속에서 얼어죽게 하라고 추상같은 령을 내렸다. 설신은 옥황상제의 어명을 받은지라 없는 재간 있는 재간을 다 피워 한겨울이 다가도록 거위털같은 눈을 억수로 퍼부어댔다. 그리하여 백두산우에는 눈이 몇십길 깔리고 자그마한 귀틀집은 형체도 찾아볼길 없이 눈밑에 덮이고말았다. 하지만 천녀와 지용이는 키넘는 적설도 살을 에이는듯한 설한풍도 아랑곳하지 않았다. 둘은 불같은 사랑을 한가슴에 안고 살길을 찾아 키넘는 적설을 헤치며 설한풍을 맞받아가면서 걷고걸었다. 그들은 호랑이가죽과 산짐승고기를 지니고 마침내 현애절벽에 있는 동굴에 찾아들어가 몸을 숨겼다. 설신도 더는 방도가 없게 되였다.

펑펑 쏟아지던 눈이 멎자 지용이는 또다시 산을 넘나들며 사냥을 하기 시작했다. 옥황상제는 설신이 지용이를 얼어죽이지 못한것을 알게 되자 눈에 불을 일구며 이번에는 풍신(風神)을 불렀다. 옥황상제는 풍신에게 지용이가 산에 사냥하러 나다니는걸 보기만 하면 광풍을 일으켜 그를 천길 산골짝에 처넣어 죽이라고 불호령을 내렸다. 풍신도 명을 받자 즉각 백두산에 날아내렸다. 풍신은 지용이가 산간을 지나가는것을 보자 항아리같은 입으로 죽기내기를 하며 드센 바람을 일궜다. 바람에 주먹같은 돌이 씽씽 허공중 날고 팔뚝같은 나무가 찡찡 부러져나갔다. 하지만 지용이는 그 무서운 바람에도 죽지 않고 그냥 살아서 사냥을 하였다. 악이 오른 풍신은 석달 열흘을 바람을 일궈댔지만 아무 소용이 없게 되니 기가 죽어서 천궁으로 돌아왔다.

옥황상제는 풍신이 고하는 소리를 듣더니 대노하여 이를 뿌득뿌득 갈았다. 옥황상제는 또 우뢰신(雷神)을 불러놓고 지용이를 벼락쳐 죽이라고 엄령을 내렸다. 뢰신도 옥황상제의 령을 받은지라 령이 떨어지자 백두산에 이르렀다. 이때라 천녀는 파란 늪가에서 나물을 캐고있었으며 지용이는 산우에서 꽃사슴의 뒤를 바싹 쫓고있었다. 뢰신은 때를 놓칠세라 지용의 뒤를 쫓아가면서 한번, 두번, 세번 스무번, 서른번 련속 부절히 천둥을 울리고 번쩍번쩍 하늘을 째며 번개를 쳤다. 하지만 뢰신은 지용이의 털끝 한대 건드리지 못했다 그런데 누가 알았으랴. 지용이 꽃사슴을 쫓아 백두산마루에 올라 꽃사슴에게 화살을 날리려는 순간이였다. 뢰신은 지용의 머리에 대고 「꽈르릉」우뢰를 울리면서 번쩍 번개를 쳤다. 지용이가 산마루에서 굴러떨어지는것을 보자 천녀는 대성통곡하였다. 천녀는 석달 열흘 백날동안이나 지용의 시체를 끌어안고 울었고 석달 열흘 매일 늪의 맑은 물로 지용의 시체를 씻어주었다. 하지만 지용이는 눈을 감은채 영영 소생하지 못하였다. 천녀는 사랑하는 남편이 죽었으니 그도 남편을 떠나서 살수 없다고 생각하였다. 그는 살아도 함께 살고 죽어도 함께 죽으리라 마음먹었다. 생각이 여기까지 미치자 천녀는 지용이의 시체를 끌어안고 맑은 거울같이 반듯한 늪에 풍덩하고 뛰여들었다.

이 불행한 소식이 천궁에 이르자 선녀들은 비오듯 눈물을 흘렸다. 선녀들의 눈물이 날에 날마다 수없이 파란 늪우에 떨어졌다. 이로 하여 늪의 물은 열길, 스무길, 불어만 갔다. 늪의 물은 차고 넘치여 산사이로 흘렀다. 북으로 흘러내리던 이물은 천길벼랑으로 쏟아져내리면서 하늘에서 흰비단을 내리드리운듯한 아름답고 장려한 폭포를 이루었다.

사람들은 천녀와 지용이의 진지한 사랑을 영원토록 잊지 않고 기념하기 위하여 이 늪의 이름을 천녀의 천자와 지용의 성자를 떼여서 「천지」라 짓고 오늘에 이르기까지 그들에 대한 이야기를 대대로 전해왔다 한다.

정리: 남영전

천지수

　멀고먼 옛날 백두산일대는 산천경개 아름답고 물산이 풍부하여 살기 좋은 곳이였다 한다. 그런데 그 뒤 어느날 흑룡이 나타나 불시에 강하의 발원지를 불칼로 지져 이곳의 물은 죄다 말라버렸다.
　이때 이 가근방에는 봉왕이 있었는데 그에게는 달덩이같이 고운 딸이 있었다. 천하 절색인데다 재간좋고 인품좋아서 매일 수십을 헤아리는 중매군들이 드나들었고 지어는 세상 여러 나라 왕자들도 청혼하러 사람을 띄워보냈다.
　하지만 처녀는 화단의 꽃이 메말라죽고 초목과 오곡 또한 남김없이 말라죽는 위급한 형세인즉 흑룡을 몰아내고 물을 되찾아오는 총각만이 절세의 영웅이라 이런 신랑한테만 평생을 맡기겠다는것이였다. 간혹 부모들이 꼭 마음에 드는 자리가 나지면 딸을 권유해보기도 했으나 그때마다 딸은 딱 잡아떼면서 이렇게 말했다.
　「이처럼 부유하고 아름다운 지방에 심술궂은 흑룡이 나타나 이곳의 물을 모두 말리워버려 민심이 소란하고 천지가 황폐하여졌는데 이런 참상을 보고 제가 가면 어디로 간단한들 무슨 기쁨 있사오리까.」
　이러니 부모들도 이 일에 한해서만은 막무가내였다.
　바로 이러할 즈음 백두산 사람들은 백씨성을 가진 총각을 두령으로 물을 찾아 싸우기를 탄원해나섰으나 매번 흑룡이 조화를 부리는통에 어찌할 수가 없었다. 하여 지쳐죽거나 외지로 영영 떠나버리는 사람이 기수부지였다. 이로부터 다시는 감히 물을 찾을 엄두를 못내는데 백장군만은 단 혼자서라도 기어이 물을 찾아오고야 말 결의를 버리지 않고 매일 삽을 들고 상상봉에 올라 땅을 파제끼였다. 허나 이럴 때마다 흑룡이 모진 조화를 부려 바위를 뽑아 굴리고 땅을 뒤엎어놓군 했다.

　이 소문을 들은 봉왕의 딸이 그곳으로 달려왔다. 백장군이 보니 봉왕의 장중보옥 같은 딸이라 「공주께서는 귀한 옥체를 보중하시지 않고 어이하여 이같이 위태로운 곳으로 왔나이까? 부디 옥체를 보장하셔 이 험지를 피해 주소서.」 라고 하니 공주는 눈물을 머금고 「장군님의 갸륵한 마음 고마웁기 그지없습니다. 저의 미소한 힘이나마 물찾는 장군님을 도울수 있다면 이에서 더 기쁜 일은 없겠나이다.」 하고나서 청석봉을 가리키면서 「예로부터 이르기를 옥장천의 물을 마시면 천하무적의 장군힘이 솟구친다 하오니 이제 석달 열흘을 마신후 일을 도모하신다면 꼭 성공하실터이니 그리 알아주옵소서.」 라고 했다.

　그로부터 백장군은 공주와 더불어 매일과 같이 그 물을 마시였고 때로는 다른 일로 그 물을 마시러 가지 못할 때면 공주가 손수 그 물을 떠다 대접하군 했다.

　이렇게 석달을 마시고나니 과연 산더미같은 돌도 씽씽 들어 던질수 있었고 훌쩍 한번 몸을 날리면 수십길 되는 고목도 날아넘을수 있게 되였다. 이렇게 되자 백장군은 그날 밤부터 물을 찾으러 다시 땅을 파제끼기 시작했는데 한삽에 하나의 산봉우리가 생겨나군 하였다. 한밤을 파제끼니 과연 지심 깊이에서는 랑랑한 물소리가 들리였다. 백장군은 더욱 힘을 모아 또 한삽 푹 파제끼였다. 그러자 이번에는 밑으로부터 불칼이 쭉 올라왔다. 백장군은 칼을 들어 그 불칼을 탁 찍었다. 그러나 그 불칼은 움쭉도 안했다. 그가 다시 칼을 드는 순간 그 불칼은 좌우로 요동을 치더니 그의 앞가슴을 쿡 찔렀다. 바로 이때 공주가 막 달려와 보니 백장군은 만근칼을 잡은채 쓰러졌고 가슴에서는 피가 샘솟듯 막 솟구치고있었다.

　공주는 너무나 애통하여 백장군의 몸에 마구 쓰러져 통곡하는데 그가 흘린 눈물은 삽시간에 백장군이 파제낀 백길 구뎅이를 메우고 백장군과 공주의 몸에까지 차넘게 되였다. 그제야 백장군은 간신히 두눈을 뜨고 공주를 보면서 너무 일찍 서둘러 경솔히 손을 쓴 자기를 후회하였다. 백장군이 소생한것을 본 공주는 그 길로 옥장천으로 내달아갔다.

　이로부터 공주는 다시 옥장천의 물로 백장군의 몸을 알뜰히 보살펴주고

장수힘을 기르도록 했다.

　몸이 완쾌해지고 무예도 더 익히게 되자 백장군은 공주와 더불어 다시 흙을 파제꼈다. 하여 샘구멍이 터지고 물은 점점 불어올라 천지못을 이루게 되었다.

　이때 흑룡은 남해바다의 룡왕의 딸을 희롱하여 색에 빠져 있다나니 이런 일을 통 모르고있다가 이 소문을 듣고 부랴부랴 불칼을 갖춰가지고 달려왔다.

　백장군이 볼라니 흑룡이 검은 구름을 몰아타고 기세사납게 달려드는지라 만근칼을 접어들고 흰구름을 타고 맞받아나아갔다.

　이윽고 구름과 구름이 마주쳐 천지가 떠나갈듯 굉장한 우뢰소리가 진동했고 칼과 칼이 마주쳐 하늘이 가를듯 뻘건 번개불을 그어놓군 했다. 한식경 지나자 백장군의 전신에서는 녹두알같은 땀이 돋아났고 흑룡의 전신에서는 콩알같은 땀이 흘러떨어졌다. 다시 또 접전을 벌렸으나 흑룡의 생각에 백장군을 이겨낼 가망이 없는데다 공주까지 백장군을 도와나서는지라 마지막으로 불칼로 천지수를 지져놓고 도망하려고 불칼로 천지수를 내리찍었다. 이 찰나 백장군은 흑룡의 불칼 중등을 슬쩍 비켜 올리였다. 그통에 흑룡의 칼은 뭉텅 끊어져 백두산북편 벼랑바위에 가 철렁 떨어졌다. 이에 바위벼랑이 쭉 쪼개지며 물굽이 나게 되였으니 이로부터 천지는 북쪽으로 흘러나가게 되였던것이다.

　흑룡을 몰아내고 물을 되찾은 백장군과 공주의 기쁨은 한량없었다. 둘은 깊은 천지물속에 아름답고 단란한 수정궁을 짓고 천지수를 지키며 만복을 누리기 시작하였다.

　지금도 백두산에는 무시로 흑운과 백운이 교차하여 몰려가고 몰려오면서 번개가 번뜩이고 천둥이 울고 비가 오고 우박이 쏟아붓기도 하며 그 조화가 실로 무궁한데 이것은 백장군에게 패한 흑룡의 그때 일이 내키지 않아 자꾸 싸움을 걸고들기때문이라고 한다.

　하지만 백장군부부가 수정궁에 앉아 오늘까지 천지수를 지켜내고있거늘 흑룡이 아무리 조화를 부린다 해도 무슨 소용이랴!

정리: 리천록

세 자매강

예로부터 백두산천지에 대한 여러가지 재미있는 전설들이 많이 전하여졌다.
아주 오랜 옛날 백두산천지에는 물이 아주 많았고 해빛이 비칠 때면 아름다운 빛이 하늘에까지 반사되였다 한다. 그때 이곳은 사시장춘이라 눈이 내리는 일이란 없었다.
천상에 있는 옥황상제에게는 딸 삼형제가 있었다. 그들은 저마다 절색이여서 뜨는 해와 같았고 월궁에 드나들며 계수나무 그늘에 앉아있는 옥녀와도 같았다. 헌데 셋째딸이 나이 열여덟이 되자 옥황이 딸들을 궁전에만 가두어두고 외계와 접촉도 못하게 하는데 대해서 늘 불만을 품고있었다. 그들 세 자매는 낮이면 화원에 나가 꽃구경이나 하고 밤이면 별당에서 달구경밖에 하지 못하였다.
하루는 화원에 나갔던 셋째딸 두만은 벌이 꽃에 찾아들고 나비가 짝을 시어 쌍쌍이 꽃속에서 날아예는것을 보았다. 셋째딸은 벌이 부럽고 나비가 부러웠다. 자기도 그들처럼 넓다란 하늘로 마음대로 날아다니고싶었다. 그는 돌아오는 길에 초롱속에 가두어 기르는 새소리를 듣고 초롱속에 갇힌 새를 쳐다보았다. 초롱속에 갇힌 새는 마치 자기와도 같았다. 새가 재잘거리고 우는소리를 들으니 마치도 새가 자기를 보고 저 하늘에 자유롭게 날아가게 문을 열어달라는것만 같았다. 셋째딸은 초롱속의 새가 불쌍하여 초롱문을 열고 새를 놓아주었다. 새는 고맙다고 인사라도 하듯 정원안을 빙빙 돌더니 멀리 멀리로 날아가는것이였다.
셋째딸은 자기도 새처럼 날아가고싶었다. 셋째딸이 이런 생각을 하고있는데 옥황께서 부른다는 전갈이 왔다. 옥황앞에 불러간 셋째딸은 초롱속의 새를 놓아준것으로 하여 호된 꾸중을 받고 다시는 원내로도 나다니지 못하고 그윽한 꽃향기도 맡을수 없게 되였다. 셋째딸은 초롱속에 갇혀있던 새의 신세가 되고말았다.

하루는 셋째딸이 문밖에 나서 멀리를 내려다보니 하계에서 아름다운 빛이 비쳐왔다. 자세히 살펴보니 기암괴석으로 둘러싸인 그속에 거울같이 맑은 물이 있었다. 셋째딸의 마음은 마치도 천도복숭아를 먹은듯이 통쾌하였다. 그는 당장에 그곳에 가서 미역을 감으면 하늘공중에 날아간 새처럼 한없이 자유로울것만 같았다. 그의 마음은 뒤설레기만 하였다. 하지만 지금 그는 초롱에 갇혀있던 새를 놓아준것이 죄가 되여 새처럼 갇혀있는 몸이니 별수가 없었다. 그는 안타까와 가슴을 쥐여뜯으며 울었다.

이때 두 언니가 찾아와 그를 불렀다. 큰언니는 동생의 얼굴에 눈물이 흐르는것을 보고 향기풍기는 손수건으로 눈물을 씻어주며

「얘야, 부왕한테 가 사죄하고 저 정원에라도 나가다니렴.」 하고 위안도 하고 타이르기도 하였다.

셋째딸 두만은 언니를 보고 말하였다.

「언니, 그런 말은 애당초 그만두고 저 멀리서 비쳐오는 눈부신 빛이나 보세요. 언니, 난 저 빛발치는 못에 가서 목욕하면 대붕처럼 하늘에 날것 같고 월궁에라도 갈것 같아요.」

두 언니가 셋째동생 두만이 가리키는 손길을 따라 내려다보니 안개 걷힌 맑은 하늘아래 록음이 우거지고 숲속에서 사슴이 떼지어 뛰놀고 백두의 진달래 웃는속에 거울같이 맑고맑은 늪이 해빛에 반짝반짝 빛나는것이 보이였다. 그들도 당장 그 아름다운 풍경속에 묻히고싶었지만 옥황에게 윤허를 받지 못했는지라 그렇게는 못하였다.

큰언니 송말은 둘째동생 압록을 보고

「부왕에게 청들어 허락하시면 우리 세 자매가 같이 가서 인간세의 풍경도 구경하고 꽃향기도 한껏 마시고 맑은 늪에서 미역도 마음대로 감고 오자꾸나.」하였다.

옥황은 송말과 압록이 애걸복걸하며 간청하는바람에 허락은 하였으나 두만이만은 못 데리고 간다는것이였다. 두 언니는 두만이를 떼여두고는 못가겠다면서 또 옥황에게 두만이를 데리고 가게 해달라고 재삼 빌었다. 그러나

옥황은 대답하지 않았다.

두만은 옥황이 허락하지 않는다는 말을 듣자 너무나 안타까와 구곡간장이 다 탔다. 그는 마음속의 응이를 풀지 못하여 그만 식음을 전폐하고 몸져 누웠다.

송말은 또 옥황을 찾아가 두만이 몸져누운 일을 말하고 두만이 가지 않으면 자기들끼리 저 먼 하계에 갔다올수 없으니 함께 가게 해달라고 빌었다. 그러자 옥황은 머리를 끄덕이며 대답을 하고는 송말에게 하계에 내려가면 특별히 두만의 행동을 살피라고 타일렀다.

큰언니 송말이 이 소식을 두만에게 알리니 두만은 너무 좋아서 자리를 차고 일어나 덩실덩실 춤까지 추었다.

이튿날 세 자매는 비단옷을 차려입고 화장을 곱게 하고 오색찬란한 무지개를 타고 하계로 내려왔다.

선녀들을 반겨맞기라도 하듯 천지는 티끌 하나 없이 맑았고 언덕에는 만화가 방창하여 봉접을 청하는데 파란 하늘엔 오작이 날고 숲속에는 뭇짐승들이 뛰놀았다. 세 자매는 꽃속에 묻혀 그윽한 꽃향기를 마시고 천지물을 떠서 갈한 목 적시였다. 그리고는 옷을 벗어들고 풍덩풍덩 물속에 뛰여들었다. 천지물은 어떻게나 시원한지 막 날아갈듯했다. 두만은 두 언니를 보고 미역도 감고 늪가로 돌아다니며 아름다운 경치를 구경하자고 했다. 두 언니는 그리고싶었다. 이때 룡이 나와 그들을 태워가지고 늪가를 빙 돌았다. 늪가풍경을 다 구경하자 송말은 그만 놀고 돌아가자고 했다. 그러자 두만은 언니의 손을 잡고

「언니, 이제 가면 언제 또다시 올수 있겠어요. 그러니 이왕 왔던김에 더 놀고 가자요.」 하고 간청했다.

송말도 더 구경하고싶은 생각이 없지 않았다. 하여 그들은 또 아름다운 산천경개를 구경하였다. 그들 세 자매는 해가는줄도 모르고 산천경개를 구경하다 언덕으로 돌아왔다. 하지만 이때는 이미 해가 서산에 다 지고있었다. 송말은 동생들을 독촉하여 옷을 입게 하였다. 헌데 옷을 다 찾아입고보니 두만의 신이 없었다. 언덕 끝에 벗어놓은 두만의 신은 그만 바위벼랑밑에 굴러떨어졌다. 두만이 신까지 주어다 신고나니 해가 다 져서 무지개다리가

없어 하늘에 오를수 없게 되였다. 송말은 두만을 꾸짖었다.

「너 때문에 늦어진데가 네가 신까지 찾아 신다나니 무지개다리도 없어 하늘로 올라갈수 없게 됐다. 이를 어쩐담? 부왕께서는 당일로 꼭 돌아오라 했는데 다 너탓이다. 인젠 벌을 받게 됐다.」

송말은 안타까와 가슴을 쥐여뜯으며 그만 울었다. 하지만 두만이는 아무런 일 없다는 듯이 웃기만 했다.

「언니, 이제 가면 또 초롱속의 새처럼 갇혀있겠는데 왜 그래요. 실컷 놀다 가자요.」

이때 하늘가에서 벼락치는듯한 소리가 들려왔다. 옥황께서 당장 돌아와 죄를 받으라는 엄령이 내려왔다. 송말은 무서워 울며 말도 못하였다.

「언니 울건 뭐예요. 언니 우리가 돌아가면 부왕에게 공초만 받겠으니 어떻게 하겠어요. 언니, 동해에는 룡왕이 있다는데 그곳은 이곳보다 더 아름답고 룡왕님도 아주 너그럽대요. 그를 찾아가 자초지종을 말하면 룡왕님이 부왕의 노염을 풀어주지 않겠어요. 그리고 룡궁도 한번 가보면 좋지 않아요.」

두만의 말을 들은 두 언니는 룡궁을 찾아 동해에 가서 방책을 대는것이 상책이라 생각하고 곧 동해로 가기로 하였다.

이때 아무 말 없던 압록이 입을 열었다.

「룡궁을 찾아가는것도 좋아요. 하지만 그곳에 가는데는 무지개다리도 없지 그리고 동해라는 말만 들었지 가보지도 못했는데 어디로 해서 어떻게 가요?」

그러자 두만이가 말을 받았다.

「언니 말 옳아요. 그러니 우리는 길을 찾자요. 어떻게 가든지 동해로만 가면 룡궁을 찾을수 있을게 아니예요.」

세 자매는 저마다 자기의 생각을 내놓았다. 큰언니는 가도 같이 가고 고생하여도 같이하자고 하였고 두만이는 제각기 갈라져 가되 먼저 간 사람이 마중하자고 하였다. 압록은 언니 말할 때도 그렇게 하자고 골을 끄덕이고 동생 두만이가 말할때도 그러는게 좋겠다고 머리를 끄덕이였다. 송말은 제 생각을 꺾지 않았다.

「난 너희들을 데리고 이곳에 왔다가 제때에 돌아 못가서 부왕한테 죄를 받게 되였는데 다리도 없고 물도 없는 곳으로 날개 없는 우리가 제각기 갈 라져가다가 실수라도 하면 어떻게 한단말이냐?」

송말은 기가 막혀 더는 말을 하지 못하였다.

두만이도 제 생각을 돌리지 않았다.

「언니, 셋이 같이 가다가 그만 일이라도 생기면 다 잘못되지 않아요. 그 러니 갈라져 가는것이 좋아요. 둘째 언니가 따뜻한 곳을 따라가고 큰언니는 북쪽으로 가고 나는 이렇게 동쪽으로 떠나자요.」

세 딸이 의논이 분분할 때 옥황은 대노하여 세 딸이 한곳에서 놀지 못하게 천지물을 흘어버리라고 서리발같은 령을 내렸다. 옥황의 령이 내리자 천지물은 툭 터져 남북으로 갈라져 흐르게 되였다. 이때 송말은 북쪽으로 흐르는 물결을 타고 압록은 남쪽으로 흐르는 물결을 타고 동해를 찾아가게 되였다.

송말이 타고 가던 물은 후세의 사람들은 송화강이라 하였다. 송말은 물결따라 가다가 서쪽에서 오는 흑룡을 만났다. 송말이 흑룡과 싸우는데 흑룡이 어찌나 힘이 센지 당해내기 어려웠다. 이때 남으로부터 우 소리치고 나온 물결이 송말을 도와주었다. 이것이 오늘 우리가 말하는 우수리강이고 검은 물결이 바로 흑룡강이다. 송말은 우수리의 도움을 받으며 동해 룡궁을 찾아갔다.

둘째 언니 압록은 록유이 우거진 숲속을 뚫고 서로, 남으로 흐르다 한곳에 가서 한끼니 실컷 먹고 갔는데 그곳을 만포진이라 부르고 압록이 낸 물길따라 흐르는 물을 압록강이라 한다. 그도 역시 황해를 거쳐 동해 룡궁을 찾아갔다.

옥황이 하계를 내려다보니 송말과 압록은 보이지 않고 늘 령을 거역하던 두만이만이 홀로 못가에 서있었다. 옥황은 대노하여 서리와 눈을 하계에 퍼부었다. 이렇게 되여 사시장철 아름답던 산은 흰눈을 머리에 쓰고 백두산으로 되였다. 그리고 천지도 땡땡 얼어서 얼음으로 덮이였다. 갑자기 이렇게 되니 두만이는 물결을 에워탈수 없게 되였다. 조금만 더 지체하면 이 아름다운 선녀도 선자리에 말뚝같이 굳어질것이다. 두만이는 발을 동동 구르며 하늘만 쳐다보았다. 이때 새 한 마리가 두만의 머리우로 날며 「살짝살짝」하며 울었다. 살펴보니 천궁에서 놓아준 새 같기도 하였다. 두만은 그 새를 보고 손짓하였으나 새는 두만의 머리우에 날며 「살짝살짝」하고 울기만 하였다. 그때야 두만이는 새의 울음소리를 듣고 살짝 뛰였다. 그랬더니 두만이는 동쪽산기슭에 가 떨어졌다. 그곳은 아직도 따뜻한 고장이라 두만은 바위밑으로 나오는 물을 에워타고 내달았다. 여기서 두만이 타고 간 물을 두만강이라 하였다. 그리고 그때 두만이를 도와주던 새는 지금도 심산에서 그때 그 소리로 울고 있다. 두만은 물결타고 동으로 달음치다 북쪽으로부터 오는 떠꺼머리총각을 만났다. 두만이 그에게 룡궁으로 가려면 어떻게 가는가고 물었더니 그는 그저 「가야지」하고 대답했다. 이 강을 후세의 사람들은 가야하라 불렀다.

세갈래 길을 따라 동해에 이른 세 자매는 룡녀들의 인도하에 룡궁앞 상아관에서 서로 반갑게 만났다. 그들은 기쁨에 겨워 서로 안고 춤을 추었다.

세 자매는 동해 룡왕을 찾아가서 자초지종을 다 말하고 이제는 하늘에 올라가도 초롱에 갇힌 새 신세가 될것이니 룡궁에 있게 해달라고 빌었다. 그러니 룡왕이 크게 기뻐하며 쾌히 승낙하는것이였다. 하여 세 자매는 옥황이 부르는것도 아롱곳하지 않고 룡궁에서 룡녀들과 더불어 즐거운 나날을 보내였다.

정리: 강원문

백두산 견우교

　백두산 폭포수에서 3백메터가량 거슬러올라가면 천하를 가로 건너갈수 있는 징검다리가 있는데 이 다리를 「견우교」라 한다. 이곳을 견우교라 부르게 된데는 이런 이야기가 있다.
　먼 옛날 직녀가 하늘에서 인간세상에 내려와 견우와 더불어 백년가약을 맺고 아기자기 살아가다가 옥황상제 부명에 의해 할수없이 상천회궁한 뒤 모든 일이 손에 잡히지 않고 마음 또한 산란하여 끝끝내 몸져 드러눕게 되였다.
　앉아도 누워도 견우요, 한낮에도 비몽사몽간에도 견우, 그 성근하고 상냥한 견우모습 눈에 삼삼하고 그 대범한 목소리 귀에 쟁쟁하여 애오라지 견우생각뿐인데 두 어린것들마저 늘 아버지를 애타게 불러 듣고 보는 사람들마저 눈시울이 젖어나고 구곡간장이 타번지게 하였다.
　옥황상제가 생각해보니 그냥 노르쇠를 내고있다가는 조민간 귀힌 딸을 죽일것만 같았다. 그래서 생각한 끝에 일년에 한번씩 칠월칠석날에 백두산에 내려가 견우를 잠간 만나보라고 윤허를 내렸다.
　직녀는 어찌나 다행이였던지 기쁜 나머지 그날로 견우에게 칠월 칠석날 밤 백두산 천활봉아래 천하가에서 만나자고 기별을 띄웠다.
　일각이 여삼추로 기다리던 칠석날은 닥쳐왔다 황혼무렵 직녀는 날개옷을 펼쳐입고 오색채운을 잡아타고 두 어린것을 좌우에 거느리고 훨훨 날아 백두산 동북편 천지가에 내렸다. 직녀는 얼른 두 어린 귀동자의 손목을 잡아이끌고 호반 온천에서 목욕을 한 뒤 천활봉에 올라 견우를 기다렸다.
　시간이 점점 흘러가고 드디어 검은 장막이 내리 드리웠다. 그러나 견우는 나타나지 않았다.

「아, 그이는 왜 상기도 오시지 않을가? 날이 어두워 못오실가? 산세 험해 못오실가?」

일각이 여삼추로 기다리는 직녀의 마음은 바질바질 타들어만 갔다.

「기다리고 기다려도 오실 님은 오시지 않으니 이 일을 대체 어이하면 좋단말인가?」

직녀 그제는 천활봉에서 물러나 행여 견우께서 건너편 장기봉쪽 산발을 타고 오시지나 않나싶어 서서히 발걸음을 옮겨디디였다.

그러나 그가 얼마 내려오지 않았는데 난데없이 비바람광풍이 폭포어구로부터 바람곬으로 막 터져나오며 호로박같은 돌덩이를 날리였다. 참으로 난데없는 큰 변이였다.

옥황은 직녀를 내려보낼 때 혹 다른 일이 생겨 무슨 실수라도 있을가봐 몰래 바람신을 뒤좇게 하였던것이다. 바람신으로 하여금 직녀의 거동을 감시하면서 그가 일단 천활봉을 멀리 벗어나 다른 곳으로 갈 눈치만 보이면 길을 막아서게 했던것이다. 이리하여 직녀 할수없이 다시 천활봉으로 되돌아올 수밖에 없었다.

이때 견우는 천신만고 며칠밤을 걷거걸어 마침내 천수가에 이르렀다.

천활봉을 눈앞에 둔 견우는 한달음에 천수를 건너고싶었으나 물결 세차고 키를 넘는 천수를 건널수가 없었다.

그가 뭇별 총총한 하늘을 우러러 통탄해마지않았는데 바로 이때 저만큼 앞에서 「랑군님」, 「아버지!」 하는 귀에 익은 부름소리가 들려왔다.

견우 깜짝 놀라 초생달빛을 빌어 찬찬히 내다보니 어느덧 천수 건너 지척에 오매불망 그리던 직녀가 두 어린것을 데리고 서있지 않는가?

견우는 직녀와 어린것을 부르며 백사불구 물에 '뛰여들려하였다. 그러나 고패치는 거센 물결을 건널수가 없었다. 이리하여 온 장밤 서로 강 하나를 사이둔 지척에서 손 한번 잡아보지 못한채 날은 어느덧 희붐히 밝아왔다.

시각이 되자 직녀는 할수없이 열두폭치마폭을 눈물로 적시면서 두 동자를 데리고 하늘로 회궁하지 않을수 없으니 돌아가는 직녀의 마음 구곡간장이 오리오리 찢어지는듯했다.

이 일은 백두산 까치들과 사슴들의 마음을 몹시 저려나게 하였다.

「마음 착하고 부지런한 견우와 직녀 이렇듯 지척에 두고도 장밤 손 한번 잡아 못보고 생리별을 하니 이에서 더 애달픈 일이 세상에 또 있을소냐? 우리 함께 방도를 대여보세!」

이렇게 의논한 까막까치와 사슴들은 천곡봉에 올라 탄탄한 장석들을 끌어내려다 천수에다 다리를 놓아주기로 작심하였다.

이튿날부터 그들은 떼지어 올라가 알맞춤한 장석들을 골라 까치들은 머루다래넝쿨에 매여 끌고 사슴들은 뿔로 떠박으며 천수로 끌어내리기 시작했다.

돌은 얼마나 무거웠던지 수천수만마리의 까치들과 수백마리 사슴들이 일시에 힘을 써 끌고 떠박아야 겨우 한치씩 움직여내리군 하였다.

그러다보니 일년 내내 끌고 떠박아 밀어서야 겨우 천수에 징검다리를 놓게 되였다.

백두산 까치와 사슴들의 덕분으로 하여 그해 칠월 칠석부터 견우는 거침없이 이 돌다리를 지나 직녀를 만나서 그사이의 정의를 진진하게 나누며 무르익는 한여름밤을 꿀같이 달게 지내군 한것은 더 말할것 없다.

이렇게 되여 해마다 칠월 칠석이 오면 부지런하고 선량한 견우는 선참으로 이 다리를 건너가 직녀와 귀동자를 만나군 했는데 후세사람들은 이 다리를 일러 「견우교」라 부르게 되였다 한다.

정리: 리천록

천 하

백두산천지의 북켠목으로부터 천문봉과 룡문봉 사이를 지나 현애절벽 폭포목에 이르기까지 녀인의 가리마와도 같이 곧추 흘러흐르는 한물줄기의 맑디맑은 강이 있나니 예로부터 이를 일러 천하(天河)라 하였다. 이 천하가 생겨난데는 한가닥 전설이 깃들어있다.

하루는 천국의 옥황대제가 지상을 굽어보니 동켠의 고고산정에 큰 못이 있는데 무엇인가 간단없이 타래쳐 횡행하면서 어지러이 뛰노는지라 이를 이상히 여겨 사자를 내려보내 영문을 알아오라 분부하였다.

사자가 지상에 내려와 살펴보고 돌아가서 보하는 말이 기기묘묘한 열여섯개 봉우리 거꾸로 비끼고 담담한 진달래 만병초향기 그윽한 천지야말로 천하의 절승가관인데 가석하게도 동해에서 기여든 삼두흑룡 두마리가 제멋대로 무모한짓만 행하는지라 인가가 피페하고 산수 또한 기를 펴지 못하여 인제는 불모의 땅이나 다름없게 되였노라고 하였다.

「그래서야 될말인고!」

옥황은 주먹으로 옥상으 탕 치고나서 그 세 사자에게 구리저가락 각기 한모씩 주며 삼두흑룡을 쫓아보내라고 령하였다. 옥황의 령을 받은 세 사자 그 즉시로 천지가에 내려가 삼두흑룡을 호출했다.

「두 삼두흑룡은 듣거라. 옥황대제의 엄령을 받들어 우리 오늘 예 내려왔노니 무모한짓 즉각 거두고 급히 동해로 돌아가라!」

그러자 두 삼두흑룡은 사발눈을 잔뜩 부릅뜨고 번뜩이는 비늘몸을 비비틀아 일으키며 랭소하였다.

「핫하하하! 우리더러 동해로 돌아가라고!」

「이디 한번 우리의 재주나 보고 호령하라!」

말을 마친 삼두흑룡이 「으하하하!」하고 앙천대소를 하니 청청하늘에 난데없는 뭉치구름이 떠오고 뒤미처 뢰성벽력이 터지며 천지수가 길길이 사품쳐 솟고 온 수림이 뿌리채 흔들렸다. 그바람에 세 사자는 한동안 눈을 바로 뜰수가 없었다.

이를 본 삼두흑룡은 의기양양하여 미친듯이 웃댔다. 그러나 드디어 정신을 수습하고 일어난 세 사자가 구리저가락 하나씩 쥐고 웅얼웅얼 주문을 외우자 저가락은 삽시에 새빠갛게 달아올랐다. 세 사자 그 저가락을 천지물에 홀 던지자 찍— 소리와 함께 모진 김이 확 서려오르고 천지물은 삽시에 쭉—쭉 찌기 시작했다. 그러니 삼두흑룡은 구새통같은 여섯아가리로 물을 뿜어내기 시작했다. 천지물은 또 삽시에 불어났다.

이때 세 사자 다시 구리저가락 한 개씩 꺼내여 빨갛게 달구어 천지못 이곳저곳에 척척 내던졌다. 그러자 천지물은 팥죽가마처럼 부글부글 괴여오르더니 뒤미처 흰김을 내뿜으며 펄펄 끓기 시작했다. 이에 바빠난 삼두흑룡은 이리저리 자맥질을 치며 이백자 몸을 구불구불 징그럽게 휘둘러대다가 선불맞은 노루처럼 연신 비명을 내지르며 북쪽산을 박지르고 동해를 향해 냅다 뛰기 시작했다.

이리하여 천지못에서 갖은 행패와 심술을 부리던 흑룡이 영영 자취를 감추게 되였는데 두 삼두흑룡이 바빠나 도망친 그 자리로 천지의 물이 넘쳐흐르면서 지금의 천하가 생겨나게 되였다고 한다.

그리고 천하결의 숱한 잔돌들은 두 삼두흑룡이 꼬리질을 치며 도망칠 때 그 꼬리에 맞아 부스러떨어진 바위부스레기라고 한다.

구술: 안응철
정리: 리룡득

장백약수

장백산기슭에 자리잡은 안도현 이도백하에는 사시장철 마를줄 모르는 무병장수의 약수로 소문난 샘물이 있다. 장백산에 오르는 사람 치고 맑고 시원한 이 샘물을 실컷 마시지 않는 사람이 없다.

멀고 먼 옛날 이고장에는 산짐승잡이로 근근득식 살아가는 살아가는 가난한 포수가 있었다.

어느날, 여느때와 같이 사냥하러 나선 포수는 돈없이 약 한첩 못쓰는 안해의 파리한 얼굴을 그려보면서 높은 산을 넘고 깊은 골짜기를 지나 삼림속으로 들어갔다.

문득 멀지 않은 곳에서 포드득 하고 산까치 한 마리가 하늘로 날아오르면서 깍깍거리고있었다. 웬 일인가싶어 다가가보았더니 새끼꽃사슴 한 마리가 산에서 굴러떨어지는 뾰족돌에 찢기워 피를 흘리며 신음하고있었다. 불쌍하게 여긴 포수는 자기의 옷섶을 쭉 째서 상처를 싸맨후 배낭속에 조금 남아있는 쑥떡을 꺼내여 사슴의 입에 넣어주었다. 그리고는 맑디맑은 샘물을 두손으로 떠다가 입에 넣어주었다. 그랬더니 놀라웁게도 새끼꽃사슴은 점차 정신을 차리면서 포수에게 고맙다고 연신 절을 올리면서 숲속으로 깡충깡충 사라지는것이였다.

이날 물통에다 이 샘물을 가득 담아가지고 돌아온 포수는 지체할세라 안해의 입에 그 샘물을 한술한술 떠넣어주었다. 그랬더니 이튿날아침 그렇게도 사경에서 헤매던 안해는 언제 병마에 시달렸던가싶게 자리에서 일어났다.

너무나 기쁜김에 포수가 또다시 그 샘물을 떠다가 안해에게 대접했더니 인젠 들일도 제법 할수 있게 되었다.

마음씨 착한 포수는 그 샘물을 등짐으로 져다가 병으로 고생하는 마을

환자들에게 하나하나 대접시켜 모두다 병마속에서 뛰쳐나오게 했다. 그제 야 사람들은 이 샘물이 만병을 통치하는 약수라는것을 알게 되였고 이때로 부터 포수에 대한 아름다운 이야기는 산을 넘고 강을 건너 사방에 널리 퍼 졌다. 그런데 이 소문을 들은 한마을의 부자는 그 약수터를 알아내고 자기 가 그것을 독차지할 꿍꿍이를 꾸몄다. 그리하여 그 부자는 라졸들을 시켜 슬그머니 포수의 뒤를 따르게 했다.

그 낌새를 알아차린 포수는 일부러 라졸들을 다른 방향으로 끌고 갔다. 얼마나 걸었는지 앞에는 사품쳐흐르는 푸른 강물이 나타났다.

「똑똑히 보아라. 저 맞은켠 산에서 흐르는 물이 바로 약수이다.」

말을 마치자 포수는 천길벼랑에 서슴없이 몸을 던졌다. 순간 맑은 하늘에 서 번개가 번쩍하더니 헐레벌떡 뒤쫓아오던 라졸들이 찍소리 못하고 몽땅 재더미로 되였다.

하지만 포수가 땅에 막 떨어지는 순간, 우구구 모여든 꽃사슴들이 몸을 들이밀어 포수를 슬쩍 받아주었다.

포수는 마침내 살아났다. 그후에도 마음이 죽지 않은 부자는 몇번이고 그 약수터를 찾으려고 라졸들을 풀어놓았지만 번마다 벼락귀신이 되고말았다.

지금도 이 약수터엔 꽃사슴떼들이 자유로이 뛰놀고있으며 포수에 대한 아름다운 이야기가 옛말처럼 길이길이 전해지고 있다.

정리: 황상박

백두산 약수천

백두산에 뿌리박은 두도백하를 따라가노라면 삼면이 병풍바위로 둘러싸인 절승지가 있는데 이 병풍바위 중턱에는 춘하추동 얼지 않고 졸졸 흘러내리는 약수천이 있다. 이 약수천의유래를 두고 재미있는 이야기가 전한다.

멀고 먼 옛날 한 채약하는 로인이 이곳에 와 막을 치고 약초를 캐고있었다. 어느 하루 새벽녘에 산채하러 밖으로 나오니 샘물가에서 어미사향노루가 새끼사향노루를 데리고 와 샘물을 먹이고있었다. 로인이 살금살금 그들 곁으로 다가가니 어미는 놀라 훌쩍 피하는데 여윌대로 여윈 새끼사향노루는 비슬비슬거리며 도망치지 못하였다. 새끼사향노루를 안고 막으로 돌아온 로인은 새끼사향노루에게 소금물을 먹인다 콩물을 먹인다 하며 온갖 정성을 다했지만 새끼사향노루는 울면서 아무것도 먹지 않았다. 이때 밖에서 어미가 막을 에둘러 애절하게 새끼를 부르며 우는 소리가 들렸다. 그 애절한 울음소리는 로인의 간장을 녹이였다.

「아, 짐승도 저도록 새끼를 귀중히 여기니 어이 인생에만 모성애가 있다 할고…」

로인은 새끼사향노루를 도로 샘물가에 갖다두고 돌아왔다.

마음 착한 로인은 그후 매일 콩물에 소금을 조금씩 넣어 샘물가에 놓아주군 하였다. 날이 가고 달이 감에 따라 사향노루들도 이 로인이 자기들의 구명은인이라는것을 알았는지 한집식구처럼 되여 로인을 보기만 하면 좋다고 풍풍 뛰였다. 그러나 늦가을이 되니 로인은 하산하여 집으로 돌아오지 않을수 없게 되였다. 이 기미를 알아차린 사향노루는 그의 앞으로 다가와 두발로 땅을 허비고 골을 끄덕이며 감사를 표했고 포동포동하여진 새끼사향노루도 옷자락을 물어뜯으며 가지 말라고 울어대였다. 로인은 그들의 머리를 쓰다듬어주고는 떨어지지 않는 발자국을 옮기며 떠나고말았다.
 그런데 집으로 돌아오니 마혼에 갓보선격으로 늙어서 본 금싸락같은 외동아들이 불치의 병에 걸려 신음하고있었다. 한다하는 명의를 다 모시고 좋다는 약은 다 써보았건만 백약이 무효라 아들의 병은 깊어만 갔다. 이렇게 되자 두 늙은 부부는 봄비에 얼음녹듯 맥이 탁 풀려 하늘을 우러러 탄식만 할뿐 궁여지책이 생각나지 않았다.
 그러던 어느날 밤 꿈을 얻으니 병풍바위중턱 퐁퐁 솟는 샘물에 서기가 어리고 칠색무지개가 걸리더니 기요화초가 만발하고 어데선가 신선풍악이 은은히 들려왔다. 옥이 흐르는듯한 강물에서는 정장어와 이면수들이 풍악에 맞추어 넘실넘실 춤을 추는것이 실로 가관이였다. 잠을 깨니 남가일몽인데 꿈에서 본 곳인즉 그가 샘물가에서 천막을 치고 채약하던 곳이여서 문뜩 떠오르는 생각이 있게 되였다. 그곳은 산좋고 물맑으며 온갖 약초가 구전한데다 산짐승과 물고기가 또한 혼한곳이라 로인은 자약을 만들어 아들의 병을 치료하기로 작심하였다.
 로인이 아들을 쪽지게에 지고 샘물터로 찾아가니 지난해 갈라졌던 두 사향노루가 달려나와 깡충깡충 뛰면서 반가이 마중하였다. 그런데 이상하게도 사향노루는 지게에 업혀있는 아들의 몸에 대고 한참이나 냄새를 맡더니 깜짝 놀라며 벼랑바위를 가로질러 어데론가 정신없이 뛰여갔다. 사향노루들은 이튿날아침에 돌아왔는데 입에는 약초처럼 생긴 노란빛이 나는 돌을 물고 있었다. 로인이 돌을 들어 냄새를 맡아보니 어떤 돌은 진한 약내를 풍기였고 어떤 돌은 무르녹는 향내가 풍겼다.
 그런데 웬 일인지 사향노루는 기를 쓰며 샘물이 솟아나는 바위돌을 자꾸만 골로 떠밀었다. 로인은 영문을 딱히 알길 없으나 가만히 서있을수 없어 사향노루를 도와 둔장을 떠 바위밑굽을 드니 사향노루는 인츰 돌덩어리를 바위밑 물곬에 던져넣는것이다.
 한식경이 지나서 로인은 그 물맛을 보았다. 샘물은 이상하게도 약냄새가 풍겼고 박하물을 푼듯 쩽하고 시원하였다. 로인은 그 물을 떠 아들에게 먹였다. 그랬더니 행골을 추지못하던 아들이 차츰 생기를 띠기 시작하였다. 로인은 또 이 물로 죽을 쑤었다. 죽은 파란 색을 띠며 닭알냄새까지 몰몰 풍겼다.

　이렇게 몇달을 두고 이 물을 장복시키며 약을 썼더니 로인의 아들은 병이 말끔 나았다. 과연 효험이 놀랄 지경이였다. 이 일이 있은 뒤 린근 각지로부터 수많은 환자들이 찾아와 이 물을 마시고 생명을 구하게 되였는데 차츰 온 나라에 소문이 퍼져 「백두산 약수」라고 하면 모르는 사람이 없다고 한다.

　지금도 이 약수는 절벽중턱에서 샘솟아오르는데 흘러내리는 밑바닥 흙과 돌은 온통 노란 색갈을 띠고 있다. 이는 옛날에 사향노루가 묻어놓은 새노란 령단 묘약이 지금까지 계속 풀려져나오기 때문이라 한다.

구술: 구명산
정리: 리천록

옥장천

천지물 마시고 옥장천 맛보시라
샘물은 한없이 달디다니라
(始飮天池水, 再嘗泉水, 其味甘潔相等)
군이여 그대 천지에 오르면
은병에 옥장수를 꼭 담아오시라.
(諸君若到天池上, 須把銀壺灌玉漿)

이 시의 첫 두줄은 「백두강산지략」의것이고 나머지 두줄은 「백산기」에 씌여있는것이다.

백운봉에 있는 옥장천의 샘물은 거울보다 더 맑고 얼음보다 더 차다. 옥장천을 두고 이런 이야기가 전한다.

옥황상제한테는 사랑하는 딸 둘이 있었나. 거울이 없는덧으로 허여 두 딸은 처녀로 자라날 때까지 제 얼굴이 어떻게 생겼는지 전혀 모르고있었다.

언제부터였는지 딸들은 어머니한테 흥흥거리기 시작하였다.

「어머니, 인간세상에 제 얼굴을 비추어볼수 있는 거울이 있대요. 그것을 얻어다주세요.」

맏딸이 이렇게 조르기 시작하였다.

「얼굴을 비춰봐선 뭘하겠니? 너희들은 다 고운데.」

「어머니, 그래도 제 얼굴을 절로 보고싶은데요.」

둘째딸도 언니를 거들어 칭얼거렸다.

그후부터 딸들은 어머니더러 거울을 얻어오라고 늘 졸라대였다.

어머니는 난처하게 되였다. 딸들의 요구를 밀막아버리자니 그냥 칭얼거

렸고 딸들의 요구를 들어주자니 무엇으로 얼굴을 비출수 있다는 거울을 만드는지도 모르지

하루는 백두산에서 사는 백운신령이 천궁으로 찾아왔다.

그때 어머니는 자기의 딱한 사정을 백운신령에게 이야기하였다.

「저 딸애들이 제 얼굴을 비춰볼수 있는 거울을 내라고 야단이란 말이예요. 듣자니 인간 세상에 그런 거울이 있다는데…」

「근심하지 마옵소서. 소인이 집에 가서 하나 만들어 보내겠소이다.」

「고맙소이다.」

「천만의 말씀이외다.」

백운봉으로 돌아온 백운신령은 백운봉에서 옥돌을 뽑아내였다. 그는 밥곽만큼 두꺼운 옥돌을 손바닥두께만큼 되게 간 다음에 옥거울을 만들었다.

거울이 왔다는 소식을 들은 딸들은 어머니를 찾아왔다.

「어머니, 거울을 보자요.」

두 딸은 동시에 손을 내밀었다.

「거울 하나를 가지고 어떻게 둘이 함께 보겠니?」

「그럼 언니부터 보게 하세요.」

어머니는 맏딸에게 거울을 주었다.

동그란 거울은 그야말로 정교하게 만든것이였다. 앞으로는 얼굴을 비추어볼수 있게 하였고 뒤에다는 선녀들이 구름을 타고 다니는 모습을 새겨넣었다. 그 솜씨가 섬세하고 그 모습이 완연하여 생생하게 살아서 움직이는것만 같았다.

「아이, 깜찍하게도 만들었네!」

언니는 못내 감탄하였다.

「언니, 빨리 비춰봐요.」

「응.」

거울에다 자신을 비춰보던 언니는 깜짝 놀랐다.

그는 자기가 동생보다 더 고우리라고 생각하였던것이다. 그런데 생각과는 판판 달랐다. 동생이 자기보다 퍽 더 어여뻤다. 동생은 활짝 핀 한떨기 꽃송이라면 자기는 피지도 못한 꽃망울에 지나지 않았다.

「옛다. 네가 봐라. 난 치장하고 와서 다시 보겠다.」
언니는 동생한테 거울을 넘겨주고 뾰로통해서 자리를 떴다.
언니가 화를 내고 가는바람에 동생은 거울을 받아들고 감히 얼굴을 비춰보지 못하였다. 어쩐지 가슴이 두근거리였다. 언니보다 더 고우리라곤 생각하여본적이 없는 그였다. 난 언니만큼 고울거야. 아니 꼭 언니를 닮았을거야. 한어머니 배속에서 태여난 자매이니깐.…
「얘야, 넌 무슨 궁리가 있게 거울을 보지 않니?」
옆에 섰던 어머니가 어서 보라고 권하였다.
동생은 용기를 내여 자기의 얼굴을 거울에 비추어보았다.
그는 깜짝 놀랐다. 제 얼굴이 이렇게 고우리라곤 꿈에도 생각지 못하였던것이다.
옥같이 말쑥한 얼굴, 웃음을 머금은 한쌍의 눈, 촉촉한 입술, 가쯘한 이발…
그는 너무도 기뻐서 살짝 웃었다. 두볼에 볼우물이 폭 패였다.
「아!」하고 감탄하며 거울을 가슴에다 꼭 껴안았다.
언니는 머리를 감아서 다시 빗고 얼굴치장을 알뜰하게 하고 거울보러 왔다. 그래도 동생보다 곱지 않았다. 설마 이럴수야 있으랴 하고 생각한 언니는 자기 눈이 미심쩍었다. 그래서 그는 사흘이나 거울을 독차지하고 보고보고 또 보았다.
아무리 보아도 생긴대로 비춰주는 거울인지라 그 얼굴이 그 얼굴이였다.
언니는 부아가 치밀어올라서
「늙은 두상이 거울을 더럽게 만들었어.」하고 두덜대며 거울을 백운봉에다 홱 뿌려던지였다.
이때 백운봉의 벼랑우에서 념불을 외우던 백운신령이 옥거울에 정수리를 얻어맞고 푹 꼬꾸라지였다. 그의 몸에서는 흰 피가 흘러나왔다. 흰 피는 석달동안이나 옥을 파낸 옥동에 흘러들었고 백운신령은 석불로 변해버리였다. 백운신령의 목에 감겼던 념주만이 바람에 서글프게 날리였다.
백운신령이 석불로 되었다는 소식을 들은 천궁의 둘째딸은 밤을 새우며 울었다. 이튿날 그는 백운봉에 내려와서 제상을 차려놓고 정성을 다하여 제를 지내였다.

그랬더니 석불의 목에 걸려있던 념주가 저절로 또르르 굴러서 흰 피가 고여있는 옥동으로 들어가는것이였다. 이윽하여 옥동에 고여있던 진득진득한 피는 맑디맑은 샘물로 변하였다.

제사를 지내고나니 둘째딸은 목이 말랐다. 그는 옥동의 샘물을 세모금 마시고 시원하게 세수까지 하였다.

그후부터 천궁의 둘째딸의 얼굴은 날이 갈수록 더 고와지여 상아아씨도 부러워하게 되였다. 하지만 시샘이 강하고 질투가 심한 맏딸의 얼굴은 치장하면 할수록 점점 더 미워갔다. 나중에는 얼굴이 보기 흉측하게 되여 시녀들도 놀랄 지경이였다.

사람들은 옥동에서 흘러내리는 샘물이 백운신령의 혈장이 변한것이라고 하여 옥장천이라고 불렀다.

구술: 박문섭
정리: 리천록, 최룡관

금선천

　백두산 천지의 십사경의 하나인 금선천은 옥주봉 동쪽기슭 옥장천과 60여메터 떨어진 곳에 있다. 천지에서 구백여자 올라가면 나래를 올리쳐든듯한 절벽 한쌍이 솟았는데 그 중간에는 천연적으로 이루어진 돌층계가 있다. 돌층계밑으로는 두개의 원형암석이 있고 그속으로부터 샘물이 솟아 떨어진다. 샘물이 흐르는 밑바닥만은 유별나게 백석층으로 이루어졌는데 백석에는 붉은 줄이 줄줄 그어져 마치 금실을 느린듯하다. 하여 사람들은 이 샘터를 금선천이라 부른다.
　옛날부터 전하는데 의하면 금선천에는 나래돋친 백사(白蛇) 두마리가 있었는데 백사가 날 때면 백두산에 비가 내린다 하였다.
　멀고도 아주 먼 옛날이였다. 백두산 천지의 룡왕은 딸을 보았는데 뜻밖에도 전신이 은빛나는 백룡을 보게 되였다. 이에 룡궁의 만조백관 문무제신들은 명절을 맞은듯 기뻐했고 룡왕은 날마다 룡안에 웃음을 머금고 그 딸을 금지옥엽같이 귀히 여기며 애지중지 키웠다.
　세월은 흘러흘러 백룡은 이팔청춘 꽃나이가 되였다. 이때 칠성국의 왕자 운마를 잡아타고 옥루봉에 하강하여 천지를 바라보니 천지가에 은빛이 휘황찬란하였다. 호기심이 동한 왕자는 그 길로 천지가에 이르렀다. 천지가에는 자욱한 향기속에 칠보단장한 룡녀가 살고있었다. 룡녀 옥안에 도화색을 띠였으며 추월같은 눈섭에는 애순이 솟은듯하였다. 칠성국에서는 볼수도 없는 아릿다운 룡이였다. 왕자는 헛기침을 하고나서 룡녀를 보고 물었다.
　「묻기는 죄송하오나 그대는 누구신지요? 나는 칠성국의 왕자올시다.…」
　백룡은 깜짝 놀라며 머리를 들고 칠성국 왕자를 쳐다보았다. 관을 쓰고 옥띠를 두른 칠성국 왕자는 훤칠하게 생긴 거룡이였다. 백룡은 수태를 머금고 「저는 천지룡왕의 딸 백룡이로소이다.…」 하며 아미를 숙이고 대답하였다.
 그들은 천생연분이라 만나자마자 서로 첫눈에 마음이 들어 불같은 마음을 주고받았다. 왕자는 하루가 멀다하게 백두산에 내려와 백룡을 만나보았다.
 어느날 칠성국의 왕자는 흰 채찍으로 옥주봉 험한 바위를 내리쳐 백석도 (白石道)를 훤하게 닦고는 채찍새로 나래봉 중턱을 탁탁 쪼아 돌충대를 만들었다. 왕자는 백룡과 함께 거침없이 산정에 올라 백두의 별유천지에서 천봉만학과 오색채운에 맹세하면서 백년가약을 맺고 꿀같은 나날을 보내였다.
 만나면 갈라지기 아쉽고 갈라지면 못견디게 그리워 그들 둘은 사흘이 멀다하게 만나서 아기자기한 사랑을 주고받았다. 이렇게 되다보니 백룡은 그만 잉태까지 하게 되였다. 백룡은 일이 이 지경에 이르렀는지라 하는수 없이 왕비인 어머니에게 사실의 자초지종을 다 말하였다. 딸한테서 사실의 자초지종을 들은 왕비는 아연실색해서 어쩔바를 몰랐다.
 백룡의 몸이 날이 갈수록 달라졌다. 왕비도 더는 이 일을 덮어감출수 없었다. 왕비는 울며 겨자먹기로 룡왕에게 이 일을 고하면서 딸의 소행이 괘씸하기는 하나 널리 보살펴 처리해줄것을 바랐다. 대노한 룡왕은 펄펄 뛰며 잡아죽이려 하다 내궁부 신하들의 만류에 마음을 좀 눅잦히고 백룡의 바깥 출입을 금지시키라 령하였다.
 류수같은 세월은 흘러 룡녀는 만삭이 되였다. 왕비는 백룡을 빼여돌려 금선천에 보냈다. 금선천에서는 오매에도 그리던 왕자가 일일삼추로 그를 기다리고있었다. 그들은 궁여지책을 대여 나래봉 석굴에 이르렀다. 왕자가 속옷을 벗어놓고 룡녀를 해산시키니 룡녀는 나래돋친 은룡 두마리를 낳았다.
 잉태한것까지 몰랐던 룡왕은 이 일을 알자 대노하여 백룡의 회궁을 엄금시키고 내궁장군을 시켜 백룡과 은룡의 나래를 뽑아버리고 하늘로 날지 못하게 하라 불호령을 내렸다.
 내궁장군일행이 급기야 나래봉에 도착하자 불의지변을 당한 그들은 어쩔사이없이 은룡을 놓아둔채 하늘로 날아올랐다. 부모를 잃은 불쌍한 은룡의 울음소리는 내궁장군일행의 철석간장을 녹였다. 내궁장군일행은 운모만 뽑고 잔털은 놔두었다. 이래도 시름이 놓이질 않아 룡왕은 장군들을 파견하여 이곳을 지키게 하였다. 백룡이 내려와 젖도 먹일수 없게 되여 은룡들은 굶어죽게 되였다. 왕자와 백룡은 궁여지책을 대여 백운을 잡아타고 옥주봉 상공에 내려와 젖을 짜 나래봉 청석동에 가득채워놓았다. 백룡의 젖은 돌틈으로 흘러나와 백석우로 흘렀다. 은룡들은 이 젖을 먹으면서 자라는데 겨드랑이에 털까지 함께 자라났다. 그런데 운모가 없는탓에 높이 날아오르다는 떨어져 피못이 되였다. 붉은 피는 흘러흐르면서 백석우에 붉은 피자국을 찍어놓았다. 그 피흐른 자국이 금실을 줄줄이 늘인것 같다 하여 후세사람들은 이 샘을 금선천(金線泉)이라 불렀다.

이때 백룡은 이 광경을 내려다보면서도 경계가 삼엄하여 어쩔수 없어서 애처로운 눈물을 흘리고 흘렀다. 은룡들도 호천고지하며 울고 울었다. 그들의 눈물은 비발처럼 백두산에 떨어졌다.

지금도 여름철이면 백두산에는 자주 비가 내리는데 이는 백룡과 은룡의 눈물이라 한다.

구술: 김광훈
정리: 리천록

숭덕사

천활봉 현애절벽 밑뿌리에 서너짐 잘되는 평평한 함석바위가 푸른 이끼에 감싸여있고 이 바위 북쪽켠에 숭덕사(崇德寺) 옛터가 자리잡고있다. 이 절은 원래 2백평방메터 남짓한데 벽은 세겹으로 되였고 그안에는 여덟개의 방석돌이 놓여있었으며 복판에는 두개의 목패를 세웠던 흔적이 남아있었다.

전하는데 의하면 이 절의 문을 아흔아홉개가 내였는데 이처럼 문을 많이 낸데는 이런 이야기가 전해지고 있다.

멀고먼 옛날 이곳에는 도를 깊이 닦은 도승이 있었는데 도술에 어떻게나 능했던지 몇 년후에 벌어지는 길사와 흉사를 척척 알아맞추고 흉사에 대처할 방도까지 알고있었다. 그리고 맹수들이 사람을 해치기만 하면 도승은 멀리 앉아서도 죄에 따라 형벌을 안기는통에 맹수들도 어쩌지 못하고 도사의 말을 고분고분 들었고 나중에는 이 절로 오가는 길손들에게 길안내까지 해주었다. 이렇게 되니 이곳을 찾아드는 중들이 부지기수인것은 더 말할것 없고 세상사를 알려고 찾아오는 사람, 불행을 당하여 방도대책을 얻으려고 찾아오는 사람들이 꼬리에 꼬리를 물었다. 절당은 갈수록 명성이 높아져 절당의 은은한 종소리 천리에 울려퍼지고 향로의 향기는 만리에 풍겼다.

한번은 직녀를 잃은 견우가 도승을 찾아와서 피눈물을 흘리며 직녀를 만날 방도를 가르쳐달라고 간청하였다. 피눈물의 사연을 듣고 측은한 생각이 든 도승은 천하를 건너 직녀를 만날 방도를 가르쳐주었다.

헌데 옥황상제가 이 일을 알고는 대노하여 도사에게 천벌을 안기였다. 옥황상제는 도승을 천길 돌감옥에 가두어놓았다. 하지만 이 일을 알길 없는 이곳 도승들은 이튿날아침도 전과 마찬가지로 아침참배를 올리러 갔더니 도승은 어데로 갔는지 그림자도 보이지 않았다. 반나절이나 앉아 기다려도 도승은 나타나지 않았다. 그제야 그들은 무슨 변고가 생긴줄 알고 도승을 찾기 시작했다.

중들은 패를 나누어 동서남북 골짜기를 서캐 훑듯 하였지만 도승의 그림자도 찾아내지 못하였다. 달이 바뀌고 해가 바뀌여 몇십년이 지났어도 도승은 여전히 나타나지 않았다. 중들은 하나둘 흩어지기 시작했고 조수처럼 밀려들던 사람들도 이곳에 발길을 끊게 되었다.

세월은 흘러흘러 몇백년이 지났다. 그때 백두산아래에는 조상이 읽던 도문을 대물림으로 가지고 사는 한 농부가 있었다. 농부는 무진년 정월 초하루날 밤에 이상스러운 꿈을 꾸었다.

꿈에 백설같이 하얀 옷을 입은 도승이 죽장을 짚고서 천지가를 에돌아 천하기슭 함석바위우에 올라서더니 「흥성하던 옛터가 이처럼 황폐하게 되였으니 그 누가 대를 이어 이 대업을 이룰고…」하며 자탄을 하였다.

꿈을 깨고보니 하도 이상스럽고 집히는데가 있어 농부는 마을에 있는 해몽군 로인을 찾아가 간밤에 꾼 꿈을 해몽해달라고 하였다. 해몽군 로인은 농부의 꿈이야기를 해몽했다.

「옛날 백두산에는 이름난 도사가 있었는데 그 유령이 지금 백두산에 나타난것이로다.」

그 농부는 봄이 오기를 기다렸다. 몇몇 장년과 함께 백두산을 찾아갔다. 폭포기슭을 톺아올라 물줄기를 따라 오르며 주위 바위벼랑들을 살펴보는데 천활봉 벼랑중턱에 탕건을 쓰고 두루마기를 입고 돌우에 앉아 합장하고 도문을 외우는듯한 사람이 보였다. 이분이 곧 도승이라고 짐작한 그들은 이미 마련해간 제상을 차려놓고 도승에게 험한 절벽에서 내려와주실것을 빌고 빌었다. 하지만 도승은 듣는체도 안하고 앉은 그대로 손가락 하나 까딱하지 않았다. 그들은 어떻게 하나 도승을 다시 모시려고 험한 바위벼랑을 타고 올랐다. 헌데 가까이 가보니 도승은 이미 돌부처가 되고말았다.

석불을 보자 농부와 장년들은 서로 의논한 끝에 옛절터에다 다시 절당을 수건하고 도사의 뒤를 이어 대업을 이룩하리라 다짐했다. 농부와 장년들은 무진년 봄부터 일을 시작하여 그해 가을에 다시 절을 다 짓고 숭고한 도승의 덕성을 이어받을 의향으로 이 절을 숭덕사라 하였다. 농부와 장년들은 절을 지을 때 천활봉 중턱에 있는 백두산 도승의 유령이 아무방향에서나 마음대로 들어오라고 절을 팔각으로 짓고 문을 아흔아홉개나 냈다. 이것이 바로 숭덕사에 대한 이야기며 이것이 바로 숭덕사 아흔아홉개 문에 깃든 전설이다.

구술: 리인섭
정리: 리천록

불로초

멀고먼 옛날 백두산아래 어느 편벽한 산골에 몹시 가난한 모자간이 살고 있었다. 워낙 부자놈의 땅을 부쳐먹는데다 로모가 늘 중환에 있다보니 조반석죽도 극난인 살림이였다. 그러나 그처럼 각골한 살림이였지만 아들은 어머니에게 온갖 효성을 다하였다.

어느해인가 아들이 갖은 고생 참아가며 한해농사 알뜰히 지어 타작을 방금 다해놓으니 부자놈은 그 즉시에 달려들어 조상삼대의 빚문서를 들이대며 마당찌끼까지 빡빡 긁어갔다. 자기가 굶주리는 그래도 괜찮으나 한해농사 뼈빠지게 지어 어머니에게 햇쌀밥 한끼 지어올리지 못하고 약 한첩 달여드리지 못한것을 가슴 아프게 생각한 아들은 부자놈에게 비난사정 해봤으나 도무지 소용이 없었다.

이때로부터 아들은 생각다못해 등짐나무도 하고 날품도 팔아 살림을 지탱했나.

어느날, 아들은 등짐나무를 팔아 한푼두푼 모은 돈으로 어머니의 약도 사고 과일도 좀 사가지고 종종걸음으로 집으로 돌아왔다.

「어머님, 인제야 돌아왔습니다. 병세는 좀 어떻습니까?」

아들의 목소리를 들은 어머니는 반색을 하며

「네가 고생한 덕분에 오늘은 좀 나은것 같구나.」하고 가냘픈 목소리에 애써 힘을 주어 대답했다.

「어머니, 이 사과를 잡수세요. 모두들 그러는데 사과를 잡수시면 입맛이 돌린대요.」

아들은 품속에서 빨간 사과 세알을 꺼내놓았다.

「저런, 그 사과 빛갈두 곱구나, 어서 너부터 먹어라. 그래야 나두 먹지.」

「어머니, 저는 방금 싫도록 먹었어요. 어서 어머님이나 잡수십시오.」

어머니가 사과 한알을 잡수시고나자 아들은 어머니 머리맡에 가서 팔다리를 정성스레 주물러드리였다. 그리고 약도 달여 대접했다.
그런데 아들이 이처럼 온갖 정성 다했으나 하늘도 무심하고 땅도 무정하여 어머니의 병환은 나으시기는커녕 점점 더 위중해만 갔다.
동지달 어느날, 어머니는 아들을 머리맡에 불러앉히고 「애, 우리가 저 버덕에서 살다못해 심산벽곡에 찾아들면 그래도 부자놈의 시달림 모르고 잘 먹고 입으며 세상근심 모르고 살려니 하고 이 산골에 찾아온지도 벌써 십년 세월이 흘렀구나. 그런데 십년을 하루같이 사지가 물러나도록 일했건만 일하면 할수록 가난은 귀신처럼 따라만 다니니 인제 나 죽는것은 한스러울것 없지만 네가 고생할걸 생각하니 차마 눈을 감을수 없구나.…」하고 뒤말을 잇지 못했다.
「어머니, 무슨 말씀을 그렇게 하십니까? 저는 꼭 어머님의 병을 고쳐드리고야말겠습니다.」
「애두 원, 마른 고목이 봄이 온다 푸르러지며 불치의 병에 걸린 몸 약을 쓴다 재생하겠나? 그런 실없는 소리 아예 그만 둬라. 험악한 세상에 너 어찌 홀로 살아가겠느냐…」
「어머니!」
아들은 더 참지 못하고 어머니의 품에 엎드려 엉엉 목놓아 울었다. 어머니의 말을 들은 아들의 가슴은 터지는듯싶었다. 오죽하시면 어머니가 이렇게까지 말씀하시랴?
아들은 몸이 부서져 가루가 되는 한이 있더라도 어머니를 구하리라 굳은 마음을 다지였다. 그리하여 어머니를 구할 약을 찾으려고 마을에서 가장 년로한 로인 한분을 찾아갔다.
아들의 가긍한 이야기를 듣고난 로인은 후 한숨을 내쉬더니 말했다.
「글세 나도 자네 어머니 사정을 안타까이 여겨 두루 생각은 해보았네. 헌데 세상에 어디 그처럼 신통한 명약이 있어 자네 어머니를 췌세울수 있겠나?」
그리고 한동안 무엇을 생각하는듯 하더니 로인은 아들을 똑바로 보며 말을 이었다.
「하긴 세상에 불로초라는 명약이 있다고들 하더만.」

「불로초요?」
「그렇네, 불로초란 이름 그대로 한번 먹으면 무슨 병이나 뚝 떨어지고 영영 늙지 않고 무병장수하는 명약이라고들 하데. 그러기에 진시황도 그 불로초를 구해먹자고 숱한 신하와 부하들을 시켜 온 나라 명산대천 대해를 샅샅이 찾았다지 않나.」
「할아버지, 그게 정말입니까?」
「하긴 그런 일이 있었다네.」
「그래 그 불로초를 얻었답니까?」
그러자 할아버지는 머리를 가로 흔들었다.
「허, 진시황도 불로초를 얻었다면야 지금까지 장생불로했을테지 땅에 묻혀 진토가 되였을턱이 있나?」
그래도 아들은 더 캐고들었다.
「할아버지, 이 세상에는 불로초가 없단말씀입니까?」
「글세, 아무나 말로만 들었을뿐 여태도록 본 사람이 없으니까 허황한 말 같기도 하네만…헌데 내 생각엔 백두산은 예로부터 세상에 이름 높은 성산이니까 어찌 보면 백두산에는 꼭 있음직도 하지.」
「백두산에는 꼭 있음직하다구요?」
「그렇네!」
할아버지의 말씀을 듣고난 아들은 속으로「내 꼭 그 불로초를 캐여다 어머님의 병을 고쳐드리리다.」하고 굳은 마음을 다지며 벌떡 자리에서 일어났다.
그길로 집에 돌아온 아들은 얼굴에 환한 웃음을 짓고 어머니에게 방금 들은 이야기를 세세히 해드렸다.
그러자 어머니는 아들의 손목을 꼭 잡고 간곡히 만류했다.
「얘, 정말 불로초가 있다면야 왜 몇십년을 두고 캐본 사람이라군 없었겠나? 설사 백두산에 불로초가 있다고 한들 수백리 험산준령 눈보라길을 어찌 톺아가며 무슨 수로 캘수가 있겠나? 그리고 요행 얻어온다손쳐도 인제 피골이 상접하고 병독이 골수에까지 뻗쳐 목숨이 경각에 달린 이 몸에 무슨 효험이 있겠나. 아예 당치도 않는 생각이니 공연한 고생을 사서하지 말고 마음을 고쳐먹어라.」

기암절벽 명산을 끼고 살면서도 세세대대, 그 누구도 그림자조차 못보았다는, 애오라지 전설로만 들어서 아는 불로초, 더구나 백설이 표표한 이 엄동설한에 어디 가서 얻으랴만 어머니에게 그처럼 효성한 아들은 온 세상천지를 다 편력하고 지어는 하늘이 눈사태처럼 무너져내려앉는 한이 있더라도 꼭 구해오리라 마음먹고 백두산을 향해 떠났다.

때는 마침 온 누리에 백설이 만지한 때라 하늘땅을 휘덮은 새뽀얀 눈보라에 어디가 산이고 어디가 계곡인지 분간하기조차 어려웠다. 하지만 아들은 폭폭 허리를 치는 생눈길을 헤치며 홍송, 백송이 하늘 창창 치솟은 원시림을 뚫고 높은 벼랑은 톺아오르고 깊은 골짜기는 날아내리며 낮이면 한훕의 미시가루로 주린 배를 달래고 밤이면 진대나무밑에 우등불 피워놓고 쪽잠을 붙이면서 걷고 또 걸었다. 이리하여 련 며칠 신고 끝에 마침내 아아한 절벽아래에 당도했다.

절벽아래에서 머리를 들고 쳐다보니 칠색비단필을 드리웠는가, 하늘의 은하수를 기울었는가, 몽몽한 흰구름 감도는 아아한 산정에서 백길 폭포 쏴쏴 소리치며 쏟아져내리는데 그 장쾌함이 세상에 더 이를데 없었다.

아들이 취한 듯 홀린 듯 황홀히 서서히 폭포수를 쳐다볼제 하늘에서 내려왔는지 땅에서 솟아났는지 홀연 호호백발의 할머니 한분이 그의 앞에 나타났다.

「이 사람 젊은이, 여긴 무엇하러 왔는고?」

할머니의 물음에 아들은 얼른 엎드려 절하며 백두산을 찾아오게 된 사연을 자초지종 아뢰였더니 그 할머니 하는 말이

「예가 바로 백두산이네.」한다.

아들은 너무 기뻐 펄쩍 뛰여일어났다.

그런데 할머니의 다음 대답은 쌀쌀하였다.

「하지만 자고로 백두산에는 불로초가 없었다네.」

아들은 그만 크게 락담실망하여 더 말을 못하고 멍하니 서있는데 할머니 하는 말이

「여보게 젊은이, 예까지 오느라고 수고가 많았네. 나도 자네 어머니처럼 고생하는 처지일세. 그러니 이 늙은것의 부탁 하나를 들어줄수 없겠나?」한다.

「할머니, 제 비록 배운것이 없고 재주가 없지만 힘으로 할수 있는 일이라면 꼭 해드리겠습니다. 어서 말씀하십시오.」

젊은이의 아름다운 마음씨에 감동된 할머니는

「좋네 좋아, 자네 마음이 진정 그럴진대 이걸 가지고 이 산을 계속 톺아오르게.」한다.

그러면서 차곡차곡 포개여 싼 봉지 하나를 품에서 꺼내주는것이였다.

「알겠습니다 할머니. 그런데 이것은요?」

「이것은즉 이 백두산 봉이봉이, 현애절벽, 벼랑산마다에 꼭 뿌려야 할 귀중한 씨앗일세. 내 인젠 기력이 쇠진해서 이산을 톺아오르지를 못하겠으니 젊은이가 나를 대신하여 이것을랑 이 산에서도 제일 높은 봉우리에 뿌려들주게.」

「예, 알겠습니다!」

아들이 고개숙여 대답하고 머리를 들어보니 로인은 어느새 연기처럼 사라지고 없었다.

종이봉지를 저고리안섶에 고이 간직한 아들은 또다시 현애절벽을 톺아오르기 시작했다. 그런데 그가 간신히 흰구름 휘휘 감도는 산중턱 바람받이에 이르렀을 때다. 갑자기 심술궂은 눈보라가 세차게 터지더니 온 산 벼랑바위를 뿌리채 뽑아 데릴을 칠듯 무섭게 포효했다.

돌부리를 뽑아 굴리고 잔설의 허리중둥을 꺾어 하늘중천에 날렸다. 이통에 아들은 그만 산아래로 도로 굴러떨어지고말았다. 손발에서는 선지피가 터져 흐르고 몸은 상처를 입어 연덩이처럼 무거워났다. 그러나 자기 친어머니와 다름없는 불쌍한 할머니의 간곡한 부탁을 생각한 아들은 몸을 가누고 정신을 가다듬어 다시 한발자국 두발자국 상상봉으로 톺아올랐다. 미끄러떨어지면 또다시 기여오르고 또 미끄러떨어지면 또다시 피맺힌 손톱을 바위벼랑에 박으면서…

이리하여 마침내 아들은 가장 높은 봉우리에 오르게 되였다. 봉우리에 올라선 아들은 흐뭇한 웃음을 담고 저고리안섶에서 이름 모를 그 씨앗을 꺼내였다.

그러자 정말 신기한 정경이 눈앞에 벌어졌다. 방금까지 기승르 부리며 날치던 겨울은 언제 그랬더냐 싶게 씻은 듯 물러가고 온 산봉에 푸른 봄빛이 무르녹기 시작했다. 다양한 해살에 적설이 좔좔 녹아내리고 훈훈한 봄바람에 땅이 푸실푸실 녹아 봄향기 상긋했다.

아들은 이 황홀한 정경을 보노라니 온몸에 새힘이 솟구쳐 이 산에서 저 산으로 날아다니며 활활 씨앗을 뿌리고 묻었다. 그러자 눈깜짝새 씨뿌린 곳마다에서 파아란 새싹이 봉긋봉긋 움트고 그 움에서 두가닥 가지가 쭉쭉 뻗어올라오더니 이윽고 좌우 두가지에 팥알같이 탐스러운 열매가 다람다람 밥알처럼 맺히였다.

참으로 기적같은 일이였다. 전설속같이 다변한 조화에 너무도 황홀하여 미처 정신을 가다듬지 못하고 멍하니 섰던 아들은 할머니의 부탁을 다했다고 시름을 놓는 순간 련 며칠간의 피로가 단번에 몰려들어 그만 자리에 푹 쓰러지고말았다.

시간이 얼마나 흘렀는지 비몽사몽간에 그의 눈앞에 낯익은 그 할머니가 다시 나타났다.

「이 사람 젊은이, 이게 바로 불로초라는 명약이네. 어서 몇포기 캐여다 어머니에게 대접하게나.」

「예? 불로초라구요?」

「그렇네. 이걸 술에 담그었다가 대접하면 어머님의 병이 대뜸 나을거네.」

「그래요. 그럼 할머니도 몇뿌리 캐가시지요.」

「고맙네. 허나 내 걱정은 말고 자네나 어서 캐가게나!」

아들이 너무도 기뻐 불로초를 캐려고 자리를 차고 일어서니 꿈이였는데 그의 주위에는 은구슬같은 이슬을 머금은 생신한 불로초들이 한들한들 인사를 올리는 듯 어서 캐라는 듯 총각을 부르고있었다.

아들은 그중에서 두포기를 정히 캐가지고 발걸음에 날개가 돋친 듯 단숨에 집으로 돌아왔다.

어머니는 아들이 구해온 이 불로초를 먹고 백년장수하였는데 이때로부터 아들의 뜨거운 효성을 말하는 듯 자주빛 띤 불로초가 백두산 봉이봉이에 널리 퍼지여 이 나라 근로하고 마음씨 고운 사람들의 귀중한 약재로 되었다 한다.

정리: 리룡득

백두산 만병초와 봇나무

　백두산 중턱에는 여느곳의 봇나무와는 달리 허리를 땅에 굽히고 아지가 구불구불한 봇나무가 있으며 그 나무밑에는 밑둥아리를 꽉 끌어안은듯한 만병초가 자리잡고 있다.
　어찌하여 이 봇나무는 허리가 구부러졌고 또 만병초는 봇나무아래에서 자라는가?
　멀고먼 옛날, 백두산기슭에는 사냥으로 그날그날을 살아가는 백씨라는 로인이 설화라는 귀여운 손녀와 함께 살고있었다. 일찍 로친을 여윈 백씨는 아들며느리마저 잃고 동냥젖을 먹이면서 어린 손녀를 애지중지 금지옥엽처럼 키워왔다. 로인에게 있어서 손녀는 희망이였고 기쁨이였다. 세월이 흘러흘러 설화는 어느덧 이팔청춘에 접어들었고 눈속의 매화마냥 어여쁘게 피여났다.
　이 마을에는 부자집이 있었는데 그 집 아들놈은 첩을 셋씩이나 들이앉히고도 남의 규수를 제손에 넣지 못하면 세상지랄을 다 부리는 색마였다. 그러니 꽃같은 설화를 보고만 있을리 없었다. 부자집아들놈은 백로인이 린근 마을 포수들과 함께 깊은 산으로 사냥을 떠나자 기회를 놓칠세라 간계를 꾸며대기 시작했다.
　어느날 부자의 아들놈은 마름의 녀편네와 짜고들었다. 마름의 녀편네가 설화를 찾아가 너스레를 떨었다.
　「애야, 할아버지가 사냥을 가서 석달은 잘 있을텐데 녀자애가 어찌 홀로 빈집을 지키겠느냐? 주인댁에서 품값을 후하게 주시겠다니 잔심부름이나 하면서 이 할미와 함께 지내자꾸나.」
　설화는 다문 얼마라도 벌어서 할아버지를 돕는것이 손녀된 도리일것 같아서 쾌히 승낙을 했다.
 이튿날 설화는 거뜬한 마음으로 부자집으로 옮겨갔다
 마름의 로파는 웃는 낯으로 설화를 맞이했고 첫 한달은 다른 녀자 심부름군들과 같이 잔일을 시켰다. 그리고는 품값도 후하게 주고 새옷도 지어주었다.
 두달이 잡히는 어느날이였다. 로파가 싱글벙글 웃으면서 설화의 방으로 찾아왔다.
 「얘 설화야, 넌 남들과 같은 일을 하고도 삯전을 더 받고 새옷까지 가지게 된게 뉘 덕인줄 아느냐?」
 「알아요. 모두가 할멈 덕분이지요.」
 「당치 않은 소리, 나도 남한테 얹혀 사는 신세가 아니냐. 그게 모두 주인댁 작은 나리님 덕분이다.」
 「네?」
 설화는 웬 일인지 가슴이 활랑거리며 오금이 저려났다.
 「작은 나리님께서 네 일솜씨가 재고 행실이 어여뻐서 은혜를 베푼거다. 지금 작은 나리님께서 널 보시겠다니 어서 건너가자.」
 설화는 남의 집 심부름군인지라 하는수 없이 로파의 뒤를 따랐다.
 부자집 아들의 방에 들어서니 벌써 산해진미가 상다리가 부러지게 차려져있었다. 아들놈이 능청스럽게 입을 열었다.
 「설화야, 네가 이 집에 와서 수고가 많았으니 오늘저녁 내가 한턱 낸다. 어서 상앞에 다가앉거라.」
 「방금 저녁을 먹었사와요.」설화는 몸을 돌려 나가려고 하였다.
 그러자 아들놈은 조롱속에 든 새를 놓치기라도 할가봐
 「하하, 네 배가 불렀으면 내 배도 불렀을가. 내 너의 행실을 어여삐 생각하니 그럼 술 한잔이라도 부어올려라.」하고 너스레를 떨었다. 때를 놓칠세라 마름로파는 술주전자를 설화의 손에 쥐여주었다.
 얼결에 술주전자를 받아든 설화는 이러지도 못하고 저러지도 못하는데 로파는 술잔 두 개를 얼른 집어들고 「설화아씨 덕분에 나두 한잔 마시게 되였구나」하면서 너스레를 떨었다. 설화는 울며 겨자먹기로 술을 붓는수밖에 없었다.

　아들놈은 단모금에 지껄이며 귤 한쪽을 집어서 설화의 손에 쥐여주었다 설화는 불에라도 대인듯 인차 손을 빼내고는 몸이 불편하다는 핑계로 뛰쳐 나와버리고말았다.

　설화가 나온 뒤 년놈은 초불밑에서 오래도록 쑥덕공론을 하였다.

　이튿날 로파는 설화더러 작은 나리 방을 거두고 하루 삼시상을 나르며 몸시중까지 해드리라고 분부하였다.

　음흉한 심보를 보아낸 설화는 당장에서 거절해버렸다. 그러자 로파는 「네가 작은 나리님한테 배은망덕하겠느냐?」고 하면서 으름장을 놓았다. 그래도 설화는 듣지 않았다.

　「그럼 후히 받은 삯전과 새옷을 그대로 돌리고 집으로 돌아가겠나이다.」

　이 말을 듣자 로파는 검으락푸르락해지며 소리질렀다.

　「좋아, 그럼 몽땅 제대로 돌리고 갈라거든 가거라.」

　그러나 설화가 로파의 간계를 어찌 알았으랴. 방에 돌아와보니 이미 받아 두었던 옷견지며 삯전은 그림자조차 보이지 않았다. 정말 귀신이 곡할 일이였다.

　막다른 지경에 이른 설화는 독한 마음을 먹고 할아버지가 돌아올 때까지 시중을 계속 들지 않을수 없었다.

　한편 로파는 더 음흉한 궤계를 꾸미고 설화를 불렀다.

　「애 설화야 작은 나리님께서 첫닭이 울면 일어나 공부하는 습관이 있느니라. 그러니 첫닭이 울면 세수물을 떠드리도록해라.」

　돈에 얽매인 몸인지라 설화는 듣지 않을수 없었다. 설화는 내 마음만 청백하면 두려울것이 없다고 생각하면서 「범을 만나도 정신만 잃지 않으면 산다.」고 하시던 할아버지의 말을 잊지 않고 매사에 조심하였다.

　그러나 로파년이 벌써 나쁜 소문을 퍼뜨린데다가 날마다 새벽이면 아들놈의 방에서 나오는 설화를 보게 되니 머슴군들까지 쑥덕공론을 하게 되었다. 이리하여 설화의 행실이 부정하다는 소문이 온동네에 짜하게 되었다. 로파년은 속으로 너털웃음을 쳤다. 소문이 퍼진 이상 어쨌든 설화는 작은 나리님의 집으로 들어앉게 될것이고 그렇게 되면 자기는 한몫 톡톡히 보게 될것이라고말이다.
 두달이 지난후 사냥갔던 백로인이 밤낮으로 그리던 손녀를 찾아 집으로 돌아왔다. 백로인이 마을어구에 들어서는데 마름로파가 기다렸다는 듯 백로인을 맞으며 설화의 행실이 여차여차하게 나쁘다고 고자질을 하였다. 백로인은 그 말이 믿어지지 않아 동리에 사는 여러 친구들을 찾아가 물어보았다. 그것은 실로 청천벽력이였다. 설화는 부자집 아들놈의 빛 때문에 하는 수 없이 몸시중까지 들게 되였는데 새벽마다 작은 나리방에서 나오는것을 본 머슴들이 한둘이 아니라는것이였다.
 백로인은 그만 눈에서 불이 펄펄 일었다.
 「저놈들이 내 설화를 망쳐놓았구나. 저 원쑤놈들을 죽여버리고 나도 이 세상에서 사라져버리자!」
 백로인은 그 길로 부자집에 뛰여들어 부자와 아들놈을 란도질해놓고 집으로 돌아섰다. 마당에 들어서니 설화는 눈물을 흘리며 「할아버지」하고 가슴팍에 얼굴을 묻었다. 그러나 노기에 찬 백로인은 설화를 밀쳐버리며 「저 부자놈이 너의 어머니를 해친 원쑤다. 그런데 너까지…」 할아버지는 말끝을 흐리우면서 부들부들 떨기만 하였다.
 「할아버지, 전 깨끗한 몸이예요. 그놈들이 저를 꾀였지만 전 속임수에 들지 않았어요. 할아버지 제발 믿어주세요.…」
 「듣기 싫다. 나두 죄다 들었다. 인제부터 넌 내 손녀가 아니다.」
 말을 마치자 백로인은 삽작문을 꽉 닫아버리고 밖으로 나갔다.
 설화는 하도 억울하고 절통하여 그 자리에 쓰러지고말았다.
 시간이 얼마나 흘렀는지 깨여나보니 사위는 캄캄하여 지척을 분간할 수가 없었다. 가까스로 정신을 가다듬은 설화는 「죽더라도 할아버지를 찾아 내 몸이 깨끗함을 알려드리자.」고 생각하고 할아버지가 사냥하던 백두산으로 향했다.
 「할아버지! 할아버지!」 설화는 목에 피터지도록 부르면서 험하고 높은 봉을 톺아올랐다.
 얼마나 걸었는지 산중턱에 이르니 어느덧 새벽녘이 되였다. 멀리 바라보니 바위언덕우에 흰 두루마기가 너펄거렸다. 천방지축 바위를 톺아올라가

보니 할아버지는 벼랑을 짚은채 이미 굳어져버렸던것이다.

설화는 할아버지의 두 다리를 붙안고 통곡하였다.

「할아버지 전 깨끗해요. 저의 말을 믿어줘요…」

설화는 이렇게 웨치면서 울고울었다. 그러다가 기진한 설화는 할아버지의 발목을 움켜잡은채 숨지고말았다.

백두산폭포가 애처롭게 울부짖었고 세찬 바람은 눈가루를 휘말아다가 할아버지와 손녀를 묻어주었다.

그후 세월이 얼마나 흘렀는지 그 자리에 하얀 봇나무와 파란 만병초가 자라나기 시작했다.

설화는 죽어서도 자기의 굳은 절개를 할아버지한테 알리느라고 할아버지의 발목을 잡고 푸르게 자란다.

세월이 흘러가니 할아버지도 손녀의 행실이 고왔다는것을 알게 되였다. 그래서 언제나 귀여운 손녀의 머리를 쓰다듬어 주느라고 늘 허리를 굽히고 있다는것이다.

구술: 조병남
정리: 리천록

장백산 들쭉

해마다 8월이 되여 장백림해를 유람하노라면 그 어디로 가나 줄느런히 펼쳐진 보라빛 포도알 같은 들쭉을 볼수가 있다. 시원하고도 달콤한 이 들쭉맛은 한결 사람들의 입맛을 돋구어준다.

어찌하여 이런 고산지대에 사람들의 입맛을 그렇게도 돋구어주는 들쭉이 있게 되였는가? 여기에는 이런 이야기가 전해지고 있다.

멀고 먼 옛날, 이고장에 열호 동네가 있었다. 가난한 이 동네의 한 오두막집에는 아버지를 일찍 여의고 홀로 병든 어머니를 구환하고있는 어여쁘고 마음씨 착한 어린 소녀가 있었다.

쥐구멍에도 볕들 날이 있다고 소녀의 어린 가슴에도 어머니의 병만 나으면 꼭 잘살 날이 있으리라는 한가닥의 희망만은 있었다. 그래서 매일 험한 삼림속을 누벼가며 좋다는 약초를 캐여다가 정성껏 달여서는 어머니에게 대접하군 하였다. 그런데 웬일인지 어머니의 병세는 나을줄 모르고 점점 더 해만갔다. 값진 약을 사서 대접하자니 입에 풀칠하기도 어려운 형편인데 어디 가서 돈을 구한단말인가? 소녀는 눈물로 나날을 보내였다.

그러던 어느날 깊은 밤이였다. 모진 병석에서 신음하던 어머니가 갑자기 눈을 뜨시면서 이런 말을 하였다.

《애야, 백두산중턱에 들쭉이라는 달콤한 열매가 있다던데 그 시원한 들쭉 한알만 먹었으면 내 병이 나을것만 같구나.》

눈보라가 기승을 부리는 이 엄동설한에 어떻게 백두산에 가서 들쭉을 얻어온단말인가? 그러나 어머니에 대한 효성이 남달리 지극한 소녀는 꼭 마른 들쭉 한알이라도 얻어다 어머니에게 대접하리라고 마음먹었다.

이튿날, 날이 회붐이 밝아오자 소녀는 멀건 죽 한공기를 대충 마시고는 깊은 눈길을 헤치며 백두산으로 들쭉을 찾아떠났다.
 소녀는 눈덮인 밀림속을 걷고 또 걸었다. 련 며칠을 눈속에서 헤맨 소녀는 지칠대로 지쳤다. 설사 백두산에 간다고 해도 때아닌 겨울철에 들쭉이 어디에 있겠는가? 해는 또 서산마루에 머리를 감추기 시작하였다.
 「하느님, 우리 어머니를 불쌍히 여기시여 오늘 꼭 마른 들쭉 한알이라도 얻게 해주옵소서.」
 소녀의 눈에서는 눈물이 하염없이 흘러내렸다. 오늘안으로 들쭉 한알이라도 얻지 못하는 날에는 어머니를 구해낼수 없다는것을 잘 알고있는 소녀는 손발이 얼어터져 피투성이 되였지만 죽기내기로 걷고 또 걸었다. 얼마를 걸었는지 어느 높은산 중턱에 이르렀을 때였다.
 정성이 지극하면 돌우에도 꽃이 핀다고 앞을 내다보니 새하얀 눈우에 보라빛 들쭉 세알이 눈부신 빛을 뿌리고있었다. 소녀의 어두운 얼굴은 금시 환해졌다.
 너무도 기쁜 소녀는 엎어지며 달려가서 저고리섶에 한알 두알 들쭉을 담았다. 이때 난데없는 회오리바람이 팽그르르 몰아오더니 세번째 들쭉 한알을 하늘높이 휘말아올렸다. 땅우라면 몰라도 하늘로 오른 들쭉만은 찾을 길이 없었다. 소녀는 아쉬운대로 들쭉 한알을 가지고 정신없이 집으로 달렸다.
 소녀가 눈길을 헤치고 동구밖에 이르렀을 때였다. 천만뜻밖에도 소녀네 오두막집 굴뚝에서 모락모락 연기가 피여오르고 머리까지 정히 감아빗은 어머니가 사립문밖에 서서 자기를 기다리고있었다. 소녀는 그만 제자리에 굳어지고말았다.
 어머니는 마주 달려와 딸을 부둥켜안고 흐느꼈다. 이윽고 어머니는 사실의 자초지종을 들려주었다.
 저녁해가 서산마루에 가물가물 머리를 감출 때였다. 사경에서 허덕이는 어머니가 꿈결에 가시덤불을 헤가르는 어린 딸을 보고 놀라 눈을 번쩍 뜨고 창가를 바라보는데 이때 째진 문창호지로 실오리같은 붉은 해살이 비쳐들어오는데 그 해살을 따라 들쭉 한알이 또르르 굴러내려 어머니 입으로 들어갔다. 어머니가 들쭉을 삼키자 이내 정신이 들었고 병도 다 나아졌다.
 워낙은 붉은 해님이 소녀가 먼길을 오느라면 시간이 지체되여 어머니의 병세가 기울어지리라는것을 알고 먼저 조화를 부려 들쭉 한알을 어머니에게 보내여 어머니의 병을 낫게 한것이였다.

이듬해 봄에 효성이 지극한 소녀는 양지바른 앞뜨락에다 들쭉 한알을 심고 정성껏 가꾸었다. 그랬더니 잎이 나고 탐스러운 열매가 주렁주렁 열렸다. 달이 가고 해가 바뀌면서 소녀의 집 앞뜨락에서 자라던 들쭉은 그 뿌리가 뻗고 뻗어 장백고원의 곳곳에 퍼졌다. 이리하여 그처럼 사람들의 입맛을 돋구는 들쭉이 오늘은 장백림해 어느곳에서나 무럭무럭 자라나게 되였다고 한다.

구술: 신의순
정리: 정해철

칠선녀와 마디풀

　이 나라 동북변강에 아아히 치솟은 백두성산, 성산의 갈피갈피마다에는 해마다 움트고 아지차고 꽃피고 열매 맺는 풀이 무려 1,200여종이나 있는데 그중에서 한초, 마관초, 갈풀의 줄기와 잎끝마다에는 그 꺾은 자리가 완연하다. 어찌하여 이 풀들에는 유표하게도 이렇듯 꺾은 자리가 뚜렷한가?
　여기에는 그럴만한 이야기가 깃들어있다.
　멀고 먼 옛날, 어느해 여름이다.
　하늘 옥황궁의 칠선녀가 하루 서서히 천궁의 동쪽정원을 거닐다가 발아래 지상국을 내려다보매 홀연 이 나라 동북켠에 폭포소리 우람차고 기암기봉이 웅위롭게 둘레둘레 들어앉은 련못에 무수한 은룡금룡이 휘황찬란한 광채를 눈부시게 내뿜고있는지라 「오 저기는 필시 인간의 지상락원일거라.」 이렇게 감탄찬탄한 일곱 선녀 마침내 창창한 길일을 택하여 칠색령롱무지개 드리워 잡아타고 훨훨 하강헤네려오게 되였나.
　잠간새 천지기슭에 다달아보니 과연 이곳은 천상에서는 볼수 없었던 명실상부한 명승이였다.
　서남봉기슭을 타고 쭉 기여올라갔다가 잠시 천지못에 뚝 떨어지고 다시 산봉으로 치달아올라 청송백송 봇나무와 머루다래의 창창한 림해를 덮어 우유빛 솜이불을 펼치는 몽몽한 흰구름의 그 장엄한 기상도 가관이려니와 천지못을 옹위해 의좋게 둘러앉은 조물주의 특이한 수예로 조각되고 빚어진 16기봉은 더더욱 장관이였다.
　잘잘 끓는 삼복염천에도 빙설이 드듬북 쌓인 백두봉, 허리중둥에 구름띠 펄펄로 두른 백운봉, 노루사슴 정답게 모여 목청을 틔운다는 록명봉, 룡이 엇갈아 빼치며 노닐어 그 이름 지었다는 룡운봉, 독수리 목을 빼들고 망을 보는 응준봉, 구름따라 요염하게 흔들리는 자하봉, 은옥같은 폭포수를 쏟아내고 부셔내는 천곡봉, 백포의를 떨쳐입은 백암봉, 파아란 돌빛 아름다운 청석봉, 천문봉…

그리고 그 16기봉 그대로 꺼꾸러 비낀 30리 넓은 폭의 주옥같이 맑디맑은 련못물에 찬란한 양광은 천사만사 은룡금룡을 희롱하고 거울같이 맑은 천지못속에 물학은 쌍쌍이 끼웃, 뭇새는 지종종 서로 정답게 불러예지 않는가?

홀리운듯 취한듯 섰던 자매 칠선녀 드디여 칠보단장 비단의를 홀홀 벗어놓더니 참방참방 앞다투어 물에 뛰여들었다.

「아, 백두산이여, 천지못이여! 천하의 명승이여!」

찰랑찰랑 자맥질을 하며 노니는 그들의 입에서는 저도 몰래 이런 목소리가 연해연방 터져나왔다.

희희락락 무궁한 반나절이 흘렀다. 그제야 신상 피곤을 느낀 칠선녀 백두산 천지가에 나와 여유작작 쉬게 되었다.

「참말이지, 이런 천하명승을 가진 이 나라 사람들은 얼마나 유복할것이냐!」

「그러게말이야!」

애오라지 백두의 산정에서만 볼수 있는 생생한 두견화를 저마끔 꺾어들고 이렇게 오손도손 속삭이며 한껏 즐기던 칠선녀 끝없이 부풀어오르는 흥분으로 하여 눈이 사르르 감기였다.

그들은 살며시 풀우에 드러누웠다.

그런데 이때 웬 뾰족한것이 얄밉게도 그들의 보들보들하고 연연한 뒤잔등을 콕콕 찔렀다.

그들은 돌아누웠다.

그러나 그놈은 일부러 재롱을 부리는듯 또다시 옆구리를 콕콕 찔러놓았다.

이에 큰언니선녀 발딱 자리를 차고 일어나 찬찬히 눈여겨보니 그것은 끝이 바늘끝같이 뾰족한 파란 풀이였다.

「애들아, 듣거라. 우리의 진진한 흥을 깨뜨리는 이놈의 풀끝을 모조리 싹다 꺾어놓자꾸나!」

이에 칠선녀자매들 저저마다 발깍발깍 일어나며

「그래 한두번만 내려와 노는것도 아니니까.」

「하긴 이제 몇해뒤에는 우리 저저마다 귀동자며 귀동녀의 손목을 잡아끌고 아기자기 제집 출입하듯할테니까!」

「아무렴, 그렇고말고!」

「호호호, 호호호…」

이렇게 하루종일 칠선녀의 웃음소리는 끊을새 없었다.

이렇듯 그들은 가장 우아하고 가장 어여쁘고 가장 명랑한 목청으로 코노래 흥겹게 부르며 앞서거니 뒤서거니 나가거니 들어오거니 내리거니 오르거니 섬섬옥수로 풀끝을 살랑살랑 꺾어놓기 시작했다.

이때로부터 칠선녀는 여름 한철이 다할 때까지 하루가 멀다하게 백두산에 내려와 노닐며 미역을 감으며 피서를 했고 그때마다 한초, 마관초, 갈대의 줄기와 잎끝을 어김없이 꼭꼭 꺾어놓군 하였다.

백두산 갈피마다의 마디풀은 바로 이렇게 하여 생겨난것인데 이로 하여 화창한 계절 련락부절히 찾아드는 내외손님들의 유람관광휴식을 한층더 기이하고 유쾌하게 해주고있는것이다.

정리: 리룡득

령 지

　멀고 먼 옛날, 장백산기슭의 한 외딴 막집에 부지런한 총각 하나가 살고 있었다.
　이때 그의 나이 불과 이십사오세였건만 활재주 백발백중이여서 아무리 용맹을 자랑하는 산중대왕 호랑일지라도 그의 앞에서는 쩔쩔매며 돌아갔고 아무리 높이 나는 까마귀일지라도 그의 화살촉끝을 벗어나지 못하였다.
　그해 초가을 어느날 저녁, 그가 살풋이 잠들었는데 갑자기 밖에서 「사람 살려요!」하는 절명궁지에 빠져 구원을 청하는 웬 녀인의 비명소리가 아츠럽게 들려왔다.
　깜짝 놀라 밖으로 내달아가니 삼단같은 머리를 풀어헤친 웬 처녀가 정신없이 달려오고있었다.
　그뒤에는 체통이 불에 그슬린 진대나무통 같고 수염머리 삼검불같이 더부룩한 꿀종지눈의 잔인한 빛이 들들 흘러떨어지는 서슬푸른 장정이 쌍수에 비수를 잡아쥔채 우악스레 쫓아오고있었다.
　일견, 추격하는자 필시 불의의 불한당이라고 단정한 젊은 포수는 녀인을 얼른 자기뒤에 세웠다. 그 장정놈은 헐레벌떡 다가오자 막아나선 총각을 보고 눈알을 뒤룩거리며 소리쳤다.
　「이놈아, 나의 처자를 그래 네놈이 상관할테냐?」
　그 말이 끝나기도전에 녀인이 발딱 나서며 소리쳤다.
　「아니예요! 이놈은 온갖 잔재간을 다 부려 못된짓이란 못된짓은 다 골라 하면서 녀인겁탈을 일삼는 흑룡요물이예요!」
　처녀의 말에 젊은 포수는 대뜸 활시위를 당겨 그놈의 정수리를 내쐈다. 코앞에서 당긴 화살 어느놈이라서 당할소냐.
　「으-악」

그자는 마침내 그 자리에 쓰러졌다. 그놈을 요정내자 처녀는 깊이깊이 허리굽혀 사례하면서 그 자리를 떠나갔다.

이 일이 있은 다음날부터다. 장백산에는 전례없던 눈이 쏟아져내리기 시작했다. 하루가 가고 이틀이 가고 사흘이 가도 눈은 좀체로 멎지를 않았다. 하여 길길이 쌓인 눈에 온 장백수림은 촌보가 극난으로 되였다.

그날 밤 수심이 만면한 포수 밖을 내다보는데 사람그림자가 언뜰하기에 얼른 뒤쫓아나가보니 사람은 간곳 없고 문전에 감자며 풋나물을 담은 자루가 당실하게 놓여있었다.

「아니, 누가 가져온것일가?」

총각포수는 일희일경하여 한참이나 주위를 살폈으나 오로지 사위는 백설천지일뿐이였다.

그다음날이였다. 그날도 눈은 여전히 하염없이 펑펑 퍼붓는데 일의 시말을 꼭 잡아쥐고야말겠다고 생각한 총각은 사립문뒤에 몸을 숨겼다. 좀 있더니 아니나 다를가 웬 녀자가 바람처럼 휙 나타나는데 그의 어깨에는 무거운 자루가 걸머져있었다. 처녀가 자루를 삽짝문뒤에 살짝 내려놓고 몸을 돌려 사라지려는 순간 총각은 화닥닥 뛰쳐나가 처녀의 두 손을 그러쥐였다. 그러자 처녀는 아무 말도 없이 고개만 다소곳이 숙이였다.

「저 당신은?」

총각은 떨리는 소리로 말을 떠듬거렸다.

그러자 처녀는 「그래 저를 못알아보시겠어요?」라고 하였다.

땅에 폭 젖어 흐트러진 채 좋은 머리는 련당못에 월광이 어리광부리며 춤추는듯하고 이슬을 머금은듯 예지로 빛나는 두눈은 동방에 돋은 새별같고 발그레한 량볼은 방금 무르익는 도화같고, 당실한 코마루아래 입술은 주홍필로 담싹 찍어놓은듯하고 희디흰 이발은 박씨를 줄줄이 박아놓은 듯… 오, 얼마전 자기가 구해주었고 또 그뒤에는 자기의 량도쌀을 가져오기까지 한 바로 그 처녀인줄을 어찌 몰라보랴!

「그런데 그때는 그럴 경황이 못되여 미처 물어보지를 못했는데…이름은 무엇이며 어디에 사는지?」

그러자 처녀는 방긋 웃으며 「저의 나이 올해 스물하나이고 예서 멀리 떨어진 백두산 저쪽 기슭에 외홀로 사는 령지라고 불러요.」라고 하였다.
그러면서 자기는 일찍 애시적에 부모님 따라 어지럽고 소란한 세상을 피하여 심산 찾아 예 사는데 부모님마저 련거퍼 돌아가시니 인젠 외홀로 살아간다는것과 이 가을따라 흑룡의 원쑤를 갚노라고 백룡이 온갖 심술조화를 다 부려 지금 눈이 기막히게 퍼붓고 이로 하여 량식이 어려울것을 짐작하고 자기의것을 갈라왔다는것을 거침없이 이야기하였다. 그 말을 들은 총각은 처녀의 신상담이 꼭 자기 일 같은데 놀라는 한편 처녀에 대한 고마움과 감격으로 가슴이 막 끓어번졌다.
「고맙소! 내 영영 이 은공 잊을수 없소! 그런데 그 백룡놈은 언제나 요정을 낸담!」
그러자 처녀는 말했다.
「그놈도 흑룡 못지 않은 천하요물인데 좀체 잘 나타나지를 않는답니다. 그놈을 없애려면 아직 시간이 더 가야 할거예요.」
「어쨌든 내 그놈을 꼭 없애치우고야말겠소!」
총각과 처녀는 밤이 깊도록 이런 말들을 애틋이 주고받았다.
그 이듬해 진달래 아질아질 피는 봄날 그들은 드디여 알뜰한 새가정을 이루게 되였다. 꿀같이 달디단 나날이 흘러갔다.
이때로부터 두 재간둥이내외 맘 맞추고 손 맞추니 피여나니 웃음이요 피워가니 살림이였다.
하나 속담에 호사다마라더니 뒤미처 불행은 그림자마냥 그들의 뒤를 따라갔다.
이듬해 오월, 젊은 포수는 이름 모를 병으로 일찍 드러눕게 되였다. 령지가 그의 머리맡을 맴돌며 지성껏 간호해주고 분주히 동서남북으로 뛰여다니며 명약이란 명약은 모조리 구해왔건만 병은 갈수록 더 위중해만 갔다.
남편의 병세가 몹시 기우는것을 본 령지의 마음의 그늘도 날이 갈수록 짙어만 갔다.
이러던 어느 하루 령지는 남편을 보고 말했다.
「서방님, 며칠간만 집에서 고생하세요. 제가 좀 멀리 갔다와야겠어요.」
그 말을 들은 남편은 자기 안해의 남다른 재간을 모르는바 아니지만 먼

길에 차마 안해를 내놓을수 없어서 「아니 어떤 일이 있더라도 못가오.」하고 만류했으나 령지는 「저로 해서 근심을랑 마세요. 내 며칠새에 꼭 약을 구해올테니깐요.」하며 기어이 떠났다.

령지 떠난 사흘날 점심때였다. 령지가 온몸이 피투성이 되여 뜰안에 들어섰다. 남편은 벌떡 일어나 마주 달려나갔다.

「아니, 이게 어찌된 일이요?」

그러자 령지는 눈물을 흘리며 말했다.

「집 떠난지 삼일만에 나는 백두산 심처 막치기로 들어갔지요. 마침내 일이 되느라고 골짜기건너에 만병통치한다는 불로초명약이 있겠지요. 그런데 골은 깊고 산세는 험해 그대로 건널수가 있어야지요. 생각 끝에 그리로 막 건너뛰여가려는데 백룡이 혀를 날름거리며 앞을 막아나섰지요.

<이년, 인제사 네년이 어디로 갈테냐? 나의 동료 흑룡이 못채운 야욕까지 합쳐 오늘 내 네년을 실컷 맛볼테다. 으하하하!> 하고 달려들었지요. 나는 뿌리치고 달렸어요. 그러나 그놈은 기어이 쫓아와 저의 몸을 타래치려 했지요. 나는 그놈에게 릉욕을 당하느니 차라리 깨끗이 자결하려고 열길벼랑에 몸을 던졌지요. 아, 당신이 나를 찾으려거든 집을 나서 곧추 곧추 동쪽을 바라고만 오세요. 그러면 거기에 제가 고이 잠들어있어요!」

그러면서 령지는 포수의 한가슴에 얼굴을 파묻고 구슬피구슬피 흐느껴울었다.

그통에 깜짝 놀라 깨여나니 그것은 일각 백일악몽이였다.

「아, 이게 어인 악몽이냐?」

자리에서 벌떡 일어난 포수는 어디에서 그런 힘이 솟구치는지 그길로 동쪽을 바라고 정신없이 내달렸다. 그 얼마나 내달렸는지 바로 앞에 큰 바위 하나가 집채같이 뿌리박고 섰는데 거기에는 홍송 두그루가 서있고 그앞은 깊은 골짜기였다.

「아, 예가 바로 령지가 일러주던 곳이 아니냐?」

젊은 포수 허위단심 그리로 뛰여내려갔다.

「앗!」

드디어 젊은 포수는 저도 모르게 비명을 지르며 그 자리에 목석처럼 굳어져버렸다.

거기에는 피투성이된 자기 안해 령지가 고이 잠들고있었던것이다.

「아, 령지는 나로 하여 떠났다가 그놈때문에 귀한 목숨을 바쳤구나!」

남편은 안해의 시체를 걷어안고 목놓아 대성통곡하였다.

그런데 이때 어디선가 핫하하하! 하고 미친듯한 웃음소리가 들려왔다.

젊은 포수 쳐다보니 천년 묵은 락락장송우에 허연 비늘을 뒤집어쓴 룡 한놈이 득의양양 똬리틀고 앉아 깨고소한 너털웃음을 웃고있었다.

젊은 포수는 벌떡 일어나 화살 하나를 재워 그놈을 견주었다.

이때 백룡은 흉한 비늘을 잔뜩 일궈세워가지고 허장성세 덮쳐내려왔다. 그러나 젊은 포수의 화살은 련달아 그놈의 정수리와 심장에 푹푹 꽂히였다.

백룡은 무섭게 악을 썼으나 끝끝내 너부러지고야 말았다 백룡을 깨끗이 요정낸 포수는 그다음날 령지를 한 봇나무밑에 고이고이 장사지내주었다.

그 이듬해 오월이였다. 젊은 포수는 령지가 세상뜬 한돐을 맞으며 성묘를 갔다.

「령지! 령지!」

젊은 남편은 애타게 땅을 치며 통곡했다.

그러자 비몽사몽간 령지가 생글생글 웃으며 나타나 손바닥만큼한 붉디붉은 버섯을 내놓았다.

「여보세요. 서방님! 너무 상심마시고 어서 이걸 가져다 골수 깊이 파고든 병을 떼세요.」

「아, 이건 뭐요?」

「이건 바로 제가 서방님께 드리는 새로운 만병통치명약이예요!」

「아, 령지!」

남편은 너무나 감격하여 령지를 꽉 끌어안았다.

그때 선뜩하여 흘 놀라 깨고보니 자기는 바로 령지의 차디찬 무덤의 나무를 끌어안고있었고 그 나무에는 붉디붉은 타는듯한 버섯이 돋쳐있었다!

이때로부터 장백산에는 령지의 이름을 따서 명명한 새로운 명약인 령지가 번성하게 되였다 한다.

정리: 리룡득

죽죽새

 새의 왕국이라 불리우는 백두산으로 가게 되면 「죽, 후루룩 엄마, 죽 후루룩 엄마!」하고 쉴새없이 울고 부르는 새가 있다. 이 새인즉 항간에서 말하는 죽죽새인데 이 새의 구슬픈 울음소리를 듣고 아래와 같은 이야기가 전해진다.
 옛날 옛적 백두산 아래 어느 마을에 한 부자집이 있었는데 그 집 며느리는 가난한 농사군의 딸이라 갖은 천대를 받으면서 살았다.
 이 부자집은 식구도 많아 밥을 지을라 치면 두가마씩 지어야 했고 죽을 쑬라 치면 열동이들이 대짜 가마에다 한가마 가득 쑤어야 했다. 그런데 이 숱한 음식을 짓고도 집식구들에게 떠 나누어주고나면 며느리는 거의 날마다 하루에 한두끼쯤은 굶기가 일쑤였다.
 그러던 어느 하루 저녁이였다. 그날도 며느리는 한가마죽을 가득 쑨 뒤 시아버지상 따로, 시형상 따로, 남편상 따로, 시어머니께 따로, 형님께 따로, 시아우, 시누이에다 밥알같은 아이들에게까지 그릇그릇 떠놓고나니 밑굽에는 죽이 한종지도 되나마나 하게 남았다.
 번번이 땀벌창이 되여 때식을 장만하고도 언제 한번 배불리 먹어보지 못한 며느리는 이것마저 먹지 않고있다가는 시누이, 시아우 성화에 앗기우고 말것 같아서 얼른 종지에 떠가지고 슬그머니 울안으로 들고나갔다.
 하, 그랬더니 호랑이같은 시아버지가 어느결에 죽 한그릇 다 마시고 뒤뜨락 마루끝에
 앉아 장죽담배를 뻑뻑 빨고있지 않겠는가?
 급해난 며느리는 「에라 떠들고 나온바에는 곡간에 들어가서라도 마셔버리자.」이렇게 생각하고 곡간문을 확 잡아당겼다.
 그랬더니 웬걸 호랑이보다도 더 무서운 시어머니가 어느결에 곡간에 들

어와 서성거리고있지 않겠는가?

급해난 며느리는 「에구 어머님이 여기 나와계셨군요. 이죽을 마저 드리려고 이렇게…」라고 말을 돌려댔다.

그러나 황황해하는 며느리의 태도를 언녕 보아낸 시어머니는 표독스럽게 이를 갈며 죽그릇을 탁 처버리고 소리치는것이였다.

「흥 집안이 망할라니 고년이 하긴 잘한다. 그래 게걸년에 났더냐. 이년아! 제 몫을 다 채우고도 성차지 않아 나머지 죽까지 긁어가지고 고간에 기여들다니.」

시어머니가 어찌나 과따떼는지 식구들이 다 나와 구경을 했고 구경 끝에 말 잘 나르는 시누이가 온 동네를 돌아다니며 떠들다보니 소문은 삽시에 온 마을에 쫙 퍼졌다.

며느리는 억울하고 기가 막혔으나 어디에 대고 하소연할데도 없었다.

「에라 한두날도 아닌 한평생을 번번히 먹지도 못하고 이런 모욕과 수모를 받으며 어찌 살아가랴? 차라리 세상을 등지고말자!」

이렇게 생각한 며느리는 며칠후 뒤산나무숲속에 들어가 목을 매고말았다. 이때로부터 백두산 기슭에는 「죽 후루룩 엄마, 죽 후루룩 엄마!」하고 슬피 우는 죽죽새가 생겨났는데 원통하게 죽은 부자집 며느리의 혼이 죽죽새로 변한것이라 한다.

구술: 오경숙
정리: 리룡득

귀죽새

음력 4월 중순께가 되어오면 장백산하 골골마다에서는 귀죽! 귀죽! 하고 귀죽새가 구슬피 울어댄다.

「귀죽! 귀죽!」

옛날옛적 백두산기슭 어느 농가마을에는 재간 좋고 나젊은 새며느리가 있었다.

그런데 해마다 힘들여 땅을 뚜지고 농사를 해도 부자놈들이 달려들어 극성스레 빼앗아가는통에 가을이면 빈손털고 나앉게 되여 살림살이는 갈수록 쪼들려만갔다.

하여 이 며느리는 시집온 그때부터 해마다 음력 4월 중순부터 5월 중순에 이르기까지 부자집을 다니며 베를 매주는 날품팔이로 살림보탬을 하지 않으면 안되였다.

헌데 다욕한 부자집들에서는 삯군들에게 앞남산이 거꾸로 비낀 멀건 죽물마저 배불리 먹여주지 않았다.

이날도 새며느리는 마을에서 몇고개 넘어 멀리 떨어진 부자집에 가서 베를 매주게 되였다. 그런데 그 부자집에서는 「베를 매는 솜씨를 보고서야 먹여도 주고 품삯도 줄테다」라고 하면서 물한모금 제대로 주지 않았다. 그러니 무슨 수가 있으랴. 새며느리는 공복으로 베를 맬수밖에 없었다.

헌데 공복으로 나앉아서 베에다 귀죽을 먹이자니 허기져서 견딜수가 없었다.

없는 집들에서는 수수쌀죽으로 베의 색깔을 돋히지만 부자집들에서는 좁쌀에 콩을 갈아넣은 귀죽으로 베의 색깔을 돋혔는데 그 귀죽은 맛이 향긋한 상등죽이였다. 굶주릴대로 굶주린 새며느리가 그런 죽을 보고 구미가 동하지 않을수 없었을것이다. 그리하여 새며느리는 베를 먹이던 손으로 귀죽을 한웅큼씩 움켜 입에 마구넣었다.

그것은 참으로 별미였다.

다시 한웅큼 움켜 입에 넣으려는 순간이였다. 갑자기 등뒤에서 벼락치는 소리가 터져나왔다.

「아니 이년아! 어벌주머니 크게 귀죽을 퍼먹어? 거러지같은 쌍년. 네가 다 퍼먹으면 베에다가는 뭘 바른다말이냐? 엉? 다시 한번 그래봐라. 아예 없애치우고 말테다!」

사랑채로 일감독을 나왔던 부자집 아낙네가 무섭게 호통질을 했다.

하지만 몇끼를 굶고난 그의 눈앞에 맛갈스러운 귀죽이 삼삼거려 참을래야 참을수가 없었다. 어림증이 날 지경이였다. 새며느리는 저도 모르는 사이에 또 귀죽 한웅큼을 움켜줬였다. 그가 입에 넣으려는 순간, 부자집 아낙네는 빨래방치로 그의 정수리를 내리깠다.

「앗!」

불쌍한 새며느리는 그만 횡사를 당하고말았다.

외지로 떠돌아다니면서 날품팔이로 호구해가던 비천한 녀인의 횡사라고 하여 그의 시신은 땅에 묻히지 못하고 이역마을의 길가에서 나뒹구는 신세로 되였다.

그때로부터 장백산하 골골마다에는 전에 없던 귀죽새들이 나타나 「귀죽! 귀죽!」 하고 울어대게 되었는데 이 새인즉 그 며느리의 고달픈 시신의 살점마다에서 생겨나서 억울함을 고소하는 령혼의 새라고 한다.

정리: 리룡득

쇄자새

안개가 자욱하게 낀 날이거나 비가 구질구질 내리는 날이면 백두산기슭 이르는곳마다에는 「쇄자! 쇄자!」하는 쇄자새의 처량한 울음소리가 들려온다.

이 쇄자새의 유래에 대해서는 다음과 같은 이야기가 전해지고 있다.

먼 옛날, 백두산밑 어느 한 마을에 지주집 머슴으로 살아가는 나어린 소녀가 있었다.

소녀는 마음씨 곱고 일솜씨가 잽싸서 무슨 일이나 막힘 없이 척척 해내군 하였다.

하지만 인정머리 없는 지주놈은 쩍하면 「일도 변변히 못하는 주제에 처먹기만 하느냐?」 하고 욕설을 퍼부으면서 앞남산이 거꾸로 비낀 멀건 죽사발마저 발길로 걷어차버리군 하였다.

소녀 나이 12살이 되자 지주놈은 소를 방목하게 하였다.

나어린 소녀의 몸으로 수십마리의 소를 믹이기가 여간만 힘들지 않았다. 꼭두새벽부터 해질녘까지 소마다 배가 뚱뚱 부르게 먹여야만 했다.

그러던 어느날이였다.

소녀는 비바람속에서 이산저산 넘으며 소를 먹여가지고 어두워서야 집으로 돌아왔다.

물참봉이 된 소녀가 오돌오돌 떨면서 돌아오자 지주놈은 언제나 하던 버릇대로 외양간문어구에 서서 「한마리, 두마리, 세마리…」 하며 소를 세기 세여보기 시작했다.

「마흔, 마흔하나 마흔둘, 마흔셋!」

여기까지 세고난 지주놈은 눈을 부라리면서 소리쳤다.

「이년아, 송아지 한마린 어찌했느냐?」

「네? 그럴리가 없을텐데요…」

그래서 다시 세여보았으나 역시 송아지 한마리가 모자랐다.

「이년아! 당장 찾아오너라. 송아질 찾지 못하면 내집에 발을 들여놓으려 니는 생각지두 말어라!」

매정한 지주놈은 그길로 당장 소를 찾아오라면서 억수로 쏟아지는 비속으로 소녀를 내몰았다. 쫓겨난 소녀는 이산저산 넘나들며 송아지를 부르면서 찾기 시작했다.

「쇄자[8]! 쇄자!」

그러나 들려오는것은 억수로 쏟아지는 비소리와 굽이쳐 흐르는 골물소리 뿐이였다.

소녀는 애타게 송아지를 찾고 찾았다. 하루종일 굶고 지친 소녀는 송아지를 찾다가 새벽녘이 되자 그만 그 자리에 폭 쓰러지고 말았다.

쓰러진 소녀는 영영 일어나지 못했다…

이로부터 백두산기슭에는 쇄자새[9]가 생겨났으니 그 새인즉 지주놈의 등살에 못배겨 불쌍히 죽은 소녀의 넋이 새로 된것이다. 그리하여 지금도 「쇄자! 쇄자!…」하고 옛 설음을 하소연하며 구슬프게 울어댄다고 한다.

정리: 리롱득

---

[8] 쇄자란 사투리로 송아지라는 뜻임.
[9] 쇄자새는 참새만큼 큰데 부잇부잇한 색깔을 띠였다.

최총각보고졸새

 밭갈이가 금방 끝난 음력 5월이 되면 연변의 야산들에서는 「명천최총각보고졸」하고 울어대는 새를 볼수 있다.
 어찌하여 울음소리가 이처럼 류다른 새가 세상에 생겨났을가?
 옛날 함경북도 명천의 어느 한 부자집에는 마음씨 곱고 길쌈 잘하고 해달처럼 어여쁜 처녀가 있었고 그 마을 한 가난한 집에는 힘세고 일잘하는 최씨라는 총각이 있었다.
 그들 나이 스무살을 잡아들자 마을사람들은 두 젊은이를 두고 공론이 자자했다.
 「저렇게 얌전한 처녀는 어디로 시집가겠는지 참 마을에서 놓기 아까운 색시야.」
 「문벌만 맞으면 최총각이 훌륭한 배필일텐데…」
 세상일은 참 묘하기도 했다. 타고난 인연이였는지 부지런하고 마음씨 고운 두 남녀는 정말 서로 극진히 사랑하는 사이로 되었다.
 그런데 이 일을 알게 된 부자는 자기 딸이 가난뱅이 외톨놈과 짝을 뭇다니 될 말이냐면서 펄쩍 뛰였다. 그래도 딸은 아버지의 말을 듣지 않았다. 재산이란 있다가도 없어지고 없다가도 생기는 법이니 사람만 똑똑하고 부지런하면 된다면서 기어이 최총각과 혼례를 이루겠다는것이였다.
 이에 화가 치민 부자는 어느 하루 딸더러 최씨총각을 당장 불러오게 하였다. 최총각이 오자 부자는 호통을 쳤다.
 「이놈아! 그 주제에 내딸한테 장가를 들겠다구? 어림두 없다. 돈 한짐 벌어오기전에는 아예 꿈도 꾸지 말아라.」
 마음착한 총각은 사랑하는 처녀와 백년가약을 맺자면 죽는한이 있더라도 돈벌러 떠나지 않을수 없다고 생각했다.

최총각은 걸망태를 메고 돈벌이가 잘된다는 간도땅으로 건너왔다.

「내가 돈 한짐 벌어가지고 인츰 돌아올테니 꼭 기다려주오.」

총각은 처녀의 두손을 꼭 잡고 말했다.

「부디 몸조심하시여 얼른 돌아오세요.」

처녀도 비오듯 눈물을 흘리며 당부했다.

이때는 바로 음력 5월이였다.

최총각은 전든 고향을 등지고 두만강을 건너 간도땅으로 왔다.

처녀는 총각이 돌아오기를 손꼽아 기다렸다. 하루, 이틀, 사흘, 한달, 두달…날이 가고 달이 바뀌였다.

「아, 어찌하여 소식조차 없을가?」

처녀는 애간장을 태웠지만 한번 떠난 총각은 감감무소식이였다.

심보가 고약한 아버지가 최총각을 보내놓고도 망나니를 시켜 도중에서 죽여버리게 할줄이야 처녀가 어찌 알았으랴.

이를 알길 없는 처녀는 기다리고 또 기다렸다. 어느덧 새해가 되였다. 총각한테서는 그래도 감감무소식이였다.

처녀는 더는 참지 못하고 가만히 집을 뛰쳐나와 총각을 찾아떠났다.

산설고 물선 이국땅에서 처녀는 최총각을 찾기시작했다.

마을에 이르면 집집마다 찾아들어가 물었고 벌판이나 야산에 이르면 「명천최총각-명천최총각」하고 부르며 찾았다.

그러나 언녕 저세상으로 간 총각이 소생하여 대답할리가 없었다.

그래도 처녀는 찾고 또 찾으면서 옹군 두달을 보냈다.

두달동안 제대로 먹지도, 자지도 못한 처녀는 어느날 나무숲속에 쓰러진채 영영 일어나지 못했다.

이런 일이 있은후부터 산에는 「명천최총각보고졀, 명천최총각보고졀」하고 울어대는 새가 생겨났는데 사람들은 그새가 죽은 처녀의 혼백이 살아나서 최총각을 찾는것이라 하였다.

정리: 리롱득

괭이봉

해방전 안도 내두산근방에 몹시 다욕한 부자 하나가 살고있었다.

워낙 있는 재산만 해도 약차한데 그우에 몇곱절 재산을 더 늘이여 세상 일부가 되여보려고 아득바득하던차 하루는 마을 농군들이 서남산으로 삼캐러 가려 한다는 소식을 듣자 부랴부랴 선손을 써서 안날 새벽에 삼캐러 떠났다.

어느덧 서남산에 이른 부자는 눈이 아홉이 되여 인삼을 찾기 시작하였다. 드디여 그는 산기슭의 만화방창한 기화요초중에서 야밤삼경 일월처럼 황황한 빛발 그윽한 향기를 내뿜는 백년삼을 발견했다.

《그럼 그렇겠지, 으흐흐흐 내 복이야!》

이렇게 무릎을 치고난 부자는 배낭 벗는것마저 새까맣게 잊은채 그대로 괭이를 들어 삼을 캐기 시작했다.

헌데 몇번을 팍팍 내리찍어 뿌리곁을 들추었더니 그 현황하던 인삼이 오간데 없어졌다.

급해맞은 부자는 다시 눈이 까뒤집혀 인삼을 찾았으나 도무지 보이지 않았다.

그런데 참 이상하였다. 인삼은 저만큼 두어발 높이 산우에 옮겨가 있었다. 부자는 헐금씨금 그리로 쫓아올라갔다. 올라가자마자 괭이로 팍팍 내리파기 시작했다. 몇번을 찍어 들추었더니 인삼은 또 자취를 감추어버렸다.

부자가 퀭하여 산우를 올려다보니 삼은 또 저만큼에 가 솟아있었다.

부자는 벌벌 그리로 기여올라가 인삼포기를 와락 끌어안았다. 인삼이 달아날가보아 한동안 끌어안고 안절부절 못하고 있던 부자는 그제야 한 회오리치는 생각이 피뜩 떠올랐다.

「음, 자고로부터 산삼은 령물이라 일럿거늘 내 미처 산신령님을 위하지 않았으니 이렇게 갖은 조화로 나를 골리는구나!」

이에 부자는 삼결의 소소리높은 큰나무가지에다 괭이를 높직하니 걸어 표식을 해놓은 뒤 허둥지둥 집으로 뛰여왔다.

그는 집에 이르자마자 마누라더러 한상 잘 갖추게 했다.

갖춘 음식을 배낭에 쑤어넣자 부자는 남들이 알세라 생쥐마냥 마을을 살짝 빠져나와 서남산으로 줄행랑을 놓았다.

비지땀을 철철 흘리며 숨이 턱에 닿아 서남산에 이른 부자는 괭이를 걸어놓았던 그곳으로 곧추 올라갔다.

헌데 한 대중 넋을 잃고 보고보고 또 보았으나 인삼도 괭이도 감감 꿩 구워먹은우에 바람 쓸어간 자리였다.

그는 사방 나무숲을 헤집고 우왕좌왕 쏘다니며 해질녘까지 찾았으나 하늘로 승천을 했는지 땅밑으로 잦아들었는지 괭이는 도무지 보이지 않았다.

이렇게 다욕한 부자에게 인삼 한뿌리 내여줄 대신 괭이마저 숨겨버린 령험한 산이라 하여 그 뒤 사람들은 내두산의 이 서남산을 「괭이봉」이라 부르게 되였다고 한다.

구술: 로철진
정리: 리롱득

메밀봉

하늘아래 첫동네로 불리우는 내두산촌에서 동으로 5리가량 나가면 메밀마냥 세모진 작은 산 하나가 있다. 이 산을 일러 메밀봉이라 하는데 메밀봉이 생겨난데는 이런 전설이 전해지고 있다.

옛날 내두산 근방에 아버지를 모신 동녀라는 소녀 하나가 부자집 머슴을 살고있었다

동녀는 일에 지쳐 몸져누운 아버지를 위해 마을의 집집을 다니며 각가지 쌀을 꾸어다 끼니마다 색다른 음식을 마련하여 대접해올렸건만 아버지는 그중 하나에도 입을 대려하지 않았다.

「아버지! 이 딸이 불효하여 종시 아버지 구미에 당기시는 음식을 알지 못하고있사오니 속시원히 말씀해주세요.」

동녀의 말에 아버지는「없다. 난 아무것도 먹고싶지 않다.」라고 하며 머리를 가로저을뿐이였다.

그래도 동녀는 그만두지 않았다.

「아니옵니다. 아버지! 철없는 딸자식이 아버지 로년에 노엽혀드린 일 많더라도 어찌 하실 말씀 가슴에 얹어두고 못하십니까?」

동녀가 이렇게 간절히 말하기를 수십번 해서야 아버지는 드디여 소원을 헤쳐놓는것이였다

「얘 동녀야, 인제는 죽을 때라서 그런지 요새따라 어쩌면 속에서 불이 막 이는것 같은게 꼭 시원한 메밀국수가 먹고싶구나. 하기사 큰 로망이지.」

「아, 그래요? 아버지도 그만한 일을 가지고 진작 말씀하시지 않구요. 아버지! 제가 꼭 메밀국수를 해서 대접하실테니 기다려주세요.」

이렇게 말하고난 동녀는 그 즉시 마을집집을 돌았다. 그러나 때가 초가을

인만큼 그 누구네 집에도 메밀이라곤 없었다.

동녀는 할수 없어 지주네 집을 찾아갔다. 지주집에서는 별의별 곡식이 썩어날 지경으로 무드기 쌓여있었던것이다.

그러나 지주는 「이년아! 그래 메밀을 꿔여주면 어느 천년에 갚으리란말이냐!」하고 첫마디에 거절하였다.

「아닙니다. 주인님, 아버지 병환에 쓰려고 그러는데 더도 말고 두되만 꿔여주신다면 그 은혜 잊지 않고 더욱 열심히 일하겠나이다.」

그러자 지주는 코웃음을 쳤다.

「흥! 네 애비까지 앓으니 너따위 년이 힘을 내면 얼마를 더 내? 어서 썩 물러가지 못할가!」

그러면서 사나운 개까지 추기였다.

동녀는 할수없이 빈주먹으로 집에 돌아오는수밖에 없었다

(아, 일을 어찌한담? 아버지, 아버지! 이 일을 어찌하리까?)

동녀는 이렇게 비분과 안타까움에 중얼거리며 돌아서서 저 앞산쪽만 바라보았다.

바로 이때였다.

저 앞 잔설나무 언덕우에 난데없던 무엇인가 번쩍번쩍 눈부신 빛을 뿌렸다.

「아니 저건 무슨 빛일가?」

동녀는 신기하고 희한한 생각이 들어 그리로 막 내달아갔다.

그가 거기에 당도하자 백발이 성성한 할아버지 한분이 인자한 얼굴에 미소를 머금고 금빛 지팽이로 「나오너라 나오너라, 메밀아 나오너라.」하시는데 그런대로 땅속에서 메밀이 쏟아져나오고 또 그것이 나오는대로 칠색령롱한 새들이 메밀껍데기를 톡톡 까벗기고있는것이 아닌가!

동녀가 「할아버지 안녕하세요?」하고 인사하자 할아버지는 「오 동녀가 왔구나. 너 메밀때문에 왔겠구나.」라고 했다.

「예, 그래요 할아버지.」

「그래 다른데선 좀 얻었느냐?」

「없는 사람은 없어 못주고 있는 사람은 심보 나빠서 안주니 한알도 구하지 못했사와요.」

「오 그러냐? 그럼 어서 이리 가까이 와서 그 자루에 맘껏 담아가거라.」
「할아버지 참말 고마워요.」
한자루 메밀을 담아 이고난 동녀는 진심으로 감사를 올렸다.
그가 막 떠나려는 때 할아버지는 또 말했다.
「애 착한 동녀야, 내가 지팽이를 여기다 두겠으니 아버지 병환이 나을 때까지 계속 메밀을 가져다 아버지 식미가 당기는 음식을 해서 대접하도록 하여라. 그러되 오게 되면 <나오너라 나오너라. 메밀아 나오너라> 하고 막대기로 땅을 치거라. 그리고 한자루가 차게 되면 <그만 그만 나오너라> 라고 하여라. 그러나 너무 욕심을 부려서는 안되느니라.」
「할아버지 알겠어요.」
동녀는 할아버지에게 또 한번 감사드리고 집으로 달려왔다
이리하여 동녀는 그 메밀을 가져다 아버지에게 메밀국수를 눌러 마음껏 대접해올리게 되였고 아버지는 인차 자리를 차고 일어나게 되었다.
그런데 이 일은 재빨리 지주의 귀에 들어갔다. 동녀의 일을 알게 된 지주는 속이 근질거려 견딜수가 없었다.
「뭐, 땅에서 메밀이 무진장으로 쏟아져 나온다? 으흐흐, 인제 틀림없이 더 큰 부자가 되였는걸!」
동녀를 윽박질러 그 자초지종 비밀을 알아낸 지주는 곧 그리로 달려가 믹대기를 들자마자 땅을 탁탁 치며 소리쳤다.
「나오너라 나오너라 메밀아 나오너라」
그러자 메밀이 쏴- 하고 막 쏟아져나왔다.
「으흐흐! 복대문이 터졌는걸!」
조만간 메밀은 쌓이고 쌓여 작은 언덕을 이루었다.
그러나 욕심이 밑굽빠진 항아리 같은 지주는 그래도 만족하지 않고 계속 돌아가며 땅을 세차게 쳐댔다.
쏴, 쏴- 메밀은 지주를 에워싸고 무섭게 무섭게 쏟아져나왔다.
메밀은 조만간에 하늘높이 쌓여 지주를 묻어버리게 되였다.
그제야 급해난 지주는 「됐다 됐다. 그만 그만!」하고 돼지 멱따는 소리를 내질렀건만 메밀은 계속 쏟아져만 나왔다.

이리하여 지주는 그 메밀산에 깔려죽고야말았다. 그때 심보 꿰진 지주놈을 묻어버린 집채같은 메밀무지가 오늘의 메밀봉으로 굳어졌다고 한다.

정리: 리룡득

청량샘

사면 첩첩 청산기암에 둘러쌓인 봉림동에 이르면 일년사철 오글오글 용용 치솟으며 정차게 흘러흐르는 정갈한 샘이 있나니 이 샘을 일컬어 사람들은 청량샘이라 한다.

이 샘은 생겨난 그때로부터 오늘에 이르기까지 천고 드문 왕가물에도 한방울 줄어들세라 용용 숫구쳐만 흐르면서 부지런하고 마음씨 무던한 이고장 사람들의 갈한 목 추켜들고 있나니 이 섬에는 애절한 이야기가 깃들어있다.

까마아득 먼 그때 이 북골에는 강부자 살고 그집에는 총각머슴과 처녀머슴이 있었으니 그들을 일컬어 하나는 량이요 하나는 청이라 불렀다.

억대우같이 힘꼴 쓰는 선량한 장사 량과 손부리 알뜰살뜰하고 마음조차 비단같은 청은 일찍 조실부모하고 이 집 빚갚음 대를 이어 머슴을 사는 판인데 기구한 세월 쓰라린 채찍밑에 모진 운명 내맡기고 일년사철 새벽에 나가 달빛안고 들어오는 그늘에게는 언제 한번 마음놓고 웃을 겨를조차 없었다.

무서운것은 세월이라 어느덧 셈을 차리게 되면서부터 무겁고 힘든 일 서로 도와주고 기쁘고 즐거운 일 서로 나누는 동안 두사람의 가슴속에는 남몰래 순박한 사랑의 씨앗이 깊이깊이 묻혀지더니 마침내는 하늘하늘 싹트게 되였다.

어느땐가 한번은 량이 뒤산이 꺼구러 비낀 멀건 시래기죽을 대충 마시고 일밭으로 떠나자 이 일이 가슴에 못박혀 아프게 생각된 청은 남몰래 훑어두었던 누룽지를 치마폭에 감싸쥐고 달려나가 량에게 주니까 량은 일터에서 돌아오자바람으로 청을 도와 열두독 물을 씨엉씨엉 단숨에 길어주기까지 하였던것이다.

더 나아가 그들 두 사이를 론할진대 험하고 고된 로동속에 다 해여진 량의 옷이 밤이 지새면 깨끗이 빨아지고 탐탐히 기워졌으니 이는 두말할것도 없이 청의 알뜰하고 따사로운 정이 담뿍 담긴 손길이 간때문이였고 시름없는 하늘에서 느닷없이 쏟아져내린 눈에 꾹 막혔던 박우물길이 새별을 맞받아 청이 물동이 이고 나서보면 어느결엔가 앞이 확 트이게 열려져있었고 시시때때 일하다 맥진하여 부엌에 쓰러져 쪽잠을 자다가 일어나보면 비록 헌옷이나마 자기의 몸을 따뜻이 덮여 온기를 돋구어주군 했나니 이역시 량의 아름다운 소행이였던 것이다.

또 어느땐가 한번은 량이 그날 한떼기의 밭갈이를 채 못하여 강부자놈에게 무서운 행패를 당할 때 청은 량보다 그 가슴 더 아프게 쥐여뜯었고 어느땐가 한번은 청이 강부자 마누라의 꼬리치마 다림자리가 나게 다렸다 하여 밥도 못 얻어먹고 내쫓기울 때 량은 그 누구보다 분해서 두주먹을 부르쥐면서 청과 더불어 굳게굳게 살아가자 맹세다졌던것이다.

이렇게 그들 둘은 애시적에는 일찍 느껴보지 못했던 사랑의 희열로 하여 모진 부대낌속에서도 한가닥 즐거움만이 반짝이게 되였으니 량의 얼굴에는 만화방창 삼춘가절의 향풍처럼 화기가 떠돌았고 웃음을 모르던 청의 얼굴에도 환한 웃음이 함박꽃처럼 남실남실 피여나군 했다. 하여 힘들고 고된 일도 한결 가벼워진듯싶었다.

이듬해 봄, 산등성마다 울긋불긋 진달래 와자자 피고 원근산천 초목마다 뾰족뾰족 새싹이 다투어 움트는 아질아질 피는 화창한 봄이였다.

그날도 헌 짚세기 꾸레감발을 한 량은 두 어깨에 꽁보리밥 된장찌개 점심그릇 망태 걸머지고 산등성 밭갈이를 떠났다.

그랑저랑 반나절 일을 필하고 호젓이 앉아 점심을 펼치려는 때였다.

「사람 살려요, 사람 살려요!」

저켠 으슥진 곳으로부터 절명궁지에 든 웬 녀인의 다급한 소리가 아찔아찔하게 들려왔다.

「이게 웬 소리냐?」

불길한 예감이 든 량은 벌떡 자리를 차고 일어나 소리나는 쪽을 향해 번개같이 뛰여갔다.

달려간 량의 입에서는 저도 몰래 「앗!」소리가 튀여나왔다.

허우대 빼빼마른 강부자놈이 청의 순정을 짓밟으려 짐승같이 달려들엇던 때문이다.

워낙 강부자놈은 늙기는 했지만 야수같은 색마로서 썩 전부터 꽃같이 아름답고 눈같이 정결한 청을 심심풀이 노리개감으로 삼자던 야욕을 시종 꿈꾸어왔지만 집에서는 종시 악마구리같은 녀편네 독살에 제야욕을 채우지 못해 절치부심하던차 오늘따라 청을 따로히 일보내놓고 그 뒤를 밟아 달려든것이다.

량은 사품치며 불불 끓어오르는 분을 참지 못해 놈의 뒤덜미를 나꿔채며 소리쳤다.

「이 늙다리야! 백주에 이게 웬 망발이냐?!」

한낱 연연한 머슴처녀를 자신만만 욱살이려다 매앞의 꿩이 되고 고양이 앞의 쥐가 된 강가놈이건만 도리여 주인 처사하느라고 제사 우쭐했다.

「너, 너 한낱 머슴놈이. 그래 네가 내일에 감히 삐쳐?」

허나 바위같이 뻗치고 선 혈기왕성한 량의 위엄에 눌린 강가놈은 「홍, 어디 두고보자.」할뿐 더 어쩌지를 못하고 비칠비칠 가재걸음을 치더니 이윽고 줄행랑을 놓고말았다.

강가놈이 쫓겨간후 량은 땅에 쓰러진 청을 안아일으키고 허트러진 머리를 곱게 따서 대님까지 매주었다.

반나절도 채 못되여 강가놈이 나부랭이들을 데리고 다시 나타날줄은 누구도 몰랐다.

「너 한낱 머슴놈이 감히 어른 처사에 참견을 해?」

강가놈은 다짜고짜 나부랭이들을 시켜 량에게 뭇매를 안기게 했다.

그러나 량도 만만치는 않았다.

팔뚝같은 물푸레나무 중등을 꺾어들고 새까맣게 달려드는 개다리들을 삼대같이 좍좍 쓸어눕혔다.

청도 량을 도와 쓰러지는 개다리들을 돌로 짓쪼기고 이발로 물어뜯었다.

그 서슬에 강가놈은 쥐구멍을 찾지 못하여 쩔쩔 매였다.

독불장군이라고 아무리 힘꼴 쓰는 량이지만 어찌 꼬리에 꼬리를 물고 개미처럼 달려드는 강가놈 무리를 당해낼수 있겠는가.

량은 드디어 그 자리에 푹 꼬꾸라지고말았다.

량을 만신창으로 만든 강가놈은 이때라 야수의 본성을 적라라 드러내여 청에게 달려들어 다짜고짜 외딴 초막으로 잡아끌었다.

「놓아라 이 늙다리놈아!」

청은 몸부림치며 악을 썼으나 강가놈은

「철이 다 든 계집애가 왜 이리도 주책없이 놀아 엉? 내 말만 잘 들으면 세상 부럼없는 호강을 누리게 될텐데 흐흐흐…」하고 능청맞은 늑장을 부렸다.

「놓아라. 이 더럽게 늙어빠진놈아!」

청은 안깐힘을 다했으나 강가놈을 당할수가 없었다.

청은 일구월심 가슴에 맺혀진 사랑하는 사람을 부르고 불렀다.

그러나 오직 들려오는것은 처량한 산울림뿐이였다.

「량! 량!」

한 많고 거칠은 세상이지만 량과 함께 아기자기 깨알을 쏟으며 살아갈 그날을 바래고 살아오던 청은 사랑하는 량을 잃게 되자 앞으로 누구를 믿고 산단말인냐? 「내 차라리 자결할망정 강가놈의 손에 들어 이 몸을 망칠수는 없다.」고 하며 늙다리놈의 손아귀를 뿌리치고 번개같이 산마루에 치달아올랐다.

강가놈은 헐레벌떡 그뒤를 바싹 쫓아올랐다.

산정에 오른 허공중천 몸을 솟구치더니 아칠한 벼랑아래로 치마를 뒤집어쓰고 몸을 내던지었다.

기를 쓰고 청을 쫓던 강가놈은 고양일를 쫓던 개의 처지가 되고말았다. 청이 몸을 던진 곳엔 빈 구덩이만 푹 패웠을뿐 청은 오간곳이 없었다.

바로 이때다.

피못이 되어 쓰러졌던 량이 정신을 차리고 일어나니 사랑하는 청은 없고 강가놈만이 있는지라 집채같은 돌바위를 뽑아안고 강가놈을 향해 마주섰다.

그 푸른 서슬에 졸개들을 혼비백산하여 주자를 놓고 강가놈은 악! 하고 뒤로 비칠 물러섰으나 뒤미처 그놈의 대갈통은 빡! 하고 두쪼각으로 빠개지고말았다.

그러자 하늘에서 꽝-따르릉-뢰성벽력이 터지고 일진광풍이 확 휘몰아 오더니 강부자놈의 추잡한 시체를 종적없이 휘말아가버렸다.…

그런 얼마뒤였다.

청을 받아들인 깊디깊은 구뎅이에 갑자기 오색채운이 눈부시게 서리더니 흰저고리에 감장치마 곱게 받쳐입은 청이 생시나 다름없이 방실방실 웃으며 찰랑찰랑 물을 즈려밟은채 서서 량을 불러 속삭였다.

「량! 끝끝내 원쑤놈을 요정냈군요. 그러니 어서 저한테로 오세요. 인젠 마음놓고 우리 함께 맑은 하늘아래 일년사철 끊임없이 즐겁게 노래하며 흐르는 샘이 되여 영원한 사랑 떨쳐가자요!」

「아, 청!」

방실웃고 그를 부르는 청의 아아한 목청에 량의 가슴은 기쁨과 흥분으로 벅차 올랐다.

그는 정신을 가다듬고 벌떡 일어났다.

「청! 우리 사랑 영원한 샘이 되여 이 땅에 천만년 흐르며 전해를 가자!」

량은 이렇게 화답하면서 전신의 기력을 다하여 청에게로 뛰여가 그를 덥석 끌어안았다.…

그러자 가장 아름답고 가장 순결하며 가장 깨끗하여 가장 강직한 두 청춘남녀를 한가슴 깊숙이 포옹해들인 구뎅이에서는 갑자기 콸콸콸콸 정가롭고 맑디맑은 샘이 노래하며 속삭이며 정차게 솟아오르기 시작했다.

이로부터 이고장 사람들은 이 샘을 청량샘이라 부르게 되였던것이다.

정리: 리룡득

룡두바위와 호두바위

연변의 금강산이라 자랑하는 안도현 유수천(楡樹川)은 말 그대로 산좋고 물맑은, 경치좋은 고장이다. 그런데 부르하통하가 굽이굽이 감돌아흐르는 강 량안에는 남쪽 룡두(龍頭)바위와 북쪽 호두(虎頭)바위가 당금 서로 집어삼킬 태세로 마주하고 있어 경개는 더욱 가관이다.

이 두 바위가 서로 이렇게 마주하고있는데는 이런 이야기가 있다.

멀고 먼 옛날, 한 총각이 살길을 찾아 이리저리 류랑하다가 이곳 절승경개에 마음두고 내가에 귀틀집 지어놓고 혈혈단신 살아갔다.

산과 들에 이름 모를 꽃들이 만발하고 골짜기마다 꽃향기 그윽한 어느해 봄 이른새벽에 강건너편에서 난데없는 도끼소리가 쩡쩡 울리더니 잠간새에 초가삼간이 척 일어서는것이였다.

총각은 하도나 괴이쩍어 버드나무사이로 슬그머니 건너다 보느라니 한 꽃같은 처녀가 사립문을 살짝 열고 내가로 사뿐 걸어오더니 아미를 곱게 숙이고 수정같이 맑은 석간수에 분결같이 고운 얼굴 비껴보며 생긋 웃는것이였다.

이로부터 처녀와 총각은 강 하나 사이두고 아침마다 내가에서 일언묵묵 서로 곁눈질하며 물을 길어다 밥을 짓군 하였다.

처녀인즉 동해 룡왕 셋째딸인데 천한 인간을 불쌍히 여겨 감싸준 죄로 룡궁에서 쫓겨나 강을 따라 이렁저렁 헤매다가 이고장 산천경개에 마음두고 자리잡은것이였다.

날이 가고 달이 감에 따라 처녀와 총각은 남모르게 정이 들어 버들꽃향기 그윽한 내가에서 맑은 물 떠다놓고 청실홍실 늘여놓고 머리얹어 백년을 기약하고 물 맑은 내가에 터를 닦아 새집 짓고 쟁기 메워 논밭 갈아 씨뿌리고 그물 떠서 고기 잡으며 꽃같이 고운 마음 청송같이 굳은 절개, 샘물같이 솟는 정에 바위같이 굳은 언약 한데 듬뿍 담아 아기자기 살아갔다.

이 일을 알게 된 동해 룡왕은 대노하여 흑룡에게 령하여 날밝기전에 자기 딸을 잡아오라 했다.

흑룡은 동해 룡왕의 령을 받고 번개 치고 우레 울리며 사품치는 강을 따라 이곳에 당도하여 처녀를 잡아가려 흉악하게 덮쳐들었다. 이 순간 총각은 바위처럼 앞을 막아나서며 처녀를 지켜냈다.

이와 때를 같이하여 백두산 신령은 호랑이에게 령하여 천한 인간이 감히 룡왕의 따님의 몸을 어지럽혀 룡왕을 노엽혔다고 총각을 당장 잡아오라 하였다.

호랑이는 백두산발을 주름잡아 날파람 일구며 들이닥치더니 입을 짝 벌리고 사납게 총각에게 덮쳐들었다. 순간 이번에는 처녀가 주저없이 제꺽 앞을 막아나섰다.

이렇게 되여 총각은 흑룡을 막아 남쪽에서, 처녀는 호랑이를 막아 북쪽에서 일대혼전을 벌리였다.

하늘땅을 분간하기 어려운 캄캄한 밤, 장검을 휘두르고 궁살을 날리며 처녀와 총각은 조금도 주저없이 흉악한 흑룡과 사나운 호랑이를 맞받아 싸우고 싸웠다. 그러다가 처녀총각은 기진맥진했다.

동녘하늘이 부잇부잇 밝아오기 시작했다. 흑룡은 수염을 곧추 세우고 아가리를 짝 벌리고 더욱 흉악하게 총각에게 덮치였고 호랑이는 통사발같은 눈에 불을 켜고 입을 짝 벌리며 처녀에게 덮치였다.

이 아슬아슬한 순간 동쪽켠 높은 산꼭대기에서 굉장히도 큰 수탉이 홰를 치고「꼬끼요!-」하자 흑룡과 호랑이는 흉악한 그 몰골 그대로 그 자리에 굳어져 바위로 되여버렸다.

날은 밝았다.

처녀총각은 승리의 쾌감과 목숨걸고 서로 도와나선 그 정에 못이겨 서로 얼싸 끌어안았다.

그로부터 룡두바위와 호두바위는 이곳 유수천의 산천경개를 더욱 신묘하게 하였는데 수탉이 홰를 치던 동쪽 높은 바위꼭대기는 마치 수탉이 볏과도 같다 하여 계관산(鷄冠山)이라 일컬으게 되였다 한다.

구술: 김천석
정리: 정해철

오봉산

안도현 석문향 소재지로부터 정동쪽으로 약 10리가량 가면 다섯개의 봉우리가 어깨를 곁은듯 다정스럽게 서있다. 이 다섯 봉우리를 가리켜 오봉산이라고 한다.

오봉산에는 이런 전설이 깃들어있다.

멀고 먼 옛날, 이고장은 매오시같이 사면이 산으로 빙 둘러싸이고 동쪽켠에 좁다란 산협이 뚫린 아늑한 곳이였다. 세세년년 사람들은 기름진 이 땅에서 푸짐히 농사를 지어 즐겁게 살아갔다.

그러던 이 마을에, 한해는 난데없는 도적떼가 동쪽 산협으로 쳐들어와 닥치는대로 재물을 략탈하였다. 행복스럽던 이 마을은 그때로부터 자주 이 도적무리의 습격을 받아 마을의 안녕이 깨여졌고 사람들은 늘 근심걱정에 싸여있었다.

도적떼의 행패를 받을대로 받은 마을사람들은 남녀로소 할것없이 도적떼를 막아낼 방법을 골몰히 생각하고있었다. 그때 마을 복판의 한 늙은 량주에게 아들 다섯 형제가 있었는데 그 다섯형제는 남달리 용맹하고 의로운 젊은이들이였다.

어느 하루는 그들 오형제가 다같이 똑같은 꿈을 꾸었다. 꿈에 다섯 형제가 옹기종기 모여앉아 도적 막을 방책을 의논하고있는데 한 신선이 나타났다. 「너희들의 간곡한 마음을 내 가상히 여겨왔으니 그리 알아라.」하고 신선은 말을 떼였다. 다섯형제는 너무도 고마워 일제히 신선에게 절을 하였다. 「도적떼가 번마다 저 동쪽 산협으로 쳐들어오는데 너희들이 뭉쳐서 그 산협을 막으면 다시는 얼씬하지 못할거다.」

신선은 이 말을 남기고 칠색안개속에 가뭇없이 사라졌다. 방책을 알아낸

다섯 형제는 꿈에도 너무 기뻐 서로 손을 마주잡고 깡충깡충 뛰다가 깨여났다.

똑같은 꿈을 꾼 다섯 형제는 하도 그것이 이상하여 늙은 부모에게 이야기하였더니 부모는 인차 「꿈이 매우 범상치 않은것을 보아 무슨 조화가 있을것 같다. 너희들은 래일부터 집근심을 말고 도적을 막아나서라.」하고 분부하였다.

이튿날 동천이 희끄무레 밝아오자 다섯 형제는 도끼, 칼 등 연장을 둘러메고 산협으로 나갔다. 다섯 형제는 맏형이 한가운데 서고 다음 두 동생이 그옆에 서고 그다음 두 동생이 맨옆을 차지하고 도적떼를 기다리고있었다. 아니나 다를가, 아침나절이 되자 말탄 도적떼가 긴 창을 번쩍거리면서 달려들었다. 다섯 형제는 도끼와 칼을 휘둘러 도적을 맞받아쳤다. 이때 마을사람들도 연장을 들고 달려나와 오형제와 함께 싸웠다. 오형제의 도끼와 칼은 수수한 연장이였건만 도끼가 한번 번쩍거릴 때마다 도적들이 열놈 스무놈씩 꺼꾸러지고 칼이 휙 지나쳐도 다섯놈 열놈씩 막 쓰러졌다 그와 반대로 적의 날창은 다섯 형제와 마을사람들의 몸에 닿는대로 절벽에 부딪치듯 툭툭 꺾어지고 화살은 공중에서 마른 수수장처럼 부서졌다. 도적떼는 마침내 골탕을 먹고 뿔뿔이 도망쳐버렸다.

그러나 의로운 오형제는 그 뒤 달이 가고 해가 바뀌여도 그 자리에서 떠나지 않고 마을을 지켰으며 후에는 아주 다섯개의 봉우리로 되여 도적떼가 쳐들어오던 산협을 막아버렸는데 그것이 지금의 오봉산이다. 그때로부터 이 마을에는 도적떼가 다시는 쳐들어오지 못하였으며 마을의 평화가 회복되였다 한다.

정리: 리창국

목두바위

명월구에서 서쪽으로 약 십리가량 가면 실한 나무토막같이 생겼다 하여 목두(木頭)라 일컫는 작은 바위 하나가 있다.

멀고 먼 옛날 이 근방 어느 마을 한집에 늙으신 어머니가 아들며느리와 더불어 오붓이 살아가고있었다. 아들과 며느리는 매일 밭일을 나가고 백발이 성성한 어머니는 금방 돐이 지난 손자를 보면서 집안일을 살펴가고있었다.

그러던 어느 하루였다. 그날도 아들내외는 밭일을 나가고 어머니는 집에서 한창 저녁을 짓고있었다. 그런데 어머니가 아궁이에 불을 지펴놓고 나무가지러 나갔다가 들어오니 재롱을 부리며 놀던 손자녀석이 온데간데없었다.

손자놈은 끓어번지는 가마에 빠졌던것이다.

어린것을 건져안은 어머니는 그만 실성하여 땅을 치며 대성통곡하였다.

바로 이때 며느리가 돌아왔다. 며느리 역시 눈앞이 캄캄해났다. 그러나 시어머니가 실성하여 통곡하는것을 본 며느리는 비오듯 흐르는 눈물을 억지로 참으면서 어머니를 위안해나섰다.

「어머님! 어머님! 너무 상심마세요. 어머님께서 그러신다고 죽은 애가 되살아오겠습니까? 아이는 이제 또 낳으면 되지 않습니까. 어서 울음을 그치세요. 공연히 어머님 몸만 상하겠어요.」

바로 이때였다. 「찌궁!」문소리를 앞세우며 아들이 들어섰다. 아들은 애지중지 금지옥엽으로 키워가던 귀동자가 졸지에 숨진것을 보자 대뜸 어머니를 불러일으켰다.

「어머니, 어서 일어나시오!」

「아니 어쩌자고 이래요?」

며느리가 묻자 아들은 눈에 쌍불을 켜고 내뱉었다.

「흥! 철없고 무고한 어린것을 어머니가 죽였으니 그 벌을 받아야지!」

며느리가 듣고 「아니 여보, 어쩜 그렇게 무지한 소리를 하나요.」하며 달려드니 아들은 듣는체도 하지 않고 어머니를 밖으로 끌어낸후 「자, 어서 이 쪽지게에 올라 앉으시오!」라고 소리쳤다.

어머니가 하는수없이 올라앉으니 아들은 쪽지게를 지고 씨엉씨엉 산골짜기로 들어갔다.

며느리는 더 말렸대야 우악스러운 남편을 당해낼수 없음을 알고 속으로 피눈물을 떨구며 남몰래 남편의 뒤를 따라나섰다.

어느 한 숯구덩이에 이르자 아들은 어머니를 그속에 처넣고 씩씩거리며 흙으로 파묻기 시작했다. 어머니를 파묻고난 아들은 비지땀을 씻으면서 집을 향해 급히 돌아섰다.

숲속에 숨어서 남편의 일거일동을 낱낱이 살피던 며느리는 남편이 사라지자 얼른 달려나와 두손으로 흙구덩이를 파헤쳤다. 드디여 시어머니를 구원한 며느리는 로인을 부축해 모시고 집으로 향했다.

이럴 즈음 아들은 어머니를 생매장하느라고 땀동이나 흘렸는지라 집으로 가다말고 너럭바위언덕에 앉아 땀을 들였다. 그러다가 인기척이 나기에 골 안쪽을 흘끔 올려다보니 어머니가 내려오고있었다. 아들은 다시 눈에 쌍불을 켜고 어머니한테로 달려올라갔다. 바로 이때였다.

「냐-웅」하는 소리와 함께 백년 묵은 호랑이 한 마리가 씽-하고 뛰쳐나와 그의 앞을 가로막는것이였다. 아들은 뒤걸음질쳤다. 그러나 산악이 떠나갈듯한 「으르릉 따웅!」하는 소리와 함께 이 불효불민한 도리깨아들은 호랑이한테 머리를 떼운채 나무토막처럼 그 자리에 너부러지고말았다.

풍우설이 거듭되며 해가 바뀌여 세월은 흘렀으나 그 누구든 이 도리깨아들의 주검을 건사해주기는커녕 저저마다 밟고 오가면서 침을 뱉었다.

그후 이 불효자식의 시신은 보기 흉한 돌로 굳어졌는데 사람들은 그 돌이 나무토막처럼 생겼다 하여 목두바위라고 불렀다 한다.

구술: 최금녀
정리: 리령득

아기봉

안도현 영경향 조양촌뒤에는 아기봉이라 이름한 아기모양의 작은 산봉우리 하나가 우뚝 솟아있다. 이를 아기봉이라 부르는데는 다음과 같은 전설이 전해내려오고 있다.

멀고 먼 옛날, 이고장에 젊은 내외간이 년로하고 안맹하신 어머님을 모시고 살아가고있었다.

하루는 며느리가 일밭으로 나갔다가 점심밥 지으려 들어오니 가마가 씽씽 끓는데 고기냄새가 확 풍겨나왔다.

「어머니 무엇을 끓이고계십니까?」

「그런게 아니라 내 너무 속이 썰썰해서 강아지를 솥에다 삶고있네.」

며느리가 솥뚜껑을 열어보니 아, 세상에 이런 끔찍한 일이 어디 또 있겠는가? 시어머니는 바로 두살짜리 어린 손자애를 강아지로 잘못 알고 가마에 앉힌것이 아닌가? 며느리는 눈앞이 새까매났다. 하지만 며느리는 「어머니가 얼마나 고기생각이 나서면 이랬겠는가?」하고 고쳐 생각하고 마음을 진정한 다음 어린것을 얼른 가마에서 건져 싸안고 뒤산수풀속에 가져다 치운 뒤 그길로 다시 달려내려와 온집에 단 한마리밖에 없는 씨암탉을 이리 쫓고 저리 쫓아 잡아 튀하여 가마에 앉혔다. 그리고 다시 세우세우 불을 때여 문문 고와 어머니에게 드렸다. 그리고나서 그는 다시 밥을 해가지고 밭으로 달려나갔다.

이때 남편이 동네 일군 몇을 데리고 일을 하면서 아무리 기다려야 일찍 점심밥 지어가지고 나오마고 집으로 들어간 부인이 나오지 않는지라 잔뜩 벼르고있다가 내다보니 그제야 아물아물 나타나는지라 「에라 이년, 오늘 어디 좀 죽어봐라!」하고 호미를 들고 마주 내달아왔다.

눈에 황황 불을 켜고 달려드는 남편을 본 부인이 「여보세요 랑군님, 저를 죽이더라도 말 한마디만 들어주고 죽여주세요.」하고 사정사정했다.

「그래 무슨놈의 변명이란말이냐?!」

「그런게 아니라,」

부인은 점심밥이 늦어진 자초지종 사연을 쭉 다 말하였다. 그 말에 남편은 너무도 감동된 나머지 부인의 발끝에 넙적 꿇어엎드려 꿉벅꿉벅 절을 해댔다.

「오오 정말 당신이야말로 세상에 더없는 효부요!」

이때 일군들이 멀리서 볼라니 단박 자기 부인을 호미로 찍어죽인다고 팔팔 끓으며 내달려가던 남편이 도리여 그 부인앞에 넙적 꿇어엎드려 절만 해대는지라 하도 이상하여 역시 그곳으로 막 뛰여왔다.

헐헐거리고 뛰여와 알아본즉 그 부인의 행실이 참으로 효부인지라 그들도 역시 그 부인앞에 넙적 꿇어엎드려 련신 절을 해댔다.…

이 일이 있은 뒤로부터 뒤산에 버려두었던 아기가 차차 돌로 굳어져 솟아났는데 그 아기봉이 생겨남으로써 그 옛날 한 수수한 산골녀인의 시부모에 대한 무한대의 효성을 널리널리 그리고 또 길이길이 이 세상에 전해주고 있는것이다.

구술: 김기선
정리: 리롱득

적 지

옛사람들은 룡을 지고무상의 성물로 여기였다. 동해에는 룡궁이 있고 룡궁에는 룡왕이 있다 하고 자연의 괴이쩍은 현상도 룡의 작간이라 하고 왕의 낯을 룡안이라 하고 임금이 앉는 의자를 룡상이라 하였고 지명과 인명에도 룡자를 붙이였다.

두만강하류 바다에는 적지라는 큰 늪이 있다. 이 늪에서는 황룡과 흑룡이 싸웠다. 이곳은 리씨 조선의 태조 리성계가 나서 자란 곳이다. 이곳에는 또 아주 용맹한 퉁두(佟豆)란 리성계의 친구도 있었다. 그때 사람들은 이 두사람을 영웅기백이 있는 비범한 인재라고 일렀다. 두 사람은 용맹을 비기기도 하고 검술, 궁술도 자주 비기군 하였는데 퉁두가 재간이 리성계보다 더 나았다.

적지늪에서도 황룡과 흑룡이 계속 싸웠다. 두 룡이 싸울때는 보기만 하여도 겁이 났다. 두 룡이 싸우는바람에 물이 비처럼 사처에 뿌리우고 서로 굽이치며 오르고 내릴 때는 마치 천둥이 울고 벼락치듯하였다. 사람들은 이것을 보고 리성계와 퉁두의 조상들이 서로 앞다투어 하늘로 오르려고 싸우고 있다고들 하였다.

리성계와 퉁두는 늘 이 늪에서 재간비기기를 하였는데 하루는 그들 둘이 늪에서 룡 맞히기를 하게 되였다. 리성계는 흑룡을 쏘고 퉁두는 황룡을 쏘기로 하였다. 헌데 리성계가 활을 들고 쏘려 하면 거품이 떠올라 화살은 흑룡을 쏘지 못하고 허공중으로 날아갔다. 그러자 퉁두는 활을 들고 나섰다. 그는 황룡을 향하여 화살을 날렸다. 헌데 황룡이 사라지고 흑룡이 머리들자 그 화살에 맞았다. 화살에 맞은 흑룡은 황룡을 놓아버리고 피를 흘리며 꿈틀거리고 가다 죽어버렸다. 흑룡이 흘린 피가 늪밑의 모래를 붉게 물들여놓아 그 늪을 적지(赤池)라 하였다 한다. 적지늪 바닥은 그때 흑룡이 흘린 피로 하여 지금도 벌겋게 보이며 흑룡의 굽이쳐나간 곬을 아흔아홉굽이라 한다.

  흑룡이 죽자 황룡이 곧 승천하였는데 이것이 바로 리성계의 조상이여서 리성계가 후에 왕으로 되였다 한다. 리성계는 군인이 되여 함흥지구 장령으로 있다가 고려 마지막 왕 공민왕을 내몰고 자기가 왕위에 올랐다. 이가 바로 리씨조선 태조이다.

구술: 강원문

적지늪과 회룡봉

훈춘에서 남으로 약 백리가량 가게 되면 경신벌에 이르게 된다.

경신벌 서남쪽 두만강 북안에는 적지늪과 더불어 녀인의 유방과도 같이 도드라져나온 회룡봉이 있는데 여기에는 이런 전설이 깃들어있다.

아득히 먼 옛날, 젖봉 동남기슭에 자그마한 오막살이 한채가 있고 그 집에는 마음씨 착하고 부지런한 늙은 량주가 살고있었다. 령감은 밭을 뚜져 곡식을 심고 로인은 베를 짜다나니 먹고 입을 걱정이 없이 나날을 보내였다.

그러나 그들에게는 슬하에 자식이 없는것이 제일 큰 설음이였다. 그래서 늙은 량주는 해마다 팔월 추석이면 소와 돼지를 잡아가지고 젖봉에 올라가 자식을 점지해주기를 기원하는 기도를 드렸다. 그러던중 어느 하루밤 로친네는 밝고도 큰 둥근달을 삼키는 꿈을 꾸었다. 이로부터 태기가 있게 되였는데 십삭이 차차 과연 토실토실한 아들을 낳았다.

기쁨에 찬 늙은 량주는 달을 삼키고 낳은 아들이라 하여 이름을 몽월이라 지었고 사흘만에 작은 (잔치를)10), 칠일만에는 큰 잔치를 하여 동네방네 사람들을 청했다.

몽월이는 과연 장수였고 신동이였다. 한달이 되니 말을 하고 두달이 되니 막 달아다니고 돌이 되니 늙으신 부모님을 도와 나무도 하고 소도 끌고 다녔다. 이로 하여 늙은 량주의 얼굴에는 함박꽃 같은 웃음이 그칠새 없었다.

몽월이는 8살을 잡자 한아름되는 통나무도 뿌리채 뽑는가 하면 집채같은 바위돌도 한주먹에 박산내군 하였다.

어느해 보름날 밤, 몽월이가 젖봉에 올라가 달구경을 하는데 별안간 하늘

---

10) 《간도전설집》 원본에는 이 자리가 인쇄차질로 비여있었는데 다시 정리하면서 그 자리를 짐작하여 채웠다.

에서 이상한것이 빛을 뿜으며 내리더니 몽월이의 앞에 와 떨어졌다. 몽월이가 쥐여보니 옥으로 빚어만든 채찍이였다. 몽월이가 그 채찍을 휘두르자 하늘이 대낮처럼 밝아지더니 천둥같은 우뢰가 울부짖었다. 필경 보물일것이라 생각하고 몽월이는 그 채찍을 몸에 잘 간직하고 다녔다.

어느날 몽월이가 젖봉아래에서 놀다가 저도 모르게 채찍을 꺼내 젖봉을 쳤더니 젖봉이 뿌리채 뽑혀 날려가 두만강 북안에 뚝 떨어졌고 젖봉이 뽑힌 자리는 불시에 푸른 늪으로 변해버렸다.

이때 몽월이는 물속에 첨벙 뛰여들어 채찍을 휘두르며 헤염쳤다. 이 늪은 동해바다에 있는 룡궁과 이어져있었기에 몽월이가 물살을 일굴 때면 룡궁의 기둥이 움지럭거렸다.

놀란 룡왕은 즉시 부하를 시켜 영문을 알아오게 하였는데 부하들은 인차 젖봉이 뿌리채 뽑혀 달아났고 그 늪에서 웬 아이가 헤염치며 장난하고있다는 사실을 알렸다.

노해난 룡왕은 장수를 뽑아 그 아이를 잡아오게 하였으나 장수들은 번마다 세찬 물살에 밀려 몽월의 곁으로 다가갈수 없었다. 이때 룡왕의 외아들인 흑룡이 나서면서 자기가 몽월이를 잡아오겠다고 장담하면서 떠났다.

이리하여 늪에는 몽월이와 흑룡간에 대판싸움이 벌어졌다.

흑룡은 항아리같은 아가리를 쩍 벌리며 몽월이를 한입에 삼켜버릴듯이 사납게 달려들었다. 몽월이도 용기를 다 내여 채찍을 휘두르며 흑룡을 냅다 갈겼다. 그통에 흑룡은 정수리를 얻어맞아 정신을 잃고 쓰러졌다. 이윽고 몽월이는 흑룡을 채찍으로 꽁꽁 묶어 륙지로 끌어내왔다.

이 소식을 들은 늙은 룡왕은 대성통곡을 하면서 젖봉늪으로 올라와 몽월에게 빌었다. 룡왕을 굴복시킨 몽월이는 흑룡을 풀어놓아주었다.

룡왕과 아들 흑룡은 몽월의 앞에 엎드려 살려준 은혜를 꼭 갚겠다면서 용서를 빌고는 룡궁으로 돌아갔다.

세월은 살같이 흘러 어느덧 몽월이는 18살을 잡았다. 로쇠한 늙은 량주는 몽월의 혼사를 두고 몹시 근심하였다. 그런데 어느날 저녁, 몽월이가 젖봉 늪을 에돌며 소풍을 하는데 별안간 늪우에 안개가 자욱하게 서리더니 하늘에서 칠색무지개가 뻗어 늪우에 뿌리박는것이였다. 몽월이가 하도 신기해서 무지개를 바라보니 하늘에서 선녀 아홉이 무지개를 타고 너울너울 춤을 추며 내리고있지 않겠는가.

저마다 백옥같은 얼굴에 구슬같이 반짝이는 눈을 가진 선녀들은 아름답기가 절색이였다.

선녀들의 모습에 황홀해진 몽월이는 숲속에 숨어 저 선녀들중 하나를 안해로 맞이한다면 얼마나 좋으랴 하는 생각이 들었다.

늪가에 내린 선녀들은 저저마다 옷을 벗고 물에 들어가 몸을 적시며 물장난을 쳤다. 한참후 미역을 다 감은 선녀들은 옷을 찾아입고 무지개를 타고 하늘로 올라갈 차비를 하였다. 그런데 두번째 선녀의 옷이 없었다. 두번째 선녀는 급해나 엉엉 울었으나 속수무책이였다.

다른 선녀들은 모두 올라갔다.

때가 지나자 무지개도 걷히였다.

이때 누군가 몽월이한테 선녀의 산뜻한 옷을 갖다주는것이였다. 그것은 천만 뜻밖에도 흑룡이였다.

「네가 이게 웬짓이냐?」

「내가 그대의 속심을 모를라구요?」

이때 몽월이는 은혜를 갚으려는 흑룡의 마음을 알고도 남음이 있었다. 그러나 그렇다고 선녀를 억지로 붙잡아둘수는 없었다.

「선녀님, 어서 이 옷을 받으십시오. 사실은 흑룡이 저를 생각해서 감추었던것이옵니다.」

아, 얼마나 순박한 총각인가. 그가 나쁜 마음을 먹고 옷을 감추었다면 이렇게 순순히 내여줄수 없는 일이다. 몽월이의 순박한 마음에 감동된 선녀는 하늘나라로 돌아갈것을 단념하고 이 하토땅에 남아 몽월이와 더불어 평생을 지내기로 작심하였다. 이리하여 몽월이와 백년가약을 맺은 선녀는 하토땅에 머물러 즐거운 나날을 보내게 되였다. 그랬으니 몽월이의 아버지와 어머니의 기쁨이야 더 일러 무엇하랴.

한편 팔선녀가 아버지한테 이 일을 여쭈자 옥황상제는 분이 상투밑까지 치밀어 천병을 시켜 딸을 되찾아오게 하고 딸을 빼앗았던자에에 천벌을 주라는 엄령을 내렸다.

천병을 이끌고 온 태백성은 젖봉 상공에서 선녀가 복된 살림을 펼친것을 보았다.
태백성은 우뢰같은 고함을 지르면서 몽월이한테서 선녀를 앗아내려고 하였다. 몽월이도 어느결에 채찍을 휘두르며 태백성과 싸웠는데 몇십합을 싸워도 좀처럼 승부가 나지 않았다. 몽월이는 안해를 빼앗기지 않으려고 있는 힘껏 싸웠다. 기진맥진한 태백성은 밤이 되자 천병을 이끌고 하늘로 올라갔다.
다음날 태백성은 또 천병을 이끌고 내려와 당장 선녀를 내놓으라고 고함지르면서 몽월이와 승부를 가르자고 으르대였다.
천병과 몽월이가 싸운다는 소식에 접한 룡왕은 아들 흑룡을 시켜 몽월이를 돕게 하였다.
흑룡도 재간이 이만저만이 아니여서 바다는 물론 하늘도 번개같이 날아다녔다.
흑룡의 도움을 입게 된 몽월이는 범에게 나래돋친 격이였다. 흑룡을 타고 채찍을 휘두르며 하늘에서 용기백배하여 싸웠다. 허지만 좀체로 승부가 나지 않아 싸움은 아흔아홉번이나 계속되였다.
몽월이를 굴복시킬수 없다고 생각한 옥황상제는 부하들을 모아놓고 꾀를 생각해냈다. 그 꾀란 바로 몽월이더러 흑룡을 타고 땅에서 아흔아홉고패를 돌되 한고패를 돌 때마다 하늘나라 선녀들이 목욕할수 있는 큰 늪을 파놓는다면 선녀를 영원히 찾아가지 않겠다는것이였다. 옥황상제의 의도인즉 몽월이와 흑룡이 기진한 다음 갑작스레 달려들어 없애버리자는것이였다.
이런 간계를 간파하지 못한 몽월이는 선선히 응낙해나섰다.
몽월은 흑룡을 타고 젖봉으로부터 시작하여 동남쪽을 돌기 시작했는데 그들이 지나간 곳에는 어김없이 늪이 생겼다. 이렇게 늪 아흔아홉개를 다 판 다음 늪에 물이 흘러들게 했다.
몽월이와 흑룡은 맥이 진할대로 진했다. 몽월이 기진맥진하여 앉아있는데 홀연 하늘에서 천병이 내려와 몽월이더러 속히 하늘에 올라 옥황상제의 옥함을 받으라고 했다.
기쁨에 찬 몽월은 마지막 힘을 다 모아 흑룡을 타고 하늘에 올랐다.
그들이 천궁에 거의 이르게 되자 쇠뇌가 비발처럼 쏟아져내렸다. 미처 방비를 못한 몽월이는 쇠뇌에 얻어맞고 땅에 떨어졌다. 몽월이가 떨어진 자리는 움푹하게 패웠고 진붉은 피가 땅을 적셨다.

몽월의 안해는 남편이 쇠뇌에 맞아 떨어지는것을 보자 달려가서 붙안고 대성통곡을 하다가 피를 토하고 숨을 거두었다.

몽월이와 그의 안해의 피는 모이고 모여 늪으로 되였으니 그것이 오늘의 적지인데 지금도 그 바닥은 붉은대로 있다.

그리고 몽월이를 태웠던 흑룡도 쇠뇌에 얻어맞고 겨우 젖봉에 내려앉았다가 후에 동해룡궁으로 돌아갔으니 이로부터 젖봉을 일명 회룡봉(回龍峰)이라 부르게 되였다.

몽월이와 흑룡이 파놓은 아혼아홉개 늪가운데 두 번째 늪(자기 안해를 위해 판 늪)은 좀 말라버렸는데 몽월이와 안해가 함께 죽으니 자연히 그리된것이다.

이 일이 있은후 하늘의 8선녀가 8월 추석이 되면 무지개를 타고 몽월이가 파놓은 늪에서 목욕을 하고는 몽월이의 성의에 감사를 표하여 하늘에서 련꽃씨를 가져다가 뿌리고 맞은켠에 있는 적지에 제사를 지내군 했다고 한다.

후세 사람들은 이 련꽃을 몽월이와 선녀의 령혼이라 하여 아래와 같은 노래를 엮어불렀다.

> 련꽃을 바라보면
> 그 사랑이 하도나 그리워
> 꽃잎도 여드럼 두르면
> 한송연은 한줄기

전하는데 의하면 하늘의 선녀들은 목욕하러 내려올 때마다 몽월 량주의 령혼인 련꽃을 알뜰하게 지성껏 가꾸었다고 한다.

그리고 몽월 량주가 가꾸던 젖봉아래 밭들은 지금 몽땅 옥답으로 되여 해해년년 농사가 잘되고 있다.

정리: 허병준

귀인봉산

훈춘현 량수진 경영촌에서 동으로 약 2리쯤 가면 사품치는 두만강을 굽어보며 굴룡산이 우뚝 솟아있는데 사람들은 이산을 일명 「귀인봉산」이라고도 부른다.

아직은 리씨조선의 시조인 리성계가 뜻을 이루지 못하고 고향 종성을 하직한채 조선팔도를 무른 메주밟듯 떠돌아다닐때의 일이다.

락조가 붉게 타는 어느날 저녁녘에 리성계가 지친 몸을 간신히 지탱하며 두만강기슭에 이르렀는데 맞은켠 산으로부터 한 사나이가 관목숲을 헤가르며 강가로 내려왔다. 그 사나이는 강건너편의 성계를 보고 「웬 사람인데 거기서 서성거리뇨?」하고 소리쳤다.

「남이야 서성거리든 말든 상관이 무어냐?」

성계도 맞받아 소리쳤다.

그러자 사나이는 등에서 활을 벗겨들고 실을 믹인후 성세를 바라고 만월같이 당겼다가 깍지낀 손을 탁 놓았다. 순간 성계도 활을 맞받아 쏘니 살은 류성같이 날아가 면바로 사나이가 쏜 화살에 부딪쳐 쟁강 소리를 내며 강심에 떨어졌다.

사나이는 성계의 활재주에 흠칫 놀랐다.

그때 한 녀인이 동이에 물을 담아 이고 걸어가고있었다. 사나이가 녀인의 물동이를 바라고 살을 날리니 물동이에서 대뜸 한줄기 물이 새나왔다. 성계는 못내 경탄하며 인차 살에 진흙을 묻힌후 물이 새는 곳을 향하여 살을 날렸다. 화살이 명중되여 새던 물이 멎었다.

이상한것은 물동이를 이고 가던 녀인이 그때까지 아무런 낌새도 느끼지 못한것이다.

성계와 사나이는 다 속으로 무척 놀랐다.

사나이는 성계를 향해 읍하고는 「나는 저 산성(량수진 정암촌 정자봉서 북쪽)에 있는 퉁두란인데 그대는 뉘신지?」하고 통성명을 하며 물었다.

「나는 종성 리성계요. 그대 활재주 정말 귀신같도다.」하고 성계가 말을 받았다.

뒤미처 성계가 강을 건너가자 그들 둘은 옛친구나 만난듯이 손을 잡고 다시 산으로 들어갔다.

후세사람들은 두 귀인이 상봉한 산이라고 해서 이 산을 「귀인봉산」이라 불렀다 한다.

정리: 주기덕

권 하(圈河)

훈춘현 경신 수리봉에 올라서서 경신벌을 내려다보노라면 오도포부근에서 동남으로 꼬불꼬불 에돌아흐르는 한줄기 강물을 볼수 있다.

멀리 흘러갔다간 휘익 돌아와서 원래의 물줄기와 맞붙을듯말듯하면서 굽이굽이 흘러간 강물은 그 흐름새가 실로 기묘하여 사람들은 감탄을 금치 못한다. 이 강을 권하라 부른다.

권하의 흐름새도 가관이지만 이 권하에 깃든 전설은 실로 아름답다.

아득히 멀고먼 옛날, 이곳 련화동에는 마음씨 착하고 부지런한 사람들이 단란히 모여 화목하게 살아가고있었다.

그런데 어느해 가을, 북쪽으로부터 괴물들이 몰려와 재물을 략탈해갔고 녀성들을 랍치해갔다. 그 괴물들 두목은 광풍도 몰아오고 폭우도 퍼붓는 조화를 부렸고 온갖 변신술도 쓸줄 아는 간악한 요귀였다.

지상락원이였던 련화동은 무시로 재앙을 입게 되였고 백성들은 도탄속에서 허덕이게 되였다.

그때 이 마을에는 성이 리가라는 용맹한 젊은이가 살고있었다. 젊은이는 이 괴물을 처단하고 빼앗긴 행복을 다시 찾아오리라 굳게 결심하고 활쏘기 재간을 익혔다. 그는 새벽마다 활을 메고 삼각산에 올라가서 활쏘기련습을 하다가 밤중에야 돌아오군 하였다. 삼년석달열흘을 하루같이 활쏘기에 정력을 몰부은 그는 한 화살에 기러기도 두세마리씩 꿰는 명궁수로 되였다.

어느날이였다. 갑자기 북으로부터 광풍이 일고 먹장구름이 쏠려나오기 시작하였다. 젊은이가 이마에 손을 얹고 쳐다보니 구름속에서 백룡과 흑룡이 꼬리를 저으면서 조화를 부리고있었다. 틀림없는 괴물두목들이였다.

젊은이는 지그시 입술을 깨물며 활에 살을 메웠다. 그가 백룡을 겨누고 팽팽해진 시위줄을 슬쩍 놓자 화살은 「슈--욱!」소리와 함께 백룡을 향하여 번개같이 날아갔다. 화살은 면바로 백룡의 숨통에 박혔다. 백룡은 피를 토하며 몸부림치다가 훈춘벌복판에 있는 나지막한 산에 부딪쳐서 대가리가 박산났다. 후세 사람들은 이 산을 룡두산(龍頭山)이라고 불렀다

백룡이 떨어지자 흑룡은 황황히 도망치고있었다.

젊은이는 흑룡을 산채로 잡아서 동리사람들의 원한을 풀어주려 마음먹었다. 그는 베실로 꼰 노끈을 화살뒤 끝에 매고 흑룡의 눈통을 겨누어 활을 쏘았다. 화살은 면바로 흑룡의 눈알에 푹 꽂혔다. 흑룡은 피똥을 갈기며 오도포부근에 떨어졌다. 젊은이는 삼각산마루의 큰 바위에 발을 붙이고 지그시 노끈을 당겼다. 흑룡은 땅을 파헤치며 용을 썼다. 그바람에 깊숙한 곬에 아흔아홉굽이가 패였다. 베실로 꼰 노끈이 끊어지는바람에 흑룡은 간신히 두만강에 기여들었다. 강을 따라 40여리를 창황히 도주하던 흑룡은 바다의 바위섬에 대가리를 부딪쳤다. 그리하여 흑룡은 섬을 피로 물들이고 죽어버렸다. 후세 사람들은 이 섬이 붉다고 하여 붉은 적(赤)자에 따지(地)자를 붙여 적지섬이라고 불렀다.

그후 세월이 흘러가며 흑룡이 파고 지난 아흔아홉굽이에 비물이 고이고 늪물이 흘러들어 강물이 흐르게 되었다. 후세 사람들은 이 강이 굽이굽이 에돌아 흐른다고 하여 권하라 불렀던것이다.

정리: 정영석

련꽃늪

훈춘시 경신향 이도포촌에서 동으로 10여리 가면 거울같이 맑은 늪이 있는데 칠팔월 한여름이 되면 둥그런 방패모양의 련잎이 늪에 떠있는것도 가관이여서 사람들의 시선을 끌지만 긴 꽃줄기에서 붉고 흰 련꽃들이 송이송이 피여나 절경을 이루어 더욱 많은 유람객들을 불러온다. 이 늪이 바로 훈춘시 팔경의 하나인 련꽃늪인데 아름다운 련꽃늪을 두고 사람들은 아래와 같은 전설적인 이야기를 전하고 있다.

먼 옛날 우리 겨레의 선조들은 두만강을 건너와 경치좋은 이곳에 자리잡고 살았다. 땅도 좋고 물산이 풍부해서 살기 좋은데다 한여름이면 붕어떼들이 자유로이 꼬리치는 련꽃늪에 붉기도 하고 희기도 한 련꽃이 만발하여 아름다운 절경을 이루어 사람들은 노래하며 춤추며 즐겁게 살았다.

그런데 세월이 흘러 즐거운 나날은 지나가고 1931년 9월 18일 「9.18」사변이 일어나고 일본군국주의자들이 훈춘의 아름다운 신천을 마구 짓밟았다. 백성들은 망국노의 비참한 생활을 하였고 산천은 군국주의자들의 군화에 짓밟혀 어지러워질대로 어지러워졌다. 한여름이 되여 련꽃은 예나 다름없이 피여 만발해도 구경하러 오는 사람이 없었다. 련꽃늪가에서는 포성이 울리고 포화가 아름다운 련꽃늪을 뒤덮었다.

어느 하루였다. 하늘에 먹장구름이 떠돌더니 소나기가 쏟아졌다. 그리고 소나기 뒤끝에 해가 나더니 아름다운 칠색무지개가 반공중에 걸렸는데 무지개의 한쪽 뿌리는 련꽃늪에 박히고 다른 한쪽 뿌리는 국경을 넘어 쏘련땅에 가 박히였다. 뒤이어 련꽃늪에 아름답게 피여 만발하였던 련꽃송이들이 한송이 또 한송이 쉴새없이 줄쳐 무지개를 타고 쏘련땅으로 넘어갔다. 얼마 지나지 않아 무지개가 사라졌는데 그때는 이미 련꽃늪에 련꽃 한송이도 남지 않았다.

　이때로부터 사람들은 다시는 련꽃늪에 나가도 아름다운 련꽃을 볼수 없게 되였으며 련꽃늪도 그 이름만 남아서 나라 잃은 백성들에게 서러움만 더 해주었다.

　험악한 세월도 흐르고 서럽기만 하던 세월도 흘러가고 이 나라에 울린 자유해방의 종소리는 훈춘에도 흘렀다. 사람들이 기쁨에 겨워 설레이는데 하늘에서 갑자기 비가 내리더니 반공중에 또 무지개가 섰다. 무지개의 한쪽 뿌리는 련꽃늪에 내리고 한쪽 뿌리는 쏘련땅에 내렸다. 사람들은 14년전에 무지개를 타고 날아가던 련꽃의 신기한 일을 생각하며 저마다 뛰쳐나와 반공중에 걸린 아름다운 무지개를 쳐다보았다.

　붉고 흰 아름다운 련꽃들이 한송이 두송이 칠색 령롱한 무지개를 타고 와서 련꽃늪에 내렸다. 또 그때처럼 얼마 지나지 않아 무지개가 사라졌다. 사람들은 달려나와 무지개 걷힌 련꽃늪을 바라보았다. 이름만 남아서 련꽃 송이 한송이 볼수 없던 련꽃늪에 그제는 이름 그대로 푸른 련잎이 보기 좋게 푸른 물우에 떠서 춤을 추고 붉기도 하고 희기도 한 아름다운 련꽃이 웃음짓고 떨기떨기 피였다. 사람들은 노래하며 춤추며 이날을 즐겁게 보냈다.

　이때로부터 사람들은 해마다 여름이 오면 련꽃늪에 가 아름다운 련꽃을 보고 즐기였으며 련꽃늪도 훈춘시의 팔경중의 일경이 되여 수많은 유람객들을 불러들였다 한다.

정리: 박창묵

정자봉의 유래

훈춘현 량수진 정암촌에 가면 높은 산우에 치솟은 백여메터높이의 기이한 봉우리가 있는데 이것을 정자봉이라 부른다.

여기에는 이런 전설이 전해지고있다.

먼 옛날, 이 마을에는 정자라고 부르는 아름다운 소녀가 있었다 한다. 인물이 고운데다 마음씨까지 착해 동네방네에 소문이 났었다.

이 마을에는 색에 오금을 못쓰는 김부자라는놈도 있었는데 정자의 미모에 반해 그를 자기의 손아귀에 넣으려고 별렀다.

빚을 턱대고 김부자는 앞잡이를 앞세우고 하루에도 몇번씩 정자네 집으로 찾아와 성화를 부렸다.

나중에 김부자는 앞잡이들과 함께 억지로 정자를 끌어오자고 했다.

김부자네 머슴 억쇠는 한달음에 정자네 집으로 달려가서 김부자네가 붙잡으러 온다는것을 알렸다.

급해난 정자는 뒤문으로 빠져나가 산을 바라고 뛰기 시작하였다.

뒤미처 집에 들어선 김부자와 앞잡이들은 뒤산으로 뛰여가는 정자를 발견하고는 고래고래 소리지르며 쫓아갔다.

젖먹던 힘까지 다내여 한사코 달리던 정자는 그만 아찔한 벼랑가에 닿아 오도가도 못하게 되었다.

정자는 눈을 꼭 감고 두 손을 모아줘였다.

갑자기 하늘에서 퐈르릉 하고 천둥이 울었다. 그 무서운 소리와 함께 사방 20메터의 암석들이 모여와 높이가 백여메터되는 봉우리를 이어주면서 김부자와 앞잡이놈을 기암괴석에 둘러메쳤다.

마을사람들은 마음씨 착한 정자를 하느님이 가엾게 여겨 구해준것이라며 새로 솟은 봉우리를 정자봉이라 부르게 되었다.

정리: 박수암

부엉이산과 쥐봉

해란강이 굽이쳐 흘러내리는 비옥한 평강벌 웃목에는 논밭 한가운데 꼭 마치 쥐처럼 웅크리고 앉은 산봉우리가 있고 그 맞은켠 서북쪽으로 약4~5리가량 떨어진 산마루에는 독기 있는 눈길, 뾰족한 발톱, 예리한 주둥이를 가진 부엉이처럼 생긴 산봉우리가 쥐봉을 노려보고있는것을 볼수 있는데 사람들은 이 두 산을 부엉이산과 쥐봉이라고 하면서 이런 이야기를 전하고 있다.

멀고 먼 옛날 부엉이의 고향은 워낙 저 멀리 떨어진 남쪽나라였다.

그해따라 남쪽나라에는 심한 재해가 덮쳐들어 날짐승, 길짐승들이 살아가기가 말이 아니였다

「애들아, 이러구 가만히 앉아있다가는 꼼짝 못하고 굶어죽겠구나. 제비동생이 하는 말이 북쪽나라에는 먹을것두 흔하구 살기가 좋다더구나. 내 어디 한번 가보고 오련다.」

새끼부엉이들에게 이런 말을 남긴 어미부엉이는 하늘가에 높이 올라 머리를 북쪽으로 돌려 깃을 쳤다.

부엉이는 제비가 알려준 방향을 잊지 않고 산을 넘고 강을 건너 날고 또 날았다. 맥이 진할 때면 우거진 수림속에서 날개쉼을 하며 달디단 산열매를 따먹군 하였다.

이렇게 달포간 날아 겨우 푸른 강줄기가 뻗어버린 평강벌에 이르게 되였다. 강기슭 논벌에 내려 앉아보니 과연 듣던 소문과 마찬가지로 땅이 꺼지도록 오곡백과가 주렁지였다.

부엉이는 식량이 없어 굶주리고있는 어린 새끼들을 눈앞에 그려보며 흔한 량식도 아껴먹으면서 한알, 두알 모으기 시작하였다.

「야참, 이고장에 량식도 흔하구나. 이제 가을철만 지나면 눈속에 묻히게 되겠는데 어서 서둘러야겠다.」

부엉이는 매일 낮이면 쿨쿨 자고 저녁이면 자루를 들고 밭에 나가 이삭 줏기에 바삐 돌았다. 그러던 어느날이였다. 부엉이가 잘 여문 콩이삭을 한 짐 어깨에 지고 산중턱 자기 집으로 돌아올 때였다.

「해해해, 난 또 누구라구요. 부엉이형이구만요. 그렇지요? 이사초년에는 식량을 많이 장만해야 합니다. 이고장에서 살자면 겨울나이식량이 넉넉해야 하니까요.」

재빛 몸매에 긴 꼬리를 질질 끌면서 산쥐 한 마리가 아양을 떨며 인사를 하는것이였다.」

「아니, 초면강산에 어떻게 저를 아시는지…」

부엉이는 두눈이 데꾼하여 물었다.

「왜 제가 형님을 모르겠습니까? 제비아씨가 말하는데 부엉이형은 의술도 고명하시더군요. 헌데 남쪽땅엔 큰 흉년이 들었다던데 어떻게들 살아가고 있나요?」

「그러길래 내가 먼저 살 자리 보러 온것이요. 이제 식량을 장만해놓고 온 가족들을 데려오려 하오.」

부엉이는 산쥐에게 자기의 속심을 숨김없이 다 털어놓았다 외지에서 낯 선 고장으로 갓 온 부엉이라 산쥐의 본질을 모르고있었다.

「음, 올해는 내가 놀고먹을 팔자로구나. 저 민충이같은 부엉이의 식량을 독차지해야지…」

그렇지 않아도 손가락 하나 까딱하기 싫어하는 산쥐는 부엉이가 침식을 잊고 식량 모으는것을 보고 속으로 매우 흡족해하며 저절로 웃음주머니가 흔들거리는것을 어찌하는수가 없었다.

「부엉이형님, 그렇게 느릿느릿 일하다가는 언제 봄철식량까지 장만하겠습니까? 더구나 형네는 잔식솔도 여럿이라구 하잖았습니까?」

진종일 나무그늘밑에서 낮잠을 실컷 자고 일어난 산쥐가 여기저기 널려져있는 낟알을 주어가지고 가는 부엉이를 보고 하는 말이였다.

가을철에 잡아들자 부엉이는 하루도 쉬지 않고 손발이 부르트게 부지런히 조, 콩, 벼…등 곡식이삭들을 보는족족 날라들였다.
 그러던 어느날이였다.
 부엉이는 이웃에 사는 콩새한테 찾아갔더니 며칠전 령너머 딸네 집에 가고 없었다. 콩새가 돌아올것을 기다리기도 막연한 일이여서 하루빨리 돌아가서 새끼들을 데려와야 하였다. 하는수 없이 부엉이는 산쥐네 집을 찾아갔다.
 「산쥐동생, 내 고향에 돌아가 식솔들을 데려오려는데 그동안 좀 창고를 보아주게나. 그러면 돌아와 그 신세를 톡톡 갚아드리려네.」
 부엉이의 말이 떨어지기도전에 산쥐가 긴 꼬리를 내혼들며 인츰 맞아아 넘겼다.
 「아무렴, 이후부터 이웃이 되겠는데 그만한 일쯤이야 마땅히 해야 하지요. 신세거니 생각 말고 아예 마음을 푹 놓으시고 어서 잘 다녀오시우!」
 「자, 그럼 동생만 믿고 가네!」
 부엉이는 남산언덕에 있는 식량창고의 열쇠를 산쥐에게 넘겨주었다. 동산언덕까지 부엉이를 배웅하고 돌아오는 산쥐는 그 길로 남산언덕길에 올랐다.
 「아무렴, 이젠 창고열쇠가 내 손에 쥐여있겠다 우리 집 3대가 고이 누워 먹게 됐구나.」
 산쥐는 부엉이가 돌아오기전에 창고안의 쌀을 몽땅 도적질해가기로 맘먹었다.
 이리하여 산쥐는 부엉이가 맡긴 열쇠를 꺼내들고 시퍼런 대낮에 서슴없이 남산언덕 창고문에 잠근 열쇠를 열려고 하였다.
 바로 이때였다.
 창고옆 느릅나무가지에 앉았던 파란 콩새가 인기척을 내며 입을 열었다.
 「산쥐아저씨, 아저씨는 왜 남의 집 창고문을 마음대로 여는가요?」
 되알진 콩새의 물음에 끔쩍 놀란 산쥐는 가슴이 막 쿵쿵 뛰는것을 가까스로 참으면서 일부러 태연자약한 자태를 꾸미면서 떠듬거렸다.
 「저 부엉이형이 날보고 창고를 지켜달라고 열쇠를 주고갔단다. 내 오늘 식량이 변질하지 않았나 보려구 그런단다.」
 「그런데 왜 주머니는 옆구리에 끼고 왔는가요?」

「그-건, 애 콩새야, 어서 가지 못하겠느냐? 넌 상관할일이 못된다 못돼…」

산쥐는 옆구리에 끼고왔던 쌀주머니를 땅에 놓고 느릅나무에 올라가 콩새를 저 멀리로 쫓아버렸다.

「너 콩새야, 다시 여기로 와보라. 너의 새끼까지 몽땅 잡아먹을테다!」

콩새를 멀리로 쫓아버리며 산쥐는 이렇게 으름장을 놓았다.

어느덧 날이 가고 달이 지나갔다. 식솔들을 데리러 갔던 부엉이가 돌아올 날도 이젠 눈앞에 다가왔다.

산쥐는 그동안 남산언덕에 있는 부엉이네 창고의 식량을 한주머니 두주머니씩 도적질해 날라다 북산에 있는 자기의 창고에 넘쳐나게 채워넣었다.

그래도 성차지 않아 산쥐는 사돈네 팔촌까지 끌어들여 매일 부엉이네 창고안에서 혼자만자하게 먹고 마시면서 세월을 보내였다.

그러다보니 여름내 놀고먹던 산쥐의 몸뚱아리는 피둥피둥 살이 쪄서 몰라보게 되였다.

3월이라 삼질날 제비아씨와 함께 부엉이는 식솔들을 데리고 북방나라 평강벌로 이사오게 되였다.

산을 넘고 들을 지나 몇천리 날아왔나
북쪽나라 낯선 고장 평강벌 어드메냐
배불리 먹고사는 근심걱정 없는 고장
어서빨리 날아가자 어서빨리 날아가자

부엉이네 새끼들은 너무도 좋아 먼먼 려로에서 오는 피곤도 마다하고 흥이 나게 노래를 불렀다. 어미부엉이도 흥겨운 노래가락에 취해 저도 모르게 어깨춤이 들썽거렸다.

「어머니, 저기 보이는게 뭔가요?」

「그건 강물줄기가 뻗은거란다. 바로 저 벌이 평강벌이란다.」

어미부엉이와 새끼부엉이들은 서로 말을 주고받으며 깃을 쳤다. 이윽고 반공중에서 한바퀴 빙 깃을 치던 어미부엉이가 남산언덕에 내렸다.

헌데 이게 웬 일이겠는가?
창고 세개의 대문이 모두 펄쩍 열려져있는것이 심상치 않았다. 다급히 창고안에 들어가 보니 량식 한알도 볼수 없이 비여있었다. 어미부엉이는 정신이 아찔해나고 눈앞이 캄캄해졌다.
가을 한철 하루도 쉬지 않고 뼈빠지게 날라들인 식량이 한알도 없으니 열두식솔들이 뭘 먹고 살아간담?
어미부엉이가 너무 기막혀 창고옆에 쓰러진채 일어나지 못하고있을 때였다.
「엄마, 난 배고파…」
「엄마가 장만했다던 쌀로 어서 밥을 좀 지어줘요.」
철부지 어린부엉이들이 정신을 잃고 쓰러진 어미부엉이곁에서 배가 고파 아우성쳤다. 정신을 차리고난 어미부엉이는 생각할수록 산쥐에게 속히운 일이 분하고 원통하였다.
헌데 어떻게 하면 그 요사한 산쥐놈을 만날 수 있겠는가!
이때 파란 콩새 한마리가 느릅나무가지에 앉아 종알거렸다.
「부엉이아주머니, 산쥐가 열쇠를 열고 창고안의 식량을 몽땅 날라갔어요. 제가 산쥐의 굴을 알려드리지요.」
부엉이는 콩새를 따라 북산에 있는 산쥐의 굴에 갔다. 거기엔 갓 낳은 새끼쥐들이 오글오글하였다. 어미부엉이는 치솟아오르는 분김에 제꺽 털도 나지 않은 빨간 쥐새끼 한마리를 제꺽 한입에 삼켰다. 세상 별맛이였다. 어미부엉이는 초기만난 새끼부엉이한테 골고루 산쥐새끼들을 물어다 먹도록 하였다. 이렇게 산쥐의 굴에 있는 새끼들로 시장기를 누른 부엉이들은 이산 저산에 있는 산쥐굴들을 찾아내기에 눈에 쌍불을 켰다.
「네놈이 이제 굴로 다시 들어오기만 해봐라. 내 단번에 요정을 내고야말 테다!」
이렇게 생각한 부엉이는 인츰 새끼부엉이들에게 큰소리로 명령하듯 말하였다.
「애들아, 오늘부터 우리는 쥐새끼를 잡아먹기로 하자. 쥐들이 우리 식량을 몽땅 도적질해 먹었으니 이 쥐종자를 남겨두고서야 어찌 맘 편히 살아간 단말이냐? 우리를 굶어죽게 하는 쥐새끼들을 이 땅에 종자도 남김없이 잡아치워야겠다!」

부엉이들은 쥐잡이에 나섰다. 그들은 쥐들이 밤에만 쏘다니기에 밤만 되면 쥐들의 그림자를 찾기 시작하였다. 쥐들은 멀리서 부엉이의 울음소리만 들려와도 혼비백산하여 줄행랑을 놓군 하였다.

새끼산쥐들이 부엉이밥이 되고있다는 소문을 들은 어미산쥐가 살찐 몸을 겨우 뚱기적거리며 약바위밑 굴로 들어가려고 할 때였다.

「아니 너 우리 창고의 식량을 몽땅 결판낸 산쥐가 아니냐?」

추상같은 부엉이의 호령이 산마루에서 울려나왔다. 산쥐는 제자리에 못 박힌듯 발길을 멈추지 않을수 없었다.

「…」

산쥐는 한마디 대꾸도 할수 없었다. 만약 외마디소리라도 낸다면 부엉이는 영낙없이 덮쳐들 기세였다. 이에 산쥐는 죽은듯이 꼼짝도 못하고있었다. 부엉이도 산쥐를 노려 만단의 준비를 하고있었다.

이제 산쥐가 조금이라도 움찍거리기만 한다면 부엉이는 그 즉시 흥맹스레 날아가 산쥐의 각을 뜯어버릴판이였다.

날이 가고 달이 가도 산쥐는 꼼짝 움직일 엄두를 못냈다.

그러다가 세월의 비바람속에서 산쥐는 그만 봉우리로 굳어져버렸다. 그리고 그와 마주앉은 부엉이도 산쥐를 지켜 그 자리에 굳어지고말았다.

지금도 사람들은 만일 쥐봉이 움직이기만 하면 부엉이산은 곧 날아가 덮칠것이라고들 한다.

정리: 황상박

홍진장사굴의 유래

　화룡현 덕화향 홍진촌에 가면 하늘을 찌를듯이 높이 솟은 바위기슭에 길이가 15메터가량 되는 바위굴이 있다. 이것을 홍진장사굴이라고 하는데 여기에는 아름다운 이야기가 전해지고 있다.
　먼 옛날, 키가 구척이나 되고 몸집이 웅장한 한 장사가 말을 타고 이곳을 지나다가 산중턱에 누워 잠간 휴식하게 되였다.
　그런데 장사가 깜박 조는 사이에 한 백발로인이 나타나「그대가 누운 자리에 만병을 뗄수 있는 생명수가 있느니라.」하고는 자취를 감춰버렸다.
　장사가 눈을 번쩍 떠보니 꿈이였다. 하도 신비스러워 땅에 귀를 대보니 아닌게 아니라 샘물 흐르는 소리가 간간이 들리는것 같았다.
　장사는 옷을 벗어내치고 굴을 파기 시작하였다. 솥뚜껑같은 손으로 바위와 나무뿌리를 파서는 이산저산에 뿌리치면서 잠간새에 길이가 15메터되는 동굴을 팠다.
　옥같은 샘물이 퐁퐁 솟구치여 동굴밖으로 흘러나왔다. 장사가 그 샘물을 푹 떠서 마셔보니 온몸에 힘이 솟구쳐올랐다. 장사는 자기가 파놓은 굴을 흡족한 마음으로 돌아보고는 말을 타고 지축을 울리며 그 어데론가 떠나가버렸다.
　그때로부터 홍진촌사람들은 이 샘물을 마시면서 무병장수하며 살아갔는데 사람들은 모두 이 동굴을「홍진장사굴」이라고 불렀다.
　그런데 그후 살기 좋던 이고장에 보기 드문 재난이 들이닥쳤다. 철철 넘치던 샘물이 말라들고 사람도 병마에 시달리게 되였다.
　이때 경흥촌에서 살았다는 하운탁이라는 중이 찾아와서 마을사람들을 이끌어 장사굴옆에 20평방메터 되는 절을 짓고 매일 불공을 드렸다.

그후로부터 마침내 마을은 다시 생기로 회복하고 샘물도 다시 솟아오르게 되였는데 앓던 사람이 마시면 병이 나아지고 늙은이가 마시면 젊은 힘이 솟고 젊은이들이 마시면 힘장수가 되었다 한다.

그로부터 사람들은 「홍진장사굴」이라는 이름과 함께 샘물을 장수물이라 부르면서 오래오래 이 이야기를 전해가게 되였다 한다.

정리: 리련화

기우제바위

두만강변에 자리잡고있는 화룡현 덕화향 룡연촌 남전에서 아래 산발을 굽어보면 깎아지른듯한 기암절벽이 한눈에 보인다. 그 절벽사이 후미진 한 골짜기에 기묘하게 생긴 네모 번듯한 바위 하나가 있다. 그 모양이 마치 밥상을 차려놓은듯하여 예로부터 사람들은 이 바위를 괴상(槐床)바위라고 불렀다.

어느 조대로부터 그랬는지는 딱히 알수 없으나 사람들은 한여름철에 비가 내리지 않아 곡식들이 누렇게 말라들 때면 이 바위에 올라가 기우제(祈雨祭)를 지냈다고 한다. 그래서 이 바위를 기우제바위라고도 한다.

전하는 설화에 의하면 먼 옛날 삼복철에 달 반이나 비가 오지 않아 들에 곡식들이 불만 켜대면 타버릴듯했다. 이에 속이 단 농민들은 하늘을 저주하며 한해 농사를 파했다고 원성이 컸다. 이때 한 로인이 꿈결에 하늘의 신을 보았는데 하늘의 신은「한해 농사 건지려면 충복지성(忠福之誠)에 있노라, 어서 급히 바위를 깎아 상각(床角)을 만들고 생저혈(生猪血)로 칠을 낼지어다.」라고 그에게 분부했다. 로인은 마을사람들을 깨우쳐 큰 바위 하나를 택하고 길이 20메터, 너비15메터 되게 네모상을 만든 다음 집돼지를 몰아다 그 상우에 올려놓고 피를 받아 바위를 물들였다.

그랬더니 얼마 안되여 청청하늘에 매지구름 한점이 둥실 뜨더니만 비를 쏟았다. 삽시에 온 들판의 초목들이 생명수를 머금고 우썩우썩 기지개를 켰고 사람들은 그 비물을 한모금 한모금씩 받아삼키며 큰 연회를 베풀어 춤추고 노래불렀다한다.

그후부터 이고장 사람들은 대대로 내려오면서 여름철에 가물 때면 조상들이 하던대로 온 마을 남녀로소들이 모여서 집돼지 두마리(작은것과 큰것)

을 묶어가지고 이 괴상바위에 올라가 기우제를 지냈다 한다. 그런데 이 괴상바위에 오르자면 100메터나 되는 가파로운 벼랑길을 톺아올라가야 했으므로 작은 돼지 하나만 가지고 올라가 잡아서 바위를 피로 물들이고 큰 돼지는 산아래에서 잡아놓고 길가는 행인들까지 그 기우제에 참석시켜 한몫 끼워들게 했다 한다.

지성이면 감천이란 말이 과연 헛되지 않아 번번이 그 기우제가 채 끝나 기도전에 파랗던 하늘도 급기야 비를 주어 옷자락을 적시며 집으로 돌아왔다고 한다. 그래서 이고장은 해해년년 흉년을 모르는 곡창지대로 알려졌다 한다.

정리: 강장희

평풍산의 샘물

우리 조선족이 연변을 금방 개척했을 때의 이야기이다.
항간에는 「안해가 미우면 하마탕으로 가라!」는 말이 떠돌았는데 왜 그런 말이 나왔나 하면 하마탕으로 가면 얼마 가지 않아 녀자들이 죽어버리기 때문이다. 그러던것이 하마탕 남쪽 평풍산의 쌍두백호를 없애버리고 그 산의 샘물을 에워온 뒤로부터 녀자들이 죽지 않게 되고 그런 말도 다시는 떠돌지 않았다 한다.
왕청 백초구 땅을 지나서 가고 가다가 골짜기에 들어서면 하마탕이라는 곳이 있다. 그곳은 땅이 어찌나 비옥했던지 감자를 심으면 어벅개지 같고 조는 이삭이 황둥개꼬리 같고 옥수수이삭은 방치 같았다. 그런데 농사는 이처럼 잘되였으나 마실물이 없는것이 큰 곤난이였다. 물이 있기는 하나 진펄에 비린내나는 불그무레한 기름이 둥둥 뜬 건수인데 이런 물을 마시면 골수에 병이 들어 사람이 말라죽었다. 진펄에 고인 이 물은 그저 개구리나 새끼 치기 좋다고 해서 고장이름을 하마탕(蛤蟆塘)이라 불렀다. 그렇다고 이고장에 좋은 물이 없는것은 아니였다. 마을 왼쪽을 평풍처럼 둘러싼 평풍산우에는 백옥같이 맑고맑은 샘물이 큰 늪을 이루고있었다. 그러나 그 늪으로 올라가자면 십리길을 에돌아야 했고 올라갔다 해도 사방 바위두렁속에 갇힌 샘물을 사람 힘으로는 에워올 엄두도 못내였다. 그것보다도 평풍산을 지키고있는 산신인 쌍두백호가 도사리고있으니 아무도 얼씬하지 못했다.
평풍산 산신인 쌍두백호는 이고장을 독차지하려고 맞은켠 큰산의 산신과 싸움을 했는데 그만 지고말았다. 싸움에 진 빛으로 쌍두백호는 맞은켠 큰산 산신에게 열흘건너 계집을 하나씩 바치기로 되여있었다. 그래서 큰산 산신이 계집을 내라고 호령할 때면 쌍두백호는 평풍산 늪가에 나앉아 마을을 내려다보며 「따웅, 따웅!」하고 세번 울었는데 그때마다 젊은 녀자들이 하나씩 죽어갔다.

이렇게 되니 얼마 지나지 않아 젊은 녀자들이 거덜나고서 나중엔 로파이고 어린 처녀이고 젖빠는 애기까지 녀자로 생긴건 다 잡아가는통에 마을은 형편없이 황페해지고 홀애비 몇집만 남게 되였다.

「인젠 어떻게 살아간단말이요?」

하루는 천지가 아득해서 큰길옆 나무그늘밑에 모여앉아 마을 홀애비들이 장탄식하는데 어디서 왔는지 몸이 절구통같고 수염이 잔솔밭같은 한 중년포수가 장궁과 삼지창을 들고 나타났다.

중년포수는 갈한 목을 추기려고 물 한사발을 청하였다. 랭수 한사발을 얻어마신 포수는 이고장 물이 왜 시쿰하고 닉넉한가고 물었다. 마을사람들이 이곳은 먼곳에 가서 강물을 길어다 먹다보니 물이 기름보다 귀하다고 알려주었다. 포수는 그처럼 귀한 물을 한사발 얻어먹었으니 과연 고맙다고 인사하고나서 어째 가까운 곳에서 샘물을 에워오지 않느냐, 어째 마을에는 녀자들이 그림자도 보이지 않는가고 물었다.

마을 홀애비들이 눈물을 흘리며 쌍두백호 때문에 녀자들이 다 죽고 샘물조차 먹지 못했다는 얘기를 자초지종 들려주니 포수는 「그러길래 안해가 미우면 하마탐으로 가려고 했지!」라고 중얼거리더니만 자리에서 섬큼 일어났다.

「여러분들 안심하십시오. 내 지금 평풍산으로 가서 그놈의 쌍두백호를 없애치우겠습니다.」

포수가 떠난지 얼마 안되여 평풍산이 쩌렁쩌렁 울기에 그쪽을 쳐다보니 쌍두백호란놈이 평풍산에 나앉아 「따웅!」 하고 소리치는것이였다. 마을사람들이 손에 땀을 쥐고 인젠 포수가 죽게 되였구나 하고 숨이 한죽은해있는데 뒤미처 천동치는 소리가 평풍산을 뒤흔들더니 쌍두백호는 사라지고 온 산이 쥐죽은듯 조용했다.

한식경이나 기다려도 아무 동정이 없는지라 이상하다고 마을 홀애비들이 떼를 지어 평풍산우의 늪가로 달려올라가보니 백호는 오간데도 없고 포수가 코피를 줄줄 흘리며 실신한채 쓰러져있었다.

사람들이 그의 입에 물을 떠넣고 얼굴을 씻어주어서야 포수는 겨우 정신을 차렸다.
 모두들 달려들어 부축하며 이게 웬 일이냐고 물었다.
 포수는 빙그레 웃으며 쌍두백호를 화살로 쏜 이야기를 하고나서 그놈이 소리치며 도망했는데 어디로 갔는지 모르겠다고 하였다.
 한참후에 차츰 원기를 회복한 포수는 사방을 두리번거리며 살피더니 「아!」하고 소리지르며 앞쪽의 쌍두바위를 가리켰다. 모두들 일제히 그쪽을 쳐다보니 쌍두바위 한가운데 화살이 꽂혀있고 바위가 부들부들 떨고있었다.
 「여러분 저게 바로 쌍두백호입니다. 저놈이 채 죽지 않았으니 저를 살리겠거든 어서 피하십시오.」
 포수가 눈에 불이 펄펄 일며 소리쳤다.
 마을사람들은 오직 포수를 살려야겠다는 생각에 모두들 주먹달음으로 자리를 피하였다.
 마을사람들이 멀리 피하자 포수는 삼지창을 꼬나잡고 벽력같은 고함을 지르며 쌍두바위 한복판을 찔렀다. 면바로 쌍두백호의 가슴팍 흰 점을 찌른 것이다.
 하늘땅이 쪼개지는 요란한 소리와 함께 평풍산이 뒤흔들리였다. 그바람에 달리던 마을사람들이 땅에 쓰러지고말았다.
 한동안 지나도 아무 기척이 없자 마을사람들은 포수가 근심되여 다시 늪가로 달려올라갔다. 늪가에 이르러보니 포수는 빙그레 웃으을 띠우고 피못속에 고이 누워있었는데 그의 맞은켠 쌍두바위 한복판이 떡 갈라져있었다.
 마을사람들은 포수의 시수를 엇갈아 업으며 마을로 돌아왔다. 그들이 마을에 방금 들어서자 난데없는 시내물이 콸콸 소리치며 마을앞으로 흘러내렸다. 모두들 깜짝 놀라 바라보니 평풍산의 쌍두바위가 두쪽으로 갈라진 그곳으로부터 샘물이 콸콸 흘러내리고있었다.
 사람들은 이름 모를 포수를 뒤동산 양지바른 곳에 고이 묻었다.
 이때로부터 하마탕에서는 녀자들이 죽지 않게 되였고 평풍산의 샘물로 문전옥답을 적셔 벼농사를 지으며 잘살게 되였다고 한다.

구술: 김대만
정리: 김명한

쿨룽산

왕청현 백초구에 쿨룽산이라고 부르는 큰 산 하나가 있는데 여기에는 이런 전설이 전해지고 있다.

먼 옛날 이곳의 한 산에는 집채같이 크고 실한 구렝이 한마리가 살고있었는데 경치 좋고 물 맑은 사방 백리안을 차지하고도 성차지 않아 늘 자기의 구역을 늘이려고 벼르고있었다.

헌데 이 큰 산 북쪽으로 약 60리가량 떨어진 큰산에는 백호가 주인노릇을 하고있었다. 백호도 욕심이 사나운지라 늘 자기 지반을 넓히려고 욱욱별렀다.

그러던 어느 하루 구렝이와 백호는 끝내 쟁탈전이 붙고야말았다.

구렝이는 하늘의 구름을 몰아다가 호랑이가 차지한 산에 주먹같은 우박을 마구 퍼부었다. 그러자 백호는 호용을 치며 꼬리로 바람을 휙휙 일구더니 구렝이가 있는 산을 향해 대풍을 몰아샀나.

벼르고 벼르던 싸움인지라 여간만 치렬하지 않았다. 구렝이와 백호가 죽기내기로 석달 열흘을 싸웠으나 좀체로 승부가 나지 않았다.

나중에 대노한 백호는 다시 온 천지를 진감하게 우왕따왕 고함을 치더니만 앞발을 들어 구렝이가 있는 산을 냅다 치였다. 쾅! 하는 소리와 함께 산이 절반이나 와르르 무너져내렸다.

이 광경을 보던 구렝이는 훌쩍 몸을 솟구쳐 백호가 있는 산으로 내리꼰지였다. 그러자 온 산의 나무가 막 쓰러지면서 일대 수라장이 되였다. 그런 다음 구렝이는 땅속으로 쑥 들어가더니 한참후에 자기가 있던 산 남쪽봉우리를 욱 들고 올라왔다.

그때로부터 구렝이가 있던 산 남쪽끝에는 큰 구멍이 뚫렸는데 이것이 곧

쿨룽산이다.

　전해내려오는 말에 의하면 그때 구렝이가 내리꼰지던 산이 바로 지금의 하마탕향에 있는 스팡산인데 백초구 쿨룽산에서 불을 때면 구렝이가 꼰지던 스팡산에서 사흘후 연기가 피여오른다고 한다.

　그럼 구렝이와 백호의 싸움은 어떻게 되였는가?

　결국 승부를 가르지 못한채 진해버린 그들은 동시에 이고장을 떠나 멀리 멀리로 가버렸다 한다.

정리: 리군팔

호랑산

돈화현성에서 동북쪽으로 가면 병풍마냥 서리서리 뻗어간 높은 투요자령이 있는데 이 령에 올라서서 앞을 내다보면 30리 사하벌 복판에 산 호랑이마냥 가슴을 쩍 벌리고 머리를 들어 앞을 내다보는 산이 우뚝 솟아있다. 이곳 사람들은 이 산을 호랑이산이라 부르는데 그렇게 부르는데는 아름다운 전설이 전해지고 있다.

누구도 딱히는 알수 없는 오랜 옛날이였다.

이 산밑에는 한 마을이 오붓이 자리잡고있었는데 사람들은 병도 재난도 모르고 서로 돕고 아끼며 화목하게 살았다. 그것은 이 산허리에 행복의 샘물이 있었기때문이다. 샘터에서는 매일 맑디맑은 샘물이 콸콸 솟아올랐다. 이 샘물을 마신 아이들은 우쩍우쩍 자랐고 총각들은 힘꼴쓰게 뼈마디가 부쩍부쩍 늘어났으며 처녀들은 고운 얼굴이 더 어여뻐졌다. 로인들이 이 샘물을 마신후 얼굴에 잡힌 주름살이 펴지고 서리 내린 머리도 한 대씩 한대씩 검어갔다. 무리 지은 송아지들이 매일 이 샘물을 마셨는가 하면 꽃사슴, 토끼들도 먼곳에서 찾아와 이 물을 마시군 하였다. 어찌 그뿐이랴! 북으로 날아가던 기러기들도 샘터까지 끼룩끼룩 날아와서는 몇바퀴 빙 돌다가 천천히 내려와 목을 적신후 다시 날아가군 했다.

안개 끼는 아침이면 선녀같은 처녀들이 물동이를 이고는 풀잎에 매달린 진주이슬에 치마자락을 적시며 고요한 샘터로 물길러 나왔고 달밝은 저녁이면 목동과 처녀가 달빛 아롱진 샘물우에 한잎두잎 진달래꽃을 던지며 끝없이 솟아나는 샘물마냥 기나긴 사랑이야기로 밤 가는줄 몰랐다. 사람들은 이 샘물을 생명수, 행복의 샘이라 불렀다.

어느해 늦봄, 함박꽃이 한창 필무렵이였다. 이날 아침도 여느때와 같이 처녀들은 물동이를 이고 샘터로 갔다. 그런데 얼마 안되여 처녀들은 물동이를 내동댕이치고 가시나무에 치마자락을 찢기우며 허겁지겁 달려왔다. 샘터에 난데없는 호랑이가 있다는것이였다. 이 말을 들은 담이 큰 총각들은 살금살금 샘터어구에까지 가보았다. 아니나 다를가 큰 호랑이가 턱 버티고 앉아 망울진 눈을 부릅뜨고 앞을 내다보고있었다. 그날은 그럭저럭 지났으나 이틀이 지나도 호랑이는 그곳을 떠날줄 몰랐고 여드레되는 날에도 그냥 그 자리를 지키고 앉아있었다. 밤에도 한발자국 드티여 앉을세라 두눈에 불을 켜고 마을을 내려다보고있었다. 그 꼴이 샘터를 영영 독차지하려는것만 같았다.

호랑이가 샘물터를 차지한 그날부터 물줄기는 끊어져 크고 작은 개울물은 바싹 말라들어 거북등이 되었고 집집마다 물독은 먼지 날 지경이 되었다. 사람들은 그릇들을 바깥에 내여놓고 하늘의 비를 기다리는수밖에 없었다. 포동포동하던 아이들은 여위여갔고 어른들 얼굴에는 검은 그림자가 비꼈으니 처녀들도 매한가지였다. 꽃같은 얼굴들은 시들어갔고 노래와 웃음소리는 잦아들었다.

어느덧 보름이 지나갔다. 물 없이야 어찌 살랴?! 사람들은 정신을 잃고 하나 둘 쓰러졌다. 무서움 모르고 뛰여다니던 애기꽃사슴도 나무밑에 누워서는 초들초들 말라든 입만 쩝쩝 다시며 눈물을 똑똑 흘리고있었다.

더 살래야 살수 없는 처지였다.

이 마을에는 마음이 어질고 착한 과부가 살고있었는데 그에게는 스무살 나는 아들이 있었다. 이 목동총각도 이 마을 샘물을 마시며 뼈를 굳혔다. 마을사람들은 부지런하고 남을 돕기를 즐기며 어머니에게 효성이 극진한 이 목동총각을 칭찬하였고 처녀들은 저마다 남몰래 은근히 사모하였다.

어느날 아침에 이 총각은 「어머니, 제가 샘터를 차지하고 있는 호랑이를 없애치우겠습니다.」라고 말하였다.

어머니는 깜짝 놀라서 「넌 아직 어려서 못간다.」고 하였다.

「어머니, 지금 마을사람들은 물을 마시지 못하여 목이 말라 죽게 되였습니다. 이를 보고만 있어서야 어찌 아버지의 아들이라 하겠습니까!」

기어코 가려는 아들의 말은 아들의 성격을 잘 알고있는 어머니로 하여금 더 어쩌는수가 없게 하였다.

「그럼 가거라. 제 애비 성질을 똑 떼 닮았구나. 더 말리지 않겠다.」라고 말한 어머니는 저고리고름으로 눈물을 닦으시더니 「네 아버지도 마을사람들을 위해 일년 삼백륙십오일을 하루같이 호랑이와 싸우다가 세상을 뜨고 말았다. 그때로부터 오늘까지 범은 다시 산에서 내려오지 않았는데 누가 알겠니 또 저렇게 내려올줄이야…」

말끝을 흐린 어머니는 농밑에 깊이 두었던 작은 도끼를 꺼내여 아들에게 쥐여주었다.

「이 도끼는 네 아버지가 호랑이와 싸울 때 쓰던거다. 가지고 가거라.」
「어머니, 호랑이를 잡아없애기전에는 돌아오지 않겠습니다.」

대물림보배인 도끼를 두손으로 정중히 받아쥔 아들은 떡보자기를 차고 어머니에게 절을 올리고는 길을 떠났다.

과부의 아들 목동총각이 호랑이를 잡으러 샘터로 갔다는 소문은 삽시간에 온 마을에 퍼졌다. 마을사람들은 동구밖에 나와 샘터쪽을 바라보았다. 이윽고 샘터에서 먼지가 일고 나무가지며 나뭇잎들이 하늘로 날아올랐다. 산이 갈라지고 하늘이 떠나갈듯 호랑이는 고함치는데 사람은 보이지 않고 해빛에 도끼날만 여기 번뜩, 저기 번뜩 번개쳤다. 목동총각과 호랑이는 이렇게 꼬박 일곱낮, 일곱밤을 싸웠다. 마을사람들도 손에 땀을 쥐여짜며 일곱낮, 일곱밤을 동구밖에서 떠나지 않고 샘터만 지켜보았다.

여드레되는 날 아침이였다.

그렇게 요란하던 샘터는 쥐죽은듯 고요하였다. 사람들은 어찌된 영문인지 몰라 샘터로 달려갔다. 샘터는 풀 한포기, 나무 한그루도 없이 휑뎅그렁한 마당으로 되였고 사람도 호랑이도 온데간데없었다. 사람들은 피자국을 따라 산꼭대기에 올라갔을 때에야 도끼에 맞아 볼모양 없이 된 호랑이가 네 각을 벌리고 쓰러져있음을 발견하였다. 목동총각은 바른손에 도끼를 쥐고 왼손에는 호랑이대가리를 으스러지게 틀어쥔채 함박꽃속에 잠자듯 고이 누워있었다. 그의 보조개진 얼굴에는 만족스런 웃음이 곱게 피여있었다.

마을사람들은 눈물을 흘리며 목동총각의 시체를 안아다가 산꼭대기에 고이 묻었다.

사람마다 잔디덮은 무덤앞에서 목놓아울었고 처녀들은 남몰래 비오듯 내리는 눈물을 깊은 마음속에 삼키였다.

그날부터 샘터의 물줄기는 이어지고 사람들은 다시 샘솟는 물을 마시면서 복된 나날을 보내며 행복하게 살게 되였다.

이때로부터 사람들은 과부의 아들인 용감한 목동총각이 호랑이와 싸워 죽은것을 기념하기 위하여 이 산을 「호랑산」이라 이름지어 불렀고 해마다 함박꽃 피는 시절이면 처녀들은 명절옷차림을 하고 호랑산에 올라가 꽃놀이하며 춤추고 노래불러 용감한 목동총각을 기념했다.

정리: 김충묵

베개산과 사랑늪

출렁이는 사하강을 옆에 끼고 앉은 돈화시 사하연향 장부툰마을앞에는 그리 크지 않은 한 산이 홀로 누워있다. 이곳 사람들은 이 산을 원앙침같다 하여 베개산이라고 부른다.

베개산에서 그리 멀지 않은 곳에는 늪 두개가 가지런히 있는데 이 늪을 사람들은 사랑늪이라고 부른다.

베개산과 사랑늪에는 슬픈 이야기가 담겨있다.

옛날, 땅이 비옥하고 물이 맑은 이고장에는 송가라는 만석부자가 살고있었다. 송가에게는 꽃같이 고운 무남독녀가 있었고 또 인물이 출중하고 일을 잘하는 총각머슴이 있었다.

처녀는 인물이 절색이라 웃는 얼굴은 해와 같았고 자는 얼굴은 보름달 같았다. 부자집딸이라 밤이면 뒤방에서 글을 읽었고 낮이면 화원에서 수놓이를 하면서 나날을 보내였다.

총각머슴은 미남이요 힘이 장사같고 마음이 비단같아 딸을 둔 이웃들에서는 은근히 사위감으로 택하였다.

그는 부자집 머슴이라 낮이면 말없이 부지런히 일했고 밤이면 초막집 퇴마루에 홀로 나앉아 피리를 불군 하였다.

해가 가고 달이 바뀌여 오랜 시간이 흐르더니 처녀가 읽는 글소리는 총각머슴의 가슴에 글을 새겨주었고 총각이 부는 피리소리는 처녀의 가슴에 사랑의 파문을 일으켜주었다.

랑랑한 글소리와 아름다운 피리소리는 한데 어울려 부자집 뜨락에 미묘한 음악처럼 울리였고 처녀와 총각은 귀천도 가리지 않고 남몰래 사랑을 속삭이게 되였다.

처녀는 부모눈을 피해가며 총각의 헌옷을 한뜸한뜸 기워주며 저도 모르게 귀밑을 붉히군 하였다.
총각은 쉬는 참을 타서 처녀의 화원을 알뜰히 가꾸어주었다. 화원에는 갖가지 꽃들이 활짝 피여났고 나비들이 쌍쌍이 날아들었다.
어느날 밤이였다.
처녀는 밤마다 달빛을 빌어 원앙새 한쌍을 수놓아 만든 꽃쌈지를 총각에게 사랑의 첫선물로 주었다. 둘은 밤가는줄 모르고 속삭이였다.
밤말은 쥐가 듣고 낮말은 새가 듣는다고 부자집 딸과 총각머슴이 사랑을 속삭인다는 말이 한입 건너 두입 건너 송가의 귀에 들어갔다. 그리고 딸이 몸집이 달라진다는것도 송가네 내외간은 알게 되였다.
귀천과 등급 차가 하늘과 땅처럼 심한 세월이라 부자집 딸과 총각머슴이 배필로 된다는 것은 천부당만부당한 일로서 절대 용서할수 없는 일이였다. 황차 만석부자인 송가로서는 애지중지 키운 무남독녀를 가난뱅이 총각머슴한테 시집을 가게 내버려둔다는것은 얼굴을 들고서는 나다닐수 없는 일이 아닐수 없었다.
만석부자 송가네 내외간은 이 일로 하여 분이 상투밑까지 치밀어올랐고 침식마저 잃게 되였다. 머슴총각을 사위로 삼자니 권세 있는 량반부자로서의 체면이 깎일 일이요, 파혼하자니 딸의 배가 만삭이 되였는지라 만약 고을 만백성들이 아는 날이면 개꼴망신이고 집안이 망하는 판이였다. 그들은 궁리하고 의논하던 끝에 독한 마음을 먹었다. 량반집 존엄을 위하여 이들 둘을 죽이는수밖에 없었다.
송가는 목수를 불러다 남몰래 관 두개를 짜게 하였다. 그리고는 밤중에 졸개들을 시켜 딸과 총각머슴을 붙잡아다가 관에 넣고 천개에 대못을 박게 하였다. 그리고는 관 두개를 수레에 싣고 산에 가서 마른나무가리우에 관을 올려놓고 불을 질렀다.
충천하는 불길속에서 관이 타더니만 갑자기 삼단같은 연기가 솟구치며 우르릉 꽝 하는 요란한 소리가 울리는것이 아니겠는가. 그러자 그 소리와 함께 처녀총각은 두손을 맞잡고 하늘로 날아올랐다. 이와 때를 같이하여 하늘에서는 번개 치고 뢰성이 울리더니 소나기가 마구 쏟아져내렸다. 이상하게도 빗물은 한곬으로 모이여 관을 태운 산옆에 늪 두개를 가지런히 만들어 놓았다. 그것은 처녀총각의 눈물이였다. 맑고 깊은 사랑이였다. 늪우에서는 제비들이 쌍쌍이 물을 차며 날아옜다. 봉우리를 날카롭게 높이 솟구쳤던 산은 베개처럼 변하여 조용히 누워있었다.

 그때로부터 이고장 사람들은 불사르던 곳인 이 산을 「베개산」이라 불렀고 두 늪을 「사랑늪」이라 부르면서 이 처녀와 총각을 기념하였다.

정리: 김충묵

경박호(1)

발해의 옛도읍 동경성 발해에서 서쪽으로 백리가량 가면 그 깊이와 넓이를 헤아릴수 없게 넓고 깊은 호호망망한 푸른 늪이 있는데 멀고 먼 옛날 이 늪가에는 고기를 잡아 살아가는 어부 일가가 있었다.

어부는 골육친척이 없는 고독한 신세였는데 게다가 일점혈육마저 없이 애를 태우던 끝에 나이 사십이 넘어서야 천지 신명이 굽어 살폈던지 딸 하나를 낳게 되였다. 때는 바로 늪가에 우거진 버들숲에 한창 버들늪이 틀무렵이라, 딸애 이름를 류아(柳芽)라고 지었다.

류아가 태여나면서부터 호젓하고 쓸쓸하던 일가에는 애애한 화기와 행복의 웃음이 집안을 감돌기 시작했다. 어부의 부부는 령리하고 귀여운 어린 류아를 금지옥엽인양 불면 날아갈세라 쥐면 터질세라 애지중지 키웠다. 날에 날을 이어 어부는 고기를 잡고 그의 안해는 고기를 함지에 담아 이고 원근 촌락으로 다니면서 팔아 쌀과 천과 소금 등속을 바꾸어오군 하는데 그때마다 귀여운 류아를 위하여 엿이며 놀음감이며 색동옷감을 구해다 아이를 기쁘게 해주었다. 슬하에 귀여운 딸 하나를 두고 제법 오붓하고 단란한 생활을 꾸려나가는 어부일가를 세상 사람들은 못내 부러워하기까지 하였다.

세월은 흐르는 물과 같아서 봄이 가고 가을이 바뀜이 몇번이였던지, 류아도 어언간 여섯 살을 먹게 되였다. 호사다마라더니 실로 이 화기가 애애하던 어부의 일가에 액운의 그림자가 비낄줄이야 어찌 알았으랴, 어부의 안해는 중병으로 눕게 되였다. 그러고보니 어부와 어린 류아에게 있어 다시없이 커다란 근심으로 되지 않을수 없었다. 어부는 천하 명의를 찾지는 못했으나 세상에 좋다는 사약은 다 써보았지만 가석하게도 안해의 병은 점점 더 중해갈뿐이였다. 어부는 몸부림치는 안해를 구완하기에 밤과 낮을 가리지 않고 애간장을 태웠고 어머니가 어서 일어나기를 바라는 어린 류아 역시 한없는 근심으로 모대기게 되였으니 이 어찌 한스러운 일이 아니랴.

어느 하루 림종이 가까와옴을 예감한 어부의 안해는 남편을 불러 옆에 앉혔다. 가엾는 녀인은 사랑하는 딸 류아를 가슴에 끌어안고 남편의 손을 부여잡고 마지막 유언을 간신히 남기는것이였다.

「나는 이제 곧 당신과 류아를 영별하게 되나봐요. 우리 부부가 자초에 백년을 해로하자 언약했지만 조물이 시기하고 귀신이 투기하니 이제 와서 타고난 팔자를 한탄한들 무슨 소용이 있으리요.…」

그는 가냘픈 소리로 겨우 말을 이어가다가 그만 목이 메여 두눈에 뜨거운 눈물을 줄기줄기 쏟을뿐이였다. 안해의 슬픈 말에 너무도 기가 막히는 어부는 안해의 몸을 어루만지며

「여보 그게 무슨 소리요. 인명은 재천이라는데 하늘이 우리를 미워할 까닭이 없으니 설마 당신을… 이 약을 마시면 곧 일어나게 될거요. 자 어서」라고 하면서 약사발을 안해의 입가에 가져다대며 목메이는 소리로 위로를 하였다.

「엄마 약을 잡숴, 빨리 병이 나아서 일어나야 나 엿이랑 놀음감이랑 구해다주지. 약을 많이 잡숫고 얼른 일어나요.…」

류아는 머루알같은 두 눈에 진주같은 눈물을 방울방울 떨구는것이였다.

어부의 안해는 다시한번 더 사랑하는 어린 딸을 끌어안으며 남편을 향해 말을 이었다.

「내 당신에게 남겨둘 한가지 부탁이 있어요. 나의 이 간곡한 당부를 당신은 저버리지 않으리라 믿어요.」

「여보 무슨 부탁이요? 내 어찌 당신의 부탁을 저버릴수 있겠소.」

「전하는 말에 의하면 이 늪속에 신기한 거울이 하나 잠겨있다는데 누구든지 자기가 보고싶은 사람이 있을 때 그 거울을 들고 보면 그 보고싶은 사람의 얼굴이 거울속에 나타난다고 해요. 당신이 그 거울을 건져내기만 하면 내가 죽어 황천으로 간다 해도 앞으로 류아와 당신은 두고두고 나의 얼굴을 볼수 있을게 아니예요.…」

안해의 말을 들은 어부의 얼굴에는 비장한 결심이 떠올랐다. 자기도 이

늪속에 잠긴 거울을 건져내려고 마음을 먹어보지 않는바가 아니다. 물속에 잠긴 거울이 때때로 조화를 부리는바람에 호수에 때아닌 풍랑이 일어 고기잡이배가 뒤집히군 한 그였다. 하지만 헤아릴수 없이 깊은 망망한 늪속에 잠긴 거울을 건진다는것은 하늘에 올라 별을 따기와 같이 부질없는 일임을 스스로 생각하게 되자 그만 단념해버리고말았던것이다. 그런데 지금 안해의 간곡한 유언을 듣고보니 어부는 천하없이 어려운 노릇이라 할지라도 기어코 그 거울을 건져내고야말리라는 철석같은 결심을 내리게 되였다.

「여보 념려마오. 내 기어이 그 거울을 건져내여 우리 류아가 당신의 얼굴을 두고두고 보게 해주고야말겠소!」

박명한 녀인은 입가에 미소를 짓더니 류아와 남편을 다시 한번 더 보고는 고요히 눈을 감고말았다.

어부는 사랑하는 안해를 잃었고 류아는 사랑하는 어머니를 여의였다. 살뜰한 반려를 잃은 어부는 기쁨도 슬픔도 사랑도 희망도 자기의 모든것을 오로지 어린 류아에게 의탁하면서 여전히 고기를 잡아 그날그날 살아가게 되였다. 이때로부터 어부는 전에없이 슬기롭고 용맹한 투사의 기상으로 한갖 거울을 건져내려는 일편단심에서 악전고투를 거듭하게 되였다.

그런데 대체 이 늪속에 잠겨있다고 전해오는 그 신기한 거울이란 무슨 거울이며 어떠한 래력을 가지고있는것일가?…

이야기는 또다시 옛날로 돌아간다. 그 옛날 이 나라 동북변방인 이땅에는 발해라는 왕국이 있었다. 발해의 마지막 왕인 애왕은 왕위에 오르면서부터 선왕이 남긴 기업을 초개같이 생각하고 주색에만 빠져서 날에 날마다 궁녀와 후관나부랭이들을 거느리고 마시고 놀기에 여념이 없었다. 나라를 근심하는 모든 우국지사와 충신들의 간언을 잔혹하게 탄압만 한데서 국운은 점점 쇠약해지고 백성은 도탄에 빠지게 되어 원성이 하늘에 사무쳤다. 그러나 암둔한 애왕은 더욱더 포악하고 방종해질뿐이였다.

오래전부터 북방에 웅거하여 호시탐탐하고있던 거란족은 바로 이때라 하고 풍우같이 쳐들어왔다. 국력이 쇠약할대로 쇠약해지고 민심이 어지러울대로 어지러워진 발해는 외적의 진격앞에 어차피 풍전등화의 운명으로 되지 않을수 없었다. 그날도 어원의 꽃동산에서 술놀이를 하던 애왕은 녕고탑

이 이미 함몰되였다는 급보를 받고서야 비로소 혼비백산하여 삼십륙게 줄행랑을 놓기 시작하였다. 발해 왕실에는 대대로 물려내려오는 보경이 있었는데 이 거울은 세상에 둘도 없이 신기하여 국보로 전해오고있었다. 망국지주인 애왕은 모름지기 나라는 버리고 달아날망정 이 거울만은 가슴에 깊이 간직했던것이다. 애왕 일행이 서경을 바라고 내빼다가 끝없이 넓고 푸른 늪가에 이르렀을 때다. 이미 질풍같이 추격해오는 거란의 천군만마가 지척에 박근하게 되였다. 벌떼같이 애왕을 옹위해가던 왕후공작 근신들은 발을 구르며 애절히 울부짖었다. 애왕은 추병앞에서 다시 더 모면할 길이 없게 되였음을 짐작하게 되자 그만 보경을 가슴에 품은채 하늘을 향하여 한번 길게 탄식하고 망망한 호수의 천길 물속으로 풍덩 뛰여들고말았다. 따라서 그의 일행도 뒤를 이어 풍덩풍덩 뛰여들고말았던것이다.

세월은 또다시 봄이 가고 가을이 바뀌는 사이에 류아의 나이도 십륙칠세를 먹게 되였다. 류아는 당년의 어머니와 마찬가지로 물고기를 함지에 담아이고 원근 촌락으로 다니면서 쌀과 천을 바꾸어다 늙은 아버지를 극진히 공대하였다. 총명하고 아릿다운 류아가 고기함지를 이고 나타나면 마치 교교한 둥근달이 동산우에 둥실 떠오른듯 동네방네가 환해지고 사람들의 마음도 명랑하여 유쾌해지는것이였다. 늙은이들은 은근히 며느리를 삼았으면 하여 마음을 졸이였고 총각들은 흠모의 정에 가슴을 설레였다.

슬하에 딸 하나를 의지하여 고독하게 살아가는 늙은 어부는 마침내 어디 착실한 사위감을 택하여 류아의 장래를 마련해주고 자기도 만년을 위탁하려는 심산을 가지게 되였다. 더욱이 안해의 유언을 저버리지 않고 거울을 기어이 건져내려는 일편단심으로 십여년을 두고 악전고투하다 성사하지 못한 필생의 숙원을 이루자면 사위라도 면바로 골라 조력을 받아서 성사해보자는 생각이 앞섰기때문이다. 급기야 늙은 어부는 류아를 불러앉히고 자기의 생각한바를 말하였다. 효성이 지극한 류아는 아버지의 뜻대로 하겠다고 순종하였다. 그날부터 어부는 사위감을 고른다는 소문을 내놓게 되였는데 원근 각지의 총각들도 너도나도 한번 선이나 보여보자고 구름같이 모여들었다. 늙은 어부는 수없이 모여드는 총각들가운데서 남달리 취할점이 있다고 보여지는 자만 남겨두고 그 나머지는 모두 돌려보냈다. 퇴자를 맞은 총각들은 머리를 빽빽 긁으며 맹랑한대로 돌아가는수박에 없었고 남아있는 총각들은 무슨 방법으로 선을 보일가 하고 가슴을 두근거리게 되였다. 늙은 어부가 선을 보이는 방법은 단 한가지인데 총각을 데리고 늪으로 나가 거울을 찾아내는 싸움에 참가시키는것이였다. 그러나 이 싸움은 어찌도 상상할수 없이 어마어마하게 무서웠던지 어느 총각이나 당장에서 기혼하거나 그렇지 않으면 걸음아 날 살려라 하고 달아나지 않는자가 별반 없었다. 그리하여 사위 선을 보이려 오는 총각이 점점 드물어갔다.

유흘한 광음은 또 몇해가 흘러갔다. 그러던 어느 하루 선보이러 온 총각이 있다는 기별을 듣자 어부는 늘이였던 그물을 대충 걷어 쪽배에 싣고 바삐 기슭으로 저어와서 버드나무그루에 닻줄을 매여둔 다음 집으로 달아왔다. 삽작밖에서 서성거리고있던 총각은 급히 걸어오는 늙은이가 류아의 아버지임을 짐작하자 앞으로 나가 너부시 절을 하면서 찾아온 사연을 여쭈었다. 총각의 생김새부터 유심히 살펴보던 어부는 두말없이 그를 안으로 청했다.

그 총각은 사뭇 대장부다운 기골이였다. 팔척장신에 억센 골격, 영채도는 두 눈에 넙죽한 이마며 목소리는 우뢰같이 웅글지고 거동은 맹호같이 천근장사임에 분명해 보였다. 사위감 고르다가 실망했던 어부는 속으로 자못 흐뭇해하면서 몇마디 말을 건닌다음 곧 늪으로 데려갔다. 거울을 건지는 싸움이 벌어지자 여느때 그 비겁쟁이들과는 달리 이 총각은 실로 용감무쌍하였다. 늙은 어부는 이 젊은 장사와 함께 물속에 들어가 수십합을 겨뤄보고서야 이 총각이 틀림없는 사위감이라고 여겨져 싸움을 거두고 같이 집으로 돌아왔다. 수삼년을 두고 사위감을 고르기에 무등 애를 써오던 어부는 이때야 시름을 놓게 되였고 아버지가 오매불망 근심하는 것을 말없는 불안속에서 애를 태워오던 류아도 이제야 안도의 숨을 내쉬게 되였다.

「자네는 과시 대장부일세. 자 오늘부터 내 사위가 되어주게!」

드디여 용감한 총각은 아릿다운 어부의 딸을 안해로 맞아 원앙의 금슬을 맺게 되였다. 쓸쓸하고 고적하던 어부의 집안에는 또다시 동산에 봄이 든듯 애애한 화기가 넘치게 되였다. 이때로부터 늙은 어부와 젊은 사위는 거울을 건져내는 싸움을 간단없이 벌리였다.

덧없는 세월은 또다시 수년이 흘러갔으나 애석하게도 거울은 여전히 건져내지 못하였다. 한평생 푸른 호수의 거센 풍파에 갈리고 부대껴왔으며 거울을 건지려는 장렬한 싸움을 수백번 거듭해온 늙은 어부는 해마다 기력이 쇠진해짐을 스스로 한탄하지 않을수 없게 되었다.

「내 가슴에 더운피가 아직 고여있고 내 팔다리에 기맥이 아직 뛰고있을 때 거울을 건져내지 못하고보면 안해의 그 간곡한 유언도 류아의 그 간절한 소원도 모두 물거품으로 사라지고 말것이 아니냐…」

어부는 딸과 사위를 앞에 앉히고 끝내 자기의 비장한 결심을 내놓았다. 그리하여 세 식구는 거울을 건져내기 위한 결사적인 판가리싸움을 걸기로 작정하였다.

판가리싸움이 시작되었다. 어부와 사위는 배를 저어 호심을 향하고 류아는 아버지와 남편의 사기를 돋우려 늪가의 벼랑바위우에 올라갔다.

당년에 이 늪속에 뛰여든 애왕 일행은 천추에 가실수 없는 망국의 한을 품은 원귀로 되여 비록 나라는 잃을망정 국보로 전해오던 거울만은 잃지 않으려고 이날까지 악을 쓸대로 쓰다가 그 용맹한 어부의 습격에 이미 태반이나 죽고말았지만 아직도 한사코 거울을 놓으려 하지 않고 잔잔한 늪에 때아닌 풍랑을 일으켜 어부들에게 재앙을 덮씌우고있었다. 발해의 원귀들이 둥지를 틀고있는 호심에까지 이른 배는 닻을 내리웠다. 늙은 어부는 허리에 바를 동여매후 서리발치는 비수를 손아귀에 틀어잡고 남은 원귀들을 마저 잡으려고 물밑으로 내려갔다. 사위는 배우에서 그 어떤 천하없는 괴변이 일어날지라도 배가 뒤엎어지지 않도록 가누면서 장인을 도와야 했다.

몇십길이 되는지 깊이를 알수 없는 물속에서 별안간 지동이 치듯이 천동이 우는 듯 우릉퉁탕하더니 물결이 소용돌이치고 선풍이 파도를 휘감아 하늘 높이 타래쳐 올라가서 마구 휘뿌리는바람에 맑던 날씨는 그만 어둑컴컴한 혼돈세계로 변하는것이였다. 배는 광풍에 못이겨 사정없이 뒤흔들리며 기우뚱거렸으나 젊은 용사는 천근 기력의 비범한 힘으로 선체를 가누면서 물속에 들어간 장인이 바줄을 툭툭 칠 때마다 비호같이 날새게 잡아당겨 올라오게 한 다음 칼을 바꾸어 쥐여주군 하였다. 물결은 더욱더 세차게 포효하고 번개는 하늘을 짜개며 번쩍거리는데 천동은 산악을 뒤엎을 듯 크게 운다. 절벽우에 올라선 류아는 이러한 괴변에 놀라지 않고 더욱더 기세높이 소리소리 지르며 아버지와 남편의 싸움을 돕는다.

「오 장하시구나, 나의 아버지!」

「잘 싸우라 사랑하는 님이여!」

「이 미련한 원귀들아 거울을 내놓아라! 어서 내놓아라!!」

늙은 어부와 젊은 사위는 뒤번지는 칼날이 번개같이 번뜩이는 곳에 원귀의 대가리가 련달아 떨어진다. 그 대가리는 가을바람에 락엽이 딩굴 듯 물우에 떠서 빙빙 돌다가 다시 물속으로 가라앉는데 호수는 붉은 피로 벌겋게 물들여진다.

장렬한 싸움이 련속되던 끝에 마침내 원귀의 무리는 남김없이 소탕되고 거울은 드디어 어부의 손에 들어오게 되었다. 아! 필생의 숙원을 이루게 된 늙은 어부의 승리감이야 어찌 한입으로 형용할수 있었으랴!

그런데 세상일이란 이러한 랑패도 있는 법인지? 어부는 그 진귀한 전리품을 높이 추켜들고 물우로 솟구쳐 오르다가 그만 기진맥진해버렸다. 젊은 사위도 인젠 지칠대로 지쳐 최후의 안깐힘을 다 내였으나 더는 바줄을 당길 힘도 배전을 누를 힘도 없게 되었다. 가석하도다. 미쳐날뛰는 물결우에서 중심을 잃고 흔들리던 배가 기우뚱하더니 그만 뒤집어 엎치는구나. 늙은 어부도 젊은 사위도 승전의 쾌감을 즐겨보지 못한채 그만 수중고혼이 되고말았다.

「아, 유유창천아, 어찌 이다지도 무심하단말이뇨! 아 어머니여, 혼백이라도 계시면 여기로 와주세요!」

류아는 치마폭을 뒤집어쓰고 거꾸로 떨어져 아버지와 남편을 따라 이 망망한 호수에 몸을 던지고말았다.

물결은 다시금 고요해지고 하늘은 새롭게 맑아졌다. 아버지와 딸, 사위 셋은 거울을 건져다 물속에 장사 지냈건만 거울을 끌어안은 원귀들을 다 잡아죽인탓으로 늪에 다시는 풍랑이 일지 않고 어민들은 행복하게 고기를 잡으며 살아갔다. 그때로부터 이 호호망망한 푸른 늪은 거울이 잠겨있는 호수란 뜻으로 경박호라 불리게 되였다 한다.

정리: 김용식

경박호(2)

 흑룡강성 녕안현과 길림성 돈화현 경계에는 경박호라는 큰 호수가 있다. 경박호(鏡泊湖)는 어느때부터 불러오는 호명인지는 잘 알수 없지만 이 호수에 거울이 깃들어있다는데로부터 불러온것이다. 망망한 바다와 다름없는 이 호수의 두리에서 고기잡이로 살아가는 이 땅 어민들가운데는 이따금 이 경박호 호심을 지나던 배가 암초에 부딪쳐 파선당하는 때마다 어민가족들의 간장을 에일듯한「애고고」통곡소리 애처롭게 울려퍼져 물새들을 놀래운다는 슬픈 이야기 그 얼마인지 알수 없다 한다.
 이 암초에서 파선당하는 슬픈 이야기란 이상하게도 해빛이 쨍쨍 쪼여드는 한낮이거나 월색이 교교한 밝은 달밤에 발생하는 일이였다 한다. 물속에서 괴상한 섬광줄기 물밖으로 내솟으면서 지나가던 어선을 미로에 끌어다 암초에 부딪치게 하기때문이라는것이였다. 그러므로 이 호수에 의지해 생계를 이어가는 어부들은 선조에 대한 제사보다도 수신제를 더 중히 여겨왔다. 그런데 차차 세월이 지나감에 따라 수신제를 지내는 습관이 차츰 없어져가고있는데 여기엔 이런 이야기가 돌아가고 있다 한다.
 옛날 이 경박호에서 몇마장 떨어져있는 어느 한 곳에 화전 일구어 농사지으며 한편 호수에 의지하여 어업하면서 반농반어민으로 생활해가는 사람들이 몇십호 모여서 살아가고있었다.
 어느 봄철, 이 작은 마을에는 어데서 어떻게 왔는지 정체를 알수 없는 이름 모를 로인이 묘령의 딸을 데리고 와서 농막을 짓고 살았다. 그는 중늙은이라 하지만 그 체모를 보면 뼈가 굵게 생긴 장대한 키꼴이였다.
 이 낯선 사람은 이 마을로 오자부터 농사나 어업을 하는것도 아니고 매일 점심보자기를 들고 경박호 호심부근에 가서 부리부리한 두눈을 박아 호심속을 뚫어지게 들여다보다가는 해질녘이면 집으로 돌아오는것을 매일 일거리로 삼아왔다. 이러다보니 이 마을 사람들도 그가 하는 소행이 하도 이상한지라 그가 혹시나 실성한 사람이나 아닌가고도 생각하였고 산수좋은 호변가로 병휴양은 사람이라고도 생각하였다.

그러나 그가 집에 돌아와서 하는 일이란 등잔불밑에서 책을 펼쳐놓고 골똘한 생각에 잠겨있는것으로 보아서는 실성한 사람으로도 볼수 없었다. 하여 마을 사람들의 수수께끼인물로 되고말았다.

이렇게 낮이면 호수로 나가고 밤이면 두문불출로 집안에만 들어박혀 책을 보며 연구에만 골똘하던 사람이 한동안 지나자부터는 밤만 되면 어른들을 찾아나가 이야기를 나누기 시작하였다. 그의 말씨로 보아서는 막일에 굴러먹은 사람 같지 않고 또 사람을 대하는 그 성품이 매우 소양이 있고 매사마다 심중한 사람이란것이 짐작이 갔다. 이렇게 되자 마을사람들은 차츰 어른 아이 할것없이 모두 이 낯선 사람에 대하여 존중하게 되였다. 점점 더 접근하는 가운데서 이 사람은 나라의 무관직에 있는 사람으로 나라의 중임을 맡고 경박호에 잠겨있는 거울 찾으러 왔다는 소문까지 떠돌았다. 이 사람이 동네 어른들과 물어보는 말이란 열에 아홉은 거의다 경박호에 대한 물음이였다. 호수의 어느쯤이 호심으로 되는가, 이 호심의 깊이는 얼마나 되는가, 이 호수에는 어떤 물고기가 살고있으며 제일 큰 고기는 얼마나 큰가, 이 호심에서 눈부신 삼광이 솟는것을 본 사람은 없는가고 묻기도 하였다.

이렇게 호수에 대한 물음이 옴니암니 캐다싶이 파고들기를 한삭이나 되게 계속되던 어느날 동네방네에다 널리 방을 써 돌렸다. 그 방인즉 이러하다.

「나한테 이팔의 무남독녀가 있는데 천하에 널리 사위감을 구하고저 하는 터인즉 희망하는 총각은 나를 직접 찾아오시라!」

이 방이 원근 사처에 나붙은 얼마후부터 천하의 내노라하는 총각들이 괴나리보짐 지고 구름같이 모여드는 판이라 한쪽으로는 접대받고 섭섭한 마음으로 돌아가는 총각들도 구름같이 흘러갔더라. 모여들고 헤여져가는 총각들이란 그 수를 헤아릴수 없더니 차츰 그 수가 즘줏해져오던 어느날 체골이 장대하고 힘꼴이나 씀직한 호한이 찾아왔었다.

이 중늙은이는 그새 구름같이 모여든 많고 많은 총각들을 접대하여왔으나 자기 뜻에 맞는 총각이 하나 없는지라 만나는 총각마다 실망한 낯색으로 다 돌려보내던중에 마지막으로 나타난 총각이 첫눈에 마음드는지라 캐여볼대로 캐여본 다음 하는 말이

「나는 지금 자네에게 사위감으로 반승낙은 할수 있네. 허나 절반 승낙은 이 자리에서 할수 없네. 그 연유인즉 내가 계획하는 대사가 있는터에 자네는 그 일에서 나를 도와야 할거네. 그 대사의 성과여부에서 사위자격 가부를 말할수 있을거네. 자네 의향은 어떠한가?」라고 하였다. 총각도 로인의 말에 도리 있다고 생각되였던지 머리 숙여 승낙하였다.

그로부터 이 늙은이는 목선 한채를 장만한 다음 칼이며 장바 등 장만할 일들을 다 끝낸 어느날 아침 세사람은 한 밥상에서 조반을 치르면서 석잔 술을 나누고 호수가로 나갔다.

이날은 청명한 날씨였다. 맑은 하늘에는 구름 한점 없고 망망한 호수는 쪽빛같이 푸르렀다. 바람없는 잔잔한 호면은 거울같이 반반하였다. 호수가의 깨끗한 백사장에는 세사람의 발자국이 찍히면서 배곁에 모였다.

때가 되였다고 생각한 로인은 매우 엄숙한 태도로 결단성이 있게 말을 떼는것이였다.

「이미 때는 왔은즉 이제 자네한테 일을 맡기겠네. 재삼 잘 생각해서 결심을 내려야 할거네. 지금부터 계획한 일을 착수하는데 첫째 우리 배가 저 호심에 가 닿으면 내가 작은 칼을 물고 물속에 들어갈터이네. 내가 물속에서 내 몸에 맨 바줄을 툭툭 당기면 자네는 쥐고있던 바줄을 당기여 나를 배우에 끌어올려야 하네. 둘째로는 칼을 차례로 준비하고있다가 내가 물에서 나올 때마다 더 큰 칼을 섬겨줘야 할것이네.」

그는 여기까지 말하자 다시금 신중한 낯색으로 총각을 살피고 또한 자기 딸도 훑어보며 말을 이었다.

「셋째로는 자네의 담력이 커야 한다는걸세. 이번 대사의 승패여부는 자네의 담력여부에 달렸은즉 잘 알아서 처사하세.」

총각은 다시금 정중한 태도로 읍하고

「알만합니다. 분부하신대로 꼭 해볼텝니다. 부디 마음놓으시고 대사를 치르시기 바랍니다.」고 장담하는것이였다.

배는 호심쪽을 향해 떠나가고 처녀는 호수가 모래톱에서 떠나는 두사람을 바라보며 대사의 성취를 마음속으로 빌고있었다.

두사람이 탄 배가 목적한 호심에 이르자 노젓기를 멈추고 돛을 내렸다. 로인은 억실한 눈길로 총각을 돌아보며 말하였다.

「이제부터 대사를 시작하겠네. 젊은이, 내 말한것을 잘 명심하게!」

로인은 옷을 벗어 배 한구석에 놓은 다음 바줄을 내여 자기 허리에다 매고나서 한끝을 총각한테 넘겨주더니 작은 칼을 입에 가로 물고 날랜 동작으로 호심을 향해 뛰여들어갔다. 총각은 바줄을 쥔채 로인이 들어간 물속의 동정을 도정신하여 살피고있었다. 얼마동안이 지나서야 호심속에서 괴물과 싸우는 동정이 알려졌다. 조용하던 물결이 갑자기 사품치며 솟구치더니 올리솟는 물결에 피빛이 붉게 우러났다. 그러자 바줄이 팽팽이 조이면서 툭툭 당기는 기맥이 알려졌다. 재빨리 바줄을 당기느라니 로인의 헝클어진 머리가 물거품속에서 불쑥 올리솟았다. 총각이 얼른 로인의 손을 잡아끌어 배에 올렸다. 반백의 긴 머리채가 풀려 각산란발이 된 로인의 낯색은 들어갈 때의 그 얼굴과는 판 다르게 살기등등하였다. 그는 가로물고 나온 칼을 재빨리 배바닥에 던지면서 말했다.

「작은 괴물을 처단했으니 다음은 두 번째 괴물과 싸울 참이네!」 라고 하는 그의 말은 숨이 찬 가쁜 소리건만 숨돌릴 생각도 없이 서둘러 총각이 내리는 다음 칼을 받아 입에 물고 날파람을 일구며 호심을 향해 또 뛰여들었다.

로인이 두 번째로 물속에 들어가자 맑은 하늘은 갑자기 검은 구름에 덮이기 시작하였다. 검은 구름은 사납게 하늘을 가리우고 세찬 폭풍우는 물결을 사납게 일으키면서 아우성을 치기 시작하였다. 더욱 높아지는 사나운 물결은 배를 키질하듯 들었다 놓았다 충동거렸다. 막 충동거리는 배우에서 몸 가늠할수 없이 이리 비틀 저리 비틀 하면서도 총각은 그냥 물속의 로인이 퉁길 바줄의 기맥만 기다렸다. 그러자 바줄이 또 팽팽해지면서 툭툭 퉁기는 기맥이 알려졌다. 총각은 너무도 반가운김에 정신없이 바줄을 당기였다. 총각의 부축을 받아 배전에 올라온 로인의 낯색은 캄캄한 하늘아래에서 분간할수 없으나 더욱 살기등등해진 기색이 알리였다. 로인은 입에 물었던 칼을 내려놓으면서

「두번째 괴물도 처단했으니 마지막 큰 괴물과 싸울 참이네. 아까보다 더 지체될터인즉 내가 한 말을 꼭 명심하게!」라고 하였다. 그 말에 총각은 「꼭 뒤심이 되겠습니다. 안심하십소서!」하고 대답하면서 큰 칼을 로인앞에 내밀었다. 로인은 칼을 받아 입에 물기 바쁘게 다시 또 물속으로 자맥질해 들어갔다.

캄캄한 하늘아래 비바람은 더욱 사납게 노호하고 산같이 일어나는 검푸른 파도는 나뭇잎같이 배를 높이 떠이였다가는 깊은 물웅덩이에로 내리쳐 박듯이 들어놓는다. 로인앞에서 장담한 총각이건만 이 놀라운 풍파앞에서 눈앞이 캄캄해났다. 지칠대로 지친 로인이라 마지막 큰 괴물과 싸우자면 퍼그나 곤난이 많을것인데 거기 또 괴물의 입안에서 거울을 앗아낸다는것은 더욱 말못할 일이였다. 총각은 생각할수록 더욱 안달아났다. 그러나 로인이 들어가면서 하던 마지막 그 말이 또 총각의 머리를 혼들었다.

「내가 이렇게 암담한 생각에 잠겼다가는 로인의 뒤심은 고사하고 로인의 대사를 망치겠다!」 하고 두려움을 억제하며 자기의 마음을 다시금 단단히 단속하였다.

그런데 갑자기 캄캄하던 천지가 확 밝아지면서 기둥같은 불화살이 하늘을 쩍 가르며 호수에 콱 박히기나 하듯이 번개불이 번쩍이자 요란한 뢰성벽력이 파르릉 하고 연거퍼 산천을 막 뒤흔들었다.

번쩍하는 번개불에 피뜩 볼라니깐 피빛이 어린 물결이 아까보다 더 검붉어졌다. 호심속에서 로인이 큰 괴물과 마지막 결사전을 벌리고있다는것이 알리였다.

하늘에서는 뢰성벽력이 련속 요란히 울리고 번개불은 갈기갈기 하늘을 쪼개면서 호수에 내리박히는것만 같았다.

(지금 로인은 어떻게 되였을가?)

애타는 마음에 손에 쥔 바줄을 퉁겨보았다. 늦춰졌던 바줄이 팽팽해졌으나 신호가 없었다. 어찌된 일일가? 총각이 바줄을 늦춰주니 바줄은 그냥 풀려져나갔다. 틀림없이 로인은 그 괴물을 쫓아가면서 싸우고있다는것이 알리였다. 그러는중에 바줄이 다시 팽팽해지더니 툭툭 퉁기는 기맥이 있었다.

「됐다! 됐다! 어서 빨리!」 자기도 모를 새로운 용기에 바싹 바줄을 끌어

올리자 기진맥진한 로인의 무거운 몸이 총각의 부축을 받아 배전에 오르게
되였다. 그제야 로인은 안도의 긴숨을 후— 쉬면서 신망과 애무의 눈길로
총각을 바라보더니
　「젊은이! 큰 괴물도 처단했네! 그 주둥아리에서 거울도 앗아왔네! 젊은이
수고했네!」하면서 허리에 달린 주머니를 툭툭 쳐보이는것이였다. 로인은 허
리에 매였던 바를 풀고나서 총각을 돌아보며 말했다.
　「자, 배머리를 돌려 돌아갈 차비를 하세!」
　그제야 총각은 닻을 올리고 노를 저어 배머리를 돌린 다음 높은 파도를
헤가르면서 호수가를 향해 노를 저었다. 그렇게 기승을 부리던 풍랑도 숙어
드고 캄캄하던 하늘도 차츰 맑아지기 시작하였다. 호수가가 가까워질무렵
에는 아침에 떠날때의 날씨 그대로 구름 한점 없는 날씨였다.
　멀리 바라보니 아침에 떠날 때 바래우던 로인의 딸이 그 자리에서 그냥
기다리고있었다.
　처녀는 배에서 내리는 아버지앞으로 달려오더니 아버지목을 얼싸 끌어안
고 속삭이듯 말하였다.
　「아버지! 참 고생하셨어요. 저는 얼마나 애타게 기다렸는지 모르겠어요!」
　처녀는 부끄러움에 볼을 태우며 총각을 돌아보고 말하였다.
　「정말 고생하셨사와요!」
　「아뇨, 고생이야 아버지께서 하신걸요!」
　총각은 겨우 대답하는데 로인은 두 젊은이들을 돌아보며
　「참! 젊은이의 수고는 잊을수 없네. 오늘 대사의 성사는 젊은이의 공이
크니라!」라고 하더니 주머니에서 륙모난 구리거울을 꺼내들고 말하는것이
였다.
　「봐라, 이것이 내가 나라의 중임을 맡고 오매에도 속태우며 빼앗아내려
던 거울이다.」하고 두 젊은이앞에 보이면서
　「이 거울이 이 호수에 깃들어있다 하여 호수 이름을 경박호라 불러왔고
또 이 거울 때문에 어민들의 배가 암초에 부딪쳐 파선당하니 어민들의 재난
의 화근으로 되였더니라. 암초의 괴물은 이 거울로 해빛과 달빛에 반사시켜
어민들을 암초에로 이끌어다 파선하게 한거니라. 이제 그 괴물도 처단하였

고 거울도 빼앗아냈은즉 이 호수 어민들의 화근은 없어진거다.」라고 말하였다.

  구름 한점 없는 맑은 하늘아래 거울같은 호면우로 날아 다니는 물새들 지저귐소리 새로운데 아득한 백사장에 찍힌 세사람의 발자국은 그냥 남아있다.

정리: 김례삼

경박호와 모란강

머나먼 옛날 해동성국 발해의 도읍지 동경성 서남쪽에 「홀한」이라 불리우는 넓고 푸른 호수가 있었는데 호수가의 한 마을에 마음씨 착한 어부내외가 살고있었다.

어부내외는 아침이면 호수에 나가 그물을 치고 저녁늦게 그물을 거두면서 한평생 고기를 잡았건만 포악무도한 발해국의 관리들에게 날마다 고기를 바쳐야 했기에 살림은 형편없이 구차하였다.

슬하에 일점혈육이 없어 한숨으로 세월을 보내던 그들은 어느날 산수 좋은 곳에 가 당을 무어놓고 백일불공을 드렸는데 아니나다를가 집으로 돌아오자 안해의 몸에 태기가 있어 십삭만에 몸을 푸니 일개 녀자애였다. 두 량주는 하도 자식이 귀여워 쥐면 터질가 펴면 날아날가 애지중지 키웠다. 딸이 나이 십여세 되니 용모 이쁘고 재질이 뛰여난데다가 례의범절을 갖추었으므로 린근의 남녀로소 모두가 칭찬하였다.

세월은 흘러 딸의 나이 15살을 먹던 어느 봄날이였다. 그날 호수가 그네터에서 꽃바람에 분홍치마 날리며 그네를 뛰던 처녀는 다홍마에 높이 앉은 소년장군을 바라보자 얼굴을 붉혔다.

소년장군의 이름은 대안석이라 불렀다. 그의 아버지는 한때 발해국의 대사간 직에 있었으나 악독한 왕후의 무함을 받아 궁전에서 쫓겨나 이곳에 와 살고있었다.

안석은 품속에서 번쩍번쩍 빛을 뿌리는 금거울을 꺼내여 소녀에게 주며 「백년가약 맺은 마음 영원토록 변치 말자!」고 맹세하였다.

그런데 이상하기 그지없었다. 처녀가 금거울을 가진 뒤로부터 홀지에 가난하던 어부일가의 살림은 꽃펴나고 처녀의 얼굴도 더욱 아릿다와지는것이였다. 그러자 소문은 대뜸 상경룡천부에까지 쫙 퍼졌다.

궁궐에서 얽어빠진 얼굴에 날마다 연지곤지만 찍던 왕후는 그 신기한 소식을 듣자 욕심이 굴뚝같이 치밀어 대뜸 어림장군에게 호령하였다.

「듣거라, 일개 초부의 자식에게 금거울이 당한 일이냐. 당장 금거울을 앗아오거라.」

이튿날 어림장군은 백여명 군사를 이끌고 호수가의 마을로 덮쳐들어 집을 불사르고 무고한 백성을 도살하면서 금거울을 당장 내놓으라고 협박하였다. 이에 분개한 대안석과 동네의 사공들은 제마다 병쟁기를 들고 호수가에서 군사들과 싸움을 벌렸다. 물에 능한 사공들인지라 무연한 호수에서 적들을 교묘하게 소멸하였다.

군사들이 거지반 물귀신이 되어버리자 어림장군은 급히 쪽배를 몰아 도망하였다. 그가 막 배에서 내려 산속으로 도망할무렵이였다. 갑자기 말을 탄 소년장군이 산속으로부터 달려오더니 적장을 사로잡고 놈의 두귀와 코를 벤후 돌려보냈다.

피투성이로 된 어림장군이 왕궁에 이르러 왕후에게 사연을 아뢰자 왕후는 대노하여 어림장군을 극형에 처하고 금군총관더러 큰 배 50척에 군사 천명을 거느리고 가서 기어이 금거울을 빼앗오라고 명령하였다.

이튿날아침 금군이 호수가에 큰 배를 띄웠을제 마침 호수에는 큰 파도가 일어 사공들은 쪽배를 타고 싸우기가 자못 어려웠다.

련 며칠간 꼬박 싸운 어부들이 백여리를 쫓겨 북쪽 호수가까지 왔을 때는 겨우 쪽배 두척밖에 남지 않았다.

「어서 금거울을 내놓아라!」

금군총관이 살기등등하여 웨치며 큰 배를 몰고 곧바로 달려오자 대안석은 몸을 날려 적의 배에 뛰여올랐다. 그러자 소년장군의 칼이 번쩍이는 곳마다에 적들의 머리가 나뒹굴었고 금군의 아우성소리가 천지를 진감하였다.

악에 바친 금군총관은 장도를 비껴든채 소년장군한테 곧바로 달려들었다. 적장은 무예가 출중한 대안석을 도저히 당해낼수가 없었다. 하여 뒤로 주춤하는 사이에 대안석의 칼끝이 그의 목에 들이닥쳤다. 놈은 목구멍으로 붉은 피를 쏟으며 배우에 쓰러졌다.

대안석이 몸을 날려 다른 배에 뛰여오르려는 순간 아뿔싸, 정면에서 날아오는 독화살 하나가 장군의 가슴에 들이박혔다. 장군은 뒤번 휘청거리더니 「윽!」소리와 함께 가슴의 화살을 뽑아냈다. 가슴에서 검붉은 피가 쏟아져내리고 진통이 심해졌다. 장군은 소녀를 바라보며 「여보!」 한마디 웨치더니 파도치는 물속으로 사라져버렸다.

사랑하는 남편의 최후를 직접 본 소녀의 가슴은 미여지는듯하였다. 홀연 소녀는 품속에서 금거울을 꺼내들더니 검푸른 하늘을 우러러

「유유장천아, 무심하도다!」 하고 탄식하더니 그만 금거울을 품고 치마를 뒤집어쓴채 푸른 호수에 몸을 던졌다.

이때였다. 별안간 하늘에서 「꽈르릉」 우뢰가 울고 광풍이 휘몰아치더니 장밤 큰 폭우가 쏟아져내렸다. 그바람에 나머지 금군들은 산더미같은 파도에 배가 뒤집혀 한놈도 살아남지 못하고 몰살당했다.

이튿날 하늘이 맑게 개였다. 그런데 이상스러웠다. 북쪽 호수가에는 천길 되는 웅뎅이가 쿡 패이고 그 밑에서는 샘이 솟아 동으로 천리를 흘렀으며 샘가에는 이슬을 머금은 연분홍 모란꽃이 무더기로 피여있다.

그뒤로부터 사람들은 푸르른 늪에 금거울이 잠겨있다 하여 호수를 「경박호」라 부르고 소녀의 혼이 모란꽃으로 변하였다 하여 그 강을 「모란강」이라 불렀다.

지금도 맑게 개인 날 폭포의 큰 소를 내려다보면 천길물속에서 마치도 공작새의 아롱다롱한 깃털인양 금빛이 사방으로 비쳐올라오는데 그것은 천여년전에 소녀가 던진 금거울이 지금도 빛을 뿌리고있기때문이라 한다.

구술: 림화
정리: 림승환

원한늪과 룡바위

유명한 입쌀산지로 불리우는 동경성 향수마을 동쪽에는 800여무나 되는 무연한 늪이 있는데 늪 복판에는 무덤같이 생긴 섬이 봉긋이 솟아있다.

안개가 걷힌 고요한 아침이면 북쪽으로 병풍인양 동경성 벌을 둘러선 산벼랑과 더불어 우뚝 솟은 바위가 호수의 섬곁에 비껴있어 마치도 무덤을 지켜선 거인같이 보인다. 바로 이 늪을 가리켜「원한늪」이라 부르고 그뒤에 높이 솟은 바위를 가리켜「룡바위」라 부르는데 여기에는 사람들의 눈물을 자아내는 기막힌 사연이 담겨있다.

지금으로부터 천여년전 일이다. 북변땅 흑룡강북쪽에는 쿠순(克順)이라는 오붓한 조선마을이 있었다.

오래전부터 조선족들이 대대손손 내려오며 살아온 이 마을에는 성녀라는 처녀애와 성남이라는 남자애가 아래웃집에 살고있었다. 가난한 집에서 태여난 그들은 점차 어엿한 일군으로 자라나자 서로 돕고 서로 사랑하게 되여 마침내는 가정을 뭇고 아기자기한 나날을 보내게 되였다.

그런데 어느날 이른새벽이였다. 갑자기 갑옷을 입고 칼을 찬 수백명의 군사들이 마을에 뛰여들더니 백성들의 물건을 로략질하고 식량을 빼앗으며 농가집들에 불을 질렀다.

적수공권인 마을의 남녀로소는 군사들이 내모는대로 마을앞 평지에 가섰다.

「에, 백성들아 들으라. 나라에서는 서울을 홀한강에 옮기고 발해성을 쌓기로 하였다. 마을의 청장년들은 3년을 기한으로 성쌓기에 무조건 몸바쳐야 하거늘 령을 어기는자에 대해서는 목을 벨테다.」

낯판대기가 검은 두목이 말우에 높이 앉아 호령하는바람에 마을의 청장년들은 한사람도 남기없이 한쪽에 가 섰다.
 성남이는 그때 나이가 겨우 16살이였으므로 성녀네와 함께 서있었다. 그런데 군사두목이 채찍을 들어 성남이를 가리키며 호통을 쳤다.
「저녀석도 나와 섰거라!」
 성남이의 부모들이 두목의 말앞에 넙적 엎드려 절하며 빌었다.
「사령님, 3대독자인 저 애를 가엾게 여겨주시옵시사. 저애가 가면 누가 늙은 우리를 돌보겠나이까?」
「근심말아, 이제 3년만 지나가면 돌아온단말이야. 여봐라. 어서 저녀석을 묶어라.」
 두목의 말이 떨어지기 무섭게 졸개들이 달려들어 성남이를 결박하여 끌어갔다.
 성녀가 몸부림치며 막아나섰으나 막무가내였다. 어느새 군사들이 성남이네를 데리고 산고개를 넘어섰다.
 성남이가 떠나가자 성녀는 늙은 시부모를 모실 결심을 내리고 해마다 누에를 치고 베를 짜 공경하였다. 그동안 고생이 막심하였지만 오직 사랑하는 남편을 위해 이를 악물고 힘겨운 일을 해냈다.
 세월은 흘러 성남이가 고역에 끌려간지도 어언 3년이 되였다. 오늘도 성녀는 날마다 기다리고섰던 앞산마루에 올라갔다. 해종일 기다려도 성남이는 돌아오지 않았다.
 이튿날도 사흗날도 무소식이였다. 마침내 성녀는 남편의 생사여부를 알아볼 작정으로 함박눈이 펑펑 쏟아지는 엄동설한에 먼길을 떠났다.
 토스레저고리에 짚신 감발을 하고 괴나리보짐을 멘 성녀는 인적기 없는 산림을 헤치고 눈바람이 시뿌옇게 이는 벌판을 가로 지났다. 낮이면 걸음을 다우치고 밤이 되면 길가에 우등불을 피워놓고 새우잠을 자면서 만 넉달만에 마침내 로야령에 이르렀다.
 성녀의 기특한 마음을 알아주기라도 한듯 만리설원에 울부짖던 칼바람도 가뭇없이 사라지고 진달래가 피여나는 봄철이 왔다.
 하루는 연분홍 진달래를 꺾으며 높은 산벼랑을 올라서려니까 앞이 탁 트이는것이였다.

벼랑에 올라선 성녀는 아래를 굽어보았다. 천길절벽밑으로 갈기를 휘날리며 홀한강이 굽이쳐흐르고 강건너 무연하게 펼쳐진 석판벌에서 많은 사람들이 일하는 모습이 어렴풋이 안겨왔다.

성녀는 가슴이 탁 트이는듯싶어 산벼랑을 내려서자 홀한강에 가로놓인 돌다리를 향해 곧추 달려갔다. 그가 막 돌다리에 올라서려는데 갑자기 다리목에서 졸고있던 두 파수군이 창을 내밀며 앞을 막아섰다.

「웬 사람이야. 서울로는 누구든 못들어가.」

「여보세요. 우리 남편이 일하러 온지도 3년세월이 되었어요. 3년이 되도록 종무소식이여서 만나보러 왔사오니 길을 내주세요.」

「안될 소리. 임금님께서 만 1년을 더 일하라는 통령을 내려셨다는 말을 못들었어?」

성녀의 말을 들은 파수군들은 코방귀를 뀌였다. 하긴 이곳으로 끌려온 사람들 치고 살아서 돌아간 사람은 없었다.

「그럼 제발 제가 여기서 기다린다구 소식만 전해주옵소서.」

성녀가 애처롭게 간청하자 늙은 파수군이 그러겠노라고 대답하였다.

그날부터 성녀는 강변에 우뚝 솟은 절벽우에 올라가 초막을 짓고 살면서 날마다 남편이 일하는 채석장을 바라보았다.

멀리 뽀얗게 먼지 이는 채석장에서는 일군들의 애처로운 목소리가 들려왔다. 그 소리를 들을 때마다 성녀의 가슴은 칼로 저며내는듯 아팠다.

「아, 랑군님은 지금도 고역에 시달릴테지. 이제 1년이면 우린 서로 만나 부모님들을 모시고 살수 있을거야.」

이런 생각을 하며 성녀는 성남이의 모습을 눈앞에 그려보군 하였다.

한편 불볕속에서 수천수만의 일군들은 고역에 시달리고 있었다.

「쨔-쨔-」

굵은 채찍은 사정없이 여윈 일군들의 몸에 떨어지군 하였다.

「어기여차. 어기여차…」

떡판같은 돌을 져나르던 성남이는 파수군이 전해주는 뜻밖의 희소식에 가슴이 뭉클해났다. 피골이 상접한 성남이는 감독놈의 채찍질은 아랑곳하지 않고 머리를 쳐들고 북쪽 산벼랑을 쳐더보면서 「성녀!」 하고 피타게 불렀다.

어느덧 세월은 흘러 무더운 여름도 지나가고 이듬해 늦가을이 되였다.
그날도 성남이는 다른 일군들과 함께 채석장으로 끌려갔다. 굶주림에 시달릴대로 시달려온 성남이가 골수에 병이 든지도 몇 달이 잘되였건만 감독놈은 무작정 그를 고역에로 내몰았다.

공사장에는 시체가 널려져있었고 백골이 마구 뒹굴었다. 무려 40여리나 되는 높은 궁전성벽을 언제 가서야 다 쌓을는지 아득한 일이였다.

저녁켠에 성남이는 안깐힘을 쓰며 수백근 되는 돌을 지고 높다란 언덕으로 기여올라갔다. 그런데 얼마 못가서 두다리를 비틀거리더니 「아이쿠!」하는 소리와 함께 돌웅뎅이에 꺼꾸러 박혔다. 성남은 영영 세상을 하직하고말았다.

비참한 소식은 늙은 파수군을 통해 벼랑에 전해졌다. 비보를 접한 성녀의 슬픔은 형용할수 없었다. 불쌍한 성녀는 땅을 치면서 통곡하였다.

이때 하늘을 뒤덮으며 서녘으로부터 검은구름이 밀려왔다.

「우르릉, 꽝—」

번개불이 번쩍이고 우뢰가 울더니 광풍이 울부짖었다. 그바람에 40리 성벽이 와르르 무너져내리고 졸지에 채석장은 무연한 늪으로 변했으며 성남이가 죽은 곳에서 무덤이 솟아올랐다.

저녁켠에야 하늘이 맑게 개였다. 그런데 통곡하던 성녀는 온데간데 없어지고 그대신 벼랑중턱에 커다란 구멍이 뚫려져있었다.

상경룡천부에서 날마다 산해진미를 처먹으며 놀음에 빠져있던 임금은 이 천지개벽의 광경에 혼이 절반 나가버렸다. 그리하여 대신들은 너나없이 임금더러 홀한강기슭에 가 제를 지내라고 권고하였다.

며칠후 임금은 왕후와 함께 숱한 문무관원들을 데리고 강가에 와서 강건너의 벼랑을 바라보며 제를 지냈다.

그런데 금방 제를 지내려 할 때였다. 갑자기 벼랑중턱의 커다란 구멍에서 흰빛이 번뜩이더니 무엇인가 커다란것이 강속으로 내리꼰지는것이였다.

뒤이어 강복판으로부터 커다란 쪽배가 쏜살같이 달려왔다. 그 광경을 살펴보던 임금과 군사들은 대경실색하였다. 허리통이 한아름이나 되는 구렝이가 입을 딱 벌리면서 눈깜짝할사이에 제물을 갖춰놓은 상우에 기여올랐던것이다.

  급해맞은 임금과 대신들이 도망치려는데 구렝이가 덮쳐들어 하나도 남김없이 삼켜버리더니 다시 굴속으로 들어가버렸다.

  그후부터 사람들은 성녀가 구렝이로 변하여 남편 성남이의 무덤을 지킨다 하여 그 바위를 룡바위라 부르고 성남이가 죄없이 시달리다가 죽었다고 하여 그 늪은 원한늪이라고 불렀다 한다.

구술: 구정자
정리: 림승환

자라산

발해국 제5대왕때의 일이다. 그때 왕은 나라를 잘 다스려 명망 높았고 백성들은 여느때 없이 풍의족식하면서 태평세월을 누렸다.
해마다 꽃피는 5월이 되면 대왕은 친히 어림군을 인솔하여 왕궁과 백여리 상거한 홀한 말갈부(녕안)에 가 사위와 함께 살구산속에서 사냥을 하였다.
어느해 이른봄, 대왕은 애지중지하는 막내아들을 데리고 들놀이를 떠났다. 징소리, 북소리 요란한 가운데 금갑 입고 투구를 쓴 대왕이 북대문을 나서자 수많은 백성들이 「대왕 만세」를 웨치며 전송하였다.
그날 저녁편에 홀한 말갈부에 이른 대왕은 부마대장군인 사위의 륭중한 대접을 받았다.
이튿날 이른 새벽, 대왕은 사위와 더불어 살구산으로 떠났다. 때는 만물이 소생하는 봄이여서 홀한 말갈부 동쪽에 자리잡은 살구산은 흰구름을 하늘에 떠인듯 새하얗게 꽃이 만발하였다.
그들 일행이 한창 향기로운 살구꽃 냄새를 맡으며 숲속으로 걷고있을 때였다. 홀연 멀지 않은 앞쪽에서 커다란 말사슴 두마리가 화닥닥 놀라 뛰여가고있었다. 그걸 본 대왕이 두발로 배허리를 슬쩍 차자 적토마는 네굽을 안고 쏜살같이 뒤쫓아갔다.
대왕은 사슴과 한마장가량 사이두자 등허리에 메였던 보궁을 벗겨들고 천천히 살을 다졌다가 깍지를 뗐다. 순간 말사슴 한 마리가 목에 면바로 살을 맞고 땅에 푹 꼬꾸라졌다.
「대왕 만세!」
뒤따르던 사위와 모든 문무백관들이 일제히 대왕의 활재주에 탄복해마지 않았다. 실로 대왕의 활재주는 귀신도 따르지 못할만큼 훌륭했다.

자그마한 산언덕을 넘어서서 뾰족뾰족 청초가 자란 벌판에 이르렀을 때였다. 이번에는 풀숲에서 사향노루 한 마리가 후닥닥 뛰쳐나오더니 산마루를 향해 치달아올랐다. 그것을 목격한 부마는 공골말을 질풍같이 휘몰아 뒤쫓더니 기다란 창을 들어 단번에 사향노루의 등허리를 찔렀다. 캑 소리와 함께 사향노루가 푹 꼬꾸라지자 수하 장수들은 너나없이 박수갈채를 보냈다.

그럴즈음에 대왕의 막내아들은 자기의 한무리인 부랑뱅이들을 데리고 오솔길을 따라 심심산곡으로 떠났다. 응석받이인데다가 무예가 출중하지 못한 그는 종일토록 산속을 헤맸으나 토끼 한 마리도 잡지 못하여 속이 부쩍 달았다. 대왕의 꾸지람을 들을가봐 무서웠던것이다.

점심때에 막내아들은 아무런 사냥물도 얻지 못한채 죽지가 떨어진 기러기마냥 맥없이 돌아오는수밖에 없었다. 그런데 길가의 숲속으로부터 떡판같은 큰 짐승이 엉기적엉기적 기여가는것이 눈에 띄이자 온몸에 새힘이 솟는듯싶었다.

막내아들은 그제야 사냥물이 생겼나부다 하고 반가와하며 말을 짓쳐 올라가며 검으로 짐승의 등허리를 향해 힘껏 내리쳤다. 그런데 괴이하게도 「쟁가당-」하는 소리와 함께 불꽃이 번쩍 일며 검이 두동강 나는것이였다.

「아니, 이건 천년묵은 자라로구나!」

말에서 내려 곧장 그 짐승가까이로 다가간 그는 깜짝 놀라 웨쳤다.

여려 졸개들이 구데기를 만난 똥파리떼마냥 욱 쓸어가보니 아니나 다를가 수백근 되는 늙은 자라가 머리를 목속에 감춘채 꼼짝않고 엎드려있었다. 아마도 수백년 잘 묵은 자라였다.

「됐다. 이놈이면 래일아침 큰 상을 받게 됐단말이다.」

막내아들은 잠시 이 일을 비밀에 붙이도록 하고나서 졸개들더러 어서 자라를 끌어가도록 명령했다.

정오에 이르러 대왕과 수하 장수들은 모닥불을 피워놓고 낮에 사냥한 짐승들의 가죽을 벗긴 뒤 구워먹기 시작했다. 관습대로 그들은 사냥물을 구워먹고 이튿날 조회때에 짐승의 가죽을 가지고 등급에 따라 대왕의 상을 받았던것이다.

석양녘에 대왕네 일행은 흥겹게 살구산을 내려 성안으로 돌아왔다. 대왕은 초저녁부터 침상에 누워 하루의 피곤을 풀었다. 밤은 깊어 오직 경을 알리는 군사들의 목탁소리만 고요한 정적을 깨뜨릴뿐이였다.
「우웅-」
홀연 새벽녘에 괴이한 짐승의 웅글진 목소리가 들려왔다. 그 소리에 군사들이 안절부절 못하여 오락가락하고 거리에선 백성들이 왁작 떠들어댔다.
단꿈에 들었던 대왕이 벌떡 일어나 시종들에게 웬 일이냐고 물었으나 모두들 머리만 내저을뿐이였다.
「우웅- 우웅-」
괴이한 짐승의 무서운 울음소리는 홀한말갈부 상공에 메아리쳤다. 어떤 사람들은 천지개벽이 일어났는가 놀라기도 하였고 어떤 사람들은 외적이 쳐들어왔는가고 의심도 하였다.
이윽고 동이 텄다. 대왕은 잠을 설치고나니 슬그머니 부아가 났으나 관례대로 아침조회를 꼭 해야 했으므로 궁전에 들어가 룡상에 올랐다.
이윽고 대신들이 어제 하루 들놀이에서 사냥한 짐승들을 하나하나 대돌밑에 가져다 보이였다. 곰, 범, 사슴, 승냥이 같은 짐승의 가죽이 산더미처럼 쌓였다. 여러 사람들은 각기 상을 받고 흐뭇해하였다.
맨나중에 대왕의 막내아들이 대돌앞에 꿇어앉더니 큰소리로 아뢰였다.
「대왕님, 이 아들은 세상에 보기드문 짐승을 바치오니 삼가 받아주옵소서!」
그러지 않아도 막내아들 때문에 은근히 얼굴이 깎인다고 근심하던중인데 이같이 기꺼운 소식을 듣게 된 대왕은 웃음집이 흔들흔들해났다.
「오냐 장하다. 그럼 네가 잡은 짐승들을 보자.」
막내아들이 자리에서 일어나며 뒤를 향해 손짓하자 대문밖으로부터 장정 넷이서 커다란 짐승을 목도해들여왔다. 그런데 대돌밑에 내려놓기도전에 그 커다란 짐승이 「우웅-」 하고 무서운 소리로 울부짖었다. 그바람에 대왕을 비롯한 모든 대신들이 대경실색하였다.
「에키 괘씸할시구. 자고로 자라는 땅의 신선이거늘 네 언감 신선을 이렇듯 무례하게 구니 그 죄 릉지처참을 당해도 과분치 않도다. 여봐라 얼른 저 자식의 목을 배여 신선님앞에 효시하거라.」
「예이-」

군사들이 우르르 달려와 다짜고짜로 막내아들을 결박하여 밖으로 나가는데 수하 문무백관들이 일제히 대왕의 면전에 가 엎드리며 한번만 용서해주기를 빌었다.

대왕은 대신들의 면목을 보아서 죽을죄는 면해주었으나 즉시 곤장 백개를 안기도록 령을 내렸다. 그다음 친히 룡상에서 내리시더니 자라의 면전에 가 엎드리며 말했다.

「신선님, 내 무지한 아들을 두어 이렇듯 신선님을 모독하였사오니 죄송스럽기 그지없나이다.」

말을 마치고나서 손수 자라의 몸에 얽힌 바줄을 풀어주니「우웅-」하고 자라는 또 한번 울었다. 그러나 이번의 울음소리는 어제밤처럼 무섭게 울부짖는것이 아니라 부드럽고도 처량하게 들렸다. 그런가 하면 자라의 작은 두 눈으로부터 눈물이 샘솟듯 흘러내렸다.

대왕은 시종들더러 어서 술이며 산해진미를 가져다 신선님께 대접하라고 령을 내렸다. 그러자 자라는 놀라울 정도로 산해진미를 먹고나서 엉기적엉기적 궁전을 벗어나 동쪽의 살구산을 향해 기여갔다.

세월은 흐르고 흘러 자기가 돌아간지도 어느새 10년이 지났다.

기원 900여년에 료나라는 침략의 마수를 발해국토에까지 뻗쳤다. 하여 발해왕의 막내아들이 고수하던 마지막 전선이 무너지고 료군은 홀한말갈부를 먹으려고 달려들었다.

하루는 전선에서 퇴각해온 막내아들이 대왕께 급히 아뢨다.

「전하, 이 아들은 한몸 바쳐 싸웠으나 원체 료군이 병력이 하도 많아 당해낼길이 없사오이다. 바라옵건대…」

그때 대왕은 병석에 누워있는 몸이였으나 홀한말갈부가 적에게 빼앗기게 되였다는 소식을 듣자 침상에서 벌떡 일어났다.

「네 이놈, 평소에 내가 그토록 너를 일깨워주었건만 도무지 무뢰한당의 버릇을 고치지 않더니 오늘 나라를 말아먹는구나. 여봐라, 저녀석을 당장 옥에 가두어라.」

발해왕은 대노하여 아들을 옥에 처넣은뒤 그날로 갑옷을 입고 투구를 쓴 다음 친히 전선에 나가 지휘하였다. 하지만 60고령에 이른 대왕은 자기의 군사재능을 몽땅 발휘하여 싸웠지만 각 도읍의 원군들이 미처 당도하지 않아서 고군작전하는수밖에 없었다.

어느날 발해군사는 수십배 되는 적군과 맞다들어 싸운 끝에 숱한 사상자를 내고 퇴각하는수밖에 없었다.

적들이 아득바득 뒤쫓아오는바람에 발해군사는 밥 한술, 물 한모금 못먹고 허기진 배를 끌어안고 천애절벽을 넘고있었다. 심심산속이라 이곳 살구산속에는 샘물조차 찾기 어려웠다.

「아, 물이 있었으면… 물… 물…」

병사들은 이렇게 부르짖다가는 길가에 하나 둘 나뒹굴었다. 그 정경을 목격한 대왕의 마음은 한없이 쓰라렸다. 살구 산꼭대기에서 내려다보니 원쑤들이 살구산을 포위하고있었다.

대왕은 너무도 지쳐 한 너럭바위우에 걸터앉아 가쁜 숨만 몰아쉬였다. 그러던 그가 갑자기 놀래며 바위에서 뛰여내리는것이였다. 바위가 움찔움찔 움직였던것이다. 소스라치게 놀란 대왕이 땅에 내려와서 자세히 살펴보니 그것은 바위돌이 아니라 10년전에 놓아준 그 천년묵은 자라였다.

「아, 신선님…」

대왕이 머리를 조아리며 사죄하는데 자라는 긴 목을 빼들어 대왕의 발끝에 입을 맞추더니 산중턱으로 기여가는것이였다.

대왕과 군사들은 어인 영문인지 알수 없어 그저 자라의 뒤만 따라갔다. 드디여 아름드리나무사이로 기여가던 자라가 한 수양버들밑에 가 멈춰서더니 뒤를 돌아보는것이였다.

「아, 샘이다!」

대왕과 군사들은 난데없이 풍풍 솟는 샘을 보자 기꺼움에 넘쳐 웨쳤다. 시원하고도 달콤한 샘물을 마신 병사들은 저마다 새힘이 솟았다. 그래서 포위를 헤치려고 만단의 준비를 다그쳤다.

밤중이 되자 발해왕은 군사들을 지휘하여 적진에 뛰여들었다. 한동안 피어린 격전이 벌어졌다. 칼과 칼이 맞부딪치고 아우성소리가 하늘을 진감하였다.

마침 여러 도읍의 원군들도 당도하였다. 발해군은 원쑤들을 무찌르고 원군과 회합하여 료군을 여지없이 타격하였다. 하여 료나라는 한놈도 도망치지 못하고 전멸되였다.

　발해왕은 마침내 이 싸움에서 대승전을 거두었다. 싸움이 끝난후 대왕은 몸소 살구산으로 찾아갔다. 그러나 그 천년묵은 자라는 다시는 나타나지 않았다.

　발해왕은 목숨을 구해준 자라를 영원히 기념하기 위해 수만명의 백성들을 동원하여 커다란 자라산을 쌓고 그 산밑에 돌비석을 세운 뒤 비문을 새겼다.

　지금도 녕안현성 동쪽에는 자라와 흡사한 산이 하늘을 떠이고 솟아있는데 그 산밑에 가면 맑은 샘이 사시장철 콸콸 솟고있다고 한다.

구술: 박응진
정리: 림승환

룡 문

지금으로부터 경치 좋은 남호두에는 물속에서 불끈 솟아오른 두 돌바위가 나란히 서있는데 아침노을이 피여날제는 흡사 진주더미를 모아놓은듯하고 가을구름이 비낄젠 룡궁의 옥대문을 방불케 하여 사람들은 그 두 돌바위를 「룡문」또는 「진주문」이라고 불러왔다. 여기에 천여년을 두고 전해오는 기막힌 전설이 깃들어있어 지금도 사람들은 잊지 않고있다.

천년도 남아되는 먼 옛날, 잔잔한 파도가 모래톱을 핥고 밀려가는 남호두에 백의민족이 모여사는 오붓한 마을이 있었다. 마을에는 오누이쌍둥이를 데리고 사는 집이 있었는데 남자애의 이름은 룡남이라 창봉을 잘 쓰기에 만부부당지용을 갖고있었고 녀자애의 이름은 룡녀라 활을 잘 다루기에 날아가는 새도 쏘아맞혔다.

어느해 봄이였다. 쌍둥이가 밭에서 돌아와보니 마을은 온통 불바다로 되였고 시체들이 여기저기에 널려져있었다. 집에 달려가보니 늙으신 아버지와 어머니는 칼에 찔려 숨져있었다. 알고보니 거란(몽골계의 유목민족)의 원수 야율 보길과 부원수 야율 우얼이 침략의 마수를 발해국에 뻗쳤던것이다. 침략군은 이르는 곳마다에서 마을을 불사르고 무고한 백성들을 살해하였다.

쌍둥이는 거란군의 칼에 숨진 부모의 시체를 끌어안고 몸부림쳤다. 부모의 원쑤를 갚고 나라를 구하고저 룡남은 부모의 장례를 치른지 이틀만에 무사로 뽑혀 싸움터로 나가게 되였다.

떠나는 날 쌍둥이는 헤여지기 아쉬워 부둥켜안고 뜨거운 눈물을 흘렸다.

「오빠야, 꼭 이기고 돌아와!」

「누이야, 원쑤갚고 돌아올테니 꼭 기다려.」

적다마에 높이 앉은 룡남이를 대견스레 바라보며 룡녀가 말하자 룡남이는 눈물을 머금고 대답하였다.

　발해의 군사들이 오랑캐령에서 대기한지도 여러날이 되였다. 어느날 저녁, 수만명의 거란군들이 골짜기로 쓸어들어왔다. 앞에는 거란군의 부원수 야율 우얼이 85근 되는 대도를 거머쥐고 살기등등하여 말을 휘몰아오고있었다.

　이윽고 반격의 호각소리가 산천에 메아리쳤다. 룡남은 백여근 되는 은창을 거머쥐고 그놈을 향해 곧바로 말을 몰았다. 순간 창과 칼이 부딪쳐 불꽃이 일고 두 말이 서로 어울려 싸우는통에 누가 누군지를 분간하기 어려웠다. 두 장수는 백여합을 맞다들었으나 승부를 가르지 못했다. 갑갑해난 룡남은 패한체 하면서 슬쩍 말머리를 돌렸다. 그러자 놈은 신이 나서 룡남이를 뒤쫓아왔다.

　야율 우얼이 대도를 들어 룡남이의 머리를 까리는 순간, 룡남은 겨드랑이에서 표창을 꺼내여 몸을 휙 돌리며 그놈의 면상에 뿌렸다. 목에 표창을 맞은놈은 「으악!」소리와 함께 말에서 굴러떨어졌다.

　적진에서 그 광경을 목격한 원수 야율 보길은 10여만의 군사를 휘몰고 달려들었다. 발해군은 겨우 2만명의 적은 병력이였기에 퇴각하지 않을수 없었다. 여러날에 걸쳐 고군작전을 하던중 룡남이네는 백운산마루에서 적들에게 포위당했다. 식량과 음료수가 떨어진 형편에서도 룡남이네는 싸움을 견지하였다.

　발해군사가 백운산에서 포위당한지도 만 사흘이 되였다. 룡녀는 손에 땀을 쥐고 기다렸지만 룡남이네한테서는 감감무소식이였다.

　나흘째 되는 날 아침, 룡녀는 크게 마음먹고 서울인 상경룡천부로 찾아가 군사로 되기를 청원했다. 그런데 금군교위는 녀자애임을 알고 하찮게 여기면서 아예 궁문밖으로 쫓아내는것이였다. 룡녀는 하는수없이 달리 방법을 대는수밖에 없었다.

　이튿날 아침이였다. 그날은 발해군사들이 마지막으로 전선을 떠나는 날이였다. 발해왕은 친히 룡천부 대돌에서 내려와 군사들을 바래려는데 홀연 교련당 서쪽으로부터 진붉은 갑옷에 눈덩이같이 흰 백마를 타고 바람처럼 달려오는 자가 있기에 깜짝 놀랐다. 그 장수는 곧바로 발해왕앞에 와서 말

에서 뛰여내려 땅에 부복한채

「대왕께옵서 소녀를 군사로 받아주옵소서!」하고 간청하였다.

발해왕이 굽어보니 일개 소녀라지만 인물이 절색이요, 목소리 또한 은방울 굴리는듯한지라 너무도 측은하여

「네 일개 계집애로서 무슨 재간으로 싸움터에 나간단말이냐?」하고 물었다. 그러자 룡녀는

「자고로 나라의 흥망성쇠는 필부도 책임이 있다 했거늘 수백년 자랑 높던 발해땅이 거란군한테 당장 먹히우게 된 오늘 녀자라고 어찌 보고만 있겠나이까? 바라옵건대 소녀의 하찮은 재주지만 한번만 보아주옵소서.」라고 아뢰더니 대왕이 미처 대답하기도전에 어깨에서 활을 벗겨들고 남으로 날아가는 기러기떼를 향해 화살 두대를 연방 날리는것이였다. 그러자 기러기 두마리가 땅에 떨어졌다. 그 광경을 목격한 왕과 모든 군사들은 일제히 「야!」 찬탄을 금치 못하였다. 이윽고 대왕은

「네 활재간이 비상하거늘 검은 국보인 신궁을 하사하고 너로 선봉대장을 임명하거니 어서 백운산의 포위를 풀고 돌아오라. 그러면 영낙없이 너를 왕후로 맞을테다.」라고 말하였다.

이에 룡녀는 백번 사례하고 신궁을 받자 말에 올라 떠나는데 발해왕은 아쉬운 심정을 금할수 없어 오래도록 전송하였다.

이튿날 저녁편에 룡녀가 거느린 수만명의 군사가 곧바로 백운산으로 올라가자 산우에 있던 룡남이네도 함성을 지르면서 산아래로 짓쳐내려왔다. 그럴 때였다. 야율 보길의 한 부장이 삼지창을 휘두르며 룡녀의 앞을 막아 나섰다. 하지만 룡녀가 신궁에 화살을 먹여 적장의 머리를 쏘자 면상에 화살을 맞은놈은 뒤로 너부러지는것이였다. 그 광경을 목격한 뒤에 놈들은 걸음아 날 살려라 하고 산지사방으로 줄행랑을 놓았다.

그럴 즈음에 홀연 징소리 크게 울리며 원수 야율 보길이가 산 량켠으로부터 복병을 휘몰아 룡남이의 길을 막았다. 수천대의 화살이 비오듯 날아오자 룡남은 보검을 휘둘러 화살을 막았다. 그런데 아뿔싸 그가 탄 적마다가 왼눈에 살을 맞고 땅에 쓰러졌다.

말에서 굴러떨어진 룡남이는 연해연방 달려드는 적들을 용맹하게 찍어넘

졌지만 수천을 헤아리는 거란군을 홀몸으로 당해내는수가 없었다. 갑자기 삼지창 여러대가 동시에 날아드는바람에 룡남이는 「윽!」 소리와 함께 피투성이 되여 쓰러졌다. 이때 마침 룡녀가 포위를 헤치고 달려가 그를 끌어안았다. 룡남은 두눈을 부릅뜬채 숨을 거두었다.

　비분에 찬 룡녀는 이를 부드득 갈면서 일어섰다. 신궁에 화살을 먹인 룡녀는 칼부림하려고 달려드는 야율 보길의 낯짝을 향해 깍지를 떼였다. 놈은 목구멍에 화살을 맞고 말에서 굴러떨어졌다. 우두머리가 죽는것을 보자 간담이 서늘해진 거란군들은 몽골땅으로 도망가고말았다.

　「둥- 둥-」승전고 드높이 발해군사들이 서울로 돌아갈제 룡남이의 시체를 품에 안은 룡녀는 천천히 백운산마루로 올라갔다. 밑에서는 경박호의 푸른 파도가 설레이고있었다.

　「아, 원통쿠나. 쌍둥이 자매로 세상에 태여나 인생고락을 같이하자 했더니 어이하여 오빠는 먼저 세상을 하직한단말인가. 오빠를 저승에 보내고 내 왕후로 된들 무슨 보람이 있으랴!…」

　룡녀는 길게 탄식하고나서 룡남이를 그러안은채 검푸른 호수에 몸을 날렸다. 그 광경을 본 군사들이 백운산마루에 올라가 밑을 내다보니 호면에서 물거품이 일며 커다란 바위 두개가 물속에서 불끈 솟아오르는것이였다. 그것을 본 사람들은 나라를 지켜싸운 쌍둥이가 서로 갈라지기 아쉬워 돌로 변한채 함께 서있다고들 하였다.

구술: 전성호
정리: 림승환

구룡천

흑룡강성 발해 백리석판벌의 북쪽끝머리에는 남양이라는 오붓한 조선족 마을이 있다. 푸른 하늘밑에 푸른 산과 아홉 개의 수정샘을 끼고있어 「발해 제1경」이라 불리우는 이 마을에는 「구룡천」이라는 전설이 지금도 전해지고 있다.

호랑이 담배피우던 먼 옛날, 남양마을에서 수백리 상거한 남쪽에 일망무제한 바다가 있었는데 그때는 북해 룡왕이 바다를 다스리고있었다.

북해 룡왕 내외가 천여살을 살도록 자식 하나 없어 탄식으로 세월을 보내던중 하루는 늙은 왕비의 몸에 태기가 있어 칠삭만에 몸을 푸니 일개 남자애였다. 이에 온 나라가 큰 경사를 치르듯 즐거워하고 룡왕 내외도 어찌나 기뻤던지 금지옥엽으로 길러가는데 아들은 무럭무럭 오뉴월 오이자라듯 잘도 자랐다.

무정세월 약류파라 어느새 룡왕은 늙고 병들어 왕위를 물려줄 나이가 되였다. 룡왕은 왕위를 자식에게 넘겨주려고 세상에 이름높은 학자를 불러다가 독훈장으로 모시고 아들에게 글을 읽혔는데 아들은 총명이 과인하여 하나를 가르치면 열을 알고 열을 가르치면 백을 깨달으니 룡왕내외의 기쁨 이루 헤아릴수 없었다.

세월은 또 흘러 공자의 나이 20살에 당진하여 언녕 취처할 나이가 되였건만 룡왕은 오로지 아들에게 왕위만 물려줄 생각으로 날마다 수정궁에 갇아놓고 글만 읽히였다. 그러니 공자의 우울한 마음 어디에 하소연할 곳 없었다.

하루는 수정궁에서 글을 읽던 공자가 하도 갑갑증이 나서 이리저리 거니는데 보려니까 대문을 지키는 호위장 거북도감이 창을 비껴든채 갑속에 대가리를 옹송그리고 잠들어있었다.

「에라, 이 기회에 그토록 아름다운 어화원에나 한번 가보자.」
　이렇게 생각한 공자는 발범발범 거북도감을 가로타고 수정궁을 나섰다. 밖으로 나가니 바다세상은 참으로 아름답기가 그지없었다. 알락달락한 진주더미며 하늘하늘 춤추는 산호며 온갖 물고기들이 노니는것을 황홀경에 사로잡혀 바라보면서 걸어가던 공자는 홀연 앞에 「통천동(通天洞)」이라고 씌여진 큰 굴문을 보았다.
　「통천동이라… 그래 언젠가 아버지가 룡궁의 군사를 휘몰아 지상락원을 빼앗으러 갔다가 패배하여 쫓겨왔던 그 길목이로구나. 룡궁보다 지상락원이 백배 살기 좋다더니 한번 구경삼아 나가보자꾸나.」
　공자는 호기심이 더럭 나서 문에 가로지른 빗장을 벗기고 굴을 따라 헤염쳤다. 이윽고 굴이 끝나는 곳까지 헤염치니 한 늪우에 당도하였는데 물우로 머리를 쑥 내민 공자는 그만 눈앞의 황홀한 경치에 깜짝 놀라지 않을수 없었다.
　지상락원을 바라보니 은하수 흐르는 맑은 밤하늘밑에 록수청산이 병풍인양 둘러섰는데 늪가에 자란 오동나무밑으로 웬 사람이 사뿐사뿐 걸어오고 있었다.
　공자가 이상스러워 물우로 머리를 반쯤 내놓고 볼라니 초록치마에 새하얀 저고리를 입은 이팔청춘 처녀가 걸어오는데 얼굴은 백옥같이 희고 몸매 또한 버들가지인양 날씬하거늘 그만 처녀한테 홀딱 반했으나 그림의 떡인지라 감히 어쩌지를 못하고 구경만 하고있었다.
　이때 마침 동산으로부터 쟁반같은 달이 솟아올랐다. 처녀는 오동나무밑에 가 앉더니 어깨에 메였던 거문고를 앞에 놓고 타기 시작하였다.
　이윽고 흰저고리를 입은 소녀의 옷소매자락이 거문고의 열두줄우에서 부지런히 움직이자 가을처럼 맑고 그윽한 소리가 늪우에 울러퍼지기 시작하였다. 때로는 가냘프게 때로는 천군만마가 내닫는듯한 높은 곡조에 공자는 그만 도취되여 울기도 하고 웃기도 하다가
　「아! 20년을 바다에서 살았지만 저렇게 아름답고 거문고를 잘 타는 녀인을 처음 보는구나!」라고 한탄하였다.
　밤이 깊어 공자는 돌아갈 때가 되였건만 지상의 소녀를 두고 홀로 떠나

자니 참으로 애석하기 그지없었다. 하지만 부왕한테 들키우는 날이면 큰 벌을 받게 될것이므로 하는수 없이 통천동으로 돌아섰다. 그 뒤 공자는 늘 저녁때쯤이면 거북도감이 잠을 자는 틈을 타서 수정궁을 벗어나 지상의 소녀를 보러 가군 하였다.

그러던 어느날 저녁, 그날도 지상의 소녀는 부지런히 거문고를 타느라 여념이 없었다. 하염없이 그 모습을 지켜보는 공자는 마침내 평생을 인간세상에서 살기로 결심하고 요신술을 썼다. 순간 늪우에 안개가 자욱히 일더니 공자의 몸에서 늘 번쩍이던 룡비늘은 온데간데가 없고 어엿한 머슴군아이로 변했다. 다음 늪가로 해서 오동나무밑으로 슬쩍슬쩍 걸어갔다.

한편 열심히 거문고만 타던 소녀는 갑자기 거문고 줄 하나가 끊어지자 사위를 두리번두리번 살펴보았다. 보니 난데없던 한 총각이 걸어오는데 얼핏 보아도 옥골선풍인것이 인간세상에 이렇듯 잘 생긴 머슴총각이 있었더냐싶었다. 소녀는 아미를 살짝 숙이고 곱게 빗은 삼단같은 머리태를 뒤로 넘기며 돌아앉았다. 원래 이 소녀는 이 마을 농군의 무남독녀 외딸로서 16살이 되도록 시집가지 않고있었다.

그날 밤 서로 상봉한 뒤로부터 공자는 낮이면 밭에 나가 소녀의 부모들을 도와 부지런히 일하고 저녁이면 늪가의 오동나무밑에서 소녀와 함께 거문고를 타며 인간세상의 락을 맘껏 즐기였다.

세월은 흘러 공자가 처녀를 만난지도 어언간 몇 달이 되였다. 하루는 처녀의 부모가 총각을 면전에 불러다놓고

「우린 인젠 늙었으니 믿을 사람이 있어야 하지 않겠느냐. 너를 데릴사위로 삼으려는데 네 마음은 어떠하냐?」라고 물었다. 이에 총각이 땅에 넙죽 엎드리며

「의지가지 없는 이 몸을 버리지 아니하오면 평생 부모님으로 모시겠습니다.」하고 쾌히 대답하니 부모들의 기쁨 한량없었다. 며칠후 공자가 소녀와 혼례를 치르고 신방에 드니 초가삼간에 춘정이 무르녹았다.

한편 공자가 수정궁을 떠난지도 벌써 석달, 그동안 왕후는 아들을 찾다못해 백병이 들어 자리에 누웠고 룡왕도 아들을 그리다못해 상심하여 미칠것만 같았다. 그러던 어느날, 홀연 사처로 공자를 찾아다니던 거북도감이 헐

레벌떡 달려오더니

「대왕님, 오늘 통천동으로 나가보니 글쎄 공자님께선 인간세상에서 이미 안해를 얻고 초가집에서 살고있더이다.」라고 아뢰였다.

이에 대노한 룡왕은 즉시 수궁의 장병들더러 지상에 나가 아들을 잡아오라고 호령하였다.

추상같은 호령이 떨어지기 바쁘게 징소리, 북소리, 요란하더니 수천명 군사들이 창검을 번뜩이며 련꽃늪으로 헤염쳐갔다. 그런줄 모르고 공자와 안해는 오늘밤도 오동나무밑에서 거문고를 타고있다가 홀연 호수물이 출렁이며 수많은 룡궁군사들이 뭍으로 덮쳐드는지라 깜짝 놀랐다.

「여봐라, 어서 저 도련님을 사로잡거라.」

거북도감이 불호령하자 새우며 문어따위들이 달려가 다짜고짜로 공자를 결박하였다. 뒤이어 거북도감은 공자를 향해 입으로 불을 홀 내뿜었다. 공자의 옷은 불타버렸다. 공자는 번득이는 비늘이 가득 달린 룡으로 변해버렸다.

이때에야 남편이 룡왕의 아들임을 알게 된 안해는 실성통곡하면서 남편의 꼬리를 부여잡고 놓지 않았다.

그날 아들이 결박되여오자 룡왕은

「네 일국의 귀공자로서 바다와 륙지가 수화상극인줄은 몰랐더냐? 네 죽을 죄를 지었으나 모진것이 피줄이라 옥에 가두니 그런줄 알아라」하고 령을 내리니 군사들은 공자를 컴컴한 감옥에 처넣고 지상으로 통하는 통천동 굴문마저 영영 막아버렸다. 그러자 지상의 백리석판은 천년에 드문 가물이 들어 마을사람들은 마실 물도 농사지을 물도 없어서 허덕이게 되였다.

남편이 수정궁으로 잡혀간 이튿날아침, 안해는 은빛이 번쩍이는 비늘에 꼬리가 달린 룡 아홉 마리를 낳았는데 마을에 물이 없다보니 안해에게는 젖이 모자라 자식들은 목을 빼들고 울기만 하였다.

안해는 불쌍한 아이들을 데리고 늪가에 가 통곡하였지만 남편은 돌아오지 않았고 아이들은 굶주려 하나하나 죽어갔다. 이렇게 밤낮 석달열흘을 통곡하니 안해도 피눈물속에서 죽었다.

그런데 이상하기 그지없었다. 마치도 천지의 조화이기라도 한듯 이듬해 봄에 안해와 아이들이 죽은 산중턱에 갑자기 수정샘 아홉개가 퐁퐁 솟더니 메말라 거북등처럼 갈라터진 백리석판과 련꽃늪에 흘러들었다. 그리하여 마을사람들은 다시는 물고생을 하지 않고 농사를 지을수 있게 되였다.

후날 사람들은 남편인 룡에 대한 인간의 충성심이 하느님을 하도 감동시켰기에 하느님이 샘 아홉개를 지상에 내려보냈다고 하면서 그 늪이름을 구룡천이라 불렀다 한다.

구술: 김국현
정리: 림승환

발해왕 발터와 뽕나무밭

도문에서 기차를 타고 동경성을 지나 좀 가느라면 산굽이돌이 강가에 돌로 깎아만든 층층대 흔적이 보인다. 이고장 사람들은 이 돌층대를 「발해왕의 발터」라고 하는데 여기에는 이런 미담이 전해지고 있다.

옛날 발해국의 임금이 왕후를 여의였다. 그러니 문무대신들이 모여앉아 나라에 어머니가 없어서 되겠느냐며 어떤 녀자를 왕후로 삼겠는가 공론을 하게 되었다.

이때 한 대신이 이번의 왕후는 반드시 「손에다 백옥을 들고 몸에는 황금치마를 두른 규수여야 한다.」는 말이 만백성들속에 널리 퍼지고있는데 백성들의 이런 뜻을 받드는것이 좋겠다고 말하였다. 문무백관들이 모두 그 의견에 혼연히 찬동하면서 「손에다 백옥을 들고 몸에는 황금치마를 두른 규수」를 백일안에 찾아내기로 합의를 보았다. 그래서 이튿날부터 수많은 라졸들을 풀어 서울 룡천부(오늘의 동경성) 집집마다를 샅샅이 뒤지게 하는 한편 혹시 서울밖에도 그런 규수가 있을지 모르니 룡천부 동쪽에다 열길이 넘는 망루를 세우고 밤낮으로 한시도 빼놓지 않고 류번으로 망을 보게 하였다.

흐르는 물 같이 빠른것이 세월이라 어느덧 석달이 지나가고 아흐레날도 저물어갔다. 이제 래일이면 백날이 되겠는데 오늘까지도 「손에다 백옥을 들고 몸에는 황금치마를 두른 규수」가 나타나지 않았다.

임금도 더는 룡상우에 앉아있지를 못하고 서산우에 올라앉은 저녁해를 바라보며 탄식하였다.

「내 팔자 기구해서 그렇듯 현숙한 왕후를 잃었으니 어느 규수가 박복한 나에게 오려고 하리요?」

「상감마마, 너무 념려하실 일이 아니온줄로 아옵나이다. 손에 백옥을 들고 황금치마를 두른 규수라고 한것은 하늘이 마마의 품덕을 높이 치하하여 선녀를 내려보내시는것으로 아오니 자중하시고 기다리시느라면 뜻을 이를 줄로 아뢰옵나이다!」

례부경의 말을 들으며 눈 한번 깜박이지 않고 련못에 둥실둥실 떠도는 원앙 한쌍을 바라보던 임금은 더욱 탄식하였다.

「글쎄말이요! 미물의 짐승도 짝이 있어 저렇게 즐기는데 우리 나라 15부 62주 5천리 넓고 넓은 곳에 어찌 임금의 짝될 규수가 없겠소만 내 여직 덕을 쌓지 못하고 악만 쌓다보니 천벌을 받는줄로 알고있소.」

이때 망루우에서 망을 보던 라졸들도 서쪽하늘에 붉게 타는 저녁노을을 바라보며 수군거렸다.

「그러게 내 뭐라고 했나? 모르긴 해도 손에다 옥을 들고 황금치마 두른 규수가 있다는건 새빨간 거짓말일세.」

「쉬-! 목 떨어질 소린 작작 하게!」

이때 한 라졸이 누가 듣지 않았나 하여 얼굴이 새파래서 사방을 휘둘러보다가 눈을 비비고 다시 아래쪽을 내려다보더니 얼굴에 웃음을 활짝 피우며 소리쳤다.

「아! 아니, 저, 저기 나타났네! 나타났어! 임자, 저걸 보게 봤나? 옳지?!」

「허허, 이 사람이 헛물만 켜더니 허파에 바람이 들었나? 계집애들처럼 웬 호들갑이야?」

「왕, 왕후란말일세!」

「뭘?! 왕후라? 자네 환장하질 않았나?」

「무슨 소리야. 저기 저 왕후가 눈에 안 보여?」

「정말이냐? 어디, 어디 엉?! 옳군! 옳아! 여보시오, 계 잠간만 서시오!」

그 라졸은 수탉처럼 목을 빼들고 손나발을 불다가

「자넨 눈 한번 깜박이지 말고 그가 어디로 가나 지켜보게. 내 달려가서 모셔오겠네.」하고는 너무도 기뻐 단숨에 망루를 내려 규수가 나타난 골목길로 달려갔다.

그런데 그 근방에 가서 오가는 사람마다를 죄다 살펴봐야 백옥을 들고 황금치마를 두른 규수는 고사하고 그와 비슷한 사람도 없었다. 그래서 망루

를 향해

「여! 어디로 갔나?」하고 소리쳐 물었다.

「방금 자네앞을 지나갔네!」

바람결에 간신히 들려오는 친구의 대답소리를 듣고 달려가보니 웬 처녀가 옷이 없어서 마대를 두르고 손에는 접시에다 두부 한모를 담아가지고 가고있었다. 너무도 실망한 라쫄은 닭 쫓던 개 지붕 쳐다보듯 멀어져가는 처녀를 보다말고 맥없이 돌아왔다.

「아니, 공주는 어쩌고 혼자 오나?」

「공주라니? 홍, 자네 눈이 멀었군그래.」

「뭣이라구?」

「아, 그렇지 않고서야 손에 든 두부를 옥으로 보고 마대 두른것을 황금치마로 보았겠나?」

「그래?!」

두 라쫄이 맹랑해서 쭈크리고 앉아 담배를 태우는데 례부경대감이 찾아왔다. 그래서 사실을 고했더니 대감은 수염을 쓰다듬으며 이윽토록 생각하더니

「래일은 마지막 날이니 명심해서 살피게나?」라고 하였다.

이튿날 례부경대감은 친히 임금을 모시고 망루우에 앉아서 어제 나타났댔다는 그 처녀가 다시 나타나기를 고대하고있었다. 그러나 애간장을 태우는 규수는 나타나지 않고 백날의 마지막 해도 서산우에 올라앉았다. 생각같아선 넘어가는 해를 산우에다 붙잡아 매놓고싶은 임금이였건만 그럴수 없었다. 임금은 한숨을 쉬며 자리에서 일어섰다.

바로 그때였다.

「마마! 나타났소이다. 저기, 저길 보시옵소서.」

그 소리에 임금과 대감이 라쫄의 손길을 따라 내려다보니 아니나다를가 머리태를 길게 땋아드리운 한 규수가 몸에는 황금치마를 두르고 두손엔 백옥을 받쳐든채 붉게 타는 저녁노을속으로 사라지고있었다.

「상감마마, 이는 분명 옥황상제께서 마마에게 보내주시는 선녀인줄로 아뢰옵니다.」

대감의 말이 끝나기도전에 임금은 너무나 기뻐서
「어서, 어서 가서 정중히 모셔오도록 하오.」하고 재촉했다.
「예! 분부 받들어 모시겠사옵니다!」
례부경이 라졸과 함께 망루에서 내려가 처녀앞에 다가가 보니 어제 라졸이 하던 말과 다름이 없었다.
허지만 대감은 그 규수가 옷은 비록 람루해도 천하 절색임을 첫눈에 알아볼수 있었다. 그래서 대감은 라졸들더러 그 규수를 모시고 다시 한번 망루앞을 지나게 하고 자기는 임금을 모시고 다시한번 그 규수를 눈여겨보았다.
임금과 대감이 망루에서 내려다보니 가까이에서 보는바와는 달리 틀림없이 황금치마를 두른 규수가 손에 백옥을 들고 지나가는것이였다. 그래서야 대감은 저녁노을빛에 반사되여 마대가 황금치마로 보이고 손에 든 두부가 백옥으로 보였음을 알게 되였다.
임금이 규수를 앞에 불러놓고 보니 과연 진흙속에서 빛을 내는 보석이요, 별중에서도 새별이며 새중에서도 봉황새라 기쁨을 억제할길 없어서 물었다.
「그대 집은 어데 있는고?」
「성밖에 있사옵니다.」꾀꼬리같은 그 목소리 또한 은쟁반에 옥을 굴리는 듯하였다.
「집에는 누가 있는고?」
「년로하신 부친님이 계시옵니다.」
「음, 알겠다.」
이 처녀는 구차하게 사는 어부의 딸이였다. 평생을 강에다 발을 놓고 고기잡이로 늙어온 로인은 고기를 잡으면 딸을 시켜 물고기 판 돈으로 쌀과 채소를 사다가 하루하루를 살아가고있었다. 효녀인 처녀는 늙으신 부친께서 오래오래 살아계시기를 바라서 자기는 죽을 먹으면서도 아버님께는 날마다 술과 두부를 사다가 대접했다.
처녀가 집에 돌아와 두부장을 보글보글 끓여놓고 아버님께 안주를 따라 올리며 두부사러 갔다가 돌아오는 길에서 임금을 만난 이야기를 하는데 갑자기 밖에서 웅얼거리는 소리가 나더니 례부경대감이 사령들을 데리고 례물을 가지고 왔다.

그후 좋은 날을 택해 잔치를 하니 그 규수는 왕후가 되고 어부인 처녀의 아버지는 부원군이 되였다.

옛말에 후처한테 감투 벗어지는줄 모른다더니 임금이 계비인 왕후를 애지중지하다보니 장인도 궁중에 모시고 친아버지이상으로 받들어모시였다. 그러나 로인은 고집을 쓰며 매일 30리가 되는 강으로 고기잡이를 다니였다. 이를 민망스럽게 생각한 임금은 라졸들을 시켜 매일 고기를 잡아다 로인께 생선국을 대접시켰건만 로인은 여전히 고기잡으로 다니였다.

「아버님께서 고기잡이가 그렇게 소원이시다면 더는 만류하지 않겠나이다.」하고는 대신을 시켜 강옆에다 별당을 지어주고 심부름꾼까지 두어 로인의 시중을 들게 하였다. 이렇게 되자 아버지를 잊지 못하는 딸은 그곳에 가서 살다싶이 하였다. 바늘 가는데 실이 간다고 임금도 자연히 이따금씩 거기에 나가보게 되였다. 늙은 장인이 고기잡으러 다니는 길은 비탈길이여서 여간만 불편하지 않았다. 그래서 임금은 석공들을 동원하여 돌층계를 만들고 발터를 만들게 하였다.

왕후는 그때부터 짬만 있으면 아버지를 동무하여 잠시도 놀지 않고 누에를 치고 길쌈도 하였다. 임금이 하지 못하게 하니 옛날에 고생하던 얘기를 하면서 나라의 어머니로서 만백성을 잘 먹고 잘 입게 하자면 자기부터 일해야 옳은 줄로 여긴다고 대답하였다. 이에 감동된 임금은 신하들에게 명하여 그곳에다 숱한 뽕나무를 심어 왕후가 누에를 치고 길쌈을 하게 하였다.

세월은 흐르고 흘러 천년이 지나 사람도 변하고 산천도 변했지만 발해왕 발터자리와 뽕나무밭만은 오늘까지도 남아서 아름다운 이야기를 전해주고 있다.

구술: 황구연
정리: 김재권

태왕비석

오늘의 집안현 소재지에서 동으로 십리쯤 나가면 태왕비석이 있다. 글자 한자가 손바닥만큼한 비문이 1,800여자나 되니 그 비석이 얼마나 큰가 하는 것은 누구나 짐작할수 있다. 전하는 말에 의하면 이 비석은 지금으로부터 1,700여년전에 호태왕이라는 임금이 세운것이라 한다.

오랜 옛날 장백산 북쪽에 부여라는 나라가 있었는데 국왕인 추상왕은 무예가 출중하고 글을 잘 지을뿐만아니라 그림을 그리는데도 남달리 뛰여난 재주를 가지고있었다. 그런데 추상왕에게 한가지 슬픈 일이 있었으니 그것은 왕비가 비록 천하일색일긴 했으나 일점혈육이 없은것이였다. 예로부터 정해내려온 부여의 규례에는 국왕이 40세가 되여도 아들이 없으면 자청 물러나게 되여있었는데 이제 이태만 지나면 마흔고개에 올라서게 된 판이였다. 그리하여 추상왕은 대낮에는 눈만 감으면 아들이 헛보이고 밤에도 잠만 들면 아들 보는 꿈뿐이였다.

그해 섣달그믐날밤이였다.

궁궐안은 이미 주악이 멎고 사위는 쥐죽은듯 고요했다.

이때 추상왕과 왕비는 술상에 마주앉아 술잔을 기울이고있었다. 자정때나 되였을가 추상왕은 그 누군가 자기를 끄당기는 바람에 저도 모르게 엄병덤병 밖으로 따라나갔다. 그 사람은 추상왕을 어느 강변까지 데리고 가더니 깜쪽같이 사라져버렸다. 추상왕은 심히 괴이쩍어 사방을 둘러보았다. 삼면에는 험산준령이 병풍처럼 둘러섰는데 동쪽산은 마치 구렝이가 대가리는 남쪽으로 향하고 꼬리는 북쪽으로 뻗치고 누워있는듯했고 서쪽산은 하늘의 북두칠성마냥 꼭같이 생긴 일곱 산봉우리가 련이어있었고 북쪽산은 구름우로 우뚝 치솟았는데 정수리에는 안개가 자오록하였다. 탁 트인 남쪽에는 큰

강이 흐르고있었는데 강물이 어찌나 맑고 푸르르던지 강바닥의 자갈돌까지 속속들이 들여다보였다. 추상왕이 강기슭을 따라 걷노라니 문뜩 강물에 떠 있는 큰 함지가 보였는데 함지안에는 무쇠덩인양 감실감실하고 뚱뚱한 사내애가 앉아있었다. 아직 이마의 피도 채 마르지 않은 그 아이는「응아, 응아-」울면서 두 팔로 함지를 탁탁 치며 버둥거렸다. 함지는 소용돌이에 빠져 맴돌아치는데 당장 물속에 파묻힐것만 같았다. 추상왕은 천방지축 달려갔으나 너무 꽉 덮치다보니 그만 함지를 엎지르고말았다. 그바람에 추상왕은「악-」소리를 지르며 꿈속에서 깨여났다. 깨고보니 손에 들었던 술잔이 떨어져 산산쪼각이 났었다.

국왕이 슬픔끝에 실성한것을 본 왕비는 어쩔바를 몰라 추상왕을 꼭 그러안고 목놓아 통곡하였다. 추상왕은 한동안 눈을 홉뜨고 생각해보고나서야 제 정신이 들었다.

추상왕은 긴긴 장밤을 꼬박 새웠다. 아마도 하느님이 나에게 왕자를 하사하혀는 모양인데 이 기회를 놓쳐서는 안되겠다. 그러나 천하에 많고 많은 강들중에서 어느 강을 찾아간단말인가? 그러던 추상왕은 문득 깨닫는바가 있었다. 부여땅은 본디 일망무제한 평원인데 백두산을 넘어서면 압록강이라는 맑고 푸른 강이 있다지 않는가.

이튿날은 정월 초하루였다 아침이 되니 모든 문무관원들이 찾아와서 국왕에게 세배를 올렸다. 추상왕은 그 자리에서 자기는 남녘에 나가 사냥도 할겸 유람하겠노라고 하였다. 왕비와 모든 관원들이 만류하였으나 추상왕은 고집을 부리며 심복 세사람만 거느리고 활을 차고 말에 올랐다.

네사람은 말잔등에서 먹고 자며 밤낮으로 남쪽을 향해 곧추 내달렸다. 천갈래의 물을 건느고 만여개의 산을 넘어 하루는 말안장처럼 생긴 한 산마루에 올라서니 키짝모양으로 생긴 벌판이 눈앞에 펼쳐졌다. 그 정남방향으로는 큰 강이 동쪽에서 서쪽으로 도도히 흐르는데 강물은 흡사 금방 물속에서 나온 숫오리의 깃마냥 푸르디푸르렀다. 추상왕은 저 강이 틀림없이 압록강이라 생각하고 주위의 풍경을 살살이 굽어보니 어쩐지 눈에 익은 고장 같았다. 곰곰히 생각해보니 바로 꿈에서 본 곳이였다. 과연 동쪽에는 룡산(龍山)이 있고 서쪽에는 칠성산(七星山)이 있는가 하면 북쪽에는 우무산(雨霧山)

이 있었다. 그는 너무도 기쁜김에 말엉뎅이를 철썩 갈겼다. 말은 네굽을 놓아 쏜살같이 강변에로 달려갔다. 했으나 강에는 함지도 아이도 없었다. 바로 그때였다. 어데선가 가까이에서 한 녀인의 울음소리가 은은히 들려왔다. 그 울음소리를 따라 찾아간즉 검은머리가 치렁치렁한 한 소녀가 강변에 꿇어앉아 머리태를 풀어헤친채 대성통곡하고있었다. 추상왕이 말에서 뛰여내려 처녀를 일으켜세우고보니 이목구비가 단정하고 입술은 앵두같고 이는 백옥같았다. 추상왕은 소매로 눈물을 닦아주고나서 조용히 물었다.

「무슨 일로 이다지도 슬퍼하느뇨?」

「저의 머리카락이 강에 있는 바위에 짓누려있사오니 제발 저를 구해주세요」

처녀는 이렇게 대답하며 땅바닥에 이마를 붙이고 굽석굽석 절을 했다. 추상왕이 소녀의 머리태를 돌아보니 길이가 십장이 넘는, 광채뿜는 머리카락 한끝이 바위밑에 물려있었다.

추상왕이 보검을 쭉 뽑아들며 머리카락을 뭉청 잘라버리려 하자 소녀는 황급히 추상왕의 손목을 다잡으며 사정하였다.

「안되옵니다. 저의 머리카락은 많지도 적지도 않고 딱 1천오리인데 오리오리마다 저의 목숨과 이어져있어 한오리라도 끊어지는 날에는 전 끝장이 나옵니다.」

추상왕은 세 하인더러 물속에 들어가서 바위를 조심히 들어옮기라고 분부했다. 그러나 세 하인이 물에 들어가서 아무리 힘을 쓰노라 했지만 바위는 움쩍도 안했다.

「아마도 내 손이 가야 하렸다!」

추상왕은 룡포를 벗어던지고 허리가지 치는 물속에 들어가서 두손으로 바위를 꽉 틀어쥐고 젖먹던 힘까지 다 내여 돌을 들었다. 「끙!…」 하는 소리와 함께 집채같은 바위돌이 버쩍 들렸다. 소녀는 얼른 머리채를 빼내였다. 강언덕에 올라온 추상왕은 온몸이 얼어서 새파랗게 되고 아주 기진맥진해하였다. 처녀는 얼른 화토불을 지펴 불을 쪼이게 한후 펄떡펄떡 뛰는 물고기 몇마리를 건져다가 불에 구워 그들을 푸짐히 대접하였다.

추상왕이 소녀에게 고맙다는 인사를 남기고 말에 오르려 할 때 소녀가 달려와 말대가리를 끌어안으며 애걸하는것이였다.

「저는 본디 하백의 딸이온데 인간세상에 나가 살고싶다고 했다가 강신령에게 벌을 받아 머리채를 바위밑에 눌리우게 되였나이다. 만일 저를 데려가지 않는다면 저는 필시 그들한테 붙잡히는수밖에 없나이다. 말씀치 않으셔도 부여국의 임금인줄로 진작 알고있사와요. 저의 소원이라면 궁녀가 되여 조석으로 임금님을 섬기고자 하나이다.」

추상왕은 소녀를 구원해줄 생각으로 하인의 말을 내주어 타게 하였다. 그들 일행은 오던 길로 되돌아 급히 달렸다.

부여궁중에 온 소녀는 워낙 총명하고 령리한데다가 아무일이나 몸을 아끼는 법이 없었고 게다가 모색까지 출중하다보니 며칠이 못가서 추상왕과 왕비의 후한 사랑과 신임을 받게 되였다. 그런데 뜻밖에도 며칠전부터 궁궐내에서는 소녀의 행실이 바르지 못하다느니 잉태까지 하였다느니 하는 소문이 돌아갔다.

추상왕은 기고만장하여 소녀를 불러놓고 대성질호하였다.

「내 불원천리하고 네 목숨을 건져주었거늘 언감 내 얼굴에 먹칠을 하다니!」

소녀는 하염없이 흐느끼며 떠듬거렸다.

「황공한 말씀이오이다. 소녀는 입궁한 그날부터 매사에 조금이라도 소홀함이 없도록 하고저 조심해왔나이다. 그렇지만 매일 정오만 되면 류달리 강한 해빛이 저의 몸을 비추군했나이다. 그때마다 소녀는 방안으로 피신하군 했지만 그 해빛은 지붕을 꿰뚫고 들어와서 소저의 몸을 비추군 했나이다. 련 반삭이나 그러하더니 소녀는 잉태하게 됐나이다.」

「그래 이제 한 소리가 과연 정말이냐?」

「네. 소녀 어찌 감히 거짓말을 올리리까?」

추상왕은 궁녀들에게 소녀를 우선 두문불출하게 하고 감시하라 명하였다.

그때로부터 여덟달이 지나갔다. 처녀는 잉태한지 1년 두달만에 크기는 세수대야만 하고 생기기는 아주 괴상스러운 태를 낳았다. 처녀는 그 태를 낳자마자 숨겨버렸다. 궁녀가 그 태를 추상왕과 왕비에게 보여드렸다. 추상왕은 아직도 피방울이 뚝뚝 떨어지는 피덩이를 보자 들판에 내다던지라고 호령하였다. 사흘후에 웬 사람이 와서 알리기를 온갖 들짐승들이 몰려와서 그 고기덩이를 둘러싸고 엄하게 보호하더라고 하였다. 추상왕은 이번엔 말구유에 던져 말을 먹이라고 하였다. 그러나 말들은 풀만 골라먹고 그 고기덩이는 건드리지도 않았다.

추상왕은 또 길에다 집어던져 오가는 수레바퀴들이 깔아없애게 하라고 하였다. 그런데 수레가 거기를 지날 때면 바퀴가 펄쩍 뛰여넘군 하였다. 추상왕은 심히 괴상야릇하게 여겨 친히 그것을 뒤궁전에 가져다가 보검으로 그 고기덩이의 껍질을 조심스레 헤쳐보았다. 그랬더니 그속에서 쇠덩이처럼 감실감실하고 포동포동한 어린애가 나왔다. 얼굴을 들여다보니 어쩐지 풋면목이 아닌지라 곰곰히 생각해보니 꿈에 구해주려던 바로 그 애였다. 추상왕은 그 아기를 두손으로 조심스레 떠받들며 뜨거운 눈물을 흘렸다.

「장천이 굽어보매 내가 어려운 고비에 그 거룩한 손길을 보내여 나를 구원하고 우리 부여를 구원해주셨구나!」

추상왕은 이때에 와서야 자기가 꿈에 본 이야기며 압록강변에 아들 찾으러 갔던 이야기를 왕비에게 자초지종 들려주었다. 추상왕과 왕비는 크게 기뻐하며 그 애를 왕자로 삼고 추년왕이라 부르기도 하였고 그 애의 산모인 하백의 딸을 후한례로 안장해주었다.

추년왕은 무럭무럭 빨리도 자랐다. 그는 다섯살에 벌써 말탈줄 알았고 열살에는 싸움판에까지 나섰는데 무예가 높고 계략이 넓었으며 백성들한테는 자기의 부모를 대하듯이 인자하고 너그러웠다. 추상왕이 세상뜬후 그는 왕위를 물려받았다. 추년왕은 등극하자 선왕의 유언을 실현하고 자기를 낳은 어머니를 기념하고저 부여나라의 서울을 남쪽에는 압록강, 동쪽엔 룡산, 서쪽엔 칠성산, 북쪽에는 우무산이 있는 그곳에다 옮기고 지명을 샘골(洞溝, 후세에 집안이라 고쳤음.)이라 하였으며 국호를 새로 정하였다.

추년왕의 20대 후손인 호태왕이 집정할 때 개국선왕을 기념하기 위하여 숱한 사람을 파견하여 압록강의 그 바위를 강언덕에 옮겨다가 태왕석비를 세우고 우에서 이야기한 전설을 비문으로 새기게 했다고 한다.

정리: 강운초

고려장터

집안에서 서쪽으로 압록강을 따라 십여리를 가노라면 산기슭 군데군데에 돌로 쌓은 무덤자리가 있다. 사람들은 이 무덤자리를 고려장터라고 하는데 여기엔 이런 이야기가 전해지고 있다.

옛날 이곳 산골에 박효도라는 젊은이가 있었는데 효성이 지극하여 동네방네에 소문이 났다.

원래 효도의 부친은 효도가 세살 먹던 해에 상처하여 재취하려 했으나 어린것이 서모의 손에서 구박을 받을가 념려되여 홀아비로 늙으며 효도를 애지중지 키웠다.

달이 가고 해가 바뀜에 따라 효도는 부친의 청렴한 덕분으로 그 나이 이팔청춘에 이르러 인품좋은 처녀를 안해로 삼아 어느새 아들 형제 딸 하나를 낳아 길렀다.

손자손녀를 본 효도부친은 늘그막 복을 자기 혼자 다 받은듯 날마다 웃음이요, 아들며느리 자랑으로 입에 침이 마를새 없었다.

효도의 안해 또한 시부모 공양함이 친부모보다 더한지라 색다른 음식이 생겨도 따로 대접하니 실로 이리하면 맞으실가 저리하면 실수될가 몸가짐도 조심조심 시아버님 모셔가니 동네에서도 모두 칭송하였다. 실로 가는 정 오는 정이라더니 쪼들리는 살림이라 해도 화목하게 매일매일 지냈다.

그런데 뜻밖에도 효도네 집에는 불행한 일이 생겼다. 그것은 효도부친의 춘추가 이미 칠십이라 「고려장」을 당하지 않으면 안되였다.

「고려장」이란 그 당시 「인간칠십 고려회」라는 악습이 있었는데 그것인즉 나이 칠십이 되면 땅속에 혼자 거처할수 있을 조그마한 돌굴을 지어주고 이레 먹을 생쌀을 준다.

효도 부친은 「고려장」을 당할 일을 잊은것은 아니지만 정작 「고려장」을 당하여 정든 자식과 손자손녀와 생리별할것을 생각하니 칼로 가슴을 저미는듯하였다.

며칠이 지난후 효도는 길일을 택하여 쪽지게에 부친을 지고 파놓은 돌굴에 모셨다.

눈물을 머금고 빈 지게만 걸치고 집으로 터벅터벅 돌아오는데 숱한 사람들이 고을 대청앞 담벽에 붙은 방문을 보면서 수군거리기에 효도는 발걸음을 멈추고 귀가 솔깃하여 엿들었다.

사실인즉 이웃 섬나라 사신이 생김새가 똑같은 백마 두필과 홍두깨를 가져왔다. 그런데 두필 말가운데서 어미말을 골라내고 홍두깨의 아래웃쪽을 알아맞추는자에게 후한 상을 준다고 했다.

이튿날 효도는 굴속에 갇힌 부친 일이 념려되여 찾아가보았다. 효도는 말끝에 어제 들은 일을 여쭈었더니 듣고있던 부친은 무릎을 탁 치며 아들더러 가서 자청하라고 했다. 효도는 부친의 분부를 명심하고 그날로 고을원님을 찾아 온뜻을 아뢰였다.

원님은 차림새가 허줄한 시골뜨기가 뭘 안다고 주제넘게 왔느냐 호령했으나 효도는 재삼 간청했다. 그리하여 허락은 받았으나 「만약 알아맞추지 못하면 국면(國面)을 손상한 죄로 엄히 다스린다」는 인장을 찍고서야 서울길에 올랐다.

며칠을 걸어서야 어명을 받고 서울에 이른 효도는 임금앞에 나섰다. 섬나라 대신을 비롯한 문무백관이 좌우로 앉았는지라 효도는 난생처음 당한 일에 당황해났지만 마음을 다잡고 분부대로 착수했다.

대청 한가운데 과연 눈으로는 분별하기 어려운 백마 두필이 매여있고 그 옆 대돌우에는 아래웃끝의 굵기가 똑같은 홍두깨가 놓여있었다.

효도는 구유에다 메주콩을 섞은 여물을 쏟아놓으니 두필말은 귀를 쫑긋거리며 걸탐스레 먹기 시작하였다. 그런데 한놈은 이쪽저쪽으로 주둥이를 여물에 틀어박으며 혼자 먹어대고 한놈은 자꾸 양보하는지 종종 입을 떼였다.

효도는 얼른 양보하는 그 말을 대청 한복판에 끌고나와 「이놈이 어미말이올시다.」라고 목청껏 아뢰였다.

섬나라 대신은 효도의 말이 끝나기 바쁘게 만면에 희색을 띠우며 찬탄해 마지않았다. 임금은 천근되는 연덩어리가 가슴에서 뚝 떨어지는감을 느끼며 긴숨을 내쉬였다.

그다음은 홍두깨의 아래웃쪽을 알아맞출 차례였다. 령이 떨어지자 효도는 큰 함박에 물을 퍼담고 홍두깨를 물에 넣으려고 했다.

이때였다. 섬나라 사신은 큰소리로 「됐도다, 그만하면 알만하도다.」라고 웨치면서 자리에서 벌떡 일어났다. 삽시에 긴장한 분위기를 깨뜨리는 환성이 터졌다.

임금은 비천한 시골농군의 뛰여난 재질에 탄복되여 계하에 효도를 대령시켜 기꺼이 물었다. 효도는 임금앞에 공손히 읍한채로 자기가 알아맞춘 그 연고를 실토하였다.

「사실인즉 이러하오이다. 소인은 워낙 이런 도리를 알지 못했나이다. 가친의 말씀이 <제 새끼를 귀엽게 여기는 도리는 말못하는 짐승도 매일반이니라. 좋은 여물을 주고보면 아무리 외모가 같다 할지라도 양보하는 거동이 꼭 보일것이니 그놈이 틀림없는 어미말이니라. 그리고 홍두깨는 물에 담가보면 물밑에 박는것이 밑끝이니라.> 라고 귀뜀해주셨답니다. 소인은 우로는 나라와 임금을 위하고 아래로는 만백성의 태평을 위해 생사불문하고 찾아왔음을 아뢰나이다.」

임금은 효도의 말이 끝나기 바쁘게 이렇게 따져물었다.

「그렇다면 집 춘부장은 금년에 춘추 얼마인고?」

효도는 뜻밖에 임금께서 자기 부친의 년세를 그처럼 깔봄이 없이 묻는바람에 얼른 이실직고하였다.

「예-잇, 당년 칠십이라 국법에 순종하여 고려장을 했나이다.」

임금은 놀란 기색을 띠우며 「여직 생존인고?」라고 따져물었다. 효도는 서울로 올라올때까지는 무고했노라고 아뢰였더니 임금은 한참이나 깊은 사색에 잠겼다가 자탄하며 하는 말이 「내 이제 <고려장>법을 페하고 늙은 로인 박대하고 천시하는것을 금하고 잘 봉양하라는 새인을 세우는 어명을 내릴지어다.」라고 정중하게 말했다.

이때로부터 「고려장」은 없어지고 사람마다 늙은이를 존대하고 힘껏 봉양하는것이 나라의 으뜸가는 일로 되였다. 그래서 이곳에는 빈 고려장터만 남았다고 한다.

정리: 배재호

자라바위

집안현성에서 서쪽으로 얼마쯤 가면 유유히 흐르는 압록강을 바라볼수 있는데 이 압록강가운데는 기묘한 바위돌 하나가 있다. 사면이 반들반들하고 가운데가 우묵하게 패워진 이 바위돌은 물이 붇게 되면 물속에 잠기고 수위가 낮아지면 로출되군 한다. 사람들은 이 바위를 자라바위라고 하는데 다음과 같은 전설이 전해지고 있다.

오늘의 집안현성을 환도(丸都)라고 부를 때의 일이다. 그때 환도마을에는 리랑이라고 부르는 한 총각이 살았다. 어려서 량친부모를 여의고 고생스럽게 자라난 리랑은 지주집에서 머슴살이를 하였다. 천성이 부지런하고 선량한 리랑은 남의 일에는 발벗고 나섰다. 일할라치면 언제나 몸을 아끼지 않았기에 늘 남들의 칭찬을 받았다.

어느날이였다. 하루일을 끝마친 리랑이 산더미같은 꼴짐을 지고 황소를 몰고 집으로 돌아오는데 웬 어부가 자라 한마리를 들고오는것을 보았다. 깜찍하게 생긴 자그마한 자라였다. 리랑이 걸음을 멈추고 자세히 눈여겨보니 자라는 눈물을 방울방울 흘리고있었다. 리랑은 하도 불쌍하여 품속에 간수해두었던 삯돈을 꺼내여 그 자라를 샀다. 집에 돌아와 소를 들여맨 리랑은 자라를 들고 압록강으로 나갔다.

강변에 도착한 리랑은 「불쌍한 자라야, 네 갈데로 가거라」라고 말하며 자라를 물속에 놓아주었다.

그런데 세상에 이런 일도 있을가? 물속에 들어간 자라는 순식간에 름름한 총각으로 변하여 물속에서 뛰여나와 리랑앞에 꿇어엎드려 절을 하는것이였다.

「마음씨 고운 형님, 목숨을 구해준 은혜에 감사를 드립니다.」

너무도 돌연한 일인지라 리랑은 황급히 총각을 부축해세우고는 어쩔바를 몰라했다. 그 총각은 다시한번 절을 올리며 말했다.

「형님 저는 보통자라가 아니라 룡왕님의 셋째아들입니다. 오늘 하도 심심하여 자라로 변신하고 룡궁을 나와 강을 따라올라오며 세상구경을 하다가 그만 어부한테 잡혀 다 죽게 된것을 형님이 구원해주었습니다. 이 태산같은 은혜를 어떻게 갚아야 할는지요.…」

리랑은 여전히 의아해하면서 「그까짓 일을 가지구 은혜랄게 뭐요?」라고 말했다. 그러자 룡왕의 셋째도령은 리랑의 살림형편을 차근차근 물어보았다. 리랑은 물어보는대로 대답하였다. 리랑의 각골한 신세를 알게 된 룡왕의 아들은

「형님, 여기서 고생할것 없이 저를 따라 룡궁으로 갑시다. 우리 룡궁에는 없는것이 없으니 향락만 누리면 됩니다.」라고 하며 리랑을 강으로 끌었다.

「도령님의 생각은 고마우나 나를 키워준 마을과 마을사람들을 어떻게 떠난단말이요? 난 고생스러워도 지상에 남아 살겠소.」

「그럼 제가 룡궁에 돌아가 룡왕님께 말씀드리면 룡왕님은 저의 구명은인을 만나보시겠다고 하실겁니다. 며칠 걸리지 않을테니 한번 다녀오는게 어떻습니까?」

셋째도령은 또 청을 들었으나 리랑은 좋은 말로 사절하였다.

은혜를 꼭 갚으리라고 생각한 셋째도령은 또 금, 은, 비단과 명주, 보석 등 값진 물건을 뽑으며 리랑한테 선사하련다고 알렸으나 리랑은 머리를 저으면서 거절하였다. 무척 안달아난 셋째도령은 무엇인가를 골똘하게 궁리하더니만 간절하게 말했다.

「형님, 우리 룡궁에 대대로 물려오는 호심경이 하나 있는데 사람들이 그걸 달고 다니면 몸에 닥치는 화를 막을뿐만아니라 물속에 사는 동물들의 이야기도 알아들을수 있습니다. 만약 마음에 드시면 가져다드리겠습니다.」

리랑은 셋째도령의 간청을 거절하기도 안되였거니와 호심경이란 난생처음 듣는 물건이라 호기심이 무척 동해 머리를 끄덕이였다. 셋째도령은 무척 기뻐하면서 래일 이맘때쯤 여기서 다시 만나자고 약속하고는 압록강 물속으로 사라져버렸다.

이튿날 저녁무렵, 리랑이 저녁을 먹고 압록강변에 이르니 셋째도령이 기다렸다는듯 물속에서 나왔다. 셋째도령은 반갑게 인사하고나서 입을 열었다.

「형님, 어제저녁 룡왕님께서는 형님을 모시고 오지 않았다고 저를 꾸중하셨습니다. 그런데 다른 물건은 형님한테 얼마든지 드릴수 있지만 호심경만은 드리지 않는게 좋겠다고 했습니다. 내놓기 아까와서가 아니라 자칫하면 그 호심경의 내막을 인간세의 사람들이 알게 되면 형님은 징벌을 받아 말못하는 자라로 변합답니다. 일단 자라로 변하면 룡왕께서도 속수무책이랍니다.」

이 말에 리랑은 더욱 호기심이 들어서 간청을 하였다.

「난 식솔 하나 없는 혼자몸이니 누구와 말하겠소. 념려말구 그 호심경을 주오.」

셋째도령은 은인의 요구인지라 하는수없이 호심경을 내놓았다. 난생처음 보는 희한한 물건이였다. 리랑이 기뻐하면서 호심경을 받으니 셋째도령은 절대로 다른 사람들에게 이야기하지 말라고 열당부 하고나서 눈물을 홀리며 작별하는것이였다.

그후부터 리랑은 호심경을 지니고 다니면서 짬만 있으면 강가에 나가 물고기들이 주고받는 이야기를 엿듣군 하였다. 세상에 다니지 않는 곳이 없는 물고기들인지라 그들이 보고 들은 이야기는 무척 흥미가 있어 날마다 들어도 듣고만싶었다.

날이 가고 해가 지나 어느덧 일년이 흘렀다. 어느날 리랑은 하루일을 마치자 물고기들의 이야기를 들으려 강변으로 나왔다. 한무리의 고기떼가 떠나자 또 몇마리의 고기들이 헤염쳐왔다. 그중 한 마리가 먼저 입을 열었다.

「요즘, 조심해야지. 이 근방에 요귀가 왔대.」

다른 고기가 그 말을 받았다.

「그놈의 요귀는 무슨 심보를 품었는지 강역마을을 몽땅 물속에 잠기게 하려고 한대.」

그 말에 첫번째 물고기가 근심스레 물었다.

「그럼 집들은 몽땅 물속에 잠기고 사람들은 몽땅 물에 빠져죽지 않겠니?」

「거야 뻔한 일이지. 만일 사람들이 알고 편지를 써서 병속에 넣어 강물에 띄워보내면 룡왕님께서 인차 아시고 그 요귀를 붙잡아갈텐데 이 일을 어쩐 담?」

마지막 고기가 대답하였다.

물고기들의 말을 듣고난 리랑은 태산같은 근심이 생겨 급히 집으로 돌아왔다. 잠자리에 들었지만 좀처럼 잠을 이룰수가 없었다. 심정은 연덩이처럼 무거워만졌다. 글쓸줄이나 알았으면 혼자서 편지라도 쓰겠는데 일자무식이지, 그렇다고 저 혼자만 살겠다고 피난을 간다면 마을과 마을사람들은 몽땅 물속에 잠기고말테니 그럴수도 없는 일이고 마을사람들한테 이 급한 사정을 알리자고 하니 자기 말을 믿지 않을것 같았다. 믿게 하려면 호심경의 내막을 말해야 할텐데 그러는 날이면 자기는 자라로 변하여 인간세상을 떠나게 될것이다. 온밤을 뜬눈으로 새우면서 생각하던 끝에 리랑은 제 한몸이 잘못되더라도 마을과 마을사람들을 재난속에서 꼭 구해야 한다는 결심을 내리게 되었다.

날이 밝자 리랑은 사람들을 찾아 물고기들이 말하던 사연을 이야기하고는 글을 아는 사람더러 어서 편지를 쓰라고 하였다. 그러나 사람들은 리랑의 말을 믿기는커녕 도리여 리랑이 허튼소리를 친다고 비웃었다. 리랑은 하는수없이 품속에서 호심경을 꺼내 그 내막을 이야기한 다음 믿어지지 않으면 강변에 나가 물고기들의 말을 들어보자고 하였다. 사람들은 미심쩍은 생각으로 리랑을 따라 강변에 나가서 물고기들의 말을 들어본즉 과연 그러하였다. 그제야 사람들은 리랑의 말을 곧이 듣고 리랑을 찾았으나 리랑은 몸집이 점점 작아지다가 나중에는 자라로 변하여 강속으로 들어가는것이였다. 사람들은 놀랍고도 아쉬운 심정으로 마을에 돌아와 리랑이 말해준대로 편지를 써서 강물에 띄웠다. 그랬더니 룡왕이 소식을 알고 병사를 파견하여 요귀를 잡아가두는바람에 마을과 사람들은 큰 재화를 면하게 되었다.

이때 자라로 변한 리랑은 고향소식을 몰라 마음을 조이면서 오리 찾고 내리 찾던중 강속에서 커다란 바위돌을 보았다. 마을에서 좀 떨어져있기는 했지만 강물이 줄 때면 그 돌우에 앉아 마을을 바라볼수 있었다. 그래서 리랑이 변한 그 자라는 바위우에 올라가서 물이 줄기를 기다려 마을을 바라보니 무사한지라 시름을 놓았다. 리랑이 변한 그 자라는 후에도 고향과 마을사람들이 그리워 바위에 올라가서 마을을 바라보군 하였다. 그리고 다른 자라들도 놀기 좋은 곳인지라 그 바위에 올라가 장난질도 하고 볕쪼임도 하였다.

　날이 가고 해가 바뀌면서 바위는 강물에 씻기고 자라들의 발에 다슬어 사위가 반들반들하게 되였다. 그리고 리랑이 변한 자라가 바위 복판에 앉아 있군 하여 가운데가 우묵하게 패웠다.

　환도마을사람들은 바위우에서 자라들이 노는것을 볼 때마다 그속에는 선량한 리랑 변한 자라가 있을것을 생각하고는 모두들 그 바위를 소중히 여기면서 「자라바위」라고 이름지어 불렀다 한다.

정리: 장영호

세린하의 전설

길림성 서란현 소재지인 서란진을 끼고 유유히 흐르는 강이 있는데 이 강을 세린하(細鱗河)라고 부른다. 언제부터 이 강을 세린하라고 부르게 되였고 어째서 세린하라고 부르게 되였을가? 그 유래를 알자면 세월따라 전설따라 먼 옛날로 돌아가보아야 할것이다.

나무에 옷이 열리고 온갖 짐승이 말을 알던 까마득한 옛날 한 맑은 강변에 늙은 어부가 살고있었다. 어부의 집에는 어부와 어부의 늙은 마누라, 어부의 아들 해서 세식구가 있었는데 어부와 아들은 그물로 고기를 잡고 어부의 마누라는 집에서 베도 짜고 그물도 떴다. 일년사시절 뼈빠지게 일했건만 살림살이가 구차하여 서발장대를 휘둘러도 걸채일것 하나 없고 아들도 나이 스물이 다되도록 장가조차 들이지 못하였다.

어느날 어부와 아들은 예나 다름없이 그물을 메고 강으로 나갔다. 그런데 어찌된 일인지 련이어 그물질을 하여도 고기라고는 한마리도 걸려나오지 않았다. 날이 어두워질무렵 어부의 아들은 행여나 하고 마지막으로 그물을 한번 더 던졌다. 한참만에 그물을 당겨내여보니 검부레기가 조금 걸려나온 속에 손가락보다도 작은 고기 한 마리가 팔딱거리고있었다. 어부의 아들은 실망한 나머지 그물을 거두어가지고 어부와 함께 집으로 돌아왔다.

그날 밤 어부의 아들이 자리에 누웠는데 비몽사몽간에 어디선가 난데없는 가냘픈 녀자의 목소리가 들려왔다.

「날 좀 살려주세요!」

늙은 어부도 귀결에 이 소리를 들었지만 이 외딴 오막살이집에 드나나 세식구뿐인데 젊은 녀자가 있을리 없고 또 날이 어두워 밤이 되었으니 누가 찾아올리도 없는지라 나이 많아 헛들었으리라고 생각해버렸다. 그런데 어

부의 아들은 그 소리에 정신이 번쩍 들어 귀를 기울이였다. 이때 또 한번
「날 좀 살려주세요-」하는 소리가 났다.
「이상하다. 어디에서 이런 소리가 날가?」
어부의 아들은 벌떡 일어나 앉아 소리나는 쪽을 유심히 살펴보았다. 코구멍만한 집안이니 사람이 들어와도 숨어있을데도 없었다.
어부의 아들은 물고기기름등잔에 불을 켜가지고 봉당으로 내려갔다. 구석마다 비춰보아도 아무것도 없었다.
이때 또 가느다란 소리가 났다. 소리는 분명 봉당구석에 놓아둔 그물속에서 나는것이였다. 어부의 아들은 등잔불을 벽에다 걸어놓고 그물을 펼쳐보았다. 그물속에 사람이 들어있을수 없는데 소리가 어디서 났을가? 아무리 살펴보았자 그물에는 저녁에 마지막으로 그물을 쳤을 때 걸려나온 작은 고기밖에 없었다. 작은 고기는 아직도 살아 아가미를 약간씩 움직이고있었다.
고기는 숨이 막혀 곧 죽을것만 같았다.
「혹시 고기가 소리친것은 아닐가?」
어부의 아들은 측은한 생각이 들어 작은 고기를 물통에다 넣고 물을 부어주었다. 물을 만난 작은 고기는 인차 힘이 나서 꼬리치며 놀았다.
그런데 이게 웬 일인가? 물통속의 작은 고기는 눈깜짝할사이에 팔뚝만큼 커지는것이였다. 그러자 물통속에서 오색령롱한 빛이 쫙 비쳐나와 온 집안이 대낮같이 밝아졌다.
이때 잠을 깬 어부네 늙은 량주도 나와보고 이 이상한 광경에 눈이 휘둥그래졌다. 뒤미처 오색찬란한 고기는 점점 커지며 아름다운 선녀로 변하였다. 모두 어안이 벙벙하여있을'때 선녀가 어부의 앞에 공손히 절을 하는것이였다.
「소녀를 살려주신 태산같은 은혜 죽어도 잊을수 없사옵니다.」
선녀는 어부의 아들에게도 절을 하였다.
「선녀는 대관절 어디서 오셨으며 누구시오?」
어부는 황송해하며 물었다.
「소녀는 본시 송화강 룡왕의 막내딸 홍녀옵니다. 오늘은 아버지의 생일이옵기에 언니들과 함께 놀러 나왔사온데 인간세상의 산수경개가 하도 아

름다워 마음껏 즐기며 돌아다니다가 그만 길을 잃어버렸사옵니다.」

홍녀의 말을 들은 어부의 일가는 몹시 동정하였다. 어부의 부자는 홍녀를 돌려보내주겠다고 하였다. 그런데 홍녀는 수집음으로 량볼에 홍조를 띠우며 고개를 숙이고 말하였다.

「소녀는 어려서부터 인간세상을 한없이 동경하고 인간세상에 나와 살아볼걸 소원하여왔사옵니다. 오늘 이처럼 마음씨 착하고 어지신 은인을 만나고보니 소녀 돌아갈 마음 전혀 없고 오직 귀댁 아드님과 배필을 무어 인륜지락을 함께 누려볼가 하나이다.」

홍녀 이처럼 간절히 말하며 어부 량주에게 나푼 절을 하는지라 밤중에 떡이라더니 아마도 이런 일을 두고 한 말인가 싶었다. 어부일가는 기뻐서 입을 다물지 못하였다.

이튿날로 간단한 차비를 하여 례를 이루고 어부의 아들과 홍녀는 부부로 되였다.

어부와 아들은 날마다 고기를 잡고 홍녀는 시어머니와 함께 베짜기와 그물뜨기를 하였다. 홍녀는 솜씨도 좋거니와 약빨라 베를 많이 짜고 곱게 짰다. 어부네 집은 날마다 웃음꽃이 피고 살림도 해마다 좋아졌다.

그런데 행복은 오래 가지 못하였다. 어부의 아들이 천하에 둘도 없는 아름다운 안해를 얻었다는 소문이 한입 건너 두입 건너 국왕에게까지 전해졌다. 탐욕스럽고 녀색이라 하면 사죽을 못쓰는 포악한 국왕은 홍녀가 천하일색이란 말을 듣자 좀이 쑤시여 견딜수가 없었다. 어서 빨리 홍녀를 빼앗아다 왕비로 삼아야겠다는 욕심이 불붙듯한 국왕은 포졸들을 풀어 어부네 집으로 보내였다. 포졸들은 어부네 집에 이르자 벌떼같이 달려들어 홍녀를 붙잡아 말우에 싣고 달아났다. 어부의 아들은 몽둥이를 찾아들고 포졸들에게 달려들어 결사적으로 싸웠다. 하지만 독불장군이라고 어부의 아들은 끝내 포졸들의 칼에 찍히고 창에 찔리여 피투성이가 된채 사로잡혔다. 포졸들은 어부의 아들을 왕명을 거역하고 함부로 모반하였다는 죄를 씌워 사죄수 감옥에다 가두어버렸다. 갑자기 청천벽력을 당한 늙은 어부의 량주는 너무도 기가 막혀 땅을 치며 통곡하다가 기절하여 한많은 세상을 떠나고말았다.

홍녀를 궁궐로 잡아온 국왕은 궁녀들을 시켜 홍녀를 시중들게 하고 온갖 명주비단에 금은진주를 산더미같이 주고 산해진미를 권하며 홍녀의 마음을 달래려 하였다. 그렇지만 사랑하는 남편과 년로한 시부모만 생각하는 홍녀는 국왕에 대한 적개심을 품고 밥 한알 먹지 않고 물 한모금 마시지 않고 슬피 울기만 하였다. 두눈은 울어서 주먹만큼 부었고 목은 쉬여 소리도 나지 않았으며 눈물은 말라서 피 날 지경이였다.

그때 궁녀들이 어부의 아들이 국왕에게 처형당하였다는 비보를 알리였다. 홍녀는 그 말을 듣자 외마디소리를 지르고는 기절해버렸다. 홍녀가 정신을 차리였을 때 국왕이 그의 침상머리에 서있었다. 홍녀는 이글거리는 눈길로 국왕을 쏘아보다가 갑자기 입을 짝 벌리며 한가닥 물줄기를 내쏘았다. 세찬 물줄기에 가슴팍을 맞은 국왕은 그 자리에 푹 꺼꾸러져 죽어버렸다. 홍녀는 사형장으로 달려가 남편의 시체를 업고 성밖으로 나는 듯이 뛰였다. 국왕의 부하들은 라졸들을 거느리고 홍녀를 추격하였다. 강가에 이른 홍녀는 뒤를 돌아보았다. 추격해오는 라졸들이 점점 가까이 다가오고있었다. 홍녀는 남편의 시체를 안고 얼굴에 미소를 짓더니 사품치는 급류속으로 뛰여들었다.

그후 이 강에는 은백색의 잔잔한 비늘이 난 물고기가 더 생겨났다. 사람들은 그 고기를 홍녀와 어부의 아들의 원혼이 변한것이라 여기고 고기이름을 세린어라고 불렀다. 그리고 홍녀와 어부의 아들을 추모하고 기념하기 위하여 그 고기이름을 따서 이 강을 세린하라고 불렀다 한다.

정리: 박기준

오녀산의 전설

료녕성 환인에서 동북쪽을 바라보면 10여리 떨어진 곳에 하늘이 무너지면 떠받들기라도 할듯 우뚝 솟은 오녀산이 보인다. 오녀산은 사면이 깎아지른듯한 절벽이고 봉우리는 평탄하다. 오녀산에 오르는 길은 아직 남쪽켠에 한사람씩 걸을수 있는 「갈지(之)」자형의 험한 벼랑길뿐이다. 산꼭대기는 둘레가 3리가량 되는데 평지처럼 평탄하고 가운데는 사시장철 마를줄 모르는 천지라는 못이 있다. 그리고 오녀산에서 남쪽으로 50여리 떨어진 곳에는 구름을 뚫고 솟은 연통산이 있는데 연통산은 정다운 남매가 서로 그리는듯 오녀산을 쳐다보고 있다. 오녀산은 본래 오룡산이였고 연통산은 본래 부산이라 불렀는데 후에 「오녀산」, 「연통산」이라 부르게 되였다. 여기에는 옛날부터 전해오는 전설이 있다.

옛날 고구려때에 있은 일이다. 오룡산기슭에 한 마을이 있었는데 이 마을에는 무예가 출중한 륙남매가 살고있었다.

그때 북부와 서부에서는 외적들이 련속부절히 쳐들어오군 하였다. 그럴때마다 륙남매는 마을사람들을 이끌고 싸워 적들을 물리치군 하였다.

그러다가 어느 한차례의 싸움에서 실패한 륙남매는 마을로 돌아갈수 없게 되였다. 부득이한 사정으로 다섯 자매는 오룡산으로 오르고 그들의 오빠는 적들의 포위속에 잘못들어 생사를 모르게 되였다.

오룡산에 오른 다섯 자매는 계속 무예를 련마하는 한편 농사일도 하였다. 그리하여 오룡산은 생활의 보금자리로 되였다.

날이 가고 달이 바뀌여 어느덧 몇해가 지난 어느날이였다. 오룡산에서 「문닫이 벼랑」(깎아지른듯한 절벽이 량켠에 치솟아 있고 그사이로 달구지 한대쯤 겨우 지나갈수 있는 정도로 길이 났는데 이 길이 남쪽켠의 벼랑길로 통한 유일한 길이다.)을 지켜보던 다섯 자매는 적정을 발견하고 싸울 준비를 하였다. 그런데 동정을 보니 적군 같지 않았다. 한 장군이 군사를 거느리고 오는데 뜻밖에도 그 장군은 다섯 자매의 오빠였다.

몇해만에 서로 만난 륙남매는 눈물을 흘리며 이야기를 나누었다.

「오빠 어데 갔다가 인제야 오시나요?」

「그때야 막부득이한 형편이였지! 그런데 지금은 군사중임을 맡은 몸이니 마음대로 몸을 뺄수가 있어야지.」

「오빠 왜 군사를 이끌고 여기로 오셨나요?」

「오룡산은 군사요충지이깐, 늘 다투는 곳이 아니냐? 그러니 내가 이 오룡산에 군사를 둔치고있겠으니 너희들은 마을에 돌아갔다가 싸움이 맞붙으면 호응하는게 어떠냐?」

그러나 다섯 자매가 마을로 돌아갈 리가 없었다. 오빠는 하는수없이 부산에 가서 군사를 둔치게 되였다. 오'빠는 떠나면서

「오룡산이 군사요충지이기는 하지만 퇴로가 없다. 만약 적들이 쳐들어오면 봉화대에 불을 질러 신호를 해라. 이건 군사암호야.」라고 타일렀다.

어느날 밤, 다섯 자매는 봉화대에 불을 놓았다. 봉화는 밤하늘을 태웠다. 때마침 부산에서 군사를 조련하던 오빠는 오룡산 봉화대의 불길을 보고 급급히 오룡산으로 달려왔다.

갑옷에 투구를 받쳐쓰고 백마를 탄 오빠는 병사를 휘몰아 화살처럼 달려왔으나 사방은 쥐죽은듯 고요하였다.

한편 봉화를 올렸으니 그리운 오빠가 올것이라고 믿은 다섯 자매는 백성차림으로 마중을 나갔다.

「아니, 너희들은 어찌된 일이냐?」

「오빠, 놀라지 마세요. 오빠가 약속을 지키나 해서 한번 시험해보았어요.」

「장부일언 중천금이라 했은즉 사내대장부가 어찌 실언할리 있겠느냐. 다시는 그러지를 말아라.」

이 일이 있은후 몇달이 지난 어느날이였다. 오룡산기슭의 마을을 향해 오는 군사가 나타났다. 다섯 자매는 오빠가 자기네를 떠보느라고 군사를 이끌고 오는줄로 여기고 싸울 준비를 하지 않았다.

그런데 외적들은 맹공격을 들이댔다. 화살이 비발치듯 날아왔다. 적들이 문닫이벼랑을 점령한후에야 다섯 자매는 봉화대에 불을 달았다. 검은 연기가 하늘로 타래쳐올랐다.

그런데 부산에 있는 오빠는 이번에도 동생들이 시험해보느라고 그러는줄로만 여겼다.

적들이 물밀듯 달려드는바람에 다섯 자매는 산우에서 방어하는수밖에 없었다. 적들은 오룡산기슭을 겹겹이 둘러싸고 남쪽켠의 벼랑길로 올라오기 시작하였다. 다섯 자매는 목숨을 내걸고 용감히 싸웠지만 적들을 당해내기 어려웠다. 다섯 자매는 활을 쏘다가 화살이 떨어지니 나무통을 굴리고 나무통이 없으니 돌을 굴리며 싸웠다. 적들은 다섯 자매를 생포하려고 미친듯이 달려들었다. 다섯 자매는 검을 휘두르며 맞받아 싸웠다. 그러나 아무리 무예가 비상하고 용맹하다고 할지라도 벌떼처럼 달려드는 적들을 당해낼수 없었다. 지칠대로 지친 다섯 자매는 계속 그대로 싸우다간 사로잡힐 위험이 있는지라 싸우면서 퇴각하여 천지가에 이르렀다. 사태는 각일각 위급해졌다. 피투성이된 맏이는 더는 싸울수 없게 되자 풍덩 천지에 뛰여들었다. 이것을 본 녀동생은 이를 악물고 계속 싸우다가 절벽 끝에 이르러 눈물을 뿌리며 뛰여내렸다.

바로 이때였다. 절벽중턱에서 문뜩 하얀 안개가 뭉클 솟아나더니 네 동생을 받아안고 절벽속으로 사라졌다.

한편 오룡산봉화대의 연기는 다섯 자매의 절개에 감동되여 땅속으로 잦아들었다가 다시 부산에서 솟아올랐다. 부산에서 연기가 솟아오르자 그때에야 오빠는 오룡산이 정말 위태해진줄을 알고 부랴부랴 군사를 휘몰아 오룡산으로 달렸다. 그러나 때는 이미 늦었다. 오룡산은 함락되였고 다섯 자매는 생사가 부지였다. 악이 치받친 오빠는 오룡산을 에워쌌다.

바로 이때였다. 홀연 천지에서 검은 구름이 타래치더니 번개가 번쩍 하늘을 가르며 뢰성과 함께 벼락칼로 적들을 쑥대베듯 모조리 베여넘겼다. 그후 검은 구름이 걷히고 하늘은 물로 씻은듯 맑아졌다.

이때로부터 이고장 사람들은 다섯 자매의 싸움터이자 보금자리였던 오룡산을 「오녀산」이라고 부르고 부산에 연기가 연통처럼 솟았다 하여 부산을

「연통산」이라 부르게 되였다고 한다.

구술: 김명성
정리: 리광

망아산의 전설

료녕성 개현 웅악성에 가면 웅악역에서 동쪽으로 약 2리 떨어진 곳에 작은 산이 외로이 서있는것을 볼수 있는데 그 산우에는 탑 하나가 우뚝 서있다. 멀리서 바라보면 마치 어떤 사람이 산꼭대기에 올라서서 멀리를 바라보는것 같다. 웅악성 8대 명승지의 하나로 꼽히는 이 망아산(望兒山)에는 옛날부터 전해오는 전설이 깃들어있다.

옛날 옛적에 웅악성 동쪽에 있는 작은 산기슭에 김씨라고 부르는 한 녀성이 아들과 함께 살고있었다.

김씨는 아들을 끔찍이도 사랑했다. 아들을 위해서는 온갖 정성을 다 기울였다. 밤이면 콩알만한 등불밑에서 삯바느질을 하면서도 곁에서 공부하는 아들의 모습을 대견스레 훑어보군하였다. 그럴 때마다 마음은 기쁘기도 하고 슬프기도 하였다.

어느덧 10년 공부를 마친 아들은 황해바다를 건너 서울로 과거보러 가게 되였다. 김씨는 시집올 때 입던 첫날옷과 가락지를 팔아서 아들의 로비를 장만해주었다.

김씨는 아들을 멀리 바다가까지 바래주면서 신신당부하였다.

「애야, 길을 걸을 땐 큰길로 다녀야 한다. 오솔길에는 사나운 짐승이 있단다. 주막에 들거들랑 큰 주막에 들어라. 작은 주막에는 도적이 있단다. 그리고 목이 말라 샘물을 마실 때 조심해라. 샘물에는 독사가 도사리고있단다. 벗을 사귈 땐 정직한 벗을 사귀여라. 사람을 해치는 불한당은 사귀지 말아라…」

어머니를 작별하는 아들의 마음인들 오죽했으랴만 아들은 「어머니!」 하고 부르고는 모든것을 눈물과 함께 마음속에 삼켜버렸다. 아들은 끝내 어머니를 하직하고 돛배에 몸을 실었다. 김씨는 사라지는 돛배를 바라보면서 그 자리에 못박힌듯 서있었다.

세월은 살같이 흘러 어느덧 10년이 또 지났다. 그런데 꽃은 폈다가 지고 또 철따라 피고 기러기떼들은 강남갔다가도 철따라 돌아오지만 기다리고 기다리는 아들만은 종무소식이였다. 첫해에 김씨는 창문가에서 아들을 기다렸고 다음해에는 사립문을 나서서 아들을 기다렸고 그 다음해에는 길가에 나서서 아들을 기다렸고 네번째 해부터는 산에 올라가 멀리 바다를 바라보면서 아들을 기다렸다. 산은 비록 높지 않았지만 가파로와 톺아오르기가 여간만 힘들지 않았다. 그러나 김씨는 비바람 불어치나 눈보라 휘몰아치나 가리지 않고 날마다 산으로 올라갔다. 날마다 산에 올라가 기다리고 기다렸지만 아들은 보이지 않았다. 앞에 보이는것은 망망한 대해뿐이였고 맞아주는것은 뼈속까지 스며드는 찬바람뿐이였다. 김씨의 눈물은 청석바위우에 떨어져 우묵한 구멍 두개가 패워졌다. 김씨의 통곡소리가 하도 구슬퍼 새들도 멀리로 날아가버렸다. 그래서 망아산기슭에 살고있는 사람들에게는 다음과 같은 노래가 불리우고있었다.

> 망아산, 망아산 외로운 망아산
> 아들을 기다려 망아산 되었네
> 어머니 눈물에 바위도 패우고
> 어머니 통곡에 가슴도 저려나
> 산새들도 울면서 떠나버렸네.

한편 어머니를 떠난 아들은 집을 떠나 이틀만에 바다에서 태풍을 만나 어머니 슬하로 다시는 돌아올수 없는 수중고혼으로 되여버렸다. 하지만 아들의 소식을 알길 없는 어머니는 십년 세월을 하루와 같이 산에 오르고 올랐다.

그러던 어느날, 김씨는 쨍쨍 내리쬐는 햇볕을 받으며 산봉우리에 서있다가 그만 자리에 쓰러져버렸다. 이때로부터 김씨는 영영 집으로 돌아오지 못하고말았다. 사람들은 김씨를 불쌍히 여겨 김씨가 늘 서있던 산꼭대기에다가 돌로 작은 탑을 세워주었다. 멀리서 이 탑을 보면 사람같아 보인다. 아들이 돌아오기를 기다리면서 김씨가 서있던 그 산을 후세사람들은 망아산이라 부르게 되었다 한다.

구술: 김승옥
정리: 리광

13릉의 우물

북경에서 북쪽으로 가면 13릉이 있는데 그곳에는 깊은 우물 하나가 있다. 이 우물에는 옛날부터 전해오는 전설이 깃들어있다.

지금으로부터 그리 멀지 않은 옛날에 있은 일이다. 그해따라 조선 각지에 대흉년이 들어 리재민들이 적지 않게 살길을 찾아 중국으로 건너왔다.

조선 혜산 어느 시골에 살고있던 장천이네 일가와 초산 어느 시골에 살고있던 단만이네 일가도 살길을 찾아 쪽박을 차고 압록강을 건너 지금의 북경근처에 들어와 살게 되였다. 두집은 이웃으로 다정하게 보냈다.

그러던 어느해 이고장에 염병이 돌아 마을사람들이 거의 다 죽고 장천네 집 외아들 장빈이와 단만이네 집 외아들 단복이만 남게 되였다. 그해 장빈의 나이 11살이고 단복이의 나이 10살이였다.

장빈이와 단복이는 의지할 곳이 없어 산에 올라가 열매를 따먹으며 정처없이 돌아다녔다. 마을은 페허가 되여 사람 만나기조차 어려운 형편이였으므로 두 애는 친형제처럼 서로 의하면서 살아갔다.

그러던 어느날, 두 애는 홀로 사는 과부 왕씨할머니를 만났다. 민족은 서로 달랐지만 왕할머니는 의지가지 없는 두 애를 불쌍히 여겨 자기 집에서 살게 하였다. 그때로부터 장빈이와 단복이는 강냉이떡이나마 배를 곯지 않고 살게 되였다.

어느덧 다섯해가 지난 어느날, 왕할머니는 장빈이와 단복이를 불러놓고 이렇게 말했다.

「지금 우리 집에 무명 두필과 닭알 백알이 있으니 너희들은 그걸 가지고 떠나거라. 여기서 동쪽으로 몇백리 가면 큰 고을이 있을테니 너희들은 그걸 밑천으로 장사나 하면서 친형제처럼 살아가거라. 나도 인젠 너희들의 시중을 더는 들수 없게 되였구나!」

장빈이와 단복이는 왕할머니의 곁을 떠나기가 아쉬웠지만 하는수 없이 강낭떡을 싸가지고 눈물을 흘리면서 떠났다.

동쪽을 향해 가던 그들은 다리쉼도 할겸 물도 마실겸 13릉의 한 우물가에 주저앉았다. 그런데 우물이 깊어서 드레박이 없이는 물을 뜰 재간이 없었다. 이때 장빈이가 생각을 굴리다가 말했다.

「내가 산에 가서 칡넝쿨을 끊어올테니 그걸로 바를 꼬아 우물안에 드리우고 한사람씩 들어가 마시고 나오자.」

단복이도 찬동해나섰다.

산에 올라가 칡넝쿨을 끊어가지고 돌아오던 장빈은 우물가에 놓여있는 보따리를 보자 이런 생각이 번개같이 떠올랐다.

「옳지, 저 단복이를 우물에다 처넣으면 보따리는 내것으로 된다. 그러면 장사밑천이 넉넉하게 되지 않은가…」

우물가로 돌아온 장빈이는 단복이와 함께 칡으로 바를 꼬아 우물안에 드리웠다.

단복이가 형이 먼저 들어가 마시라고 하니 장빈이는 동생이 먼저 들어가 마시라고 하였다. 고지식한 단복이는 칡넝쿨을 타고 우물안으로 내려갔다. 그런데 단복이가 우물바닥에 닿기도전에 칡넝쿨이 끊어져서 첨벙 우물에 빠졌다.

단복이가 우물에 빠지자 장빈이는 「옳지 저녀석이 인젠 영낙없이 물귀신이 되고말았구나」라고 생각하면서 보따리를 둘러메고 홀로 떠나가버렸다.

한편 우물속에 빠진 단복이는 정신을 차리자 기를 쓰고 형을 불렀다. 하지만 대답이 없었다. 혼자 올라오려고 무진 애를 썼지만 우물벽이 미끄러워 한발자국도 올라올수가 없었다. 단복이가 우물안에서 안달복달할 때였다. 난데없는 뢰성벽력이 일고 무지개가 서더니 아릿다운 두 선녀가 무지개를 타고 우물가로 내려오는것이였다. 단복이는 칠색무지개를 바라보며 자기도 저 선녀들처럼 무지개를 타고 땅으로 올라갈수 없을가 하고 생각하는데 선녀들이 주고받는 말소리가 들렸다.

「산동성 온동이란 고을에서 한 부자집 딸이 지금 중병에 걸렸나이다.」

「세상에 소문난 명의들이 다 모였어두 그 처녀의 병을 고치지 못하구있대. 사람들은 참 어리석어. 그 집 후원에 있는 늪의 물을 다 퍼내고 청개구리 한 마리를 잡아다 졸여먹이면 고칠수 있는 병을 가지고…」

단복이가 선녀들의 말을 엿듣고있는데 뢰성벽력이 다시 일고 무지개가 우물안으로 뻗치더니 단복이를 우물밖으로 허궁 들어내는것이였다. 단복이는 사위를 살펴보았으나 선녀들도 장빈이도 그림자조차 보이지 않는것이였다.

단복이는 선녀들의 말대로 산동성 그곳에 가보려고 작정하고 류리걸식하면서 길을 떠났다. 달포나 걷고 걸어서 단복이는 온동이란 고을에 이르렀다.

단복이는 길을 물어서 그 부자집을 찾아갔다. 대문앞에 이르러 찾아온 사연을 이야기하니 문지기들이 마지못해 들여보냈다. 단복이가 병고치러 왔다는 말을 듣자 부자집 령감도 의심쩍은 눈길로 그를 훑어보다가 독방을 내여주며 우선 저녁부터 먹으라고 하였다. 한다하는 명의들도 어쩌지 못하는 병인데 저렇게 새파란 녀석이 고쳐내겠는가 하는 의심이 들었던 것이다. 그러나 밑져야 본전인지라 내쫓지는 않았다.

단복이가 저녁상을 물리자 부자집 령감이 찾아나와 병을 고칠만한가고 물었다. 그래서 단복이는 먼저 맥부터 보겠으니 흰 실을 딸의 손목에 감은 다음 다른 한쪽 끝을 자기에게 들여보내라고 하였다.

부자집 령감은 하찮게 생각하면서도 흰 실 한끝을 가져오게 하였다. 한참 맥을 보던 단복이가 입을 열었다.

「따님의 탈은 중합니다. 백약이 무효라지만 저의 말대로만 하면 고칠수 있습니다.」

「인간세상에 있다는 약은 다 구해올수 있으니 병만 고쳐주면 내 자네를 사위로 삼겠네.」

「후원에 있는 늪의 물을 죄다 퍼내십시오. 그러면 바닥에 청개구리 한 마리가 있을턴데 잡는 시각으로 가져다주시면 따님의 병을 고쳐드릴수 있습니다.」

부자집 령감은 즉시 사람을 불러 물을 퍼내게 하였다. 물을 다 퍼내고 보니 아니나다를가 청개구리 한 마리가 있었다. 주인은 개구리 한 마리를 두손에 받쳐들고 들어왔다. 단복이는 개구리를 약탕관에 집어넣고 물을 반쯤 둔

다음 딸의 방에 들어와 숯불이 이글거리는 화로에 놓고 달이기 시작했다. 약탕관이 끓어번지며 김이 서려나기 시작하자 약냄새가 방안에 풍기였다. 그러자 몇달동안 눈을 꼭 감고 자리에 누워있던 딸이 약냄새에 정신을 차리고 눈을 뜨더니 누가 왔느냐고 묻기까지 하는것이였다. 이에 주인 량주는 딸이 살게 되였다고 기뻐서 어쩔바를 몰라했다. 단복이는 약탕관의 물이 얼마 남지 않게 되자 사발에 쏟아서 병자의 입에 가져다댔다. 병자는 고맙다고 눈인사를 하더니 미구에 자리를 털고 일어나 앉는것이였다.

그날 저녁으로 병이 완쾌해진 딸은 일년만에 처음으로 바깥출입까지 했다. 부자집 량주는 약속대로 단복이를 사위로 삼았다.

몇해가 지난 어느날이였다. 뜻밖에도 장빈이가 소문을 듣고 찾아왔다. 거지 신세로 된 장빈이는 단복이를 만나자 그날 칡넝쿨이 끊어지니 다시 산에 올라가 칡넝쿨을 끊어가지고 왔는데 동생이 보이지 않더라고 거짓말을 꾸며댔다. 그는 어떻게 살아나왔고 또 어떻게 부자집사위로 되였는가고 단복이한테 캐여물었다. 그래서 단복이는 자초지종을 그대로 말해주었다.

단복이의 말을 듣고난 장빈이는 이튿날로 길떠날 차비를 하였다. 단복이가 극구 만류했으나 장빈은 기어이 떠난다고 하였다. 그리하여 단복이는 로비돈을 넉넉히 마련해주었다.

장빈이가 달포를 두고 걸어서 13릉의 그 우물에 이르렀다. 장빈이는 두말없이 첨벙하고 우물속에 뛰여들었다. 아니나다를가 뒤미처 번개가 일고 우뢰가 울더니 벽을 쌓았던 돌이 무너져내려 우물을 반나마 메워버렸다. 그래서 동생처럼 잘살아보려고 꿈꾸던 장빈이는 우물에 파묻혀 죽고말았다.

지금도 북경 13릉에 가면 이런 전설이 깃들어있는 그 우물터를 찾아볼수 있다.

구술: 리택홍
정리: 리광

제2부 항일전설

소가죽 한장

기유년에 생긴 일이니 먼먼 옛 이야기가 아니다. 그해 초가을 바다 건너 왜나라에서는 서산에 지는 해처럼 기울어져가는 청나라 정부를 윽박질러 산좋고 물좋은 룡정에 일본 총령사관을 세우기로 하였다. 그런데 지을바에는 더 크게 지어 한치라도 중국땅을 더 삼키고싶은지라 령사는 궁리하고 궁리한 한 끝에 한 꾀를 생각해내고 대표를 보내여 그때 국자가에 자리잡고 있는 청나라 도태부에 있는 도대인(陶大人)을 만났다. 웃음속에 칼을 품은 일본측 대표는 도태부에 들어서자 속으로는 엉큼한 생각을 하면서도 겉으로는 웃음을 섞어가며 례절스럽게 말했다.

「대인도 알다싶이 우리 두 나라는 자고로 친선적인 우호린방이지요. 내 오늘 대인과 이렇게 자리를 같이하고 나라의 일을 담론하게 되었은즉 그 영광이 하늘에 미치오이다.」

도대인은 소리만 들어도 그놈의 상판대기를 다시 쳐다볼 생각조차 나지 않아 그자를 외면하면서 대체 무슨 일이 있어 찾아왔느냐고 뚝 찍어 물었다. 그러니 간사스럽고 눈치 빠른 일본측 대표는 도대인의 속을 꿰뚫어보기라도 한 듯 빙빙 둘러치며 횡설수설도 하지 않고 찾아온 연유를 직고하였다.

「귀국 정부에서 룡정에 우리 총령사관을 두기로 하지 않았소이까. 령사 관원들이 당도하였는데 있을 곳이 없어 걱정이옵니다.」

「허허 나라에서 승낙한 일인데 있을곳이 없다니 당치도 않는 소리요. 대체 얼마나 큰 집을 세우려 하시오?」

일본측 대표는 때가 되었는지라 속으로는 벌써부터 너털웃음을 웃으면서도 겉으로는 빌붙는체 하였다.

「우리는 본디 바다 한가운데 사는 소국 사람이라 욕심을 부릴줄을 모르웨다. 그저 령사관을 지을 터자라도 소가죽 한 장만큼 큰 땅만 떼주면 족하옵니다.」
「아니 무…무엇이요?」
「그저 터자리로 소가죽 한 장만큼한 땅만 떼주면 족하옵니다.」
아무리 큰 소라도 소가죽 한 장을 벗겨 놓으면 큰 구들에 절반도 펴놓지 못하겠는데 령사관 지을 자리를 달라면서 소가죽 한 장만큼한 땅이면 족하다니 말이 안되였다. 도대인은 제가 잘못 듣지나 않았나 하여 제귀를 의심하며 다시한번 물어도 일본측 대표의 대답은 매한가지 대답이였다.
(과연 소국은 소국놈이로구나.)
도대인은 속으로 생각하며 낄낄거리고 웃었다.
「허허허…정말 그래 그것뿐이시오?」
「이만한 청도 과분한줄 아옵니다.」
그만한 청도 과분하다는 말에 도대인은 그만 버럭 의심이 생겼다. 생각해 보니 총령사관을 앉히겠다면서 집터자리를 소가죽 한 장만큼 떼달라니 말이 안되였다. 꼭 그속에는 무슨 간특한 생각이라도 들어있는 것이 분명했다. 여기까지 생각한 도대인은 잠시 일본측 대표를 자리 피하라 하고 좌우관원들을 불러다놓고 전후 사실을 말하였다. 도대인의 말을 들은 좌우관원들은 소가죽 한 장을 펴놓고 큰사람 한사람이 앉는데도 마음대로 움직이기 어려운데 집을 짓는다니 벼룩이등에 륙간대청을 짓겠다고 달려드는 녀석처럼 허황한 녀석들이라며 배가죽이 끊어지도록 웃어댔다.
「다들 가소롭다고 웃지만 말고 그속에 무슨 간특한 생각이라도 없는가 잘 생각해보오.」
「대인님, 그러지 말고 그자들더러 집을 지으라 하십시오. 청은 청대로 들어주고 그자들이 말대로 소가죽 한 장만큼한 땅에 집을 짓지 않고 좀이라도 우리 땅을 점하는 날엔 혼쌀을 먹여줍시다. 저들이 날구뛰는 재간이 있다고 소가죽 한 장만한 땅에 집을 짓겠습니까?」 한 관원이 이렇게 말하자 한곬으로 쏠리는 물처럼 모두들 그렇게 하자는바람에 도대인도 여러사람들 생각대로 하기로 하였다
도대인은 좌우관원들을 물러가라 하고 일본측 대표를 불러다놓고 청대로

소가죽 한 장만큼한 땅을 떼여줄터이니 그 땅에 집을 짓되 언약을 저버리고 한치 땅이라도 더 점하는 날에는 용서치 않으리라고 으름장을 놓았다. 도대인이 그렇게 위엄을 부리며 큰소리를 쳐도 일본측 대표는 얼굴 한번 변하지 않고 그만한 땅이외에는 한치땅이라도 더 변하지 않겠다고 태연하게 대답하였다. 일본측 대표는 도대인의 대답이 떨어지자 좋아라 하고 물러갔다.

그런데 그때로부터 얼마 지나지 않아 일본놈들이 룡정 수십경의 땅을 점하고 그곳에 보기만 해도 으리으리한 총령사관을 지어놓았다는 소문이 도대인의 귀에까지 들어왔다. 도대인의 얼굴에 노기가 충천하였다.

「망할자식들, 어디라고 강도행세를 해? 그래 그자식들 목우에는 머리가 몇 개씩이나 붙어있다더냐?」

도대인은 대노하여 눈에 불을 펄펄 일구며 가마도 타지 않고 마부를 거느리고 말을 타고 닫는 말에 채찍질하며 룡정까지 갔다. 룡정에 와보니 과연 듣던 소문과 같았다. 수십경되는 땅두리에 높다란 담장이 빙 둘러서고 그속에 보란 듯이 령사관 건물이 우뚝 솟아있었다. 도대인은 당장 벼락이라도 내리칠 듯 대노해서 야단인데 일본령사관 령사를 불러놓고 우뢰를 울렸다.

「이것이 그래 소가죽 한 장만한 땅이란말인가? 그대들은 언약도 없고 국제공법도 없단말인가?」

도대인은 당장 벼락이라도 내리친 듯 대노해서 야단인데 일본령사는 되려 웃으며 도대인을 보고 태연하게 대답했다.

「대인님, 우리는 언약대로 소가죽 한 장만큼 땅에 령사관을 지었는데 대인님은 어이하여 그렇게 대노하시나이까?」

「그래 너희들은 눈도 없단말인가? 그래 저 수십경 되는 땅이 소가죽 한 장만큼 크다는 말이냐?」

「네 그러하옵니다. 소 한 마리를 잡아서, 그것도 우리 나라 소가 아니고 귀국 룡정소 한 마리를 잡아 가죽을 벗기고 그 가죽을 가지고 재여서 딱 그만한 자리에 집을 지었습니다. 우리는 말대로 귀국 땅을 한치도 더 점하지 않았습니다.」

「닥쳐 당치도 않는 소리로다.」

「정 믿어 안지면 한번 보고 손수 재여보시지요.」

「그래 너희들이 세상에서 보지도 못한 저렇게 큰 소가죽을 만들어냈다는 말이냐?」 도대인과 일본 령사가 주거니 받거니 하며 입싸움을 하는데 도대인을 따라간 마부가 도대인을 보고 그러지 말고 한번 실물부터 보자 하자고 하였다. 도대인은 마부의 말을 듣고 일본령사더러 어서 실물을 내놓으라고 을러댔다. 아무때건 이런 때가 있으리라고 생각한 그들은 벌써 모든것을 준비해두었다. 령사가 하졸들에게 소가죽을 내오라 령하자 령이 떨어지자 바쁘게 하졸들이 소가죽을 들고나왔다. 헌데 이자들이 가지고 나온 소가죽은 통것이 아니라 실오리처럼 오리오리 낸소가죽이였다. 도대인은 또다시 버럭 성을 냈다.

「그래 이게 무슨 소가죽이란말이냐? 허튼 수작이다, 허튼 수작.」

「아니올시다 보십시오.」

령사는 하졸들을 보고 오리를 낸 소가죽을 붙여놓으라 하였다. 다 짜고 든 일이라 령사의 령이 떨어지기 바쁘게 오리를 낸 소가죽을 힘들지 않게 붙여놓았다. 붙여놓으니 틀림없는 큰 소가죽 한 장이였다. 령사는 이어놓은 소가죽을 가리키며 도대인을 보고 말하였다. 「보십시오. 틀림없는 소가죽 한 장이지요. 우리는 언약대로 했습니다. 저 소가죽을 붙여놓으면 한 장의 소가죽이요, 오리를 내어 길길이 늘여놓으면 꼭 우리 령사관의 토성둘레와 같사옵니다. 한치의 차도 없습니다. 대인님, 소가죽을 통채로 놔두어도 소가죽 한 장이읍고 오리를 낸걸 합쳐도 그 소가죽 한 장이니 이렇게 하나 저렇게 하나 소가죽 한 장이야 한 장이지 두장이나 백장은 아니지요. 그렇지 않는가요 대인님!」

도대인의 입은 막히고말았다. 도대인은 놈들의 간특한 꾀에 걸려들었다는 것을 비로소 알게 되었지만 손수 대답한 일이니 더 할말이 없었다. 이렇게 되어 룡정에 으리으리한 일본령사관이 들어앉게 되었다고 한다.

정리: 박창묵

≪베감투≫

	항일의 봉화가 렬화마냥 온 누리에 휩쓸고있을 때 「베감투」가 나타났다는 소문만 들어도 왜놈들이 간담이 서늘해서 수족을 제대로 움직이지 못했다는 이야기가 온 동만에 쫙 퍼졌댔는데 이 항일용장이 베감투라는 별명을 가지게 된데는 이런 이야기가 있다.
	1930년초 삼복철 어느날 저녁무렵 지하공산당원 리동일은 총 10여자루를 탈취해가지고 유격구로 급히 오라는 상급당조직의 지시를 받았다.
	키가 구척이나 되고 떡판같은 어깨에 황소힘을 가진 리동일이였지만 혼자서 총 10여자루를 탈취한다는것은 힘에 겨운 일이였다. 그는 온밤을 지새워가며 룡정일대의 경찰서, 분주소, 순경국…하여간 무기가 있음직한 곳들은 하나하나 다 세여가며 분석해보았다. 그래도 제일 파악이 있는 곳이 선구촌에 자리잡고있는 순경국이였다.
	그날 밤, 으스름한 등불밑에서 마을의 끌끌한 지하당원 10여명이 모여 날이 새도록 무장탈취방안을 토의하였다.
	「빈주먹으로 어떻게 총을 빼앗는단말이요?」
	「그러게 토론하는게 아니요.」
	「밤중에 습격하는게 상책일것 같소!」
	「밤이면 놈들의 경계가 더 심하오. 내 생각엔 대낮에 방법을 대여 들이치면 그래도 안전할것 같소.」
	「놈들이 우리들의 낯을 기억하면 후일에 어떻게 하겠소?」
	……
	네 한마디 내 한마디 여러가지 방안과 부동한 의견은 꼬리에 꼬리를 물고 끝날줄 몰랐다.

「내 생각에도 낮밥에 놈들이 낮잠을 잘 때를 택하는게 제일 안전할것 같소. 적진으로는 내가 혼자 변복하고 들어가겠소. 다른 동무들은 여러가지 로동도구들을 가지고 주위에 매복해있다가 내 신호를 하면 일시에 보초놈을 쓸어눕히고 순경국으로 달려들어오오.」

나중에 리동일의 말로 토의는 끝났다.

이튿날 점심시간이였다.

삼복철 무더위에 정오무렵은 인적도 드물었다. 저마다 서늘한 그늘밑을 찾아 낮잠을 청할 때였다.

리동일은 소복단장에 베감투까지 눌러쓰고 터벅터벅 선구촌 순경국으로 향했다. 7월의 무더위에 그는 진작 땀벌창이 되였고 얼굴과 등곬으로는 비지땀이 흘러내렸다.

순경국이 눈앞에 보이자 리동일은 소매속에서 손수건을 꺼내어 두 눈을 닦았다. 원래 손수건은 소주에 흠뻑 적신것인지라 즉시에 두 눈이 아려나며 콩알같은 눈물이 찔끔 쏟아졌다.

땀투성이에 눈물범벅으로 온 얼굴이 볼모양이 없이 된 리동일은 순경국 대문을 향하여 터벅터벅 다가갔다.

「누구야?!」

보초막에서 총장을 꼬나든 보초병이 쑥 나서며 사납게 소리질렀다.

「순장님을 만나러 왔소이다. 으흐흑…」

리동일은 겨우 말끝을 맺으며 설음에 겨워 흐느꼈다.

「순장님은 뭘 하려고 만나자는거야?」

「어제밤 조부께서 급병으로 별세했소이다.」

「조부가 죽었는데 순장님과 무슨 관계가 있어?」

「장례에 돼지를 잡아야겠는데 순장님의 허가를 받아야하지 않겠습니까. 흐흐흑」

「그럼 들어가봐.」

한참동안 리동일을 뜯어보던 보초병놈은 리동일의 행동거지에서 아무런 흠집도 잡지 못하자 그를 안으로 들여보냈다.

리동일은 곧추 순장놈의 사무실로 향했다.

삼복철 무더위에 웃옷과 권총따위를 옷걸이에 걸어놓고 런닝바람으로 회전의자에 비스듬히 앉아 졸고있던 순장놈은 집안에 사람이 들어서는 인적기에 두눈을 게슴츠레 떴다.

리동일은 머리가 땅에 닿도록 허리를 굽혀 인사를 올렸다.

「순장님 안녕하십니까?」

「뭘 하는 사람이냐?」

순장놈은 자리를 고쳐앉으며 물었다.

「아래마을에 사는 최칠국이올시다. 지난밤 조부님께서 별세하여 장례를 치러야겠는데 집에서 기르던 자그마한 돼지라도 잡아야 자손으로서의 소행이겠기에 순장님의 허가를 맡으러 왔소이다. 으흐흑…」

리동일은 손수건으로 눈물을 닦으며 울음섞인 목소리로 비통에 젖어 되뇌였다.

그 시기는 돼지를 길러도 먼저 일본군을 위로하고 토벌대를 위로해야 했기에 자기가 기른 돼지라도 마음대로 잡으면 안되였다.

순장놈은 리동일의 가련한 모습에 동했던지, 아니면 삼복철 무더위에 몰려오는 낮잠에 시끄러워 그랬던지 서랍을 열고 용지를 꺼내더니 돼지잡는 허가증을 쓸 잡도리를 했다.

순장놈이 허가증을 쓰기 시작하자 리동일은 슬며시 팔소매속에 감춰가지고 들어온 돼지잡이때 쓰던 큰 식칼을 꺼내들었다. 한자 남짓한 시퍼런 식칼을 꼬나들고 번개같이 순장놈 옷걸이곁으로 뛰여가 순장놈의 권총부터 벗겨들었다.

순장놈은 너무도 돌연적인 사태에 경황실색하여 두눈이 휘둥그래졌고 부들부들 떨기만 했다.

「꼼짝말앗! 찍소리만 쳤다간 이 식칼맛을 보여줄테다!」

리동일은 사전에 준비해가지고 갔던 포승줄로 순장놈의 수족을 꽁꽁 묶어놓고 입은 걸레쪼각으로 틀어막았다.

권총탄알집에 탄알이 가득 차있었다.

리동일은 소매속에 권총을 감추고나서 대문앞 보초선으로 나왔다.

「허가증을 뗐는가?」

보초병놈이 이번엔 알은체하며 물었다.
「네, 여기에 있습죠.」
리동일은 보초병놈의 앞으로 다가가 허가증을 꺼내체하며 아무런 준비도 없는 보초병놈의 가슴에 권총을 들이댔다.
「꼼짝말앗! 찍소리쳤다간 검정콩알맛을 보일테다!」
리동일은 낮으면서도 위엄있게 호령하며 다른 한손으로 놈의 보총을 나꿔챘다.
이때에 주위에 매복해있던 10여명 지하당원들이 욱 몰려왔다. 그들은 리동일의 지휘에 따라 눈깜짝할새에 보초병놈을 보초실에 끌고 들어가 처단해버렸다.
그들은 총 두자루와 식칼, 몽둥이를 들고 곧추 순경놈들의 침실로 향했다.
일곱명의 순경놈들은 삼복철 무더위에 속옷바람으로 자리우에 번져져 낮잠에 코까지 골고있었다.
리동일네는 쥐도새도 모르게 침실에 들어가 벽에 세워놓은 일곱자루의 보총을 거둬가지고 조용히 자리를 떴다…
이때로부터 리동일에게는 「베감투」라는 별명이 붙었는데 왜놈들은 「베감투」란 말만 들어도 간담이 서늘해서 수족도 제대로 놀리지 못했다 한다.

정리: 정영석

올가미전투

오늘의 룡정시 개산툰에서 두만강을 따라 올라가면 호천개라는 골이 있다. 지금으로부터 60여년전 이곳에는 위군보안단 한개 련이 집거하고있었다. 명색이 보안단인 놈들은 공산당을 잡는다는 구실로 인민의 등을 쳐먹는 모리배들이였다. 가근방 사람들을 보안한다는 그놈들에게 「장미환」(찹쌀밥)과 「기장밥」을 해대느라고 허리가 구부러질 지경이였다. 농민들은 이 무거운 짐을 벗으려고 애는 무척 썼으나 좋은 방책을 구해내긴 어려웠다.

어느해 가을, 팔월한가위도 지난지 보름이 되는 그믐날이였다. 농민들은 일년내내 피땀을 흘려 가꾼 곡식을 또 그놈들에게 빼앗길 생각을 하니 뼈가 저려나서 세월도 무심하다 한탄만 하고있었다.

어느날 점심후였다.

보안단 련부 병영문에는 나이 삼십쯤 돼보이는 중년남자들이 나타났다. 한사람은 자그마한 키에 풀물이든 베적삼을 입었고 머리에다는 베수건을 질끈 동여맸는데 그 차림새는 화전민이라는것이 뚜렷했다.

앞에 나서서 말을 하는 사내는 검은 쏘과(한족저고리)에 다 검은 바지를 입었는데 차림새를 봐서는 두사람이 다 농군이였다. 베적삼을 입은 사내는 북두갈고리같은 손에다 소고삐를 사려고 들고 군영문으로 달아온것이 필연코 그 소고삐에 무슨 문서거리가 있는 모양이였다. 베옷을 입은 사람은 말없이 고삐만 들고 초조해하는데 쏘과를 입은 사람이 문지기에게 고삐를 쳐들어보이며 사연을 이야기하더니 들어가라는 허락을 받은것 같았다. 병영으로 들어가는 그들은 촌닭관청에 잡아다놓은것 같다더니만 얼핏 봐서는 어리벙벙한것 같기도 했다. 그들은 병영에 들어서자 다짜고짜 병실을 들여다보면서

「련장나으리가 여기 계십니까?」고 물었다.
그러나 아니라고 호통을 치니 「예- 예-」하고 대답하고서 그옆의 병실로 옮겨갔다.
「장관나리가 여기 계십니까?」
거기 가서도 같은 말을 하면서 기웃거리다가 또 욕을 먹었다.
그들은 병실마다 줄느런히 걸어놓은 보총과 수류탄 그러고 험상궂은 경기가 무섭지도 않은지 이쪽에서 쫓겨나면 저쪽병실로 가고 거기서도 욕을 먹으면 또 그옆의 병실로 다니면서 련장을 찾았다. 그러다보니 온 병영을 죄다 돌고나서 마지막에야 련장이 있는 곳을 찾았다. 련장의 사무실에 가서는 류달리도 서슴거리면서 거둔 바지가랭이를 내리우느라고 엎드려보기도 하고 두 소매를 털기도 하면서 사방을 훑끔거리고나서야 문을 열고 들어갔다.
「장관께 송사할것이 있어서 왔습니다.」라고 하면서 두 사람이 다같이 절을 하였다. 련장은 쏘과입은 사람을 보자 「뭐야?」라고 소리치다가 다시 한 발자국 뒤에 서있는 사람을 훑겨보면서 「저건 누구야?」라고 소리쳤다.
「이 사람은 저와 한마을에 사는 사람인데 우리 말을 잘못해서 저와 같이 왔습니다.」
「그래 어쨌단말이냐?」
련장이 퉁명스러운 말로 받았다.
「이 사람이 오늘아침나절에 골안밭에서 일을 하고 점심 먹으러 갈 때 밭머리의 풀이 좋기에 소를 매놓고 갔다 오니 소는 간데온데 없고 고삐만 한 동아리 남았더랍니다. 이 사람은 소에다 목숨을 걸다싶이 지내고있습니다. 죄송하오나 장관께서 이 소를 좀 찾아주십시오…」
련장은 그들의 말이 채 끝나기도전에 듣기 싫다는듯 호통쳤다.
「공산비적들의 올가미수작인데 어떻게 하란말이야? 공산당의 종자를 없애기전에는 방법이 없어! 빨리 나가!」
련장의 추상같은 호령에 억눌린양 농민 두사람은 다시는 더 송사도 않고 「예! 예!」하고 나왔다.
낮에 이런 일이 있은 그날 밤이였다.
보초병은 자정이 넘자 졸음이 몰려오는데다 싸늘한 바람마저 솔솔 부니 그 바람이 싫어서 문에 기대어 바람을 피하다가 그만 깜박 잠에 취해버렸다.

그때였다. 회오리바람처럼 난데없는 장정 두사람이 나타나더니 번개같이 보초에게 달려들어 요진통을 한 대 질렀다.

하늘에서 떨어졌는지 땅에서 솟아났는지 머리에 수건을 동인 사람, 중절모자를 쓴 사람, 가지각색의 복장을 차린 사람들이 손에 칼과 도끼를 들고서 병영으로 달려들어갔다. 홍수같이 병영문을 넘어 들어선 그들은 몇패로 갈라져서 쥐죽은 듯 잠들어버린 병실들의 문뒤에 붙어섰다.

손에 권총을 추켜든 두사람이 불빛이 있는 련장실의 문밖에 붙었다. 앞장선 사람이 문틈으로 방안을 훔쳐보고나서 병영을 한바퀴 휘- 둘러보는데 딴 병실에서는 벌써 무기가 담너머로 넘어가는것이 어둠속에서도 알리였다.

이때였다. 병영문에서 직일 보던 하사관놈이 잠결에 뒤숭숭한 소리에 놀라 깨여 내다보니 보초놈이 나가 자빠지고 어두운 병영에 인기척이 있는지라 급히 개산툰에다 비상전화를 걸었다.

이쪽 련장실을 노리고있던 사람들은 문을 열자마자 문바람과 같이 들어서며 련장의 머리맡에 놓인 권총을 쥐면서 소리를 쳤다.

「이놈, 일어나서 우리를 봐라! 면목이 있을것이다!」

놈은 벌벌 떨면서 천근이나 되는양 무거운 대가리를 쳐들었다.

「모르겠습니다.」

「몰라! 모르기도 할것이다. 내 이름은 항일유격대다. 그리고 오늘낮에 네놈한테 소를 찾아달라고 소송왔던 사람이다. 그래도 모르겠느냐?」

「그제야 놈은 눈을 번쩍 뜨면서 알겠습니다.」라고 하였다.

그는 떨고있던 련장놈을 조소하면서

「이놈! 인민의 소도 찾아주지 못하는놈이 보안은 누구를 보안하느냐? 그래 또 한번 말해라. 공산당의 종자를 없애버리겠다고 했지? 옳다. 종자를 없애버릴 때가 왔다. 공산당이 너같은놈들의 종자를 없앨 날이 왔으니 빨리 나서라!」

련장놈은 유격대원들에게 묶이여 병영문턱을 넘어 걸었다. 그뒤에는 졸개들이 탄약과 군수품과 군량을 짊어지고서 따라나섰다.

유격대원들이 동구를 채 벗어나지도 않았을 때였다. 개산툰에서 기병대가 바람을 일구며 쓸어왔다. 놈들은 유격대의 발자국을 따라 추격해왔다.

근심이 태산같아서 잠을 이루지 못한 농민들은 날이 새서야 간밤에 총소리 나던데로 갔다. 풀속에 숨어서 보니 생각하던것과는 딴판이였다. 물이 찰박찰박한 골안 개울가에는 위군놈들이 걸채에다 뻣뻣한 송장을 주어담고 있었다. 그 많은 유격대는 하늘로 날아올랐는지 수정궁으로 들어갔는지 발자국마저 없었다.

「그렇지, 유격대는 급할 때는 축지법을 쓴다니까. 산을 주름잡아서 한발에 산을 넘어갔을것이니 총알인들 어찌 그들을 따라가겠는가.」

농민들은 이렇게 유격대를 칭찬했다.

며칠후에 보니 과연 골안에 쑥 들어가서 개울물가로부터 난데없는 발자국이 많이 났고 그들이 고개를 넘어간 흔적이 보였다.

정리: 길운

기생 - 봉선아씨

　룡정일본총령사관앞에 「미나리료리집」이 있었는데 거기에는 봉선화같이 어여쁜 봉선아가씨라는 기생이 있었다.
　봉선이는 원래 륙도하북쪽 두호동네에서 살았다. 눈앞에 가을을 앞둔 어느날 일본놈들은 자위단 단장을 앞세우고 승냥이처럼 이 마을에 들이닥쳐 다짜고짜 두집 사람들을 쫓아내였다. 놈들은 이곳을 자기들의 사격훈련장으로 쓴다는것이였다.
　일제의 가혹한 채찍아래에서 생활고에 허덕이다가 조선에서 살길을 찾아 오랑캐령을 넘어 이곳에 와 정착한 이주민들은 다된 농사를 버리고 떠날수 없어 다문 며칠이라도 기다려달라고 손이야 발이야 빌었다. 하지만 귀축같은 놈들은 잔인하게 총탁으로 그들을 몰아내고 집에다 불을 질렀다. 갑자기 닥친 봉변에 한지에 나앉게 된 그들은 할수 없이 대툰에 내려가 왕지주네 머슴으로 들어갔다.
　추수투쟁을 이어 춘황투쟁이 온 연변땅을 화염처럼 휩쓸었다. 이에 간담이 서늘해진 왕지주는 때를 보며 줄행랑을 놓을 심사로 빚재촉을 하다가 처녀머슴중 괜찮은자를 골라 명색이 료리집이지 실상은 기생집인 「미나리료리집」에다 팔았는데 곱단이란 처녀도 그중의 하나였다. 료리집마님은 곱단이를 사들여다가 그의 이름을 아예 「봉선아씨」로 고쳤다.
　한곱단이가 끌려가는날 가슴을 치며 통곡하며 그의 아버지는 해지기를 기다렸다가 어두운 밤에 왕지주의 곡간에 불을 지르고 그길로 왕유격구로 달려갔다.
　기생집에 끌려온 곱단이는 이름마저 봉선아씨로 변하고보니 시장에 나온 장닭처럼 기가 죽어 앉을자리, 설자리를 못찾고 눈물과 한숨으로 그날그날을 보냈다.
　봉선아씨가 손님접대를 한다는 말을 듣고 룡정일군수비대 대장 나까무라가 첫사람으로 달려왔다. 상판이 둥그렇고 메밀눈에 음산한 빛을 띤 옹망추니였다. 그는 금방 나무에서 따온 복숭아처럼 생생하고 어여쁜 봉선이를 보자 군침을 서발이나 흘리며 한입에 삼키려고 접어들었으나 봉선이는 담을 쌓고 곁을 주지 않았다. 이에 노발대발한 나까무라는 하늘이 낮다고 펄쩍 뛰였다.
　요염한 마님은 눈치를 채고 그의 비위를 맞춰가기 위하여 술에 몽혼약을 넣어 봉선이가 먹게 하였다.
　봉선이가 개복했을 때는 자기의 귀중한것을 악착스러운 나까무라한테 도적맞힌후였다. 그는 그만 기절하고말았다. 허나 마굴같은 료리집에서 한날 실오리같은 녀자의 힘으로 어찌하랴. 오직 죽는길밖에 없었다. 그는 청기듯 일어나 륙도하강변으로 달려갔다.
　서천에 걸린 이지러진 쪼각달이 희끄무레한 빛을 던지고있었다. 봉선아씨는 옷고름을 떼여 나무가지에 매고 올가미를 지어 목에 걸었다. 이때 지척에서 그림자가 언뜰하며 인기척이 났다.
　「애, 이게 웬 일이냐?」
　봉선아씨를 칠성판에서 끌어내리고 살펴보던 사람이 다급히 부르짖었다.
　「아니, 이게 봉선이 아니냐? 애, 정신을 차려라 정신을!」
　봉선이가 정신을 차리고 쳐다보니 자기를 그러안은 사람은 이웃집에 살다가 지금은 엿장사를 하는 장할아버지였다.
　「할아버지!」
　봉선이는 장할아버지의 품에 얼굴을 묻고 몸부림치며 울었다.
　「애, 알만하다. 놈들의 갖은 릉욕과 학대를 못이겨내겠다는 말이지? 그럴테지, 허지만 옛날부터 혀바닥은 짧아두 침은 먼데 밸으라구 했어, 한치보기가 돼선 안되지. 넌 이렇게 값없이 죽을것이 아니라 응당 살아서 아버지를 도와나서야 한다…」
　「머슴인 아버지를 제가 어떻게 돕는다는 말씀이예요?」
　「넌 여직 모르는구나. 네가 기생집에 팔려가던 날 너의 아버지는 왕지주네 곡간에다 불을 질러놓구 곧추 유격구로 갔단다…」
 아버지가 유격대원이 되였다는 말에 봉선이의 흐리마리하던 정신은 보약을 쏟듯 대번에 밝아졌다.
「하지만 기생인 제가 어떻게 아버지를 돕겠어요?」
「네가 있는 료리집은 아주 중요한 곳이다. 일본령사관 요인들이 드나드는 곳이니 정보를 알수 있는 곳이다. 그런 정보는 천금을 주고도 살수 없는 귀중한것이란다.」
「그런 소식을 들어두 누구한테 전하겠어요?」
「내가 자주 찾아오마.」
「그럼 할아버지두?!」
 강할아버지는 빙그레 웃었다.
「알겠어요.」
 강할아버지의 말씀은 봉선이에게 힘과 용기를 주었다. 그후부터 봉선이는 일본놈들을 개차반보듯하던것이 얼굴에 웃음을 바르고 그들의 염통을 긁기 시작했다.
 하루는 일본수비대 대장 나까무라가 또 왔다. 도척같은 그놈을 보자 봉선이의 눈에서는 저도 모르게 불이 일어났다. 색에 미친 놈은 「몽혼약」에 몸을 망친 봉선이가 꼭같은 그약으로 자기를 쏠어눕힐줄은 몰랐다. 숨지게미를 실컷 처먹고 늘어진 돼지처럼 큰대자로 뻐드러져 코를 드렁드렁 고는 나까무라를 도끼눈으로 찍어보던 봉선이는 불룩한 놈의 옆낭에 눈이 미치였다. 살며시 문을 잠그고 날랜 솜씨로 웃호주머니에서 수첩을 꺼냈다. 한곳에 옆에다가 동그라미를 쳤는데 회령에서 룡정령사관에 돈 20만원을 보내니 잘 호위해야 하며 시간은 아무날이라고 적혀있었다.
 봉선이가 보낸 쪽지는 강할아버지의 손을 거쳐 지체없이 유격대로 넘어갔다. 유격대에서는 두조의 습격조를 파견하여 오랑캐령꼭대기와 선바위에서 돈을 빼앗기로 하였다.
 령사관의 총령사와 나까무라는 돈을 실은 마차가 어슬녘에 회령에서 떠나 밤도와 룡정에 당도하도록 계획하고 군대를 파견하여 호위하게 하였다. 그러나 신출귀몰하는 유격대에게 몽땅 빼앗겼다.

「날개가 없으니 날아갈수 없고 길옆에 군대가 늘어섰으니 산으로 빠질수는 없다. 열에 아홉은 시내에 잠복해있으니 계엄령을 내리고 집집을 수색하라!」
이튿날은 오월단오날이였다. 살림은 구차해도 명절을 잊지 않는 조선사람들은 명절의 옷을 떨쳐입고 삼삼오오 떼를 지어 용드레우물가로 모여들었다. 해마다 단오날이면 용드레우물옆 수양버드나무에 그네를 매여놓고 처녀와 아낙네들은 그네를 뛰고 저쪽 례배당앞에서는 장정들이 씨름판을 벌리였다. 그런데 올해 단오날은 례년과 달랐다. 헌병과 경찰, 자위단원들이 천둥에 검정개 날뛰듯 소란을 피우는 바람에 무시무시한 감을 주었다. 끼리끼리 모여선 사람들은 선바위길목에서 일본놈 10명이 죽은 이야기를 주고받았다.
기생 봉선이는 이른새벽에 엿장수 강할아버지가 하시던 말씀을 생각하며 노랑저고리에 빨간 치마를 입었다.
「곱단아, 신새벽에 돈을 빼앗은 우리 동무들이 미처 빠져나가지 못하고 시내에 숨어있다. 오늘 용드레우물가로 해서 역전으로 가서 쏘련을 총을 사러 간다.」
「할아버지, 신새벽부터 군대들과 경찰들이 눈에 쌍불을 켜고 싸다니는데 하필 시내복판으로 빠지나요?」
「지금 놈들이 산이나 들이나 할것없이 쫙 덮이였다. 등잔밑이 어둡다고 그래서 큰길을 선택했다. 용드레우물가에 수상한 놈들이 나타나면 네가 빨간 치마를 입고 그네를 뛰여라. 그러면 우리 동무들이 두 번째 방안대로 하게 된다. 알만하지?」
「예.」
봉선이가 옷을 입고 거리에 나섰을 때는 그네터에서 처녀들이 그네를 뛰고있었다. 바로 이때 경찰들이 달려오며 「계엄령이다. 모두 흩어져라!」 하고 소리치며 사람들을 내몰았다. 봉선이가 안타깝게 주위를 돌아보니 사복한 헌병들이 보였다. 이때 수비대 나까무라대장이 나타났다. 봉선이는 얼굴에 웃음을 바르고 나까무라한테로 다가가 알랑거렸다.
「대장님 나오셨어요?」
「오, 봉선아씨도 그네뛰러 나왔소까?」

「예, 단오날에 그네를 뛰면 일년내내 신수가 좋대요.」
「오, 그렇소까, 봉선아씨도 그네를 뛰였소까?」
「방금 나왔는데 방정맞게도 계엄이 내렸어요, 나으리님, 제가 마지막 사람으로 그네를 뛰게 해주세요. 네?」
「아씨, 계엄이 내려서 곤난한데요.」
「아이참 나으리님이 계시는데 일있는가요? 나으리님, 저의 소원을 풀어주세요 네?」 봉선이가 나까무라의 팔을 잡고 찰거마리처럼 달라붙어서 애교를 부리니 그놈은 선심을 써서 「그럼 좀 뛰고 내리라구.」라고 하였다.
「아이구, 저 곱단일 보오. 기생이 되더니 일본놈한테 찰거마리처럼 달라붙는 꼴을! 쯧쯧.」
백성들의 비웃는 말소리는 비수가 되어 봉선의 심장을 찔렀다. 봉선이는 눈물을 속으로 떨구며 아닌보살하고 그네를 타고 올라섰다. 대여섯번 구르더니 빨간치마가 한폭의 붉은 기발이 되여 푸른 하늘에서 펄펄 날리였다. 이것을 바라본 유격대원들은 두번째 방안대로 말발굽산을 타고 조양천에 가서 기차를 타고 할빈으로 떠났다.

정리: 리태수

손가락권총

1932년 늦가을 이른아침이였다. 단풍잎이 곱게 물든 마반산 앞강 나루터 버드나무가지우에 한쌍의 비둘기가 아침해빛을 쪼이며 수심으로 저어가고 있는 나룻배를 바라고 앉았다. 그때 왜군장교 한놈이 나타나더니 배를 세우라고 고래고래 웨쳤다. 늙은 사공은 배머리를 돌리려고 하였다. 그러자 배안에 있던 손님들이 불만을 토로하였다.

「사공, 배를 그냥 저으소.」

「옳수다. 못들은체하고 건너갑시다.」

얼굴이 까마잡잡하고 앙바틈하게 생긴 젊은이가 자리에서 벌떡 일어나 배를 돌리려고 하는 사공의 손을 멈추었다. 그는 무명바지저고리에 밀짚모자를 꾹 눌러쓰고 목에다 세수수건을 두른품이 외관으로는 틀림없는 농민이였다. 하나 그 사람은 농민이 아니라 「갈범」이란 별명을 가진 항일유격대 대원이였다. 당시 항일유격대에서는 본명을 감추고 당자의 특징을 찾아 별명을 지어 부르는것이 류행되였다. 그렇다고 보니 그 사람은 아닌게아니라 갈범처럼 날파람있고 담차보이였다. 그는 지금 왕우구로부터 지프너머에 통신을 가는 길이였다. 「갈범」은 왜군과 한배에 타는것은 십분 불리하다고 느꼈다. 황차 통신 가는 길이 아닌가.

왜놈장교는 자기 말에 인차 순종하지 않고 우물거리는 사공을 보고 발을 구르며 호통을 치더니 권총을 꺼내여 허공에 대고 한방 갈기였다. 버드나무가지에 앉았던 비둘기 한마리가 맞아 떨어졌다. 왜놈장교는 이렇게 자기의 놀라운 사격솜씨를 시위하였을뿐만아니라 명령을 거역한다면 비둘기 운명처럼 된다는 위협을 보이였다.

늙은 사공의 얼굴은 졸지에 새까맣게 변하였다. 웅성거리던 배안의 사람들도 조용해졌다. 「갈범」은 불의에 짝을 잃고 나루터를 순회하면서 구슬프게 우는 비둘기를 쳐다보다가 사공의 손을 놓았다.

사공은 배를 돌렸다. 배가 나루터에 닿자마자 왜놈장교는 느닷없이 늙은 사공의 뺨을 찰싹찰싹 갈겼다.

키가 작고 다리 짧은 그놈은 흡사 발바리같았다. 게다가 말끝마다 「바가야로, 칙쇼.」 하고 앙앙거리는 모양이 발바리를 신통히도 닮았다.

배는 다시 움직였다. 살기가 등등한 장교놈이 배를 타자 배안에는 갑자기 찬공기가 돌았다. 그놈은 배안을 두루 살피다가 배전에 정히 놓여있는 광주리우에 털썩 들어앉았다. 「와싹」하면서 그안에 담은 과줄이 부서졌다.

「아이구 저를 어째!」

광주리임자인 아주머니가 얼굴이 새파랗게 질려 소리쳤다. 조카딸의 잔치에 가져간다는 과줄이 발바리같은 왜놈의 궁둥이밑에서 짓부셔진것이다.

「바가새끼!」

노루가 제 방귀에 놀란다더니 제가 남의 과줄을 깔아부셔놓고도 그 부서지는 소리에 놀란 왜놈은 권총을 꺼내들며 괜히 눈깔을 부라렸다.

「갈범」은 천하 무지막지한 그놈을 강물에 집어던지고싶었으나 꾹 참느라고 관자노리 피줄이 오르내렸다. 그는 이발을 옥물고 무엇을 생각하더니 말을 걸었다.

「황군님, 그것을 깔고 앉으면 궁둥이가 배길텐데요.」

「웅 괜찮아!」

그놈은 「갈범」이 굽신거리는것을 보고 권총을 집어넣었다.

「황군은 수고가 많습니다.」

「음, 우리 황군 좋은 사람이. 이거 사람이.」

그놈은 「갈범」의 달콤한 말이 좋은지 엄지손가락을 내밀고는 가슴을 탁치는것이였다. 「갈범」은 코를 세우는 그놈에게 연해연방 굽실거리며 호의를 보이였다.

「황군나리님, 어디로 가십니까?」

「하동 가는것이..」

「아유 그러십니까? 저도 하동으로 갑니다. 제가 모셔다드리지요.」

「당신 사람 좋은 사람. 우리 같이 가도 좋아.」

그러는 사이에 배는 강건너편에 닿았다 배에서 내린 「갈범」과 발바리 왜 놈장교는 하동으로 가는 하룡곬으로 잡아 들어섰다.

「항군님, 이곳에 유격대가 있다는 말이 정말이오이까?」

「갈범」은 왜놈장교의 뒤를 따라 부지런히 따르며 넌지시 이렇게 물었다.

「무시기? 유격대 이런것이.」

놈은 새끼손가락을 내여보이며 뽐내였다.

「그래도 난 겁납니다.」

「당신 사람 야마도 다마시 알아있소이까? 만나면 따르르 따르르 하하…」

왜놈장교는 권총갑을 탁 치고는 너털웃음을 쳐댔다.

이윽하여 오솔길에 들어섰다. 어디를 보나 인적기 하나 없었다. 싸늘한 가을바람이 불면서 단풍진 나뭇잎들을 마구 뒤흔들어놓았다.

「우리 황군 천하에서 제일 강군…」

왜놈이 무적황군의 자랑을 늘어놓으려는 때 「손들엇!」하는 소리와 함께 목덜미에 선뜩하는 권총끝이 닿는지라 놈은 하던 말을 맺지도 못하고 손을 바짝 들었다. 제놈이 황군이 세상에서 어떻느니 해도 담대한 항일유격대원의 손가락에 속을줄이야 어찌 알았으랴!

「갈범」은 손가락 끝에 침을 발라 그의 목덜미에 권총끝처럼 대였던것이다. 하긴 싸늘한 가을날에 손가락 끝에 침을 발랐으니 선뜩한 권총끝으로 여길 수밖에 없는 일이였다.

「갈범」은 날랜 동작으로 그놈의 허리에 찬 권총을 빼앗아 겨누어 들었다. 그제야 그놈은 꾀에 떨어진줄 알았다. 하지만 어이하랴. 그놈의 야마도 다마시는 혼비백산하여 정말 발바리처럼 두 무릎을 꿇고 앞발을 비벼대며 목숨만 살려달라고 애걸복걸하였다.

정리: 현룡순

조호랑이

항일때에 있은 이야기다. 그때 연집 일대에 주둔한 왜군들은 황초동이란 말만 들어도 벌벌 떨었고 조호랑이란 말만 들어도 눈이 뒤통수에 올라가서 식은땀을 뻘뻘 흘렸다고 한다. 그것은 황초동은 이곳의 중국공산당이 령도하는 항일군의 근거지요 조호랑이는 성이 조가이고 왜놈잡이에 호랑이같다 하여 조호랑이라 불리우는 황초동 항일군돌격대 대장이였기 때문이다.

어느 한해였다.

하루 강아지 범 무서운줄 모른다고 범 수염을 뽑을양으로 왜놈들은 채영에 기여들어 부근의 백성들을 몰아다가 보루를 쌓기 시작했다.

왜놈들은 공사장 둘레에 철조망을 늘였는데 항일군의 렴탐이 있을가 겁나서 출입문에는 보초를 세우고 도장을 박은 출입증이 있어야만 출입을 허락받을수 있게 했다.

조호랑이는 상급으로부터 채영에 기여든 왜군을 일망타진하라는 지시를 받았다. 조호랑이는 지시를 받고 놈들을 독안에 든 쥐처럼 꼼짝달싹 못하게 하기 위하여 왜놈 공사장의 일군으로 꾸민 렴탐군을 보냈다. 왜놈들이 두꺼운 종이에 도장을 찍은 출입증을 만드니 조호랑이도 도장을 새겨 출입증을 만들었고 왜놈들이 도장 한쪽을 어여서 암호로 하니 조호랑이도 그대로 하여 왜놈들이 조금도 모르게 하였다. 렴탐군은 며칠이고 드나들면서 공사장 일을 미주알고주알 손금보듯 알게 되였다. 그리고 안에 있는 백성들에게도 아무날 여차여차하라는 조호랑이의 부탁도 전하였다.

하루는 허술한 삿갓을 쓰고 놋밥식기를 넣은 걸망중태를 지고 삽을 둘러 멘 십여명의 농민들이 공사장으로 들어가는데 모두 통행증을 내보이니 왜놈보초는 가짜도 모르고 모두 공사장에 들여놓았다.

이날따라 아랫마을에서 한 왜놈장관이 올라왔다. 채찍을 휘두르며 총박죽으로 때려도 잘되여가지 않던 공사장일이 이날은 모두가 어떻게나 일을 잘하는지 전신이 땀자루가 되여도 쉴념도 하지 않았다.

날은 찌는 듯이 더운데 왜놈보초 두놈이 문어귀에 총창을 받쳐들고있는 외에는 총을 세워놓고 풍막안에 앉아 탁주를 마시고있었다. 점심때가 가까와오니 왜놈들은 앞가슴을 풀어헤치고 땀만 훔치였다.

이때였다.

「땅! 땅!」하는 권총소리가 몇방 났다.

왜놈들은 엉겁결에 소스라쳐 일어났으나 어느새 총을 세워놓은 곳에는 흰 삿갓을 쓴 농민 두사람이 권총을 받쳐들고 있었다.

왜놈장관은 엉거주춤하여 궁둥머리 권총에 손이 갔으나 「조호랑이가 여기 있다.」하는 벼락같은 소리와 함께 땅! 하더니 그놈은 이마에 구멍이 뚫어져 나무단 넘어지듯하였다. 그러니 나머지 왜놈들은 손을 머리우에 들고 벌벌 떨기만 하였다.

키가 후리후리한 조호랑이가 손을 휙 젓자 십여명이 욱 몰려들어 이십여 자루의 구구식과 삼팔식 보총을 량어깨에 둘러메고서 왜놈들을 묶어가지고 공사장밖으로 질풍처럼 쓸어나갔다.

조호랑이네가 떠난지 이슥하자 보고를 받은 아래마을 왜군들이 부랴부랴 자동차를 타고 새노랗게 쓸어왔다. 그때까지도 조호랑이네는 산굽이를 뛰여가고있었다.

왜놈들이 산기슭에 이르니 조호랑이네는 앞고개에 이르렀다. 왜놈들은 눈앞이라 총을 쏘며 고개에 오르니 고개우에는 왜놈악질들이 피를 물고 쓰러졌고 졸병들은 묶이운채로 있는데 올리쏜 총탄에 거의 맞아죽고 살아남은 놈이라야 반병신이 되어 낑낑거리고있었다.

왜놈들이 쌍안경으로 바라보니 조호랑이네는 어느덧 오리밖에 있는 산고개를 넘고있었다. 왜놈들이 또 기를 쓰고 그 고개에 쫓아가니 조호랑이네는 멀리 아물아물하는 점으로 바라보이더니 더는 보이지 않았다 한다.

정리: 김명한

홍춘식 안해의 꾀

항일때에 홍춘식이라는 혁명자가 있었다. 왜놈들은 그의 목에 상금까지 걸어놓고 그를 붙잡으려고 광분했다. 이렇게 되고보니 그의 안해도 자연히 놈들의 주목을 받게 되였다.

홍춘식의 안해는 아이들을 데리고 살아가기가 어려워 놈들의 눈을 피해가면서 밀주와 사염(소금)장사로 연명하지 않으면 안되였다

하루는 홍춘식의 안해가 사염을 감춰가지고 집으로 오는길에 경찰의 추격을 받게 되였다. 도중에서 버릴 틈도 없다보니 방문을 열고 쑥 들어서면서 소금주머니를 얼른 바당문 바깥고리에 걸어놓은채 문을 홀 열어제껴놓았다. 그것에 주의 못한 경찰놈은 집안만 샅샅이 수색하다나니 헛물만 켜고 돌아갔다.

한번은 경찰놈들이 홍춘식 집에서 「밀주」를 사먹었다는 어느 주정뱅이한네서 밀주를 사먹는 밀어들 알아무였다. 술은 「쫄쫄이」요 막설리는 「벌털이」라고 부른다는것이였다. 사복경관이 홍춘식의 집을 찾아와서 「쫄쫄이」와 「털털이」가 있느냐고 물었다. 홍춘식 안해는 무심중 있다고 대답은 했지만 술찾는 사람의 행색과 동정을 보며 수상한지라 얼른 꾀를 짜내여 자는 애들 두 형제를 불러일으키면서

「애 쫄쫄아, 털털아, 손님이 와서 찾는다.」고 돌려붙였다. 사복경관은 말도 못하고 입만 다시면서 가버렸다.

홍춘식 안해는 밤잠도 속잠을 못자며 지내는데 한번은 홍춘식이 지나던 길에 집에 들려가게 되였다. 안해는 문득 뛰여든 남편이라 반가운 생각도 있으려니와 또 주목받는 처지라 겁도 났다. 홍춘식은 구들목에 걸터앉은채 그립던 애들을 안아보며 안해가 떠주는 술을 마시노라니 날이 훤히 밝아왔

다. 그런데 갑자기 개짖는 소리가 요란해서 문틈으로 내다보니 왜놈의 군경들이 노랗게 이 집을 에워싸고 오는것이였다.

홍춘식은 싸창을 얼른 물독에 쓸어넣고 애들더러는 아버지라 하지 말라고 타일렀다.

홍춘식의 안해는 잠시 생각 끝에 작은 어린애를 둘러업고 노전을 두루루 말더니 그속에다 남편을 감추고 자기는 얼른 호미를 갖다가 구들돌을 파내여 척척 가려놓기 시작하였다.

이때 왜놈군경들은 사위를 물샐틈없이 에워싸고 집안에 대고 총창을 들여밀면서 고함치고 들어왔다. 그러나 홍춘식은 그림자도 없고 애를 업은 그의 안해가 구들돌을 파내고 구들을 손질하고있었다.

정보를 듣고 밤새로 쓸어온 놈들은 말아놓은 그 까래를 타고 넘어다니면서도 종시 홍춘식을 찾아내지 못하고 그만 헛물만 켜고 돌아가고말았다.

정리: 김례삼

지혜롭게 통신을 전하다

달라자유격대에서는 왕청현 백초구유격대에 긴급통신임무를 전달하기 위하여 두사람을 선발하였다.

임무가 중하고 시간이 급하여 날래고 힘이 센 사람을 선발하였는데 뚝곰과 두더지가 적임자로 지목되였다. 뚝곰은 맨주먹으로 곰을 때려잡은 천하 힘장사였고 두더지는 지혜로 능란하게 놈들의 눈을 속이는 재간이 출중하여 받은 별명이였다.

두사람은 이틀내로 백초구에 도착하기로 계획하고 첫새벽에 달라자를 떠나 룡정령사관 뒤골목을 무사히 지나 해란강을 건너고 유신을 지나 모아산 기슭에 이르자 웅장한 밀림속에서 다리쉼을 하면서 어떻게 하면 경계가 삼엄한 국자가(지금의 연길) 하남다리목을 건너겠는가 연구하였다.

바로 이때, 일본군 한놈이 장총을 거꾸로 멘채 리화촌에서 나와 모아산 오슬길로 올라오고있었다.

「어이 뚝곰, 먹이가 나졌네. 저놈을 요정내서 담가에 들고 병원으로 가는것처럼 하면 다리목을 무사히 통과할것 같네.」

「과연 두더지가 달라. 돌우에 올려놔도 살수 있으니까. 그렇게 합세.」

두더지는 뚝곰의 다리에다 수건을 처매고 부축하면서 천천히 걸었다.

「어이, 뭘 하는 사람인가?」

「황군님, 내 친구가 씨름을 하다가 다리를 상해서 국자가 병원으로 가는 길입니다.」 일본놈이 가까이 와서 들여다볼 때 두더지가 손수건에 쌌던 「고추가루작탄」을 왜놈의 눈에 대고 뿌렸다. 「고추가루작탄」이란 30년대초 유격대에 무기가 부족하여 고춧가루를 봉지에 넣어 만든 이른바 「작탄」으로서 적들의 눈에 대고 뿌려 놈들이 눈을 뜨지 못할 때 소멸해버리는 일종 무기 아닌 무기였다.

「아이쿠 눈이야!」

일본놈이 눈깔이 아려서 눈을 움켜쥐고 맴돌이칠 때 뚝곰이 골받이로 그 놈의 가슴을 떠받으니 명치끝에 중상을 입은 그놈은 엉덩방아를 찧으며 벌렁 나자빠졌다. 뚝곰이 번개같이 달려들어 뒤번 발길질하니 놈은 피를 토하며 뻐드러졌다.

「자네 정말 뚝곰은 뚝곰일세. 이놈은 지옥으로 갔네.」

「천하 제일 황군이 이렇게 무라릴줄이야 누가 알았나.」

「자네 이놈을 들어다 숲속에 눕히고 옷을 홀라당 벗기게. 내 리화동에 내려가 옷가지를 얻어오겠네.」

두더지가 옷가지를 얻어가지고 오니 뚝곰은 담가채까지 만들어놓고 기다리고있었다. 두사람은 일본놈에게 베옷을 입히고 담가를 만들어 그놈을 눕힌후 담가를 들고 무사히 모아산을 내려 하남다리목에 이르렀다.

다리목에서는 일본수비대와 지위단놈들이 두겹세겹으로 늘어서서 오가는 행인들을 발끝부터 머리끝까지 참빗질 하였다.

「뭘 하는 놈들이야? 담가엔 웬놈이냐?」

「리화동에 사는 농민이온데 형님이 황달병에 걸려 병원으로 가던중 길에서 그만 사망되여서 공동묘지로 가는 길입니다.」

보초놈들이 총끝으로 시체를 건드려보니 분명 죽은놈이라 뚝곰과 두더지의 몸을 수색한후 어서 가라고 소리쳤다.

두사람은 다리를 건너서자 담가를 놓고 수레를 얻으러 간다 하고는 그길로 왕청현 백초구유격대로 떠났다.

정리: 김재권

표적바위

룡정현 팔도향 소재지에서 구수하상류를 거슬러 10리쯤 올라가 병풍산을 넘어서면 멀찌감치 오붓한 초가마을이 보이는데 마을앞 개울건너 키넘는 가둑나무밭속에 우뚝 솟아있는 바위를 볼수 있다. 사람들은 이 바위를 표적바위라 부르는데 여기에는 이런 이야기가 깃들어있다.

항일의 봉화가 거세차게 타오르던 30년대초, 팔도구일대에서 있은 일이다. 산을 주름잡아 일제놈을 족치던 항일대오속에는 나어리고 몸이 다부지게 생긴 최꼬마라는 어린이가 있었다.

그때 비밀통신련락을 맡은 최꼬마는 팔도구 북쪽 산비탈에 있는 한 바위를 거점으로 정하였는데 이 바위에서 20여리 더 북쪽으로 깊게 들어가면 장봉촌항일근거지가 있었다.

항일유격대원들은 무시로 어둠을 타고 몇십리 떨어진 팔도구금광과 팔도구시내로 내려와 감쪽같이 유격전을 벌리군 하여 왜놈들의 간담을 서늘케 하였다.

그때 팔도구금광에는 사처에서 모여온 1천여명의 로동자들이 있었는데 그속에는 홍덕대놈의 살기어린 채찍질에 등짐으로 금돌을 져내는 최꼬마도 있었다.

최꼬마는 병들어 몸져누운 어머니를 구하고저 어린 나이에 광산일을 하지 않으면 안되였다.

어머니는 늘 그를 보고 「애야, 한창 글공부할 나이에 굴일을 시키니 내 죽어도 눈을 못감겠구나!」 하며 설움에 겨워 말했다.

봉사대에 뽑혀간 아버지의 소식조차 알길이 없는데 얼마 지나지 않아 어머니마저 약 한첩 못쓰고 한많은 세상을 떠나고말았다.

하여 어린 쵀꼬마의 가슴속에도 이 불공평한 사회에 대한 적개심이 활화산처럼 타올랐다.

쵀꼬마는 끝내 쥐도 새도 모르게 밤에 산사람들을 따라 장봉촌유격구로 들어가고야말았다.

그후에 병풍산기슭에는 손에 채찍을 들고 소와 말을 몰고 다니는 한 나어린 목동이 나타났다.

밀짚모자를 푹 눌러쓴 이 목동은 한낮이면 병풍산기슭에서 소를 몰다가도 이 표적바위 부근에 와서는 일부러 채찍을 높이 휘둘러댔고 황혼이 깃들무렵이면 안개처럼 그 어데론지 사라지군 하였다.

하지만 이렇게 낮이면 소와 말을 몰고 왔다가 되돌아가군 하는 애가 쵀꼬마라는것을 그 누구도 모르고있었다. 쵀꼬마는 이렇게 이 골안의 목동이 되여 유격구의 비밀통신련락을 하였다.

쵀꼬마가 유격구로부터 가져온 비밀쪽지를 이 표적바위 푸른 이끼속에 넣고 가면 밤도와 광산에 있는 지하공작인원이 이곳에 와서 감쪽같이 가져가군 하였으며 또 지하공작인원이 수집한 새 정보를 이 표적바위까지 가져다놓으면 쵀꼬마가 장봉촌유격구로 날라가군 하였다.

어느 하루 일제헌병 수십명이 갑자기 부락에 쳐들어와 마구 불사르고 빼앗는 등 차마 눈뜨고 보지 못할 만행을 감행하고있었다.

이 긴급한 사태를 미처 유격구에 전할길 없게 된 쵀꼬마의 가슴은 마구 찢어지는 듯 아파났다.

(옳지 이 베적삼으로 산호를 알려야겠다!)

이렇게 생각한 쵀꼬마는 자기가 입은 흰 베적삼을 벗어 긴 참나무작대기에 매여달고 이 표적바위에 올라섰다.

쵀꼬마의 흰 베적삼은 푸른 숲속에서 한폭의 기발로 펄럭이였다.

저 멀리 장봉골보초선에서 망원경으로 흰 기발의 신호를 받게 된 유격구지휘부에서는 부랴부랴 긴급전투태세를 갖추더니 이 부락을 포위하여 독안에 든 쥐 잡듯이 당장에 일본군 40여명을 쓸어눕히였다.

며칠후 선불맞은 왜놈들은 눈에 쌍불을 켜고 더욱 많은 어중이떠중이를 모아가지고 이 골안으로 덮쳐들었다.

이날 망아지를 몰고 나선 최꼬마는 이 좋지 못한 기미를 눈치채고 인츰 이 정보를 유격구에 알리려 했다. 헌데 이날따라 최꼬마는 베적삼을 벗어놓고 와서 련락을 할수 없게 되였다.

최꼬마는 생각끝에 비밀쪽지를 말꼬리밑에 달아매고 망아지를 장봉촌으로 돌려세우며 사정없이 채찍을 안겼다. 그러자 망아지는 퉁방울눈을 슴벅거리며 몇번 호용하더니 네굽을 안고 뛰기 시작하였다. 이윽고 망아지는 키넘는 쑥대밭을 지나 싸리밭을 에돌아 곧추 장봉골로 달리고 달렸다.

바로 이때다. 헌옷차림을 하고 배낭을 어깨에 멘 낯선 사나이가 숲속에서 최꼬마를 보자 알은체를 하는것이였다.

이녀석은 그 비밀쪽지의 냄새를 맡고 기여든 놈이였다.

《애야, 약재를 좀 쓰려구 오미자를 뜯으려 하는데 어데 있는지 아느냐?》

《여보세요. 이곳에는 오미자보다 다른 열매가 더 많더군요.》

최꼬마는 이놈의 행동거지가 심상치 않음을 대번에 보아냈다. 그는 사태가 위급할 때 나타난 이자를 가만놔두려 하지 않았다. 최꼬마는 옆낭에 따넣었던 새빨간 오미자를 꺼내보이면서 이서 받으라고 하였다. 그러자 그자는 최꼬마곁으로 슬금슬금 다가섰다.

바로 이 순간 한손으로 오미자를 주던 최꼬마는 다른 한손으로 꽁무니에 찼던 시퍼런 낫을 부리나케 꺼내여 이 녀석의 목덜미를 단번에 찍어 눕혔다. 놈은 그만 입에 거품을 문채 찍소리도 못하고 풀숲에 푹 거꾸러져 다시는 일어날 수 없게 되였다. 헌데 벌써 바위아래에서 숱한 왜놈들이 총창을 꼬나들고 막 몰려들줄이야 누가 알았으랴.

온몸에 주먹땀이 내돋친 망아지가 유격근거지에 당도하자 무장을 한 유격대원들이 아랫마을을 향해 달려오기 시작했다.

이때 최꼬마는 발톱까지 무장한 왜놈들을 이 표적바위까지 유인하여 생사판가리 싸움을 벌리고있었다.

《개놈들아, 어서 올라오너라! 너희들은 비록 나 한사람을 죽일수는 있어도 수천만의 대중들은 다 죽일수 없다는걸 알아라!》

순간 최꼬마의 눈앞에는 눈을 감지 못하고 돌아가신 어머니와 그리고 고향사람들의 모습이 선하게 떠올랐다.

이날, 왜놈들은 대포며 기관총까지 들이대면서 이 바위가로 기여들었다. 놈들은 최꼬마의 돌벼락에 숱한 주검을 남기면서도 「새끼빨갱이」를 생포하게 되었다면서 거드름 피우며 기여올랐다.

코등에 안경을 건 왜놈장교 한놈이 난데없이 날아떨어지는 동이만큼한 돌멩이에 얻어맞아 「앗!」하고 비명을 지르며 나자빠졌다. 그러자 눈먼 기관총, 대포가 일제히 짖어대기 시작하였다.

이날, 왜놈들을 모조리 족친 유격대원들이 바위에 이르렀을 때는 최꼬마의 붉은 피가 이 바위에 흥건히 배여있었다.

그후 이 표적바위이름을 따서 이고장 사람들은 이 마을을 부암(符岩)촌이라고 부르면서 최꼬마를 영원히 기녀꽈여 그 바위곁에 비석을 세우고 해마다 한식과 추석날이면 한없이 그를 그리고 있다 한다.

정리: 황상박

80만원바위

  룡정시 천보산진 신성촌에 가면 천보산으로 들어가는 입구 산우에 큰 병풍바위가 있는데 이 바위를 일명 「80만원바위」라고도 한다. 이 바위를 80만원바위라고 부르게 된데는 이런 사연이 깃들어있다.
  간악한 일본제국주의가 동북을 강점하고있던 그 암흑의 나날, 천보산은 일본침략자들이 연변의 지하자원을 략탈하는 주요한 기지였다. 때문에 일제놈들은 이곳에다 일본수비군부대와 위만주군, 그리고 경찰부대와 위만무장자위단을 수태 주둔시켜 그 경비를 삼엄히 하였다.
  우리 항일련군 제1로군 제4사와 5사, 그리고 제2방면군 제9퇀은 1939년 초여름 협동작전하여 천보산광산을 들이칠 계획을 짰다.
  그해 6월 3일 저녁, 우리 군은 마침내 놈들의 대부분 병력이 다른 한갈래 우리 군을 토벌하기 위하여 돈화 우심산으로 출동한 절호의 기회를 리용하여 삼면으로 천보산을 포위했다. 기회를 엿보던 제4사 1퇀은 마침내 광산으로 일하러 가는 저녁대거리 로동자들을 따라 재빨리 광산에 들어간 뒤 보초병을 해제긴후 광산구역으로 돌입하였다.
  우리 군은 재빨리 광산에 있는 경찰놈들을 몽땅 포로하고 일본군 수비대와 접전을 벌렸다. 헌데 수비대놈들은 매우 완강했다.
  전세를 분석한 지휘부에서는 전반 전투계획을 고려하여 소수 인원만 남겨 놈들과 계속 맞불질을 하게 하고 대부분은 광산의 설비파괴와 금고를 털기로 하였다. 대부분 아군은 몇 개 분조로 나뉘여 각 갱의 설비를 파괴하는 동시에 사무소에 뛰여들어가 금고를 털었다. 하여 잠간새에 대량의 위만화페를 로획하게 되었다.
  특히 4사 참모장 박득범은 소부분 부대를 재빨리 휘동해가지고 퇴근하

로동자들을 따라 시가지로 새여들어가 놈들이 경영하는 상점, 약방, 량식점 등을 습격하여 아주 짧은 시간내에 대량의 약품이며 식료품이며 쌀이며 천, 신발 등을 로획하였다.

이날 밤 전투에서 우리 군은 천보산광산 보위단 단장 요시다를 포함한 15명 일본놈들을 살상한외 20여자루의 총을 로획하였다고 한다.

일단 전투가 끝나자 우리 군은 광산에 불을 지른 뒤 로동자들의 도움밑에 산더미같은 로획품들을 안전지대로 운반해갔는데 그중 50여명 로동자들이 항일군에 참군하기까지 하였다.

헌데 이 전투가 있은 며칠 뒤 천보산으로 들어가는 입구-병풍바위우에는 「80만원」이라 쓴 대서특필의 글자가 나타났다.

놈들은 경악했다.

80만원이란 바로 그번 광산습격에서 일본놈들이 받은 손실액의 총수자였던때문이라고 한다.

놈들은 당황망조하여 그 「범인」을 잡아낸다 날치면서 그 글씨를 즉시 지워버렸다. 그러나 지워버린지 얼마 안되여 또 80만원이란 글자가 나타났다.

악에 치받친 놈들은 「범인」수사에 더욱더 혈안에 되고 번마다 지워버리노라 했지만 그럴수록 「범인」은 종적이 묘연했고 글자는 더더욱 크고 뚜렷하게 나타나기만 했다.

이로부터 이곳 사람들은 일제놈들의 랑패상을 깨고소히 풍자조소하여 이 바위를 아예 「80만원바위」라고 부르게 되었다 한다.

정리: 리룡득

대포산

룡정에서 서남쪽으로 15리가량 떨어진 곳에 대포산이 있다. 원래는 대포처럼 생긴 바위였으나 지금은 포신이 허리가 부러져있는데 여기에는 이런 이야기가 전해지고 있다.

1922년 일본놈들이 룡정에다 세운 령사관이 불에 타버리자 1926년도에 새로운 령사관을 짓기 시작하여 루각이 일어선후였다.

때는 북간도일대의 항일봉화가 도처에서 세차게 타오르고있는터여서 하루라도 령사가 제자리를 비울수 없는 판국인데 웬 일인지 령사가 시름시름 앓기 시작했다.

「얘들아, 어서 명의를 불러라!」

바빠난 부관놈이 발바닥에 불이 나도록 달아다니며 용하다는 의원들을 불러오고 붙잡아다 병을 보이고 약을 썼지만 식미를 뚝 떨군 령사는 두 눈 알만 판들거릴뿐 손가락 하나 까딱하지 못했다.

그러던 어느날, 국자가에서 용하다는 중의 한분을 데려왔는데 령사의 맥을 짚어보더니 백두산의 백년 묵은 산삼을 달여먹으면 원기를 회복할수 있다고 했다.

일본놈들은 그 말이 그럴사하여 도처에다 백년 묵은 산삼을 캐여오는 사람에게는 후한 상금을 준다고 방을 내붙였다. 그러나 백년 묵은 산삼을 캐여오는 사람은 없었다. 하여 령사를 갈아대지 않으면 안되였다. 그러나 새로 부임하는 령사마다 사흘이 멀다하게 앓다가는 드러눕군 하였다.

한번은 세귀눈을 가진 놈이 령사로 자청해왔다. 벼슬이 욕심나서 자진해왔지만 자기도 불원간에 이름 모를 병에 걸리여 앓게 될걸 생각하니 눈앞이 캄캄해났다. 허지만 그런 내색을 보이지 않고 둥글의자에 앉자바람으로 령을 내렸다.
「모두 듣거라. 사무실의 모든 물건을 불살라버리고 모두 새것으로 만들어놓도록 해라!」
백년 묵은 느릅나무로 장식된 사무실은 으리으리하였다. 그때문인지 석달 열흘을 무사히 지냈다. 그래서 령사는 웃음집이 흔들흔들해서 팔짱을 끼고 왔다갔다 뽐냈는데 까닭 없이 또 폴싹 제자리에 주저앉았다. 갑자기 왼팔, 왼다리가 찡찡 저려나더니 눈앞이 노래졌던 것이다.
기고만장해서 우쭐렁거리던 세귀눈은 반신불수가 되여 쫓겨가고 이번엔 대학교와 군관학교를 졸업했다는 젊은 놈이 령사로 왔다.
이놈 역시 악명이 높은 자인지라 자기 사무실을 동, 서로 정하고 별의별 방책을 다 대였건만 석달 열흘을 못넘겨 층계를 오르다가 그만 왼다리를 풀치여 걸을수 없게 되였다.
동서고금의 용하다는 명의들을 불러들여 중서약을 쓰고 침구료법, 안마료법을 들이댔지만 병세는 악화될뿐 티끌만한 차도도 없었다. 그래서 이번엔 점쟁이와 무당들을 불러들여 길흉을 점치고 굿을 하여 악귀를 쫓았다.
한 점쟁이는 눈을 지긋이 감고 입속말로 무엇이라 중얼거리더니
「이 집을 지을 때 천분을 어겼으니 오늘 천벌을 받아 마땅하리다!」라고 소리쳤다. 여느때 같으면 한칼에 키를 낮출 놈들이였건만 저희들이 지은 죄가 있는지라 모르쇠를 대고 물었다.
「그게 웬 말씀이옵니까? 우리가 천분을 어기다니요?」
「그래 너희들이 한짓을 몰라서 묻는가?!」
그 말에 일본놈들은 깜짝 놀랐다. 그것은 자기들이 이 땅을 강점하기 위해 하늘에 사무치는 만행을 저질렀음을 잘 알고있기 때문이다.
살인, 방화, 강탈을 일삼는 일제놈들은 령사관을 세울 때에도 「소가죽 한장」만큼의 땅을 갖기로 앙큼한 수작을 꾸며 그 한 장의 소가죽을 가위로 천오리 만오리 오려 이어서 끝내 2503평방메터의 땅을 강점했던것이다.
놈들은 할수 없이 점쟁이가 시키는대로 소, 돼지를 잡고 떡을 쳐가지고 비암산에 가서 빌고 또 빌었다. 그래도 령사의 병이 낫지 않으니 내지로부터 명풍수를 모셔다 터자리를 보게 하였다.

은빛수염을 한발이나 드리운 풍채 름름한 풍수는 박달나무지팽이를 짚고 령사관주위를 돌아보고 동서남북을 휘- 둘러보더니
「필시 서쪽에서 불어오는 살이로다!」라고 한마디 내뱉었다.
부관이 그 말이 떨어지기 바쁘게 망원경을 눈에 대고 서쪽을 바라보다가
「오, 옳습니다. 저 서쪽산이 똑마치 대포모양으로 생겼는데 대포아가리가 령사관을 겨누고있습니다.」하고 소리쳤다.
(음, 이곳의 모든 화근이 바로 거기에 있었구나!)
령사놈은 이를 부드득 갈며 중얼거리더니 불호령을 내렸다.
「여봐라! 관동군을 출동시켜 대포산의 대포아구리를 없애버려라!」
「옛!」
놈들은 하루에도 몇번씩 고지탈취전을 벌리였으나 바위를 까다가는 돌사태에 깔리여 무리죽음을 당하군 했다.
악이 상투밑까지 오른 놈들은 대포를 끌어다놓고 포를 쏘았으며 나중에는 비행기까지 출동하여 폭탄을 수없이 투하시켰다. 이리하여 대포산은 포신이 허리가 부러진채 남아있다고 한다.

정리: 황상박

지혜롭게 경찰서를 습격

1930년대초,
어느날 점심때였다.
팔도구 오봉금광 8호갱에서 나온 여덟명의 광부들은 버들로 결은 안전모를 쓴채로 가스등과 밥곽을 들고 비둘기바위를 지나자 큰길 백양나무밑에 앉아서 무엇을 의논하였다.
「동무들, 지혜롭고 대담하게 행동해야겠소.」
「알았습니다!」
이윽하여 국자가로 달리는 일본놈의 트럭이 나타나자 두사람이 다짜고짜 길을 막아서며 차를 세웠다.
「바가야로! 무슨 일이소까?」
운전대에 앉았던 일본 장교놈이 게사니소리를 쳤다.
「장관님, 금을 캐다가 굴이 무너지는바람에 다리가 부러졌습니다. 협화병원까지 실어다주십시오. 금덩이를 드리겠습니다.」
금덩이란 말에 장교놈의 찌그러졌던 얼굴의 주름살이 펴졌다.
「어딧소까?」
꺽다리광부가 밥보자기를 그놈의 앞에 내대고 펴보이는체하며 시퍼런 비수를 뽑아내여 그놈의 심장에 꽉 박았다.
그와 때를 같이하여 안경을 낀 사나이가 운전수 귀에다 권총을 들이대며 「꼼짝 말고 내려라!」하고 소리치니 운전수는 코펜 송아지처럼 부들부들 떨면서 고부고분 말을 들었다.
광부들은 군관놈의 시체를 들어다 적재함에 싣고 옷과 모자를 벗겨 꺽다리가 입고, 운전수의 옷은 안경낀 사내가 입고 자동차를 몰고 곧추 팔도구

경찰서로 달리였다.

　경찰서 보초는 「일장기」를 단 트럭이 눈앞에 와 멎고 일본장교가 뛰여내리자 기척하고 경례를 붙이였다.

　군관이 서장을 만나겠다면서 신분증을 내보이니 군말없이 대문을 열고 어서 들어오라고 했다. 경찰서에 들어서니 10여명 경찰들이 상다리가 부러지게 차려놓고 한참 게걸스레 처먹고있었다.

　일본장교차림의 광부가 경찰서장곁으로 다가가 경례를 붙이자 그제서야 마지못해서 일어서는걸 눌러 앉히며 「꼼짝 말앗! 움직이면 쏜다!」 하고 을러메니 초풍할 지경으로 놀란 경찰들은 그 꼬락서니가 각양각색이였다.

　방안을 뒤흔드는 우뢰소리에 서장놈은 저가락을 든채 손을 들었고 병나발을 불던 놈은 병사리를 든채 손을 들고 닭의 다리를 뜯던 놈은 닭의 다리를 입에 문채 두손을 들었다. 아무리 신출귀몰하고 용감무쌍한 항일유격대라고 해도 시퍼런 대낮에 개미도 얼씬 못한다는 경찰서를 들이치리라고는 꿈에도 생각지 못했는지라 혼비백산하고말았다.

　광부들은 눈깜작할사이에 서장의 권총과 20여자루의 장총, 그리고 만여발의 총알과 군수품을 로획하여 적재함에 싣고 열세명의 경찰을 꽁꽁 묶어 실은후 풍천을 쓰우고 대통로를 건너 어느 한 산밑에 이르러 차를 세우고 일본놈 운전수와 경찰들을 부리웠다

　「일렬 종대로 줄을 지어라!」

　안경을 낀 광부가 입을 열었다.

　「차렷! 똑똑히 들으라. 우리는 연길현 항일유격대다. 경찰서 서장놈은 백성들의 피와 땀을 빨아먹는 흡혈귀이고 왜군의 앞잡이놈이기에 오늘 인민의 이름으로 처단한다!」

　키꺽다리-장교복을 입은 유격대원이 한방 갈기자 서장놈은 대가리를 틀어잡고 꼬꾸라졌다. 그걸 본 경찰들은 사시나무 떨듯하면서 제발 살려달라고 애걸복걸하였다.

　「좋다, 네놈들의 소원대로 오늘은 살려주겠다. 허지만 똑똑히 보았지? 어떤놈이든지 일본놈의 개가 되고 백성들을 못살게 굴 때면 서장놈의 신세로 만들테다. 알만하냐?」

「예!」
경찰들은 어린애들마냥 일시에 대답했다.
「됐다. 2분후에 총을 쏘겠으니 맞아죽지 않겠으면 힘껏 뛰여라!」
그러자 포승을 진 경찰들은 다리야 날 살려라 하고 냅다 뛰여갔다.
그 꼴을 지켜보던 유격대원들은 통쾌하게 웃었다. 웃음소리속에 자동차는 장재촌으로 향했다.

정리: 김재권

장영헌의 이야기

로두구에서 살다가 항일유격대를 찾아간 장영헌이를 두고 모두들 이름 대신 「개타령」이라고 불렀다. 왜 그렇게 불렀느냐 하면 부대에서 왜놈들과 싸우다가 휴식하는 때면 .

「사람을 해치는건 미친개라, 누른개 이 땅에 와 미쳐뛰니…」 하며 「개타령」을 곧잘 불렀기 때문이다. 이 이야기는 그가 「개타령」이란 별명을 가지기전부터 시작된다.

로두구에 살면서 「추수투쟁」이며 「춘황투쟁」에까지 참가한 영헌이는 왜놈이라면 눈에 쌍불을 켰다.

어느 하루였다. 영헌이가 술을 사려고 한 주막집에 들어가니 술취한 일병 세놈이 새파란 대낮에 젊은 녀인의 손을 잡아쥐고 낯에 입을 맞추며 마구 희롱하고있는것이다. 이를 본 영헌이는 눈에 불이 번쩍 일었다. 그는 식탁을 날아넘어 녀인을 붙잡고 희롱하는 일병의 목덜미를 잡아 땅바닥에 처박았다. 그러자 다른 두놈이 총창을 받쳐들고 영헌이한테 달려들었다.

주막에 있던 고객들은 겁에 질려 손에 땀을 쥐였다. 영헌이는 술병을 들어 두번째 일병의 눈통에 뿌렸다.

「아이쿠!」

일본놈은 외마디 비명을 지르며 손에 쥐였던 총을 떨어뜨리고 낯판대기를 싸쥐였다. 「칙쇼!」

세번째 일병놈은 총창으로 영헌이를 찔렀다. 그러나 눈치 빠르고 날랜 영헌이는 몸을 가볍게 살짝 비꼈다. 헛물을 켠 일병놈은 제 기운에 허망 앞에 나가 자빠졌다. 영헌이의 무쇠주먹이 그놈의 뒤통수를 불이 번쩍 나게 갈겼다. 눈에 달이 오른 영헌이는 일병놈의 총창으로 두놈의 가슴팍을 호박찌르듯했다.
 첫번째 놈이 겁에 질려 줄행랑을 쳤다.
 「네놈이 뛰면 얼마나 뛰겠느냐!」
 영헌이는 그놈을 뒤쫓기 시작했다. 그놈이 사람들이 붐비는 장거리에 들어서려는데 땅! 야무진 총소리와 함께 놈은 모로 꺼꾸러졌다.
 갑자기 벌어진 일이라 영헌이는 무슨 영문인지 몰라 멈춰서서 사위를 살폈다. 분명히 자기가 쏜 총은 아닌데 참으로 이상했다. 이 총을 쏜 사람은 항일공작원이였다.
 「젊은이!」
 항일공작원은 다짜고짜 그의 손을 잡고 딴 곳으로 피했다. 항일공작원은 으슥한 곳에 이르자 영헌이를 보고 말했다.
 「젊은이, 참 용감하오. 잘해재꼈소. 나를 따라 이고장을 떠나야 하오.」
 영헌이는 그의 말뜻을 알아차렸다. 하지만 육친들과 정든 고향사람들을 다시 보지 못하고 급히 떠나자고 하니 발이 떨어지지 않았다.
 「내 집에 잠간 들렸다가…」
 「안되오. 그건 위험하오.」
 하는수 없이 항일공작원을 따라 산에 오른 영헌이는 자기의 처와 젖먹는 딸애가 있는 자기 집 지붕을 돌아다보았다.
 1933년 8월 보름께였다. 팔도구항일근거지에서 「개타령」, 「조나발」, 「옹꼬맹이」, 「마우재」등 별호를 가진 유격대원들로 구성된 소분대는 옌지강 채령마을의 무장자위단을 습격하여 무장을 탈취하라는 긴급임무를 받고 채령마을로 향했다.
 채령은 북으로 뾰족산이 솟아있어 일명 뾰족산 앞마을이라고도 했다. 서쪽으로는 벼락산기슭에 옌지강이 흐르고 동쪽으로는 의란, 왕청으로 통하는 「국도」가 있어서 일제의 주목을 각별히 끄는 곳이였다. 그래서 국자가에 둥지를 틀고있던 두목은 미야다라는 왜놈에게 책임을 지워 1933년 이른봄부터 이른바 「모범촌」을 꾸린다는 미명밑에 채령에 「집단부락」을 세우기로 하였다. 이는 반일군중과 유격대사이의 련계를 끊어버리려는것이였다.
 일제놈들은 농민들이 보리가을에 바삐 서둘건 말건 주변의 열여덟개 툰

농민들을 강제로 내몰아 높이가 3메터도 넘는 토성을 쌓고 네귀에 2층포대, 동시에 철대문을 세우는 부역을 시켰다.

정밀한 정찰을 거쳐 자위단 내막을 상세히 장악한 소분대는 팔구에 있는 리씨라는 사람과 함께 농민차림새를 하고 9시경에 채령부락 토성쌓는 부역장에 이르렀다.

쉼시간이 되자 「조나발」이 일어났다.

「여러분!」

우렁우렁한 목소리가 일터를 흔들어놓았다.

「다른게 아니지요. 글쎄 보리고개가 넘었는데 토성만 쌓다간 보리가 썩겠습니다. 그럼 우린 앞으로 뭘 먹고 살겠습니까. 먹고야 일할게 아닙니까? 우리 지금 자위단에 들어가 사흘동안만 보리를 거두게 해달라구말입니다.

「야, 그거 참 옳은 말이우. 당장 들어가서 사정해보는게 좋겠소.」

「옹꼬맹이」가 이렇게 응하자 부역에 나온 농민들은 모두 찬성했다.

「길고 짜른것은 대봐야 안다는데 들어가 사정해보자구.」

「개타령」이 이렇게 말하며 일어서자 농민차림을 한 5, 6명 사람들이 자위단실을 향해 곧추 걸어갔다.

자위단실을 둘러싸고있는 토성정문에 보초가 서있었다.

「안녕하십니까?」

한사람이 갈모자를 벗어 가슴에 착 붙이고는 허리를 굽히면서 보초놈에게 인사를 했다.

「왜 이래?」

보초놈은 건방진 어조로 물었다.

「예, 다른게 아니지요. 단장님을 좀 만나자구 그럽니다.」

「뭘 하러 온 사람들이야?」

「예, 태암촌에서 토성 쌓는 부역에 온 사람들인데 지금 보리가을이 바쁘니 사흘만 말미를 맡자고 왔습니다.」

보초놈은 앞에 서있는 사람들을 하나하나 깐깐히 훑어보았다. 갈모자에 밥식기보자며, 삽 한자루씩 쥔 농민들인지라 별로 의심할데가 없었다.

「그런건 안에 들어가 단장한테 말해라.」

보초놈이 퉁명스럽게 말했다.
그들은 점심보자기며 삽들을 토담벽에 기대놓고 뜨락에 들어섰다.
「단장어른 계십니까?」
「조나발」이 이렇게 부르며 문을 열었다.
때마침 자위단실에서는 자위단원들과 몇몇 부락장들이 모여서 무슨 회의인지 하고있었다. 문가에 있던 「도투바우」라는 별명을 가진 자위단놈이 흘끔 보니 틀림없이 부역에 나온 농민들이였다.
「너 이자식, 어디라고 군대실에 함부로 들어오는거냐!」
「조나발」은 그 소리엔 응대도 않고 몸을 살짝 피하면서 집안에 대고 소리쳤다.
「단장님, 보리가을문제를 상론하고저 왔습니다.」
「밖에서 좀 기다려.」
단장의 말이 떨어지기 바쁘게 유격대원들은 단장실로 잽싸게 뛰여들었다.
「꼼짝 말앗!」
대원들이 권총을 빼들고 을러메자 질겁한 자위단놈들과 부락장들은 창문을 차고 도망치기 시작했다.
왜놈들의 경찰서며 자위단, 그리고 놈들의 수송차습격전에 이골이 튼 「개타령」은 몸에 날개라도 돋친듯 어느새 앞의 장애물을 날아넘어 벽에 줄지어 세워놓은 무장을 제껴 거두었다. 이때 창문을 뛰어넘으려 하던 자위단놈이 총을 잡으려고 발악하였다.
「땅!」
「개타령」의 야무진 총 한발에 그놈은 「악」하고 비명을 지르며 쓰러졌다. 밖에서는 팔구 구위성원인 리동무가 보초놈의 무장을 해제했다.
이렇게 총 몇방 쏘지 않고도 기관총과 장총 스물한자루, 권총 한자루를 탈취하였다.
대원들은 탈취한 무장을 메고 「개타령」의 엄호하에 자위단실을 나섰다. 그런데 이때 한놈이 으슥한 곳에 숨어있다가 흉기를 들고 별안간 뒤떨어져 엄호하며 나오는 「개타령」의 뒤로 덮쳐들었다.
그놈의 돌연습격에 중상을 입었으나 원래 힘꼴이 센 영헌인지라 달려들어 그놈의 목을 조여 죽였다. 그러나 영헌이의 몸은 피못이 되였다.

그때 「신가지팡」둥지를 틀고있던 「부이데기」수비대들이 련락을 받고 추격해오고있었다. 위급한 이 시각에 영헌이는 자기를 구하려고 멈추어선 전우들을 보고 이렇게 말했다.

「나는 이미 틀렸소. 시간을 지체마오.」

한 대원이 달려와 업으려 했지만 영헌이는 그를 밀쳐버리며 엄하게 책망했다.

「나를 상관마오. 탈취한 총을 잃으면 대실패요. 분초가 생명이요…」

영헌이는 정다운 눈길로 전우들을 전송하였다. 그는 22세의 젊은 나이로 동무들과 영별하였다.

정리: 김룡덕

≪담배쌈지≫

1934년 늦은 봄 어느날이였다.
서산촌에 있는 처가집에 가서 오늘 밤중에 유격구로 떠난다는것을 장인, 장모에게 알리고 집으로 돌아오는 허서방의 마음은 날것만 같았다. 그도 그럴것이 오매에도 그리던 유격구로 가게 되였으니 왜 기쁘지 않으랴!
허서방은 코노래를 흥얼거리며 구수하강에 이르렀다. 강옆에 앉아 허리춤에 손을 넣어 담배쌈지를 꺼내였다. 안해가 시집올 때 원앙 한쌍을 정성껏 수놓아 곱게 만든 큼직한 담배쌈지는 잔치한 그날부터 하루도 허서방을 떠난적이 없었다. 허서방이 엽초를 두툼하게 말아서 입에 물고 들어서는데 등뒤에서 소리가 났다.
「여보게, 잠간만 서게!」
허서방이 돌아다보니 의봉자위단 단장놈이였다.
(늙다리 개다리같은 놈이 무슨 냄새를 맡은게 아닌가?)
노루 제 방귀에 놀란다고 허서방이 제딴에 의문을 가지는데 헐레벌떡 달려온 단장놈이 「자네 강을 건느겠지?」하고 묻더니 대답은 필요없다는 듯 「날 업고 건너게.」라고 명령했다.
허서방은 입에서 신물이 났지만 울며 겨자먹기로 강옆에 나와 잔등을 돌려댔다. 경찰서장인 조카를 등에 업고 못하는짓이 없는 악명높은 단장놈인지라 비위를 거슬렸다가는 무슨 봉변을 당할지 모르기때문이였다.
허서방이 단장놈을 업고 강심으로 들어갈수록 단장놈은 발이 물에 닿을가봐 허서방의 목을 감아안고 기여올랐다. 단장놈을 추올리던 허서방의 손이 단장놈이 찬 권총에 닿았다. 순간(옳지, 이놈의 권총을 뺏아가지고 유격구로 가야지!)하는 생각이 번개치듯 떠올랐다.

허서방은 제일 깊은 곳에 이르자 「아이, 손을 좀 놓아요. 모가지가 조여서 숨을 쉴수가 있어야지요.」하면서 단장놈의 두손을 쥐자 씨름할 때처럼 머리를 숙이고 어깨너머로 물에다 곤두 처박았다. 단장놈이 물을 들이키고 푸푸거리자 허서방은 달려들어 권총을 틀어쥐였다. 그러자 총을 빼앗기면 서장놈한테 곤경을 치르게 된다는것을 잘 아는 단장놈은 필사적으로 반항했다. 허서방 역시 이놈의 권총이 수많은 백성들을 살해했고 자기가 빼앗지 못하면 자기도 이 권총에 죽는다는걸 잘 알고있는지라 젖먹던 힘까지 다해서 단장을 물속에 처박았다. 물속에서 엎치락뒤치락 싱갱이질하던 끝에 단장놈은 꾸룩꾸룩 물을 들이켜더니 네각을 뻗었다. 허서방은 권총을 떼낸후 큼직한 돌로 단장놈을 눌러놓고 집으로 돌아왔다.

「여보, 내가 떠나간 다음 당신은 본가집에 가있소. 누구든지 내가 어데 갔느냐고 물으면 훈춘금광에 돈벌러 갔다고 그러오.」

희미한 등불아래 마주앉아 저녁을 먹으며 허서방은 안해에게 말했다. 저녁상을 물리고 담배쌈지를 꺼내들고 바라보던 허서방이 느닷없이 웃었다.

「여보세요, 무슨 일에 혼자 웃으세요?」

「쌈지를 보니 해란촌에 있던 친구 생각이 나서 웃었소. 지하사업을 하던 그 친구가 한번은 집에 들려 권총을 이불덕대우에다 놓고 안해와 한창 재미를 보고있는데 경찰놈들이 뛰여들었다오. 꼼짝없이 포로가 된 그 친구는 놈들을 사로잡으려고 안해보고 이불덕대에 올려놓은 담배쌈지(권총)를 갖다 달라고 했소. 그런데 안해란 녀자가 덕대우를 만져보니 담배쌈지는 없고 권총이 있는지라 깜짝 놀라서 담배쌈지가 없다고만 하더라오.」

「남편을 살릴수 있었는데 그 녀자가 지각이 없어서 남편을 구하지 못했군요.」

「그렇소. 그러게 범한테 물려가도 정신만 잃지 않으면 살아날 구멍수가 있다고 하는거요. 자, 밤중에 내가 떠나야겠으니 우리 일찍기 잡시다.」

허서방은 이렇게 말하며 담배를 말아물고 담배쌈지와 권총을 베개밑에 넣고 베고 누웠다. 이때 오막살이 단간방의 문이 벌컥 열리며 「꼼짝말앗!」하는 소리와 함께 시퍼런 날창이 가슴에 닿았다. 너무나도 갑작스레 들이닥친 일이여서 등잔불도 끌수 없었다.

「일어나! 고분고분 말을 들어라. 까딱하면 검정콩알이다.」

허서방이 두손을 쳐들고 부엌에 내려서며 아닌보살하고 「아니, 왜들 이러십니까?」하고 물었다.

「흥! 낮말은 새가 듣고 밤말은 쥐가 듣는다는걸 몰라?! 네놈이 해질녘에 우리 단장을 죽인걸 모르는줄 알아!」

「자위단 단장님을 내가 죽였다구요? 억울합니다!」

「닥쳐! 할말이 있으면 자위단본부에 가서 실컷 말해라.」

「잠간만, 랭수 좀 먹고 갑시다.」

안해가 떠다주는 랭수 한바가지를 천천히 마시며 사위를 빗질해보니 경찰과 자위단원 두놈뿐인지라 바가지를 돌려주며 안해에게 말했다.

「여보, 너무 근심마오. 내 갔다가 인차 놓여나올게요. 헌데 감옥안에서도 담배는 피워야겠으니 담배쌈지를 갖다주오.」

방금전에 남편한테서 친구의 담배쌈지에 대한 이야기를 들은 안해는 베개밑에 손을 넣어보니 차디찬 권총이 만지우는지라 권총우에다 담배쌈지를 펴서 두손에 받쳐들고 등잔불을 막아서서 가져다 남편에게 드렸다.

담배쌈지를 받아 든 허서방은 권총을 빼들어 경찰놈을 겨누며 벽력같이 소리쳤다.

「꼼짝말앗! 움직이면 쏜다! 총을 던져라!」

혼비백산한 경찰과 자위단놈은 총을 던지고 꿇어앉아 목숨만 살려달라고 손이야 발이야 빌었다. 허서방과 그의 안해는 두놈을 결박지어놓고 총을 가지고 유격구로 갔다.

정리: 김재권

천 벌

항일의 어려운 나날에 동불사에서 있은 일이다. 그때 동불사에는 일본놈들의 경찰분주소가 있었다.

어느 하루였다. 항일유격대에서는 무장을 탈취하기 위해 불의에 이 경찰분주소를 포위공격하였다. 포위공격은 오전부터 시작되였다. 수효가 적은 경찰분주소 놈들은 굴속에 숨어있는 쥐새끼마냥 분주소안에 숨어서 가담가담 맞불질하는 한편 룡정에 있는 왜놈 총령사관과 연길에 둥지를 틀고있는 일제병영에 공산당이 쳐들어왔으니 급히 토벌대를 보내달라고 죽는소리를 했다.

항일유격대들의 포위공격망은 점점 옥죄여들었다. 하지만 통신련락까지 취해놓고 토벌대가 오기를 기다리는 경찰분주소 놈들은 한사코 투항하지 않고 맞불질하면서 시간을 끌었다.

그러다보니 점심무렵이 되였다. 이때라 룡정쪽과 연길쪽에서 동시에 왜놈기병대가 길에 먼지를 뽀얗게 일구며 기세사납게 동불사로 달려오고있었다. 사태가 매우 위태하게 되였다. 유격대에서는 즉각 공격을 정지하고 급히 북산으로 후퇴하기 시작했다.

말발굽소리가 소란하게 들려왔다. 왜놈기병대놈들은 일격에 항일유격대를 소멸해버리자고 미친듯이 추격해왔다. 산아래서 흰 장갑을 낀 토벌대 대장놈이 빼든 칼이 번쩍번쩍 서리발쳤다. 토벌대놈들은 논코에 모여든 올챙이처럼 산아래서 욱실거리더니 삽시에 두갈래로 갈라졌다. 산을 빙 둘러싸고 유격대를 족치려 들었던것이다.

사태는 더욱 위급하게 되였다. 유격대에서는 항일력량을 보존하기 위하여 몇몇 전사들을 남겨 놈들과 싸우며 후퇴하는 유격대원들을 엄호하게 하였다. 나머지 전사들은 산꼭대기를 향해 올리뛰였다.

엄호임무를 맡고 남은 유격대원들은 적들에게 불벼락을 안기며 결사적으로 싸웠다. 하지만 수효가 많고 말까지 탄 토벌대놈들은 끄덕도 하지 않고 그들을 향해 덮쳐들었다. 유격대원들에게는 탄알도 많지 않았다.

이때였다. 구름 한점 없던 하늘에 갑자기 시꺼먼 구름이 덮이더니 광풍이 휘몰아치고 대살같은 소나기가 억수로 퍼부었다. 「퐈르릉」 무서운 천둥소리가 하늘땅을 뒤흔들어놓았다. 번쩍번쩍하며 푸른 번개가 시꺼먼 구름덩이들을 쫙쫙 갈랐다. 말들이 천둥소리에 놀라 울어댔다. 하지만 토벌대놈들은 유격대를 소멸하겠다고 내친걸음이라 돌아설 생각은 아예 하지 않고 말에 채찍을 안기며 창살같은 비발을 헤치고 계속 퇴각하는 유격대를 추격하였다.

유격대원들은 폭우를 뚫고 산에 올랐다. 먼저 퇴각한 유격대원들은 이윽하여 산마루에 올랐다. 탄알이 떨어져 더는 토벌대놈들과 싸울수 없게 된 엄호대의 유격대원들도 죽기내기로 뛰어서 산마루에 올랐다.

이때였다. 「퐈르릉」 하고 땅덩어리가 박산이라도 나는듯 천둥이 울고 번쩍 번개가 치더니 푸른 불줄기가 구만리 장천을 쫙 가르고 산기슭에 내리박혔다. 그러자 앞장에서 전투를 지휘하던 왜놈지휘관이 번쩍하는 번개에 대갈통을 얻어맞고 말등에서 굴러떨어졌다. 우두머리가 벼락맞고 말등에서 굴러떨어지니 왜놈토벌대놈들은 저마다 벼락이라도 맞기나 한 듯 머리를 싸쥐고 황황해서 어쩔바를 몰랐다. 또다시 번개가 치고 천둥이 울어댔다. 토벌대놈들은 혼란에 빠졌다.

번개불빛을 빌어 산아래를 내려다 본 유격대원들은 대뜸 사기가 중천하였다. 하늘이 내려다보고 왜놈지휘관놈에게 천벌을 내렸으니 유격대원들에게는 절호의 기회였다. 유격대는 산마루에서 산아래 있는 토벌대놈들에게 맹렬한 사격을 가했다. 순식간에 수십명 토벌대놈들이 비명을 지르며 말등에서 굴러떨어졌다. 놀란 말들이 방향없이 마구 뛰여댔다. 산우에서 총알이 비발처럼 날아왔다. 왜놈기병대놈들은 길우에 시체를 남기며 말머리를 돌려가지고 내빼기 시작했다.

이 소식은 바람처럼 항간에 퍼졌다. 이리하여 동불사일대에는 불과 며칠 사이에 하느님께서 벼락신을 내려보내서 바다를 건너온 오랑캐놈들을 여차여차하게 징벌했다는 전설적인 이야기가 바람처럼 떠돌았다고 한다.

정리: 림창철

단오 이튿날에 있은 일

연길 룡포동에 리씨라 하는 농민이 살고있었다. 두만강을 건너와 이곳에 자리잡고 사는 리씨농민은 의협심이 강하고 친구가 많아 가근방에서 그를 모르는 사람이 없었다. 친구가 많았던 리씨농민은 또 친구의 해를 입어 륙간집에 석마간까지 쫄딱 빼앗기고 남의 집 외양간에 들어 살기도 했다. 또 어느 한번은 한 친구를 집에 재운 일때문에 헌병대에 잡혀가 고추물취조에 무리매까지 맞고 류치장에 갇혀있다 나온 일도 있다.

1935년 음력으로 5월 6일 바로 단오 이튿날이였다. 그날 오후 리씨농민은 집에 남아있고 그의 어린 딸은 연길로 운동구경을 갔다. 헌데 그날 오후 따라 날씨는 시루안처럼 찌물쿠기만 하더니 하늘에 검은 구름이 몰려오기 시작했다. 이윽하여 「꽈르릉꽈르릉」하면서 천둥이 울어대였다. 그러자 운동경기도 흐지부지해지고 구경군들도 부산스레 흩어졌다.

운동장에 갔던 리씨농민의 딸도 흩어져가는 사람들속에 끼여 허능거리며 하남다리쪽으로 종걸음을 쳤다. 헌데 그가 하남다리에 올라서기도전에 창살같은 비가 억수로 쏟아졌다. 사람들은 주먹을 쥐고 뛰기 시작했다. 헌데 리씨농민의 딸이 하남다리를 채 넘기도 전에 앞에서 뛰던 사람들이 갑자기 돌아서 마주 뛰여오고있었다. 칼을 찬 일본헌병대녀석들이 까맣게 몰려오고있었다. 자지러지게 울리는 호각소리, 콩볶는듯한 총소리, 사람들의 아우성소리 그야말로 란장판이였다. 리씨농민의 딸은 사람들과 함께 헌병대담장안에 잡혀가 갇히웠다. 사람들이 말하는 소리를 들으니 연길감옥에서 파옥사건(1935년 5월 연길감옥탈옥사건을 말함)이 벌어졌기때문에 헌병대에서 사람들을 잡아다 파옥사건과 련루되는 사람을 찾는다는것이였다.

리씨농민의 딸은 나이가 어린지라 그날로 놓여나왔는데 집에 이르렀을 때는 늦은 저녁때였다. 어둑씨그레한 집안은 어쩐지 섬찍할 정도로 조용하였다. 그의 오빠와 남동생은 구석켠에 앉아있고 어머니는 부엌에서 불을 지피고있었다. 가마목에는 작은 쌀주머니가 웃머리를 틀리운채 당그라니 놓여있었다. 이날은 단오 이튿날이자 둘째오빠의 생일날이였는데 이상하게도 그때까지 쌀주머니를 헤치지 않고있었다. 어린딸은 이상한 생각이 들어 미닫이에 난 옹지구멍으로 웃방안을 살펴보자고 그 구멍있는데로 다가갔다. 리씨농민은 가법을 엄히 하는 사람이라 녀자들과 아이들은 웃방출입을 마음대로 못하고 손님이 와도 그 옹지구멍으로밖에는 들여다보지 못했다. 옹지구멍으로 방안을 들여다보던 어린 딸은 몸을 오싹 떨었다. 방안에는 낯모를 사람들이 와있었다. 그들을 보노라니 방금 일본헌병대의 서슬푸른 총칼밑에서 공산당을 감추는자는 목을 딴다는 독살스러운 닥달을 당하던 그 공포가 되살아났다. 어린 딸이 몸을 떠는데 갑자기 미닫이문을 「드륵」 긁는 소리가 났다. 리씨농민은 밥을 대접해야 할 손님이 올 때는 언제나 곰방대로 미닫이를 긁어 정지간에 밥지으라는 신호를 보내군 했다.

남편의 신호를 받기 바쁘게 리씨의 안해는 쌀주머니를 풀어 쏟았다. 노란 기장쌀은 온집 사람들에게 아주 귀한 손님이 왔다는 것을 알려주었다. 리씨농민은 어린 딸애의 륙촌오빠되는 원복이와 그의 친구들이 올 때면 저렇게 「드르륵」하고 미닫이문을 긁었고 그의 안해는 소리만 나면 밥을 지었다. 문앞에 있는 수수밭에서 와삭와삭 소리가 나면 원복이 그의 친구들이 옹지구멍이 난 미닫이안에 들어와 앉아있었고 그때마다 리씨농민은 집주위에서 기침소리를 내며 빙빙 돌았다. 그러다가도 그들이 바람같이 사라지면 리씨농민은 어린딸의 많은 머리칼속에 쪽지를 숨겨주고 젖먹이동생을 업혀서는 아무아무 집 마당에 가서 놀라고 하였다. 그때마다 어린 딸은 자기도 모르게 통신련락을 했던것이다. 썩 후에야 어린 딸은 공산당원이였던 륙촌오빠 원복이도 연길감옥에 갇혀있다가 정월달 눈오는 날 놈들에게 끌려나가 장렬히 희생되였다는것을 알았다.

어머니가 죽을 푸자 어린 딸이 새노란 양푼에 담은 기장죽을 조심조심 방으로 들고 들어갔다. 방안에는 수염이 더부룩하고 옷이 흙투성이 된 장정 넷이 앉아있었다. 어린 딸이 방에서 나오자 리씨농민이 그를 불렀다.

「애야, 이리 나오너라. 짚이 비에 젖는다.」

어린 딸은 밖에 나가 아버지가 넘겨주는 짚단을 옮겨놓았다. 이때 사람들이 리씨농민을 찾아왔다.

「안녕하시우?」

「예. 단오명절을 즐겁게 보내셨수?」

리씨농민은 찾아오는 손님들과 태연하게 인사를 받기도하고 하기도 하였다. 일이 있어 찾아오는 사람들과는 일하면서 말을 주고받았다. 어린 딸은 아버지가 사람들이 방으로 들어갈가봐 일하는체하며 이렇게 한다는것을 알았다.

이번에는 툰장을 앞세우고 한무리의 사람들이 찾아왔다. 그러자 리씨농민은 부랴부랴 삽짝문쪽으로 마주나갔다.

「낯선 사람들이 이 집에 안왔슈?」

「안왔수다. 그때 무슨 일이라도 생겼슈?」

「일이 났수다. 공산당원들이 감옥에서 도망질했는데 못봤수?」

「보문사 으레 이르지 않으리.」

「그래… 이 집에서사…」

이 한무리 사람들이 나가자 리씨농민은 한숨을 몰아쉬며 다시 날라갔던 짚을 원자리로 옮겨왔다.

「아버지…」

딸은 아버지를 보고 방안에 있는 사람들이 뭘 하는 사람들인가 물으려 했다. 하지만 아버지가 어떻게나 쏘아보는지 묻지도 못하고 아래말을 삼켜버렸다. 딸은 아버지를 따라 일만 했다. 그들은 짚을 여기서 저기로, 저기서 여기로 옮기며 방안 사람들을 위해 망을 보았다. 방안에 있던 네 장정은 쌀뒤주속에 들어가 숨어있다가 새벽녘이 되니 어디론가 사라졌다. 그러다보니 리씨농민도 그들이 떠나갈 때까지 벼짚무지옆에서 밤을 보냈다.

한 보통농민인 리씨의 도움으로 연길감옥에서 뛰쳐나온 네사람은 항일혁명대오를 찾아가고야말았다.

정리: 리혜선

이름없는 렬사

사수에서 북쪽골짜기로 20리가량 올라가노라면 금불동이라는 마을이 있다. 금불동마을이 등지고있는 산기슭을 따라 잠간 걸으면 자그마한 소나무숲이 나지고 소나무숲속에는 류달리 깨끗이 거두어진 묘지가 있다.

해마다 청명이 오고 추석이 되면 마을사람들은 이 묘소를 찾아 가토를 하고 벌초를 하며 제를 지낸다. 때때로 천진란만한 소년소녀들이 선생님의 인솔하에 이 묘지를 찾아와 경례를 드리고 화환을 올리기도 한다. 그런데 이상하게도 묘지에는 비석이 없다. 그렇다면 이 묘지의 주인은 누구일가? 무엇때문에 금불동의 마을사람들은 남녀로소 할것없이 이 묘지를 찾아주는 것일가? 이 묘속에는 구경 어떤 사람이 누워있는것일가?

그러나 누구도 이 묘지속에 누워있는 사람의 이름을 모른다. 누구도 그가 어디서 태여났으며 어디서 왔으며 부모가 누구인지를 모른다. 다만 여기에 누운 사람은 19살이며 조선족이고 항일유격대 전사라는것밖에 모른다.

연변에서의 항일투쟁봉화가 날따라 높아감에 따라 일본제국주의놈들은 금불동에도 집단부락을 세웠고 포대를 쌓고 삼엄한 보초망을 늘였다. 삼도구유격구가 건립되고 항일무장투쟁이 더 활발하게 진행하자 일제놈들은 유격구의 확장을 막고 유격구와 연길, 룡정, 화룡 등 지구와의 련락을 차단하기 위하여 많은 병력과 자위단을 금불동에 주둔시키고있었다.

1935년초의 어느날, 금불동마을에서 멀지 않은 산골짜기에서 드문히 총소리가 들려오더니 아침이 되자 일본병사들과 자위단원들이 애돼보이는 젊은 청년을 끌고 마을에 들어섰다. 놈들은 청년을 마을중심에 자리잡고있는 지휘부로 끌고가 잔혹한 심문을 시작하였다.

왜놈장교는 청년의 몸에서 수색해낸 항일선전삐라들을 보면서 물었다.

「몇살이냐?」

「열아홉살이다.」

「이름이 뭐냐?」

「항일유격대 대원이다!」

청년의 낯빛 하나 변하지 않는 대답을 듣고 왜놈장교는 주먹으로 상을 쾅쾅 두드려댔다.

「쬐꼬만놈이 악종이구나! 어디서 오느냐?」

청년은 도고하게 머리를 쳐들고 대답했다.

「유격구에서 온다!」

「어느 유격구냐?」

「네놈들의 침략을 반대하는 인민이 있는 곳은 모두다 유격구다!」

「바가!」

왜놈장교는 풀쩍 뛰였다. 승냥이처럼 으르렁거리며 악에 받쳐 소리쳤다.

「뭘 하러 여기 왔어?」

「……」

청년은 가소롭다는 웃음을 날리며 입을 다물고있었다.

「말하라!」

그러나 청년의 입은 철문처럼 닫겨져버렸다.

왜놈장교는 으득으득 이를 갈았다.

「좋다. 네놈이 입을 열지 않고 견디는가 보자!」

놈들은 악형을 들이대기 시작하였다. 주리를 틀고 고추물을 먹이고 손가락을 비틀고…인간악마들이 상상해낼수 있는 모든 악형을 다 동원하여 청년의 입을 열려 했지만 굳게 닫겨진 전사의 입은 다시는 열릴줄을 몰랐다.

고문에 기진한 놈들은 청년을 굴복시킬수 없다는것을 느끼고 다른 생각을 했다. 놈들은 금불동의 남녀로소 할것없이 한곳에 모아놓고 피못이 된 청년을 끌어내다 앞에 세웠다. 놈들은 유격대원의 참상을 보여주어 마을사람들의 반일정서를 꺾어보려고 시도한것이였다.

모진 악형에 온몸이 성한데라고는 없는 청년은 마을사람들을 향해 머리를 끄덕여 인사를 했다. 왜놈장교는 피못이 된 청년을 가리키며 마을사람들을 향해 훈계를 시작하였다.

「보라! 대일본제국과 대항하는자는 이런 끝장이 된다!」

불시에 청년은 앞으로 나서더니 목소리를 가다듬어 웨쳤다.

「동포 여러분! 일제놈들은 우리들의 철천지원쑤입니다! 저놈들을 물리치지 않고서는 우리 민족의 해방과 독립이란 있을수 없습니다! 여러분…」

청년의 격양된 목소리에 마을사람들은 숙연히 머리를 숙였고 녀자들이 서있는 곳에서는 나지막히 흐느끼는 소리가 들려왔다.

「닥쳣!」

왜놈장교는 악에 차 청년의 얼굴을 주먹으로 마구 쳐댔다. 그러나 청년은 쓰러지는 순간까지 말을 멈추지 않았다.

놈들은 마을사람들앞에서 유격대원의 참상을 보여주려던 장소가 반일투쟁의 선전장으로 된것을 보고 급기야 청년을 끌어갔다.

왜놈들은 혈안이 되여 다시 청년에게 악형을 가해댔다. 그러나 그들이 얻은것이란 신음소리마저 한마디 없는 항쟁의 침묵뿐이였다.

그날 밤, 청년의 입에서 아무것도 얻을수 없다는것을 알아차린 놈들은 청년을 끌고 마을의 동산턱에 올랐다. 마을사람들이 보면 반일정서가 더 깊어질가 두려워 한밤중에 처형하려고 한것이였다.

미리 파놓은 구뎅이앞에 청년을 세우고 왜놈장교가 물었다.

「어떠냐? 아직도 할 말이 없느냐?」

청년은 왜놈장교를 쏘아볼뿐 굳게 다문 입은 열지 않았다.

왜놈장교는 치를 떨며 군도를 빼들었다

「이놈아 돌아서서 칼을 받아라!」

그러자 청년은 벽력같이 소리쳤다.

「이 살인악마들아! 항일유격대는 죽음이 무언지를 모른다! 목을 자를테면 내 눈앞에서 베라」

왜놈장교는 이를 갈면서 군도를 쳐들었다.

이 세상에 이름조차 남기지 않은채 나젊은 항일유격대원은 돌산이 무너지듯 무겁게 쓰러졌다.

해방이 되자 마을사람들은 이름없는 렬사의 유체를 지금의 묘지에 가져다 묻었고 온 마을의 친인으로 제사를 지냈다.

 이름을 남기지 않은 항일투사, 마을사람들은 투사의 이름을 알면 비석을 세우자고 약속을 했고 오래동안 수소문을 해왔으나 오늘까지 렬사의 묘지 앞은 비여진 그대로이다. 그러나 투사의 령혼으로 세워진 기념비는 인민의 마음속에서 날따라 우렷이 솟아나는것이다.

정리: 우광훈

일거량득

연집구 소옌지강에 김충진이라는 소선대원이 있었다. 충진이는 소선대에 들어 통신련락도 하고 삐라살포활동에도 참가했으며 어른들이 모여서 회의할 때면 반일살포활동에도 참가했으며 어른들이 모여서 회의할 때면 반일선전을 듣기도 하고 회의의 안전을 위하여 망도 보았다. 헌데 그때는 곳곳에서 유격구가 나오고 유격대들이 조직되는 때여서 산에 있는 유격대원들에게는 물품도 수요되고 총도 박절히 수요되였다. 그리하여 나어린 충진이는 놈들에게서 총 한자루라도 빼앗아 유격대에 보내리라 굳게 마음먹었다.

그러던 어느날이였다. 충진이는 아침에 밖에 나왔다가 한 경찰놈이 권총을 차고 옌지강을 건너 연길로 가는것을 보았다. 이때 그의 머리속에는 그놈이 찬 권총을 빼앗낼 생각이 불같이 일어났다. 충진이는 제또래의 다른 한 소선대원을 데리고 경찰놈이 건너가던 옌지강으로 갔다. 때는 오뉴월 소뿔도 물러난다는 무더운 여름철이라 그들 둘은 발가벗고 강에서 목욕도 하고 고기잡이도 하면서 경찰놈한테서 권총을 빼앗아낼 약속을 굳게 하였다. 한창 여름철이라 애들이 강가에서 오래동안 놀아도 의심하는 사람이 없었다.

이러구러 한낮이나 강가에서 놀다가 해를 쳐다보니 어느덧 해가 서산에 기울어져 보리저녁때쯤 되였다. 이때 아침에 강을 건너가던 경찰놈이 게트림을 하며 돌아오고있었다. 손에 무엇인가 싸들었는데 그놈은 강역으로 오더니 보자기를 내려놓고 보기 흉하게 얼굴을 잔뜩 찌프리고 강물을 들여다보고있었다. 강을 건너야겠는데 신을 벗기도 싫고 물에 들어서기가 귀찮아 서성대고있는것이 분명하였다.

충진이는 함께 온 아이에게 눈짓하고는 둘이서 경찰놈이있는데까지 갔다. 경찰놈은 이마에 피도 마르지 않은 소년인지라 먼저 말을 건늬였다.

「애, 왜 강에 나와 노느냐?」

묻는걸 보니 다소나마 경각성이 높은 놈이였다. 충진이는 해해 웃으며 대답했다.

「장관님은 덥지 않나요? 난 너무도 더워 견딜수 없어 저애와 함께 강에 나와 목욕도 하고 고기잡이도 하면서 놀았지요 뭐. 이걸 보세요. 한끼 끓여 먹을수 있지요.」

충진이는 꼬챙이에 꿴 물고기를 내들었다. 같이 온 애는 경찰놈을 보고 짐짓 무서운듯 충진이의 뒤에 서서 한마디 말도 하지 않았다. 경찰놈은 그 애를 가리키며 물었다..

「애, 너는 왜 말하지 않고 벙어리처럼 서만 있는거냐?」

그 애 대신 충진이가 제꺽 말을 받았다.

「좀 어리숙한 앤데 장관님이 무서워 그래요.」

「허허, 그자식. 무섭긴 뭐가 무서워. 난 호랑이가 아니야.」

「난 그 총이 무서워요.」

어리숙하다는 애가 일부러 떨리는 목소리로 말했다. 그러자 경찰놈은 보란 듯이 옆구리에 찬 권총을 톡톡 치며 말했다.

「그자식, 별소리 다한다. 이 권총은말이야 공산군 잡는데 쓰는게지 너같은 애들한테는 안쓴다. 알겠니?」

뒤에 선 애는 그래도 무서워하는 몰골을 해가지고 겨우 고개를 끄덕이였다. 이때 충진이가 경찰놈을 보고 말했다.

「장관님, 물 건너가자고 그러지요? 신은 벗지 말아요. 제가 업어 건네다 드리지요.」

「너 조꼬마한게 날 업을만해?」

「업을수 있구말구요. 작다고 업신보지 말아요. 전번에 보안대 장관님도 제가 업어 건네다드렸는데요.」

「그렇게 육중하게 생긴걸 네가 업어 건넸다고?」

「왜 안믿어져요? 그럼 이 애와 물어보세요. 그때도 이애가 있었으니까요.」

뒤에 선 애는 경찰놈이 묻기도전에 머리를 끄덕이였다. 그러자 어서 업히라는듯 충진이가 경찰놈한테 등을 들이댔다. 경찰놈은 어린 애라도 례절이 밝고 탐탁해보이는지라 씨물씨물 웃으며 충진이를 한쪽켠으로 밀었다. 그리고는 강역에 내려놓은 보자기를 헤쳤다. 선심을 써서 한턱 내자는것이였다. 보자기안에는 집식솔들에게 먹이려던 누렇게 익은 백살구가 들어있었다.

「급해말고 이리 와서 살구나 먹어. 난 너희들에게 거저 업히지는 않아.」

충진이는 아주 맛갈스레 살구를 집어먹었다. 함께 온 애도 무서워하는체 하면서도 살구만은 집어먹었다. 잘 익은 살구는 달고도 향긋해서 별맛이였다. 충진이와 그 애는 너 하나 나 하나 사양없이 부지런히 집어먹었다. 잠간 새에 보자기의 살구가 뭉청 자리났다. 경찰놈은 보자기를 자기앞으로 끌어 당겼다.

「애 이녀석들아, 그렇게 먹어대다간 집으로 가져갈것까지 다 거덜나겠다. 인젠 그만 먹고 날 업어 건네라.」

「정말 잘먹었어요. 이제 물을 건너는걸 보세요. 살구가 은을 낼거얘요.」

경찰놈은 살구보자기를 같이 온 애한테 넘겨주고 자기는 충진이의 등에 업혔다. 경찰놈은 충진이가 자기를 어렵지 않게 업고 물에서 성큼성큼 발을 옮겨놓는걸 보더니 껄껄 웃으며 말했다.

「그놈자식, 몸은 작아도 힘은 력발산 항우 같은데. 허허허…」

「시골에서 고추장이나 먹은 애가 무슨 그리 대단하다고 그래요. 방금 먹은 살구가 은을 내는거지요.」

「그래그래, 살구가 은을 낸다.」

경찰놈은 남의 등에 업히운 신세라 제법 충진이의 비위를 맞추어주었다. 이러는 사이에 그들은 강 한복판에 이르렀다. 뒤따르던 애도 한복판에 이르렀다.

「애, 물이 깊은데 장관님이 떨어지지 않게 옆에서 부축해라.」

충진이의 말이였다. 약속대로 손을 쓰자는 엄호였다.

「그래.」

같이 가던 애가 경찰놈한테 바싹 다가섰다. 이윽고 바싹 다가선 애가 주먹같은 돌멩이로 번개같이 경찰놈의 뒤골을 쳤다. 업혀가던 경찰놈이 「악!」 하고 소리 지를 새도 없이 충진이가 그놈을 물에 처박고 옆구리에 찬 권총을 빼냈다. 그리고는 둘은 번개같이 달아났다.

경찰놈은 한식경이나 지나서야 정신을 차리고 겨우 강역까지 기여나왔다. 살구 먹고 권총까지 빼앗아간 애들 때문에 경찰놈은 악에 받쳐 고래고래 소리질렀다.

「고약한놈들, 공산군이다. 잡아라─」

경찰놈의 목갈린 소리가 강가에 울러퍼지고 가까운 산에가 맞혀 산울림이 되여 멀리멀리 울려갔다. 그러나 때는 이미 늦었다. 충진이와 그 애는 하늘에 날아올랐는지 땅에 잦아들었는지 아니면 축지법을 써 산을 구름잡고 몇천리밖에 갔는지 그림자조차 찾아볼수 없었다.

충진이와 그 애는 자기들이 빼앗은 권총을 가지고 유격대까지 찾아가 권총을 바치면서 신나게 사실의 자초지종을 이야기하였다. 꿩먹고 알먹고 일거량득이라더니 충진이네가 새콤달콤한 살구까지 먹고 경찰놈의 권총까지 빼앗았다고 모두들 「이거야말로 일거량득」이라 하며 칭찬이 자자하였다.

이때로부터 유격대들속에서 일거량득이란 말이 나오기만 하면 너나없이 충진이네가 권총을 빼앗아온 이야기부터 하였다.

정리: 리영애

손원금의 이야기

처창즈항일유격근거지에 손원금이라는 사람이 있었는데 그는 어랑촌유격근거지에 있을 때 병기공장의 주요책임자였고 유명한 「연길폭탄」의 제조자여서 근거지사람들은 저마다 손원금을 잘 알고있었다. 한차례의 수류탄 제작중 의외의 폭발사고로 두눈을 보지 못하게 된 손원금은 1936년에 우리 항일가족들과 함께 그의 정든 고향인 금곡에 다시 오게 되였다.

손원금이 고향이라 다시 찾아와보니 지하당조직과 혁명단체들은 모두 파괴되고 일제와 그 주구들이 궂은 날 개싸다니듯 싸다니며 행패를 부려서 고향사람들은 허리를 펴고 살지 못하였다.

(이래서는 안된다. 고향사람들에게 혁명승리의 신심을 불러일으켜야 한다!)

이렇게 작심한 그는 고향에 온 그날부터 가는 곳마다에서 공산당은 소멸당하지 않았고 항일련군부대는 도처에서 일제놈들과 피어린 싸움을 계속하고있다고 공개적으로 선전하였다.

손원금은 어릴 때부터 고향의 산천초목과 뭇새들을 사랑했으며 악기다루기와 노래부르기를 무척 즐기였다. 어랑촌 근거지에서 두눈이 실명한후 그는 바이올린 등을 가지고 근거지의 혁명군중들과 아동단원들, 유격대실과 병원, 병기공장 등을 찾아다니며 선전고동사업을 하였다. 손원금은 그때의 그 장끼, 그 본새로 고향마을에서 하모니카와 피리, 바이올린 등을 무기로 삼아 새로운 투쟁을 벌리였다. 마을의 결혼, 생일, 환갑 잔치마다에는 그가 부르는 「유격대행진곡」, 「적기가」, 「메데가」등 혁명가요들이 울려나왔다.

어느날, 이 마을 한 집에서 환갑잔치를 하게 되였는데 그 집에서는 손원금을 청하였다. 그가 환갑집에 가 바이올린으로 「결사전가」을 연주하자 놀음판은 대번에 활기를 띠였다. 사람들은 저마다 흥에 겨워 춤추며 돌아갔다.

이때 마을의 갑장이며 일제주구인 양승준이란 놈이 환갑집에 나타났다.

그가 아니꼬운 눈길로 좌중을 쏘아보자 놀음판이 사그라진것은 물론 삽시에 분위기가 팽팽해졌다.
「손원금, 당신 담도 크구만!」
양승준이 비꼬아대며 으름장을 놓았다. 하지만 손원금이는 만만한 존재가 아니였다.
「내가 내 바이올린을 켜며 내 입으로 노래부르는데 당신 무슨 상관이요?」
「흥 대단한데, 너 어디 두고보자!」
그 일이 있은후 손원금은 두 번이나 남양평경찰분서에 잡혀갔다. 세번째에는 그저 지나칠 잡도리가 아니였다. 처음에는 감언리설로 꾀였지만 그것이 쓸모없자 승냥이 본성을 드러냈다.
「원금이 잘 생각해보았는가?」
「뭘 생각하란말이요?」
「이자식 아직도 꿋꿋해? 어디 거꾸러지지 않는가 보자.」
일본인경찰서장은 고문실로 끌고 가서 취조를 들이대라고 아우성쳤다. 가죽채찍이 사정없이 손원금의 몸우에 떨어지고 주먹질과 발질이 련이어 날아들었다. 나중에 고추물을 먹이다가 시뻘겋게 달군 쇠꼬챙이로 그의 살을 지졌으나 손원금은 굴하지 않았다.
모진 고문으로도 손원금의 뜻을 돌려세울수 없었다. 놈들은 다시 회유정책을 썼으나 역시 수포로 돌아갔다. 놈들은 울며 겨자먹기로 그를 내놓고야 말았다. 손원금은 곤경을 치르고 놓여나와서도 의연히 혁명가요를 부르고 바이올린 등을 켰으며 혁명이 꼭 승리한다고 고취하였다.
겨울이 어느날 남양평경찰분서의 남 아무개 순사가 어중이떠중이들을 앞세우고 말을 타고 금곡마을에 올라왔다. 남아무개라면 남양평일대에서 제일 큰 주구와 특무라는것을 모르는 사람이 없었다. 마을사람들은 불안에 싸여있었다.
남순사놈은 마을에 들어서자 다짜고짜로 손원금을 체포하여갔다. 마을사람들이 두둔하나서도 소용없었다.
여러날이 되도록 손원금이 돌아오지 않았다. 불길한 예감이 들어 그의 형님이 경찰분서에 문의하니 퉁정의 일본총령사관에 넘겼다고 시치미를 뗄뿐이였다. 형님은 일루의 희망을 품고 총령사관을 찾아갔으나 동생의 행방은 여전히 묘연하였다. 할수없이 돌아서는데 통정어구의 길가에서 「소경혁명자」라는 말이 들려왔다. 가까이 가보니 몇몇 로인들이 장기를 놀며 너 한마디, 나 한마디 주고받고있었다.

「남양평서 끌려왔다는 소경혁명자가 모아산꼭대기에 끌려가 비행기소사를 당했다는구만.」

「뭐라오? 그런 일도 있다오?」

「정말이라오. 그래도 소경혁명자는 꿋꿋이 살아있더라오. 바빠서 비행폭격을 들이댔다지 않겠소. 참 끔찍스런 일이지…」

「망할새끼들, 언제면 싹 뒈지겠소?!」

「엉?」

손원금의 형님은 하늘땅이 빙글빙글 도는것만 같았다. 한참만에야 정신을 수습한 그는 술 한병에 약간한 제사물을 사가지고 모아산꼭대기에 올라갔다. 과연 「폭탄구뎅이」가 보이였다.

「동생아, 원통하게 죽다니 이게 웬 말이냐? 이 원쑤를 어떻게 하면 갚겠느냐?」

형님은 술을 부어놓고 제사를 지내면서 엉엉 울었다.

비행기폭격까지 당한 소경혁명자는 의연히 죽지 않고 살았다는 소문이 돌더니 뒤미처 돌에 처매서 해란강에가 제사를 지내며 넉두리했다.

「어이구, 하늘도 무심하고 강물도 무심하지. 이런 기막힌 일을 당할줄을 어찌 알았으리오.」

형님은 얼어붙은 해란강을 이윽토록 바라보다가 그 자리에 물앉았다. 후에 들을라니 아무곳에 가져다가 생매장했다는 설도 있지 않겠는가…

「동생아, 너 지금 어디에 있느냐? 왜 대답이 없느냐? 죽어서 혼이라도 고향으로 돌아가야 하지 않겠느냐?」

형님은 하늘을 우러러 장탄식하다가 두주먹을 불끈 쥐고 고향으로 뚜벅뚜벅 걸음을 옮겨놓았다.

오늘까지도 손원금의 죽음은 하나의 수수께끼로 남아있다.

정리: 림선옥

항일에 나선 초동

한 시골에 나무짐을 등에 지고 다니는 소년이 있었는데 온 동네 사람들은 그를 초동이라 불렀다. 초동의 아버지는 항일을 하다 일제놈들에게 피살되고 어머니는 개포수라 불리우는 곽툰장의 아들의 총에 맞아 비참하게 죽었다. 그래서 초동이는 나무짐을 등에 지고 다니지만 자나깨나 유격대를 찾아가 일제놈들과 싸우고 지주놈들과 싸워서 아버지 어머니의 원쑤를 갚자는 한가지 생각뿐이였다. 다행히 그에게 아버지가 가지고있던 권총이 있었다. 초동이는 그 권총을 가지고 유격대에 찾아가리라 마음먹고 권총을 남몰래 산속 동굴속에 숨겨두고 나무하러 갈 때나 나무하고 돌아올 때면 동굴속에 들어가 그 권총이 제자리에 놓여있는가 살펴보군 하였다.

그러던 어느날이였다. 초동이는 낫과 바줄을 어깨에 메고 산등성이를 넘어섰다. 산 뒤 비탈에는 누가 일부러 파놓은것처럼 생긴 동굴이 있었다. 초동은 유심히 사위를 살펴보고는 동굴안에 들어가 자그마하게 쌓이놓은 돌무지속에서 아버지의 손때가 묻은 권총을 꺼내였다. 초동은 권총을 허리띠에 찔러박고는 동굴밖으로 나왔다. 산에서 유격대아저씨들을 만나면 그를 따라 유격대로 갈 생각이였다. 초동은 벌써 여러번 이렇게 하고 동굴을 나섰지만 번마다 유격대원들을 만나지 못하여 자기 생각을 성사하지 못했다. 허나 그는 오매에도 그리는 그날이 오리라 믿었다. 이날도 그는 이런 믿음으로 권총을 찔러차고 동굴밖으로 나섰다.

초동이는 얼마간 걸어가서 나무를 하기 시작했다. 땀을 뚝뚝 흘리며 나무 몇단을 해놓고 다리쉼이나 하려고 허리를 펴는데 갑자기 지척에서 인기척소리가 들려왔다. 초동은 혹시 기다리는 사람이라도 찾아오는것만 같아서 사위를 살폈다. 스무나문발작되는 앞켠에서 머리에 수건을 동이고 농민옷차림을 한 웬 사람이 급히 나무속으로 사라졌다.

이상한 생각이 든 초동은 그 사람이 사라진쪽을 다시한번 살펴보았다. 그런데 이때라 또 다른 인기척소리가 다급하게 들려왔다. 초동이 인기척소리 나는 곳을 살펴보니 이쪽켠으로 황소 다락오르듯 숨을 헐떡이며 권총을 빼들고 달려오는녀석은 곽튼장의 아들 개포수였다. 방금 사라진 그 사람을 뒤쫓는것이 분명했다.

초동이는 눈깜짝할새에 나무단을 묶으면서 그속에 권총을 숨겼다. 그리고는 낫을 들고 또 나무를 베제끼였다.

초동이한테 죽기내기로 달려온 개포수는 들숨날숨 바로 이어대지 못하면서도 다짜고짜 나무하는 초동의 뒤덜미를 잡아 일으켜세웠다. 개포수는 마마자국이 다닥다닥한 상판을 실룩거리며 으르렁거렸다.

「이자식, 너 여기 와서 뭘 하는거야?」

「나무를 하지요. 뭘 하긴 뭘 한다고 그래요.」

초동은 아무 일 없다는듯 볼부은 소리를 했다. 개포수가 꽥 소리를 질렀다.

「무엇이? 너 그래 방금 내앞에서 뛰여가는놈도 못보았다는말이냐?」

「누굴 그래요?」

「이자식, 모르는체할셈이냐? 너 바로 대지 않다간 죽을줄 알아.」

개포수는 당장 뺨이라도 후려칠듯 퉁사발같은 눈을 디굴디굴 굴리며 야단이였다. 초동은 아무런 대꾸도 없이 낫을 든채 서만 있었다. 그러니 개포수는 안달아서 당장 쏘아눕힐것처럼 권총을 휘둘러댔다.

「이자식, 너 내가 누군지 알테지. 바른대로 말하지 않으면 정말 죽인다 죽여.」

초동은 무지막지한 녀석이 정말 총을 쏠것만 같아서 자기 생각을 굴리며 개포수를 보고 되물었다.

「이자 방금 사라진 그 사람말인가요?」

「그래, 그놈이 어디로 내뺐나말이다.」

「그럼 진작 그렇게 말할거지요.」

「이자식, 너 시간을 늦출셈이냐? 어서 말해라!」

「제가 봤어요. 그 사람은 저쪽켠으로 두 주먹을 불끈 쥐고 막 뛰여가더군요.」

초동은 옛말에 나오는 나무꾼총각이 노루 쫓는 포수에게 노루 간 곳을 알려주듯 그 사람이 달려간 반대방향을 가리켰다.

「정말이냐?」

「틀림없어요.」

「그럼 좋다. 네가 앞에 서라!」

개포수는 노루 쫓던 옛날 그 포수가 아니였다. 그는 불호령을 내리며 초동의 등을 꽉 밀었다. 초동은 당황해났다. 개포수가 이렇게 자기를 앞세우고 가리라고는 미처 생각지 못하였던것이다.

하는수 없었다. 내친걸음이라 초동은 시키는대로 앞에서 달리였다. 하지만 개포수를 잘 알고있는 초동은 불안한 생각 때문에 가슴이 옥죄여들기만 했다. 개포수를 끌고 가기만 하다가 그 사람의 그림자도 찾아내지 못하면 그놈이 무슨 행패를 부릴지 알수 없는 일이였다. 눈앞이 아찔해나며 머리가 솔잎처럼 일어서기도 하였다.

초동이 앞에서 뛰는데도 개포수는 빨리 뛰지 않는다고 무시로 그의 등을 밀었다. 홀제 초동은 자기 손에 나무하던 낫이 그냥 쥐여있다는것을 알았다. 순간 한가지 생각이 번개같이 그의 머리를 스쳤다.

(남들은 빈주먹으로 총가진 놈을 찍소리 못하게 때려눕혔다는데 손에 낫을 쥐고 이깟 놈을 찍어 못넘겨?)

이런 생각이 번개치자 초동은 문득 멈춰섰다. 그러자 그의 뒤를 바싹 뒤따라오던 개포수는 그만 초동이와 꽉 부딪쳐서 비틀거리다 바로 섰다. 개포수가 버럭 소리를 질렀다.

「이자식, 서긴 왜 서는거야?」

「신이 벗겨졌어요.」

「개자식, 빨리 신엇!」

개포수는 불호령을 내리고는 앞을 살폈다.

(때가 왔다, 손을 쓰자.)

신을 신는체 엎드렸던 초동은 번개같이 일어서며 번쩍 낫을 들어 쉭하는 소리가 나게 개포수의 대갈통을 겨누고 내리쳤다. 그런데 일은 공교롭게도 초동이가 생각한대로 되지 않았다. 개포수란 놈이 낫이 허공에서 번쩍하고 내리치는 순간 홱하고 돌아서는바람에 그만 내려친 낫이 그놈의 손등을 치고말았다.

「악!」
 개포수는 불의의 습격에 얼이 빠져 비명을 지르며 권총을 떨어뜨렸다. 하지만 초동이 다시 낫을 추켜들 사이도 없었다. 생사가 경각에 이른 때라 개포수는 인차 정신을 차리고 초동의 팔을 잡았다. 뒤이어 두사람사이에는 생사판가리의 격투가 벌어졌다.
 초동은 젖먹던 힘까지 다 내여 통나무같은 개포수의 허리를 끌어안고 그를 넘어뜨리려고 무진 애를 썼다. 하지만 그놈은 날마다 산해진미에 배에 곱이 찰대로 찬 놈이였다. 녀석은 손등에서 피가 뚝뚝 떨어지는것도 아랑곳하지 않고 이를 악물고 달려들었다. 나이가 나이여서 초동은 끝내 개포수를 넘어뜨리지 못하고 그의 육중한 몸밑에 깔리고말았다.
 초동이를 깔고 앉은 개포수는 미친개 눈처럼 혈안이 되어 초동의 목을 마구 내리누르기 시작했다. 초동이는 일어나려고 기를 쓰며 발버둥질쳤으나 헛수고뿐 도시 일어날수가 없었다. 개포수의 꺾쇠같은 손아귀는 초동의 목을 조이기만 하였다. 초동은 숨이 막히여 금시 가슴이 터지는것만 같았다. 눈앞이 그믐밤처럼 캄캄해나면서 전신이 나른해졌다.
 초동이가 정신이 흐리마리해지는데 갑자기 개포수가 「악」하고 돼지 멱따는 소리를 지르며 밑등 끊어진 나무처럼 한켠으로 나덩굴었다. 옥죄였던 손아귀가 풀리자 막혔던 가슴이 열리며 저절로 눈이 뜨이였다.
 웬 손이 다가와 억센 힘으로 초동이를 일으켰다. 그제야 그는 개포수가 피투성이가 되어 한켠에 네각을 뻗어버리고 엎어져있는것을 보았으며 자기를 부축해 일으킨 사람이 바로 자기의 구명은인이라는것을 알게 되였다. 초동이는 구명은인을 쳐다보았다. 일제와 싸우는 유격대원이였다. 한동네에 살면서 다섯 살 손우여서 언제나 형님형님 하면서 그림자처럼 따라다니던 그였다. 초동이는 자기 눈을 의심하며 연신 눈을 슴벅거리면서 그를 쳐다보았다. 다시 보아도 형님이라 부르던 그리운 그 얼굴이 틀림없었다.
「형님…」
 목이 메여 더 말이 나가지 않았다. 형님이라 하는 그 유격대원은 초동이를 바라보며 두팔을 벌리였다. 그에게도 동생동생 하고 부르던 그리운 사람이였다.

「형님…」
 초동이는 형님이라 부르는 유격대원의 품에 안겼다. 뜨거운 눈물이 쏟아졌다. 주고받는 말은 없어도 뜨거운 정은 오가고있었다.
 이윽하여 형이라 부르는 유격대원과 초동이는 죽어나자빠진 개포수를 끌어다 깊숙한 홈채기에 처박아놓고 대충 흙으로 덮어버렸다. 그리고는 산비탈에 나란히 앉았다.
「애, 개포수는 저렇게 홈채기에 처넣고 묻어까지 버렸으니 발각되지는 않을거다. 하지만 아후부터는 오늘처럼 모험하지 말아야 한다.」
「저 개포수는 우리 어머니한테 총을 쏜 놈이애요. 형님덕분에 난 원쑤를 갚았어요.」
「애 초동아, 이 세상에 개포수와 같은 사람이 얼마나 되는지 너 아니? 혁명은 단순히 한사람의 원쑤를 갚기 위한것이 아니다. 너도 이제 더 나이를 먹으면 이런 도리를 알게 될거다. 자, 난 시간이 바빠서 가야겠다. 그럼 후에 다시 만나기로 하자. 너도 나처럼 유격대원이 될 날이 멀지 않다.」
「형님, 그래 날 데리고 가지 않을래요?」
「어서 집에 돌아가 할아버지 심부름도 들면서 전처럼 망보고 삐라도 살포하고 통신련락도 다녀라. 네가 하던 일을 누구한테 시키겠니?」
「형님, 아동단원이 나 혼자뿐인줄 아세요.」
「그렇게 말해도 지금은 나이 어린 널 데리고 갈수 없다. 자꾸 떼질만 쓰면 이후에도 안데리고 간다. 들었니?」
 초동이는 갑자기 무슨 생각이 들었던지 더는 따라가겠노라 하지 않고 쥐여잡았던 유격대원의 옷자락을 놓아주었다.
「난 형님 말대로 집에 돌아가겠어요. 형님, 안녕히!」
 초동이는 낫을 찾아들고 돌아서서 뜨적뜨적 걷기 시작하였다. 초동이가 나무숲사이로 사라지자 유격대원은 자기 갈길을 가느라 걸음을 재우쳤다. 이때 초동이는 재빨리 나무단속에 숨겨두었던 권총을 찾아 허리띠에 찔러차고는 유격대원의 뒤를 따랐다. 그들처럼 일제놈을 때려엎기 위해 나어린 초동은 한 항일전사의 뒤를 따라갔다.

정리: 리상준

백마에 깃든 이야기

눈물에 젖고 피에 전 두만강이 철썩 처절썩 바위를 디받으며 흐르는 백금일대의 송림촌 덧고개 아랫마을에는 백씨성을 가진 한 가정이 살고있었다. 그 집에는 하루에 천리를 달리는 백마 한필이 있으니 이 말은 집주인의 친자식이나 다름없었다. 백씨가 백마를 금이야 옥이야 애지중지하게 된데는 그럴만한 사연이 있다.

이 백마는 이 농민의 아버지가 기르던 말이였다. 유격대 지휘원인 아버지는 백마를 타고 장백산야를 주름잡으며 일제침략자들을 요정냈다. 흰 갈기를 날리며 질풍같이 내달리는 백마에 앉아 적진에 돌입하여 칼로 치고 총으로 쏘며 좌충우돌하는 아버지의 용맹에 질겁한 놈들은 백마의 호용소리만 들어도 혼비백산했고 그 아버지의 이름만 들어도 삼십륙계 줄행랑을 쳤었다. 아버지는 유격대를 이끌고 초연탄우속을 넘나들다나니 집에 있을 여유가 없었다. 아버지는 집사람들에게 이렇게 말했다.

「총소리가 울리는 곳에 이 애비가 있는줄 알아라!」

그러던 어느날 먼곳에서 백마가 먼지를 뽀얗게 일구며 달려오더니 백씨네 사립문가에서 호용하며 앞발로 땅을 파헤쳤다. 백마의 소리에 아버지가 온줄을 알고 달아나온 백씨는 그만 가슴이 덜컹 내려앉았다. 말이 진정하지 못하는걸 보아 아버지 신상에 무슨 변이라도 생긴 것이 분명했다. 아들은 다짜고짜 말잔등에 올라탔다. 그러자 말은 네굽을 안고 달리였다. 산을 넘고 들을 지나 수십리길을 단숨에 가니 어느 한 숲속에 아버지가 피못이 되어 쓰러졌다. 생명이 경각을 다투는 시각 아버지는 아들의 두손을 모아쥐면서 왜놈들은 한하늘을 쓰고 살수 없는 놈들이니 이놈들을 이 땅에서 몰아낼 때까지 대를 이어 싸워야 한다고 간곡히 당부하시였다.

아버지의 유체를 고향 뒤산에 모신후 백씨는 아버지의 유지를 이어받아 항일조직에 가담하였으며 유격대원호사업에 발벗고 나섰다. 백마도 젊은 주인을 따라 근거지로 드나들며 식량과 소금 등 필수품들을 운반하였다.

어느날 밤에 유격대원 둘이 산기슭에 자리잡은 백씨네 집을 찾았다. 그들은 유격대 대장이 적과의 조우전에서 중상을 입고 산속에 있다는 급보를 알렸다. 백씨는 두말없이 백마를 끌고 산속으로 들어가 유격대장을 밤도와 항일근거지로 호송했다.

그런데 동만의 여러 항일근거지들이 해산되고 우리 유격대가 혁명군(후에는 항일련군으로 됨)으로 개편되여 남만과 북만으로 원정하더니 종무소식이였다. 그때부터 백씨는 매일「산사람」들의 안녕을 기원하면서 그들이 동만으로 돌아오기를 손꼽아 기다리였다.

40년대초의 어느날 새벽이였다. 백씨는 산너머에서 울리는 자지러진 총소리에 놀라 잠자리에서 일어났다.

「총소리구나! 총소리가 울릴 때면 그곳에서 아버지가 일제놈들과 싸울것이라 하셨으니 오매에도 그리던 우리 항일부대가 온것이리라!」

백씨는 꼭 그럴것만 같아 백마를 타고 덧고개를 따라 올라갔다. 마침 그때 송림마을쪽에서 두사람이 어깨를 끼고 간신히 덧고개를 넘어서고있었다. 1남1녀였는데 자나깨나 기다리던 산사람들이였다. 알고보니 그들은 부대를 찾아 동쪽으로 움직이던중 송림일대에 이르자 적들의「만산토벌」을 당했고 여러날 끝에 포위를 돌파하다가 녀전사가 다리에 심한 관통상을 입었었다. 게다가 임신중이여서 가까스로 걸음을 떼고있었다.

「빨리 백마에 오르십시오!」

그 소리와 함께 백마가 앞발을 구부리며 녀전사곁에 엎드렸다.

「페를 끼치게 되었어요!」

녀전사의 미안에 젖은 말이다.

「뭘요, 당신들은 산속에서 피를 흘리며 일제놈들과 싸우는데 이만한것은 아무것도 아니지요. 주저마십시오.」

「고맙습니다!」

두 전사는 사양하지 않고 말고삐를 받아쥐였다. 그리고는 호주머니를 뒤적이더니 은전 한웅큼을 꺼내여 백씨앞으로 내밀었다.

「적은 돈이지만 받아주십시오.」

백씨는 그 어떤 모욕이나 당한 때처럼 얼굴을 붉히며 언성을 높였다.

「여보시오. 돈을 도로 넣으십시오. 이 백마는 오늘 드디여 주인을 찾은겁니다. 아버지가 타고 적과 싸웠던 백마를 제가 몇 년간 길렀을뿐이옵니다.」

말을 마친 백씨는 백마의 목을 그러안고 얼굴을 비벼댔다.

총소리가 가까워왔다.

백씨는 백마의 갈기를 쓰다듬다말고 뒤로 물러섰다.

두 전사는 백마우에서 작별을 고하고 말고삐를 늦추었다. 백마는 쏜살같이 달리기 시작하더니 이윽고 산굽이를 돌아갔다.

말을 탄 1남1녀는 항일련군 제1로군 제2방면군의 남창수와 최희숙이였다. 1940년 3월 일제의 간담을 서늘케 한 홍기하전투를 치른 다음 항일련군은 그해 가을 소부대로 갈라져 유격전을 하기 시작했었다. 부대를 따라 소규모의 소부대활동을 해오던 중 남창수와 최희숙은 2천여명이나 되는 토벌대의 만산토벌에 들었던것이다.

백마가 산굽이를 돌아 앞산언덕에 올라섰을 때였다. 녀전사를 껴안고 말을 몰아 달리던 남자전사마저 뒤쫓는 놈들의 총탄에 맞아 말에서 떨어졌다.

적들과의 거리는 각일각 좁아지고있었다. 말은 두 전사의 옆을 맴돌이치면서 어서 올라타라고 투레질을 련속 해댔다. 그러나 두 중상자는 올라탈수가 없었다. 아까는 남창수가 먼저 앉고 백씨가 밑에서 최희숙을 건뜻 들어올렸으니 말에 오를수 있었지만 지금은 어림도 없는 일이였다.

두 전사는 비장한 결심을 품고 결사의 각오를 했다.

그런데 전장에서 자란 백마는 그들이 상처가 중하여 일어설수 없음을 알고 발을 굽히며 땅에 배를 붙이고 앉는것이였다.

남창수는 상처의 동통을 참으며 최희숙을 부축하여 말등에 올렸다. 간신히 말에 오른 최희숙은 남창수의 손을 잡아 끌어당겼다. 그런데 남창수를 올리기도전에 최희숙이가 다시 땅에 떨어졌다. 몇번 같이 타려고 애썼지만 번마다 실패를 거듭할뿐이였다.

「사로잡아랏!」

적장관놈의 호령소리가 멀지 않은 곳에서 울려왔다. 그러자 그들의 주위에 날아와 퐁퐁 박히던 총탄이 뜸해지고 대신 적들의 미친듯한 함성이 귀청을 때렸다.

중상 입은 몸으로 둘 다 같이 말을 타려고 한다면 둘 다 낙자없이 포로의 신세를 면치 못할것이였다. 둘은 서로 말을 타라고 싱갱이질을 했다. 자기의 죽음으로써 동지를 구하려는 동지애가 가슴속에서 렬화같이 타올랐다. 죽어도 같이 죽고 살아도 같이 살자는데로 다시 생각이 돌아갔다.

그들은 이를 악물고 말등에 매달렸다. 먼저 남창수가 최희숙의 떠밀림을 받아 간신히 말등에 올랐다. 그리고 최희숙의 손을 잡으려고 팔을 내미는 순간 최희숙은 「쨔!」하고 말엉덩이를 손으로 툭 쳤다. 찰나 말은 굽혔던 다리를 쭉 펴더니 떠더덕 떠더덕 달리기 시작했다.

「희숙이, 희숙이!」

남창수는 말등에서 한사코 머리를 돌리며 애타게 불렀다.

수림속을 헤쳐 달려가는 백마의 뒤모습을 바라보며 최희숙은 눈물을 지었다.

그날 최희숙은 탄알이 다 떨어진데서 적들에게 체포되여 달라자를 거쳐 룡정에 끌려갔다. 그후 일제놈들의 갖은 심문가 고문을 다 이겨낸 최희숙은 장렬히 희생되였다.

그후부터 력사는 반세기가 흘러갔어도 백마에 깃든 사연, 피끓는 동지애의 이 감동적이야기는 오늘까지 전해지고 있다.

정리: 리광인

≪호미도 신식무기≫

　개산툰에서 도문쪽으로 10리쯤 가면 두만강을 끼고 앉은 한 작은 마을이 있다.
　이 동네에 태씨라는 젊은 청년이 있었는데 자나깨나 유격대에 찾아가 총 들고 일제침략자와 싸울 생각만 하고있었다. 헌데 유격대에 총이 부족하다는 소리를 들은 그는 왜놈들한테서 총 한자루라도 빼앗아 메고 유격대에 찾아가려고 일시 집을 떠나지 못하고있었다.
　그러던 어느날이였다. 땡볕이 재글재글 내리쬐는데 태씨란 젊은이는 저희또래들과 같이 조밭에 나가 김을 매고있었다. 일축이 나지 않는 조밭 두벌김인데다 유격대를 찾아갈 생각뿐이니 가슴이 답답해지며 일도 제대로 되지 않았다. 그는 호미를 들고 밭머리에 나앉으며 아래우 밭에서 일하는 저희또래 동무들을 보고 담배쉼이나 하자고 하였다. 그래서 대여섯이 모여앉아 담배를 말아물고 한숨 쉬게 되였다. 그때 그중 한사람이 소피를 보려고 일어섰다가 개산툰쪽에서 경찰 두놈이 총을 메고 거들먹거리며 걸어오는것을 보았다. 이 젊은이도 태씨라는 젊은이와 같은 생각을 하고있었는지라 소피볼 생각도 잊고 태씨를 불렀다.
　「형님, 저길 좀 보오. 개산툰쪽에서 총멘 두놈이 이쪽으로 거들먹거리며 걸어오고있소. 형님 보이오?」
　태씨라는 젊은이는 귀가 솔깃해서 손을 이마에 얹고 개산툰쪽을 바라보았다. 말과 같이 두놈이 총을 메고 걸어오고있었다. 절호의 기회가 생겼다. 태씨라는 젊은이는 그 두놈을 쓸어눕히고 총을 빼앗자고 호미를 들고 번개같이 달려가 길옆 후미진 수풀속에 숨었다. 그러자 담배쉼을 하던 그또래 젊은이들도 따라와 숲속에 숨었다.
　시간이 얼마간 지나니 총멘 두놈이 걸어오는데 그중 한놈이 더워서 앞가

숲을 헤치며 뇌까렸다.

「오뉴월염천이면 소뿔도 물러난다더니 정말 더워죽겠네. 어이 공기도 시원한데 그늘에 앉아 쉬고 가지 않겠나?」

「정신 나간 소리 말어. 그러다가 항일군의 습격이라도 당하면 어쩔라구.」

이때였다. 두만강변에서 자라며 고추장독이나 먹은 젊은이 다섯이 쏜살같이 뛰여나와 그들에게 덮쳤다. 미처 뒤를 돌아볼 사이도 없이 등뒤가 선뜩하는것 같더니 딴딴한것이 허리를 긁었다. 총멘 두놈은 삽시에 얼이 나가 눈이 까뒤집혀 흰눈만 희번덕거리며 사시나무 떨듯 떨기만 했다. 태씨를 비롯한 다섯 젊은이는 다짜고짜 총멘 두놈을 숲속에 끌고 들어갔다. 그리고 총을 빼앗은 다음 한바탕 훈계까지 하고 그들을 쫓아버렸다.

총을 빼앗긴 두녀석은 죽기내기로 개산툰경찰서까지 뛰여가서는 들숨날숨 바로 이어대지 못하면서 저들 생전에게 보고하였다.

「공… 공산비적의… 습격을 받아… 총… 총을 빼앗겼습니다.」

「뭣이? 그래 그자들의 무리는 얼마나 되던가? 무기는 뭘 가졌던가?」

「네. 네. 댓명 되는 부대인데 무… 무기는 무슨 무기인지 보지 못했는데 등이 선뜩하자 허리를 긁는데 칼로 긁어대는것 같았습니다. 신식무기…」

「멍청이 같은 녀석. 그게 호미가 아니더냐?」

「아니, 아니 신식무기인것 같았습니다.」

「이자식. 정신 차렷!」

상전이 귀뺨을 후려쳤다. 찰싹소리와 같이 눈에서 불이 번쩍 났다.

「그래 그자식들이 어디로 도망쳤어?」

「길옆 후미진 곳에 숨어있었는데 어디로 뗐는지 모르겠습니다.」

경찰서 서장은 수비대에 전화를 걸었다. 그러자 얼마 지나지 않아 수비대놈들이 총을 메고 살기등등해서 두만강을 따라 도문쪽으로 내려가고있었다.

하지만 이때는 태씨라는 젊은이와 그또래 젊은이들이 총을 빼앗아 메고 오매에도 그리던 유격대를 찾아서 깊은 산속에 사라진 뒤였다.

이때로부터 개산툰일대에는 「호미도 신식무기」라는 이야기가 널리 전해졌다.

정리: 차상춘, 장순옥

제일루의 사건

연길에서 청료리집으로 제일루(第一樓)라 하면 행세깨나 한다는 사람치고는 모르는자가 없었다.

이 료리집에는 온갖 손님이 많이 드나들었는데 그중에는 일본헌병이 많았다.

어느날 초저녁이였다. 제일루의 전화통이 따르릉 울리였다. 그러자 주인이 수화기를 들었다. 그런데 대방은 곳도 이름도 대지 않고

「여보, 주인이요? 2층에 조용한 방이 있소?」라고 하는데 듣건대 매우 점잖은분인상싶었다.

「예! 예이! 크고 조용한 자리에다 마련하여놓겠습니다.」

주인은 마치나 손님이 그앞에 와서 있기나 한 듯이 연신 허리를 굽신거리며 대답하였다.

「여보 주인, 값은 여하간에 점잖은 손님 모실 차비를 잘해놓고 기다리오. 인차 가겠으니!」라고 하였다.

수화기를 놓은 주인은 친히 2층 한쪽의 양지바른 곳에다 자리를 자리잡고 기다렸다.

이윽하여 웬 사람들이 홍수밀리듯 찾아들더니 이제 방금 전화를 건 사람들이라고 하였다.

손님들은 모두 기골이 장대한 옥골선풍의 젊은분들이였다. 그 점잖은 장골들은 자리를 잡자 웬 일인지 옆방의 동정을 살펴보고나서야 두리상앞에 조용히 둘러앉았다. 그들은 무슨 말인지 머리를 맞대고 오손도손 속삭였다. 그러는데 료리가 들어가기 시작하였다. 좋은 료리는 연신 들어가나 없어질줄 모르고 술은 첫잔을 부어놓은채 그대로 있었다.

그런데 료리를 나르는 일군속에 일본특무기관의 졸개가 있음을 누가 알았으랴. 얼마후 제일루 주위를 일본헌병대놈들이 둘러쌌다. 그리고 길목에는 통행금지령이 내려서 사람이라곤 그림자도 얼씬할수 없게 하였다. 그래놓고 놈들이 2층으로 올라갔다. 그런데 웬 일이냐. 방안에는 빈 술잔과 식은 료리가 있을뿐 방금까지 이야기하던 그 젊은 손님들은 하늘로 올라간 듯 땅으로 잦아든 듯 전기타고 피한 듯 감쪽같이 없어졌다. 놈들은 료리상을 메치고 되돌아 내려와서 골목마다에 비상경비령을 내렸다. 그러는데 한쪽 거리의 중천에 선풍이 일더니 「중국공산당 만세! 항일련군 만세! 일본침략자야 물러가라!」는 선전문이 참나무밑에 가랑잎 날리듯하였다. 놈들은 바람소리만 듣고 눈먼 불질을 하였으나 하늘에 장대겨누기였다.

장사들은 청차봉쪽으로 안개같이 사라져버렸다.

정리: 길운

일송정에 깃든 이야기

룡정에서 서쪽으로 4키로메터 떨어진 곳에 높은 산이 있는데 이 산을 비암산이라고 부른다.
50여년전까지만 하여도 비암산 코숭이 10여메터 깎아지른 벼랑끝에 두 아름도 넘는 소나무가 바위에다 뿌리를 박고 억세게 자라고있었다. 그 소나무의 모양이 흡사 돌기둥에 푸른 청기와를 얹은 정자와 비슷하게 보여서 사람들은 「일송정」이라 불렀다. 이 일송정에 이런 이야기가 깃들어있다.
용두레우물을 파고 룡정촌을 건설하면서부터 룡정에 거주하는 조선족은 물론 린근의 조선족들과 세계 방방곡곡에서 찾아오는 조선사람들은 대에 대를 이어오면서 일송정을 성스러운 길상물로 여겼다.
남존녀비가 횡행하던 시기에 녀인들이 생남하기 위하여 일송정의 바위를 기자석으로 리용하였고 농민들이 왕가물을 만나 기우제를 지낼 때에도 일송정 바위를 명암으로 리용했다. 1928년, 연변에서 처음으로 되는 중공룡정지부가 건립된후 혁명자들과 애국인사들의 비밀집회장소도 이곳에 정했었다.
룡정의 백성들이 일송정을 사랑하게 된 또 하나의 원인이라면 용주사에서 일송정을 바라보면 꼭마치 바위우에 호랑이가 버티고 앉아있는것 같았기 때문이다.
단군조상때부터 호랑이를 길상물로 여긴 백의민족이여서 그랬던지 룡정사람들은 그 호랑이(일송정)가 밤낮으로 룡정을 굽어보면서 가난한 사람들의 생활을 헤아려준다면서 일송정을 더욱 사랑하고 아꼈다.
그때 룡정에는 대성중학교, 동흥중학교 등 6개의 중학교가 있었는데 애국인사와 열혈청년들이 일송정에 올라 뜻을 키우고 지혜를 닦았던것이다.
연분홍 진달래가 비암산을 물들이는 봄과 단풍잎이 비암산을 아름답게 수놓는 가을이면 6개 중학교의 사생들은 일송정에 원족을 갔다.

  평시에도 웅대한 포부를 지닌 학생들이 아침저녁으로 일송정까지 달리기를 했고 혁명지사들과 애국청년들이 일송정에 모여서 반일즉흥시를 읊고 반일노래를 목청껏 불렀으며 일송정가지를 잡고 운동을 하면서 반일의 뜻을 키우고 굳센 의지를 련마하였다. 하여 일송정은 열혈청년들의 요람으로 되었고 활무대로 되였다.

      일송정 푸른 솔은 혼자 늙어갔어도
      한줄기 해란강은 천년두고 흐른다.
      지난날 강가에서 말 달리던 선구자
      지금은 어느곳에 거친 꿈이 깊었나

      용주사 저녁종이 비암산에 울릴 때
      사나이 굳은 마음 깊이 새겨두었네.
      조국을 찾겠노라 맹세하던 선구자
      지금은 어느곳에 거친 꿈이 깊었나.

  1933년에 룡정에서 창작된 「룡정의 노래」(후에「선구자」로 불리운다)는 일송정을 일제의 통치밑에서 나라와 민족을 구하기 위하여 싸우는 애국지사들의 성스러운 형상으로 찬미하였기에 오늘도 해내외에서 널리 불리우고 있다.

  일송정에 대한 인민들의 찬송이 높아가자 일본놈들은 안절부절 못하였다.

  하루는 총령사란놈이 졸개들을 불러놓고 불호령을 내렸다.

  「제군들은 아는가? 령사들이 몹쓸병에 걸리고 령사관이 재더미가 된것은 바로 비암산의 호랑이(일송정)가 신성한 우리 령사관을 노려보고있기때문이다. 그러니 황군과 경찰을 동원하여 호랑이를 없애치워라!」

  졸개들이 호랑이를 없애치우라는 말이 무슨 뜻인지를 몰라서 어리둥절해 있자 령사놈은 혀를 끌끌 차더니 졸개들을 데리고 망루우로 올라가서 망원경을 주면서 코바위를 보라고 했다. 망원경으로 바라보니 일송정이 한 마리의 호랑이가 되어 령사관을 노려보고있는지라 그제서야 령사의 말뜻을 알아차리고 「핫! 핫!」 소리를 지르며 달려갔다. 그때로부터 놈들은 일송정을 군사연습과 사격연습의 과녁으로 삼고 매일이다싶이 보총과 박격포의 탄알을 들씌웠다. 그랬건만 일송정은 눈보라치는 엄동설한에도 더욱 푸르싱싱하게 자랐다. 악에 받친 왜놈들은 한밤중에 졸병을 파견하여 일송정 원가지에다 구멍을 뚫고 그 구멍안에 후추씨를 밀어넣고는 대못으로 박아놓아 흔적을 없앴다. 이리하여 우리 민족이 그토록 숭상하고 찬송하던찬송하던 일송정은 그때로부터 시들기 시작하더니 1933년에 이르러서는 영영 말라죽게 되였다…

룡정시 세월은 흘러 어느덧 50여년이 지났다. 룡정시정부와 각계 인사들은 이 유서깊은 유물을 보존하고 후손들에게 향토애교양을 하기 위하여 1990년부터 일송정을 수건하였며「일송정」이란 기념비를 세워 후손만대에 일송저의 이야기를 길이 전하게 되었다 .

정리: 김재권

십장님을 삭도바가지에

룡정으로부터 화룡까지의 철길을 놓을 때의 이야기라고 한다.

팔가자에서 3리가량 올라가면 구세동이라는 절벽이 있고 절벽아래로는 굽이굽이 해란강이 사품치며 흐르고있다. 지금은 강물이 바닥이 나서 무릎우까지 바지가랭이를 걷어올리면 건널수 있지만 그때만 해도 물이 깊고 물살이 사나와 배를 타고야 건넜다고 한다. 이 구간의 구세동 철다리는 힘겨운 역사가 아닐수 없었다.

그때 공사판에서는 강 량안의 산봉우리에다가 삭도줄을 매고 재료를 운반하고 또 철길에 깔 자갈돌을 강북안의 기대봉절벽을 까서 공급했다고 한다. 그런데 인부들속에 항일유격대원들이 숨어들어 공정의 진전을 파괴하거나 화약이나 강재 같은 재료들을 훔쳐갔다. 남포약 등은 유격대의 병기공장에 가서 작탄으로 제작되여 일제한테 무리주검을 선사하군 했다. 이에 질겁한 놈들은 군수물자와 공정물자에 대한 단속을 엄히 했다.

구세동공사장으로는 여우같이 약고 족제비같이 지독하고 개처럼 냄새 잘 맡는 일본놈 십장이 파견되여왔다. 그놈은 큰소리 한번 치지 않고 인부들과도 무람없이 친할줄도 알고 또 자기의 호주머니를 털어 술도 사주기도 하면서 인심을 롱락하였다. 이러다 보니 공사장의 지하당조직의 활동은 십분 곤난한 처지에 빠지고말았다. 그런데 상급조직에서는 남포약과 뢰관, 남포심지 등을 보내달라는 지시를 연신 내렸다. 이에 당조직 성원들은 긴급회의를 하고 대책을 강했다.

삭도운전을 책임진 동지가 채석장에 수요되는 남포약 등을 실어보낼 때마다 얼마씩 감추었다가 따로 기대봉으로 보내면 채석장의 동지가 받아서 숲속 지정된 곳에 가져갔다. 그러면 밤 어둠을 타고 산의 동지들이 내려와 가져가게 되였던것이다.
  그들의 움직임을 눈치챈 십장은 짐짓 모르쇠를 대고 그들의 활동을 암암리에서 주시하고있었다. 당조직에서는 그놈의 음험한 수작을 알고있었으므로 행동에 특별히 조심하였다. 그러나 한번도 아니고 수시로 행동하게 되므로 발자국이 드러나고 꼬리가 밟히기가 마련이였다.
  설한풍이 윙윙 불어치고 박달나무도 쩍쩍 갈라터지는 엄동설한 어느날 저녁이였다. 모두들 일손을 놓고 공사장을 떠났으므로 일터에는 사람그림자도 없었다. 한밤중이 되자 몇몇 검은 그림자가 보따리를 메고 삭도가 있는 곳으로 살금살금 다가왔다. 그들은 지하당조직 성원들이였는데 저마다 남포등속을 무겁게 지고있었다. 삭도를 모는 동지가 삭도바가지에 그들이 앉자 삭도를 운전하여 기대봉쪽으로 보냈다. 그리고 금시 빈 삭도바가지를 되가져다놓고 공사장을 떠나려는 찰나 권총아구리가 그의 뒤머리를 선뜩 쳤다.
  「꼼짝말앗!」
  십장놈이 졸병 몇을 거느리고 와서 그들의 행동을 진작 주시하고있었던것이다. 놈은 낚시줄을 길게 늘여 큰 고기를 낚을 타산으로 동지들이 짐을 메고 떠나가게 내버려두었다. 천지간에 눈이 뒤덮인 때라 그들의 종적을 쫓아가면 일거에 유격대를 거덜낼수 있다고 생각했던것이다.
  십장놈은 한놈을 남겨 삭도를 운전하는 동지를 지키게 하고는 기타 놈들과 같이 삭도바가지에 올라 앉았다.
  「이놈, 삭도를 몰아라!」
  우르릉우르릉 기계동음이 울리며 삭도바가지가 줄을 타고 기대봉쪽으로 천천히 움직여갔다.
  삭도를 모는 동지의 가슴은 두근두근 뛰였다. 이제 이놈들이 기대봉에 닿기만 하면 항일투쟁에 막대한 손상을 가져다주게 된다. 절대 놈들이 목적을 달성하지 못하게 해야 한다고 그는 속다짐했다.
  삭도바가지가 두 산봉우리 중간에 이르렀을 때였다. 그는 문득 운전을 멈추었다.
  「이자식 무슨 짓이야?!」
  옆에서 지키던 놈이 총박죽으로 운전수의 옆구리를 툭쳤다.

「고장이 났소. 이리 좀 도와주구려.」

그 동지는 난처한 기색을 지어보였다.

기계에 대해선 전혀 깜깜부지인 그자는 고개를 기웃거리며 「어데가 고장이야?」라고 물었다.

바로 그 순간 그 동지는 쇠몽치로 그자의 뒤통수를 탁쳐서 쓸어눕혔다. 그리고 삭도바가지가 움직이지 못하게 고정시켜놓고는 다른 기계부속들을 뜯어버린후 놈의 총을 로획해 메고 터벅터벅 눈속을 헤쳐갔다.

한편 십장네는 허망공중에서 오도가도 못하고 소리만 꿱꿱 질렀다. 굽어 보니 아찔하니 현훈증이 오는데 뛰여내릴수 없고 삭도줄을 타고 내려올수도 없었다. 우선 바줄이 없었던 것이다.

「사람살리우! 사람…」

놈들은 돼지 멱따는 소리를 꿱꿱 지르기도 하고 총을 탕탕 쏘았지만 눈보라치는 산바람속에 삼켜워버리고말았다.

이튿날 날이 밝고 인부들이 꾸역꾸역 모여왔을 때는 십장네는 삭도바가지에 앉은채로 꽁꽁 얼어죽고말았다고 한다.

정리: 류일엽

약수동의 수양버들

화룡현 약수동에서 계곡을 따라 북으로 몇리쯤 가노라면 산기슭 옹달샘가에 류달리도 잘 자란 해묵은 수양버들 한그루가 우뚝 서있는것이 보인다. 봄이면 붉디붉은 진달래가 만발한 샘가에서 남먼저 신록색 싹눈을 틔우고 봄바람에 하늘하늘 춤추는것이 마치도 초록색 치마를 떨쳐입고 꽃밭에서 뛰노는 아릿다운 처녀를 방불하게 한다. 이 수양버들을 두고 눈물겨운 이야기가 전해진다.

1930년대, 그러니까 지금으로부터 륙십년전의 일이다. 저 북해도에서 얼음을 타고 내려온 쪽발이왜놈들이 조선을 한입에 삼키고도 성차지 않아 만주땅에까지 쫓아와 우리 겨레들을 못살게 굴었다. 가는 곳마다에서 남정들을 보면 항일군이라고 모조리 잡아죽이고 아낙네들을 보면 수욕을 채우느라고 마구 겁탈을 하고 집을 보면 항일군을 감춰둔다고 깡그리 불태우고 값가는 물건을 보면 욕심통이 터져서 마구 빼앗고 심지어 닭, 개 등 짐승까지도 가만 놔두지 않고 총창으로 찔러죽이고 날고기채로 배속에 걸어채우는 판이니 백성들이 원한이 하늘에 닿아 연변땅 곳곳에서는 항일의 함성이 천지를 진동하였다.

이럴 즈음 약수동 산골에서도 남녀로소가 떨쳐 일어나 적위대를 조직한다. 부녀회를 조직한다. 소년선봉대를 조직한다 하며 모두 항일에 나섰다. 그런데 놈들의 주둔지인 두도구의 바로 코밑에서 항일의 불길이 타번지니 바빠난 왜놈들이 가만있을리 없었다. 이리하여 어느새 늦가을 왜군들은 이 눈에 가시 든 가시부터 빼버리자고 약수동에 불의의 습격을 가했다.

이날 약수동 부녀회원들은 유격대에 보낼 식량을 장만하느라고 햇벼를 찧고있었는데 왜군토벌대가 벌써 약수동 골어귀에 당도했다는 놀라운 기별이 전해왔다. 마을밖에서 군사놀이를 하며 망을 보던 소선대원들이 황둥개 같은 왜놈들이 노랗게 마을로 덮쳐드는걸 발견했던것이다.

「아이구, 이 일을 어찌하면 좋겠소?!」

「어서 이 소식을 유격대에 전해야겠는데…」

「남정들은 다 산으로 싸우러 가고 없으니 누가 소식을 전하겠소?」

녀성들은 네 한마디 내 한마디 그저 근심만 하고있었다.

이때 한 처녀가 「제가 가겠어요!」 하고 앞으로 썩 나섰다. 그는 며칠전 상급에서 파견해온 부녀공작원였는데 마을사람들은 누구도 그의 진짜이름을 아는 사람이 없었다.

「유격대가 있는 곳은 저밖에 모르니 제가 가야 합니다. 아주먼네들은 어서 몸을 숨기십시오!」

말을 마친 처녀는 쏜살같이 마을 북쪽 산기슭을 따라 냅다 뛰기 시작했다.

뒤미처 왜놈토벌대가 마구 총질하며 마을에 들이닥쳤다. 마을에 들어선 토벌대 대장놈이 볼라니 웬 녀자가 마을북쪽으로 빠지는지라 「빨갱이년이다! 어서 붙잡아라!」 라고 소리치며 병사들을 거느리고 쫓기 시작했다. 그러나 놈들은 산길에 이골이 튼 처녀를 도저히 따라잡을수 없었다. 한식경이나 추격했지만 더는 잡을 방법이 없게 된 대장놈은 악에 받쳐 소리질렀다.

「서라! 서라! 서지 않으면 쏜다!」

그러나 처녀는 들었는지 말았는지 질풍처럼 내달리기만 했다.

「땅! 땅!」

놈들은 처녀를 향해 연신 총을 쏘아댔다. 그 순간 처녀는 휘청하며 그 자리에 물앉아버렸다. 적들의 눈먼 총알이 처녀의 아래다리를 맞힌것이다. 하지만 처녀는 이를 옥물고 기여일어나 쩔룩거리며 또 달리기 시작했다.

「땅! 땅!」

놈들은 또 총을 쏘아댔다. 총소리와 함께 처녀는 재차 거꾸러졌다. 이번엔 총알이 그의 허벅다리를 뚫고나갔던것이다. 한쪽 다리에 심한 상처를 입은 처녀는 인젠 뛸수도 걸을수도 없게 되였다.

「이때 처녀는 무슨 생각이 들었는지 주위를 휘둘러보았다. 마침 그의 몸 가까이에 해묵은 버드나무가 서있는게 눈에 띄였다. 처녀는 버드나무가 있는데로 기여가 그 굵다란 가지를 휘여꺾었다. 그리고는 그 버드나무가지를 막대기 삼고 관목숲사이를 요리조리 에돌며 유격구쪽을 바라고 또다시 걸음을 옮기기 시작했다. 그러나 막대기를 짚은 몸으로 어찌 두발가진짐승들을 폐여치울수가 있으랴. 놈들은 더욱 가까이에 접근해왔다.

「서라! 서라!」

이젠 대장놈이 웨치는 소리가 바로 귀가에서 울리는것같았다.

그러나 처녀는 이를 악물고 계속 관목숲 헤치며 앞으로 걸어갔다. 이제 조금만 더 가면 바로 앞산 굽인돌이에 맑은 웅달샘이 있고 그 샘터에서는 유격구의 높고낮은 산들을 바로 눈앞에 바라볼수 있다는것을 처녀는 알고있었다.

처녀는 드디어 샘가에 이르렀다. 샘터에 이르러 마지막으로 고향샘물을 량껏 마시고난 처녀는 천천히 저고리를 벗어쥔후 버드나무막대기를 단단히 땅에 꽂고 그에 의지하여 간신히 일어섰다.

이때 놈들은 벌써 처녀를 둘러싸고 포위망을 조이고있었다.

「총을 쏘지 말고 사로잡아라! 총을 쏘면 유격대에 신호를 주는거나 다름없다.」

대장놈이 씨벌대는 소리가 바로 귀전에서 들렸다.

(그렇다, 총소리가 긴급신호다! 내 죽음으로 유격대에 소식을 전할지언정 짐승같은 네놈들에게 깨끗한 몸을 더럽히지는 않으리라!)

비장한 결심을 내린 처녀는 한손으로 막대기를 짚고 한손으로 흰저고리를 높이 흔들며 온골안이 쩌렁쩌렁 울리게 높이 웨쳤다.

「유격대동무들! 적들이 왔어요!」

먼곳에서 산울림소리가 되돌아왔다.

산울림소리에 질겁한 토벌대 대장놈은 승냥이같은 이발을 드러내며 처녀를 향해 총을 쏘았다. 졸개놈들도 덩달아 마구 총탄을 퍼부었다.

처녀는 막대기를 굳게 쥔채 피못속에 쓰러졌다. 이름모를 유격대의 처녀는 약수동의 샘가에서 젊으나젊은 일생을 바치였다.

이듬해 봄이였다. 신기하게도 처녀가 짚었던 버드나무막대기에 파란 움이 돋아나고 난데없는 진달래가 샘가에 무더기로 피여났다. 한해두해 해가

갈수록 그 버드나무는 더욱 푸르게 무성하고 진달래꽃도 점점 더 붉은빛을 띠였다. 사람들은 유격대 처녀의 넋이 수양버들로 태여나 영원한 그의 삶을 푸른빛으로 장식하고 유격대처녀의 붉은 피가 스미여 샘가의 진달래꽃이 한결 붉다고들 말하였다.

정리: 김태갑

≪자위단 단장의 딸≫

그제날 항일근거지로 이름높았던 화룡현 약수동엔 항일의 이야기가 많고도 많다. 그가운데서도 「자위단 단장의 딸」이라는 이야기가 제법 인기를 끌며 사람들속에 전설로 전해지고 있다.

1932년 가을의 어느날이였다. 아동에서 두도구로 뻗은 큰길로 달구지 한대가 덜커덕거리며 움직이고있었다. 한 60살 돼보이는 로인이 달구지를 몰고있었고 달구지에는 멋지게 차린 한 처녀가 틀거지를 차리고 앉아있었다.

달구지가 첫 보초선과 둘째 보초선을 지나도록 처녀는 달구지에서 내리지 않았다. 처녀의 태도가 도고한데다가 달구지몰이군 역시 안면이 있는 사람이여서 보초군은 몇마디 묻는척하고는 무랍없이 그들을 통과시켰다.

세번째 보초선에 이르러서는 사정이 달랐다. 보매 보초군은 안면이 없는 자인데 다짜고짜 달구지를 멈춰세우는품이 상서롭지 못했다.

「령감, 어디로 가는 길이요?」

「예, 물품구입하러 두도구로 가우다.」

「물품구입?」

보초군은 대뜸 신경을 곤두세우더니 뭘 하는 사람인가고 바투들이댔다. 달구지몰이군 로인이 약수동에서 상점을 꾸린다고 대답하자 보초군은 못미더운 듯 미주알고주알 캐여묻더니 달구지에 도고하게 앉아있는 처녀를 뚫어지게 눈박아보았다.

「저 아가씨는?.」

「아가씨면 아가씨지 누구겠어요.」

처녀는 쓰겁다는듯 고개를 외로 탈아버렸다. 첫마디부터가 이만저만이 아니였다. 위압감에 눌린 보초군은 흠을 잡으려고 씩씩거렸다.

그때 말 탄 조선인순사가 하나 다가오더니 달구지앞에 와서 내리며 보초 군과 웬 일인가고 물었다. 보초군이 저 령감태기가 수상해서 그런다고 대답 하자 그 순사가 고개를 돌리다가 달구지몰이군을 알아보았다.

「정아바이구만!」

「아니 이거 리순사님이시구려!」

달구지몰이군이 무척 반겨하자 어안이 벙벙해진것은 보초군이였다. 순사 가 보초군을 닦아세웠다.

「똑똑히 알란말이야, 이 사람이 바로 약수동 호쩨야. 우리 사람이란말이 야.」

「예?」

보초군은 송구스러워 어쩔바를 몰랐다.

그럴만도 했다. 호쩨란 한 마을을 단위로 한 호주인(戶主人)이란 명사의 변음으로서 표면상 놈들의 일을 거들어주는 사람으로 되여있다. 이런 신분 이다보니 달구지를 몰고 가던 정로인은 평소에 두도구령사관에로 드나들며 리순사도 알았다. 한 마을의 호쩨가 되여 적의 기관을 거리낌없이 드나들수 있는 정로인은 실은 공산당원으로서 약수동 지하교통소 책임을 맡고있었다.

달구지에 앉은 처녀는 약수동 소선대원 허정숙이였다. 그는 정태준로인 의 도움밑에 중요한 긴급과업을 수행하러 가는중이였다.

며칠전에 약수동 당지부에서는 긴급과업을 수행할만한 적임자를 물색했 다. 이 긴급과업이란 두도구에 가서 갓 재건된 평강구항일유격대에 보낼 물 품을 구입해오는것이였다. 이는 아주 위험한 일이였으며 어지간한 담략과 지혜로써는 해낼수 없는 일이였다.

긴급과업이 있다는 소식을 들은 허정숙은 책임자를 찾아 자기가 이번 임 무를 감당하겠다고 담차게 말했다. 했으나 사선에 내세우는 일이라 책임자 는 선뜻 대답하지 못하다가 무슨 방법이 있는가고 물었다. 정숙은 자기가 생각하던바를 쭉 털어놓았다.

허정숙의 오빠면 세린하자위단 단장의 아들과 딱친구였다. 룡정에 가서 중학교를 다닐 때 한반이였는데 학교를 나온후에도 막연한 지기였다. 정숙 은 이 관계를 리용하여 세린하자위단 단장의 딸로 꾸밀수 있다고 덧붙였다.

책임자는 그의 말을 들으며 연신 머리를 끄덕였다.
이리하여 정숙이는 오늘 아침 일찍 지하당원인 정태준로인과 함께 길을 떠났던것이다.
놈들의 마지막 보초선까지 무사히 통과한 그들은 두도구 장거리를 지나 한 가게방앞에 이르렀다. 정숙이는 달구지에서 내려 기민하게 사위를 둘러보고나서 태연하게 가게방안으로 들어갔다. 정로인은 담배를 붙여물고 망을 보았다.
가게방주인은 환하게 차린 아씨가 들어서는것을 보고 얼굴에 간사한 웃음을 띠였다.
「에, 아가씨는 뭘 사시려는지요?」
「국방색천, 흰종이, 지끼다비신 등을 사겠어요.」
정숙이는 주저없이 단도직입적으로 말했다.
「저, 이런 물품은 팔지 말라는 금지령이 있는데 아가씨는…」
가게방주인은 의아한 눈길로 정숙이를 간간히 훑어보며 말했다.
「아 알만해요. 유격대에 보낼가봐 겁나 그러시죠. 자 보세요.」
정숙이는 이때라고 들가방에서 편지 한통을 꺼내여 가게방주인앞에 내밀었다.
가게방주인은 주저주저하며 편지를 받았다. 속지를 꺼내고 보니 자위단에 천, 종이, 신 등이 급히 수요되며 딸을 보내니 요구하는대로 보내달라는 세련하자위단 단장의 서한인데 아래에는 단장의 이름을 박은 도장까지 그럴듯하게 박혀져있었다.
「그럼 아씨가 단장어른의 따님이겠구만. 이거 실례했수다.」
가게방주인은 얼굴에 웃음을 게바르고 허리를 연신 굽신거렸다.
가게방주인은 허정숙이 요구하는대로 물건을 내놓았고 달구지에 실어주기까지 하였다. 물건을 다 싣고 떠날무렵 정숙이는 가게방주인을 보고 말했다.
「돈은 우리 집 어른이 와서 치를거얘요.」
그러지 않아도 물건만 가지고 돈을 내놓지 않을가봐 속을 끙끙 앓으면서도 감히 묻지 못했던 가게방주인은 「그렇게 합죠. 그렇게 합죠.」 하면서 잘 가라고 허리굽혀 인사까지 하였다.

허정숙과 정태준로인은 천 두필, 흰종이 500여장, 등사원지 여러통, 지까다비신 40여컬레를 달구지에 싣고 귀로에 올랐다.

 이때부터 허정숙에게는 「자위단 단장의 딸」이란 별명이 덧붙었는데 근거지의 인민들치고 그의 용감과 슬기를 칭찬하지 않는 사람이 없었다.

정리: 림선옥

항일에 나선 최씨의 안해

지금으로부터 그리 멀지 않은 때에 있은 일이다.
두만강변의 심산벽곡에 옥돌골이라는 동네가 있었다. 마을에는 장노을이라는 지주놈이 독사처럼 도사리고 앉아 가난한 농군들을 마소처럼 부려먹었는데 최씨라는 농군이 안해 현씨와 함께 놈의 지팡살이를 살고있었다.
최씨내외는 가난한 살림에도 두 어린 자식을 잘 키워볼 생각으로 새벽에는 별을 이고 밭에 나갔고 저녁이면 달을 지고 집에 들어오면서 손발이 솔뿌리되도록 뼈빠지게 일했다. 그랬건만 봄에 꿔먹은 몇말의 쌀이 가을에 가면 몇섬이 되고 꿔온 돈 몇푼은 여름내 리자가 새끼에 새끼를 쳐서 가을에 가면 그 빚을 지고 일어날수조차 없었다.
최씨내외는 살자니 살기 어렵고 죽자니 죽지도 못해서 한겨울이면 한숨과 동무하며 긴긴 밤을 새웠다.
그러던 어느날 화로불을 끌어안고 이생각저생각하던 최씨는 입술을 지그시 깨물더니 풋잠이 든 안해를 흔들어 깨웠다.
「여보, 일어나오. 말좀 들어보오.」
안해는 남편의 얼굴을 뚫어지게 쳐다보았다.
「여보, 우린 이러나 저러나 장지주 등살에 살길이 없지 않소. 그럴바엔 한번 죽을셈치고 도망쳐서 이놈의 마귀굴을 벗어나기요. 애를 둘러업소. 어디 가면 이 골안보다 못하겠소.」
안해는 두말없이 남편의 생각을 좇았다. 내외는 지고 이고 갈 가산도 없는지라 남편은 세살난 애를 등에 업고 안해는 젖빠는 어린것을 품에 안고 문을 나섰다.
얼마를 갔는지 가고가다보니 최씨내외는 아름드리나무가 삼태처럼 빼곡히 들어선 삼림속에 들어섰다. 이디로 간들 마음놓고 살랴마는 최씨내외는 그래도 이 삼림만 빠져나가면 살길이 열릴것만 같았다.

그런데 언제 어떻게 쫓아왔는지 지척에서 말소리가 어지럽게 들리더니 사나운 개가「왕」하고 달려들며 그들의 해진 옷자락을 물어당겼다. 장가놈의 문전에서 피둥피둥 살찐 개들이였다.

「년놈들 게 섰거라!」

뒤미처 총까지 둘러멘 녀석들이 들이닥쳤는데 앞장선자는 장지주의 끄나불인 정갑이란놈이였다.

비뚤어진 코에 한쪽 눈까지 멀어 생김생김이 흉측한데다 마음까지 먹통같이 새까만 정갑이놈은 벌써부터 최씨의 안해를 눈독들여오던터이라 좋은 기회를 만났다고 개잡은 포수처럼 우쭐렁댔다.

최씨내외를 붙잡고 마을에 돌아온 정갑이란놈은 장지주의 령이 떨어지기 바쁘게 최씨를 기둥에 비끄러 매놓고는 팔뚝같은 몽둥이를 찾아들어 단매에 그를 쳐죽이고말았다.

최씨의 안해는 남편의 시체를 부여잡고 대성통곡하였다.

「아이고 여보 이게 웬 일이요? 아이고 여보…」

애타게 불러도 숨이 진 남편은 대답 한마디 없었다. 쥐여흔들어도 저승에 간 남편은 아무런 응대도 없었다. 최씨의 안해는 방성대곡하던 끝에 그만「울컥」하고 시뻘건 피를 토하더니 정신을 잃고 쓰러졌다.

언제 어떻게 정신이 들었는지 최씨의 안해는 어슴푸레 정신이 드는데 누군가 그의 손목을 덥석 잡아쥐었다. 그것은 보기에도 징글스러운 정갑이놈이였다. 놈은 크게 은혜라도 베풀 듯 부드러운 목소리로 최씨의 안해를 구슬렸다.

「죄짓고 죽은 사람이 운다고 살아나겠나? 나리님께서는 어지신 마음을 베푸시는구려. 임자가 나와 함께 산다면 빚이고 뭐고 다 그만두고 잘살게 만든다네. 그러니 이런 영화가 어디 있나?」

최씨의 안해는 벌떡 일어나더니만 놈의 상판대기에 침을 탁 뱉고 생사결단 놈의 팔이고 손목이고 닥치는대로 물고 뜯었다.

이렇게 되니 정갑이놈은 최씨의 안해가 칼을 들고 장지주나리를 죽이려

했다는 거짓죄를 씌워 이를 관청에 송사하였다. 천하의 까마귀는 다 검다고 소송을 받은 관청의 관리들도 정갑이와 같은놈들이였다. 이리하여 최씨의 안해는 남편을 잃고 죄인까지 되여 세살나는 어린애와 생리별하고 젖먹는 애는 등에 업고 피눈물을 뿌리면서 소골령, 대골령을 넘어 연길감옥에 갇히는 몸이 되였다.

고난의 세월은 신음신고 한숨신고 흘러갔다. 여덟달동안 옥살이를 하고 난 최씨의 안해는 갈래야 갈곳이 없는지라 모아산밑에 있는 친척집에 애기를 맡겨두고 마지막으로 죽은 남편과 작별하려고 승선 옥돌골로 향했다.

옥돌골에 이른 최씨의 안해는 남편의 무덤부터 찾아갔다. 그는 남편의 무덤앞에서 울고 울다가 너무나도 애간장이 타서 열손가락을 땅에 박고 남편의 무덤을 파헤치기 시작했다.

그런데 참으로 이상한 일이였다. 죽어 땅에 묻힌지도 아홉달이나 되는 남편의 시체는 조금도 변하지 않았다. 몽둥이에 맞아 깨여진 머리도 그대로였고 입가에 흘러내린 피흔적도 그대로였으며 온몸이 굳어졌을뿐 사람은 살아있을 때 그 모양 그대로였다. 생각하면 너무나도 억울한 죽음이였.

최씨의 안해는 너무도 기가 막혀 남편의 시체를 지키며 밤새도록 울다가 날이 희붐히 밝자 남편의 시체를 지고 소골령, 대골령을 넘어 연길감옥으로 찾아갔다. 최씨의 안해는 감옥장을 찾아 남편의 시체를 내보이며 생사람을 죽인 장지주와 정갑이놈을 처단해달라고 사정하였다. 하지만 그들은 최씨의 안해를 보더니만 정신병자라고 하면서 숱한 간수들을 시켜 감옥문밖으로 몰아냈다

가재도 게편이고 돈있고 권세있는 놈들끼리 짜고들어 백성을 못살게 구는 세상에서 그들의 손을 빌어 남편의 원쑤를 갚는다는것은 동쪽에서 뜨던 해가 서쪽에서 뜬다 해도 될 일이 아니였다. 최씨의 안해는 감옥에서 쫓겨나오자 남편의 시체를 모아산 푸른 소나무밑에 묻어놓고.는 친척집에 찾아들어가 어린애를 둘쳐업고 또다시 승선 옥돌골로 향했다. 그는 주림도 추위도 모르고 눈에 불을 켜고 길만 재우쳤다.

그런데 원쑤는 외나무다리에서 만난다고 최씨의 안해는 바로 화룡시내 서대문을 나서다가 술에 취해 제몸도 바로 건사하지 못해 비칠거리는 정갑

이놈과 맞띠웠다. 그를 본 최씨 안해의 눈에서는 불이 펄펄 일었다. 도적이 발이 저리다고 눈에 불이 이는 최씨의 안해를 본 정갑이놈은 그만 기겁해서 36계 줄행랑을 놓기 시작했다.

최씨의 안해는 아이를 업은채 원쑤놈을 잡아죽이겠다고 뒤를 쫓았다. 앵앵 눈보라가 기승을 부리며 불어치는데 정갑이놈은 살겠다고 앞에서 씩씩거리며 뛰고 최씨의 안해는 남편의 원쑤를 갚겠다고 생사결단하고 뒤쫓았다. 그런데 한식경 쫓아가노라니 등에 업힌 어린아이가 발버둥치며 죽어라 하고 울어대는바람에 도저히 놈을 따라잡을수 없었다.

최씨의 안해는 생각다 못해 어린것을 등에서 내려 포대기로 감아 싸서 길가에 내려놓았다.

「애, 울지 말고 있거라. 엄마는 아버지의 원쑤를 갚아야 한다. 원쑤놈을 잡아죽이고 돌아와서 너를 업고 가마.」

최씨의 안해는 모진 마음을 먹고 등뒤에서 어린애의 울음소리가 째지게 들려왔지만 뒤도 돌아보지 않고 정갑이란놈만 뒤쫓았다. 어린것을 내려놓으니 몸이 가벼워지며 날것 같이 빨라서 당장 정갑이란놈의 목덜미를 잡을만큼 가까워졌다. 그런데 방정맞게도 이때는 부흥촌어구에 들어설 때라 정갑이놈은 「사람 살려요!」하고 목이 빠지게 소리를 지르면서 한 지주네 뜨락에 도망쳐 들어갔다. 안에서 절그렁 소리가 나더니 대문이 닫기고 문이 잠가졌다.

악이 날대로 난 최씨의 안해는 돌이면 돌, 몽둥이면 몽둥이 손에 쥐이는대로 쥐여들고 대문을 잡아두드리며 살인흉수를 내놓으라고 소리질렀지만 그 소리는 산에 가 맞혀 산울림이 되여 돌아올뿐 굳게 닫긴 대문은 열리지 않았다. 잔약한 녀인의 힘으로는 대문을 열수도 없었고 부실수도 없었다.

「하느님 맙시사. 저 살인백정놈에게 날벼락이나 내리쳐주옵소서!」

하늘을 우러러 울부짖었다.

시간이 얼마나 흘렀는지 「앵앵」거리는 눈보라소리가 어린애의 울음소리로 되여 귀청을 때리는바람에 정신이 번쩍 든 최씨의 안해는 허둥지둥 눈보라치는 황막한 들을 향해 쏜살같이 내달렸다 그렇지만 최씨의 안해가 어린애옆에 이르렀을 때 어린것은 애고사리같은 열손가락을 눈속에 파묻은채 이미 죽어서 몸에는 온기조차 없었다. 남편의 원쑤도 갚지 못하고 어린애까지 잃고난 최씨의 안해는 인사불성이 되여 그 자리에 쓰러졌다.

이때 지주네 뜨락에 뛰여들어 겨우 살아난 정갑이놈은 부흥촌의 그 지주와 짜고들어 최최씨의 안해가 살인을 하자고 했다는 죄상을 만들고 경찰들을 불러왔다. 이리하여 최씨의 안해는 놈들에게 잡혀가 또다시 억울한 재판을 받고 반년간 징역살이를 하게 되였다.

지루한 나날이 또다시 흘러갔다. 6개월 징역을 마치고 만기출옥하는 날 최씨의 안해가 모아산밑에 있는 친척집에 가니 먼 친척되는 어른이 그를 기다리고있었다. 그 어른은 최씨의 안해를 보고 세상에는 압박받고 천대받는 사람이 많고많은데 그 원쑤를 갚자면 혼자힘으로는 안되다는것과 우선 이 땅을 짓밟은 왜놈들부터 소멸해야 한다고 차근차근 도리를 말해주었다. 그리고 화룡에서도 유격대가 섰는데 자기가 권총 한자루를 줄터이니 아무곳의 아무개를 찾아가라고 당부하였다.

최씨의 안해는 그 이튿날로 남장을 하고 궤춤에 권총을 차고 먼저 숭성옥돌골을 찾아갔다.

옥돌골에 찾아간 최씨의 안해는 틈만 노리고있었다. 그러던 어느 하루 정갑이놈이 장지주네 집에 찾아가 술판을 벌린 기회를 타서 최씨의 안해는 감쪽같이 방안에 뛰여들어갔다.

「꼼짝말아. 움직이면 쏜다!」

시꺼먼 총구가 장지주와 정갑이놈을 겨누고있었다.

최씨의 안해는 눌러쓴 모자를 벗으며 놈들에게 소리쳤다.

「내가 누군가 보아라. 죽은 남편과 불쌍한 아이들의 원쑤를 갚자고 왔다!」

두놈은 눈이 까뒤집혀 흰자위만 희번덕거리며 무릎을 끓고 목숨만 살려달라고 빌었다.

「땅! 땅!」

두방의 총소리가 울렸다. 장지주와 정갑이놈은 감장콩알을 먹고 피를 쏟으며 쓰러져 네각을 뻗어버리고말았다.

원쑤를 갚은 최씨의 안해는 그 길로 권총을 차고 장백의 밀림속으로 유격대를 찾아 떠났다. 이때로부터 항일대오속에는 총칼을 들고 남성들과 같이 동에 번쩍 서에 번쩍하며 일제놈들과 용감히 싸우는 녀전사가 한사람 더 늘었는데 옥돌골 「최씨의 안해」라면 모르는 사람이 없었다 한다.

정리: 박창묵

약수동의 ≪애솔나무≫

항일근거지인 약수동에 박호철이라는 소선대원이 있었다. 왜놈들에게 체포되여 통정령사관 류치장에 갇혀있다가 조선 서울 서대문형무소에까지 압송되여 모진 형벌을 받았지만 추호의 비밀도 루설하지 않고 석달이 지난 뒤에 놓여나왔는데 그때 사람들은 그를 약수동의 「애솔나무」라 하였다.

「애솔나무」가 고향인 약수동에 돌아왔을 때는 도처에서 유격대가 조직되고 무장탈취투쟁이 맹렬히 전개되는 때였다. 「애솔나무」는 서슴없이 무장탈취투쟁에 뛰여들었다.

약수동에서 10리가량 떨어진 곳에 번가라는 지주가 있었다. 그에게는 10여명되는 무장대까지 있어 무기도 적잖게 갖고있었다. 이것을 안 마을의 적위대와 소선대에서는 그놈이 가지고있는 무기를 빼앗기로 의논하였다. 의논끝에 적위대원 6명, 소선대원 5명으로 무장탈취대오가 묶어지고 뒤이어 무장탈취방도까지 나왔다.

일본헌병대로 가장한 11명의 무장탈취대원들은 저마다 헌병대 복장을 차려입고 선두에 일본국기를 든 사람을 세우고 지주 번가네 집으로 향했다. 그속에는 소선대원 「애솔나무」도 있었다.

번가네 토성밖에 이른 대원들은 문밖에서 말을 먹이는 말먹이군을 보았다. 그러자 한사람이 그를 보고 「여봐라. 너의 집주인이 있느냐?」하고 큰소리로 물었다. 그러니 그녀석은 정말 헌병대가 온줄 알고 허리를 굽신거리며 주인나리가 집에 있다고 알려주었다.

적위대원을 따라 「애솔나무」가 집안에 들어가고 나머지 사람들은 집주위에 흩어져 바깥동정을 살폈다.

헌병대차림을 한 두사람이 집안에 들어서자 지주 번가놈은 정말 일본헌병대가 온줄 알고 사시나무 떨듯 부들부들 떨기만 했다.

적위대원과 「애솔나무」는 지주 번가놈을 보고 따졌다.

「이놈아, 너의 집 무기를 삼림대에 가져갔다는데 그게 실말이냐?」

「아…아니올시다. 우리 집 무기는 한대도 어디 내보낸 일이 없어 몽땅 그대로 있습니다.」

「그럼 좋다. 모두 내와. 어디 보자!」

부랴부랴 집안에 들어간 번가놈은 련속 집안의 무기를 안아내왔다. 거기에는 통포 8자루, 등대포 2자루, 5련발총 8자루가 있었다. 적위대원이 물었다.

「모두 이뿐이냐?」

「네네, 죄다 내왔습니다.」

「흥, 좋은 무기는 죄다 삼림대에 보내고 나쁜것만 남겼구나…」

「제가 감히 대일본제국의 헌병대 장관님을 속이겠습니까. 저의 집에는 본래 이런 총밖에는 없습니다.」

그러자 「애솔나무」가 번가놈을 보고 물었다.

「탄알은 어디다 두었기에 한알도 보이질 않느냐?」

「집안에 있습니다.」

「집안에 있다구? 거짓말」

「아니올시다. 제가 내올테니 보십시오.」

번가놈은 집안에 들어서가더니 탄알상자들을 들어내왔다. 죄다 내온것이 틀림없었다.

적위대원이 으름장을 놓았다.

「령사관에서는 너의 집에 이보다 좋은 무기가 많이 있다고 했는데 이뿐이라니 좋다. 이 총과 탄알을 죄다 마차에 실어라. 그리고 우리와 같이 령사관에 가자. 그래야 피차에 다 무사할게 아니냐.」

적위대원과 「애솔나무」는 번가놈더러 총과 탄알상자를 마차에 싣게 하고는 번가놈을 포승으로 꽁꽁 묶어 마차에 실었다

번가놈은 일제놈에게 아부하노라 령사관에 드나든적이 있는지라 령사관에 가면 문제가 제대로 풀리라 생각하고 묶이워 앉은채 아무 말이 없었다. 하회를 보자는것이였다.

헌데 마차는 령사관을 향해 달려가는것이 아니라 산골짜기를 향해 달리

였다. 「애솔나무」가 쨍쨍한 목소리로 번가놈을 보고 말했다.

「이 우둔한놈아, 그래 우리가 정말 일본헌병대인줄 알았더냐? 우리는 적위대와 소선대원들이다. 이제는 알만하지?」

마차는 장인강부근 산속으로 사라졌다. 그후 유격대에서 번가놈을 인질로 잡아두고 경제모연도 많이 하였다.

그해 10월의 어느날이였다. 「애솔나무」네 일행 5명은 무장탈취를 나갔다 돌아오는 길에 배가 고프니 팔가자에서 5리 떨어진 곳에 있는 음식점으로 밥먹으러 들어갔다. 그런데 음식점에 들어가니 료리사 두사람이 있었는데 벽에 통포 두자루가 보란듯이 걸려있었다. 눈이 번쩍 뜨인 「애솔나무」네는 료리사들이 어쩔 새도 없이 권총을 빼들고 그들을 묶어놓고는 벽에 걸어놓은 통포 두자루를 벗겨내였다.

총까지 빼앗아내니 배가 고파 견딜수가 없었다. 그래서 묶어놓았던 두사람중 한사람을 풀어놓고 먹을것을 해들여오라 했다. 그놈은 부랴부랴 밀가루를 반죽해놓더니 밖에 석탄 가지러 나갔다. 헌데 이놈은 밖에 나서자 석탄은 퍼담아들이지 않고 그길로 부근 헌병대에 달려가서 방금 당한 일을 고자질하였다. 그바람에 「애솔나무」네는 헌병대놈들의 추격을 받게 되였다.

날래게 음식점에서 빠져나온 그들은 「애솔나무」의 지휘밑에 적들과 싸우면서 논판으로 내달았다. 맨뒤에서 다른 대원들을 엄호하면서 달리던 「애솔나무」는 총에 맞아 쓰러졌다. 달리던 대원들이 「애솔나무」를 부축해 업고 뛰자고 그한테 다가왔다. 이때 「애솔나무」는 대원들에게 권총을 넘겨주며 겨우 말을 이어댔다.

「나는 죽는 사람이다. 이 권총을 놈들의 손에 들어가게 할수 없다. 빨리… 빨리 피해라…」

「애솔나무」는 더 말을 잇지 못하고 눈을 감았다. 위험에서 벗어난 네사람은 어랑촌유격근거지에 찾아갔지만 박호철이라 하는 이 소년은 평강벌에 피를 뿌리고 눈을 감았다.

이처럼 소선대원들은 「애솔나무」와 같이 일제침략자와의 싸움에서 용맹을 떨쳤다 한다.

정리: 황상박

약수물

　화룡현 약수동 북쪽의 언덕밑에는 바위짬으로 쉬임없이 흘러나오는 정갈한 샘이 있다. 이 샘을 두고 여러가지 전설이 전해지고있는데 그중 항일을 두고 전해지는 전설이 사람들의 인기를 끌고있다.
　어느해 우리 항일유격대에서는 두도구에 주둔한 일본수비대 30여명이 세린하 열두시령으로 토벌을 떠난다는 정보를 쥐게 되였다. 그러잖아도 놈들에게 한번 불벼락을 안기려고 옥벼르던 유격대원들인지라 이 소식을 듣자 저마다 주먹을 불끈 쥐였다.
　열두시령고개에 이른 우리 유격대원들은 유리한 지형을 선택하여 은폐하였다. 한참 지나니 저 멀리서 누런 색갈의 점들이 움직여오고있었다. 왜놈들이 틀림없었다. 저마다의 눈길은 그 움직이는 점을 따라 움직이고있었다. 이윽하여 놈들의 행렬이 눈에 확연히 나타났다. 수비대놈들은 아무런 주저도 없이 대렬까지 지어가지고 세린하고개를 톺아오르고있다. 수비대놈들이 눈앞에 다가왔다. 유격대 대장이 사격하라는 신호총을 쏘자 유격대원들은 일시에 수비대놈들에게 불벼락을 안겼다. 그러자 준비 없던 놈들이라 꼬꾸라지는 놈, 머리를 붙들고 돌따서서 내리뛰는 놈, 총에 맞아 쓰러지는 놈 과연 천태만상이였다. 수비대놈들은 십여명의 시체를 남기고 령아래로 줄행랑을 놓았다. 이때 놈들이 오던길에 눈길이 미친 한 전사가 대장에게 새로운 적정을 보고하였다. 대장이 산아래를 살펴보니 수십명에 달하는놈들이 또 덮쳐들고있었다. 정보에는 30여명의 소부대라고 하였는데 실제는 30여명이 아니였다. 유격대에서는 생각지 못한 일이였다.
　「철퇴!」
　새로운 정황에 직면한 대장의 명령이였다. 유격대전사들은 명령과 같이 그 자리를 뜨기 시작했다. 대장은 세 전사를 남겨 부대의 전이를 엄호하게 하고는 그들과 엄호가 끝나면 바위골에서 만나자고 약속하였다.

바위골에까지 온 유격대전사들은 그곳에 앉아 다리쉼을 하면서 세 전사를 기다리였다. 총소리가 뜸해진것을 보아 엄호하는 유격대전사들이 적들의 꼬리를 떼여버린것 같았다. 이때 쉬고있던 한 전사가 물안개가 보얗게 서려오르는 저쪽 한곳을 가리키며 대장에게 물었다.

「저길 보십시오. 저긴 무엇이 있기에 저렇게 뽀얀 물안개가 피여오르는가요?」

「옛날에 물안개 피는 곳이면 길손을 돕는다고 하였는데…」

대장은 말하다 말고 성큼성큼 그곳으로 걸어갔다. 바위짬에서 정갈한 샘이 흘러나오고있었다. 그는 전사들을 불렀다.

「모두들 이리로 오시오. 샘물이요. 여기 와서 시원한 샘물에 목이나 추기오.」

전사들이 우르르 모여와서 바위틈에서 흘러나오는 샘물을 마셨다. 정갈한 샘물이 시원하게 페부에까지 스며드는듯했다. 그야말로 기적이였다. 샘을 마신 전사들은 마치 인삼록용이나 먹은듯 기운이 나고 정신나서 저마다 장수나 된듯하였다. 이때 마침 엄호대로 남아있던 유격대원 두 전사가 부상 입은 한 전사를 부축하여가지고 이곳까지 왔다. 전사들은 호박잎같이 생긴 풀잎을 떼여 바가지처럼 만들어가지고 부상입은 전사부터 물을 떠먹이였다. 그러자 거의 혼미상태에 있던 그 전사가 정신을 번쩍 차리고 눈을 떴다. 유격대원들은 그 전사의 상한 팔을 샘물로 조심조심 씻어주었다. 그랬더니 지혈제라도 놓은듯 대번에 흐르던 피가 멎었고 상처도 말끔히 가셔졌다. 이 광경을 보던 유격대 대장은 전사들을 보고 옛말하듯 지난 이야기를 했다.

「옛날에 한 선비가 인적없는 이 일대를 지나다가 배고프고 목이 갈하여 쓰러졌다가 샘물을 마시고 과거보러 떠났다더니 이 샘물이 과연 그 샘물이요!」

「약수물이 틀림없습니다. 힘이 부쩍부쩍 솟는데 모두들 장수나 된듯합니다. 우리 앞질러가서 길목을 지키다가 그놈들을 족칩시다.」

전사들의 말에 대장의 얼굴에 웃음이 어렸다. 명령이 내리자 샘물을 마신 전사들이 길목 지키러 달려갔다. 길목을 지키던 유격대전사들에 의해 살아남은놈은 한둘밖에 없었다 한다. 이로부터 그 바위틈에서 흘러나오는 샘물에 대한 소문은 더욱 널리 퍼졌는데 사람들은 이때부터 이 샘물을 약수물이라고 하고 그 아래마을을 약수동이라 하였다 한다. 지금도 약수동과 그 일대에 가면 「높은 산 바위틈에서 샘물이 흐른다고 약수물인가, 유격대전사들 샘물로 목추기고 왜놈들을 족쳤으니 약수물이지…」라는 노래를 들을수 있다.

정리: 리광인

꺽다리 손철운

화룡현 두도구에서 서쪽으로 20여리 가노라면 서북쪽으로 협곡이 나타나는데 사방이 산에 둘러막힌 함지박같은 그 속에 옹기종기 초가들이 앉아있다. 이 마을이 유서깊은 항일근거지 약수동이다.

「5.30」폭동이후 7월 10일 약수동에서 중공평강구위가 건립되고 8월에는 평강구쏘베트정부가 나오고 뒤미처 신춘을 대장으로 한 평강구유격대가 세워졌다. 유격대에서는 약수동을 근거지로 삼고 무장을 탈취하여 무장투쟁을 개시하였는데 아름답고 비장한 숱한 이야기들이 오늘까지 전해지고있다.

어느 장날에 있은 일이다. 이른아침부터 장인골과 이도구 뒤장대와 세린하고개로 장군들이 물건들을 이고 지고 꾸역꾸역 두도구로 모여들고있었다. 외바퀴밀차에 과일이며 남새며를 듬뿍듬뿍 박아싣고 삐거덕삐거덕 장터로 밀려가는 한족장사군들속에 키가 억대우같은 손철운이가 엿보따리를 지고 겅정겅정 걸어가고있었다.

시내입구에서 순경들이 오가는 행인들을 샅샅이 검사하고있었다. 그러니 항일투쟁의 책동지인 약수동과 불과 20여리 상거에 있는 두도구는 자연 불안에 너틸수밖에 없었다. 지난 「5,30」폭동때 두도구 조선인거류민회가 불에 타고 보통학교와 일본령사분관까지 습격을 받은후로는 적들의 경계보초가 더욱 삼엄했던것이다.

순경들은 드나드는 행인들의 몸과 짐을 참빗질했다. 장사진을 치고 검사를 기다리는 사람들속에 끼여 지지리도 오랜 시간을 기다려서야 손철운의 차례가 왔다.

「보따릴 끌러!」

순경은 꺽다리의 아래우를 훑어보면서 떫게 호령했다.

꺽다리는 별로 잘 보이려는 사람처럼 나근나근한 멋도 없이 보따리의 맬끈을 풀어보였다. 뽀야니 가루를 묻힌 손바닥만큼씩한 엿이 보기만 해도 단맛이 입안에 감돈다.

「맛보실라우? 선심 쓰리다.」

꺽다리는 생김생김과 같이 무뚝뚝하고 우둑진 소리로 한마디했다. 비밀쪽지를 갖고 통신련락을 가는것도 아니고 회의를 가는 걸음도 아니니 검사에 걸릴 건덕지가 없는지라 떳떳이 인격을 세울만도 했다

순경은 꺽다리의 모시배같이 뻣뻣한 태도에 못마땅한 기분이 들었던지 곱잖게 쏘아보았다.

「야, 호랑이라도 잡아엎을놈이 엿장사가 당할 소리냐?!」

「누가 엿장사를 한다구 했수? 농사군이우다.」

손철운은 짐짓 부르튼 소리를 했다.

「그럼 이 보따린 뭐야?」

「우리 엄마가 해준거라우. 지금 세월에 땅만 믿구 살수가 있수? 엿이 아니라 팥이라도 팔아서 살림에 보태야게 아니겠수..」

「이자식, 말본새가 왜 이래? 엿팔러 가는 놈이 엿장사가 아니라니…」

「어쩌다 하는 노릇이니 그러는거라우. 맛 좀 보시구려. 우리 엄마 엿솜씨가 괜찮을거우다. 둘이 먹다 하나가 죽어도 모를거우.」

꺽다리는 너무 턱을 세우다가 순경의 기분을 잡칠 필요는 없다고 생각하였다. 괜히 계획했던 일을 중간에서 랑패시켜선 안되였던것이다.

꺽다리는 넉가래같은 손에 쥐이는대로 한웅큼 엿을 쥐여 억다짐으로 순경의 호주머니에 집어넣었다. 순경의 꼿꼿해지던 눈살이 어딘가 풀리며 입안에 든 엿가락처럼 기분도 노긋노긋해졌다.

「됐어, 어서 가봐!」

어느새 시가지장터는 사람들로 붐볐다. 싸구려소리가 귀아프게 울리고 열면 흥정소리가 괜히들 곤두서있었다.

손철운은 가위를 꺼내들고 절주가 맞게 절꺽절꺽 쇠소리를 내며 장터에 발을 들여놓았다.

「싸구려, 싸구려 엿이요! 희고 달고 전보대같은 엿이요!」

여느 사람보다 머리 하나는 더 큰 손철운이가 장군들속에 들어서자 마치도 닭무리속에 뛰여든 학과도 같이 유표했다. 그는 장터 한켠에 자리를 잡고 보따리를 헤쳐놓고는 절꺽절꺽 가위소리에 맞추어 노래라도 부르듯 고객들을 불렀다.

「모두 이리 오시오! 기회를 놓치면 후회막급이요. 엿이요! 백지같이 희고 꿀맛같이 단 엿이요!」

조무래기들이 종드르르 달려와 푼돈을 쥔 고사리같이 깜찍한 손들을 내밀었다. 껑다리가 미처 돈을 받고 엿을 줄 어가가 없이 엿은 후딱후딱 잘도 팔렸다. 보따리의 엿이 뭉척뭉척 자리가 나자 웬 일인지 손철운이의 눈 한 구석엔 초조한 빛이 자리잡았다. 그는 무엇을 찾는듯 자주 주위를 둘러보았다. 엿을 주고도 돈받을념도 않을 때도 간혹 있었다.

「돈 받수, 엿값 안받을라우?」

순진한 고객의 말에 편뜻 정신이 든 손철운은 자기가 너무나 긴장해있다는것을 자각했다. 그는 마음을 눅잦히려고 권연 한갑을 사서 갑을 터쳤다.

바로 그때였다. 두도일대에서 살쾡이라고 소문이 난 순경이 담배를 꼬나물고 혼들먼들 시장쪽으로 다가오고있었다. 사람들은 원님 출도라도 당한듯 숨들이 한줌만해서 비실비실 길을 비켰다.

살쾡이는 뚜걱뚜걱 구두발소리를 울리며 무인지경에라도 들어선 듯 장터로 들어섰다. 그리고는 눈으로 물건들을 보기도 하고 장군의 얼굴도 흘겨보았다. 만일 그자의 욕심을 당기는 물건이 일단 나지면 장군은 녹아나는판이라 장군들은 가슴이 오마조마 외바줄을 탔다. 살쾡이가 매번 장날이면 우선 먼저 너른 장터를 휘익 돌아보면서 속에 그루를 박아두었다가 트집을 걸어서는 자기한테 부족한 장물을 「몰수」하기때문이였다.

어느덧 살쾡이는 손철운의 앞으로 다가왔다.

껑다리는 아까 시내입구의 검사때와는 달리 허리를 굽석하고는 담배 한가치를 살쾡이한테 개여올렸다.

「나으리, 한 대 태우시지요.」

살쾡이는 별로 감사해하는 티가 없이 담배를 받아서 귀바퀴에 처실었다.

「저는 장사가 처음입니다. 앞으로 나으리께서 많이 보살펴주십소.」

손철운은 대답도 기다리지 않고 살쾡이의 손에서 구럭을 빼앗다싶이 해서 엿을 듬뿍 넣어주었다.

살쾡이는 꽤 인사범절을 갖춘놈이라고 생각되였던지 뾰족한 구두코로 땅바닥을 다독이며 손출운의 얼굴을 뜯어보았다.

「음, 장보기가 처음이라지? 어데서 왔나?」

「네, 세린하 손나으리 지팡살이하는뎁쇼. 우리 엄마 엿솜씨가 괜찮습죠. 맛 좀 보십소. 한보따리 미여지게 지고 왔는데 후딱 거의 거덜이 났는뎁쇼」

손철운은 꾸레미를 공손히 받들어올렸다. 그러자 살쾡이는 히죽이 웃으며 「례물」을 받아들었다. 그 순간이였다. 꺽다리는 엿을 베던 가위로 살쾡이의 심장을 겨누고 쿡 찔렀다. 미처 방어할 틈도 없이 불의의 타격을 받은 살쾡이는 어헉! 비명을 지르며 가슴을 붙안고 비칠거렸다. 꺽다리는 발길로 차고 주먹으로 쳐서 놈을 넘어뜨렸다. 살쾡이는 공처럼 또르르 뭉쳤다가 꿈지럭거리더니 일순 사맥이 확 풀렸다. 그러자 꺽다리는 재빨리 살쾡이의 옆구리에서 모젤권총을 빼쥐고 몇걸음 뒤주춤하더니만 돌따서서 뛰기 시작했다.

뜻밖의 사건에 어안이 벙벙했던 사람들이 그제야 와! 고함을 지르며 질겁해 달아났다. 장터는 일장 수라장이 되였다. 사람사태가 이리 쏠리고 저리 밀리며 복새판을 쳤다.

아우성소리, 쌍욕소리, 급보를 알리는 호각소리…

손철운이는 번개같이 길을 뛰여넘고 눈깜짝새 길건너 집들이 촘촘히 들어앉은 실골목으로 사라졌다.

얼마후 순경 몇이 장터로 달려오더니 「살인」자의 뒤를 쫓아 달리며 땅땅 총을 놓았다. 그러나 그때는 서툰 엿장사는 어디론지 가뭇없이 사라진 뒤라 순경들은 닭쫓던 개 지붕 쳐다보는 격이 되고말았다.

경관들이 살인현장으로 달려와 시체둘레에 새끼줄을 치고 사진을 찍으면서 법석댔다.

총소리에 풍긴 새처럼 혼비백산해서 산지사방으로 흩어졌던 사람들이 놀라서 붕— 허공에 떴던 정신이 갈아앉자 호기심이 동해 꾸역꾸역 모여들었다. 죽은 살쾡이의 꼴을 보려고 모가지들을 잔뜩 뽑아들고 싸개통을 놓는 무리속에서 찧고 까부는 이런 말들이 오갔다.

「무슨 일이랍메?」
「살쾡이가 칼에 요정났다꾸마.」
「못된 일을 무던히도 하더니 천벌을 맞았쉐다.」
「쉬, 놈들이 들을라…」

백주에 그것도 장터에서 순경을 요정내여 인민의 분도 풀고 총도 로획한 꺽다리 손철운은 그후 그 총을 지니고 항일투쟁의 가렬처절한 성전에서 일당백의 용맹을 떨쳤다고 한다.

정리: 류일엽

위만군을 생포

　1935년 가을에 있은 일이다.
　일제침략자들은 일거에 처창즈항일유격근거지를 없애버리려고 비행기까지 동원하여 미친듯이 폭격을 들이대면서 저들의 군대를 내몰아 련속 나흘이나 대토벌을 감행하였다. 이에 근거지 군민들은 잠시 그곳을 떠나 피신하게 되였다.
　이때 이 근거지에 와있던 한 소선대원은 홀몸으로 안도현 영경방향으로 피신하게 되였다. 그가 처창즈에서 서쪽으로 약 30리가량 갔을 때였다.
　한 산언덕 길가 수풀속에 농막 한채가 보였다. 그때는 이미 해가 서산에 기울어지기 시작한 때라 소선대원은 농막에 들어가 호박이라도 있으면 삶아먹자고 그 농막안으로 찾아들어갔다. 농막안에 들어가 보니 농막안은 한결 정결한데다 가마며 살림그릇도 놓여있었다.
　소선대원은 농막안에서 한숨 쉬게 되였다. 그런데 한숨 쉬기도전에 서쪽으로부터 서른살 가량 되어보이는 위만군 두놈이 총을 메고 흔들먼들 걸어오고있었다. 그녀석들은 농막안에서 인기척이 나자 깜짝 놀라 총을 꼬나들고 문에구에 서서 「꼼짝말었!」 하고 멱따는 소리를 질렀다.
　이때 약삭바른 소년은 온낯에 웃음을 담고 일어나서 류창한 한어로 「만군형님들, 어서 들어오십시오.」 하며 친절히 그들을 맞아들였다.
　이 소선대원은 안도현 소사하 한 빈한한 집에서 태여났는데 량친부모들은 병으로 앓다가 약 한첩 써보지 못하고 저세상에 갔다. 그래서 유격구에 찾아왔는데 유격구에 있는 한족들과 어울리면서 그는 한어를 누구보다 빨리 배워냈다. 그리하여 그는 한어로 말할라치면 누구든 그를 한족어린이로 보았다.

한창 무서워 떨 나이인데 총을 보고도 본체만체하니 만군들은 「요것이 공산군놈이 아니냐?」하며 따졌다. 그러자 소선대원은 「그래요. 처창즈에서 나오던 길에 이 막에 찾아들었어요.」하며 자기 신분을 곧이곧대로 말했다.

「뭐 처창즈?」

「그래요. 처창즈에서 나오던 길에 이 막에 찾아들었어요.」

「그런데 왜 여기에 있는거야?」

「말도 말아요. 그곳은 토벌이 심한데다 배고픈 고생에 견딜수가 있어야지요. 그래 가만히 빠져나와 귀순하러 가던 참에 여기 들렸지요.」

그 말이 미덥지 못한 듯 한놈이 소리쳤다.

「귀순? 허튼소리야!」

그러니 다른 한놈이 눈알을 부라렸다.

「이자식 너 거짓말을 했다간 아예 죽여버릴테다!」

소년은 제꺽 메고 오던 가죽가방을 그대로 그들에게 넘겨주었다.

「자 헤치고 보세요. 귀순이 아니면 뭐라고 이렇게 숱한 문건을 가지고 나왔겠어요?」 소선대원의 말을 듣고 한놈이 총을 꼬나든채 그를 지켜보고 다른 한놈은 가방을 채여 뒤지기 시작했다. 가방안에서 일기책이며 간부명단을 적어놓은 책들이 쏟아져나왔다.

「그래 너 정말이냐?」

「제가 누구앞이라고 거짓말을 해요.」

그러자 한놈이 그렇다는 듯 고개를 끄덕이더니 소선대원을 보고 씨벌였다.

「좋아. 그럼 이제 좀 있다가 우리하고 요툰에 가서 귀순해!」

「그런데 형님들 이제 귀순해도 날 잘 대해줄까요?」

「잘 대해주고말고. 이제 가서 귀순만 하면 막을것도 많이 준다.」

「그럼 공부랑도 시키나요?」

「시키고말고! 신경에도 갈수 있고 일본에도 갈수 있다.」

「아이 참 좋아!」

이쯤 말이 오가니 만군들은 아예 시름을 놓고 소선대원을 데리고 떠나려 했다. 이때 소선대원이 그들을 보고 사정했다.

「난 배고파요. 형님네도 배고프지요? 아무래도 늦어졌는데 호박이랑 삶아먹고 밤도와 가면 되지 않아요.」

소선대원은 그들이 어쩔 새도 없이 바람같이 농막밖에 달려가더니 호박 몇개를 따가지고 왔다. 호박을 보자 만군들은 더 가자는 말을 안했다.

드디여 가마안의 호박이 구수한 냄새를 풍겼다. 만군은 항일유격대에 잡힐가 주저하다가 산길에 들어섰는데 생각밖으로 귀순하는 공산군아이까지 잡아가지고 가게 되였으니 호박이 넝쿨채로 떨어졌다고 좋아서 싱글벙글거리다가 호박이 삶기자 게걸수레 먹어대기 시작했다.

어느덧 날이 저물고 동산에 달이 떴다. 그자들은 길을 떠나자고 서둘러댔다. 이때 소선대원은 유격대에서 내준 비상용아편 한덩이를 품속에서 꺼냈다.

「형님들두 이걸 좀 보세요. 달이 휘영청 밝은데 뭘 그리 급해하나요. 이걸 피우고 떠나면 좋지 않아요?」

그자들은 큼직한 아편덩이를 보자 침방울을 퀭기며 불같은 독촉을 들이댔다.

「애, 더 말 말고 어서 구워라. 아편을 피우고 떠나도 돼.」

소선대원은 아편을 구웠다. 그러자 그자들은 저마다 괴춤에서 대통을 꺼내 약담배를 담고는 뻐그럭뻐그럭 빨기 시작했다. 얼마 지나자 그자들은 눈이 게슴츠레해지더니 그 자리에 쓰러져 드렁드렁 코까지 골아댔다.

이때를 기다리던 소선대원은 그자들의 총을 한켠에 세워놓고 포승줄로 두놈의 팔을 꽁꽁 묶어 뒤짐을 지웠다. 그래도 약담배에 취한 놈들은 아무것도 몰랐다.

「빨리 일어낫!」

소년은 마구대고 그놈들의 궁둥이를 찼다. 그제야 놈들은 겨우 눈을 떴다. 헌데 팔이 꽁꽁 묶이여 어쩔수 없게 되였다. 두놈이 다 놀라 소선대원을 바라보며 이구동성으로 말했다.

「아니 동생, 왜 이래?」

「잔말 말고 어서 일어나.」

「아니 대체 어찌 된 일이야?」

「이놈들아. 내 아까 형님형님하니 정말 그러는줄 알았더냐? 난 일제침략자와 주구질하는 만군을 때려부시는 항일소선대원이다!」

소선대원은 그자들의 입에 천을 꽁꽁 틀어막고는 농막을 나서자 그자들을 앞세우고 오도양차쪽으로 향했다.

이틀후 오도양차군부 판플레트신문에는 「한 소선대원이 오련발총 두자루와 탄알 400발, 그리고 위만군 두놈을 생포해가지고 승리적으로 군부에 도착했다」는 특대희소식이 실렸다.

정리: 리룡득

≪빠이탠 커이≫

항일전쟁시기에 있은 일이라고 한다.
어느날 한낮때 식량마차 한 대가 룡정을 떠나 비암산고개를 넘어 따가닥따가닥 평강벌을 달리고있었다. 마차우에는 위만군 두명이 앉아있었다. 삼도구(오늘의 화룡) 위만 주둔부대의 군량을 실어가는것이였다.
한여름 무더운 태양이 재글재글 정수리를 지져대고있었다. 마차우의 두 병사는 웃옷을 벗어내치고 군모를 부채삼아 흔들며 더위를 몰아냈다.
저만치 앞에서 검정광목치마에 흰 저고리를 받쳐입은 두 녀인이 달싹달싹 걸어가고있었다. 녀인들은 머리우에 함박만한 보따리짐을 이고 가는것이 보기에도 힘겹게 여겨졌다.
마차가 당금 등허리를 칠만치 가까웠는데도 녀인들은 길복판을 차지하고 피할념을 하지 않았다.
「코벤! (옆으로 비키라는 말)」
마차를 모는 병사가 소리쳤다. 하지만 들었는지 말았는지 녀인들은 그냥 그 본새였다.
「타마디! 쌍쓰아?! (제길할, 죽고싶어?!)」
걸직한 욕설을 퍼부으며 병졸은 급히 말을 세웠다. 그제야 뒤로 돌아선 녀인중 작고 통통하게 생긴 녀인이 팔을 벌리고 장승처럼 버티고 서는것이였다.
「썸머썰(무슨 일이야)?」
차몰이 병졸은 어이가 없다는 듯 버럭 소리를 질렀다.
「태워줬소.」
그녀는 한족이 조선말하듯 지껄이며 샐죽 웃음을 날렸다. 보동보동 살이 오른 두볼에 오목하니 보조개가 곱게 패웠다.
 웃는 상대한테 침뱉을수 없다는 말도 있고 또 곱살하게 생긴 녀인들이라 병졸은 노기가 가뭇없이 사라졌다. 그는 한족말 절반 조선말 절반 범벅말로 우스개를 피웠다.
 「당신 내 안해 했소. 태워줬소.」
 「개소리 치지 마. 다리 아파 죽겠다.」
 통통하게 생긴 녀인은 군인들이 조롱조의 말을 지껄이자 아예 타라는 허락이나 받은 듯 마차우에 이였던 짐을 올렸다. 그리고는 다른 녀인의 보따리를 받아서 낑— 마차우에 올리고는 넝큼 올라탔다.
 마차는 다시 달리기 시작했다.
 「이녀석들은 녀자라문 오금을 못쓴다니. 남자들같으문 태우기나 하겠소. 이럴 땐 녀자가 좋더라.」
 통통한 녀인의 너스레에 갸름한 녀인은 까르르 웃었다.
 「마차 탔소. 좋았소.」
 병사 하나가 지껄이자 다른 한놈은 싱글거리며 시까슬렀다.
 「나한테 돈이 많이많이 있소. 나의 안해 했소. 좋았소.」
 「까마귀 소리 듣기 싫다. 그 주제에 장가들겠다구?」
 통통한 녀인이 욕을 하자 조선말을 알아듣지 못하는 병사들은 제 기분에 들떠서 너털웃음을 쳤다.
 어느덧 마차는 두도구를 지나 이도구 입구에 접어들었다. 병졸은 네 한마디 내 한마디 녀인들을 희롱했다.
 「오늘밤에 우리 함께 잤소. 내 아들 낳았소 따따디 호와(아주 좋소)!」
 「나의 로퍼(안해) 했소 챈디 따따디(돈을 많이) 줬소 챈디 따따디 좋았소」
 녀인들은 그자들이 지껄이거나 말거나 더는 응대하지 않고 소곤소곤 저들끼리 재미나게 이야기를 주고받았다.
 마차가 이도구를 벗어나 산길로 접어들었을 때였다. 갑자기 통통한 녀인이 자리에서 옴쭉 일어나 앉으며 소리쳤다.
 「와이(여보시오), 차를 세워요!」
 차몰이병사는 머리를 돌려 녀인을 보며 헤벌쭉 웃었다.

「무슨 일이?」

「차를 세워요. 워디 쉬- 깐바.(오줌을 누겠다는 뜻)」

그녀는 얼토당토않은 한어를 어물쩍 넘겼다.

「뿌싱아. 쩌머싱아.(안돼. 어떻게 할수 있나)」

차몰이병졸은 부스레기 조선말을 꽤나 알아듣는 편이라 녀인의 뜻을 알았지만 일부러 골려주려고 쨩! 채찍을 울렸다. 두 마리 말은 네굽을 안고 호기롭게 달렸다.

「콰이(빨리요)! 아이구, 나 죽소. 쉬깐바!」

그녀는 잔뜩 두다리를 오그려붙이며 입술을 옥물었다.

「빠이탠 뿌싱아. 헤이탠 싱아.(낮에 안되오. 밤에 되오.)」

「하하하…」

차몰이병사가 히물히물 웃으며 지껄여대자 다른 한자는 재미있다고 허리를 부둥켜안고 웃었다.

「이 까마귀가 쉬깐바를 한자리에 들자는걸로 들었나봐. 괘씸한 놈!」

그녀는 마차부 옆으로 다가가 다짜고짜로 고삐를 쥐여 뒤로 당겼다.

「위!」

마차가 섰다. 그녀는 분이 상투밑까지 치받쳐올라 상큼하니 치뜬 눈으로 병졸을 쏘아보았다.

「왜 안돼? 빠이탠 싱아.(낮에도 된다)」

말을 마친 녀인은 부랴부랴 차에서 내려 쫑드르르 길옆 숲속으로 들어갔다. 숲에 가리워 그녀의 몸은 드러나지 않았어도 뒤미처 소변보는 소리가 지척에서 들려왔다. 계집에 굶주린 위만군 병졸들은 얼나간 듯 소리나는 쪽을 멍하니 바라보았다.

바로 그때였다.

마차우에 조용히 앉아있던 녀인이 보따리속에서 조막도끼를 꺼내들고 병졸의 머리를 냅다쳤다. 「악!」하는 외마디소리와 함께 병졸 하나가 마차아래로 굴러떨어졌다. 그 소리에 깜짝 놀란 차몰이병졸이 몸을 일으켜세우며 총을 쥐고 차에서 뛰여내렸다. 그러나 미처 격발기를 열었다 닫기전에 치마를 추슬러 입으며 숲속에서 달려나온 통통한 녀인이 권총아구리를 그자의 뒤

머리에 갖다댔다.

「꼼짝말엇!」

차몰이병졸은 혼백이 구중천에 떠서 맥을 버리고 무릎마디가 꺾였다.

두 녀인은 포승으로 그자를 꽁꽁 묶어 짐싣듯 마차에 올린후 죽은자의 시체를 숲속에 처넣었다. 그리고는 말머리를 돌려 와룡동쪽으로 질풍같이 달려갔다.

그 두 녀인은 어랑촌에 근거지를 둔 화룡현 유격대 대원들이였다.

정리: 류일엽

무산식당주인 최기수

　1932년 봄, 화룡현위에서는 남골에서 지하활동을 하다가 우심촌의 촌장인 처남을 따라 이사해온 최기수의 집에 련락점을 정하였다.
　최기수는 어느 농민들처럼 농사를 지으면서 지하련락사업을 맡아하였다. 그는 화룡에서 두만강류역의 남평과 고성리쪽을 래왕하는 길손들이 많은것을 보고 속으로 이런 생각을 했다.
　「마을 첫어구에 있는 우리 집에다 식당을 벌려놓으면 차라리 산의 동무들과 련계하기도 좋고 내가 식당을 핑계대고 돌아다니며 활동하는데도 편리하지 않을가!」
　이렇게 되여 최기수는 초봄부터 얼마 안되는 밑천으로 「무산식당」이란 간판을 내걸고 육개장을 만들어 팔았다.
　최기수는 이렇게 한잎 두잎 모은 돈으로 소금과 식량 같은것을 사고 줴기밥을 만들이 유격대에 보내주군 하였다. 그리고 식당 쌀이 떨어질 때마다 일부러 태평촌에 있는 지주놈의 장원으로 들어가서 식량을 사는 기회에 보안대의 무기수자며 무기창고까지 알아내군 했다.
　늦가을의 어느날 저녁무렵이였다.
　수수한 조선족옷차림에 서른살가량 되여보이는 한 젊은 녀인이 련락점으로 찾아왔다. 그녀는 현위에서 파견한 달라자의 련락원이였다. 현위에서는 룡정령사관에서 파견한 아사히 하루요시 소위란 놈이 집단부락시찰단을 조직해가지고 래일 태평촌과 우심촌으로 가게 되니 기회를 놓치지 말고 그놈들의 무장을 탈취하라는 지시를 보냈던것이다.
　저녁식사가 끝난후 그들은 무장탈취방안을 토론했다. 최기수가 먼저 입을 뗐다.

「먼저 그놈들이 태평촌에서 우리 촌으로 떠날 시간을 알아내야 하겠소.」
「제 생각엔 형수님네 생일을 앞당기고 촌장을 태평촌에 보내여 오후에 그놈들을 식당에 끌어온후 곤드레만드레 술에 취하게 만들어놓고…」
안해가 묘안을 내놓았다.
「기수동무, 현위에선 래일아침 유격대동지들을 보내주겠다고 했어요.…」
녀련락원의 말이였다.
이튿날 새벽 최기수는 녀련락원과 함께 처남집을 찾아갔다. 하여 아침후에 처남이 태평촌으로 떠나고 식당에선 닭이며 송아지를 잡아 생일준비에 눈코뜰새없이 보냈다.
해가 뜨자 현위에서 지시한 유격대의 6명 동지들도 사복차림새로 련락지점에 찾아들었다. 련락소에 낯선 사람들이 많이 모여든 형편에서 최기수는 촌장과 상론하여 녀련락원을 촌장의 녀동생으로, 유격대원들을 친척관계로, 생일을 축하하러 찾아온것으로 그럴듯하게 꾸몄다.
오후 3시경이였다.
언덕아래 신작로길로 경찰, 통역관까지 12명의 군경들이 트럭에 앉아 왔다. 촌장의 소개로 녀련락원한테서 례절바른 인사를 받은 아사히소위놈은 그의 미모에 깜짝 놀랐다. 호리호리한 몸매, 새별같이 빛나는 한쌍의 쌍까풀진 눈에 그믐달처럼 비껴간 눈섭, 새빨간 앵두 같은 입술, 그 어디를 보나 이를데 없는 미녀였다.
아사히놈은 이런 산골에 이처럼 예쁜 미녀가 있으리라고는 생각조차 못했다. 그는 앞에 선 꽃같은 녀련락원을 못박힌듯 서서 보더니 여러번 침을 넘기며 「혼또니 우즈꾸시이나(정말 고운데)!」라고 왜말로 경탄해마지않았다. 녀련락원이 아사히놈을 은근히 바라보다가 그놈의 팔을 당기자 소위놈은 신이나서 너털웃음을 웃었다. 게다가 친척들이 소위놈에게 허리굽혀 하느님처럼 받들자 그놈은 더욱 만족하여 「요시, 요시…」라고 외우며 따라온 졸개들을 식당으로 들어가라고 손짓하였다.
이윽고 푸짐하게 차린 술상이 마련되자 아래웃방에서 촌장의 생일축하주연이 베풀어졌다.
녀련락원은 아사히놈의 옆에 딱 붙어 일부러 기생들만이 가질수 있는 그런 아양을 부리며 술을 따랐다.

어느덧 련락소에 어둠이 깃들었다. 산에선 또다시 3명의 후원대원을 보내왔다.

아사히놈은 곤드레만드레 술에 취해 반벙어리소리까지 쳤다.

최기수는 웃방에 앉은 사람들에게 행동할것을 눈짓했다. 유격대원들은 자기 몸에 품었던 권총들을 뽑아들었다.

「꼼짝 말고 손들엇! 움직이면 쏜다!」

눈치 빠른 아사히놈은 옆구리에 찬 권총집으로 손이 갔다. 하지만 그보다 더 빠른 미녀의 손이 그놈의 권총집에 들어갔다. 불의의 습격을 당한 적들은 두손을 쳐들고 후들후들 떨기만 했다.

유격대원들은 적들한테서 빼앗은 권총 두자루와 경기 한정, 보총 7자루를 각기 나누어 메고 어둠을 헤가르며 마을을 떠났다.

정리: 리진성

≪뭐, 박으라구?≫

　　1932년 겨울이였다. 수십명의 일본군수비대와 경찰놈들이 이리떼마냥 화룡현 약수동에 덮쳐들었다. 그날 현당위서기 최상동과 조직부장 김일환 등 여러 간부들은 상촌에 자리잡은 현당위사무실에서 한창 회보회를 하고있었다.
　　위급한 관두였다. 한 녀인이 문전보초를 서다가 토벌대가 달려든다는 보초선의 급보를 알리였다. 동지들은 다급히 뒤문으로 빠져 조밭속으로 몸을 숨기며 서쪽골로 피했다.
　　급보를 알린 녀인은 현당위 조직부장 김일환의 어머니로서 현위통신처 사업도 책임지고 현당위 작식도 맡아하였다. 회의군들이 피신한후 녀인은 등사기가 눈에 띄우자 그것을 재빨리 부엌간에 무져놓은 보리짚속에 밀어넣었다. 그리고나서 녀인은 보리쌀을 헹구면서 손녀를 보고 보리짚에 앉아 불을 때라고 하였다.
　　「이 집에 공산당이 없소까?」
　　칼을 찬 왜놈 지도관이 집안을 훑어보며 어성을 높였다.
　　「공산당이란게 뭐유?」
　　녀인이 능청을 부렸다. 그러자 그의 행색을 살피고있던 놈이 갑자기 녀인의 멱살을 잡고 으르대였다.
　　「공산당도 몰라, 네년이 공산당이지?」
　　놈들은 우선 이렇게 흔뜨검을 내여놓고는 독이고 이불이고 발칵 뒤졌다. 아무런 단서도 찾아내지 못하자 불 때는 열두어살 되는 소녀를 구슬리기 시작하였다.
　　「네가 말해봐, 공산당이 어디로 갔니?」
　　「할매, 이 사람이 나를 공산당이라고 부르오. 헤헤…」

소녀는 검댕이가 묻은 손으로 코며 입을 문지르면서 바보웃음을 웃어댔다.
「칙쇼!」
왜놈지도관이 꿱꿱 소리질렀다.
「뭐, 치라구?」
소녀는 부지깽이를 들어 왜놈지도관을 후려갈겼다.
「바가야로!」
왜놈지도관이 뒤로 몸을 제끼며 고래고래 소리질렀다.
「이번에는 박으라구? 히히히…」
소녀는 부지깽이를 들다 말고 골을 휘저으면서 왜놈의 배를 들이박았다.
「에쿠!」
왜놈은 비실비실 뒤로 물러섰다.
녀인이 개는 부실이라고 했더니 왜놈지도관은 어처구니가 없어 부하들을 데리고 뒤문으로 나가버렸다. 이윽하여 놈들이 다시 쏠어들더니 공산당이 어데 숨어있는가고 따졌다. 녀인은 우리 집은 아들이 몹쓸 전염병에 죽고 손녀와 둘이 사는 집인데 공산당이 어데 있겠는가고 대답하였다. 이 말에 놈들은 당금 온역에 골리기나 할것처럼 겁부터 나서 입을 싸쥐고 달아나버렸다.

정리: 리광인

아들이 남긴 글쪽지

1933년 봄 어느날 저녁이였다. 화룡현 토산자 집단부락에 있는 분주소와 자위단 놈들은 집단부락축성식을 가지느라고 야단법석이였다.

이때 이 집단부락 북쪽 변두리에 자리잡은 한 조선집 녀인은 샘물터에 가서 샘물 한동이를 이고 오더니 구새목곁에 놓고 칠성기도를 드리고있었다. 3년전에 집을 나선 둘째아들 주현이가 무사하기를 비는 기도였다.

3년전에 주현이는 큰형님과 함께 어머님을 모시고 화룡현 북골에서 살았다. 이해 여름 북골에 지하당지부가 세워지면서 둘째 주현이는 혁명활동에 참가하기 시작했는데 몇 달후에는 잔치날을 며칠 앞두고 어디론가 가뭇없이 사라졌다. 후에 들을라니 그는 타국에 가 망명해있다가 어랑촌근거지에 찾아가 항일유격대원이 되였다는것이다.

그때부터 이 녀인은 아들이 몸 성하기를 기원해서 남들이 잠자는 밤중이면 샘물을 떠놓고 눈 오나 비 오나 하루도 빠짐없이 꼬박 3년째 칠성기도를 드렸다.

어머니는 남몰래 칠성기도를 드리고 집에 들어와 앉았다. 그런데 어머니가 집에 들어온지 얼마 안되여 갑자기 자지러진 총소리가 들려왔다.

「총소리?」

어머니옆에 앉았던 어린 딸애가 총소리를 듣고 어머니의 두 팔을 부여잡았다.

「집단부락쪽에서 나는 총소리구나. 혹여 둘째가 유격대와 함께 오지 않았을가?!」

어머니는 정지문틈새로 밖을 내다보며 어쩔바를 몰라했다. 밖으로 나가려 해도 나갈수 없었다. 그들은 올봄에 북골에서 이사왔다. 집이 없다보니 금방 락성된 집단부락 토성안으로 들어가지 못하고 외따로 떨어진 이 집을 빌어들고있었는데 옆집주인은 놈들과 내통하는 사람이였다. 한번은 칠성기도를 드리느라고 샘물가로 갔는데 이 사람이 살금살금 뒤따랐다. 이때부터 놈들은 이 집 아들이 유격대라고 감시망을 늘이고 사흘이 멀다하게 이 집에 덮쳐들었다. 이런 형편에서 황차 밖에서 총소리까지 나는 이런 밤에 밖에 마음대로 나설수 없었다.

총소리가 뜸해진후 집뒤의 과수나무밑에서 바스락소리가 났다. 누가 온것이 틀림없었다. 하지만 어머니는 나가볼 생각을 하지 못했다.

어머니는 온밤을 뜬눈으로 새웠다. 꼭 아들이 왔다 간것만 같았다. 먼동이 트자 어머니는 슬그머니 자리에서 일어나 밖으로 나갔다. 이윽하여 집에 들어온 그는 과수나무밑 돌틈에서 주었다며 종이쪽지를 큰아들한테 내밀었다. 무슨 글쪽지인지 봐달라는것이였다.

「동생이 쓴 종이쪽지군요!」

큰아들이 어머니 귀에 대고 조용히 말했다.

「뭐? 둘째가? 그래 무어라 했느냐?」

「어머니 안심하십시오. 저는 현유격대를 따라 <집단부락>에 있는 자위단 치러 왔다가 어머님을 뵙지 못하고 갑니다. 승리하는 그날에 어머님을 찾아뵙겠습니다. 기다려주십시오. 아들 주현 올림.」

큰아들이 조용히 동생이 쓴 글쪽지를 다 읽어드리자 어머니는 소리없이 락루하였다. 잔치날을 8일 앞두고 19살의 애젊은 나이에 집을 떠나 총을 잡고 항일에 나선 둘째아들을 3년철이나 기도까지 정성들여 하면서 기다리던 어머니였는데 집가까이에 온 그 아들을 보지 못하였으니 마음은 칼로 여미는듯하였다. 어머니는 아들이 남기고 간 그 글쪽지를 몇번이고 다시 읽어달라 하였다. 큰아들은 어머니의 소원을 풀어주느라 그 글쪽지를 몇번이나 다시 읽었는지 모른다. 그래도 어머니는 그 글쪽지를 그만 읽으라는 말을 하지 않았다.

한낮이 되었다. 그때에야 어머니네는 자위단 몇놈이 간밤에 황천객이 되고 총까지 빼앗겼다는 말을 듣게 되였다. 이때 어머니는 조용히 서북쪽을 바라보며 아들과 유격대원들이 몸 성히 원쑤들을 더 많이 족칠것을 빌었다.

그후부터 둘째아들이 남긴 글쪽지는 어머니의 귀중한 소지품으로 되였다. 어머니는 누가 앗아가기라도 하듯 그 글쪽지를 저고리고름에 매여 소중히 간직하고 둘째아들이 그리울 때마다 그 글쪽지를 풀어보군 하였다. 빨래를 할 때면 고름을 풀어 정히 꺼냈다가는 빨래가 마른 다음엔 다시 저고리고름에 매두었다. 둘째아들이 남긴 글쪽지는 모진 세월에 살아가는 어머니에게 하나의 희망을 안겨주었다. 어머니는 글을 모르고 살아왔지만 둘째아들이 글쪽지에 남긴 그 말만은 한마디도 빼놓지 않고 죄다 알고있었다. 그는 날마다 아들이 쪽지에 남긴 그 말을 되뇌이며 아들과 만날 승리의 그날을 손꼽아 기다렸다.

「일제놈들이 망하고 우리가 이기는 날이면 난 둘째를 만난다. 그날은 오리라!」

어머니의 믿음이였다. 어머니가 오매에도 바라는 소원이였다. 하지만 어머니는 그 간절한 소원을 이루지 못하였다. 둘째아들 주현이는 어머니에게 글쪽지 한장 남기고 승리의 그날을 맞아오기 위해 동북항일련군 제2군 제6사 7퇀 퇀장, 제1로군 제2방면군 사령부 부관이란 중임을 메고 싸우다가 1938년 가을 몽강현에서의 한차례 적과의 조우전에서 장렬히 희생되였다.

정리: 림선옥

끓는 물을 들씌우다

　1930년 가을, 화룡현 우복동 한 마을에 최씨네 두 형제가 살고있었는데 그들은 어머니의 도움을 받아 집안에 뛰여든 토비 두놈을 눈깜짝새에 쓸어 눕히고 장총 두자루를 빼앗아냈다. 이리하여 당지 사람들은 그들 두 형제를 「주먹장군」이라고 불렀다. 헌데 이 이야기가 한창 바람처럼 원근에 파다히 퍼져가는 때 그 이야기 뒤를 이어 이 동네 녀인들이 적들에게 물벼락을 안기고 총을 빼앗았다는 희한한 이야기가 꼬리를 물었다.
　어느날, 한무리 일본수비대가 유격대의 발자취를 따라 해종일 우복동일대의 산속을 돌고 돌다가 유격대도 찾아내지 못하고 그만 지쳐서 돌아갔다. 헌데 그들중 너무나도 지쳐 대오마저 잃은 두어놈이 허기증까지 들어 인가를 찾아 헤매였다. 이자들은 멀지 않은 앞에 동네가 바라보이자 주린 창자를 채워보려고 동네를 향해 걸어왔다.
　이때는 보리지녁떼기 디되였다. 무장탈취를 노리고있던 이 동네 부녀회회장은 이자들이 걸어오는걸 보자 「주먹장군」들 일이 번개같이 떠올라 놈들이 처음으로 거치게 될 이중촌(二中村)의 한 외딴집에 부녀회원들을 모이게 하고 그들과 여차여차하자고 약속했다. 이쯤 되자 이 외딴집에 모여온 녀인들은 까르르 웃고 떠들며 놀기도 하고 일부 녀인들은 들락날락하면서 야단이였다.
　이윽하여 외딴집 가까이에 이른 이놈들은 밖에 나와있는 한 녀인을 보고 왜 외딴집에 모여 따들썩하며 야단들인가고 따져물었다. 그러자 그 녀인은 한가한 철이라 동네 녀인 몇이 모여노느라고 그런다고 제꺽 대답했다. 그러자 창자가 등에 가 붙은 녀석들은 다른 생각은 아예 하지도 않고 금강산도 식후경이라고 우선 창자나 달래보려고 주저없이 이 집에 들어섰다. 집에 들어서보니 과연 말과 같이 녀인들의 놀음판이였다.

「어서 올라와요!」

예쁘장하게 생긴 한 처녀가 놈들이 들어서는걸 보자 그자들을 보고 공손히 말했다. 그러자 녀석들은 이거 웬 떡이냐는 듯 벌써부터 싱숭생숭해나서 그 녀인부터 쳐다보며 징글스럽게 웃었다. 이때 술상에 료리가 한두가지 놓이고 술잔이 놓이더니 녀인들은 그들을 불러앉혔다. 생각지도 않은 술상까지 받은 놈들은 헤벌쭉해서 술을 마셔대며 녀인들을 칭찬하느라 연신 엄지손가락을 내둘렀다.

술이 서너순배 돌자 놈들은 공산당토벌에 나섰다가 고생만 했다는등, 하마트면 이국고혼이 될번했다는등, 배가죽이 등에 붙어 죽을번했다는등 하며 불평을 늘여놓기 시작했다.

「어르신님들! 인젠 술도 거나하게 됐는데 발이나 씻고 진지들자요!」

아까 꽃처럼 고운 그 처녀애가 눈웃음을 살살 웃으면서 더운물을 소래에 담아들고 들어와 술상에 앉은 놈들을 보고 말했다.

「그래, 그래.」

눈이 가슴츠레해진 놈들은 고운 녀인을 보자 주흥에 녀색까지 동하여 그저 그 처녀가 시키는대로 더운물에 발을 담그고 씻었다. 그자들은 저마다 발씻고 밥만 먹으면 그 고운 녀인을 품에 안고 놀아보자고 제 좋은 궁리를 하고있었다.

이때다.

진작 가마목에서 기회를 노리고있던 부녀회원들이 설설 끓는 물을 퍼서 연해연방 놈들의 대갈통에 퍼부었다.

「아야 나 죽는다!」

처음 소리자 마지막 소리였다. 놈들이 머리를 싸쥐고 죽겠다고 댈댈 구을어대는데 쌩쌩 끓는 물벼락이 쫙쫙 내리 쏟아졌다. 순식간에 놈들이 끓는 물벼락에 죽어자빠졌다.

우복동 부녀회원들은 이렇게 보총 두세자루를 빼앗아 구 유격대에 보내였다. 그리하여 이 이야기가 「주먹장군」이야기 뒤를 이어 원근 백성들속에 짜하게 퍼졌다.

정리: 림선옥

≪어린이노래≫에 깃든 사연

　화룡현 룡두산은 지난 항일시기 연변에서의 첫 녀성당지부서기가 나온 유서깊은 고장이다. 지금도 이고장에 가면 당년 녀투사가 지은 「어린이노래」를 들을수 있는데 이 노래에는 눈물겨운 사연이 깃들어있다.
　함박눈이 펑펑 쏟아지던 1930년 음력 10월하순의 어느날이였다. 평강구위 부녀위원 홍혜순은 룡두산에 있는 친정어머니에게 3호동네로 급히 와달라는 기별을 띄웠다.
　「내 딸이 왔다구?」
　딸의 말만 나오면 눈굽부터 적시는 어머니는 기별을 받자 지체없이 돌이 갓 지난 외손녀 소경자를 둘쳐업고 부랴부랴 길을 떠났다.
　홍혜순은 워낙 룡두산당지부 서기였다. 그의 눈부신 활약에 겁을 먹은 적들은 2천원이라는 거액의 상금까지 내걸고 그를 붙잡으려 하였다. 그녀는 부득불 낮이면 부근의 해란상가에 나가 마른 버드나무가지를 줏는척 하며 혁명자들을 만나 지시를 주고 밤이면 마을에 들어가 투쟁을 이어나갔다. 이해 여름을 내내 강가에서 보내며 주은 나무가 제법 산더미를 이루었다. 하지만 그 어려운 나날에 위험은 그림자마냥 따라다녔다. 혜순이는 할수없이 돌이 차지 않은 어린 딸을 친정어머니에게 맡기고 구위가 활동하는 장인강 골로 들어갔다.
　이해 초가을 어느날이였다. 혜순이는 딸애가 보고파 지방에 임무수행을 나갔던 걸음에 집에 잠간 들리였다. 그때 그는 부엌앞에 선채 어머니가 꺼내주는 삶은 떡호박을 맛나게 먹었다.
　「아이, 엿같네.」
　호박에서 흐르는 단즙을 보고 혜순이는 애들처럼 기뻐했다. 하지만 기뻐서 한 말이 어머니 가슴에 옹이로 될줄을 혜순이는 몰랐다. 딸애가 엿을 무척 좋아한다는데서 가슴에 맺힌 옹이는 딸애에게 엿을 달여주지 않고서는 풀릴것 같지 않았다. 그때 옹이를 풀지 못한 어머니는 후에 주은 수수이삭으로 엿을 달여놓고 딸을 손꼽아 기다렸다. 며칠후 과연 기다리던 딸 혜순이가 왔다. 어머니는 딸이 집에 들어서자 엿사발부터 내놓았다. 혜순이는 누구보다 어머니의 심정을 알고있는지라 어머니가 내놓은 엿사발을 웃으며 받아들었다. 하지만 이때 갑자기 두도구령사분관의 경찰놈들이 달려들어서 혜순이는 그 엿을 먹어보지도 못하고 뒤문으로 빠져야 했다.

그때가 어제같은데 두어달이 지났다. 어머니는 그때 딸의 그 모습이 삼삼하여 저도 몰래 눈물을 흘리였다. 3호동네가 지척에 나타났다. 벌써부터 어머니를 기다리고있던 혜순이는 엎어질 듯 달려나왔다. 어머니를 만난 기쁨과 귀여운 딸애를 잠간이나마 안아줄수 있게 된 혜순의 두 눈에서는 맑은 눈물이 굴러떨어졌다.

「어머니, 고생이 많으셨어요!」

혜순이는 고생스레 살아가시는 어머니를 측은한 눈길로 보면서 정겹게 말했다. 그리고 뜨거워난 눈시울을 껌벅이며 두손으로 딸애를 높이 들고 빙빙 돌다가 품에 꼭 껴안았다. 자주 보지 못하는 어머니가 서먹했던지 어린 것은 물려주는 젖꼭지를 물다 말고 고사리같은 손으로 어머니의 저고리고름을 만지작거리며 「엄마, 엄마」하고 조잘거린다. 이로 하여 혜순의 가슴은 쓰리였다.

「경자야, 엄마는 아마 오래동안 너를 볼것 같지 못하구나. 외할머니 말씀을 잘 듣거라. 엄마랑, 아빠랑도 너희들을 위해 싸운단다. 아빠도 이제 감옥에서 나오실거다.」

순간 그의 머리에는 동만을 주름잡아 대중을 이끌어 「5. 30」폭동을 지도하던 남편이 지금 서울 서대문형무소에서 굴함없이 싸우고있는 모습을 보는듯했다. 혜순이는 딸을 품에 꼭 껴안으며 애를 보고 말했다.

「경자야, 너 커서 장래 꼭 아버지처럼 훌륭한 사람이 돼야 한다.」

「웅, 아버지! 엄마!」

어린것은 그 말을 알아듣지 못하고 제나름대로 어머니의 말을 받았다. 더 말을 주고받을 새가 없었다. 혜순이는 길을 떠나야 했다. 한번 떠나면 생사를 기약할수 없는 길이여서 혜순이는 어머니를 다시 한번 쳐다보며 작별인사를 올렸다. 그리고는 그는 딸을 들어 높이 추켜올렸다.

「경자야, 엄마가 가도 울지 말어 응, 외할머니 말씀을 잘 들어야지. 넌 혁명가의 딸이란다. 혁명가의 딸은 이걸 잊지 말아야 해. 알겠니?」

어린것이라 리해할리 없건만 그래도 그는 이 시각 자기의 심정을 어린 딸에게 말하고싶었다.

딸애가 어머니가 떠나는것을 알았던지 와-하고 울음보를 터뜨렸다. 그 바람에 저도 몰래 혜순이도 울고 혜순의 어머니도 눈물을 훔쳤다. 하지만 혜순이는 인차 이를 악물고 무서운 힘으로 자기를 억제하고 딸애를 어머니에게 넘겨주고는 주저없이 눈길에 나섰다. 뒤에서 나는 「엄마, 엄마!」하고 발버둥치는 딸애의 울음소리가 혜순의 가슴을 짓찢었다.

그후 혜순이는 인편을 통해 자기가 지은 2절로 된 노래를 집에 보내왔다. 이끓는 모성애를 노래에 담아 딸에게 선물한 「어린이노래」였다.

이 노래는 한입두입 건너 룡두산에 널리 퍼졌다. 외할머니가 배워줘서 혜순의 딸 정자는 서툴게나마 이 노래를 불렀다. 그때 어린것이 부르는 노래를 듣는 마을사람들 치고 눈물을 머금지 않은 사람이 없었다. 그 노래 가사는 이러했다.

　　　　나어린 몸 남겨두고
　　　　아버지는 철창에로
　　　　눈보라치는 벌판에서
　　　　어머니는 생리별
　　　　철모르는 어린 유녀
　　　　찾아갈 곳 어데일가
　　　　아 배고파 우는 눈물
　　　　누가누가 씻으려나
　　　　그날마다 그때마다
　　　　엄마아빠 그리워

이리저리 찾으면서
엄마아빠 부르누나.

1930년 겨울, 홍혜순은 장인강 산속에서 적들과 싸우다 적탄에 맞아 두도구령사분관에 끌려가 비장한 최후를 마쳤다. 이 소식이 룡두산에 전해지자 마을청년들이 놈들의 위협도 아랑곳 않고 담가로 혜순의 유체를 집에 가져갔다. 세상모르는 딸애가 어머니 유체에 매달려 「엄마-엄마-」하고 애처롭게 울었다. 누군가 혜순이 지은 「어린이노래」를 울면서 불렀다. 그바람에 온 마을 사람들이 우는 애를 둘러싸고 통곡했다. 사람들의 눈에서 피눈물이 떨어졌다.

정리: 림선옥

최순사 이야기

  1930년대 후반기, 화룡현 이도구경찰서에 최순사란 조선인 경찰 한사람이 있었다. 그때 이곳 경찰서에는 12명의 경찰이 있었는데 그중 3명은 왜놈이였다.
  이도구경찰서 경찰들은 짬만 있으면 이곳 강진백이란 50대의 조선사람이 꾸리는 국수집에 가서 질탕 먹고 마셔대며 놀았다. 그것은 강진백이란 작자가 무섭게 약은 사람이여서 어떻게 하나 일본놈들과 경찰서 경찰들에게 잘 보여 돈을 많이 벌려는 욕심에서 늘 그자들을 끌어들였기때문이다.
  바로 단오를 얼마 앞둔 어느날이였다. 점심때가 거의 되자 강진백은 지나가는 경찰 몇을 불러들여 흥건히 잘 삶아진 소갈비안주에다 일주를 먹이고 있었다.
  이때 이곳에서 30리 떨어진 쟈피거우에 사는 청년농민 하나가 메밀 세말을 무겁게 진채 이 국수집에 들어섰다. 그는 메밀짐을 한쪽 구석에 내려놓은뒤 국수 세사발을 청하였다. 그러자 심부름군은 국수 세사발을 갖다주었다. 그 청년은 먼길을 걸어와서 반나절이나 장거리를 오르내리며 메밀을 팔다보니 배가 몹시 고팠던참이라 얼른 게눈감추듯 국수 세사발을 제꼈다.
  다 먹고난 그 청년농민은 주인한테로 다가가더니「주인님, 국수돈 대신 이 메밀 세말을 받아주시겠습니까?」하고 사정했다.
 「뭐야? 메밀을 받으라구? 싫어 돈을 내!」
  강진백은 단마디로 잘라 말했다.
 「사정 좀 봐주시우. 내 오늘 이 메밀 세말을 팔아 아이에게 신이나 한컬레 사주자고 무겁게 지고 왔었는데 반나절이나 장거리로 나돌아다녔으나 사자는 사람이 있어야지요. 그래서 그대로 지고 왔는데 사정 좀 봐주시오.」

「안돼! 쌔고버린 메밀을 해선 뭘 해? 돈을 내야 해!」
그러자 그 청년은 품속을 뒤지며 「이것 보십시오. 돈이 있으면 그러겠습니까? 이 메밀을 받아주십시오. 어차피 국수집에서는 메밀이 수요되지 않겠습니까?」라고 또 한번 사정을 했다.
「무엇이 어쩌고 어째? 이놈아, 애당초 돈이 없으면 처먹지나 말것이지. 세그릇이나 처먹고 돈이 없다면 돼?!」
말을 마친 그는 대뜸 청년의 귀뺨을 불이 번쩍 나게 냅다 쳤다. 그통에 청년의 입귀로 대뜸 시뻘건 선지피가 주르르 흘러나왔다.
바로 그때다. 아까부터 일본경찰들과 함께 그옆 별실에서 술을 마시고 있던 최순사가 문을 발칵 열고 나왔다.
「여보, 주인 거 너무하지 않소?」
「아니, 너무하다니요?」
주인의 말에 최순사는 얼른 강진백의 멱을 걷어쥐며 따졌다.
「그래 이놈아! 너도 사람이고 장사군이라면 따져봐라. 지금 메밀 한근에 8전, 국수 한사발에 6전이다. 그러니 메밀 한말이면 국수 열사발을 사고도 남는다. 이렇게 따지고 보면 히쭉 웃고 받을것인데 그렇게 하긴 고사하고 도리여 돈이 없어 사정하는 사람의 귀통을 쳐? 이놈아! 너도 그래 조선사람이냐?!」
말을 마치자 최순사는 그자의 귀통을 불이 번쩍 나게 쳤다. 그러자 주인마누라가 달아나오더니 최순사에게 동동 매달리며 사정사정했다.
「최순사님, 제발 한번만 용서해주시우. 돈을 안낸다고 하니 따져보지두 않구 그런것 같은데 널리 용서해주시우!」
「흥! 사람을 업신여겨두 너무한단말이야!」
이렇게 말하고난 최순사는 다시 그 국수를 먹은 청년을 보고 부드럽게 말했다.
「이 사람, 그 메밀 세말을 그대로 메고 집으로 돌아가게.」
「아니 난 국수값도 못냈는데유.」
「국수값은 내가 내겠으니 얼른 돌아가오.」
「아니, 그렇다면 이 메밀을 순사님 댁에라도…」

최순사는 도리여 역정을 냈다.
 그통에 그 청년은 더 아무 말도 못하고 메밀을 도로 지고 랭면옥을 나섰다. 그 정경을 물끄러미 내다보던 최순사는 그 무엇을 생각했던지 다시 그 청년에게로 뛰여나갔다.
「아까 들을라니 애에게 명절신을 사 신기려고 장보러 왔다고 했지?」
「예.」
「자 옛소! 이 돈으로 애에게 신이나 사다주게.」
「아니 순사님이?!」
 이 일이 있은 얼마뒤의 일이다. 최순사는 다른 한 조선인순사와 함께 이 국수집에서 국수를 먹고있었다. 이때 곁의 순사가 최순사를 슬쩍 다치며 「이보게, 저기 저 방금 국수를 먹고 일어나는놈이 꼭 산에서 온놈 같으니어서 붙잡자니.」라고 말했다.
「그래 증거라도 있소?」
「증거고 뭐고 행색이 틀림없으니 어서 저놈을 붙듭세!」
「가만. 먹던 국수나 마저 먹고 잡읍세.」
 다 먹고난 최순사는 그 순사와 함께 뜨락에 나섰다. 바로 그때 그 산사람은 어느새 눈치를 챘는지 국수집 바로 뒤에 있는 강물에 들어서고있었다.
「여보게, 빨리 총을 쏘게!」
「응!」
 대답하고난 최순사는 총을 꺼내 쏘는척하더니 「제길헐, 야바(불발탄이란 뜻)로구나!」 하며 다시 장탄을 하느라고 어물거렸다. 그러다나니 다시 겨누어 쏘려고 했을 때 그 사람의 자취는 오간데도 없었다.
「에익, 오늘따라 왜 그렇게 늘쩡늘쩡 늘여붙이나? 그래 우정 공산당을 놓아주자는 수작이 아니야?」
 저쪽 순사놈이 눈을 부라리며 불평을 부렸다. 그 말에 최순사는 날카롭게 맞받았다.
「그래 나더러 늘여붙이고 공산당을 우정 놓아준다구? 좋네. 그럼 물어봅세. 그런데 자넨 왜 이 비상시기에 총도 아니가지고 나왔나? 이게 그래 진짜공산당을 대처하는 자태인가?」

그 말에 그 순사는 더 찍소리도 못했다.
 이 일이 있은 뒤 그 최순사는 왜놈들의 토벌을 기회로 일본놈 몇놈을 쏘아죽이고 분연히 항일군에 가담했다고 한다.

정리: 리룡득

산 사람의 무덤

지금으로부터 60여년전에 있은 일이다.

우리 당의 지하공작자가 한 곳에 가서 비밀리에 회의를 하게 되였다. 그런데 그때는 밀정들이 욱실거리는 때여서 그만 비밀장소가 놈들에게 알려졌다. 놈들이 비밀장소를 습격하는바람에 우리 당의 한 지하공작자는 다리에 총을 맞고 숱한 피를 흘린채 놈들에게 붙잡혀 연길감옥에 갇히게 되였다. 연길감옥에서는 그 지하공작자를 마구간같은 악취풍기는 더러운 독방에 가두어넣고 하루에도 열번이고 심문만 들이대면서 총에 맞은 상처는 더럽다고 손으로 코를 막으며 아예 들여다보지도 않았다.

때는 무더운 더위에 소뿔도 물러난다는 륙칠월이였다. 총에 맞은 상처는 치료를 받지 못하다보니 곪아터지면서 모진 악취를 풍겼다. 게다가 동통은 뼈속까지 스며들어 참고 견디기 어려운데 하루이틀 날이 가니 상처에 보기 흉한 구데기까지 생겨서 눈뜨고 볼수조차 없게 되였다.

이런 처참한 소식이 우리 지하당조직에 전하여졌다. 그때 「만선일보」에는 우리의 지하일군이 있었다. 겉으로 당당한 기자신분을 가진 그는 그때 한다하는 상층인사들과 거래가 있었을뿐만아니라 돈깨나 있다는 지주, 자본가들과도 거래가 있었다. 그래서 그가 나서서 의형제간이라는 한 자본가를 내세웠다. 자본가가 나서서 담보를 서게 되니 감옥당국에서는 이른바 인도주의를 베풀었다. 이렇게 되여 그 지하공작자는 집에 나와서 상처를 치료받은후에 다시 감옥에 들어가 처리받기로 되였다. 헌데 집에는 툭 털면 먼지뿐이여서 상처를 치료할 돈이라곤 한푼도 없었다. 우리 당 지하조직에서 돈을 얼마간 얻어 뒤를 대주어 상처를 치료하긴 했지만 곪고 터지고 한 다리는 끝내 썩어서 저절로 떨어지고말았다.

그토록 귀중한 다리가 떨어지니 그 지하공작자는 더는 전처럼 나서서 활약하기 어렵게 되였다. 지하공작을 계속하자니 표적이 나서 못할것이고 산으로 항일련군을 찾아가 일제침략자와 싸운다는건 더구나 운운할수조차 없는 일이다. 그는 눈물을 흘리며 어머니보고 말하였다.

「어머니, 한다리를 해가지고 왜놈들과 싸운다면 어떻게 싸우겠습니까. 나는 인젠 페인이 되였습니다.」

어머니는 물끄러미 아들의 썩은 다리만 보고있었다. 시간이 얼마나 흘렀는지 한동안 생각에 잠겼던 어머니는 무슨 생각을 했는지 입술을 피나도록 옥물었다. 그리고는 아들을 한참이나 눈여겨보더니 말없이 자리를 차고 일어났다. 어머니의 눈에서 푸른 섬광이 번개처럼 번쩍거렸다. 그는 일어서자 식칼을 찾아들더니 아들의 썩은 다리에 붙여있는 힘줄을 썩둑 끊었다. 아들의 다리는 아주 끊어져버렸다.

「애야, 너 이제는 총을 들고 왜놈들과 맞서 싸울수 없게 되였다. 하지만 네가 하여야 할 일은 있는거다. 시골에 내려가 야학을 꾸리고 애들에게 글을 가르쳐 눈을 뜨게 해라. 독립군 어른들도 이전에 그렇게 하였느니라. 그렇게 하면 너를 대신해서 일제침략자들을 족칠 사람들이 한사람, 열사람, 백사람이 나서게 될것이다 뒤일은 내가 처리할테니 오늘밤으로 떠나가라.」

그날 밤으로 그 지하공작자는 당조직의 도움을 받아 먼 친척이 살고있는 벽촌을 향해 떠나갔다.

아들이 떠나자 어머니는 아들이 죽었다는 곡성을 내면서 울었다. 그리고는 우리 지하공작자들의 도움을 받아 관을 만들고 그 빈 관을 내다 땅에 묻고는 아들의 묘지를 만들었다. 이러고보니 산 사람에게 무덤을 만든셈이였다.

어머니는 그 이튿날로 썩어서 악취를 풍기는 아들의 그 끊어진 다리를 들고 연길감옥으로 찾아갔다.

악취 풍기는 사람다리를 들고 감옥문에 들어서는 어머니를 보자 보초는 덴겁을 먹고 물러서며 모진 소리를 질렀다 그바람에 온 감방이 삽시에 발칵 뒤집혔다. 간수놈들이 힐떡이며 뛰여나오고 총창을 든 녀석들이 달려왔다.

이때였다. 어머니는 생사결단하였다. 그는 썩어서 떨어진 다리를 마구 휘두르며 사람을 헤치고 옥안으로 달려들어갔다. 보초가 막아서도 당해낼수 없었다. 간수놈이 혈안이 되여 야단이였다.

「저…저년이 미쳤다. 미쳤어. 이년 이게 어디라고 여기와서 이 야단이야.」

「미쳐? 내가 미쳤다고? 이놈들아, 내 아들을 내놓아라. 내 아들은 너희들 총에 맞고 이 감옥에 왔다가 그 다리 때문에 죽었다. 내 아들을 찾자고 이 썩어 떨어진 다리를 들고왔다. 내 아들을 내놓아라.」

어머니는 더는 들어갈수 없게 되자 썩어 떨어진 아들의 다리로 감옥대문을 두드려댔다. 썩은 살점이 떨어지면서 사처에 뿌리웠고 모진 악취가 숨쉬기조차 어렵게 코를 찔렀다. 간수장놈이 돼지멱따는 소리를 질렀다.

「이년, 네 아들이 대체 누구라고 이 감옥에 와서 아들을 내놓으라는거냐? 미친년, 어서 썩 물러가라.」

「이놈들아, 내가 미쳤다고. 내 아들이 바로 얼마전에 보증인을 내세우고 너희들 감옥에 갇혔다 나간 아무개다. 그래도 모른단말이냐?」

「그래 그가 어떻게 됐단말이냐?」

「죽었다. 이놈의 다리 때문에 죽어서 땅에 묻혔다.」

「뭐, 죽었다고?」

「살았으면 내 이 다리를 들고 찾아왔겠느냐? 어서 내 아들을 내놓아라!」

어머니는 또다시 아들의 썩어 떨어진 다리를 들어 대문을 마구 치며 아들을 내놓으라고 웨쳤다.

「저…저년이 미쳤다. 뭣들 하고있어? 어서 와서 몰아내지 못할고. 저 미친년을 몰아내라!」

총을 든 녀석들이 상전에 령이 떨어지자 욱 밀려나와 어머니를 몰아냈다. 어머니는 놈들에게 밀려 그만 그 자리에 쓰러지고말았다.

그가 어떻게 집에까지 왔는지 모르지만 허둥거리며 집에 들어섰을 때 감옥당국에서는 벌써 사람을 보내여 이 일을 조사하고있었다. 마을사람들은 관을 메내가는것을 보았는지라 모두들 그가 죽었다고 말했다. 그 말을 듣고 또 산에 가보니 과연 새 분묘가 덩실하니 솟아있었다. 조사나온자들은 저들 귀로 듣고 눈으로 본지라 당날로 돌아가서 상전에게 보고하였다. 그러니 상전이 하는 말이

「그 늙다리년이 또 올것이니 그저 미친년으로 치고 내쫓으란말이다.」라

고 령을 내렸다.

　과연 어머니는 사흘이 멀다 하게 감옥에 찾아가 아들을 내놓으라고 웨쳐댔지만 놈들은 번마다 상전이 시키던 말대로 그를 미쳤다며 감옥문에 들여도 놓지 않았다.

　이렇게 되고보니 보를 선 사람도 말을 듣지 않고 우리 당의 지하공작자도 살아서 어머니 말대로 시골에 가 야학을 꾸리고 시골애들에게 글을 배워주고 눈도 뜨게 하였다. 후에 시골애들속에서는 일제침략자와 용감히 싸워 일제놈들의 간담을 서늘하게 한 용사들이 많이 나타났다 한다.

정리: 박정옥

≪내 아들이요≫

장백산맥이 뻗어내린 어느 산골에 외따로 사는 한족집 한채가 있었다. 어느 하루 이 집으로 조선저고리에 양복바지를 받쳐입은 젊은이가 다급하게 찾아왔다. 청년은 한족말로 침착하게

「어머니! 제뒤로 왜놈경찰들이 추격해오는데 저를 좀 감춰주실수 없겠습니까?」

라고 하였다. 집안에 혼자 있던 한족 어머니는 더 캐여묻지도 않고 청년의 행색을 얼핏 훑어보고는 방구석에서 자기 아들의 헌옷을 얼른 꺼내 갈아입혔다. 그리고는 그 청년을 방 웃구석에다 눕힌 다음 그우에다 이불을 씌워놓더니 금시로 땅을 두드리며 슬피 울기 시작했다.

이윽하여 문밖에서 군화소리를 요란히 내면서 왜놈경찰 여러놈이 문을 차고 욱 쏠려들어왔다. 한놈이 「유격대 온걸 못봤는가?」라고 물었다. 어머니는 들은척만척 그냥 울고만있었다. 또 한놈이 볼맨 소리로 「유격대 못봤는가?」라고 재차 묻자 그제서야 어머니는 눈물을 닦으면서 「나으리들 나는 그런 사람 못봤수다」라고 슬픈 목소리로 겨우 대답하였다.

「그건 무어냐?」

라고 또 한놈이 물으니 어머니는 옷섶으로 코물을 묻혀 내면서 슬픈 소리로

「이건 내 아들이요! 그 몹쓸 염병으로 이 에밀 혼자 두고 먼저 갔으니 이런 기찰데라구…」

라고 하며 뒤말을 맺지 못하고 또 울기 시작하였다. 왜놈들은 염병이란 말에 상을 잔뜩 찡그리며 되돌아 나가려는참인데 이때 공교롭게도 점심때라 이 집의 아들이 호미를 메고 일밭에서 돌아왔다. 놈들은 나가려다 말고

집으로 들어서는 이 집 아들을 붙잡고 물었다.

「너는 누구냐?」

아들은 서슴없이 이 집 아들이라고 대답하였다. 그러니 놈들은 어리벙벙해서 어머니를 보고 물었다.

「이 사람은 누가냐?」

어머니는 시침을 딱 떼고

「그 사람이 정신나간 소리를 하는군. 내 아들은 여기 있는데…」

라고 하면서 자기 아들을 독살있게 쏘아보았다. 왜놈들은 도깨비한테 홀리운 사람처럼 정말 이 사람이 이 집 아들이 아니라거니 아들은 한사코 옳다거니 다툼이 계속되였다. 나중에 왜놈들은

「그렇다면 좋다. 이놈이 유격대일것이니 내다 총살할테다!」

라고 아들을 붙들고 을러메였다.

어머니는 그냥 시치미를 떼고 자기 아들이 아니니 나오리들 마음대로 하라고 하였다.

놈들이 아들을 끌고 나간후 이윽하여 버들방천에서 총소리 몇방이 울려왔다. 그러자 어머니는 갑자기 까맣게 흐려지는 얼굴을 유격대원의 몸에다 묻으면서 정녕 슬픈 울음소리를 터뜨렸다.

왜놈들이 가버리자 어머니는 눈물을 거두고 얼른 유격대원을 일으켜놓더니 재빨리 강냉이떡을 보자기에 싸서 유격대원의 품에 찔러주면서 몸을 피하라고 독촉하였다.

유격대원이 자기 때문에 저질러진 일을 걱정하면서 어쩔바를 몰라하니 어머니는 이런 긴 사설을 늘어놓을 때가 아니라고 뒷일을 걱정말고 어서 떠나라고 등을 밀어 놈들이 간 반대방향으로 그를 떠나보내였다.

그후 광복이 되자 그 유격대원이 찾아와서 진짜아들로 되어 그 어머니를 잘 섬기였다고 한다.

정리: 김례삼

해 갈 삼

해갈삼이란 「갈한 목을 추기는 산삼」이란 뜻인데 항일전쟁시기에 장백산일대에서 전해진 해갈삼 이야기는 지금도 널리 전해지고있다.

바로 항일련군이 일본침략자들과 싸울 때에 있은 일이라고 한다.

일제놈들이 들어와서 집단부락을 만드는바람에 유격대는 곤난에 봉착했다. 먹을것, 입을것은 물론 약품도 없이 병자들으 제때에 치료하지 못하였다. 그리하여 산에서 약초를 캐여 쓰는수밖에 없었다.

어느날, 유격대 대장은 산삼을 캐는데 이골이 텄다는 두 대원을 불러놓고 산삼을 캐오라는 임무를 주었다.

임무를 받은 두 대원은 짚신감발에 닷새분 량식을 짊어지고 백두산으로 들어갔다.

때는 삼복염천이라 백두산엔 기화요초가 꽃동산을 이루었다.

그런데 참 이상한 일이였다. 어려서부터 산골에서 태여나 산골에서 자라 산을 타는데 이골이 텄다고 산삼총각이라 불리우는 두 대원이였건만 온 하루 헤집고 다녔지만 일년 삼 한포기 보지도 못했다.

그 이튿날도 허사였고 그 다음날, 또 그 다음날도 역시 헛탕을 치고말았다. 안달아난 두 대원은 식미가 뚝 떨어지고 잠조차 제대로 잘수 없었다.

그런데 닷새날 밤이였다. 그날따라 류달리 달이 휑창 밝은데 두 대원은 밤도와 삼캐러 나섰다. 밤이 이슥하도록 지팽이로 풀숲을 헤치며 분주히 삼을 찾다가 홀연 귀엽게 생긴 두 아이를 만났다. 한 아이는 붉은 옷을 입었고 다른 한 아이는 새파란 옷을 입었다. 두 아이는 그들을 보자 방실방실 웃으며 다가왔다.

「아저씨들은 항일련군부대죠?」

「오냐 그래그래. 우리는 항일련군부대에서 왔단다. 그런데 너희들은 웬 애들이냐?」

두 전사가 무인지경 산중에 나타난 두 어린이의 당돌한 물음에 놀랍고도 기이하여 이렇게 반문했더니「항일련군아저씨, 우리들 이름말인가요?」라고 두 동자는 조금도 두려워하는 기색이 없이 말을 건늬였다.

「오냐, 너희들 이름말이다.」

그러자 붉은 옷을 입은 아이가「저는 백두산 홍의삼동자라고 불러요.」라고 방실방실 웃으며 대답했다.

「장백산 홍의삼동자?」

「네. 그래요.」

뒤미처 푸른 옷을 입은 아이가「저는 백두산 청의삼동자라 불러요.」라고 해죽해죽 웃으며 대답했다.

「청의삼동자?」

「네. 그래요!」

「오, 거참 좋은 이름들이로구나. 그런데 너희들은 집이 어디냐?」

두 대원은 더 캐물었다.

「바로 저기 저 청석바위에 천년송 두그루가 마주 서있지 않아요? 그곁에 맑은 샘이 흐르는데 바로 그곳이랍니다.」

두 동자는 고사리같은 두손으로 앞을 가리키며 자세히 알려주었다.

「그래 너희들 집에는 누구누구 계시냐?」

「본래는 식솔이 많았어요. 그런데 왜놈들이 들어온후 피난을 가고 잡혀가다보니 지금은 우리 형제만 남았어요.」

「오. 그러냐? 너희들 빨리 커서 원쑤를 갚아라.」

두 대원이 동정해주자 홍의삼동자가 말을 꺼냈다.

「아저씨, 우리는 아저씨들과 함께 있으려고 해요.」

「그래요. 우리는 꼭 아저씨들과 함께 항일에 나설래요.」

청의삼동자도 말을 보탰다.

그러자 두 대원은 그들의 두손을 꼭 잡아쥐며 말했다.

「아무렴, 너희들이 원한다면 꼭 우리와 함께 있을수 있구말구!」

이에 두 동자는 기뻐하며 퐁퐁 뛰였다.

「좋아요! 그럼 아저씨들이 우리 집에 찾아와서 우리들 꼭 데려가요. 해가 방실 떠오르는 아침에 오셔야 해요. 우린 꼭 기다리겠어요. 네!」

「오, 그래그래 꼭 가지!」

두 대원은 두 동자가 사라지는쪽을 향해 손을 젓다가 손이 서로 부닥치는바람에 홀 깨여보니 그것은 달콤한 꿈이였다!

아침해가 금빛을 뿌리고있는데 두 대원은 깨여나 꿈이야기를 했다. 한데 이상하게도 신통히도 같은 꿈이였다.

한자리에서 꼭같은 꿈을 꾼것이 놀랍기도 하고 이상도 하여 두 대원은 얼른 두 동자가 가리켜준 곳으로 갔다.

깎아지른듯한 벼랑바위, 그 바위중턱 펑퍼짐한 곳에 이르니 과연 우뚝 솟은 천녀송 두그루가 서있고 그곁에 은방울을 굴리는듯한 석간수가 돌돌돌 흐르는데 자세히 살펴보니 천년송밑에 탐스러운 세잎삼 두포기가 고스란히 그들을 기다리고있었다.

빨간 인삼꽃은 웃는 듯 방실방실 피여있고 푸른 잎사귀는 춤추듯 한들한들 바람에 나붓기고있었다.

두 대원이 보고 또 봐도 틀림없는 산삼이였다.

「방초야! 방초야! 방초야!」

두 대원은 세 번씩 소리쳐 부르고나서 실뿌리 하나 상할세라 조심히 캐여 흙을 털었다.

그런데 정성다해 캐고보니 그것은 엄지손가락만한 동자삼이였다.

「요까짓 동자삼을 가지고 가서 무엇에 쓰겠나.」

「그러게말이야, 배앓이하는 어느 전사나 주고말지.」

두 대원은 제각기 한뿌리씩 물통에 집어넣고 돌아왔다. 부대에 돌아와서 대장에게 삼을 캔 전후사연을 자초지종 아뢰고 물통을 넘겨주었다.

「아니, 산삼은 모두 홍송나무껍질로 싼다구 하더구만 왜 물통에다 넣었소?」

대장이 우스개소리를 하며 물통을 받아쥐고 마개를 열어보니 삼이 우러난 새빨간 물이 찰랑찰랑하였다.

「아니, 삼을 물에 넣다니?」
대장의 말에 두 대원은 어리둥절해졌다.
「마시다 남은 물이 좀 있기는 했는데…」,
「히히 좋소! 그러니 진짜삼이 우러난 물이구만.」
대장은 호탕하게 웃으면서 삼이 새빨갛게 우러난 물을 한모금 맛보았다. 헌데 별일이였다. 두통 다 우러난 삼물이 쓰지 않은채 참 이상하였다. 그보다도 대원들이 너도나도 한모금씩 마셨지만 물이 줄어들줄 모르고 그냥 찰랑찰랑 차넘치는것이였다!
이에 대장은 웨쳤다.
「동무들! 모두 와서 산삼이 우러난 물을 마십시다!」
때마침 승전하고 돌아와 휴식하던 대원들이 하나하나 빠짐없이 그 물을 마음껏 갈한 목을 추기게 되었다. 하지만 삼물은 줄어들줄 모르고 그냥 차넘치였다.
너무도 희귀해서 이번엔 그 인삼뿌리를 다른 큰 물통에 넣어봤는데 역시 삼물이 차넘치는것이였다. 그래서 대원들은 우리고 우려도 마를줄 모르는 이 인삼을 갈한 목을 추겨준다고 하여 「해갈삼」이라고 부르게 되었다.
이때로부터 항일유격대는 두뿌리의 산삼으로 전사들의 갈한 목을 수시로 추겨주었는데 이 삼물을 마실 때마다 산을 옮기고 바다를 메울듯한 장사힘이 솟구쳐 날강도 일제놈들을 가을날 삼대베듯 척척 쓸어눕혔다고 한다.

정리: 리룡득

귀 떨어진 전사

가렬처절한 항일의 나날에 있은 일이다.

한 밀고자 때문에 장백산 밀영에 있던 우리의 항일련군 모 부대는 일제 토벌대놈들의 불의의 습격을 받았다. 그때 대부분의 우리의 전사들은 놈들의 포위망을 뚫고나가 전이하였지만 마지막까지 남아서 전우들을 엄호하며 토벌대와 싸우던 우리의 항일련군 전사 10명은 적탄에 맞아 쓰러졌다.

전투가 끝난 뒤 놈들은 쓰러진 우리 전사들의 시체를 한곳에 모아놓았다. 토벌대 지휘관놈이 저들 병사들을 보고 고래고래 소리질렀다.

「뭣들 하고있는거야? 빨리빨리 시체의 귀를 베내란말이야. 그래야 그 귀를 가지고 가 상급에 보고할게 아니야.」

병졸들은 총창을 빼들고 굶주린 승냥이마냥 시체있는데로 다가들었다. 그때 일제침략자들은 거짓보고를 하는 일이 너무 많아서 항일군과 싸운 뒤 끝에는 말로 전과를 보고하지 말고 귀를 베가지고 와서 선과를 보고하게 하였다. 너무나도 악착스러운짓이였다.

썩둑썩둑 병졸놈들이 죽은 사람의 귀를 베낼 때마다 날창에선 피가 흘러 뚝뚝 땅에 떨어졌다. 차마 눈뜨고 볼수 없는 일을 짐승도 아닌 인피를 쓴 놈들이 하고있었다.

그런데 그 쓰러진 십여명 우리 전사들속에는 그때까지 죽지 않고 살아있은 사람이 있었다. 총에 맞아 피를 흘릴대로 흘린 그는 일어설 힘도 없었지만 일어설 힘이 있다 해도 그 숱한 왜군들앞에서 뛸수도 없는 일이니 꼼짝 못하고 귀를 베우는수밖에 없었다. 귀를 베우더라도 살아야만 했고 살아야만 이 철천지원쑤를 갚을것이였다. 그런데 산 사람을 세워놓고 그저 귀만 베가는것도 아니고 죽은 사람의 귀를 베는것이므로 산 사람이 죽은 사람처럼 아무런 반응도 나타내지 말아야 했으니 너무나도 견디기 어려운 일이였다. 잘못하여 아프다고 소리를 치거나 조금이라도 움직거렸다간 살았던 목숨이 도로 죽는 아슬아슬한 판이였다

이 순간 그 전사는 속으로 부르짖었다.

(하늘이 무너져도 솟아날 구멍이 있다지 않는가. 참자! 죽어도 참자! 참고 살아서 이 원쑤를 갚자!)

「떠벅떠벅…」

피묻은 총창을 빼들고 몸 가까이로 걸어오는 왜군놈의 발걸음소리가 귀가에 들려왔다.

「떨꺽.」

걸음소리가 신변에 와 멎었다. 거센 숨소리가 목덜미에 닿았다. 놈이 귀를 베내자고 허리를 굽힌것이 틀림없었다.

「나는 항일전사다. 벨테면 베라!」

그 전사는 「항일전사」란 네 글자를 힘있게 속으로 외우며 눈을 지그시 감고있었다.

백정같은 놈이 그의 귀를 잡아쥐였다.

「썩둑.」

마귀같은 녀석이 그의 귀를 베기 시작했다. 솜씨가 대단히 서툰 녀석이였다. 단번에 베지 못해서 목에 피가 흘러떨어지고 모진 아픔이 뼈속까지 파고들었다. 그러나 그 전사는 신음소리 한마디 내지 않았다.

「제길!」

왜군놈이 투덜거리며 한발로 그의 머리를 밟고 한손으로 채 떨어지지 않은 귀를 쥐여당기면서 총창으로 귀를 베였다.

「썩둑.」

그래도 귀는 다 잘리지 않고 귀밑가죽이 붙어있었다.

「제길!」

성이 난 그놈은 떼던 귀를 꽉 잡아챘다. 순간 그 전사는 하마트면 소리칠번했으나 이를 옥물고 참아냈다. 살가죽이 좀 붙어있던 귀가 뚝 떨어져나갔다. 그래도 왜군놈은 성이 채 가시지 않았는지 발로 전사의 엉뎅이를 툭 차

고는「제길, 그자식 살가죽이 질기기도 해!」하고 욕하면서 가버렸다.

　기적이였다. 그는 죽음에서 살아났다.「항일전사」라는 이 네글자는 세계를 놀래우는 초인간적인 힘을 주었던것이다.

　악귀같은 왜놈들의 손에서 구사일생으로 살아난 그 전사는 전우들의 원쑤를 갚고 해방의 그날을 맞아오기 위해 또다시 일제침략자를 물리치는 싸움에 나섰다. 그는 동에 번쩍 서에 번쩍하면서 일제침략자들에게 무리주검을 주었다.

　어느 한번의 전투에서였다. 그 귀떨어진 전사가 총창을 겨눠들고 한 왜군 장관놈한테 다가드는데 그 장관놈이 그를 보더니만 혼비백산하여「귀 떨어진 사람은 우리한테 죽었는데 분명 귀신이다. 귀신이야.」하며 뒤걸음질쳤다. 그 전사는「이놈아, 네놈들이 우리 항일전사들의 귀를 베간다고 우리가 죽은줄 알았느냐. 내 날창을 받아라!」하며 놈에게 서슬푸른 날창을 안겼다. 그러니 그놈은 날창을 받아안고 죽으면서까지도「귀신…귀신이야…」하였다.

　그때로부터 항일군에서는 귀떨어진 전사라 하면 모르는 사람이 없었는데 놈들가운데까지 소문이 나서 놈들은 귀떨어진 전사라 하면 간담이 서늘해서 싸움터에 나와서는 귀떨어진 사람이 보일가봐 겁을 집어먹고 떨기만 했다 한다.

정리: 박창묵

옥녀늪(1)

하늘아래 첫동네라 불리우는 화룡현 광평림장에서 두만강을 따라 50~60리 올라가면 적봉이라는 령에 이르게 된다. 적봉부근에는 물안개 피여오르는 가을같이 맑은 늪이있다.

항일의 어려운 나날에 옥녀라고 하는 조선족 한 소녀가 아버지와 함께 이 늪가에 초가삼간 짓고 살아가고있었다. 어려서 어머니를 여읜데서 옥녀는 사냥군인 아버지의 등에 업혀 장백산밀림속을 어디라없이 못가본데 없었다. 그러던 옥녀가 세월이 여러해 지나자 제법 꼬마사냥군이 되여 아버지의 일손을 곧잘 도와주었다.

그러던 어느해 겨울 백포로 위장한 일제토벌대 200여명이 우리 항일부대의 발자취를 따라 장백산밀림속에 은밀히 기여들었다가 거의 전멸되다싶이 하였다.

했으나 우리 항일부대에도 상병원들이 여럿이 나타났다. 부대는 작전상 수요로 다른 곳으로 떠나야 했는데 몇몇 상병원들은 부대를 따라 행동할수 없었다.

이때 마침 그들은 장백산밀림속의 정갈한 늪가에서 초가집을 발견했다. 이 집이 바로 소녀 옥녀네 집이였다. 부대에서는 이 집의 래력을 물어서 알고는 남은 쌀주머니를 이 집에 넘겨주면서 그들에게 상병원들의 간호를 부탁하였다.

이때부터 옥녀는 다망한 사람으로 되였다. 옥녀는 매일 이른아침에 새밭을 헤치며 늪가에 나가서는 샘물터에서 상병원들의 옷을 씻었고 돌아올 때에는 샘물을 동이에 정히 담아 이여오군 하였다. 밥을 하여 대접시키고 상처를 씻어주고 약을 갈아붙이는 등도 모두 옥녀가 맡아나섰다. 때론 아버지와 함께 깊은 밀림속에 들어가 산짐승을 잡아다가 식생활을 개선시키군 하였다. 옥녀의 살뜰한 보살핌속에서 상병원들의 상처는 눈에 뜨이게 나아갔다. 어떤 상병원은 상처가 나아 다시 부대로 돌아갈수 있었다.

이해 겨울에 적들의 동기대토벌이 시작되였다. 옥녀는 아버지와 상의하고 상병원들을 태고연한 밀림속골짜기의 천연바위굴로 옮기였다. 천연바위굴은 대여섯사람은 들수 있었는데 겉으로는 웬간해서 찾아낼수 없었다.

상병원들이 옮겨간후 옥녀는 온종일 팽이처럼 돌아갔다. 때식을 마련하고 약을 갈아붙이는 등 일은 의연히 옥녀가 도맡았다.

근심되는것은 식량사정이였다. 외지 식량구입을 간 아버지는 웬 일인지 종시 돌아올줄을 몰랐다.

사처에 적토벌대가 욱실거려서 시름놓고 산짐승도 잡을수 없었다. 할수 없이 옥녀는 이산저산을 오르내리며 눈속에 묻힌 잣송이를 찾았고 해묵은 마른 멀루잎, 참취, 송곳나물, 무수해 등을 주어모았다. 그리고 바위굴에 돌아와서 옥녀는 잣송이를 그대로 불에 구워 속알을 뽑아냈다. 그것을 다시 불에 닦고 가루내여 마른 풀잎따위와 섞어 끓여먹였다. 그나마 땅에 떨어진 잣송이도 갈수록 줏기 어려웠다.

하루는 옥녀가 잣송이 주으러 갔다가 잣나무에 달려있는 잣송이 몇 개를 발견했다. 그는 나무에 기여올라 나무가지로 잣송이를 후려치다가 심한 허기증으로 인해 눈앞이 아찔해나면서 나무에서 미끌어 떨어졌다.

시간이 얼마나 흘렀는지 옥녀가 정신을 차리고 보니 해가 뉘엿뉘엿 기울고 있었다. 옥녀는 지긋지긋한 몸으로 안깐힘을 다 써가면서 바위굴부근에 이르긴 했으나 맥이 탁 풀리면서 그 이상 더 나아갈수 없었다. 그는 또 쓰러지고말았다.

이럴 즈음에 상병원 하나가 지팽이를 짚고 옥녀를 찾아나섰다가 이 광경을 목격했다. 그때까지도 옥녀는 잣송이주머니를 꼭 쥐고있었다.

상병원들은 눈시울이 뜨거워났다. 그들이 옥녀를 흔들어 깨우니 옥녀는 자리에서 일어서려 했으나 몸이 말을 들어주지 않아 일어나지 못했다. 그 모습이 더욱 짜릿하게 상병원들의 가슴을 쳤다.

이러구러 사나운 겨울이 따뜻한 봄날에 자리를 내주기 시작하였다. 적 토벌대가 물러간 뒤 천만다행으로 소식조차 알길없던 아버지가 쌀 한짐과 소금을 얼마 가지고 왔다. 알고보니 아버지는 집을 떠났다가 적 토벌대에 붙들려 강제로 끌려다니며 갖은 고생을 하시다가 끝내 탈출에 성공하였던것이다.

상병원들은 다시 늪가의 옥녀 집으로 돌아왔고 상처가 나아 부대로 돌아가게 되였다. 그런데 한 밀정이 밀림속을 헤짚고 다니다가 이들을 발견하였다. 밀정놈은 상금이나 탈양으로 지체할세라 이 일을 적들에게 밀고하였다. 적들은 곧추 옥녀 집으로 덮쳐들었다. 아버지 안내로 상병원들은 조급히 빼돌렸으니말이지 큰일날번했다.

적들은 옥녀를 붙잡고 상병원들의 행방을 대라고 윽박질렀다. 옥녀는 적들의 손아귀에서 빠질수 없다는것을 알고 모르쇠를 놓으며 시간만 끌다가 적들을 늪 저쪽의 절벽가로 끌고 갔다. 옥녀가 절벽가에서 밀림쪽을 가리키자 적지휘관이 가까이에 다가섰다. 순간 옥녀는 번개같이 적 지휘관을 절벽 아래로 떠밀면서 다른 한놈을 끼고 몸을 날리였다.

그후 늪의 물은 옥녀의 고결하고 순박한 마음을 비껴 담아서인지 하나의 큰 거울과도 같이 보다 맑고 푸르렀다. 그때부터 사람들은 선량하고 용감한 이 조선족소녀를 기념하기 위하여 백두산밀림속의 이 늪을 옥녀늪이라고 불렀다.

정리: 리광인

옥녀늪 (2)

맑은 물이 굽이쳐흐르는 두만강상류에 자리잡고있는 고성에서 출발하여 잡초 무성한 오솔길을 따라 백오십여리 가면 적봉령에 이르게 된다. 적봉려에 올라서 멀리 내다보면 천리나 뻗은 산맥이 한눈에 안겨오는데 이속에는 사람을 감동시키는 무수한 전설이 깃들어있다. 「옥녀늪」의 전설은 그 중의 하나이다. 옥녀늪은 적봉의 해맑은 언덕에 있어 천지의 한쪽 나래와도 같다.

매우 오랜 이전에 젊은 부부가 이 해맑은 언덕에 귀틀집을 지어서놓고 농사일을 해가며 고달픈 세월을 보내고있었다.

젊은 부부는 참으로 부지런하였다. 남편은 감농군이여서 밭일에 들어서서는 막히는데가 없었으며 안해는 손재간이 있어 집안일에 막히는데가 없었다. 사람들은 남편의 이름을 뭐라 부르는지 모르고있었지만 안해를 옥녀라 부르는것만은 알고있었다. 옥녀의 얼굴은 티없는 옥과도 같이 빛을 뿌렸다. 옥녀가 어떻세나 이쁘게 생겼는지 보는 사람은 저마다 그를 하늘에서 내려온 선녀라 하였다.

옥녀는 늘 흐르는 맑은 물에 나가 세수하였는데 흐르는 물은 그의 고운 얼굴을 싣고 멀리멀리 흘러갔다. 옥녀는 맑은 바람결따라 노래불렀는데 맑은 바람은 그의 청아한 목소리를 싣고 멀리멀리 불어갔다. 이렇게 되여 장백산하에서는 옥녀를 모르는 사람이 없게 되였다.

이때 심보가 숯덩이처럼 검은 일제침략자들이 바다 건너 이 땅에까지 기여들었다. 이렇게 되자 옥녀의 남편은 이곳 백성들과 함께 심산밀림속에 들어가 이리떼같은 왜군들을 족치는 싸움에 뛰여들었다.

아래버덕에 사는 최팔룡이란 지주가 있었는데 그놈은 일제침략자들이 기여들자 그자들의 주구가 되였다. 지주 최팔룡이란 놈은 산속에 꽃과 같고 옥과 같은 미녀가 살고있다는 말을 듣자 일각도 지체할세라 황망히 옥녀네 집까지 찾아갔다. 최팔룡이란 놈은 돈이 있으면 귀신도 부릴수 있고 세력이 있으면 산이라도 옮길수 있다고 생각했다. 그놈은 돈과 권세로 옥녀를 꾀이려고 들었다. 하지만 백가지 꾀를 다 써도 송백같은 옥녀의 절개는 굽힐수 없었다.

그러니 이자는 다른 수를 썼다. 산속에 사는 옥녀네가 항일하는 사람들과 내통했다는 구실을 대고 옥녀의 남편을 잡으려고 했다. 이를 안 옥녀의 남편은 그놈의 미처 손쓸 새도 없이 피해버렸다. 최팔룡이란 놈이 또 헛물을 켜고말았다. 하지만 그놈은 좀처럼 물러서려 하지 않았다. 어느날 최팔룡은 또 옥녀네 집까지 찾아와 옥녀를 희롱하려 하였다. 그러자 남달리 총명한 옥녀는 최팔룡이란 놈을 보고 맑고 부드러운 목소리로 이렇게 말했다.

「나리님은 돈도 있고 세력도 있는분인데 성심성의로 소첩을 취하려 하오면 응당 그럴듯한 혼례를 행해야 하지 않겠어요?」

최팔룡은 이만하면 희사가 눈앞에 보이는지라 웃음주머니가 흔들흔들해서 사흘후에 와서 맞아다 혼례를 치르마 하고는 돌아섰다.

옥녀는 최팔룡이란 놈이 멀리멀리 물러가자 짐을 꾸려가지고 귀틀집을 나섰다. 옥녀는 밀림속에 들어가 남편을 찾기 시작했다. 그는 호랑이가 욱실거리는 무인밀림속에서 남편을 찾아 헤맸다. 몇날 몇밤을 찾아헤매도 옥녀는 남편의 그림자도 찾아내지 못하였다. 망망한 림해속에서 헤매던 옥녀는 어느날 아아하게 솟은 험산속에서 늪 하나를 발견하였다. 늪 밑바닥에는 나뭇잎들이 깔려있었는데 늪의 물은 거울같이 맑았다. 옥녀는 더는 걸을 맥도 없었다. 그는 소나무가지를 꺾어 늪가에 오두막이라 대충 지어놓고 산열매도 따먹고 풀뿌리도 캐여먹으면서 살았다. 밤이면 밤마다 우등불을 피워놓고 남편이 그 불빛을 보고 찾아오기를 기다렸고 낮이면 낮마다 연기를 피워올리며 그 연기를 보고 찾아오기를 기다렸다.

옥녀는 이렇게 낮에 밤을 이어가며 남편 오기를 기다렸다. 하지만 기다리는 남편은 돌아오지 않았다. 그러던 어느날이였다. 왜놈들이 졸개들을 이끌고 산에 토벌을 들어왔다가 연기가 피여오르는것을 보고 여기까지 와서 오두막을 물샐틈없이 둘러쌌다. 옥녀는 태연하게 오두막을 나섰다. 삼면에서 총칼이 서리발쳤다. 다른 한면은 늪이였다. 하늘에 오르자 해도 길이 없었다. 이때 한녀석이 고아댔다.

「네년이 여기 도망쳐 와있었구나. 네년은 오늘은 나래가 돋친대도 도망하지 못해.」

고아대는 녀석은 지주 최팔룡이란 놈이였다. 외나무다리에서 원쑤를 만났다.

「이 마귀같은 왜놈의 졸개야. 내가 여기 있으면 어쩔셈이냐?」

옥녀는 맑은 늪가에 서서 최팔룡이란 놈에게 욕설을 퍼붓고는 늪에 뛰여들었다. 오두막이를 포위했던 왜놈들이 옥녀를 잡겠다고 늪에 뛰여들어 고아대며 야단쳤다.

순간 맑은 하늘에 구름이 몰려오더니 우뢰가 울고 번개가 쳤다. 그러자 만리창해에 태풍이 몰아치듯 늪의 물이 바람따라 수십길이나 일어섰다가 뒤번져졌다. 그바람에 물속에 뛰여들었던 놈들은 죄다 수중고혼이 되고말았다.

이윽하여 늪의 물은 잠잠해지고 늪에 쌍무지개가 섰다.

이때 옥녀가 오매에도 그리고 바라던 남편과 용사들이 이곳에 와 물에 뛰여들지 않고 남아있는 일제침략자들을 소멸하였다.

옥녀는 여기서 남편을 만났다. 옥녀는 머리에 계관을 쓰고 몸에는 채의를 두르고 무지개우에 높이 올라서있었다. 남편은 옥녀의 이름을 부르며 다른 한 무지개를 잡아탔다. 옥녀와 그의 남편은 웃으며 하늘에 올랐다.

그후부터 늪의 물은 수정같이 맑아 늪바닥의 모래알도 셀수 있었다. 후세 사람들은 송백같이 견정한 옥녀를 생각하여 이 이름없던 늪을 옥녀늪이라 하고 그의 이야기를 오늘에까지 전하였다.

정리: 길운

별유천지

바다너머 섬나라 오랑캐들이 이 땅에 기여들어 살판치는 때 장백산하 울울창창한 밀림속에 별유천지가 있다는 소문이 한입 건너 두입 건너 사람들속에 널리 전해졌다. 전하는 말에 의하면 별유천지에는 빈부차이가 없고 밭가는 사람에게는 모두 밭이 있어 농민들은 노래하며 밭을 갈면서 농사하고 남녀가 평등하고 상하가 존중하고 사랑하며 아주 의좋게 산다고들 하였다.

속담에 발없는 말이 하루에도 천리를 간다고 이 소문은 한 산골에 사는 박가라는 사람과 김가라는 사람의 귀에 들어갔다.

박가라는 사람은 죽지 못해 살아가는 째지게 가난한 사람이요 김가라는 그리 유족지는 못하나마 하루 세끼니 밥은 이어댈만큼 살아가는 사람이였다.

어느 하루 두사람은 가만히 의논한 끝에 함께 별유천지를 찾아 떠나게 되였다.

그들 둘은 눈뿌리 아득한 높은 령도 넘고 허리치는 깊은 강도 건너고 살을 찌르는 가시덤불도 헤치며 이를 악물고 별유천지를 찾아 밤에 낮을 이어 걷고걸었다. 그들은 마침내 장백산밀림속에 들어섰다. 그런데 몇날 며칠을 밀림속에서 찾고 헤매였지만 하늘을 꽉 덮은 원시림은 가도가도 끝이 없고 별유천지는 어디에 가 붙었는지 보이지도 않았다. 이렇게 밀림속에서 여러 날이나 헤매다보니 올 때 삶아신고 온 초신은 바닥이 나서 거들거리고 발은 나무그루터기에 찔리고 손은 가시에 긁혀 손발이 성한데라곤 없었다. 의복은 본래 누덕누덕 기운 옷인데다 나무에 찢겨 오리오리 째진지라 바람이 불때마다 몸에서 너덜거렸다.

이렇게 되고보니 김가라는 사람은 그만 제자리에 풀썩 주저앉아 땅이 꺼겨라 하고 긴 한숨을 쉬더니 박씨를 보고 「이 사람 친구, 나는 더는 못걷겠네. 어서 집에 돌아가자구. 괜히 떠도는 헛소문을 듣고 떠난 것이 분명하오. 글쎄 어디 가면 그렇게 훌륭한 별유천지가 있겠소.」라고 하였다.

「사내대장부가 어찌 내친걸음을 그만두겠는가. 고진감래라는 말이 있지 않나. 별유천지를 꼭 찾을수 있을거네.」

박씨는 김씨를 탓할 대신 그를 차근차근 타이르고는 그의 손을 잡아끌고 또 길을 떠났다. 이렇게 그들은 또 고달픈 하루길을 걸어 한곳에 당도했는데 이튿날아침 눈을 뜨고 보니 울창한 나무가지새로 눈부신 아침해살이 비쳐들었다. 두사람이 그 밝은 해살을 따라 급히 수림을 헤치고 나와보니 눈앞에 아츠랗게 솟은 산이 보이는데 바위와 바위새를 헤치고 수십길 되는 벼랑에서 쾅쾅 산천을 울리며 폭포가 쏟아져내리고있었다. 명주필같은 폭포수가 눈뿌리 아득한 벼랑에서 떨어지는 광경도 가관이였고 천지를 울리며 떨어지는 그 폭포수소리도 우람찼다. 산도 처음 보는 크고 높은 산이였다. 아아히 솟은 산중턱에는 용용히 흘러가던 흰구름이 휘감겨있는데 상상봉은 하늘을 찌르고 거연히 솟았다. 폭포수는 벼랑에서 떨어져 부서져서 수만방울의 은구슬같은 물방울을 튕겨 바위벼랑밑에 칠색이 령롱한 무지개를 세워놓았는데 그 무지개를 타고 당장이라도 천상의 아릿다운 선녀들이 훨훨 날아내려올것만 같았다. 너무나도 황홀한 광경이였다. 두사람은 「천하의 제일경이 예로구나!」하며 눈앞에 펼쳐진 절경을 보고있었다.

이때였다. 백발이 성성하고 흰 수염이 가슴까지 내리덮인 로인이 우람차게 쏟아지는 폭포수를 쓱 헤가르고 나왔다. 백발이 성성한 로인은 말없이 두사람을 한식경이나 눈박아보더니 우렁우렁한 목소리로 물었다.

「그대들은 어인 사람들인데 무슨 연고로 예까지 찾아왔는고?」

두사람은 이게 꿈이 아닌가싶어 백발로인앞에 가 허리굽혀 절을 올리고는 별유천지를 찾아 떠나게 된 사연을 아뢰였다. 백발로인은 그들의 말을 듣더니만 「내 자네들이 올줄을 미리 알았네. 자, 그럼 나를 따라 오세.」라고 하면서 박씨와 김씨 두사람을 인도하는데 폭포수앞에 가서 입김을 훅 불자 폭포수가 량쪽으로 쭉 갈라지며 꿈에도 보지 못한 별유천지가 눈앞에 나타났다.

백발로인은 그들 두사람을 데리고 먼저 산에 올라갔다. 산은 과일동산이였다. 과일나무마다에는 빛깔 고운 과일이 아지 칭칭 휘게 열렸다. 과일밭에서는 젊은 청년남녀들이 깨끗한 옷을 차려입고 금쟁반에 은구슬 굴리는 듯한 목청으로 노래부르며 과일을 따고있었다. 한참이나 그 광경을 부러웁게 바라보는데 백발로인은 그들 둘을 데리고 들로 나갔다. 허허바다같이 넓은 들에는 황금나락이 물결치고 힘꼴좋은 농사군들은 성수나게 가을을 하고있었다. 농사군의 마음을 후덥게 해주는 곳이라 두사람은 오래동안 서서 시간 가는줄도 모르고 보고 또 보았다. 한없이 부러운 곳이였다. 이번에는 백발로인이 그들을 깊은 산속으로 데리고 갔다. 거기 가보니 장수처럼 눈에 불덩이가 일어 뚝뚝 떨어지는 장정들이 서리발치는 칼을 번쩍이기도 하고 총가목을 굳게 잡고 함성을 지르며 돌격하면서 왜놈과 맞서 싸우는 훈련을 하고있었다.

「이 사람, 자네들도 저 사람들처럼 한번 총칼을 들고 왜놈들과 싸워볼 생각이 없나? 그놈들을 물리치지 않고서는 단 하루도 평화스러운 생활을 누릴수 없네.」

「로인님, 저를 이곳에 남겨주십시오. 총칼을 들고 왜놈들을 이 땅에서 몰아내는 그날까지 싸우겠습니다.」

박가성을 가진 사람은 기뻐서 만면에 웃음을 담고 백발로인앞에 다가섰다. 백발로인은 빙그레 웃으며 고개를 끄덕이더니 그들을 데리고 또 다른 한곳에 갔다. 그곳에 가보니 덩실하게 지어놓은 해빛 밝은 교실에서 사랑스런 아이들이 랑랑한 목소리로 글을 읽고있었다. 애들이 선생님앞에서 야무지게 읽는 글소리를 들으니 학교문에도 가보지 못한 자기집 애들이 눈에 삼삼하여 두사람은 눈물이 다 글썽했다.

「그만들 보고 인젠 마을로 돌아가세. 오늘 해도 다 기울어져가고있네!」

백발로인의 안내를 받아가며 이곳저곳을 돌아다니다보니 그들 둘이 동네에 들어선 때는 집집에서 저녁이 한창인 때였다. 집집들에서 밝은 붉빛이 비쳐나왔다. 집안에서는 깨끗한 옷차림을 한 일가로소들이 단란하게 모여 앉아 흰김이 서려오르는 백꽃같이 하얀 이밥을 맛있게 먹고있었다. 두사람은 너무도 부러워 그저 멍하니 그 광경을 보고있는데 백발로인은 두사람의 어깨를 툭툭 쳤다.

「자네들이 날 따라 다니며 보았으니 알것일세만 우리가 맞아오자는 새사회는 바로 이런 사회일세. 우리가 이런 사회를 맞아오자면 총칼 들고 일어나 왜놈을 몰아내고 착취자들을 때려엎어야 하네! 자 저녁이나 먹고 천천히 이야기를 나눔세.」

그들은 백발로인을 따라가 저녁을 끊어지게 먹고는 자리에 누워서 많은 이야기를 들었다. 아닌게아니라 보는것도 새로운것이였고 듣는 말도 새로운 말이였다.

신선같은 별유천지에서 재미를 보며 날가는줄 모르다나니 어느새 여러날이 지났다. 하루는 백발로인이 그들 두사람을 불러놓고 말하였다.

「며칠이 지났으니 볼것도 다 보고 들을 말도 다 들었을거네. 이제는 집에 돌아가서 일가에 사정도 알리세. 만약 자네들이 이리로 올 생각이 있으면 자네들도 오고 우리와 함께 이런 세상을 세울 뜻이 있는 사람이 있으면 함께 데리고 오세! 하지만 어중이떠중이들을 데리고 와서는 안되며 왜놈의 졸개들을 데리고 와서는 더욱 안되네. 내 말을 꼭 명심하게나!」

「명심하겠사옵니다.」

두사람은 백발로인에게 공손히 인사를 올리고 별유천지를 떠났다. 별유천지를 나서니 울울창창한 밀림이여서 오던 길도 찾을수 없고 동서남북도 가릴수 없었다.

그들은 또다시 밀림속에서 헤매게 되였다. 그런데 이때 그들앞에 귀여운 송아지 한마리가 불쑥 나타났다. 두사람은 놀란 눈길로 송아지를 바라보는데 그놈은 머리를 돌려 그들을 한번 보고는 달랑달랑 그들앞에서 달렸다. 따라오라는것이 분명하였다. 두사람은 송아지의 뒤를 따라 걸었다. 이리하여 무사히 밀림속을 빠져나온 그들이 고맙다고 그놈의 등이라도 한번 쓸어주자고 하는데 밀림을 벗어나자 그 송아지는 바람같이 사라져 오간데 없었다.

그들은 떠나올 때 백발로인의 말을 들었는지라 집에 돌아오자 집사람들에게 별유천지에 가서 보고 들은 이야기를 하나부터 열까지 다하고는 별유천지로 떠나갈 차비를 하였다. 이때 성이 김가라는 사람은 분망히 돌아치면서 일가친척은 물론 친구의 친구까지 다 알리고는 그들을 데리고 박가성을 가진 사람 몰래 먼저 별유천지를 찾아 떠났다. 김가라는 사람은 숱한 사람을 데리고 밀림속에 들어섰다. 하지만 그들은 밀림속에서 석달 열흘이나 헤 맸지만 별유천지를 찾지 못했다. 그들속에는 어중이떠중이는 물론 왜놈의 졸개노릇하는 딴 마음을 먹은 사람까지 있었던것이다.

박가성을 가진 사람은 집식구들과 동네에서 믿을만한 사람들을 찾아가지고 며칠후에야 별유천지를 찾아떠났다.

이들일행이 밀림속에 들어서니 마치 기다리기라도 한것처럼 올 때 길안내를 하던 그 송아지가 나타나 그들앞에서 달랑거리고 뛰였다. 이들 일행은 며칠이 지나지 않아서 장백산하의 별유천지에 들어섰는데 후에 그들은 왜놈을 물리치는 싸움에서 저마다 용맹을 떨쳤다 한다.

정리: 박창묵

혁명동

안도현 삼도향 북도촌 뒤산에서 울쑥불쑥 솟은 산봉우리들을 넘어가면 무성한 원시림에 이르게 된다. 이 밀림속에 신묘한 천연석굴이 있는데 이 고장 사람들은 이 천연석굴을 「혁명동」이라 부르는데는 이런 이야기가 전해지고있다.

일제침략자들과 싸우던 나날이였다.

어느날 산에 있던 항일유격대원 셋이 북도촌에 가서 식량공작을 하려고 바로 이 동네 뒤산에 이르게 되였다. 헌데 이때따라 동네에 왜놈 토벌대가 덮쳐들어 한창 행패를 부리고 있었다. 화광이 충천하고 검은 연기가 하늘에 타래쳐올랐다. 총든녀석들이 돼지 멱따는 소리를 질러대며 날치였다. 웃음소리, 아우성소리가 산우에까지 들려왔다.

세 유격대원은 눈앞에 벌어진 사태를 보고만 있을수 없었다.

「땅!」

한방의 총소리가 울렸다. 산우에서 유격대원들이 적들을 자기한테로 끌어오고 도탄속에 빠진 동네사람들을 구하기 위하여 울린 총소리였다.

산에서 골짜기를 째는듯한 총소리가 들려오자 토벌대놈들은 더는 백성들과 행패를 부리지 않고 눈에 쌍불을 켜고 산우로 올리밀었다. 세 유격대원은 무리지어 산에 기여오르는 토벌대놈들에게 불벼락을 안겼다. 그바람에 총에 얻어맞은 몇몇 토벌대놈들이 비명을 지르며 산아래로 데굴데굴 굴러내려갔다. 하지만 유격대원들의 수가 많지 않다는것을 안 토벌대놈들은 집요하게 달려들었다.

해가 지자 산촌의 날은 빨리도 어두워졌다. 세 유격대원은 더는 맞불질하지 않고 숲을 헤치며 뛰였다. 적들을 밀림속에까지 유인할 생각이였다. 토벌대놈들은 죽기내기로 뒤쫓아왔다. 총소리가 콩볶듯했다.

세 유격대원은 밀림을 헤가르며 뛰기만 했다. 뒤에서 쫓아오는 토벌대놈들이 당장 유격대원들의 뒤덜미라도 잡아챌 듯 사로잡으라고 웨쳐대는 소리가 지척에서 울렸다.

이때 밀림속에서 질풍처럼 달려가는 세 유격대원의 눈앞에 갑자기 환한 불빛이 비쳐왔다. 산속에 불빛이 보일 때는 틀림없이 자기들과 같은 유격대원들이 그곳에 있는것이다. 세 유격대원은 불빛을 따라 화살같이 내달아갔다. 가까이 가보니 기묘하게 생긴 천연석굴이 있었는데 석굴속에는 유격대원 몇이 시름없이 앉아 무엇인가 토의하고있었다. 환한 불빛은 그 천연석굴에서 비쳐나왔다. 세 유격대원은 석굴속에 시름없이 앉아있는 유격대원들을 보자 두말없이 천연석굴속에 뛰여들어갔다.

토벌대놈들은 세 유격대원의 뒤만 쫓았다. 헌데 방금까지 들리던 인적기는 가뭇없이 사라지고 갑자기 눈에서 퍼런 불이 데굴데굴 굴러떨어지는 호랑이들이 밀림속에 나타나 날치고있었다. 한마리도 아니고 수십마리나 되는데 토벌대인저들 수자보다도 더되는것 같았다. 하지만 총가진 놈들이라 토벌대놈들은 앞에 있는 파란 불이 이는 호랑이들에게 마구 총질했다. 이상했다. 그렇게 총질을 해대는데도 호랑이는 한마리도 죽지 않았다. 호랑이들은 파란 불이 이는 눈을 데굴거리며 밀림속에서 제멋대로 설쳐대기만 했다.

그러자 아무리 총가진 토벌대놈들이라 해도 겁을 집어먹고 뒤로 물러서지 않을수 없었다. 허지만 토벌대놈들은 밀림속에서 길을 잃고 어둠속에서 헤매였다. 그들은 날이 밝아서야 겨우 밀림속을 빠져나왔다.

후에 안데 의하면 그날 밤 데굴데굴 굴면서 파란 불을 뿜은것은 호랑이가 아니라 그 기묘한 천연석굴에서 나오는 불빛인데 유격대원들에게는 불빛으로 되어보였지만 왜놈토벌대놈들에게는 호랑이 눈에서 떨어지는 불처럼 보인것이라 한다.

골탕먹고 돌아온 토벌대가 저들 장관에게 이 일을 고했다. 그랬더니 그 장관놈이 상을 잡아치며 버럭 성을 냈다.

「밥통같은녀석들, 코앞에 있는 공산군 몇놈도 못잡았단말이냐?!」

공산군을 일망타진하겠다고 그 장관은 저들 군대를 2백여명이나 거느리고 전날 토벌 갔던 놈들을 길잡이로 밀림속을 찾아들어갔다. 하지만 밀림속을 참빗질하며 훑었지만 유격대원이라고는 그림자도 보이지 않고 밀림속에 천연석굴만 보이였다. 장관은 그 석굴속에 유격대가 숨어있는것 같아 서리발같은 무서운 령을 내려 천연석굴속을 샅샅이 뒤지라 하였다. 헌데 또 이상한 일이 생겼다. 령을 받은 놈들이 석굴에 뛰여들기도전에 열려있던 석굴 아구리가 꺽 물리며 닫겼다. 이 석굴아가리는 항일유격대원이 찾아오면 열리고 일제토벌대가 오면 철문처럼 닫겼다.

　장관놈은 이튿날, 이틀밤을 그 석굴을 지켜봤지만 석굴 아구리는 종시 열리지 않는데 밤이면 말과 같이 숱한 퍼런 불덩어리들이 나댕굴었다. 상을 치며 성내던 장관도 저들 병사들을 거느리고 돌아오는수밖에 없었다. 이로부터 사람들은 이 천연석굴을 「혁명동」이라 하였다 한다.

정리: 주원룡

봉황새바위

안도현 유수천역에서 내려 큰길을 따라 곧추 동북쪽으로 약 3리를 가면 봉황새바위라는 작은 바위가 있다. 헌데 이상한것은 봉황새라는 그 바위에 머리가 없는것이다. 그 머리는 언제 없어졌고 머리없는 그 바위를 사람들은 왜 그냥 봉황새바위라 하는가? 여기에는 이런 이야기가 있다.

1937년 음력 정월의 어느날, 왜놈들은 항일군을 토벌한다고 여라문대의 자동차에 숱한 무기를 걷어싣고 국자가로부터 명월구를 목적하고 유수천을 경유하게 되였다.

왜놈들이 마을 동켠 봉황새바위로부터 5리 상거한 떡구유홈에 잡아들었을 때다.

「꽝! 꽝!」

넓고 반반한 길 한가운데로부터 난데없는 지뢰폭풍이 일어나면서 놈들의 자동차를 무데기로 하늘공중에 날려보냈다. 실로 눈깜짝새에 놈들을 떡구유홈에서 말 그대로 떡가루를 만들어버린것이다.

이런 일이 있은 뒤로부터 놈들은 한 자동차의 군수물자를 수송할지라도 한개 소대이상의 호위병력이 없이는 감히 나서지를 못하였다.

그러던 7월의 어느날이였다.

왜놈들은 10여대의 마차에 무기탄약을 꽉 박아싣고 이곳을 지나게 되였다.

역시 떡구유홈에 잡아들었을 때다.

「땅!」

하늘을 째는 되알진 총소리가 앞켠에서 나더니 뒤미처 량켠 산등성이로부터 우박치듯 총탄이 쏟아져내렸다.

「어이구, 또 걸렸구나!」

놈들은 처음부터 혼백이 날아나서 대가리부터 싸쥐고 갈팡질팡했다.

한번도 아닌 수차의 비극적인 저들의 「떡가루운명」을 매우 이상하게 여긴 룡정 왜군사령부 장교놈들은 그후 이 문제를 자세히 분석연구하게 되었다.

한 토벌대장놈은 자기의 「고견」을 이렇게 피력하였다.

「우리가 이렇듯 번번히 유수천 떡구유홈이란 곳에서 떡반죽이 되고마는 것은 곧 유수천동켠의 그 봉황새바위때문인줄 안다. 그 봉황새바위가 항일군이 대량 활동하는 장백산쪽을 바라고 날개짓을 하는즉 심상치 않은 바위로다. 장백산 항일군들이 날고뛰는 재주를 가졌단들 봉황새바위의 조화가 아니면 절대로 이런 역행이 있을수 없다!」

이리하여 왜놈들은 애매한 바위에 죄명을 들씌우고 그바위를 까내기 시작하였다.

놈들은 숱한 민부를 부려 새해가 지난 1940년 4월 밀에 가서야 겨우 머리부분을 잘라내였다.

하지만 뉘 알았으랴!

봉황새바위의 머리를 잘라버렸어도 놈들은 항일군에 얻어맞는 신세를 면치 못하고 몇해후에 쫄딱 녹아나고말줄을!

그래서 이곳 사람들은 왜놈들의 공포와 저주를 자아낸 머리 없는 바위를 외연히 봉황새바위라고 친절히 부르고있는것이다.

정리: 리룡득

≪어허, 아이고!≫

안도현 영경향에서 서쪽으로 백여리 떨어진 송화강과 고동하가 합치는 합수목에는 「어허, 아이고!」란 곳이 있다. 이곳을 이렇게 부르게 된데는 이런 이야기가 전해져내려오고 있다.

1930년대말, 대동아공영권의 단꿈을 무르익히며 전쟁에 혈안이 되어 날치던 일본제국주의자들은 동북의 지상지하 명물보배자원을 미친듯이 략탈해서는 전쟁밑천으로 일본에 가져갔다. 그중에서도 장백산 갈피갈피에 울울창창 자라는 원시림은 놈들이 침을 세발씩이나 흘리며 탐내는 보배였다. 그래서 놈들은 안도 영경 일대에 밀집하고 값진 원시림을 마구 란벌해서는 고동하와 송화강에 떼목으로 띄워 길림방면으로 류송을 하는판이였다. 그런데 이곳 송화강과 고동하가 합치는 합수목에 이르기만 하면 물속에서 무시로 난데없는 큰 회오리 힘이 떼목을 안으로 왈 끌어들이군 하는데 그 서슬에 떼목이 고패춤을 추며 허망 말려들어가 몇고패 도는데서 사람죽기가 여반장이였다. 특히 떼목에 일본놈이 타기만 하면 백이면 백이 몽땅 수중고혼의 신세를 면치 못하였다. 참으로 이상한 일이요 무서운 일이 아닐수 없었다.

이에 안도현 소재지인 송강주둔 일본토벌대놈들은 그 합수목우의 촉촉바위에다 절당을 짓기로 했다.

옹근 한해동안의 품을 들여 마침내 절당 하나를 지었다. 그리고 중 몇을 두어 떼목이 앞에 나타나기만 하면 번마다 뗑! 뗑! 종을 울리도록 했다. 떼목군들더러 이곳은 무서운 요물이 장난치는 험지이니 정신을 바짝 도사리라는 경종이였던것이다.

절당이 완공되자 당지 일본토벌대 지휘부에서는 큰 경사가 난듯이 이날 십여개의 큰 떼목에 10여명 일본놈들과 친일주구들을 태워 그 효험을 시위해보기로 했다. 헌데 일본놈들은 그 누구든 그 떼목에 앉으려고 하지 않았다. 놈들은 할수없이 그들의 충실한 졸개이며 안도현경찰대 사령인 리도선 수하에서 겨우 열놈을 골라 류벌공들과 함께 떼목을 타게 했다.

어느덧 떼목이 고동하의 흐름을 따라 유유히 절당앞에 이르렀다.

「뗑! 뗑! 뗑!…」

까까머리 중 하나가 나와 햇볕에 대머리를 반들거리며 종을 쳐댔다.

헌데 놈들이 탄 첫 떼목부터 물에 막 휘감겨들어가기 시작했다.

「어허, 아이고!」

놈들은 저마다 이 외마디 소리 몇번씩 내지르곤 떼목과 더불어 물에 막 휘감겨들어가고말았다.

「어허, 아이고!」

「어허, 아이고!」

두번째 떼목도 세번째 떼목도 모두 물에 휘감겨들어갔다. 이리하여 이날 떼목을 탄놈들은 몽땅 수중고혼이 되고말았다.

이로부터 사람들은 이곳을 「어허, 아이고!」라 부르게 되였고 일본침략자들은 「어허, 아이고!」란 말만 들어도 머리칼이 쭈뼛이 살아 일어나 손에 홍건히 땀을 쥐며 벌벌 떨었다고 한다.

정리: 리룡득

들입자산

안도현 내두산촌 마을에서 동으로 곧추 7리가량 나가면 들 입(入)자형의 산이 있다. 이고장 사람들은 이산을 일컬어 「들입자산」이라 부른다. 이 산을 이렇게 부르게 된데는 범상치 않은 이야기가 전해지고 있다.

1940년 늦은봄 어느날이였다.

당시 내두산촌에는 무장자위단 백여명이 있었는데 그 단장은 한창섭이였다. 하루는 마을 건너편 산쪽에서 연기가 몰몰 타래쳐오르고 있었다.

「음, 틀림없는 공산군이 왔구나!」

이발을 앙다문 그자는 즉시 전신무장한 자위단을 거느리고 토벌을 나섰다. 헌데 그가 마을앞 개천 외나무다리우에 올라서서 산세를 다시 건너다보니 갑자기 무서운 생각이 불같이 확 일어났다.

(어찌하여 이 주위에 무장자위단뿐만아니라 위만군, 황군 3백여명이 주둔하고있는줄 번연히 알겠는데 파란 대낮에 저렇게 불을 막 피워댈수가 있을가? 이는 틀림없이 적어도 수백명 공산군이 왔다는것을 말하는 것이 분명하다.) 여기까지 생각한 단장놈은 산세를 바라보았다. 그런데 산세마저 「들입자형」이라 일단 그곳에 잘못 들어가는 날이면 뼈다귀마저 찾아낼것같지 못했다. 이때 그의 뒤를 바싹 따르던 부단장이란자가 귀속말을 했다.

「한단장, 암만해도 저 산이 신통치를 않소이다. 이런 대낮에 공산군이 연기를 피워댈 때엔 필시 묘한 산세를 턱대고 우리를 유인하는게 아니고 뭐겠습니까. 그러니 각별히 조심해야겠습니다.」

그러지 않아도 속이 오마조마한데 뒤따르던 부단장놈까지 이렇게 귀띔하니 한단장은 사맥이 쭉 풀렸다.

「안된다. 이대로 갔다가는 틀림없이 까마귀밥을 면치 못하게 된다. 그러니까 약게 서둘러 피탈을 대고 가지 않는게 상수다.」

순간 한단장의 머리에는 묘계가 피뜩 떠올랐다. 그는 다리중간까지 다갔다가 우정 한발을 홀 빗디디며 개울 깊은곳에 철렁 나가 떨어졌다. 그리고 자맥질을 쳐서 온몸을 물병아리로 만든 뒤 푸푸거리며 물에서 고래고래 소리쳤다.

「에익! 오늘은 재수가 없어. 토벌길에 물에부터 빠지다니… 오늘은 안되겠어! 모두 뒤로 돌앗!」

그리고 그자는 몸을 빼여 집으로 돌아와 황군에게 공산군이 앞산에 온 일을 알리는 한편 자기는 지금 중병에 걸려 드러누웠다고 하였다.

그러자 황군놈들은 무장자위단놈들에게 줄욕을 퍼부으며 할수없이 만군놈들만 데리고 기고만장하여 토벌을 나섰다.

이날 이 산에는 70여명 항일군들이 지나던 걸음에 잠시 휴식하고있었는데 토벌대놈들은 항일군과 대결하자마자 미혼진전술에 걸려들어 한놈도 남지 못하고 몽땅 전멸을 당하고 말았다.

이때로부터 이곳 사람들은 이 산을 일컬어 「들입자산」이라 불렀다고 한다.

정리: 리룡득

보태산

삼도만에서 서쪽으로 줄레줄레 뻗은 산발을 타고 30여리가량 가게 되면 도안이란 촌락이 있고 그 촌뒤에는 포대라 이름한 산이 있다. 이 산을 포대라 이름한것은 그때 항일군에 대처하기 위해 도안땅에 기여든 일본수비대놈들이 이 산에 포대를 높이 쌓았던 때문이다. 헌데 이 포대산이 차차 보태산으로 개명을 하게 되였으니 거기에는 이곳에 등지 틀고있던 왜놈수비대 대장놈의 악착하고 다욕한 성정과 련계되여있다.

그때 도안촌에 김백숙이란 50대의 농민이 있었는데 하루는 도안촌에서 북으로 7리 떨어진 「집터」란 곳에 가서 기장밭 김을 매게 되였다. 그때 그 농민은 마을농민들중에서 생활이 괜찮았다.

「어떻게 하면 저놈을 좀 우려먹나?」

수비대 대장놈은 골머리를 짰다.

그러던중 어느 하루 그놈은 수비대 몇놈을 풀어 다짜고짜 밭에 가 일하는 그 농민을 잡아갔다. 왜놈수비대 대장은 백숙이가 들어서자 대뜸 눈알을 부라렸다.

「이놈, 너는 늘 깊은 골에 가서 뭘 하느냐?」

물론 통역 한놈이 곁에 서서 의사소통을 했다.

「기음을 맵니다.」

「기음? 그런데는 왜 늘 혼자 가서 매느냐?」

「집의 처가 5년전에 돌아가고 로모는 늙으신데다 애들이 아직 어려서 김을 바로 못매기에 혼자 매는것이올시다.」

「닥쳐! 네놈은 틀림없는 공산군밀정이야!」

「아니, 아니, 이놈이 바른대로 말하지 않으니 좀 본때를 보여줘라!」

그러자 숱한 수비대 졸개들이 달려들어 그에게 물매를 안겼다.

그리고 그자는 「자 이놈이 바른대로 말하지 않으니 당장 저 포대산에 올려다 총살햇!」라고 했다.

이 일을 알게 된 그의 일가친척들은 부랴부랴 수비대 대장놈을 찾아갔다.

「장관님, 제발 목숨 하나만 살려주십시오. 그러면 저희들이 어찌 그 은혜에 보답을 하지 않겠습니까?」

보답이란 말이 나오자 대장놈은 음흉하게 웃으며 소리쳤다.

「그녀석을 도로 끌어내려다 감방에 처넣어라!」

일가친척들은 즉시 닭 다섯 마리에다 술 몇십근을 갖춰가지고 그놈에게 개여올렸다. 하지만 사람은 내놓지 않았다. 그의 집에서는 다음날 또 닭 다섯 마리에다 술 몇십근을 가져갔다.

그제야 그놈은 「음, 다시는 산골에 홀로 가는 일이 없어야 한다.」고 하며 그 농민을 내놓았다.

또 한번은 이 마을에 있는 최씨란 농민이 로두구에 가서 윤두소 한 마리를 얻어다 그해 겨울 삼도만쪽으로 가서 구새통나무를 해왔다. 헌데 그 다음날 수비대 대장놈의 호출을 받게 되였다.

「이놈, 너 요즘 늘 산으로 다닌다지?」

「에, 구새통나무하러 갔댔습니다.」

「그런데 왜 련속 사흘동안이나 깊은 산으로 다녔느냐말이야?」

「하긴 안성맞춤한 구새통을 얻기가 조련치 않아 자연히 그렇게 날자가 걸렸지요.」

「닥쳐 이놈! 기실 네놈은 그간 공산군련락을 다녔지?」

「아니, 아니 거 무슨 말씀을 그렇게 하십니까?」

「이놈! 바로 못댈테냐?」

두말없이 물매가 안겨졌다.

그래도 승인하지 않자 「이놈을 래일 당장 저 포대산에 끌어내다 죽여버렷!」라고 호령했다.

이에 안달아난 그의 가정에서는 울며 겨자먹기로 할수없이 그 윤두소가 낳은 수송아지 한 마리를 통채로 잡은외 술 몇십근을 사가지고 그놈을 찾아갔다. 그것을 받아먹고서야 수비대 대장놈은 최씨란 농민을 내놓았다.

　이놈은 이곳에 둥지를 틀고있는 동안 이런 술수로 숱한 농민들의 고혈을 짜먹었다. 하여 이곳 사람들은 그 포대산을 아예 보태산이라 부르게 되었으니 일단 그놈의 더러운 야욕의 술수에 걸려 포대산에 오르기만 하면 꼭 무엇이 든 값진 것을 「보태주지」않고서는 못배긴다는데서 그렇게 고쳐 부르게 되었던것이다.

정리: 리룡득

왕덕산

백두산아래 첫동네라 불리우는 내두산촌의 북쪽켠에는 크지도 작지도 않은 한 산이 우뚝 솟아있다. 본래 이름없는 이 산에 훗날 왕덕산이라는 이름이 붙게 되었는데 여기에는 이런 전설이 전해지고 있다.

1935년 11월경 동북항일련군 제2군이 처창즈로부터 내두산으로 근거지를 옮긴 뒤의 일이다.

왜놈들은 이 새로운 혁명근거지를 단꺼번에 없애버릴 작정을 하고 악명이 자자한 리도선토벌대를 비롯하여 송강주둔 박격포부대 괴뢰경찰과 괴뢰군 도합 800여명을 풀어 대규모의 토벌작전을 벌리였다.

그때 내두산근거지에는 2군사령부와 정치부 군수처 등 직속기관과 소형병기공장, 복장공장, 후방병원, 인쇄처 등 중요시설이 있었으나 병력은 극히 적어 두개 련의 무장부대외에 일부 녀전사들과 20여명 소년아동단원밖에 없었다.

강한 적과 맞다든 왕덕래군장은 첫날부터 친히 전선진지에 나와 지휘하였다. 그는 내두산 뒤산의 유리한 지형을 리용하여 비발치듯한 탄우를 무릅쓰고 기동령활하게 지휘함으로써 적들의 여러차례나 되는 진공을 모두 물리쳤다. 그러나 적들은 실패를 달가와하지 않고 이튿날 삼면으로부터 산을 포위하고 재차 진공해왔다. 왕군장은 다시 부대를 세조로 편성하여 량익부대로 하여금 적들과 견결히 맞서게 하는 한편 자기는 부분적전사들을 거느리고 정면반격을 들이댔다. 그랬지만 수적으로 절대우세인 적들을 일시 당해내기 어려웠다. 이때 마을에 남아있던 녀전사들과 심지어 부상병 아동단원들까지 떨쳐일어나 「놈들이 한자국도 근거지에 기여들지 못하게 합시다」라고 하며 자작 권총이며 통포 따위들을 손에 들고 고지에 달려 올라왔다.

백두산하 넓고넓은 만주벌판은
구국영웅 우리들의 운동장일세…

산우에서 삽시에 혁명가의 노래소리가 높이높이 울러퍼졌다. 마을의 녀성들과 로인들도 동원되였다.
「일본놈들을 족치지 않고서는 살길이 없소.」
「싸우다 죽을지언정 망국노는 되지 않을테요!」
「혁명군을 도와 끝까지 싸웁시다!」
그들은 이와 같이 웨치면서 엄한을 무릅쓰고 밥을 지어 날라오고 물을 끓여오고 탄약을 이고지고 고지에로 날라왔다.
항일군민들의 렬화와 같은 혁명열정을 목격한 왕군장은 눈시울이 뜨거워났다. 일단 어둠이 깃들자 왕군장은 용단을 내리고 사전에 제정한 작전방안에 따라 끊임없이 소분대를 산아래로 출격시켜 사면팔방으로부터 적을 기습하였다. 적의 병력을 분산시킴과 동시에 적들의 기염을 꺾기 위해서였다. 아니나 다를가 어둠속에서 련속 기습을 당한 적들은 간담이 콩알만치 되여 불안에 떨기만 했고 사기는 갈수록 떨어졌다.
바로 이때를 노리던 왕군장은 시기를 놓칠세라 전군에 반격명령을 내림과 아울러 친히 전사들을 거느리고 적군에 뛰여들었다. 적들과의 백병전이 벌어졌다. 남녀로소 하나로 뭉친 우리 군은 실로 일당백의 기세였다.
이와 때를 같이하여 왕군장의 쥐도새도 모르게 파견한 부대가 어느새 적의 뒷면에서「와-」하고 돌연습격을 들이댔다. 이렇게 되니 앞뒤로부터 습격을 당하게 된 적들은 미처 응전할 새도 없이 강변의 모래알처럼 뿔뿔이 흩어져「다리야 날 살려라」하고 산아래로 마구 내뺐였다. 우리 군은 승승장구로 추격하여 이번 전투에서 300여명의 적을 소멸하고 대량의 무기와 탄약을 로획하는 대승전을 거두었다.
왕덕래군장의 탁월한 전략전술이 있고 항일군민들이 동심협력하여 싸운 데서 적들의 토벌은 실패하고 내두산근거지 보위전은 승리로 끝났다.
이곳 인민들은 왕덕래군장이 기동령활한 전략전술로 자기들의 향토를 보위해준 애국애민의 높은 덕성을 찬송하여 그의 성명에서 임금 왕자와 큰 덕자 두자를 따내여 당면 가렬처절한 보위전을 벌려 승전고를 울렸던 이 산을 왕덕산이라 불렀다 한다.

정리: 리룡득

거꾸로 난 발자국

1930년대 겨울에 있은 전설적인 이야기이다.

안도현 처창즈일대의 항일유격대원 6명이 그날 지휘부로부터 긴급임무를 맡고 룡정방면으로 떠나게 되였다.

가다보니 몹시 지친데다가 심한 초기까지 만나 그들은 북흥구의 한 농가에 머물러 잠간 로숙을 풀고 초기를 말린후 마을을 떠나게 되였다.

그런데 그들이 떠난 지 불과 반시간도 되나마나해서 개다리의 밀고로 하여 마을에 둥지를 틀고 「공비」소탕에 눈이 지지벌개 싸다니던 왜군의 추격을 받게 되였다.

유격대원들은 비록 거리상으로는 왜놈들보다 앞섰으나 때는 유격대가 갓 조직되던 시기였으므로 모두가 무기를 휴대하지 못하였다. 게다가 어제 밤낮 내린 생눈길을 걷다보니 그 자취를 쉬이 감출수 없었다.

이때 놈들은 쥐를 만난 고양이처럼 발자국을 밟아 미친 이리마냥 죄여들었다.

가도 가도 끝없는 밀림이여서 걸음은 자꾸 뒤져가고 더구나 원쑤로 되여지는 발자국만은 감출수가 없었다.

이때야말로 자기들의 혁명투지를 진정으로 검열하는 때라는것을 마음속 깊이 느낀 그들은 어떤 한이 있더라도 최대의 용기와 투지로 혁명전사가 된 영예를 고수하며 좋은 기회를 보아 반드시 뚫고나가려고 다짐했다.

그들은 발에 나래를 돋히며 어느덧 2십리길을 좋이 걸어 마침내 자그마한 벌목지에 이르렀다. 이때 유격대원중의 한 사람이 무릎을 탁 치면서 「동무들 좋은 수가 있소!」라고 하더니 여차여차 하자고 제의했다. 유격대원들은 가로 자빠진 통나무에 걸터앉아 단단히 동여맨 신끈들을 끄르기 시작했다. 신을 벗은 그들은 제격 신을 거꾸로 신고는 곧추 령을 톺아올라 서서히 밀림속으로 사라졌다.

미구하여 천방지축 유격대를 추격하여온 왜놈들은 벌목장에 이르자 그만 닭쫓던 개가 지붕을 쳐다보는 격으로 어리둥절해지고말았다. 방금전까지 장바 늘이듯 그렇게 꾹꾹 찍으며 온 발자국이 예서 가뭇없이 사라진것이다. 있다면 산비탈 너머 이곳으로 곧추 내려온 발자국과 예서부터 왼켠으로 빠져나간 새 자동차길뿐이였다.

왜놈 괴수놈은 수림속에서 나온 발자국과 자동차길 주위에 어지러이 난 발자국을 찬찬히 보더니만 아주 자신이 만만해서 명령했다.

「이놈들이 저 산에서 내려온 유격대와 합세해서 자동차를 뺏아타고 도망간게 분명하다. 추격!」

토벌대놈들은 불의습격하여 유격대를 전멸킬양으로 지름길을 가로 질러 갔다. 이윽고 자동차와 맞다든 놈들은 개잡은 포수처럼 우쭐렁대며 자동차를 향해 탄알을 퍼붓기 시작했다.

그런데 자동차에 앉은것은 명월구일대에 신축할 병영마루재료를 실으러 왔다 가는 왜놈군대들이였다. 자동차에 앉은 왜군들은 뜻하지 않은 총사격에 부딪치자 유격대가 습격해오는줄로 알고 죽어라 하고 속력을 더 냈다.

이쪽 토벌대놈들은 자동차가 죽어라고 냅다 뛰는걸 보니 틀림없이 유격대가 앉은것으로 속짐작하고 더욱 맹렬한 사격을 들쑤셔 마침내 차는 앉은뱅이 벌집이 되고말았다. 이렇게 되자 자동차에 앉은 왜군은 가만있지 않고 맹렬한 반격을 가하다보니 이 개싸움에서 죽어자빠진건 저들뿐이였다.

정리: 리룡득

동생 대신 사형장에 나서다

항일의 어려운 나날에 안도현 소사하촌에 평생 농사일에밖에 모르고 살아가는 김형준이란 농민이 살고있었다. 헌데 이 고장으로 항일하는 사람들이 드나들면서 그도 항일의 물결에 휘말려들어갔다.

농민 김형준이네 생활형편은 말이 아니였다. 그때 그의 집에서는 단병준이라는 지주의 땅을 소작하여 부쳤는데 일년내내 별을 지고 나가 달을 이고 들어오면서 등뼈가 휘도록 일해도 하루 세끼 이어대기조차 어려웠다. 하지만 그는 항일유격대에 의연금을 모아 보낸다거나 식량을 모아 보낸다는 말만 들으면 한푼의 돈 한홉의 식량이라도 손수 가져다 바치군 하였다. 김형준농민은 또 동생 김준이를 유격대에 보내고 자기는 병석에 누운 어머니를 봉양하면서 살아갔다.

농민인 김형준은 일자무식이였지만 동생이 항일에 나선후에는 말없이 동생이 하는 일을 도와주었다. 동생이 집에 와서 사람들을 모아놓고 비밀회의를 할 때면 말없이 밖에 나가 바깥동정을 살펴주었다. 동생이 집에 와있을 때 누가 찾아오면 언제나 자기가 먼저 나서서 찾아온 사람을 살펴보고서야 그 사람을 집에 들여놓군 하였다. 그리고 동생이 집에 왔다 갈 때마다 꼭 새벽밥을 해먹고 떠나게 하였으며 찬이슬을 맞으며 산등성이까지 식량을 져다주군 하였다. 동생은 이러한 형님이 눈시울이 뜨거워나도록 고마웠고 이런 형님이 있어 일제침략자와 싸우는데도 한결 더 힘이 났다.

그러던 어느날이였다. 닭이 홰를 치며 두홰를 우는데 밖에서 인기척소리가 나더니 동생김준이가 들어섰다.

「너 김준이가 아니냐?」

병석에 누워있는 어머니가 가냘픈 소리로 물었다. 그러자 동생 김준이는 어머니앞에 가 무릎꿇고 앉아 공손히 인사올리더니 들고 온 약첩을 내놓았다.

「어머니, 제가 이번에 일이 있어 내려오게 되니 어머니 앓고계시는줄 미리 안 유격대에서 이렇게 약을 지어 보냅디다.」

「아니 이게 꿈이냐? 생시냐? 산에서 싸우는 사람들이 고생이 막심할텐데 이 늙은것의 약까지 보내다니…」

어머니의 움푹 들어간 눈에서 눈물이 솟아 볼을 타고 흘렀다. 형은 무어라 말을 못하고 그저 동생의 손을 꼭 잡아주었다.

이때 갑자기 총소리가 나더니 뒤이어 개들이 죽어라 하며 짖어대는데 벌써 멀지 않은 곳에서 어지러운 발자국소리까지 들려왔다.

「또 왜놈들이 왔구나. 사세가 급하게 되었다.」

어머니가 두 아들을 보고 말했다.

「얘들아 뭣들 하는거냐? 이 늙은 어머니는 생각지 말고 어서들 피신해라!」

어머니 말이 떨어지자 형이 동생을 떠밀었다.

「동생, 빨리 피해라.」

동생이 형님을 떠밀었다.

「형님, 먼저 피하오.」

「나야 농사하는 사람인데 쌀 먹고사는 녀석들이 간대루야 농사군을 해치겠느냐? 내 걱정 말고 네가 피신해라.」

서로 이렇게 말을 주고받는 사이에 총창을 빼든 놈들이 벌써 문을 박차고 들어왔다. 놈들은 약을 달이느라 화로곁에 서있는 동생을 붙잡았다. 아궁이앞에서 불을 때고있는 형은 암만 봐도 순 농사군같아 보였던것이다.

「장관님들 내 동생을 놔주시우다. 농사일하며 앓는 어머니를 구완하는 그 애에게 무슨 죄가 있다고 그러시우?」

형은 동생을 붙잡고 놓으려 하지 않았다. 그러자 놈들은 구두발로 형님을 차넘어뜨리고 동생을 끌고 갔다. 눈앞이 그믐밤처럼 새까매났다. 그러다 형님은 정신을 차리고 어머니한테 한마디했다.

「어머니, 유격대에서 보내온 약을 잡수십시오. 저는 동생 구하러 갑니다.」

형은 부랴부랴 동생을 잡아간 놈들을 뒤쫓아갔다. 놈들은 동생을 죽이려고 동네밖 거치른 언덕에 세워놓았다. 형은 총든 놈들의 앞으로 달려가며 천둥같이 무서운 소리를 질렀다.
「죄없는 내 동생을 놓아라. 그는 농민이다.」
형은 두팔을 걷어올리고 붉은 주먹을 휘두르며 사형장에 나섰다. 그러자 그자들중 우두머리인듯한 녀석이 형앞에 바싹 다가서서 물었다.
「너의 집에 있다는 진짜공산당이 이자식이 아니고 너란말이냐?」
「그렇다. 내 동생은 농민이고 내가 진짜공산당원이다. 무고한 동생을 놓아주고 날 죽여라!」
그러니 동생이 나섰다.
「아니다. 형은 농민이고 내가 공산당원이다. 날 죽여라!」
이때 형이 동생을 무서운 눈길로 쏘아보며 말했다.
「너 농사나 해먹고 사는녀석이 꽤나 공산당원이 되고싶은 모양이로구나. 아무 사람이나 다 공산당원이 되는게 아니야. 불쌍한 죽음을 죽지 말고 집에 돌아가 어머니나 모셔라.」
형은 동생과 말을 다하자 놈들을 보고 소리쳤다.
「진짜공산당원을 잡겠으면 저 농사군 동생을 놔주고 날 죽여라!」
형은 주저없이 총을 쏘라고 가슴을 헤쳤다. 보매 공산당원 같았다.
「저놈이 진짜공산당이다. 저놈을 쏴라.」
상전이 령을 내리자 놈들은 형의 가슴팍에 총을 쐈다.
「공산당 만세!」
형이 웨쳤다. 이때 놈들은 동생을 풀어놓으며 훈계했다.
「네 형은 죽으면서까지 공산당 만세를 웨쳐대는걸 보면 정말 진짜공산당원이다. 저런놈은 죽어 마땅해. 너 형처럼 죽을 생각 말고 집에 돌아가 곱다록이 농사나 해라.」
놈들은 한마디 훈계하고 동생을 놓아주었다. 형님 덕분에 살아난 동생은 못박힌듯 발이 떨어지지 않았다. 한평생 농사일밖에 모르고 살아온 형은 공산당 만세까지 부르며 자기를 대신해 죽었다. 동생은 그 죽음의 무게를 너무나도 잘 알고있었다. 형님은 나라를 구하기 위하여 일제침략자와 싸우는 공산당원들의 사명을 생각하고 동생 대신 자기가 사형장에 나섰던것이다.

정리: 정학용

축지법을 쓰다

1940년을 전후해서 생긴 이야기이다.
 어느날 항일유격대의 한 부대에서는 안도현 차조구 일본 경찰주재소를 습격하여 무기를 탈취할 방안을 세웠다. 그들은 성동격서의 전술을 써서 차조구 근방에 수십명의 유격대를 매복시켜놓고 거기에서 삼십리 상거한 경찰본부인 명월구경찰서를 먼저 습격하기로 하였다. 그것은 먼저 적은 인원으로 명월구경찰서를 습격한다는 기미를 보여 놈들의 주의를 이곳으로 끌어놓고 차조구경찰주재소를 습격하기 위해서였다.
 작전방안이 서자 약간명으로 조직된 소부대가 어둠을 타서 명월구 앞산 경찰소부근에 매복하였다.
 밤도 이슥하여 약정한 시간이 되니 소분대 대원들은 감쪽같이 산밑에 내려와 경찰서에 대고 한바탕 기관총과 보총 사격을 퍼부었다.
 그때 명월구는 경찰본서가 있는외에 《반공특설부대》까지 있어 이곳엔 벌레 한 마리도 얼씬 못한다고 장담하던 곳이였다. 그런데 뜻밖에 불의의 습격을 받게 되니 일본놈들은 당황망조하지 않을수 없었다. 놈들은 대량의 유격대가 쳐들어온줄로 알고 경찰서는 물론 특설부대까지 몽땅 털어 유격대 토벌을 나서게 되였다. 소부대는 놈들이 추격해오는대로 이따금씩 사격을 하여 산속으로 후퇴하였다. 그런데 추격을 떠난지 불과 삼십분도 채 못되여 차조구경찰주재소에서 방금 숱한 유격대들이 감쪽같이 산에서 내려와 무기와 탄약들을 몽땅 털어갔으니 추격하겠는데 빨리 지원병을 보내달라는 긴급전화가 명월구경찰서로 련달아 왔다. 그러나 발등의 불을 끄려고 토벌을 몽땅 떠난 뒤끝이라 놈들은 속수무책으로 안달아할 수밖에 없었다.
 이윽해서 오뉴월 삼복염천 똥파리처럼 고아대며 토벌을 떠났던 놈들이 명월구로 돌아왔다. 산발을 타고 새여나간 소부대 대원들을 잡기는커녕 그 그림자도 찾아보지 못하고 헛물만 켜고 돌아왔던것이다.

그제야 서장놈은 내려와 차조구에 있는 무기를 몽땅 털어갔다는 그 유격대가 바로 차조구경찰주재소를 치기 위하여 명월구경찰서를 먼저 쳤다는것을 알고 속아넘어간것이 하도 분해서 붉으락푸르락 야단이였다. 그러나 상관의 기미를 알아차리지 못하는 차조구주재소에서는 울며불며 연신 전화로 구원을 청하였다. 서장은 성난 놈 바위를 찬다고 차조구주재소에 대고 일장 된욕을 퍼부었다.

「에익 빌어먹을 자식들! 내가 뭐라고 하던가? 개미 한 마리도 얼씬 못하게 미리 경비를 튼튼히 하라고 언제부터 명령했는가말이야? 빌어먹을 송충이같은것들! 총은 고사하고 네놈들까지 몽땅 잡아간대도 인젠 모르겠다. 너희들끼리 대책을 강구해라!」

그리고는 속으로 「허 참, 항일유격대가 축지법을 쓴다더니 나도 언제 그놈들의 술책에 걸려 모가지가 달아날지 모르겠는걸.」 라고 하면서 연신 흘러내리는 비지땀을 손수건으로 훔치더라 한다.

정리: 리롱득

어머니와 아들

　1935년 한여름, 솥밑처럼 캄캄한 밤이였다.
　왜놈들을 가득 실은 군용트럭 한 대가 안도현 유전촌을 향해 질주하고있었다. 캄캄칠야에 두줄기 헤드라이트가 길을 쓸며 나가는 그앞에 한 소년의 그림자가 언뜰거리다가 사라졌다. 유전촌에 들어선 군용트럭은 두줄기의 불빛으로 한 농가의 창문을 비추며 삐익 급정거하였다.
　놈들은 총창을 꼬나들고 다짜고짜로 유격대원 영출이네 삽짝문을 구두발로 차부시고 쳐들어갔다. 놈들이 어머니의 가슴에 시퍼런 총창을 들이대며 「이년, 아들을 내놔!」하고 으르렁거리며 위협하였다. 하지만 어머니의 입에서는 「모른다!」는 대답뿐이였다. 그러자 놈들은 어머니의 머리칼, 그것도 많이 움켜쥐면 덜 아프다고 조금씩 조금씩 움켜쥐고는 힘껏 당기였다. 그때마다 머리칼이 살점과 함께 뽑혀나오면서 어머니의 머리에서는 시뻘건 피가 흘러내렸다.
　「이년 젖혀눕긴? 상기 호된 맛을 못봤나? 그따위 공산군아들을 내싸고 무슨 개소리냐?」
　놈들은 이렇게 고아대면서 어머니의 머리카락을 마구 휘감아쥐고 마당 한구석으로 내끌었다. 그다음 어머니는 놈들의 구두발에 사정없이 짓밟히고 채워 마당 한복판에 나가 쓰러졌다.
　「야 이놈들아! 네놈들은 에미도 없느냐?」
　놈들은 어머니의 말은 듣는체도 안하고 집안으로 들어갔다. 그들은 손에 닥치는대로 막 뒤집고 쳐부시는판이였다. 그러자 어머니는 모진 애를 쓰며 집안으로 뒤따라 들어갔다. 어머니는 가마를 빼서 둘러 메치려고 잡도리하는 놈의 팔을 붙잡고 빌었다.

「어르신님, 제발 가마만은 다치지 맙소서. 이 가난한 살림에 가마까지 없으면 어떻게 살라우.」

그놈은 시끄러운 듯 「비켜!」하고 꽥 소리를 치더니 부엌에 내려가 닭둥우리를 들췄다. 어머니는 그제야 남몰래 안도의 숨을 쉬였다. 그러면서도 마음 한구석엔 아무짓이나 하는 놈들이 다시 올라와 가마를 둘러 메치지나 않을가 하는 미심쩍은 생각이 들어서 마음이 옥죄였다. 그것은 가마도 가마려니와 부엌아궁이안에 아들 영출이를 숨겨두었기 때문이다.

영출소년은 벽수골에 있는 항일유격대에 통신임무를 맡고 가다가 놈들의 추격을 받아 숨을데가 없어 자기 집으로 뛰여들었던것이다.

온 집을 샅샅이 뒤져도 아무것도 발견하지 못한 대장놈은 꽥 소리쳤다.

「모두들 나와! 어서 나와!」

집에서 가장집물을 짓밟아부시던 놈들은 상전의 령이 내리자 모두 밖으로 쏠어나왔다. 집안에는 어머니만 남았다. 놈들은 집앞 뒤 마당에다 나무단을 쌓아놓고 석유를 친 다음 불을 질렀다.

「이년 살겠으면 밖으로 나와!」

놈들은 호통질하였다. 그러나 어머니는 가마목에서 일어설념 하지 않았다.

「저년이 나오지 않는걸 보니 집안에 아들을 감춘 모양이다!」

징그러운 고함소리가 또 들려왔다.

영출이는 아궁이안에서 말하였다.

「어머니, 어서 나가세요. 불속이라도 아궁이안에서는 견딜수 있으니깐요.」

영출이는 매캐한 연기가 숨통을 꽉꽉 막을 때마다 「어머니, 어서, 어서!」하고 자기의 어린 가슴을 집어뜯었다. 그러자 어머니는 무엇을 생각했는지 우쭐 일어나서 밖으로 나섰다. 놈들은 어머니를 끌어다가 아들을 내놓으라고 또 구타하였다. 어머니의 신음소리를 들을 때마다 영출이는 당장 뛰쳐나가서 놈들과 한바탕 생사결단을 하고싶은 생각이 치밀어올랐다. 하지만 벽수골까지 가기 위해선 꾹 참아야 했었다. 영출이는 어느덧 매캐한 연기가 코구멍으로 들어와 숨이 가빴다. 벌써 가스에 중독되여 정신이 흐리여졌다. 이럴수록 영출이는 이를 악물었다.

어머니는 견디다 못해 불길을 헤치고 집안으로 뛰여들어갔다.

「애야 정신을 잃지 말고 참아라, 아직 놈들이 가지 않았다.」

어머니는 사발 몇 개를 들고 뛰여나왔다가 또 들어가서 가장집물을 내가는척하며 바깥 동정을 알려주군 하였다. 불은 어느새 처마기슭을 핥으며 집안으로 붙어들어갔다. 집안엔 화염이 꽉 들어찼다. 천장에서 불꽃이 우실우실 떨어졌다. 영출이는 흐려가는 정신을 바싹 차리려고 연기속에서 헤염치며 한손을 아궁이밖에 내밀어보았다. 거기엔 벌써 어머니가 떠다놓은 물그릇이 있었다. 영출이는 그 물을 마시고싶은대로 실컷 마셨다. 그것은 쌀뜨물이였다.

「영출아! 갔다.」

어머니는 화염이 꽉 들어찬 집안으로 급급히 뛰여들어가며 소리쳤다. 어머니는 재빨리 영출이를 껴안고 나왔다. 아들을 으스러지게 껴안은 어머니의 눈에서 두줄기 눈물이 주르륵 흘렀다. 영출이는 두볼에 미소를 띠우며 어머니를 한참 쳐다보더니 「어머니, 나는 가야 합니다. 이 길은 지체할수 없는 길입니다.」라고 힘있게 말하였다.

「오냐 가거라, 몸조심해라.」

「네, 어머니 안심하세요.」

어머니와 아들은 서로 래일의 승리를 약속하면서 갈라졌다.

영출이는 벅찬 걸음으로 다시 벽수골 항일유격대를 향해 떠났다.

정리: 최정록

병사리권총

1930년대 초기 어느 한 겨울이였다. 한 소선대원이 통신련락임무를 맡고 그가 나서자란 고향인 소사하로 가게 되였다. 소선대원이 통신련락을 하고 마을밖에 나와 산책하다가 송강으로 가는 령길을 올려다보니 안경을 건 일본놈 하나가 긴 장총을 가로 질러메고 말을 타고 거들먹거리며 내려오고 있었다. 안경을 건걸 보니 썩 잘 보는 놈이 아닌지라 그런 놈한테서 총을 빼앗아내는것이 좋을것 같았다. 생각을 굴리던 소선대원이 번개같이 마을로 달려가서 손에 무엇인가 찾아들더니 다시 달려나와 길옆 버드나무숲에 몸을 숨겼다.

이윽하여 말탄 일본놈이 이곳까지 왔다. 이때 소선대원은 갑자기 뛰쳐나오며 벽력같은 소리를 질렀다.

「꼼짝말엇!」

말탄 일본놈이 말등에 앉은채 내려다보았다. 한 소년이 옷속에 권총을 내민 듯 옷이 툭 삐여서 앞으로 나왔는데 까딱 잘못하다간 어린 소년앞에서 목숨 잃고 죽을것 같았다. 권총앞이라 어쩌는수 없었다. 놈은 호령대로 꼼짝도 못하고 말을 세웠다.

「내렷!」

호령소리에 그놈은 총을 멘채 말등에서 내렸다.

「총을 벗엇!」

코멘 송아지였다.

「뒤로 썩 물러섯!」

에워놓은 물이다. 놈은 호령소리와 같이 뒤로 물러섰다. 그러자 소선대원은 놈이 벗어놓은 총을 둘러메고 말잔등에 올라탔다. 소선대원은 살겠다고 돌아서 와들와들 떨고있는 놈을 보고 쓴웃음을 지으며 한마디 했다.

「자, 황군나리 안녕히!」

소선대원은 그때까지 들고있던「권총」을 얼음강판에 꽉 뿌려던졌다. 짝 하는 소리와 함께 강바닥엔 유리쪼각이 한벌 쫙 널렸다.

다가가 보니 그것은 병사리가 깨여진 유리쪼각이였다

「아차, 저 조무래기가 병사리를 권총처럼 빼들었댔구나. 병사리권총, 내가 깜짝 속았어. 애 이놈지식…」

놈은 소선대원을 잡을 듯 자리를 차고 일어나 머리를 들었다. 허지만 때는 열번이나 늦었다. 그때는 말이 네굽을 안고 화살같이 내달리는데 먼지가 뽀얗게 일어 소선대원은 보이지도 않았다.

정리: 리룡득

모자의 마음

1938년 가을이였다.
어느날 밤 항일련군대원들은 감쪽같이 안도현 류수천에 뛰여들어 불의에 일제놈들의 포대를 습격했다. 밤중에 갑작스레 닥친 일이라 포대를 지키고 있던 놈들은 총 한방 쏴보지 못하고 무장해제를 당했다.
이날 저녁 항일련군에서는 동네사람들을 동원하여 그놈의 포대를 허물어버렸다. 이때 이 동네 한 젊은이가 부대 사람을 보고 자기는 집에 어머니 한분뿐이여서 총들고 나가 왜놈들과 싸우지 못하는것이 무척 안타깝다며 그 대신 식량을 마련하여보내겠다고 하였다. 너무나도 간곡하게 청드는바람에 부대에서는 그의 청을 들어주며 식량을 아무데까지 지고오면 된다고 하였다.
부대가 떠난 그 이튿날 조용한 틈을 타서 아들은 어머니에게 자기의 속생각을 숨김없이 털어놓았다.
《어머니, 지난밤 항일부대가 왔을 때 제가 식량을 가지고 찾아가게 해달라 했습니다. 그랬더니 그들은 저의 청을 들어주면서 아무데까지 가져오면 된다고 했습니다. 어머니 생각은 어떠합니까?》
《참 잘했다. 네 마음이자 내 마음이구나. 이 에미도 너를 따라 가겠다. 왜놈들과 싸우는데 나도 한몫 감당해야 너처럼 다소라도 마음이 풀릴게 아니냐.》
일제놈들 때문에 정든 고향을 등지고 눈물로 두만강을 적시며 이곳까지 온 어머니였다. 그만치 어머니는 인생고초를 다 겪은분이여서 어머니의 생각은 아들만 못지 않았다.
이튿날 저녁이였다. 동산에 달이 떠올랐다. 어머니는 낮에 미리 마련대두었던 된장을 넣은 참대통을 머리에 이고 아들은 베자루에 담아두었던 강냉이쌀을 지고 길을 떠났다. 모자는 마을을 나서자 부지런히 걸음을 다그쳤다.

시간이 얼마나 지났는지 동산에 떴던 달이 벌써 장바 몇발되게 하늘공중에 헤염쳐올랐다. 산세를 살피던 어머니는 앞에서 지름길에 접어들어 걷기 시작했다. 이렇게 하면 한시간안에 부대가 있는 곳까지 갈것 같았다.

이윽하여 그들 모자는 산마루에 올라섰다. 헌데 령을 내리자니 산세가 여간 가파롭지 않았다. 이곳 산세를 손금보듯 잘 알고있는 어머니는 산마루에 서서 달빛을 빌어 지세를 살피고는 아들을 보고 말했다.

「애야, 저 앞산 하나만 넘으면 네가 말하던 유격대들의 주둔지에 이르게 되는구나!」

「그래요? 어머니, 그럼 빨리 령을 내리자요.」

「그래 그러자.」

령을 하나만 넘으면 된다니 아들은 한걸음에 그들한테로 달려가지 못하는것이 안타까와 걸음만 다그쳤다. 아들의 마음이자 어머니의 마음이여서 어머니도 아들을 따라 걸음을 조였다. 헌데 조바심이 나서 아들을 따라 걸음만 조이던 어머니는 가파로운 산아래로 내리걷다 넘어져 뒹굴기 시작했다. 그바람에 어머니 머리에서 떨어진 참대통이 떽데굴떽데굴 산아래로 굴러내려갔다 고요한 밤이라 참대통이 나무와 돌에 맞히며 굴러가는 소리는 굉장히도 요란하였다.

「어머니, 상하지 않았나요?」

「애야, 내 왼쪽다리를 좀 봐주렴.」

아들의 어머니 다리를보니 나무에 긁히워 다리에선 시뻘건 피가 흐르고 있었다. 아들은 자기의 옷자락을 째서 어머니의 상처를 싸매주었다.

이때였다.

「꼼짝 말앗!」

산아래에서 참대장통이 굴러가는 소리를 듣고 웨쳐대는 소리가 들리였다. 토벌대놈들이 산아래에 있는것이 분명하였다. 뒤이어 산아래에서 놈들의 떠들어대는데 뭐라고 지껄여대느지 똑똑히 들리지 않았다.

「어머니, 놈들에게 붙잡히면 이 쌀을 항일련군에 보내주지 못하겠는데 빨리 뛰자요.」

「애야, 이럴 때일수록 덤벼서는 안된다. 잠자코 가만 있거라. 동정이나 살펴보고 행동하자.」
　이윽고 떠들어대는 소리가 점점 가까이 들리기 시작했다.
「어머니, 이러다간 놈들에게 잡히겠어요. 빨리 뛰자요.」
「애야, 이 대낮같이 밝은 달밤에 놈들의 총앞에서 뛰면 어디들 뛴다고 그러느냐? 그러니 방법을 내여 놈들을 속여넘겨야 한다.」
「어떻게요?」
「넌 숲속에 숨어 잠자코 있어라. 그러면 이 어머니가 놈들을 속여넘길테다.」
「어머니 혼자서요?」
　아들은 어머니 얼굴을 놀란 눈길로 쳐다보았다. 어머니는 아들의 등을 밀었다.
「애야, 이러고 서있을 때가 아니다. 어서 멀찌감치 가 숲속에 숨어라. 놈들은 내가 대처할테다!」
　아들은 어머니가 혼자서 놈들을 대처한다니 귀축같은 토벌대놈들이 어머니를 해칠가봐 그냥 그 자리에 서있었다. 그리 멀지 않은 곳에서 귀를 어지럽히는 소리가 들려왔다. 놈들이 더욱 가까이 온것이였다. 더는 어물거릴 시간이 없었다. 어머니는 말뚝처럼 서있기만 하는 아들의 등을 젖먹던 힘까지 다내서 밀어놓고는 산아래로 내리 닫다싶이 하면서 큰소리로 아들을 불렀다.
「애야―」
　어머니의 부름소리가 산아래로 울려갔다.
「가만, 웬 녀자의 목소리야? 참 수상한데.」
「공산군 길잡이질하는 녀자가 아닐까요?」
　이렇게 토벌대놈들이 말을 주고받는데 어머니는 산아래로 내려오면서 또 아들을 불러댔다.
「애야―」
　그 소리에 지척에서 울렸다. 더는 말을 주고받을 새도 없이 토벌대놈들은 총을 빼들고 녀인한테로 달려갔다.
「꼼짝 말앗! 뭘 하는 사람이야?」
　총칼이 달빛에 서리발쳤다. 그러나 어머니는 아주 태연하게 장관인듯한 왜놈앞에 가 허리굽혀 인사하고는 울음섞인 소리로 가련하게 말했다.

「장관나리, 제발 절 좀 도와주시우.」

「무엇이 어쩌고 어째? 네년은 대체 이 산에 뭘 하러왔어?」

「저는 류수천에 사는 사람인데 지난밤에 공산군들이 우리 동네 포대를 쳤지요. 그바람에 우리 집까지 불에 탔어요.」

「그래 그걸 도와달라고 우리를 찾아 예까지 왔단말이냐?」

「아니예요. 거처가 없고 요탄에 있는 애 할머니네 집에가 있자고 우리 모자가 길을 떠났는데 지름길에 들어서자 불효자식이 이 에미는 관계치 않고 저 혼자 내뺐는지 그림자도 보이지 않아요. 그래 이 애를 찾습니다. 그 애를 찾지 못하면 공산군이 나다닌다는 산길을 낮도 아닌 밤에 녀자 홀몸으로 무서워 어떻게 가겠습니까? 그래 도움을 청합니다.」

토벌대 대장놈인듯한 녀석이 버럭 성을 냈다.

「게으른 아낙네 발싸개처럼 무슨 말을 그렇게 길게 늘어놓아. 그래 류수천에 왔다간 공산군녀석들이 어디로 도망쳤나? 어서 말해.」

간밤에 류수천에 와 포대를 친 항일군을 찾아 이 산속에까지 와서 헤매는 놈들이라 녀인한테 따지고들었다. 그러자 녀인은 아무 일도 아니라는 듯 제격 한마디로 대답했다.

「공산군들은 곧추 대포사골안으로 들어갔어요.」

「정말이냐?」

「시골녀자가 어찌 나리님들앞에서 거짓말 하겠어요.」

놈들은 녀인을 팽개치고 대포사골안으로 들이밀었다. 그러자 어머니는 「후」하고 안도의 숨을 내쉬였다. 아들이 멀지 않은 숲속에서 나왔다. 아들은 말없이 놈들을 꾀여넘긴 어머니를 한참이나 쳐다보았다.

「얘야, 어서 떠나자!」

어머니는 나무에 걸린 참대장통을 찾아 이고 아들은 자루에 넣은 식량을 지고 산을 넘어서 항일련군의 주둔지에 이르렀다.

정리: 주원룡

지혜롭게 출하곡을 얻다

마가을 소슬바람이 부는 1940년 10월의 어느날이였다.
남도집단부락 서쪽문어구에는 아래우에 새하얀 치마저고리를 입고 머리에다는 전수건을 친 귀밑머리가 희슥희슥한 50이 넘은 안로인 한분이 나타났다.
그는 보초를 서고있는 경찰한테로 다가가더니 허리꺾어 굽석 인사를 하고나서 마구 들어가려 하였다.
「안돼! 이게 어디라고 함부로 들어가려 하시우?」
「난 아들 보러 온 사람인데 왜 못들어가오?」
「허, 로친은 도대체 어디서 오는거요?」
「난 명월구에 사는데 아들보러 오는 길이요.」
「명월구?」
「예.」
「량민증을 보기오.」
량민증을 보고난 경찰은 다소 시름을 놓았다는듯 머리를 끄덕이며 다시 물었다.
「아들 이름이 무엇이요?」
로친이 아들 이름을 대자 경찰은 「그런 이름이 우리 경찰소엔 없소. 딴 곳에 가보오.」하며 좀체로 들어놓으려 하지 않았다.
「나으리, 그러지 말고 어서 들어가게 해주시구려. 내 아들녀석은 바로 한달전에 황군에 들어왔댔는데 듣는 말에 의하면 얼마전에 경찰이 됐다지 않겠수. 그래서 이렇게 불원백리하구 찾아온 길이웨다.」
로친은 옷고름으로 눈굽을 찍었다.

「하하, 그런 이름이 이곳에는 없다니까. 어서 딴데로나 가보시우.」

「나으리, 지금 이 세월에 젊은이들이 어찌 본명만 쓴다구 그러시우? 변성명두 한두가지가 아니란말이유.」

「그렇긴 하지만…」

「자. 그러지 말구 경찰분주소 소장어른댁으루 들어가게 해주시우.」

경찰은 할수없이 그를 경찰분주소 소장네 댁으로 데리고갔다. 경찰분주소 소장네 댁으로 가는 로친은 경찰 모르게 사위를 분주히 살폈다. 참으로 경계가 삼엄한 집단부락이요 군사요새지가 틀림없었다.

불과 백호가 되나마나한 마을인데 밖으로 돌아가며 5메터 높이로 통나무를 찍어다 촘촘히 동네를 둘러쳤고 그안으로 키넘은 해자를 팠으며 그안에 또 높은 토성을 쌓아올렸다. 그런데다 드나드는 통문을 동서남 세곳에만 내여놓고 대낮에도 문에다 경찰보초를 세우고있었다. 마을 한가운데 또 토성을 둘러친 집이 있었는데 그것은 경찰분주소였다.

로친은 사위를 살피면서 경찰을 따라 분주소 소장네 집으로 들어갔다.

경찰소장이란 자는 스물대여섯에 난 조선인이였는데 보기만 해도 아주 교활한 녀석이였다.

「소장어른, 안녕하시우?」

난데없는 로친네의 인사에 소장은 어리둥절하여 경찰을 보고 물었다.

「이 로친네는 누구여?」

경찰이 자초지종을 이야기하기도전에 로친이 자기소개를 하였다.

「나는 명월구에서 아들 보러 온 사람이유.」

이렇게 말꼭지를 뗀 로친은 자기 아들은 삼대 외독자이데 일본특설부대에 반해 참군했던것이 공산군토벌차로 한달전에 송강방명으로 들어왔는데 전번 토벌에 부대가 풍지박산나고 요행 목숨을 살린 아들녀석은 변성명하고 경찰질을 한다는 소문을 듣고 이렇게 찾아왔다고 말했다.

「이곳엔 그런 사람이 없으니 어서 돌아가시우.」

「소장어른, 그게 말이 되오이까. 이렇게 늙은게 아들의 생사여부를 알자고 이 복잡한 시국두 마다하지 않고 찾아왔는데 좀 인심을 베풀어주시우.」

소장이란자가 들어보니 없는 동정이나마 다소 가기도 했다. 그의 말대로 하면 이 복잡한 시국에 삼대독자 외아들을 반공특설부대에 내보낸 이 점만 보아도 황국량민이 되기에 손색이 없었다.

이리하여 그 로친은 경찰의 안내를 받으며 경계가 삼엄한 경찰분주소안 포대까지 올라가 20여명 경찰을 일일이 다 만나보았다. 그리고는 몹시 실망한듯하면서 맥빠진 소리를 했다.

「여기는 내 아들이 없수다!」

「그럼 인젠 다른데나 가보시우.」

「아이구 기막히구나. 이녀석아, 너는 지금 어디 가있단말이냐? 어디 가있어!」

로친은 이렇게 통곡을 하며 경찰서와 집단부락을 나왔다.

이렇게 아들을 찾는 어머니가 나타났다가 사라진 그 이튿날 밤 12시, 모두가 잠자리에 들고 삼라만상이 쥐죽은듯 고요한 밤중이였다. 경찰분주소 경찰이 밤교대보초를 서려고 분주소대문을 열고 나오다 보니 검은 그림자가 마을의 토성을 기여넘어 들어오는것이였다.

「웬 그림자일가?」

간이 콩알만해서 눈박아보니 앞머리에 별이 반짝이는 숱한 사람들이 언뜰거리는것이다. 바빠난 경찰놈은 뛰여들어가며 호각을 불어댔다.

「공산군이 쳐들어왔다! 공산토비가 쳐들어왔다.!」

분주소안에서 잠을 자던 놈들은 벌벌 떨며 일어났다.

「남도경찰분주소 소장인 경위보 동룡화는 들으라! 너희들은 몽땅 포위되였으니 어서 총을 놓고 투항해나오너라!」

그 소리를 들은 포대안의 적들은 수군거렸다.

「아니, 우리 소장의 이름까지 어떻게 다 알가?」

「글쎄말이야.」

동룡화는 그 누구보다도 속이 꿈틀하였다. 그때에야 그는 어제 찾아왔던 아들 찾는다는 로친에게 감쪽같이 속히웠다는 생각이 타래쳐올랐다. 그의 생각은 옳았다. 그 로친은 출하곡을 탈취하기 위하여 항일유격대에서 파견한 정찰원이였다.

「웅. 네년이 본시는 공산군정탐이였구나!」

악에 치받친 소장놈은 불같은 호령을 내질렀다.

「저마다 자리를 뜨지 말고 끝까지 저격해라!」

놈들은 최후발악을 했다.

이때 감쪽같이 쳐들어와 웅뎅이 매복했던 그 로친은 기관총수에게 분주소포대와 자위단포대를 가리켰다.

기관총이 분주소의 경찰과 자위단놈들을 옴짝달싹 못하게 할 때 30여명 항일군들은 집집을 다니며 백성들에게 선동고동사업을 했다. 그러자 고난의 심연속에서 고생하던 농민들은 눈물을 쏟으며 어서 빨리 일본놈과 그 주구를 소멸해달라고 하면서 출하곡으로 방금 탈곡해놓은 낟알들을 자원적으로 내놓았다. 그리고도 성차지 않아 천, 소금과 채소들을 내놓았다.

「어서 가져들 가시오. 남겼대야 우리 입에 차례질건 한알도 없수다.」

이리하여 항일군은 지혜롭게 놈들을 견제하면서 일본놈들에게 빼앗길 5천여근의 출하곡식을 얻게 되었다.

정리: 리룡득

여럿이 뭉치면 쇠도 녹인다

날이 갈수록 일본침략자들의 농민들에 대한 탄압과 착취와 수탈이 가중해만 갔다. 해마다 엄청 키돋움하는 출하곡 때문에 농민들은 농망기에도 초근목피로 근근득식 끼니를 에우지 않으면 안되였다. 하여 농민들은 희망없는 농사에 태만했고 악착한 수탈정책에 항거해서 일본놈들이 내여준 농경역축 소도 맘대로 잡아먹기 시작했다. 이래서 일본놈들은 농민들이 소를 잡는것을 엄금하는 통령을 빈번히 내렸고 일단 발견만 하면 무서운 형벌을 들이댔고 근로봉사로 잡아갔다.

바로 이런 때 백두산기슭 삼도구 한 마을에서 있은 일이다.

이 마을에 순태(純太)라 이름한 일본놈의 악질주구 부자 한놈이 있었는데 그는 마을사람들이 평시거나 단오, 추석 등 명절에 소를 잡아먹을라치면 곧 일본놈들에게 일러바쳤다.

그놈의 수단은 남달리 「고명」하고 악랄하였다. 그는 마을사람들이 소잡는 날이면 꼭꼭 와서는 반죽좋게 말했다.

「어, 이거 출출한 때 과연 좋은 일들을 하시는구만. 아무렴 속이 텅 비고서야 일을 해낼수가 있소? 헤헤 미안한대루 이번에도 소갈비 한짝만 뚝 떼주시우다.」

미운 놈에게 떡 한개 더 준다고 마을사람들이 그의 요구대로 소갈비를 뚝 떼주게 되면 그대로 들고 가서는 소금간장에 잔뜩 절구어두었다가 일본나부랭이들이 찾아오면 소갈비를 보란듯 올려놓고는 너스레를 떨었다.

「이거 약속한대로 한잔 드시지요.」

「엑카— 허, 이건 소갈비가 아니까?」

「예, 예, 약소하웨다.」

「그런데 이건 언제 누가 맘대로 잡았소까?」
「저, 전번 마을촌놈 박 아무개가 또 황소 한마릴 재꼈는데…」
「뭐, 뭐, 황소를 제껴?」
「예, 예!」
「옳지 이놈들이!」
이래서 오늘은 박 아무개, 어제는 리 아무개…마을사람들을 늘 곤경에 떨어뜨렸고 납세를 잔뜩 안기게 했다. 그리고 몇몇 사람은 놈들에게 맞아 종신병신까지 되였다.
언제부터 이를 괘씸하게 보아오던 마을사람들은 윽윽 벼르다가 마침내 짜고들었다.
「여러분, 이제 곧 추석이 오는데 추석이 되면 의례 소를 잡아먹어야지요. 헌데 그 뒤끝이면 어김없이 또 일본놈들이 조사를 내려올것입니다. 그러니 지금부터는 백에 백 입이 모두 일구일언을 해야겠습니다. 즉 다시말해서 이번의 소도 순태씨가 잡으라고 해서 잡았다고 해서 잡았다고 하잔말입니다. 그 누가 묻든지간에 이 수백호 마을에서 순태씨의 말이 아니면 개미 한 마리 잡을수 있겠습니까? 라고 하잔말입니다.」
년장자 로인의 말에 모두들 굳은 언약을 보았다.
마을사람들이 추석소 몇마리를 잡아먹은지 얼마 안지나 과연 일본놈들이 조사를 내려왔다. 그러나 그 누가 물어도 꼭같은 한 대답이였다.
「아이구 말이 났으니말이지 우리가 번마다 잡는 소야 순태나으리의 허가가 없이 어방이나 있겠습니까?」
「그렇구말구요. 그 어른의 허가 없이 소를 재꼈다가야 어느 누가 수족이 성해있을라구요.」
이렇게 전후좌우, 상하, 동서남북에 다 물어봐야 꼭같은 대답이라 일본놈들도 그제는 달리 생각하게 되였다.
「옳지, 알고보니 결국 이 모든것이 이놈 순태놈의 작간이였구나.」
그래서 일본놈들은 촌공소에 순태란 놈을 잡아다 못매를 쳤다.
「아이쿠! 아이쿠!」
이놈이 아무리 변명을 해도 놈들은 곧이듣지 않았다. 허여 나중 이놈은 갈비뼈 세대나 뭉청 부러져나갔다.
 이로부터 이놈은 다시는 좋다 궂다, 쓰다 달다 일본놈들에게 마을 일들을 일언반구 고자질 못했다고 한다. 이를 두고 마을사람들은 여럿이 뭉치면 쇠도 녹인다고 하였다.

정리: 리룡득

성명부지의 조선인통역

1930년대 삼복철 어느 이른새벽에 있은 일이다.

그때 소사하일대에서 의사신분을 가지고 지하당활동을 하는 조득홍이라는 사람이 있었다. 그날 새벽 조득홍이 김병묵이라는 사람과 자기 집 미닫이문턱에 걸터앉아 이야기를 나누며 담배를 피우고있는데 문밖에서 주인을 찾는 소리가 났다.

「득홍이 있는가?」

몹시 귀에 익은 소리인지라 조득홍은 제꺽 일어나 문을 열며 「오, 학근이가 왔구만. 어서 들어오게.」 하고 반기였다. 그의 뒤로 또 조선인 한사람이 들어섰다.

「아니 이거 처남도 왔구만!」

하긴 이 박춘택이란 사람은 조득홍의 8촌처남이였다.

「어서 늘어와 앉게.」

헌데 뉘 알았으랴. 그들이 자리에 앉자 총을 든 숱한 일본병정놈들이 쓸어들더니 방금 찾아들어온 두사람이 손짓하는데 따라 조득홍이와 김병묵이를 묶어 밖으로 끌어내갔다.

「미안한대루 어서 나가보게!」

이때 조득홍일가 사람들의 가슴은 오리오리 찢어지는듯 하였지만 공산당원 조득홍의 수차로 되는 간곡한 타이름이 있었던탓에 그 누구도 소리 한번, 울음소리 한마디 내지 않았다.

후에 안 일이지만 당시 송강에 있던 일본놈의 주구 엄학근과 량강구에 있던 일본놈의 주구 박춘택이란자가 나서서 당시 소사하 일대에 공산당활동이 특별히 창궐하다고 고자질하여 그날 새벽 일본토벌대놈들이 들이닥쳤던것이다.
　두 주구와 왜놈들에게 조득홍이와 김병묵이 끌려나가자 이번에는 몇몇 다른 일본병정놈들과 키가 훨씬 크고 눈이 어글어글한 일본군복을 입은 서른살이 될가말가한 조선인통역 한사람이 들어섰다.
　이때 조득홍이네 집에는 70세나는 조모를 비롯해서 일가 친척이 모두 열두사람이나 있었다.
　먼저 별 몇알을 박은, 그중 우두머리인듯한 일본놈이 집안사람들을 빙 둘러보며 물었다.
　「이자 잡혀간 놈은 도대체 너희들과 어떻게 되는 사람이냐?」
　하긴 엄학근이와 박춘택이란 놈이 이 집에 들어왔다가 다시 일본놈들을 끌고 소사하향마을의 공산당원을 잡으러 떠나다보니 이 집 정체를 미처 상전에게 대주지 못했던것이다. 참으로 불행중 다행이였다.
　「왜 말이 없어? 이자 잡혀간 놈이 도대체 너희들과 어떻게 되는 사람이냐말이다!」
　통역이 다시 번역하자 조득홍의 안해가 대답했다.
　「전혀 모를 사람입니다.」
　「뭐? 모른다구?」
　「정말 모릅니다. 지나가던 사람이 바빠서 무작정 뛰여들었으니까요.」
　「뭣이? 지나가던 사람이?」
　「예!」
　「정말이야?」
　「정말이구말구요. 이자 잡혀간 사람들이 우리 집 친척이라면 어찌 데리고 온 이들이 미리 말이 없었겠습니까?」
　그 일본놈은 다시 조득홍의 동생에게 채찍을 내들며 소리쳤다.
　「이놈! 이자 방금 잡혀간 놈이 너의 누구지?」
　그러자 조득홍의 동생은 어망결에 대답했다.
　「나의 형님…」
　이때 조득홍의 안해가 얼른 그의 말을 가로챘다.
　「아니, 아니, 나의 이 시동생은 정신이 온전치 못한 머저리니 절대 이 사람 말을 듣지 마시오.」

 그 말이 떨어지자 바쁘게 그 통역이 조득홍의 동생의 뺨을 들이치며 소리쳤다.

「이 머저리야, 허튼소리 작작 해!」

 그러자 그 일본놈이 통역을 보고 물었다.

「이거 왜 이랬소?」

「핫! 이놈은 반편인데 장관님의 물음에 허튼 소리만 치기에 귀통 한 개를 올려붙인것이올시다.」

「음ー」

 일본놈은 아무리 으르딱딱거려도 더 짜낼수 없다는 듯 다시 그 통역과 쑤군대더니「자, 가잣!」하고 왜놈들을 끌고갔다.

 그때 그 통역이 제일 뒤에 떨어져 나가며 큰소리로 웨쳤다.

「이놈들! 다시 더 알지도 못하는 빨갱이놈들을 끌어들였다간 온 가정이 몰살될줄 알아라!」

 조득홍네 일가는 이렇게 성도 이름도 모르는 조선인통역에 의해 겨우 죽음을 모면하게 되었다.

 당시 그 통역이 조득홍의 동생 말 그대로 일본놈에게 통역해바치기만 했더라면 조득홍네 10여명되는 일가사람들은「공산비적」가족으로 몰려 죄다 죽고말았을것이다.

 그날 구사일생으로 살아난 조득홍네 일가는 일본놈들이 떠나간 다음 회생된 조득홍이와 김병묵의 시체를 가져다 매장하였다.

 그런데 그로부터 얼마 안있어 갑자기 생각지도 않던 그통역이 가만히 조득홍이네 집으로 찾아왔다. 그는 집에 들어서자 조득홍의 조모와 일가사람들에게 허리굽혀 깊이 사죄하는것이였다.

「참으로 미안합니다. 내 이번에 와서 차마 못할 일을 하고 갑니다.」

 이에 조득홍의 아버지가 물었다.

「그래 당신은 언제부터 일본놈들 일을 해주시우?」

「예 그런게 아니라 조선에 살면서 일본인학교에서 일본말을 좀 배웠는데 중국에 건너오자 이것이 일본놈들에게 알려지여 할수무가내 이번에 통역으로 따라오게 된게랍니다.」

「아, 그랬구만.」

「참으로 부끄럽고 죄스러운짓을 하는셈이지요.」

「하긴 일본놈들 세상이라 무슨 수가 있겠수!」

드디여 그 통역은 조득홍의 조모앞으로 가더니 「할머니, 저의 집에도 할머니같은 분이 계십니다. 할머니, 손자분의 희생으로 너무 슬퍼하지 마십시오. 우리도 어느때건 기를 펴고 살 날이 돌아오겠지요.」라고 하면서 품속에서 50전짜리 지폐를 꺼내여 할머니 손에 쥐여주었다.

「할머니, 비록 적은 돈이지만 몸보신에 보탬해 쓰십시오.」

그 통역은 마지막에 떠날 때 조득홍 아버지의 귀에 대고 무엇이라 진지하게 속삭이였다.

후에 안 일이지만 이제 한시라도 이곳에 그냥 남아있다간 다시 더욱 큰 화를 입을수 있으니 즉시 솔가도주하라고 했다는것이다. 한 것은 엄학근이와 박춘택이 조득홍일가가 무사한것을 알고 일본놈들에게 다시 일러바치는 날이면 몰살을 당할수 있다는것이였다.

조득홍네 일가는 그 통역의 귀띔에 여간 감복해하지 않으며 비애와 고통을 짓씹어 삼키며 그날 오후로 홍륭촌으로 떠났다.

그때 조득홍네 일가는 그 통역이 준 돈50전이 있었음으로 하여 낯선 고장에 이르렀어도 살림기구를 장만하고 풋보리쌀을 사들여 어설프게나마 살아갈수가 있었다. 그래서 두고두고 그 이름모를 조선인통역의 이야기를 외웠다 한다.

정리: 리계순

≪퉁퉁디 쑥이죠≫

　　일제는 항일세력에 대한 토벌을 가강하는 한편 백두산의 삼림자원을 략탈하기 위하여 간도땅 그 어데나 사통팔달한 신작로를 닦기 시작하였다. 놈들은 무고한 백성들을 강제로 끌어다가는 길닦기에 역축을 부리듯했다. 일단 재수없이 부역에 끌려나가면 사지판으로 끌려가는거나 매일반이였다. 부역은 죽음과 마찬가지이고 혹시 천우신조로 살아서 집으로 돌아온다고 해도 페인이 되고마는 신세였다.
　　그때 사지가 편편하고 나이가 젊은 남자들은 꼼짝달싹 못하고 코꿰인 송아지마냥 사신이 도사리고있는 부역에 끌려가기가 일쑤였다. 그중에서도 돈있고 권세있는 자들은 자식이나 일가친척을 살리려고 뢰물을 듬뿍듬뿍 먹이고 무권리하고 가난한 백성을 대명물로 내몰았다.
　　그런데 민부들을 끌어다가 고역에 부려먹는 기회를 타서 항일유격대는 민부로 가장하여 일하다가노 놈들을 불의습격하여 요정내기도 했고 토벌대가 촌길을 따라 추격올것 같으면 길옆 숲에 매복했다가 습격하기가 일쑤였다. 수없이 녹초가 되게 얻어맞아 이마에 멍이 들고 손발이 떨어져나가 병신꼴이 된 일제는 항일군에 대한 토벌보다도 저들의 안전지책을 세우지 않으면 안되였다.
　　아래의 이야기는 그중의 하나이다.
　　명월구에서 이도백하로 가는 신작로를 닦을 때였다. 백두밀림을 집삼고 동에 번쩍 일제를 일망타진하고있는 항일유격대에 대해 겁을 집어먹은 일제는 방지대책을 전문 연구했다. 그러나 아무리 묘안에 상책을 세워봤자 소잃고 외양간 고치기요 비온 뒤에 받쳐주는 우산에 불과했다. 하여 속수무책으로 랭가슴만 끙끙 앓던중 도꾜에서 어머어마한 대장군이 이 소문을 듣고 시찰을 내려왔다. 그자는 관동군 정예부대의 호위를 받아 연변의 신작로란 신작로를 다 돌아보고나서 책상을 치며 호통을 쳤다
「바가야로! 대갈통은 멋으로 어깨우에 얹어놓은건줄 아냐! 매사에 머리를 써야 하는거야. 얼음판에 팽이 돌리듯 팽글팽글 돌리는거란말이야.」
「하이! 지당한 말씀이옵니다.」
「신작로는 꽤 반반하게 닦긴 했어도 길옆 단도리를 그따위로 해서 되냐말야!」
「하이, 영광의 천황께 죄진 몸입니다. 엄히 다스려주십시오.」
「당장 신작로 량옆 30메터 구간의 나무를 말끔히 베여엎으라. 비적들이 감히 신작로로 접근하지 못하게 해야 할것이 아니겠는가!」
「하이, 영명한 결책을 받들어 속히 실행하겠습니다.」
관동군 사령관의 명령이 전보로 간도성 사령관한테 하달되자 그 즉시로 각지 일군에 전달되였다.
명월구 일본군 사령은 부하를 여러갈래 길로 파견해보냈다. 명월구로부터 이도백하 구간을 책임진 일본군 대위는 마침 길닦이에 끌어들인 인부를 책임진자한테 명령을 하달했다. 그런데 인부 태반이 한족이라서 명령을 집행해야 할놈은 의사소통을 제대로 할 수가 없어서 난이였다. 생각을 올리 훑고 내리 다듬어도 신통한 말이 떠오르지 않았다. 일어를 알아듣는 사람을 찾았지만 모두들 가난뱅이출신들이라 「하이!」, 「요시!」 따위도 겨우 흉내내는 수준이였다. 생각을 더듬고 고름을 짜내던 끝에 그자는 묘한 생각을 내였다.
「나무는 한어로 쑤(樹)라고 하고 몽땅이라는건 퉁퉁디(通通地)라고 하면 될것이요, 또 베여넘기면 땅에 쓰러지는것인데 이건 딱히 뭐라는지 알수 없군…」
량미간을 찌프리고 고개를 갸우뚱하고 생각을 짜내던 그자는 옳지! 하고 무릎을 쳤다.
「쓰러뜨린다는건 눕힌다는것렷다. 눕힌다는건 자는것처럼 된다는것이 아니냐! 잔다는 말은 한어로 쑤이죠(睡覺)가 아닌가!」
아주 형상적으로 말을 더듬어낸 그자는 전화로 인부를 감독하는 한족십장에게 명령했다.

「쑤디 퉁퉁디 쑤이죠!」

한족십장은 도대체 무슨 소리인지 알아듣지 못했지만 되물을수도 없고 해서 「하이!」를 련속했다. 괜히 되물었다가 기분이나 잡쳐놓기만 하면 큰일이였기 때문이다. 그러나 전화를 놓고도 아무리 생각해도 그 말뜻을 알수가 있어야지. 이리저리 제나름대로 생각을 굴린 십장은 제딴에 올바른 답안을 주어냈다.

「퉁퉁디 쑤이죠라고 했으니 모두 모두 자라는 말이겠고 쑤다라는 말이 얼토당토않은 것 같지만 자는 사람은 모두 나무에 기대라는 뜻이다. 인부들의 건강상태는 좋지 않은걸 고려해서 선심을 베푼것이렸다.

꿈은 길흉을 가리지 않고서도 멋진 해몽을 얻은 십장은 즉각 일터에 나가 돼지 멱따는 소리로 「희소식」을 전달했다.

「모두들 나무에 기대여 자라!」

말이 떨어지기 바쁘게 고역에 지치고 상한 인부들은 빈자루마냥 폴싹폴싹 땅에 쓰러져 코를 골며 잠에 떨어졌다.

이튿날 대위는 자동차를 타고 현장검사를 내려왔다. 그런데 이게 웬 일인가? 길옆 나무는커녕 풀 한 대 축나지 않았을뿐만아니라 인부들은 나무에 기대여 코를 골며 꿈나라에서 오락가락하는중이였다.

잔뜩 골이 난 대위는 십장을 보자 다짜고짜 귀뺨을 찰싹찰싹 쳤다.

「이게 뭐야! 감히 일을 중단시키다니 될말이냐.」

「나리, 억울합니다. 저는 나으리의 명령을 따랐을뿐이옵니다.」

「바가야로! 쑤디 쑤이죠디 하라고 했는데 이건 <런디(人)쑤이죠디> 했으니 망태기가 아니구 뭔가!」

십장은 나무를 재우라는 말의 함의를 알수가 없어 얼마간 넋나간 사람처럼 멍청하니 서있었다. 그러자 명월구로부터 묻어온 통역관이 대위의 의사를 번역해 들려줬다. 그제야 알게 된 십장은 허리를 굽혀 죄를 빌었다. 대위한테 우선 차실이 가는 일이였지만 십장은 선뜻 책임을 도거리하는것으로 자기의 발바리충심을 보여주었던것이다.

십장은 대위의 기분을 맞추어주려고 채찍을 들고 인부들을 잠에서 일으켰다. 그리고는 길 량옆 30메터 구간의 나무를 채벌하게 했다.

오늘도 명월구로부터 이도백하, 이도백하에서 백두산천지까지 가는 구간의 신작로 량옆은 30메터까지 반반한 맨땅인데 애나무들이 금방 돋아올라오고 있다. 그것은 그 당시 겁에 질린 일제의 만행으로 하여 그렇게 된것이라고 한다.

정리: 류일엽

신묘한 기습전

기간정자를 기습

기간정자는 안도현 신합향정부소재지 서쪽에서 약 십여리 떨어진 곳에 있다. 이 마을은 원래「4대가원(四大家阮)」이라 불렀는데 인가가 얼마 없었다. 후에 마을뒤에 산봉우리가 일곱개 둘러있다 하여 습관적으로 칠개정자 (七个頂子)라 부르다가 한자의 같은 음에 따라 기간정자로 불렀다. 집단부락은 일본놈들이 통치하던 위만주국시기에「치안강화」란 미명하에 항일련군습격을 막기 위해 세운것이다. 부락은 대체상 장방형이였는데 주위는 3메터 높이로 토성을 쌓고 토성밖에 2메터 깊이로 해자를 팠으며 해자밖에 높이 5메터되는 락엽송나무로 바자를 세우고 네 모퉁이에다 포대를 세우고 성문옆에는 큰 포대를 세웠다.

항일련군에서는 고동하를 사이둔 기간정자와 5리 떨어진 청구자부락에 적들의 경찰분주소와 무장사위단이 있다는것을 알게 되였다. 항일련군부대는 정찰한 정황에 근거하여 기간정자기습작전계획을 세웠다. 먼저 이합호에 들어가 래왕하는 행인을 공제하고 소식을 봉쇄한후 기간정자경찰분주소에 전화를 걸었다.

「황군토벌대가 곧 도착하게 되니 자위단 일동은 마을어구에서 영접하라!」

전화를 받은 분주소의 경찰은 정말로 듣고 무장자위단단장 왕유창에게 명령하였다.

「황군이 곧 도착하니 대오를 거느리고 마을어구에서 영접하라!」

명령을 받은 자위단 왕단장은 무장자위단을 긴급집합시켰다. 그때 우리 항일련군부대는 일본수비대로 분장하고 발걸음도 당당하게 기간정자로 걸어갔다. 왕단장은 급급히 대문밖에 나가「황군」대오가 오기를 기다렸다. 그가 먼 곳에서 걸어오는 「황군」대오를 바라보니 정말 힘차고 기세높았다. 헌데 대오가 점점 가까워오자 왕단장은 이 대오가 황군토벌대가 아니라는것을 보아냈다. 그는 급급히 포대로 뛰여올라가 다시한번 살펴보았다. 확실히 황군이 아니였다. 급해난 왕단장은 보총을 들고 사격하려 하였다. 그러다가 다시 생각을 해보니 항일련군대오가 수자적으로 많은데다 그에 비해 자위단은 10여명밖에 안되였다. 그놈은 들었던 총을 내리우고 아무것도 모르는척 포대우에서 내려와 분주소 명령대로 대오를 거느리고 「황군」을 영접하였다. 그 찰나 우리 항일련군은 번개마냥 성문에 들어가 총 한방 쏘지 않고 기간정자를 공제하고 보총 12자루를 로획하고 많은 군량을 해결했다.

청구자를 기습

청구자 「집단부락」은 1935년도에 세운것인데 그 이주민이 모두 조선 강원도 원주군에서 왔다 하여 처음에는 원주툰이라 하였다가 후에 청구자로 고쳤다. 이 마을은 명안(明安)공로길가운데 자리를 잡았기에 일본놈들은 이 부락에 대한 경비가 더욱 심하였다. 방어설비를 놓고볼 때 토성, 해자, 울타리, 포대, 큰포대가 다른 「집단부락」과 같은의 포대와 포대사이에 또 보초선을 더 세웠다. 평시에는 항일련군의 돌연적습격을 방지하기 위하여 20여명의 무장자위단이 분주소경찰의 지휘밑에 밤낮 보초를 서고있었다. 경비가 엄하기에 생소한 사람이 이 마을에 들어간다는것은 매우 어려운 일이였다. 외지사람들은 더 말할것도 없고 본 마을 백성이 성문으로 출입하는것도 분주소에다 상세히 보고하고 허가를 얻어야 했다. 저녁이면 보초소를 증가하고 특수한 정황이 없이는 성문을 열지 않았다.

항일련군은 기간정자를 점령한후 청구자를 기습할 방안을 연구하였다. 청구자에는 송상진이란 경위보가 있었는데 여러차례에 걸쳐 항일전사 7명을 붙잡다 머리에 못을 박아 살해한 악독한 놈이였다. 항일전사들은 송상진이란 이름만 들어도 이를 갈았다. 그때 항일련군전사들은 「청구자에 들어가 송상진을 잡아 사망한 동지들의 원쑤를 갚자!」고 여러번 청구하였다. 전사들의 일치한 요구에 근거하여 작전지휘부에서는 청구자를 치기로 결정지었다. 그런데 맹공격을 들이댈것인가 아니면 기습전을 벌릴것인가 하는 문제에 대하여 줄곧 골머리를 쓰고있었다. 바로 이때 새로운 정황이 항일련군부대가 청구자를 기습하는데 유리한 조건을 지어주었다. 그날 오전 청구자 부락에 거주하는 농민 4명이 봄갈이에 신을 신과 성냥, 석유 등 일용품을 사러 기간정자에 있는 잡화점으로 갔다. 그들은 성문에 들어서자바람으로 우리 항일전사에게 연금되였다. 이 4명 농민과 련합작전하는것은 청구자를 기습하는 관건이였다. 항일련군부대에는 반수이상이 조선족이였다. 지휘부에서는 조선족 지휘원을 시켜 4명 농민에게 사상교양을 하고 저녁 어두울 무렵 그 농민들과 함께 성문으로 들어가는 기회에 번개같이 놈들을 소멸하기로 하였다. 기간정자는 청구자에서 5리밖에 안된다. 만약 물건 사러 기간정자에 왔던 사람이 너무 늦게 집으로 돌아가면 적들이 의심을 품을뿐만아니라 성문도 열어주지 않는다. 이렇게 된다면 일이 예상대로 성사되지 못한다. 때문에 지휘부에서는 기간정자분주소의 1명 경찰을 시켜 전화로 청구자분주소에 「청시」하였다.

「모시모시(여보세요), 여기는 기간정자분주소요. 그곳에서 여기 잡화점으로 물건사러 네사람을 보냈는가?」

「아, 오전에 네사람이 그곳으로 간다고 보고한 일이 있소. 그래 어쨌단말이요?」

대방은 무슨 영문인지 몰라 물었다.

「글쎄말이요. 네사람이 이합호로 배를 타고 고동하를 건느다가 그만…」

「그만 어찌 됐소?」

「그만 배가 뒤집어졌어…」

이쪽에서 말도 맺기전에 청구자분주소에서는 사람이 물에 빠져 잘못되였나 하여 급히 물었다.

「그래서…」

「물에 빠진 사람들은 일없으나 옷이 흠뻑 젖어서 지금 의복을 말리우고 있소. 늦게야 돌아갈것이니 그리 알게나.」

분주소 경찰이 전화를 걸 때 우리 항일련군 1명 지휘원이 권총을 쥐고 옆에서 감시하였기에 총앞에서 그놈은 그럴듯하게 주어댔다. 그리하여 청구자경찰분주소 경찰은 정말로 알고 저녁보초군에게 일러주어 저녁에 성문을 열어주게 하였다.

저녁 8식다 되였다. 항일련군부대는 작전계획대로 행동하였다. 2명 항일전사는 농민차림을 하고 4명 농민과 함께 앞에서 걷고 일정한 거리를 두고 항일련군 소부대가 뒤를 따랐다. 청구자가 가까워올 때 항일련군부대는 두 갈래로 나뉘여 길 량쪽에 매복하고 시기를 기다렸다. 앞선 사람들이 성문에 거의 당도하였을 때 한 농민이 소리쳤다.

「우리가 돌아왔소다. 성문을 열어주시오.」

포대에서 보초를 서던 자위단원은 포대에서 내려오면서 혼자말로 두덜거렸다.

「어느때라고 인제야 온단말이야?!」

성문이 열리였다. 시기를 기다리던 항일전사들은 보초병이 어쩔 새도 없이 돌연히 돌진해들어가 신속하고도 민첩하게 두갈래로 나뉘여 행동하였다. 한갈래는 줄곧 경찰분주소와 무장자위단실을 향해 돌진하였다. 그날 밤 자위단성원들은 평소와 마찬가지로 보총을 정연하게 총받치개에 세워놓고 자위단실 남북 량쪽 온돌에 앉아있고 경위보 송상진은 변복을 하고 와서 자기가 친히 항일전사를 살해한 진실한 이야기를 해주었는데 자위단원을은 이야기에 정신이 팔리다보니 밖에서 발생한 일은 감감 모르고있었다. 이때 돌연 문이 펄쩍 열리더니 날창을 꽂은 몇자루의 총이 삽시에 남북쪽 온돌을 향하였다.

「손들엇!」

벼락같은 소리에 이야기를 듣던 자위단놈들은 벌벌 떨면서 순순히 선을 들었다. 항일전사들은 총받치개에 세운 총 20여자루를 몽땅 거두었다.

「살 놈은 땅에 엎드렷!」

총뿌리앞에서 모두 고분고분 땅에 엎드렸다. 송상진은 자기의 끝장이 왔다는것을 예감하고 마치 죽은것처럼 늘어졌다.

「오, 바로 네놈이였댔구나. 일어섯!」

항일전사들의 분노에 찬 눈길은 모두 그놈쪽으로 쏠렸다. 몇몇 항일전사가 그놈을 끌어다 복도 복판에 있는 기둥에 꽁꽁 동여매놓고 30여명 전사들이 날창으로 그놈을 처단하여 순난한 렬사를 위해 복수하였다.

항일부대 다른 한갈래 전사들은 네개 분조로 나뉘여 네곳에 있는 포대로 돌진하여 하나 또 하나의 포대를 점령하고 무장을 해제하였다. 첫 세 포대는 비교적 순조롭게 점령하였으나 네 번째 포대에서 시끄러운 일이 생겼다. 한 항일전사가 포대에 돌진하니 자위단놈은 총을 끌어안고 졸고있었다. 항일전사가 무장해제를 하려 하니 그는 총을 끌어안고 좀처럼 놓지 않았다. 두사람은 한참동안 박투하였다. 그놈은 정세가 좋지 못하니 기회를 봐서 총을 포대구멍밖으로 뿌려던졌다. 어찌하여 그 자위단원은 그렇게 완고하였는가? 사실은 이러하였다. 놈들은 자위단원들의 「경각성」을 높이기 위하여 평상시 깊은 밤중에 보초소 검열을 다녔다. 한번은 놈들이 보초검열을 다니다가 졸고있는 한 보초병의 총을 빼앗고 그 보초병을 반주검이 되게 발로 차고 때렸다. 그 이튿날 놈들은 자위단을 「훈계」할 때 전날 일을 반복적으로 되풀이하면서 만약 이와 류사한 일이 다시 발생되면 총살해버리겠다고 으름장을 놓았던것이다. 그날 우리 항일련군전사가 무기를 해제하려 할 때 보초병은 보초검열경찰이 왔거니 하고 매를 두려워 총을 품고 놓지 않았던 것이다.

　이번 청구자기습전에서 항일련군은 23자루의 보총을 로획하고 민족의 망나니 송상진을 처단하고 항일구국선전을 한다음 밤 12시경에 그곳을 떠났다.

정리: 차상훈

독살음모를 분쇄한 이야기

1934년 겨울 안도현 대사하 서문자 혁명근거지에서 있은 일이다.

대사하 동쪽 막치기에 자리잡은 이 마을에는 그때 30여호 인가에 20여명 유격대원들과 지하혁명자들이 있었다.

어느날 쉰살쯤 되여보이는 한 조선족사나이가 한촌에 황가리를 꼬나들고 아주 태연한 기색으로 아무 주저 없이 건성건성 마을로 들어섰다. 파수보던 사람이 누구냐고 탐문하니 그 사람은 자기는 대사하마을에 사는데 겨울철 한가한 때면 늘 짐승잡이를 다닌다고 하면서 오늘은 황가리사냥을 나왔다가 그만 초기가 들어서 밥 한끼 얻어먹자고 일부러 들렸다는것이였다.

서문자 사람들은 그 사람을 인차 돌려보낼 생각으로 두말없이 약간한 음식을 대접했는데 밥과 반찬을 내놓으면서 「우리 이곳엔 놈들의 봉쇄가 심한탓으로 소금이 몹시 귀해서 반찬이 아주 싱거우니 량해하여주시오.」하고 사과했다.

그러니 그 사람은 「아, 그렇습니까? 나는 그저 농사나 짓고 짐승잡이에 다니다보니 그런 사정은 통 모르고있었다니까요. 그렇지만 반찬이 아주 맛있습니다. 아주 좋습니다.」라고 하였다.

그런데 요기를 다 했는데도 그 사람은 인차 떠날 궁리는 하지 않고 이 골목 저 골목 기웃거리고 다니며 사람들을 만나면 아주 싹싹하게 「산골에서 고생이 많겠다.」고 위로의 말을 하군 했다. 그 사람이 어찌나 씩씩하고 인상이 좋은지 마구 밀막아 집으로 돌려보낼수도 없이 가만놔두었더니 그 사람은 해질녘에야 마을을 떠났다.

이런 일이 있은 며칠 뒤였다.

뜻밖에도 그 사람은 뚝 서문자마을로 찾아왔다. 이번에는 사냥을 나왔다가 온게 아니라 한 30세가량 되어보이는 아편쟁이같기도 하고 서생같기도 한 젊은이를 데리고 소금짐을 무겁게 지고 왔다.

서문자사람들은 힘겹게 지고 온 그들의 등짐을 벗겨 내려놓고는 「이거 어디서 이렇게 많은 소금을 가져오셨습니까?」하고 기쁘게 물었다.

그러자 그 사람은 「당신들은 왜놈을 때려엎자고 부모처자를 다 버리고 이런 적막한 산속에 들어와서 얼마나 고생이 막심들 하오. 전번 우연한 기회에 왔다가 여기서 소금 때문에 몹시 고생하는것을 보고 이번 걸음에 일부러 소금을 구해가지고 왔으니 별다르게 생각말고 받아들 주시우.」라고 했다.

「아니, 이래서야 되겠습니까?」

그러자 그 사람은 「참 별말씀도 다하시오. 당신들이 고생하는건 모두 우리를 위한것인데 여기 사는 사람들의 곤난을 다문 얼마라도 덜어드려야 우리 맘도 편안할게 아니겠소?」라고 반죽좋게 척척 받아넘기였다.

일반 투박한 농민과는 달리 술술 청산류수로 풀려나오는 그의 말솜씨, 그리고 함께 온 그 청년의 잔약한 체질, 더구나 놈들의 「삼광정책」에 의해 절대 금물로 되고있는 아주 귀한 소금을 이렇듯 두짐씩이나 걸머지고 대낮에 남보란 듯 큰길로 해서 찾아온 거동…이 모든 것은 인차 서문사람들의 의심을 자아냈다.

서문사람 몇몇은 저쪽 다른 칸으로 들어가 그릇을 가져오는척하며 약속하고 다시 나와 그들의 가정실태를 물으며 그들더러 이번 걸음에 아주 며칠을 작정하고 남아서 우리 일을 좀 도와달라고 청을 들었다.

「저 미안한 청탁이지만 우리 일손이 몹시 딸려 그러는데 며칠간 좀 도와주시우다.」

「저 무슨 요긴한 일인데요?」

「별다른게 아니라 부상자들에게 보낼 상비약을 좀 만들자고 그러는데 한주일이면 될겁니다.」

그러자 그는 「안되오이다. 녀편네가 중병에 앓아누웠는데 곁에 사람이 없으면 하루도 안되오이다. 하루도!」라고 하며 기어이 떠나겠다는것였다.

그가 기어이 떠나겠다고 하니 몇몇은 이번에는 그 젊은이를 보고 말했다.

「그럼 젊은이라도 좀 남아 우리 일을 도와주시오.」

그러자 그 젊은이는 온몸을 와들와들 떨며 백지장같은 낯으로 「아니 난 더구나 안됩니다. 난 집에 일이 태산같이 많습지요.」라고 하였다.

그들의 이런 일행은 서문사람들의 더욱 큰 의혹을 자아내였다. 이에 그들은 본격적인 심문을 들이대기 시작했다.

「좋소. 그렇다면 물읍시다. 이 새파란 대낮에 이 등짐소금을 어떻게 지고 왔소?」

그러니까 그 사람은 펄펄 뛰였다.

「아니, 여보시오. 그래 당신들은 우리들을 어떻게 아시고 이러는거요? 이건 실로 너무 하외다. 우리를 마구 의심하다니요.」

서문사람들은 지려 하지 않았다.

「의심이고 뭐고 소금을 어디서 이렇게 많이 얻었으며 어떻게 가져왔느지 그 경위를 말해보란말이요!」

사람들이 따지고 들자 소금을 지고 온 그 사람은 「그, 그거야 사두었던거지요.」하고 떠듬거렸다.

서문사람들은 다시 젊은녀석을 바싹 닦아세웠다.

「이놈, 살아 돌아가고싶으면 바른대로 말해라!」

젊은녀석은 겁을 집어먹고 벌벌 떨기만 했다.

분위기는 조여들었다.

「예 예 사실은…」

바로 이때였다. 서문사람들은 책임자가 타고장에 갔다 돌아오게 되였는데 마을사람들의말을 들어보더니 알겠다는 듯 고개를 끄덕거리며 지시하였다.

「말로 따질것 없이 이 사람들이 지고 온 소금 한줌을 꺼내 밥에 버무려 저 개에게 먹여보시오!」

사람들은 그의 말대로 그자들이 지고 온 소금 한줌을 꺼내 밥에 버무려 밖에다 활 내던졌다. 개가 달려와 그 밥을 주어먹더니 낑낑 소리와 함께 그자리에 쓰러지고말았다.

서문사람들의 의분은 상투밑까지 올랐다.

「이 천하 망종같은놈들! 그래 이래도 진상을 바로 대지 않을테냐?」

더는 폐질을 쓸수 없게 된 그 령감쟁이와 젊은녀석은 사실의 진상을 바로 대지 않을수 없었다.

　워낙 그자들은 안도현성 송강에 있는 왜놈토벌대본부의 탐정들인데 전번에 황가리사냥군으로 가장하고 서문자에 기여들어왔다 간 뒤 마을의 정황을 일일이 일러바쳐 당시 중화민국돈으로 1만 5천원을 받아먹었던터였다.

　이번에는 또 왜놈들의 사촉을 받고 우리의 항일군민들을 죽여버리려고 독품을 넣은 소금을 지고 왔던것이다.

　서문사람들은 진상이 밝혀지자 한없이 솟구치는 의분으로 이 천추에 용납 못할 왜놈밀정들을 즉각 처단해버렸다.

정리: 리룡득

떡 한함지

　1930년대도 다 가는 겨울, 동지를 앞둔 어느날이였다.
　항일련군의 한 소대가 안도현 십기가 목란촌에 와 머물게 되였다. 그들속에는 김영숙이라는 녀대원이 있었는데 그는 이 소대의 취사원이였다.
　그날 소부대전사들은 한 농가에 찾아들어 잠간 휴식하게 되였다. 강행군에 지친 전사들은 집에 들어서기 바쁘게 방바닥에 풀썩풀썩 주저앉았다. 그렇지만 취사원인 김영숙은 서둘러 저녁을 지어야만 했다. 그는 쉴념도 하지 않고 배낭끈을 풀고 쌀주머니를 꺼내 헤쳤다.
　산사람들에게는 금싸락같이 귀한 하얀 입쌀이 주머니속에 들어있었다. 그것을 보자 맥없이 주저앉았던 한 전사가 정신이 번쩍 들어 말했다.
　「야, 배꽃같이 하얀 입쌀이군요. 보기만 해도 입에 군침이 살살 도는데.」
　그러자 다른 한 전사가 방금 말한 전사를 보고 말했다.
　「사내대장부가 그게 무슨 말이요?」
　「그럼 어떻게 말하오?」
　「말이발같이 흰 입쌀이 보기만 해도 주먹같은 침이 꿀꺽꿀꺽 목으로 넘어간다. 대장부는 이렇게 말해야 한단말이요.」
　「당치도 않은 소리 하지도 마오. 그래 누가 입쌀을 보고 배꽃같이 하얗다 하면 아낙네들이 하는 소리라 했소. <배꽃같이 하얀 입쌀을 산에 있는 자녀들은 보기도 드물거네. 전사들께 한끼 대접하게.> 하며 저 쌀을 우리에게 보내주던 할아버지도 그래 아낙네란말이요?」
　「거… 거…」
　「하하하.」
　이바람에 폭소가 터져 전사들은 정신을 차리고 주거니받거니하며 이야기판을 벌렸다 이때 김영숙이는 맑은 물에 쌀을 몇번이나 일더니 물을 찌우기 시작했다. 그런데 약삭바른 한 전사는 벌써 어느새 일어나 나갔는지 주인집 돌절구를 안아다 바당 한가운데 놓고 히죽히죽 웃으며 쌀물이 찌기를 기다리고있었다. 무척 떡을 먹고싶었던 모양이였다.

이윽하여 농가집 바당에 내려선 힘꼴이나 쓴다 하는 전사들이 엇바꾸어가며 절구질을 했다. 방안에선 이야기판이 벌어져 웃음꽃이 꼬리를 물고 터져나왔으며 바당에선 「쿵, 쿵, 쿵」 절구질하는 소리가 북소리처럼 귀맛좋게 울렸다. 비발처럼 퍼부어대는 탄우속에서 일제침략자와 싸우던 그들은 명절이나 맞은듯했다.

떡을 찌기 시작했다. 부엌아궁이에선 팔뚝사리같은 나무들이 짝짝 소리까지 내며 타고있었고 가마에선 흰 김이 쐐쐐 소리를 내며 풍겨왔다. 구수한 냄새가 온 집안에 풍기였다. 방안에 앉은 전사들은 닭알같은 침을 꿀꺽꿀꺽 삼켰다.

어느덧 떡이 다 되였다. 전사들은 저마다 하얀 입쌀떡을 받아 앞에 놓았다. 그러자 한 전사가 말했다.

「이거 회의하면 개막사가 있고 술상에 앉으면 인사의 말이 있다는데 영숙동무 한마디 해야 이 떡을 먹지 않겠소.」

그러자 떡사발을 들고 섰던 김영숙이 웃으며 말했다.

「백성들의 성의인데 많이들 잡수시라요. 전 보초서는 동무를 교대해주겠어요.」

「허허허, 취사원이 총을 들고 보초까지 서려우?」

「이런 때 총을 잡아보지 않으면 언제 잡아볼려구요. 총대는 남성들만 메는겐줄 알아요? 일제와 싸우는데는 저마다 다 몫이 있는거애요.」

김영숙이는 들었던 떡사발을 한 전사앞에 놓고는 몸을 빼여 보초선에 나가 보초서는 전사를 교대해주려 했다.

그런데 이때였다.

「땅땅땅」 보초선에서 다급하게 울려오는 총소리가 산간의 비좁은 골짜기를 째며 전사들의 귀청을 쳤다. 토벌대놈들이 쳐들어온다는 신호였다. 뒤이어 어지러운 총소리가 들려왔다.

형세는 위급했다. 대 해놓은 떡을 먹을 새도 없었다. 「퓽퓽」 탄알이 지붕우를 날아지났다. 전사들은 떡사발을 내버리고 집을 뛰쳐나가 산에 올랐다.

산에 오른 대오는 점검을 시작했다. 헌데 취사원 김영숙이 없었다. 모두들 가슴을 옥죄이며 산아래를 내려다보았다. 산아래에선 놈들이 고아대는 소리와 총소리가 어지럽게 들려왔다. 소대장이 날랜 전사 몇을 불러냈다. 영숙이를 구하려는것이였다. 전사들이 소대장의 령을 듣고 산아래로 내려가려는데 산아래에서 영숙이가 다급하게 소리쳤다.

「내려오지 마세요!」

산아래를 내려다보니 취사원 영숙이가 머리에 함지를 이고 산우로 힘겹게 올라오고있었다. 대원들이 달려내려가 머리에 인 함지를 받아가지고 올라왔다. 떡함지였다.

「아니, 위급한 때 떡까지 이고 오다니.」

「그게 어떻게 온 쌀이라구 떡까지 만들어놓고 그 떡을 놈들의 입에 들어가게 하겠어요. 백성들의 성의인데 우리 전사들에게 돌려 그 떡을 먹고 열배, 백배의 힘을 내서 일제침략자들을 때려부셔야지요.」

영숙이는 말과 같이 이런 생각으로 전사들이 받아놓았던 떡사발의 떡 한개도 남기지 않고 함지에 담아 이고 산우까지 올라왔다. 그 떡을 이고 오느라 위험도 겪었다. 귀뿌리밑으로 「퓽퓽」 총알이 스쳐지나고 비탈에서 여러번 넘어지기도 했지만 그는 떡함지만은 놓지 않았던것이다. 온몸이 땀투성이가 된 영숙이를 바라보며 소대장은 눈물이 그렁그렁해서 말했다.

「자, 영숙동무의 임을 덜어주게요. 어두운 밤이라 놈들이 산에는 기여오르지 못할거요. 백성의 성의자 영숙동무의 성의인데 먹고 힘내서 일제놈들을 쳐부시잔말이요.」

전사들이 떡함지두리에 모여서 떡을 먹기 시작했다. 어둠이 덮인 산마루에서 토벌대놈들을 바로 코밑에 놓고 떡을 먹는다는것은 세상에 다시없는 희귀한 일이였다. 더구나 그것도 한 취사원 녀전사가 생명의 위험을 무릅쓰고 이고 온 떡함지에 모여 떡을 먹게 되니 전사들은 저마다 목이 메여 그 떡을 쉽게 넘기지 못하였다.

정리: 최준

풋강냉이 한함지

　1939년, 음력으로 7월의 어느날이였다. 안도현 대사하에서 큰 싸움이 벌어졌다는 소식을 들은 대사하 류수촌 경찰분주소에서는 사면보초를 엄히 하고 두문불출했다. 키들이 통나무를 세워 온 동네를 둘러막은데다 밖에 깊은 해자까지 있어 어찌할 방도가 없었다. 밭에 나는 곡식으로 끼니를 에우던 사람들은 집에 앉아 주림에 시달리고있었으며 말 못하는 짐승들도 굶주림에 애처롭게 울어댔다. 경찰분주소에서는 오후 다섯시쯤에야 대문을 열고 행인들 단속을 엄히 했다.
　이렇게 되자 소수레를 몰고 꼴베러 가는 사람, 풋감자를 캐러 가는 사람, 풋강냉이를 뜯으러 가는 사람들로 동서 두 대문이 미여질 지경이였다. 대문을 분비며 나가는 사람들속에는 나이 40살 푼한 김씨라는 녀인이 있었다. 그는 광주리에 베자루를 담아 이고 풋강냉이를 뜯어다 끼니를 에우려고 걸음을 재우쳤다. 이해나라 강냉이가 질되였다. 밭에 이른 녀인은 한이삭 두이삭 강냉이를 골라가며 뜯다보니 밭속으로 깊숙이 들어가게 되였다. 녀인은 고개를 들고 강냉이를 따려다가 강냉이도 따지 못하고 깜짝 놀라 가슴을 움켜잡았다. 강냉이밭속에서 얼른거리는 사람들이 보였던것이다. 겁에 질린 녀인은 상대방에서 자기를 발견하기전에 몸을 빼려 하였다. 헌데 몸을 빼기도전에 저쪽에서 자기를 보고 하는 말소리가 들려왔다.
　「놀라지 마세요.」
　고개를 들고 보니 자기한테로 다가오는 사람은 한손에 권총을 받쳐든 녀자군인이였다.
　권총을 보니 몸이 오쌕해나며 겁이 더럭 났다.
　「아주머니, 우리는 항일하는 사람들입니다. 상처입은 사람들이 잠시 여기 피신해있으니 입밖에 내지 말아주세요.」
「안심하세요.」
「믿겠어요. 빨리 강냉이를 뜯어가지고 가세요.」
집에 이른 김씨라는 녀인은 강냉이를 가마에 넣고 삶았다. 헌데 구수한 강냉이냄새가 풍기자 저도 모르게 강냉이밭에서 본 그 녀자군인의 모습이 눈앞에 삼삼하게 떠오르면서 자기네 강냉이밭에 피신해있는 그 부상자들에게 풋강냉이라도 뜯어 구워먹으라는 말을 못한게 후회되였다.
(성한 사람도 아닌 부상병들이 진종일 굶었을텐데…)
여기까지 생각한 녀인은 삶은 강냉이 몇이삭이라도 가져다주려고 마음먹었다. 헌데 정작 삶은 강냉이를 가지고 항일군을 찾아가자니 분주소 경찰이 보초서는 대문을 빠져나가는게 걱정되였다. 문득 빠져나갈만한 방도가 생각났다. 그 녀인에게는 열한살에 나는 딸애가 있었는데 그 딸애를 데리고 대사하 할머니 집으로 가는것으로 가장할 생각이였다.
생각이 여기까지 미치자 녀인은 삶은 풋강냉이를 한함지 담아 보자기에 싸고 또 베보자기에 강냉이 여라문이삭을 싸서 자그마한 다래끼에다 넣었다.
「엄마, 할머니 집으로 가나요?」
「그래.」
녀인은 강냉이를 담은 함지를 이고 딸애는 다래끼를 메고 문을 나섰다. 대문을 지키는 보초놈이 그들을 막아섰다.
「날이 어두워오는데 뭘 이고 어디로 가는거냐?」
「대사하 애 할머니 집에 풋강냉이를 삶아가지고 가는 길입니다.」
녀인이 허리굽혀 곱게 인사하며 말했다.
「어디 보자, 내려놔.」
녀인은 제꺽 딸애가 멘 다래끼에서 풋강냉이 다섯이삭을 꺼내 두손으로 드렸다.
아무리 살펴도 이고 멘것이 풋강냉이를 삶은것이라 보초는 더 캐여묻지 않고 통과시켰다.
녀인은 딸애를 데리고 버들숲이 우거진 오솔길을 따라 강냉이밭에 이르렀다. 강냉이함지를 내려놓고 옆에다 딸애가 메고 간 강냉이다래끼를 놓고는 주위를 살펴보았다. 인기척이 나더니 낮에 봤던 녀자군인이 불쑥 나타났다. 그는 김씨라는 녀인을 보고 물었다.

「아주머니는 뭘 하려고 또 왔어요?」

「나의 성의를 받아주세요.」

녀인은 강냉이 담긴 함지와 다래끼를 녀전사의 앞에 놓고 말을 이었다.

「풋강냉이를 삶아가지고 왔습니다. 당신들은 우리 백성들을 위해 목숨을 내걸고 싸우는데 우리는 마음뿐입니다.」

녀전사는 풋강냉이가 담긴 함지와 다래끼를 보고는 눈물이 그렁해서 녀인의 손을 으스러지게 잡았다.

「아주머니, 참 감사해요. 아주머니와 같은 훌륭한 백성이 있기에 우리는 일제와 싸울수록 새힘이 나요. 힘 다해 일제와 싸우겠어요.」

그 녀자군인은 풋강냉이함지와 다래끼를 들고 부상자들한테로 갔다. 녀인은 그것을 보자 딸애를 데리고 돌아섰다. 녀인은 딸애의 손목을 잡고 부지런히 마을을 향해 걸었다.

정리: 주원룡

묘책을 써서 악질주구를 처단

1933년 5월, 화전과 돈화 일대에서 활동하던 우리 항일군이 장백산밀림속으로 전이하는 때에 생긴 일이다. 그때 류경수가 인솔하는 선발부대가 청류동의 어느 황폐한 마을에 들려 하루밤 묵어가게 되였다. 집에는 환갑이 넘은 늙은 량주밖에 없었다.

이날 밤 경수네는 늙은 량주와 이야기를 나누며 지방형편을 알아보았다.

「주인님, 이 집 살림형편은 어떻습니까?」

「말도 마시오. 요새 명월구 특설부대를 풀어놓는통에 매일 사람들이 죽어나가우다. 이런 망할놈의 세상에 살림형편이 다 뭐요.」

주인은 말끝을 흐리고 또 후- 하고 깊은 한숨을 내쉬고는 무죄한 농사군들을 군도로 찔러죽인 이야기며 세차례나 농가를 마구 짓밟고 불을 지른 이야기를 하는데 한 이야기가 끝나면 다른 이야기가 시작되여 이야기는 끝날줄 몰랐다. 이때 무거운 생각에 잠겨있던 류경수는 말머리를 돌리며 주인장을 보고 한마디 물었다.

「여기 명월구에 경복당이란 약방이 있다지요?」

「네, 있수다.」

「그 약방이 어느 모퉁이에 있습니까?」

「저기 정거장마을에 있다고 합니다.」

「약방주인이 누군지를 알수 있겠습니까?」

꼬치꼬치 캐여묻는 말에 주인은 짐작이 가는지 속말을 숨기지 않고 툭툭 털어놓았다.

「딱히는 모르겠지만 남들이 하는 말이 몇해전만 해두 긴 칼자루를 차고 우쭐대던 경찰놈녀석이 재작년부터는 그곳에 들어박혀 약방을 차려놓고 약

장사를 한다던데요.」

　주인의 말을 듣고나서 류경수는 좀처럼 잠을 이룰수 없었다. 암만 생각해도 그 경복당약방의 주인이란 자가 심상치 않았다. 류경수는 일본놈들이 쓰는 은어에 익숙하고 일본말까지 거침없이 잘하는데다 검실검실 구레나룻까지 나서 차리고 나서면 일본사람과 매우 흡사하였다. 그래서 자기는「일본헌병」으로 가장하기로 하고 한어말에 익숙한 오일국이는 일본말이나 한어말을 다 번역해낼수 있기에「통역관」으로 가장하여 서로 배합작전하기로 마음먹었다. 생각이 여기까지 미친 류경수는 선발대로 나선 10여명 유격대원들을 조용히 모아놓고 비밀리에 면밀하게 작전계획을 짰다. 전체 유격대원들을 일본헌병으로 가장시키고 자기는「헌병대위」로, 오일국이는「통역관」으로 분장해나서기로 했다.

　이튿날이였다. 어둠이 깃든 캄캄한 골목에 일본헌병대차림을 한 사람들이 집집에 다니면서 호구조사를 했다.

　워낙 명절때면 헌병들이 뛰쳐나와 호구조사에 사람들을 못살게 굴었다. 그래서 그들은 골목에 나타나 집집의 호구조사를 하다 경복당약방에 들어갔다. 그들은 들어가자 약방주인을 보고 일본말을 하면서 몇마디 물었다. 헌데 약방주인놈은 일본말이라곤 깜깜부지라 멍해서 한마디 대답도 못했다. 그러자 류경수가 약방주인을 보고 일본말로 질문하고 오일국이가 즉각 통역을 섰다.

「넌 뭘 하는 사람이냐?」

「나라님, 저는 왕옥국이라 부르는데 의사올시다.」

　그자는 연신 굽신거렸다. 이때 류경수는 대뜸 성난 표정을 지으며 서투른 한어말로 한바탕 으름장을 놓았다.

「아하! 의사라구? 너 이놈 유격대들의 병을 봐주었지. 바가야로!」

「아-니, 제발…」

「무슨 나발, 이놈을 당장 묶어!」

　왕옥국이를 당장 잡아가라고 령을 내렸다. 그러자 개기름이 흐르는 왕옥국의 얼굴은 삽시에 버들잎처럼 새파랗게 질렸다. 이윽하여 그자는 마음을 진정하고 말했다.

「제발 나리님들 오해하지 마십시오. 저는 명월구 특설부대 대원입니다. 헌병대와 비밀련계가 참 좋습니다. 정보활동 편리 때문에 녀편네까지 본가집으로 돌려보냈지요.」

왕옥국이란놈은 벌벌 떨면서 살겠다고 속호주머니에서 10전짜리 구리엽전 한잎을 꺼내들었다.

「보십시오. 여기에 비밀암호까지 있잖습니까?」

류경수는 「K」자가 박힌 그 엽전을 얼른 잡아채서 호주머니에 넣었다.

「나으리님, 들어보십시오. 방금 보셨겠지만 그 엽전은 허술한게 아니올시다. 저 공동묘지에서 공산군 한놈을 목을 자른 공로랍니다. 헤헤…그리고 글쎄 며칠전에 이곳에 내려와 활동하던 공산비적 두놈이나 잡아갔는데 이것도 다 제가 정보련락을 해보냈기때문이랍니다. 이전의 일이야 다 아시겠지만 헤헤…」

「음, 그래 더 할말은 없어?」

「하긴 그런데 나리님들께서 본래 래일에 오신다고 하시지 않았습니까?」

「정황은 수시로 변하는거야!」

「아— 아 알았습니다.」

왕옥국이는 말끝을 채 맺지 못한채 당나귀 하품하듯 입만 쩝쩝 다시고있었다. 이 순간까지도 왕옥국이는 그들을 진짜헌병들인줄로만 알고 실속말을 숨김없이 줄줄 내뿜었다. 그 바람에 그놈의 정체가 홀딱 드러났다.

이런 앞잡이가 있다는것은 항일구국의 심복지환이 아닐수 없었다. 이에 그들은 곧 이자를 잡아끌고 유격대의 림시주둔지인 청령동부락을 지나 깊숙한 골짜기를 따라 울창하고 태고연한 원시림이 빼곡하게 들어선 난치박골밀림속으로 끌어다가 처단하였다.

악질지주 왕옥국이를 처단한 류경수일행은 이튿날 꼭두새벽 난치박골밀림속 가파로운 산발을 타고 세개 험한 산령을 넘어 떵거우즈부락어구에 들어섰다.

이 부락에는 세력이 호랑이같다는 권세높은 호천군 부자가 있었다. 그는 총 30여자루나 사들여놓고 지방무장대까지 가지고있었다. 그런데 당시 왜놈들의 총관리가 무척 엄하였다. 하긴 무기가 항일유격군들 손에 들어갈가봐 몹시 두려워 친일반동무장대의 총이라 하여도 총집조가 있어야 했다. 그래서 일단 집조 없는 총이 왜놈들의 눈에 들키우는 날이면 큰코를 치는판이였다.

「일본지도관」과 그의 「통역관」은 「일본경찰」10여명을 거느리고 떵거우즈부락으로 들어섰다. 보초막에서 망을 보던 이 부자집 졸개들이 어느새 벌써 호천군의 귀전에 소식을 전했는지 호천군은 몸소 십여명 졸개까지 거느리고 달려나와 「영접」했다. 호천군은 「환영합니다. 환영합니다.」라고 환성을 올리면서 벼슬급에 따라 「일본지도관」, 류경수와 「통역관」 오일국이를 웃방에 모시고 비단요를 깔아주고 요염한 막내딸을 시켜 시중들게 하였다. 그외 「경찰서장」으로 가장한 주일송은 옆방에다 모시고는 헌 요를 깔아주었다. 그리고 다른 「경찰」들은 모두 큰방에서 휴식하게 하였다.

「일본지도관」은 호주머니에서 「K」자 박힌 구리엽전을 슬쩍 꺼내보였다. 그러자 자기 신분을 밝히느라 무릎을 꿇고 앉아있던 호천군도 제꺽 눈치채고 비단천에 싼 「K」자가 박힌 엽전을 내보였다. 「일본지도관」은 그 구리엽전을 잡아챘다.

이것을 신호로 「경찰서장」은 「경찰」들에게 눈짓했다. 이때 공교롭게도 호천군의 셋째아들이 싸창을 차고 들어왔다. 웃방에 「일본지도관」이 앉아있는걸 본 그놈은 허리 꺾어 굽석 인사한뒤 아랫방으로 슬그머니 들어가더니 싸창을 벗어놓고 다시 나왔다. 이놈의 총도 틀림없이 집조가 없는 총이라고 단정한 「경찰서장」은 아랫방으로 들어가 방금 부엌안에 숨겨놓은 싸창을 대뜸 찾아들고 웃방에 들어가 그 싸창을 「일본지도관」에게 바치면서 정황을 아뢰였다.

「황군님께 보고합니다. 이 집에서는 사사로이 많은 총을 감추어놓고 바치지 않사오니 황군나으리께서 처치하심이 좋겠나이다.」

끝날같이 예리한 「경찰서장」의 말이 끝나자 「일본지도관」은 성을 버럭 내며 호천군에게 위협조로 질문을 했다. 「통역관」이 통역을 섰다.

「그래 총집조들은 다 있는가?」

「있다뿐입니까, 황군나리께서 조금도 의심할 필요가 없습니다.」

「나니(무엇이)? 그럼 총들을 다 내와! 검사해볼테다.」

「경찰서장」은 두 「경찰」을 시켜 큰방에 걸어놓은 총을 몽땅 거두어오게 하였다. 그런데 총은 모두 열대여섯자루밖에 안되였다. 적어도 30여자루의 총이 있다는것을 잘 알고있는 「경찰서장」은 인츰 「일본지도관」에게 보고를 올렸다.

「황군님, 어찌하여 총이 이것밖에 없습니까?」

그러자 「일본지도관」은 진짜로 노하였다.

「너 이놈 황천객이 되지 않을테면 총을 몽땅 내놓아라! 바가야로!」

「일본지도관」의 매서운 눈길을 받은 호천군은 된서리를 맞은 푸성귀잎처럼 기가 푹 죽어 어쩔바를 몰라하였다. 그의 적지 않은 총은 사온지가 오라지 않아서 아직 집조가 없었던 것이다. 「경찰」들은 뛰쳐나와 쌀독속에 감추어놓은 총을 전부 수색해내였다. 모두 31자루 총이였다.

「일본지도관」은 사나운 말씨로 좌중에 대고 령을 내렸다.

「차에 말을 메우고 총을 몽땅 마대에 넣어서 차에 실어라. 그리고 호천군을 명월구본부에 압송하라!」

「짜짜!…워…」

「경찰서장」은 제법 마차부의 솜씨를 보여주듯 말고삐를 나꿔채면서 채찍을 멋지게 휘두르며 마차를 몰았다. 호천군이 황천객이 되는 마지막 길이였다.

마차는 어느덧 동구를 벗어났다. 이쯤해서 류경수, 오일국의 암시대로 총을 마대에서 꺼내놓고 귀신도 모르게 호천군을 마대속에 제깍 집어넣고 마대아구리를 졸라맸다. 그들은 로획해낸 총과 호천군을 넣은 마대를 둘러메고 또 기세드높이 산령을 넘어 난치박골로 향하였다.

정리: 최정록

되찾은 소

    1930년대초의 어느 장날이였다.
    안도현 신선동의 윤로인은 늙다리 암소를 팔고 둥글황소를 사려고 천보산장터로 떠났다.
    신선동으로부터 천보산으로 가려면 남쪽으로 10여리를 가다가 동남쪽으로 또 10여리나 되는 산등성이를 넘어야 곰골장터에 이르게 되는데 그 구간 무인지경에는 울창한 수림속으로 달구지 한 대가 겨우 드나드는 오솔길이 있을뿐이였다. 대낮에도 산짐승들이 욱실거리고 도적들이 출몰하여 웬간한 일에는 나다니는 사람이 없었다.
    그런데 근간에는 신출귀몰한다는 「공산토비」가 나타나서 백성들의 집을 털어가고 녀자들을 겁탈한다는 소문이 신선동에 쫙 퍼져서 윤로인도 반신반의하고있는중이였다. 그것은 태양촌에 둥지를 틀고있는 왜놈토벌대 대장 마쯔오까란놈이 『산골에서 굶주린 〈공산도비〉는 물건은 물론 처자까지도 공산하는 륜리도덕을 모르는 짐승들이니 그자들의 감언리설에 넘어가지 마시오. 빨갱이들은 자기 처도 공산한후 파리처럼 죽이는 인간백정들이요』 하고 귀에 못이 박히게 나발부는것을 들었기때문이다.
    윤로인이 이런것들을 생각하며 령길에 올라서는데 하늘에서 내려왔는지 땅속에서 솟아났는지 장정 두사람이 불쑥 뛰쳐나와 앞길을 막았다. 윤로인이 깜짝 놀라 주춤하고 멈춰서서 두사람을 훑어보니 한사람은 키가 크고 헌걸차보이고 다른 한사람은 작은 키에 좀 왜소하나 눈알이 팽이돌듯하는데 누런 군복을 입고 다리에는 각반을 쳤었다. 아무리 보아야 토비는 아니고 분명히 항일유격대원 같았다.
    (아이쿠, 큰일났네. 이걸 어쩐담?)

윤로인이 간이 콩알만해서 주춤거리는데 키꺽다리가 다가서며 장광설을 늘여놓았다.

「놀라지 마오. 잘 만났소. 령감은 어디에 사는 누군데 소를 끌고 어디로 가오?」

윤로인이 신선동에 사는 아무개인데 암소가 늙어서 그걸 팔고 대신 황소를 사려고 천보산장마당으로 간다고 이실직고하였다.

「윤동무, 우리는 가난한 사람을 위해 싸우는 항일유격대요. 일본사람들의 토벌 때문에 우리는 산속에 갇혀서 열흘씩이나 굶었소. 그러니 이 소를 우리가 가져다 잡아먹어야겠소.」키꺽다리가 황설수설하면서 다짜고짜 윤로인의 손에서 소고삐를 나꿔챘다.

「안됩니다. 부모없이는 살아도 소없이는 못산다고 이 소는 우리 집의 명줄입니다.」

「우린 당신들을 위해서 피를 흘리고 목숨까지 바치는데 이 잘난 늙다리 소쯤 못주겠소?!」

「허지만…」

윤로인이 찰거머리처럼 소고삐에 매달리여 애걸복걸하자 땅딸보가 옷자락을 들추고 허리에 찬 싸창(모젤권총)을 툭툭 치며 씨벌였다.

「무슨 말이 그리 많소? 빨리빨리 돌아가소!」

(이건 또 일본놈이 아닌가?)

윤로인은 엉겁결에 소고삐를 놓았다. 권총을 보자 온몸에 소름이 끼치며 목이 꽉 메고 벌린 입을 다물수도 없었다.

「음메-!」

「공산토비」에게 끌려가는 암소는 애처롭게 울었다.

「옳거니, 천하에 망할놈들! 에익 퉤!」

윤로인은 행차뒤의 나발이고 침을 뱉고 돌아섰다.

윤로인이 「공산토비」에게 소를 빼앗겼다는 소식은 순식간에 마을에 쫙 퍼져 집집의 남정들과 아낙네들이 윤로인네 집으로 모여들었다.

「아니, <공산토비>한테 소를 뺏겼다는게 정말이요?」

「정말이 아니고 거짓말이겠소?」

「아니, 백성들을 위한다는 자들이 그럴수 있을가?」

「윤로인이 직접 소를 빼앗기고 돌아왔는데 있을거라니? 그러게 일본토벌대 장교가 뭐랍데. 공산토비는 처까지도 네것 내것이 없다고 하지 않던가!」

소임자보다 마을사람들이 쩛고 까불며 끓어번지는데 「주인님 계십니까?」하고 거듭 부르는 소리와 함께 소울음소리가 들려왔다.

여직껏 꾸어온 보리자루처럼 문턱구석에 퍼더버리고 앉아서 쓰디쓴 담배만 빨던 윤로인이 소울음소리를 듣자 부엌문을 박차고 맨발바람으로 달려나갔다.

누런 옷을 입은 「공산토비」여섯명이 아침에 자기 소 빼앗은 두사람을 묶어 앞세우고 뜨락에 서있었다. 단발머리에 하늘색의 짧은 치마를 입은 녀성이 소고삐를 쥐고서 방긋 웃었다. 늙다리암소는 주인을 보자 투레질을 하며 꼬리를 내저었다.

윤로인은 물론 마을의 남녀로소가 웬 영문인지 몰라서 눈이 둥그래서 바라보기만 하는데 젊은 사람이 나서며 점잖게 물었다.

「안녕하십니까? 말씀 좀 물읍시다. 이 소가 신선동의 소가 아닙니까?」

「옳, 옳습니다.」

「소임자는 누구십니까?」

「접니다.」

「그래요! 마침내 찾았군요. 소를 받으십시오.」

「이게 도대체 어떻게 된 일입니까? 아침에는 강제로 빼앗더니 점심에는 또 돌려주시니?」

「하하하!」

「호호호!」

군인들은 너나없이 웃었다.

「하하하, 우리가 어째서 농민들의 소를 빼앗겠습니까? 더구나 강제로, 하하하.」

「아니, 그럼 빼앗지 않고 빌려갔댔습니까?」

「로인님은 오해하고계십니다. 사실 이 두놈은 우리 항일유격대원인것이 아니라 일본놈과 그의 앞잡이입니다.」

「뭐, 뭣이라구요! (그러기에 일본말을 했지.) 그런데 이게 어찌된 일입니까?」

「일본놈들은 우리 항일유격대가 인민들의 지지를 얻을수록 자기들의 모가지에 건 바줄이 죄여든다는것을 알고있지요. 그래서 항일유격대와 인민들의 혈연적인 관계를 리간놓기 위하여 항일군대로 가장하여 백성들의 물건을 빼앗고 부녀자들을 강간하기로 하는겁니다. 오늘아침에 이놈들이 소를 끌고 천보산쪽으로 가는것을 보고 체포해서 심문해보니 신선동 농민의 소라고 해서 되돌리려고 찾아왔습니다.」

「그러면 그렇겠지! 이 늙은 것이 두눈을 펀히 뜨고서도 진짜와 가짜를 가려내지 못하고 유격대를 욕했습니다.」

「별말씀을 다하십니다. 우리의 선전이 따라가지 못했습니다. 앞으로 우리를 믿어주십시오.」

「믿구말구요!」

이런 일이 있은후부터 신선동 사람들은 일본놈과 자위단놈들이 콩으로 메주를 쑨대도 곧이듣지 않고 일심으로 항일유격대를 도와나섰다고 한다.

정리: 박기훈

꼬마정찰원

안도현 로안동이라는 마을에 성이 당가란 지주가 있었다. 그는 로안동이란 마을에서 10년세월을 살아가면서 왜놈들에게 바싹 달라붙어 권세와 탐욕에 눈이 뒤집혀 미친듯이 날뛰였다. 그가 묶어세운 무장경찰대는 그의 가장 유력한 호위병이였다. 포악무도한 이놈들은 소작농민들에게서 소작료를 마구 받아들이고 고용일군들을 혹사하는 살인귀들이였다. 그자들은 또 암암리에 헌병대와 정보련락망을 늘여놓고 「대토벌」을 일삼고있었다.

1931년 마가을 어느날 오후였다.

창호라고 부르는 한 어린이가 두 주먹을 불끈 쥐고 당지주네 집으로 뛰여가고있었다. 금방 13살나는 이 꼬마어린이는 작달막한 키였는데 억실억실한 두 눈에는 총기가 돌았다. 그는 남달리 장난이 심하고 성질이 류별나서 로안동부락에서는 모르는 사람이 없었다. 헌병, 경찰들은 그를 부랑둥이애로 보고 건드리시를 잃았다. 하지만 창호라는 애는 결코 그런 애가 아니였다. 그는 아버지와 맏형이 헌병들에게 피살된뒤부터는 자기또래 애들과는 휩쓸리지 않고 형님, 누나만 따라다녔다. 이로부터 얼마간 지난 뒤 알고싶었던 일들도 형님, 누나한테서 좀씩 알게 되였다. 이런 때에 항일유격대 강아저씨라는 사람이 그를 찾아 당지주네 집을 정탐할 임무를 맡겼다. 그 일이자 창호가 오매에도 바라던 일이라 그의 마음은 여간 기쁘지 않았다.

창호가 당지주네 토성안에 들어섰을 때 보초막에서 망을 보고있던 보초놈이 멱따는 소리를 질렀다.

「요놈, 당장 나가지 못할가!」

「히히…나하구 제기시합 안할래요?」

그는 히죽히죽 웃어보이며 호주머니에서 제기를 꺼내들고 보초놈앞에 한

걸음 더 가까이 나섰다.

「비키지 못해!」

보초놈은 목에 피대를 세우고 창호의 어깨를 떠밀어 토성밖으로 내쫓았다. 창호는 몇발자국 밀리워나가다가 다시금 뒤걸음쳐 되돌아서서 보초놈을 보고 말했다.

「사실은 감자국수 사러 왔어요.」

「뭘 감자국수? 그래 돈냥이나 가지고 왔나?」

창호는 5전짜리 엽전을 몇잎 꺼내보였다. 그러니 보초놈은 그를 더 건드릴념 하지 않고 놓아주었다.

「그럼 빨리 들어가 사가지고 갓!」

온 뜨락안에 방금 누른 감자국수가 백사장마냥 하얗게 널려있었다. 창호는 집안으로 찾아들어갔다. 집안은 물뿌린 듯 조용하고 근시안경을 낀 늙은이가 홀로 쪽걸상에 앉아있었다.

「서근만 떠주세요.」

늙은이는 쾌히 응낙하고 천천히 국수를 근에 달았다. 이때 창호는 집안을 빙 돌아보다가 뒤방으로 살그머니 들어갔다. 뒤방이자 바로 무장대실이였다. 마침 그안엔 아무도 없었다. 그는 눈 깜박 움직이지 않고 벽에 걸어놓은 장총들을 속셈해봤다. 모두 12자루였다.

「응 기껏해야 무장대 12명뿐이구나.」

창호는 감자국수를 가지고 밖으로 느적느적 걸어나왔다.

약정한 시간은 얼마 남지 않았다. 창호는 부랴부랴 강아저씨한테로 달려갔다. 집안은 텅 비여있었다. 헌데 집안에 아직 담배연기가 뿌옇게 낀것을 보아 자리를 뜬지 얼마 지나지 않은것으로 짐작되였다. 창호는 황급해났다. 정녕 떡구유골안 밀영지로 떠난것이 틀림없었다.

「어떻게 한다?」

잠간 그가 생각을 굴리고있는데 뜻밖에도 경찰놈이 다가오더니 그를 보고 물었다.

「애야, 너 인제 방금 이 집에서 나온 그 사람을 보지 못했어?」

「몰라요.」

「그럼 넌 이 집과 무슨 친척이냐?」
「난 인제 방금 이곳을 지나가던중이예요.」
창호는 허리띠를 풀면서 변소로 들어갔다. 변소칸에서 그 경찰녀석의 동정만 살피던 창호는 뒤뜨락 울바자틈새로 냉큼 빠져나갔다.
바로 이때였다.
온 마을 길목마다에는 삽시에 옆구리에 긴 칼을 찬 경찰과 순사나부랭이들이 나서서 복새판을 치고있었다. 사태는 자못 위태로왔다.
그가 살살 기여 마을에서 1리가량 벗어났을 때 마침 신작로로 짐마차 한대가 달려오고있었다.
「아저씨 날 태워주세요.」
「넌 어디로 가는 애냐?」
「네, 난 이웃마을로 활동사진 구경가요.」
「그럼 올라타거라.」
미구에 마차는 떡구유골안으로 에돌아가는 오솔길에 이르렀다.
「난 내리겠어요. 저 동네 애들을 불러 함께 갈테예요.」
「음. 좋도록 해라.」
창호는 마차부에게 인사의 말을 남기고는 마차에서 훌쩍 뛰여내렸다. 그는 서남방향으로 뻗은 오솔길을 따라 총망히 걸음을 재우쳤다.
그가 종종걸음으로 도롱봉기슭에 다달았을 때였다. 갑자기 근방에서 군마의 투레질소리가 나더니 이윽하여 말을 탄 경찰 두놈이 산길에 나타났다. 마을 강아저씨네 집 문앞에서 만났던 경찰녀석들이였다. 경찰놈은 군도를 휘두르며 「고놈의 공산군새끼 저기로 내뺀다.」하고 웨쳤다. 그러자 여라문되는 경찰놈들이 뒤따라 왔다.
막다른 골목에 다달은 창호는 젖먹던 기운까지 다 내여 달려가 소나무숲 변두리에 얼른 몸을 숨겼다.
이때 떡구유골안 밀영지에 매복해있던 11명 유격대원들의 시선은 일제히 창호의 몸에 쏠렸다.
「땅! 땅!」
뢰알진 총소리와 함께 두 경찰놈이 뒤로 몸을 솟구치며 말에서 허궁 굴러떨어졌다. 그러자 나머지 놈들은 겁을 집어먹고 뿔뿔이 내뺐다. 창호는 날렵하게 산등성이를 톺아올랐다.

떡구유골안 밀영지에 당도한 창호는 유격대아저씨들에게 아까 정찰한 정보를 알렸다.

「기특한 꼬마야, 정말 착하구나!」

유격대아저씨들은 저마다 꼬마의 어깨를 다독이며 감사와 찬사를 아끼지 않았다.

이날 밤 떡구유골안 유격대원들은 창호의 인도를 받아 당지의 일본경찰과 헌병놈들도 낌새를 못채게 당지주네 집에 살짝 뛰여들어 보초놈을 제끼고 한창 도박을 놀고있는 12명 무장대놈들을 몽땅 사로잡고 무기도 로획했다. 뿐만아니라 많은 식량, 감자국수, 피복, 육류 등 물품들도 로획하였다.

정리: 최정록

훈련장에 깃든 전설

장백산에는 많고많은 항일전적지가 있는데 그중에서도 안도현 삼도향에 있는 유격대의 훈련장에는 신비로운 이야기가 깃들어있다. 이 훈련장은 축구운동장만 하게 큰데 지금도 고요한 깊은 밤만 되면 훈련장에서 힘찬 발걸음소리와 함께 「하나, 둘 셋-넷」 하는 우렁찬 소리가 들려오기도 하고 「일제침략자들을 때려부시고 조국을 해방하자!」 라는 노한 웨침소리가 들려온다고 한다. 그리고 달밝은 밤에 보면 끌끌한 젊은 유격대원들이 이 훈련장에서 훈련하는 모습이 보인다고 한다. 로인들의 말에 의하면 이는 당년의 유격대원들이 전투훈련을 하던 곳이라 한다.

전하는데 의하면 「9.18」사변이 지난 뒤 얼마되지 않아 삼도에도 항일유격대가 나왔는데 대장은 조선족이며 공산당원인 김호라는 사람이였다.

유격대원들은 규률이 매우 엄하였다. 그들은 이곳에 산재해있는 여러 동네를 돌아다니며 백성들에게 항일의 도리를 이야기하기도 하였고 그들을 도와 여러가지 일들을 해주기도 하였다. 이렇게 한데서 유격대의 대원은 날따라 늘어갔는데 유격대에는 조선족도 있고 한족도 있었으며 녀인들과 나이 많은 사람도 있었고 나이 어린 꼬마대원들도 있었다. 이때 대장 김호라는 사람은 유격대원들의 전투력을 높이기 위하여 그들을 거느리고 수림속에 훈련장을 닦았다. 훈련장에는 철봉대도 세워져있었고 과녁도 세워져있었다. 훈련장두리에 선큰 나무들에는 「일본제국주의를 타도하자!」, 「중국공산당 만세!」, 「일제놈을 때려부시고 나라와 인민들의 원한을 풀자!」 등의 구호판이 걸려있었다. 훈련장 동남쪽 수림속에는 「림시숙사」로 지어놓은 귀틀집이 있었다. 유격대원들은 밀림에 가있었는데 여가만 생기면 이 훈련장에 와서 훈련하였다.

훈련을 거친 유격대원들은 저마다 호랑이같이 용맹했다. 유격대 대장 김호는 소분대를 무어가지고 안도, 화룡, 연길 일대를 넘나들며 일제와 싸웠다. 그들은 기묘하게 수비대를 치기도 했고 길가에서 일제놈들의 군용차를 습격하기도 했다. 또한 경찰서를 불사르기도 했고 자위단 놈들에게 골탕도 먹이였다. 련속 승리의 희소식이 날아드니 삼도 백성들은 기뻐서 위문품을 모아가지고 유격대에 보냈다. 이렇게 되니 일제놈들은 치를 떨며 김호가 거느리는 유격대를 소멸하려고 미쳐날뛰였다. 그자들은 유격대의 훈련장을 눈에 든 가시처럼 보고는 이 훈련장까지 짓부셔버리자고 들었다.

어느 하루 날밝을 때였다. 정보를 얻어들은 나가시마대좌는 저들 토벌대 천여명을 거느리고 몰래 남쪽, 북쪽으로부터 이 훈련장에 기여들었다. 이때 놈들이 쳐들어온다는 정보를 들은 유격대 김호네는 만단의 준비를 다하고 있었다.

나가시마대좌는 훈련장과 몇백메처 떨어진 곳에서 망원경을 꺼내들고 훈련장을 살피고있었다. 이때 훈련장 동남쪽에서 두 유격대원이 큰가마를 걸어놓고 물을 끓이느라 불을 때고있었다. 그리고 「1분대, 2분대, 3분대 속히 집합」하는 소리가 들려왔다. 유격대원들이 수림속 귀틀집에 있는것이 분명했다.

이때 갑자기 남쪽에서 총알이 「퐁」하며 날아왔다. 나가시마 신변에 서있던 나부랭이 병사놈이 거꾸러졌다. 그바람에 나가시마는 련락신호며 전투방안이며를 깡그리 잊어버리고 긴 칼을 빼들고 미친 듯이 소리질렀다.

「사격, 사격! 모조리 쓸어눕혓!」

명령소리가 떨어지자 북쪽에 있던 토벌대들이 총을 쏘아대며 훈련장으로 돌격했다. 이때 남쪽에 있던 토벌대들도 질세라 미친 듯이 총을 쏘아대며 훈련장으로 돌격했다. 남에서 북에서 훈련장으로 진공해오는 토벌대놈들은 서로의 총에 맞아 비명을 지르며 쓰러졌다. 유격대의 훈련장을 짓부셔버리리라 공격을 발동한 토벌대 놈들은 죽기내기를 하며 훈련장으로 조여들었다. 싸움은 반나절이나 지속되였다. 그러다가 훈련장에서 맞부딪친 놈들은 눈이 뒤통수에 가 붙었다. 주검을 밟고 넘으며 죽기내기로 싸웠는데 맞다들고보니 싸움은 저들끼리 했던것이다. 제놈들이 쏜 총에 제놈들이 죽어나자

빠져 천여명 대오가 눈에 자라나게 줄었다.

　나가시마는 졸지에 얼굴이 새파랗게 질렸다. 헌데 그놈이 입도 열기전에 훈련장두리에서 훈련장에 기여든 놈들에게 불벼락을 안겼다. 유격대에서 진공을 발동하였다. 나가시마는 이 불의의 습격에 얼이 나가서 말도 못하고 손만 저어댔다. 토벌대놈들은 걸음아 날 살려라 하고 산지사방으로 도망했다. 이 싸움에서 토벌대놈들은 저들끼리 싸워 몇십명의 죽음을 내고 유격대의 진공에 몇십명의 생명을 바치다보니 랑패상을 내고말았다.

　유격대에서 승리했다는 소식을 들은 백성들은 유격대훈련장까지 달려와서 그들의 승리를 축하하였다. 백성들은 유격대원들에게 밥과 채도 가져다주었고 지어 술까지 가져다주었다. 훈련장에서는 군민련환모임이 벌어졌다. 유격대원들은 백성들과 함께 노래도 부르고 머리를 돌리며 흥겹게 농악무도 쳤다. 모임은 매우 흥성하였다. 유격대 대장 김호는 백성들의 성의를 거절할수 없어 모임을 벌려놓고는 두리에 숱한 보초군을 내세웠다.

　이때 나가시마는 부대를 거느리고 퇴각하다말고 일병두놈에 한간 한놈을 불러놓고 명령했다.

　「빨리 유격대훈련장에 가서 지금 뭘 하고있나 보고 와서 알리란말이야!」

　령을 받은 세놈은 얼마 지나지 않아 돌아와서 나가시마대좌에게 훈련장에서 먹고 마시고는 춤까지 추더라고 보고하였다. 기실 그자들은 유격대훈련장 변두리에도 못가보고 멀찌감치 숨어서 훈련장 동정을 살피고 저들 상전에게 알렸었다.

　「유격대훈련장으로 돌격!」

　나가시마는 칼을 휘두르며 잠시나마 쉬고있는 토벌대놈들에게 명령했다. 퇴각하던 토벌대놈들은 다시 훈련장으로 진공해왔다. 유격대 보초선에서 놈들의 진공을 알리는 총소리가 울렸다. 그 소리에 놀란 나가시마는 하마트면 바지에 오줌을 쌀번하였다.

　유격대장 김호는 보초선에서 나는 총소리를 듣고 백성들을 안전한 곳으로 전이시키라고 명령했다.

　「모두들 목표를 드러내지 말고 숨으시오. 적들이 대포까지 동원해가지고 올것 같소.」 김호의 추측은 딱 맞았다. 나가시마란놈은 비둘기 다리에 글을 써 달아서는 비둘기를 그때 안도현 소재지인 송강에 날려보냈다. 그러자 송강에서 그한테 몇문의 대포를 보내왔다. 나가시마는 대포가 도착되자 기세사납게 유격대훈련장으로 진공해왔다. 유격대훈련장을 재가루로 만들고 유격대를 깡그리 소멸하자고 들었다.

김호와 유격대원들이 훈련장두리에 있는 밀림속에 숨자「쿵」하는 대포소리가 나더니 대포알이 련속 훈련장에 날아떨어졌다. 화광이 번쩍하며 훈련장에는 삽시에 포연히 자욱했다. 포사격이 멎자 놈들이 산골짜기를 째며 유격대훈련장에 덮쳐들었다.

「사격!」

김호의 과단성 있는 명령에 유격대원들의 사격이 시작되였다. 토벌대놈들이 총에 맞아 거꾸러졌다. 목표를 발견한 토벌대놈들은 죽음을 내면서도 좀처럼 물러설 생각을 하지 않고 미친듯이 달려들었다. 유격대원들에게는 탄알이 얼마 남지 않았다. 김호는 유격대원들을 보고 말했다.

「내가 엄호할테니 빨리 철퇴하오. 좀 늦으면 누구도 빠져나갈수 없소. 빨리…」

하지만 누구도 물러서려 하지 않았다. 유격대원들은 놈들을 향해 계속 사격하였다.

급해맞은 나가시마는 다시 령을 내려 밀림속에 포사격을 들이댔다. 김호와 그의 몇몇 전사들이 부상을 당했다. 김호와 유격대원들은 집요하게 덮쳐드는 놈들에게 맹사격도 하고 수류탄도 던졌다. 토벌대놈들은 뒤로 물러섰다. 나가시마는 또다시 포사격을 들이대고는 토벌대놈들을 내몰았다. 싸움은 날이 어두워서야 멎었다.

그번 싸움에서 토벌대놈들은 백팔십명이나 죽고 팔, 다리 끊어진놈은 기수부지였다.

김호네 유격대는 어떻게 되었는가? 어떤 사람은 그들이 죄다 희생되였다 하고 어떤 사람들은 중상을 입었던 유격대원들은 다른 유격대들에 의해 구원되였다 한다. 누가 어떻게 말하든 이들 유격대원들이 항일련군 제1로군 제3방면군의 한 부분으로 된것만은 사실이다.

유격대 훈련장은 토벌대놈들의 포사격에 볼모양 없이 되였다. 하지만 유격대 훈련장은 며칠이 지나지 않아 자기의 몰골을 드러냈다. 유격대와 백성들이 함께 훈련장을 다시 닦았던것이다.

  이때로부터 유격대 훈련장은 사람들에게 널리 전해졌다. 저녁마다 훈련장에서는 유격대원들이 정연하게 줄지어 훈련하고있었는데 사람들은 이는 희생된 유격대원들의 령혼이 그곳에서 그렇게 훈련하고있다고들 말하였다.

정리: 곽홍성

황태룡의 이야기

우리 항일군에 황태룡이라는 사람이 있었다. 그는 키가 그리 크지 않으나 갸름한 얼굴에 두 눈이 새별처럼 빛을 뿌렸다. 부모형제가 죄다 왜놈들에게 살해되고보니 황태룡은 하나 남은 녀동생 옥자를 데리고 항일련군에 참가하였다. 황태룡은 항일련군에서 점차 성장하여 나중에는 지혜롭고 용감한 전설적인 인물로 되였다.

기묘하게 포대를 없애다

1937년 4월 일제놈들은 위만주국과 결탁하여 3성판사처를 세웠다. 판사처에는 두개 경찰중대와 한개 특무반이 있었는데 그들은 미친듯이 토벌을 감행하면서 항일군민들을 살해하였다. 판사처에는 포대가 있었는데 보초서는 놈들은 오가는 행인들을 검사하다가는 쩍하면 사람들을 잡아들여 형벌을 가하였다. 이리하여 이들의 형벌에 비참히 죽어간 사람이 한두사람이 아니였다. 사람들은 이 포대를 볼 때마다 이를 갈았다. 항일련군에서는 이 포대를 없애버리기로 하고 이 과업을 황태룡에게 주었다.

포대는 량강구 중심에 서있는데 경계가 매우 삼엄하였다. 포대안에는 주야로 엇갈아대며 보초서는 일병과 만주국 병사 사십여명이 있었는데 그들은 보총 외에도 몇자루의 기관총까지 가지고있었다. 어떻게 포대를 없애치우겠는가? 몇차례의 정찰을 거친 황태룡은 기묘하게 이 포대를 없애치우기로 마음먹었다.

마침 장날이 돌아왔다. 사람들은 이고 지고 시장에 모여들었다. 그바람에 보초군들이 바삐 돌아쳤다. 놈들은 「량민증」을 검사하는체 하며 백성들의 물건을 빼앗아내기에 여념이 없었다. 이때 황태룡네 오누이도 포대앞에 와있었다. 그들은 이곳 시골사람들의 차림새를 하였다. 황태룡은 닭 몇마리를 꼴망태에 넣어 졌고 녀동생 옥자는 머리에 함지를 이였는데 함지 량쪽에 량강에서 나는 신선한 잉어 대가리가 비죽이 내보였다.

그들 두사람은 황망히 포대앞을 지나려 했다. 이때 보초서던 위만군놈이 꽥 소리질렀다. 「량민증을 내놓아!」

황태룡은 호주머니를 뒤적이는체하다 말고 바삐 말했다.

「아뿔사, 그만 소인이 깜박 잊고 집에 두고 왔습니다.」

「무엇이?」

위만군은 큰소리를 치며 따졌다. 하지만 그놈의 두눈은 진작 꼴망태속에 넣은 닭을 보고있었다. 이때 보초서던 한 왜군놈이 다가섰다.

「아가씨, 량민증이 있소까?」

옥자는 두손을 앞에 모으고 곱게 인사하였다.

「가지고 못왔어요.」

그 병사놈이 옥자한테 다가섰다. 옥자는 두손으로 함지를 꼭 잡았다.

「아, 이거 붕어가 아니야?」

그놈은 입속으로 이렇게 중얼대고는 위만군병사를 보고 명령했다.

「이 두 년놈은 항일하는 공비야. 잡아서 포대안에 끌어드렷!」

그들은 무터대고 황태룡네 오누이를 포대안으로 끌고 들어갔다. 이때 포대밖에 또 삼삼오오 떼를 지은 장군들이 모여왔는데 그들속에도 「량민증」을 가져오지 않아 보초놈을 보고 들어가 장을 보게 해달라고 애걸복걸 빌어대는 사람들이 있었다.

이날 포대안의 우두머리는 왜군의 오장이였다. 헌데 이날따라 「량민증」을 지니지 않고 장보러 온 사람이 한둘이 아니였다. 오장놈은 괴이쩍은 생각이 들어 포대밖에 와 서있는 사람들을 내다보았다. 그놈은 밖에서 떠들어대는 소리를 듣더니 황태룡네 오누이를 쏘아보며 미친듯이 칼을 빼들었다. 헌데 누가 알았으랴. 황태룡네 오누이는 그놈이 손쓸새도 없이 권총을 빼들었다. 황태룡은 왼손으로 비수를 빼들고 번개같이 날아들어 오장놈의 가슴팍을 찔렀다. 오장놈이 비수를 받고 쓰러졌다. 황태룡네 오누이는 또 권총을 빼들고 련발사격을 했다. 포대안에 있던 일제병사놈들과 위만군병사놈들이 쓰러졌다. 황태룡은 달려내려와 녀동생 옥자가 물고기를 담아 이었던 함지속에서 수류탄을 꺼내 포대안에 뿌렸다.「꽝」하는 소리와 함께 포대가 허물어졌다. 이때 판사처에 처박혀있던 경찰중대의 경찰들이 살기등등해서 달려왔다. 하지만 그자들은 황태룡네들의 그림자도 보지 못했다. 그들은 벌써 바람같이 사라졌었다.

한간을 처단하다
　판사처 특무반에는 위곰보라는 녀석이 있었다. 이녀석은 본래 상인이였는데 일제침략자들이 이 땅에 기여들자 그놈들에게 붙어 한간질을 하면서 항일전사들을 십여명이나 살해하였다. 황태룡은 이녀석을 처단해버리고 백성들의 우환을 덜어주려 마음먹었다.
　1939년 겨울 어느날이였다. 황태룡은 위곰보가 병사 두놈을 데리고 강을 건너간다는 소식을 듣고 세명의 전사를 거느리고 휜천을 두르고 얼음강판에 그놈이 오기를 기다렸다. 하지만 날이 밝고 해가 가서 점심때가 다되여오는데도 그녀석은 그림자도 보이지 않았다. 황태룡네는 온몸이 얼어서 사지도 마음대로 놀릴수 없게 되였다.
　기실 위곰보는 날이 어둡자 세놈의 병사를 거느리고 마파리에 앉아 석인구까지 갔던것이다. 위곰보는 날밝을 무렵에 또 한명의 항일전사를 붙잡아가지고 판사처에 돌아왔다.
　황태룡은 이 소식을 듣고 이를 갈았다. 그후 황태룡은 끝내 믿음직한 정보를 쥐고야말았다. 위곰보는 늘 야밤삼경에 강을 건너가 눈에 맞는 한 녀인을 데리고 자다가 한시간 좀 넘으면 돌아온다는것이였다. 헌데 딱히 어느 시간에 강을 건너가는지 누구도 알지 못했다. 황태룡은 생각끝에 자기가 매일저녁 강을 지켜보리라 마음먹었다. 이리하여 황태룡은 매일 저녁마다 한손에 권총을 들고 다른 한손엔 비수를 들고 큰강 얼음강판에 숨어있었다.
　어느날 야밤삼경이였다. 황태룡은 눈보라속에서 추위에 떨며 기다리노라니 과연 귀전에 말발굽소리가 들려왔다. 술에 거나하게 취한 위곰보는 한손에 말고삐를 잡고 다른 한손에 권총을 들었다. 위곰보는 강만 건너서면 녀인을 끼고 재미를 보게 되는지라 웃음주머니가 흔들흔들해났다.

마파리소리가 점점 가까워졌다. 그런데 날이 어두워 아무리 살펴봐도 위곰보가 보이지 않았다. 말울음소리를 들어보니 틀림없이 위곰보 한놈뿐이였다. 황태룡은 소리를 따라 나는 듯이 달려가 덮쳐들었다. 위곰보는 강판우에 거꾸로 떨어지며 반항도 못하고 황태룡에게 고분고분 잡혔다. 며칠후 항일련군에서는 심판대회를 열고 위곰보를 사형했다.

일본녀인을 구해주다
1940년 여름이였다.
황태룡은 한 전사를 거느리고 임무집행을 가던 길에 길가의 어느 한 집에서 들려오는 웨침소리를 들었다. 황태룡이 소리나는쪽에 귀를 기울여 들으니 일본녀인의 목소리였다. 황태룡은 일본말을 알고있었으므로 일본녀인이 웨쳐대는 말뜻을 알아들었다.
「이러지 말아요. 당신들은 짐승이야요…」
영문을 알게 된 황태룡은 전사를 보고 말했다.
「빨리 가서 일본녀인을 구해주세.」
「다 일본놈들인데 관계할게 뭡니까? 그리고 우리는 적수공권인데…」
「왜놈군대와 일본백성을 같게 봐서는 안되오.」
황태룡은 몽둥이를 얻어들고 전사는 주먹같은 돌을 찾아들고 몰래 집안을 살폈다.
황태룡의 눈에서 불이 일었다. 그 전사는 집안의 정경을 눈뜨고 볼수 없어 낯을 돌렸다. 두 일본헌병놈이 녀인의 옷을 벗겨놓고 한놈은 일본녀인에게 덮치고 다른 한놈은 그옆에서 웃어대고있었.
황태룡은 나는듯이 집에 뛰여들어가 몽둥이로 두 헌병놈을 쓸어눕혔다. 그 전사는 돌맹이로 한 헌병놈의 대갈통을 내리갔다. 문옆에 그놈들이 차고 다니던 군도가 놓여있는걸 발견한 황태룡은 그 칼을 빼들고 두놈의 목을 쳤다. 그리고나서 무서워 벌벌 떠는 일본녀인을 보고 말했다.
「아씨, 너무 무서워 마오. 우리는 항일련군이요. 어서 옷을 입소. 우리가 바래다주겠소!」
알고보니 이 일본녀인은 명월구에 개척민으로 온 오빠보러 오다가 일본헌병대놈들에게 붙잡혀 봉변을 당했던것이다.
일본녀인은 허리를 활등처럼 굽히고 몇번이고 인사말했다.
세사람은 낡은 집을 나섰다.

정리: 곽흥성

마지주의 행차를 털다

1930년대 중기 안도현 영경향 서남쪽 마거자(馬居子)일대에서 있었던 일이다.

마거자란 송화강상류의 하나인 삼도백하 강안에 있는 꽤 큰 마을인데 이곳을 이렇게 부르게 된데는 마가란 대지주가 이 마을에 도사리고있었던때문이다.

잠풍한 겨울의 어느날, 이 지주는 두 대의 마파리에 금은붙이와 숱한 호피, 양피 등 피물을 가득 박아싣고 자기의 호위병, 마부, 문서와 함께 강곬을 따라 길림으로 가게 되였다.

그때만 해도 기차가 통하지 않고 자동차길마저 틔우지 않은지라 오직 겨울이 되여 강이 떵떵 얼어붙어야 마파리를 메워 얼음강판을 따라 외지로 장사를 떠나거나 큰 도회지에 가서 한해 먹을 소금이며 당지에서 얻기 힘든 생활용품들을 구입해들일 수밖에 없었넌것이다.

마지주가 이날 이렇듯 값진 진품들을 박아싣고 길림으로 떠난것은 얼마 전 이곳에 공산군토벌을 내려왔다가 마가란놈이 친일파란것을 알아보고 총 몇자루를 선사한 그 일군 사령관놈의 은혜에 보답하기 위함이였다.

마가의 행차는 어느덧 강판을 따라 7, 80리를 달리였다. 그가 인두라즈(人頭拉子)란 곳에 이르렀을 때다. 앞이 가파로와 발걸음이 뜸한 때 갑자기 색낡은 수수한 외투를 입고 가냘픈 목에다는 백설같은 토끼털목도리를 칭칭 두른 젊고 어여쁜 30대의 조선족녀인이 길을 막으며 손짓을 했다.

마가는 잠시 마파리를 세우고 물었다.

「웬 일이냐?」

「저 나리님네는 혹 길림으로 가시는 길이 아닌가요?」

「길림으로 가면 어째?」

「아이 좋아! 나도 길림으로 올라가는 마파리를 만나면 함께 떠나려고 새벽부터 이렇게 기다리던참인데요. 값은 달라는대로 다 드릴테니 좀 태워줄수 없겠나요?」

녀인은 아주 류창한 한족말로 이렇게 간청을 들었다.

이때 마가가 그 녀인을 다시 뜯어보니 인물체격이 쪽 빠지고 추위에 발그레 인 고운 얼굴의 단아한 모습이 여간만 구미를 돋궈주지 않았다. 그러지 않아도 미색이라면 오금을 못쓰는 호색한 마가인지라 이 녀인을 보자 대뜸 음특한 생각이 굴뚝처럼 우뚝 솟구쳤다.

「그래 무엇하러 가려오?」

「겨울나이 물건을 좀 사오려고요.」

「그런데 이 소란한 세월에 왜 혼자 떠났소?」

마가는 좀 경계하는 어조로 따져물었다.

「하긴 저 건너골에서 나의 남동생이 함께 떠나겠다고 했었는데 상기 오지 않은걸 보니 집에 일이 생긴 모양이예요.」

어쨌든 적적하고 지루한 길이여서 량미간을 찌프렸던 마가인지라 의외로 생긴 절색의 녀인을 곁에 살랑 눌러 앉혀놓고 집적거리는것도 바람직한 일이였다. 그래서 마가는 번들상판에 대뜸 웃음을 말아 피우며 친절하게 말했다.

「자, 어서 올라앉소!」

「감사해요.」

청초한 녀인이 곁에 앉자 마가놈은 슬그머니 그의 손을 살랑 건드리며 은근히 물었다.

「그래 어디 살지?」

「저기 저 남향받이 웃골에 살아요.」

「그래 몇살이지?」

「설흔 한살이예요.」

「남편은 뭘 하오?」

「아이고 말도 말아요.」

「아니 왜?」

「지난해 늦가을 포수질을 나갔다가 그만 곰한테 뜯기워 저승혼이 되고말았어요.」

녀인은 몹시 슬픈 표정을 지었다.

「그래? 그럼 지금은 어떻게 지내가나?」

「독수공방 홀로 지내지요 뭐.」

「독수공방? 그래 애들은 없어?」

「호- 운명이 하도 기박하여 여태 애 하나 못보았어요.」

「허 그럼 어서 재가하고 팔자를 고쳐야지.」

「하긴 재가하지 않고 나같이 섬약한 녀인의 몸으로 이 험악한 세월에 어찌 홀로 살아갈수가 있겠나요.」

「허허, 아무렴 그렇구말구, 혼자 못살구말구. 헌데 남의 소실로 들어갈 생각은 없나?」「예? 남의 소실로요? 소실을 두려는 남자라면 의례 나리님 같이 으리으리한 부자겠는데 그런 부자가 나같은 가난뱅이 녀인을 왼눈으로나 보겠나요?」

그 말에 마가놈은 그만 입이 함박만해졌다.

「그래 그게 걱정이요?」

「걱정이래도 큰 걱정이지요.」

「하, 그런건 조금도 걱정말고 얼른 나의 소실로 들어오게.」

「뭐 나리님의 소실로요?」

「아무렴.」

「호호호, 마나리님이 대부자라는걸 이 량강골, 영경골에서 모르는 사람이 어디 있나요?」

「허허 그럼 아씨는 진작부터 나에 대해 죄다 알고있었단 말이지?」

「아다마다요. 마나리님은 소실부인만 해도 셋, 호위군대만 해도 한타스가 넘는다는걸 진작 다 알고있었는데요 뭐.」

「허허, 요 깜찍한것이 그래 그렇게 꼬치꼬치 다 아는것을 보니 관심도 그만큼 컸다 그 말이겠지?」

「호호, 그저 두루 들어 알뿐이지요 뭐.」

녀인의 호들갑을 떠는 말에 마가놈이 이거 생각지도 않던 호떡이 그대로 입안에 굴러들어왔다고 너무 좋아 어찌할줄을 몰라했다.
그는 녀인의 손을 으스러지게 잡으며 말했다.
「좋아, 좋아! 우리 길림 갔다 돌아오면 곧 성례를 이루기로 하자구. 어쨌든 내 장차 섦게는 굴지 않을테니까.」
「그래 이번 걸음은 얼마나 걸리나요?」
「허 기껏해야 열흘이면 된다니까!」
「아니 무슨 행차신데 그렇게도 오래 걸리나요?」
「하긴 이건 일반 유부상통의 바꿈이거나 장사인것이 아니라 길림사령부 일본장관에게 인사 올리러 가는 걸음이니깐.」
그러면서 마가놈은 그 경위를 성수나서 지껄여댔다. 다 듣고난 녀인은 또 말했다.
「그러고 보면 선물이 꽤 굉장하겠네요.」
「허허허, 적게 쳐도 황소 여라문마리 맞잡이는 된다니깐!」
「아이 정말 대단하시군요.」
「허허, 그렇게 개여올려야 나도 좀 얻어먹을 알이 있거든.」
「호호호, 그러고보면 나도 장차 꽤 먹을알이 있겠네요.」
「아무렴 있다마다. 있어도 아주 톡톡히 있단말이야!」
녀인은 몹시 기쁜듯 부여잡은 마가의 손을 더욱 꼭 쥐고 호들갑을 떨었다.
어느덧 마파리가 100여리를 달려 높은 강둔덕에 이르렀을 때다.
녀인은 마가놈을 보고 말했다.
「나으리, 마파리를 좀 세워주세요.」
「아니 왜?」
「소피를 좀 봐야겠어요.」
「허.」
마파리를 세우자 녀인은 나무숲속으로 들어갔다.
그로부터 좀 있어 다섯명의 전신무장한 사람들이 나무숲속에서 화닥닥 뛰쳐나오더니 두대의 마파리를 향해 땅 땅! 땅 땅! 명중탄을 안겼다.
두대의 마파리에 앉았던 네놈 호위병이 미처 어쩔 새도 없이 명중탄을 받아안고 초개처럼 나딩굴었다. 마가놈도 애처로운 비명소리를 지르며 강판에 나뒹굴었다.

　그 찰나 총가진 네 사나이와 한 녀인이 번개같이 두 마파리에 뛰여올랐다. 마부며 문서를 얼음강판에 활 밀어던진채「짜앗 쨧!!」맵짠 소리와 더불어 말은 애호홍! 무서운 소리를 내지르며 네굽을 안고 내리막 강판을 냅다 뛰였다.

　팔에 상처를 입고 한동안 혼비백산했던 마가놈과 문서와 마부는「어이- 어- 어!」목이 째지게 소리만 내질렀다.

　그러나 그「과부」녀인을 비롯한 다섯명 무장대원들은 더욱 무섭게 말잔등에 채찍을 안길뿐이다. 잠간새 말은 굽이를 돌고 꺾어 아득히 자취를 감춰버렸다.

　그제야 환몽에서 깨여난 마가놈은 녀공산군에게 감쪽같이 속았다는것을 알고 부랴부랴 집으로 되돌아와 일본군에게 알리고 자신의 무장나부랭이들을 긁어모아 추격을 했으나 그 그림자도 찾을길 없었다.

정리: 리룡득

녀전사와 애기

항일의 어려운 나날에 장백산 한 밀영에서 있은 이야기다.
장백산 한 밀영지에는 백여명 되는 항일련군 전사들이 있었는데 그들속에는 이 밀영지에 중대장으로 있는 남편과 후근부에서 전사들의 의복도 짓고 취사간 일도 도와주는 안해가 있었다. 그때 이들 부부에게는 어린 딸애가 있었는데 젖꼭지를 물고 자라는 애라도 해죽해죽 웃을 때면 피는 꽃과도 같이 고와서 전사들의 마음을 하냥 즐겁게 하였다.
전사들은 전투가 끝나고 밀영지에 돌아와서도 서로 다투어가며 그 애를 안고 다니며 놀았고 하루의 훈련을 마치고 돌아와서도 그 애를 안고 다니며 놀았다. 이것은 전사들 저마다의 기쁨이였고 즐거운 휴식이였다. 남편과 안해도 전사들이 아이를 데리고 놀 때마다 몹시 기뻐 얼굴에 웃음꽃을 피웠다. 그네들은 또 이럴 때마다 애들의 행복한 앞날을 위해서라도 이 땅에 기여든 침략자와 생사판가리하리라 다졌다.
하지만 전사들의 기쁨이 되고 즐거운 휴식을 안겨준 애는 며칠 지나지 않으면 어머니 따라 왜놈토벌대가 욱실거리는 송강에 가게 되였다. 애 어머니가 그곳에 가서 항일련군의 정보사업을 하기로 되였던것이다. 그러니 이제 그곳에서 련락원만 오면 애 어머니는 사랑하는 남편과 전사들을 리별하고 그를 따라 가게 되는판이다.
어느날 저녁이였다. 보초선에서 「땅!」하는 한방의 총소리가 울리고 뒤미처 콩복는듯한 총소리가 장막을 깨뜨렸다.
「놈들이 냄새를 맡았소. 전체 제2밀영으로!」
남편인 중대장의 명령이였다. 전사들은 명령이 떨어지자 재빨리 행동하였다. 그들은 총과 이불짐이며 휴대품들을 제꺽 둘러메고 정연하게 대렬을 지었다. 안해는 명령이 떨어지자 어린 딸애를 둘러업고 손재봉기를 머리에 이고 대렬 한 끝에 섰다.

중대장 남편이 앞장에서 대렬을 지휘하여 수림을 헤치고 걸어갔다. 전사들은 소리없이 급행군을 하였다. 전사들이 백여명 늘어서서 급행군을 하고 있었지만 하늘을 덮은 수림속인데다 칠흑같은 어둠까지 내리덮여 어느것이 사람이고 어느것이 수림인지조차 분간할수 없었다.

놈들은 추격하는 한편 가담가담 시탐적인 사격을 들이댔다. 몇몇 전사들이 토벌대놈들이 마구 대고 쏘는 총에 맞았다. 하지만 전사들은 저마다 이를 악물고 살점을 도려내는듯한 모진 아픔을 참고 계속 앞으로 걸어갔다.

「땅땅땅…」

놈들이 쏘아대는 총소리가 또 울렸다. 그런데 눈먼 총알이 어머니의 등에 업힌 애기의 다리에 맞힐줄이야 뉘 알았으랴.

「응아, 응아…」

어린애가 갑자기 바사지는 소리로 울음을 터뜨렸다. 이 소리에 대오를 령솔해가던 중대장 남편이

「여보, 그 아이를…」하고 소리쳤다. 높지 않은 소리였지만 그 소리는 천둥소리와도 같이 무섭게 안해의 귀를 쳤다.

「응아, 응아…」

철없는 애기는 아버지의 말뜻도 몰랐고 자기 울음소리가 어떤 위험을 갖다줄지도 모르고 그저 아프다고 죽어라 울기만 했다. 어머니가 급히 아이를 내리워보니 총에 맞은 허벅다리에서는 피가 콸콸 솟구쳐나오고있었다. 몇몇 전사들이 달려들어 급히 어린애를 품에 안고 상처를 싸매주며 들볶아댔다.

「응아, 응아…」

어린애는 계속 바사지는 소리를 하며 울어댔다.

「땅땅땅, 땅땅…」

어린애 울음소리를 듣고 목표를 알아낸 토벌대놈들이 총을 쏘며 추격해왔다. 어린애를 받아안았던 그 전사가 아래다리에 총을 맞고 풀썩 주저앉았다. 어린애의 울음소리는 벌써 한 전사를 주저앉히고말았다.

「여보, 어린애를…」

중대장이 소리쳤다.
「웅아, 웅아…」
애는 그냥 울어댔다.
「따당땅땅…」
놈들이 바싹 쫓아오며 마구 총질해댔다.
그 순간 어머니는 얼결에 울고있는 애의 입을 넙적한 손으로 꽉 막았다. 입이 막힌 애는 발버둥질치며 껵껵거렸다. 당장 숨이 막혀 죽을것 같았다. 대오는 전진했다. 아이는 애고사리같은 손으로 입을 막은 어머니의 손을 잡아뜯었다. 당금 숨이 넘어가는것 같았다. 순간 어머니는 뢰성벽력에 얻어맞기라도 하듯 정신이 아찔해났다. 어머니는 저도 모르게 애의 입을 막았던 그 손을 떼였다.
「웅아, 웅아…」
겨우 숨을 몰아쉰 애는 당장 숨이 넘어가는 소리를 지르며 또 울어대기 시작했다. 어머니 마음은 가슴에서 살점을 도려내는 듯 하였다.
「따당땅땅…」
토벌대놈들이 꼬리에 꼬리를 물고 총을 쏘아댔다.
「여보, 어린애를…」
세 번째로 웨치는 남편의 말은 사정없는 명령이였다. 어머니는 드디여 비장한 결심을 내렸다. 남편의 말이 떨어지기 바쁘게 어머니는 전사의 품에 안긴 애를 와락 빼앗아 안으며 힘껏 전사를 떠밀었다. 그리고는 쏜살같이 대오에서 뛰쳐나와 그 반대방향으로 바람같이 내달리였다.
「웅아, 웅아…」
애기의 울음소리는 점점 행군하는 대오와 멀어져갔다.
「저쪽이다, 저쪽, 사격!」
「땅땅땅…」
놈들은 애기울음소리를 따라 연신 총질을 하며 악을 쓰고 쫓아갔다.
중대장뒤에서 행군하던 전사가 더는 참지 못해서 소리쳤다.
「중대장동지, 어린애를…」
그는 말을 잇지 못하고 흐느껴 울었다.

「어린애 때문에 우리의 전사들이 더는 피를 흘리게 할수 없소. 제2밀영으로 날 따라 전진하오! 알았소?」

중대장은 전사의 손을 잡았다. 순간 이 전사는 중대장의 아픈 마음을 알았다.

중대장을 따라 우리의 항일련군대오가 산등성이에 올라설 때였다.

「땅, 땅…」

안해가 귀여운 어린것을 품에 안고 적들을 유인해 달려간 저 먼 수림속에서 울려오는 총소리가 남편의 귀를 쳤다. 후근부의 한 녀전사가 사랑하는 어린것을 품에 안고 달려간 수림 저쪽에서 울려오는 총소리가 전사들의 가슴에 와 맞혔다. 순간 수림 저편에서 분명

「애 아버지, 전우들, 저와 애는 승리의 그날을 보지 못하고 먼저 갑니다. 승리하는 그날까지 용감히 싸워주세요!」

하는 소리가 들려오는상싶었다.

대오는 전진했다. 전진하는 대오의 앞장에서는 남편이며 아버지이며 중대장인 그가 걸어가고있었다.

정리: 박창묵

박지형

이 이야기는 60여년전 훈춘땅에서 있은 일이다. 그때 훈춘현 경신땅에 성은 밀양 박가이고 이름은 지형이라는 젊은 사람이 있었다.

지형의 기골은 마치 백두산 표범의 다리를 먹은듯, 힘은 천년묵은 산삼을 장복한듯 력발산 항우도 그를 당치 못할 장수였다 한다.

어느때였던지 손꼽아 세여보면 똑똑히 알수 있는 일이지만 한번은 왜종자들이 박지형이네 마을까지 기여들었다. 강건너 바다건너 민물에 절고 간물에 전 왜놈들이 비린 냄새를 풍기며 달려왔다. 그 비린내가 어찌 독한지 사람들을 밤에 베개를 베지 못하게 하고 낮에 갈길을 마음대로 다닐수 없게 했을뿐더러 숨쉬기조차 어렵게 만들었다.

이때 장수 박지형이는 뜻맞는 송아지친구들과 쑥덕공론하기를

「조선을 침략하고 이 땅에까지 와서 세잠 잔 누에 뽕먹듯하려는 왜종자들을 그저 둘수는 없다. 강도를 묵과한 죄는 하늘이 안다더라!」

라고 하면서 하늘에 사무치는 분을 일일이 따져 량손에 도끼 쥐고 칼 들고 회룡봉으로 올라갔다.

장수 박지형이가 이렇게 떠나가자 박지형이를 잡으려고 갖은 계교를 꾸몄다. 그러나 만병(蠻兵)의 간교는 물거품으로 사라졌다. 그래도 왜적들은 도정신하지 않고 도리여 딴 술책을 꾸미기에 여념이 없었다.

옛날옛적 손오공은 천궁에서 천장병들을 일망타진하며 천궁을 휩쓸다 실수하여 천개에게 꼬리를 물렸다 하더니만 박지형이는 지상에서 왜장병들을 일망타진하다 잘못 실수하여 놈들의 사냥개에게 물리게 되였다.

놈들은 이렇게 되여 헤벌쭉하게 되였지만 박지형의 힘을 모르는바 아니므로 그를 여느 사람 다루듯 포승줄로만 묶어놓지 않았다. 지형이의 몸에다

스무발짜리 참바 스무타래를 이어서 감아놓고 손목과 발목에다는 육중한 족쇄 수쇄를 채웠다.

아름다운 련꽃이 물깊다고 아니 피고 바람 분다 쓰러지랴. 인민을 사랑하고 원쑤를 증오하는 박지형이는 감방안에서 곰곰히 생각해보아야 놈들이 그저 매나 몇개 쳐서 내놓을것 같지 않으므로 이것저것 피신할 궁리를 대다 마침내 묘안을 찾아냈었다.

이튿날 아침이였다. 간수놈이 창문으로 아침을 들여보내고 돌아섰다. 밥그릇을 받아든 박지형이는 능청스레 그것을 바닥에 내쳤다. 짤그랑하는 소리에 놀란 간수놈은 총을 꼬나들고 되돌아서며 무슨 일이냐고 소리쳤다. 그때 박지형이는 밥그릇을 가리키며 밥속에 무엇이 들어있다고 하였다. 그러자 간수놈은 엉겁결에 미처 생각지 못했던지 혹은 박지형의 몸에다 참바를 감아놓은것으로 하여 시름을 놓았던지 감방문을 삐죽 열고 들어섰다.

이 순간이였다. 박지형이는 「맹꽁이자물쇠」를 채운 주먹으로 간수놈의 관자노리를 내리쳤다. 그러니 어찌 됐겠는가! 비호도 따라잡고 산도 밀어놓는다는 힘으로 재치있게 내리쳤으니 그까짓 쭈그렁 밤송이 같은 간수놈의 대갈쯤이야 어떠하랴! 정말 두부모에 침질이였다. 놈은 찍소리도 못하고 나자빠졌다. 간순놈에게 주먹포를 먹인 지형이는 한쪽 발로 놈을 밟고 서서 두 주먹을 맞대고 용을 쓰니 「맹꽁이자물쇠」는 찌그덕하고 터져버렸는데 그 광경은 사천왕이 악마를 밟아버리는것 같았다. 족쇄를 내던진 지형이는 나가뻐드러진 간수놈의 총을 집어들고 감방안의 여러 사람들을 데리고 놈들의 사무실로 들어갔다. 사무실에서는 장교놈들이 모여앉아 박지형의 사진을 보면서 무엇인가 쑥덕공론을 하고있었다. 지형이는 분이 상투밑까지 치솟아 총부리를 내대며

「이놈들 꼼짝 말아! 박지형이 내 여기 왔다!」

라고 감옥이 터질듯 큰소리를 쳤다.

산중의 왕인 대호 우는 소리에 만짐승은 오금이 저려서 떨기만 한다더니 박지형이의 노한 소리에 놀란 놈들은 오뉴월 염천에 학질 만난 놈마냥 사지를 떨고있을뿐이였다. 놈들은 옆에 세워놓은 총을 들기는 고사하고 오금이 오그라붙어서 일어서지도 못하였다. 지형이는 들고있던 총을 동무에게 맡

기고 제몸에 감기여있던 참바끝을 찾아 한토막 끊어서 가장 높은놈부터 묶었다. 뒤이어 또 한가닥을 끊어서 한놈 묶고 세놈 네놈 몽땅 묶어놓았다. 놈들을 죄다 묶어앉힌후 벽에 세워놓은 총을 무릎에 대고 마치 땔나무나 분지르듯이 뚝뚝 꺾어 내던지고 문을 차고 나섰다. 그다음 또 경위대에 들어가서 마구 짓부셔놓고 총 열자루를 한쪽 어깨에 메고 대문을 나섰다.

박지형이 있을 때엔 숨도 크게 못쉬던 놈들이 그가 사라지자 불벼락을 맞은 정신을 차츰 수습해가지고 똥묻은 개 낯짝 세우려 우쭐대면서 앉은뱅이 용쓰듯 꽥꽥 소리질렀다.

박지형이는 미친개야 짖으려면 짖으라는 듯 돌아보지도 않고 회룡봉으로 사라지는데 그 광경은 실로 장관이였다. 장총 열아홉자루를 메고도 어지간히 큰 나무는 넘어 뛰여가는 그의 발끝에서는 선풍이 일고 몸에 감아놓았던 참바 사백발이 풀리여 땅에 끌리지도 않고 공중에 둥둥 떠서 꼬리쳐 날려가는것이 마치 별찌가 흐르는것 같았다.

이렇게 비호같은 박지형에게서 넋통을 먹고 그슬린 개대가리가 된 왜놈 장교놈들은 그래도 제 버릇 개 주지 못하고 발광하였다.

그후 어느날 지형이는 회룡봉에서 집마을을 내려다보았다. 그때 산밑길로 왜병 몇놈이 백성 한사람을 묶어가지고 옥천동으로 가고있었다. 그것을 본 박지형이는 이를 깨물고 산이 깨지라 발을 구르며

「저 강도놈들이 또 사람을 잡아간다. 에잇, 이 강도놈들!」 하고 나는 듯이 달려내려가 길목의 언덕뒤에 숨었다가 바위돌을 뽑아가지고 장교놈을 내리쳤다. 장교놈은 맑은 하늘에서 돌벼락을 맞은격이다. 졸개들은 어쩔줄 모르고 급살맞은 장교놈을 주무르고있었다. 박지형이는 한손에 만근짜리 몽치 들고 또 한손에는 천근짜리 대장도를 휘두른 염라대왕의 사자마냥 량손에 도끼와 대장도를 휘두르며 놈들속으로 뛰여내려가는데 그 칼과 도끼 우는 소리가 산천을 울리고 돌개바람을 청하여 놈들을 쓰러뜨렸다. 지형이는 이리 찍고 저리 찍은후 이를 갈면서 편포가 된 장교놈을 쿡쿡 밟아서 냅다 차버렸다. 그래놓고서야 묶이운 사람에게

「당신은 뭘 하다 이렇게 붙들렸소? 빨리 달아나오!」 라고 퉁명스럽게 말하는품이 그놈들을 다 죽였지만 그래도 분이 내려가지 않은것 같았다.

「동무는 누구십니까?」

묶이운 사람이 반문하였다.

「난 왜놈을 잡는 사람이요.」

「그럼 동무는 어느 부대입니까?」

그는 반가운 어조로 물었다.

「부대? 부댄 무슨 부대?」

박지형이는 고개를 기우뚱하고 그를 쳐다보더니만 또다시 물었다.

「그럼 당신도 왜놈 잡는 사람이란말이요?!」

「그렇습니다.」

「야! 그럼 가서 얘기합시다!」

그는 널려있는 총을 주섬주섬 주어메고 그 묶이였던 사람까지 업고서 한길이나 되는 밭뚝을 훌훌 뛰여올라가는데 마치 심산의 맹호가 바람을 부르는듯 태풍이 일어나는 속으로 사라졌다.

단숨에 회룡봉으로 올라간 그는 통나무를 찍어서 대충 눈비나 가릴 정도로 의지해놓은 초막속으로 들어가서야 내려놓았다. 안쪽에다는 왜놈들한테서 빼앗아온 장총 수십자루를 한데 묶어서 세워놓았다. 지형이는 그를 내려놓기 바쁘게 또다시 물었다.

「당신은 대체 뭘 하는 사람이요?」

「예, 아까도 말한바와 같이 일본제국주의놈들과 싸우는 사람입니다.」

「음. 그럼 이 총을 가지고 나와 함께 싸웁시다!」

박지형은 이렇게 밑도 끝도 없는 말을 한마디 던지더니

「당신은 혼자서 싸우오?」라고 물었다.

그제야 그 사람은 혁명의 도리를 차근차근 이야기하여주면서 아무리 난다는 장수라 할지라도 혼자서 우격쓰고 싸워서는 강한 일본제국주의를 싸워 이길수 없다는것과 자기는 중국공산당이 령도하는 항일유격대라는것을 낱낱이 이야기하여주었다.

그의 말을 다 듣자 그처럼 우락부락하던 박지형이는 다소곳해지면서

「나도 항일유격대의 말을 듣긴 들었소. 그래서 그 유격대를 찾으려고 이 산속으로 들어와서 놈들의 총을 빼앗아놓고 여태껏 찾았지만 찾지 못했소.

참 잘 만났소. 나를 데리고 가주오. 나는 당신들과 함께 싸우겠소.」라고 간청하였다.

이렇게 되여 박지형이는 항일유격대에 참가하였다. 박지형이가 항일유격대에 참가한후부터는 새로운 힘과 재주가 생겼다. 룡에게는 구름이 따르고 범에게는 바람이 따른다더니 힘은 항우도 당치 못하고 날램은 비호도 따르지 못하는 박지형이는 구름을 불러타고 바람을 일구어 신출귀몰하면서 구시월 락엽마냥 왜놈들을 쓰러버렸다 한다.

정리: 길운

황정해의 탈출기

1935년 일이다. 그때 대황구유격대에는 황정해라는 소년이 있었다. 하나를 들으면 열을 알아 총명이 과인한데다가 마치 지혜주머니를 차고 다니기라도 한듯 무슨 일이나 재치있게 해내서 유격대에서는 늘 그에게 어려운 통신임무를 맡기군 하였다.

그러던 어느 하루였다. 정해는 마창권이라는 유격대원과 함께 통신련락을 떠났다. 때는 한창 가을철이라 산길에 들어서 하늘을 쳐다보니 구만리장천에는 구름 한점 없는데 공기마저 시원해서 걸음이 절로 되는데다 산야를 바라보니 울긋불긋 단풍까지 들어 봄의 꽃동산을 걸어가는듯 기분도 한결 상쾌하였다. 정해는 그때 나이 이팔이라 어른인 창권이와는 달라서 앞에 달려나가 새빨갛게 물든 단풍잎도 따들고 뒤에서 아지 칭칭 휘게 열린 산열매도 따서는 창권이한테도 주고 자기도 맛있게 먹었다. 이렇게 산길을 걸어가노라니 앞의 길옆에 새까만 머루가 주렁주렁 내리드리있는데 보기만 해도 달고 새콤한 머루가 입안으로 들어가기라도 하듯 목구멍으로 닭알만한 군침이 저도 모르게 꿀꺽 소리를 내며 넘어갔다. 정해는 그 탐스러운 머루 한 송이라도 뜯어먹어보자고 깡충깡충 앞에서 신나게 뛰였다. 그러던 그가 머루넝쿨이 있는데로 채 가기도전에 우뚝 멈춰섰다.

「저걸 보십시오. 총을 멘 녀석들이 이리로 오고있습니다. 토벌대가 분명합니다.」

창권이가 앞을 내다보니 총을 멘 녀석들이 어슬렁어슬렁 다가오고있었다.

「애 정해야, 저자식들이 우릴 그저 놔둘것 같지 않다.」

「아저씨, 비밀쪽지를 불에 사르자요. 그리고 우리는 산으로 머루 따먹으러 온체하자요.」

총명한 정해는 확실히 어른보다 머리가 빨리 돌았다. 창권이는 정해와 함께 머루넝쿨이 있는데로 가서 눈깜작할새에 비밀쪽지를 태워버리고 재도 흔적없이 밟아치웠다. 둘은 머루넝쿨에 붙어서서 새까만 머루를 맛갈스레 뜯어먹기에 여념없다는듯이 꾸몄다. 헌데 사세가 위급한지라 그렇게 시큼달콤한 머루도 모래알을 씹는듯했다.

「얘 정해야, 너 혼자 먹지만 말고 동생도 집에 있는데 뜯어놓으렴.」

「머루가 이렇게 많은데 내가 어찌 다 먹을수 있어요? 걱정마세요.」

서로 그럴듯이 이야기를 주고받는 새에 총멘 녀석들이 다가왔다. 토벌대 놈들이였다.

「이놈들, 뭘 하는 녀석들이야?」

「산아래동네에서 삽니다. 머루 따러 왔습니다. 잡수어보세요. 시큼달콤한게 참 맛있습니다.」

정해가 약삭바르게 머루 한송이를 뜯어 놈들앞에 내들었다. 헌데 그 머루송이를 받기는커녕 권총을 옆구리에 찬 녀석이 통사발같은 눈을 뙤록거리며 소리질렀다.

「꾀임에 들어 골탕만 먹지 말고 붙잡아라! 나이 있는 녀석은 공산군이 분명하다. 작은 녀석도 공산군을 따라다니는 놈이다.」

서슬푸른 총칼앞에서 용빼는 수가 없었다. 창권이는 놈들에게 잡혀서 훈춘헌병대에 압송되여갔고 정해는 춘화헌병대에 끌려갔다.

춘화헌병대에서는 정해가 어리다고만 생각하고 대번에 넋살을 먹이는것으로 비밀을 알아내자고 잡도리하였다. 그들은 정해를 붙잡아온 이튿날 대포앞에 끌어다가 세웠다. 시꺼먼 대포아구리가 16세의 소년앞에 당장 불이라도 토할듯 입을 쩍 벌리고있었다. 헌병대 한놈이 대포옆에서 위엄을 부리며 앞에 내세운 정해 보고 물었다.

「너 이게 뭔지 알아?」

그놈은 대포를 가리켰다. 병사 몇이 당장 대포를 쏘기라도 하듯이 대포옆에 붙어서있었다. 정해는 얼핏 그자들을 보고는 일부러 머리를 긁적거리다 대답했다.

「큰 총이지요 뭐.」

「하하하!… 큰 총? 이자식아, 이건 큰 총이 아니라 대포라는거다. 대포알이 네 키만해! 너를 쏘면 눈깜짝할새에 재가루가 된단말이다. 알겠느냐?」
「시골에서 아버지 따라 농사하여 땅뚜질줄밖에 모르는 애가 그걸 어떻게 알아요. 장관님이 말하니 인제는 알만해요.」
「이자식, 겁나지?」
「단번에 재가루가 된다는데 왜 겁나지 않겠나요. 나 죽으면 아버지 도울 사람도 없는데요.」
「그래 살고싶으면 내가 묻는 말에 곧이곧대로 대답해, 안그러다간 알겠니?」
그놈은 시꺼먼 포신을 가리켰다. 제대로 대답하지 않으면 쏜다는것이였다. 정해는 눈을 올롱하니 뜨고 머리를 끄덕이였다. 그러자 포신옆에 선 놈이 눈을 부라리며 심문을 시작했다.
「애 이자식, 너 무엇하러 산속을 싸다니는거야? 유격대가 어디 있는지 알지? 어서 바른대로 말해.」
「배가 고파 머루 따먹으려고 산으로 갔댔어요. 유격대라는것이 무엇인지 우리 농사군들이 어떻게 알아요. 정말 모르겠어요.」
「고놈자식, 입이 까져 말은 잘하는데, 그래 거짓말을 꾸며대기만 할테냐? 정말 널 쏵죽인다. 들었니?」
「들었어요.」
「그럼 바른대로 말해라!」
「바른대로 말해도 그 말뿐이애요. 장관님앞에서 어찌 감히 거짓말하겠어요.」
「이자식, 너 대포밥이 되기전에 아픈 매부터 맞아봐라. 엎어놓고 때려!」
몽둥이며 혁띠며 손에 쥐이는대로 들고 나온 녀석들이 정해를 엎어놓고 사정없이 내리쳤다. 정해는 피투성이 되고 인사불이 되여 말 한마디 못했다. 대포를 걸어놓고 위협해도 어찌할수 없게 되였다. 놈들이 숨이 붙어있는 정해를 마구 끌어다 헌병대 구류소에 처넣었다. 정해는 그 이튿날부터 더는 대포앞에 나서 심문을 당하지 않았지만 거이 매일이다싶이 심문을 당하고 물매를 맞았다. 그러나 정해는 신음소리 한번 내지 않고 철통같은 가슴을 딱 뻗치고 전날 한 말을 되풀이하군 하였다.
 아무런 단서도 쥐지 못한놈들은 독오른 고추가 되어 표독을 쓰다가 지쳤던지 정해를 불러내다 헌병대 울안에서 잡일을 시켰다.
 이때로부터 정해는 어떻게 하나 기회를 엿보아 헌병대의 소굴에서 뛰쳐나가 유격대로 다시 찾아가리라 속다짐하였다. 약삭바른 정해는 진종일 나무를 팬다 물을 긷는다 마당을 쓴다 하며 눈코뜰새없이 보냈다. 그러자 좋은 일군이 하나 생겼다고 헌병대놈들이 저마다 그를 불러 물 떠오라 신을 닦아라 하며 진종일 분주하게 굴었다. 지어 어떤 녀석들은 신끈을 풀어라 담배불을 붙여라 하며 야단쳤다. 정해는 무슨 일이든 가리지 않고 여기저기 뛰여다니며 깐지게 했다. 날이 감에 따라 헌병대놈들은 그를 심부름꾼으로 여기고 불러다 일을 시키고는 그와 롱지거리까지 하였다. 말을 주고 받아보니 애가 남달리 총명한지라 헌병대놈들은 저희들 대장앞에서까지 정해를 칭찬하였다.
 이러구러 지루한 세월이 류수같이 흘러갔다. 어느날 헌병대 대장이 정해를 불렀다. 식당일을 도우면서 식당출입도 마음대로 하고 헌병대들의 심부름을 하느라 그들 방에도 허물없이 드나들었지만 헌병대 대장의 방에는 이 날 처음 가게 되였다. 콧수염이 달랑 붙은 헌병대 대장놈은 꽤나 표독스럽게 생겼었다. 그는 세귀눈을 해가지고 정해를 훑어보더니 회전의자에 앉은 채 구두발을 내밀었다.
 「이리 와서 구두를 닦아라. 남달리 총명하다는 말을 들었다. 너 내 시키는 일을 잘하면 앞으로 우리 대일본제국에 보내여 공부하게 할테다.」
 정해는 기뻐하는체 히죽히 웃으며 대장놈의 신을 눈깜짝할 새에 빛이 반짝반짝나게 닦았다. 그러자 놈은 흐뭇해하며 담배대를 꼬나물었다. 정해는 제꺽 담배불을 붙여주고 시키지도 않았는데 고뿌에 뜨거운 물까지 부어놓았다. 그때 마음같아서는 그놈의 대갈통에 뜨거운 물을 콱 끼얹고싶었다. 이때 거들먹거리고있던 대장놈이 허리가 시큰시큰해나는지 등을 도닥여달라고 했다. 정해는 그놈의 등을 두드려주다가 옆구리에 찬 권총을 보았다. 당장 빼내여 그놈을 쏘아눕힐 생각이 불같이 일어났다. 하지만 총명한 정해는 순간적인 생각을 누르고 경거망동하지 않았다. 정해가 그놈의 등을 도닥여주고는 더 할 일이 없자 문을 나서려는데 헌병대 대장놈이 그를 불러세웠다.

「얘, 너 아까 내가 한 말 들었지? 우리 대일본제국에 보내 공부시켜준단 말이다. 내 말 한마디면 되는거니까 매일 나한테 와서 심부름이나 잘해라!」

정해는 대답대신 짐짓 곁으로는 기쁜체 했으나 속으로는 이를 부드득 갈았다.

그후부터 정해는 헌병대 대장실로 마음대로 드나들었다. 모든것이 여물어가는판이였다. 매일 식당에 드나들면서 밀가루떡을 훔쳐다 주머니에 넣어 담벽 모퉁이에 숨겨놓고 신을만한 신 몇컬레도 감추어놓았다. 인젠 대장놈의 권총만 손에 넣는 날이면 적들의 소굴에서 탈출하여 유격대로 찾아갈수 있었다. 별들이 깜박깜박 조으는 깊은 밤에도 정해는 권총을 빼앗아가지고 유격대에 갈 생각만 하느라 밤잠을 패는 때가 많았다.

며칠이 지나지 않아 좋은 기회는 오고야 말았다. 점심때가 좀 지나서 대장놈이 헌병대놈들을 거느리고 들어섰는데 모두들 갈지가걸음을 하는걸 보니 하늘이 팽글팽글 돌아가게 술을 마신 모양이였다. 대장놈은 정해를 불러다 신 벗겨라 모자 벗겨라 하더니 불과 담배 한 대 피울 새도 안되여 답답하다면서 권총집을 벗어 침대 한옆에 놓고는 침대에 눕자마자 코를 드렁드렁 골아대며 네각을 뻗어버리고 잠들었다. 밖에 나와 살펴보니 헌병대녀석들도 그 모양 그 꼴이였다.

정해는 쥐도 새도 모르게 헌병대 대장놈의 방에 다시 살짝 뛰여들어 침대옆에 놓은 권총을 잽싸게 잡아서 바지춤에 질러넣고 동정을 살폈다. 육중한 체대 자랑이라도 하듯 대장놈이 어찌나 요란스레 코를 골아대는지 문이다 드렁드렁하고 울렸다. 정해는 날파람있게 문을 빠져나와 한 모퉁이에 숨겨놓은 보자기를 찾아들고 태연하게 보초망을 넘으려 했다. 헌데 보초서는 놈이 꽥 소리를 지르며 그를 멈춰세웠다.

「어디로 가? 그 손에 든건 뭐야?」

정해는 보자기를 툭툭 치며 말했다.

「이건 장관나리가 보내는 물건이애요. 감히 들추어보다가 큰일나자구요.」

「그자식, 보초 서는데 그만한것도 못물어? 그런데 어디로 심부름 가느냐?」

「저… 아씨 있지 않아요. 이걸 갖다주고 저녁에 가니 기다리라고 전하라

했어요.」

「이자식, 그래 어느 아씨한테 가져다주라던?」

「이제는 더 말하지 않겠어요. 장관님이 알면 난 쫓겨나요. 그리고 자꾸 물어서 말했다면 아저씨한테도 좋은 일이 없을거애요.」

더 묻지 못하게 뒤를 딱 눌러놓았다. 보초놈은 뒤가 켕겼던지 더 캐여묻지 않고 정해를 내쫓았다.

「제길, 대장 심부름하는 녀석이 제법 대장이나 된 듯 이 지랄이야? 잔말말고 빨리 사라져.」

정해는 춘화거리를 무사히 빠졌다. 그는 날래게 산속으로 들어가 산발을 타고 걸었다.

저녁때가 되니 술취한 녀석들이 자리를 털고 일어났다. 대장놈은 권총을 찾으니 없었다. 정신이 버쩍 들어 헌병대놈들의 칸칸을 발칵 뒤집었다. 권총도 없고 심부름 시키던 애도 자취를 감추었다. 대장놈은 보초망에 나가 보초서는놈의 뺨을 비뚤어지게 후려쳤다.

「이자식, 뭘 하고있었어? 그 심부름하던 녀석 없어졌다.」

한 대 불이나게 얻어맞은 보초놈이 얼떠름해서 말했다.

「그 애는 보자기 들고 대장님 심부름 간다 하던데요.」

「무엇이 내 심부름을?」

「네, 저 아씨한테 간다던데요.」

「이자식, 너 공산군 한놈 놓쳤다. 아씨란건 뭐야?」

대장놈은 또 불이 번쩍 나게 보초놈의 뺨을 후려쳤다. 헌병대 대장놈은 노발대발하였다. 그놈은 헌병대를 총동원하여 온 춘화거리를 참빗질 했으나 헛물만 켜고 말았다.

정해는 낮이면 해를 보고 밤이면 별을 보며 가다가 배가 고프면 밀가루 떡을 먹었다. 그는 천지간에 나는 새처럼 날아예며 끝내 권총 한자루를 가지고 대황구유격대로 찾아갔다.

이때로부터 정해의 탈출기는 소설처럼 엮어져 유격구 인민들속에 널리 전해졌다.

정리: 리영애

≪광차이≫

　1930년대 초기, 훈춘 연통라즈유격구 적위대에 리해봉이라는 돌격대원이 있었는데 유격구 사람들은 이름대신 그를「광차이」라고 불렀다. 그에게 이런 별호가 붙게 된데는 그럴만한 리유가 있다.
　일제침략자와 싸우기 위해 연통라즈유격구에서는 적위대의 용감한 청장년들로 돌격대를 조직하였다. 그때 돌격대의 급선무는 무장을 탈취하여 자신을 무장하는것이였다. 그래서 돌격대 내부에서는 무장탈취활동을 벌렸다.
　돌격대 대원인 리해봉이는 늘 대원들앞에서 입버릇처럼 이렇게 말했다.
　「왜놈수비대 몇놈 잡아제끼고 총을 빼앗아와야지!」
　그러던 늦가을 어느날이였다. 왜놈들한테서 총을 빼앗을 생각만 굴리던 리해봉이는 자기 생각이 여물어가자 혼자서 무기를 빼앗으러 떠났다. 행동목표는 하다문을 지나 소황구에 둥지를 틀고있는 왜놈수비대였다. 해봉이는 그날 길을 떠나기전에 벌써 소황구 왜놈수비대의 정황을 손금처럼 잡아하고있었다.
　그날 밤 따라 서북풍이 세차게 불었다. 어슬녘에 삽 한자루를 얻어쥐고 뼈저리게 찬 홍기하 강물을 헤염쳐 건넌 리해봉이는 인적기 없는 버들방천을 가로질러서 곧추 소황구로 향했다. 지름길로 질러가면 일제놈들의 경계가 삼엄한 신작로로 걷기보다 퍽 안전했기때문이였다.
　40여리의 버들방천과 산길을 걸어 소황구 뒤산마루에 오르니 어느새 자정이 가까워오고있었다. 삼태성은 이미 서편 하늘에 기울고 북두칠성도 꼬리를 돌렸다. 먹물을 뿌린듯 짙은 어둠속에서 마른 나무숲이 세찬 서풍에 애처롭게 울부짖고있었다.
　리해봉이는 삽자루를 으스러지게 틀어쥐고 산굽인돌이에 자리를 잡은 일제수비대 보초막을 향해 살금살금 다가갔다. 변소모양으로 만든 널판자보초막은 큰길쪽을 향해있어 리해봉이 그뒤에까지 가도 왜놈보초병은 얼씬하지도 않았다.

리해봉이는 보초막뒤에 바싹 붙어서서 안의 동정을 살폈다. 보초병은 조는지 아무런 인기척도 없었다.

리해봉이는 조심조심 손더듬을 해서 돌덩이 하나를 주어서 보초막앞 신작로길에 뿌려던졌다. 자그마한 돌맹이가 다른 자갈돌에 부딪쳐서 다시 굴러가는 소리가 들렸다.

「누구얏?」

보초병이 꽥 소리를 지르며 총이라도 쏠듯 격발기를 절컥거렸다. 하지만 그놈도 겁에 질려 보초막밖에는 대갈통도 내밀지 않았다.

「누구야?」

보초병이 재차 소리쳤지만 여전히 아무 동정이 없었다. 조금 지나도 아무런 동정이 없으니 보초병은 담이 좀 커진듯 총을 받쳐들고 보초막앞으로 나섰다.

절호의 기회였다. 이 순간을 기다리고있던 리해봉이는 손에 틀어쥔 삽을 번쩍 들어 번개같이 보초병놈의 대갈통을 내리갔다. 불의에 당한 호된 봉변이라 보초병은 찍소리도 치지 못하고 밑둥이 잘린 썩은 통나무가 넘어지듯 모로 나번져졌다. 리해봉이는 일에 실수없이 하느라고 삽날로 보초병놈의 대갈통을 대여섯번이나 더 내리쳤다. 보초병놈은 네각을 뻗어버리고 죽었다. 그러자 리해봉이는 손에 쥐였던 삽을 팽개치고 뻐드러진놈의 손에서 총을 나꿔챘다. 그리고 허리에 맨 탄알띠도 풀어내였다.

새 보총 한자루를 빼앗아 손에 든 리해봉이는 총 한자루라도 더 빼앗아 보고싶은 생각이 간절했다. 그리하여 그는 보초서는 왜놈처럼 보총을 받쳐들고 교대하러 나오는 보초병이 나오기를 기다렸다. 헌데 담배 몇대 피울때까지 기다려도 교대하러 나오는 보초병은 그림자도 보이지 않았다.

좀 있으려니까 보초막안에서 전화벨소리가 요란하게 울렸다. 리해봉이는 이 전화는 수직장교놈이 보초병에게 거는 전화라 짐작했다. 리해봉이는 무작정 수화기를 얼른 쥐여들었다. 놈들을 골려주고싶은 생각이 불붙듯했다.

하지만 놈들 숙소와 불과 50메터도 되나마나한 보초막에서 경거망동했다가 놈들의 추격을 받거나 아니면 그자들의 기관총소사를 받게 되면 몸을 빼고 나간다 해도 큰 리득이 있을것 같지 않았다. 리해봉이는 생각이 돌아서자 수화기를 제껴 놓았다.

더 지체하고 서있을수 없었다. 리해봉이는 바람같이 보초막을 떠나 단숨에 뒤산마루에 올랐다.

리해봉이 산마루에 올라 1분도 안지났는데 수비대 숙소쪽에서 자지러진 호각소리가 울리더니 사처에서 전지불이 번쩍번쩍했다. 보초막쪽으로 달려오는 구두발소리가 어지럽게 들려왔다.

이때라 리해봉이는 더는 보초막을 내려다보지도 않고 총을 둘러메고 자기 갈길을 조이였다. 왜놈들이 쏘아대는 눈먼총알이 밤의 정적을 깨뜨리며 어지럽게 울렸다.

이때부터 유격구인민들은 그의 용감한 행동을 높이 평가하면서 그에게 「광차이(한어로 삽이라는 뜻)」라는 별호를 달아주었는데 리해봉이를 만나는 사람들은 저마다 그를 이름 대신「광차이」라 불렀다. 그리고 「광차이」라면 이 일대의 유격구사람치고 모르는 사람이 없었다.

정리: 정영석

채가마을

훈춘 한 두메산골에 어려서 량친부모를 여의고 부자집에서 머슴질하며 살아가는 한 총각이 있었다. 어느날 그는 부자집주인과 품값 때문에 대판싸움을 하던 끝에 수중에 돈 한푼 받아쥐지 못하고 모진 매까지 맞고 쫓겨났다.

머슴군총각은 가야 할데도 따로 없었다. 분이 머리끝까지 치받친 머슴군총각은 씩씩거리며 그저 발이 가는대로 길을 갔다. 이렇게 가고가다보니 분도 다소 삭았는데 도착한곳이 바로 훈춘시가지였다.

나서 시골밖에 모르고 살던 머슴군총각이 시가지라고 처음 와보니 거리에는 사람들이 개미떼처럼 오글보글한게 인심이 한심하기로 절벽강산이여서 눈뜨고 코떼울 형편이였다. 게다가 바다 건너 남의 땅에 기여든 왜놈들이 칼 차고 총 메고 미친개처럼 싸다니는통에 호랑이 욱실거리는 산속에 들어선것처럼 무시무시하였다. 그래도 시골사람은 시골에 사는것이 나을것 같았다. 머슴군총각은 이런 생각을 하며 훈춘시가지 장마당에 나가 빙빙 돌아다녔다. 시골에서 온 사람이라도 만나면 그곳 형편이나 물어보고 따라가서 살아볼 생각이였다.

장마당에는 논코의 올챙이처럼 사람들이 오글보글하였다. 머슴군총각이 사람들속을 헤집고 돌아다니며 살펴보느라니 한 로인이 소금을 사는데 차림새가 시골사람의 차림새인데다 마음도 어리무던해보였다. 머슴군총각은 의지가 생기는것만 같아서 이 로인곁에 그림자처럼 딱 붙어서 떨어지지 않았다. 그는 귀밑머리에 흰서릴가 내린 이 로인을 따라가면 품팔이할 곳이라도 주선해줄것 같았고 가령 품팔데가 없다해도 힘이 자라는대로 나무짐이나 해서 지고 이 장마당에 와 팔면 두입은 몰라도 한입만은 넉넉히 살아갈것 같았다.

마침 소금을 산 로인은 소금자루를 둘러메더니 장마당을 나서 시골길에 잡아들었다. 머슴군총각은 한발자국이라도 떨어질세라 로인의 뒤를 바싹 따랐다. 소금을 둘러멘 로인은 처음에는 자기 갈길만 건정건정 걸어가더니 머슴군총각이 뒤를 바싹 따르는것을 보자 걸음을 늦췄다 빨렸다 하며 그 머슴군총각을 떼버리려고 하였다. 하지만 머슴군총각은 마음먹고 따라선 걸음이라 앞에 가는 로인이 하는대로 걸음을 늦췄다 빨렸다 하며 좀처럼 떨어지지 않았다. 그렇다고 낯선 사람과 서뿔리 말을 걸수도 없었다. 로인이 이상한 생각이 들어 이생각저생각하며 걷는데 뒤에 따라오던 머슴군총각이 어느새 따라왔는지 제객 로인이 메고 가는 소금짐을 빼앗아 메였다.

「로인님, 달리 생각마십시오. 뒤에서 보니 로인님이 힘겨워하시는것 같아서 제가 메다드리자고 그럽니다.」

「허허 인주게. 난 자네처럼 젊지는 않아도 아직 남의 신세까지 지게는 안됐네. 고맙기는 하네만 그 짐을 인주게.」

로인이야 뭐라 하든 머슴군총각은 소금자루를 메고 건정건정 걸었다. 하는 품이 의심할 사람 같지는 않아서 로인은 그런대로 머슴군총각에게 짐을 맡기고 그와 함께 길을 걸었다.

보리저녁때쯤 되여 해가 서산에 기울어지기 시작하는데 로인은 머슴군총각을 보고 다리쉼이나 하자면서 산기슭에 앉더니 보자기에 든 강냉이떡을 내놓았다.

「젊은이, 내 자네 성함은 모르네만 이왕지사 이렇게 길동무가 된바엔 좋은 음식은 못되네만 우리 함께 먹고갖세.」

코마루가 찡해나고 목이 메였다. 그는 말 한마디 못하고 로인만 쳐다보았다.

「그렇게 쳐다볼것까지는 없네. 어서 먹게나.」

머슴군총각은 몇끼니 굶어서 배가 등에 가 붙었는지라 로인의 말이 떨어지기 바쁘게 사양하지 않고 강냉이떡을 달게 먹었다. 범 본 놈이 창구멍 틀어막듯했다. 머슴군총각은 눈깜짝할사이에 로인이 내놓은 강냉이떡을 다 먹었다. 한참이나 머슴군총각을 살펴보던 로인은 어디로 가는 길손이냐고 한마디 물었다. 소도 언덕이 있으면 비빈다고 그렇지 않아도 말하려던참인데 묻기까지 하니 천재일우의 기회나 생긴듯 했다. 머슴군총각은 주먹같은 눈물을 뚝뚝 떨구며 어려서 부모량친을 여의고 의지가지 없어 부자집에 가서 잔뼈를 키우며 이날 이때까지 우마처럼 일하던 일이며 품값 때문에 주인과 맞서 싸우다가 손에 한푼 쥐지 못하고 모진 매까지 맞고 쫓겨난 억울한 사연까지 죄다 말하였다. 그리고는 로인을 쳐다보며 천지는 넓어도 살아서 설자리 없고 죽어 묻힐 자리도 없는 가긍한 신세를 돌보아서 함께 데리고 가 어디 품팔이할데라도 있으면 주선해달라고 손이 닳도록 빌었다. 로인은 한식경이나 머슴군총각을 바라보더니 그의 어깨를 툭툭 쳤다.

「젊은이, 내 젊은이의 신세를 알겠네. 나와 함께 가세! 우리고장에는 자네 처지와 같은 사람들이 한두사람이 아닐세. 가보면 알게 될거네.」

부모사랑이란 무엇인지 모르고 욕과 매를 밥먹듯하며 우마처럼 뼈빠지게 일할줄밖에 모르고 살아온 머슴군총각은 난생처음으로 어깨를 도닥여주며 인정스럽게 말해주는 로인을 보자 마치 저승에 간 부모가 이승에나 돌아온듯하여 목이 꽉 메였다. 그는 갈구리같은 손으로 마구 쏟아지는 눈물을 썩썩 문질러 닦고는 소금자루를 둘러메고 로인을 따라 걸었다.

밤에 낮을 이어 가고가다보니 령마루는 얼마 넘고 골짜기는 얼마나 지났는지 모르는데 라자구쪽에 우뚝 솟은 량진산 선바위밑에 명주필을 드리운듯한 폭포수가 쾅쾅 쏟아지는 절경이 눈앞에 펼쳐졌다. 천하절경이였다. 폭포수가 떨어지며 천만개의 구슬같은 물방울을 튕기는데 산천경개도 절경이겠지만 로인의 말을 들어보면 더욱 기묘한것은 폭포수가 쏟아지는 뒤에 사람 하나 겨우 드나들만한 동굴이 있고 그 동굴을 지나면 동네가 있다는것이다.

머슴군총각은 신비한 생각을 하며 로인이 인도하는대로 동굴속에 들어갔다. 쾅쾅 쏟아지는 폭포수의 소리가 동굴에 맞혀 신선의 풍류소리가 들리는 듯했다. 로인의 뒤를 따라 동굴을 벗어나니 새벽하늘에는 쪽배같은 쪼각달이 걸려있고 동녘에는 새별이 떠서 유난히 밝은 빛을 뿌렸다. 앞을 내다보니 은빛 달빛속에 희미하게나마 오붓하게 들어앉은 인가가 바라보였다. 이때는 바로 계명시였다. 수탉이 홰를 치며 새날을 알리는데 로인이 만면에 웃음을 담고 다정스럽게 머슴군총각의 어깨를 툭툭 쳤다.

「자네 보았을테지. 저기 바라보이는 동네가 바로 우리가 찾아가는 동네일세. 저 동네를 채가마을이라 하는데 일제침략자들이 제일 두려워하는 고장일세. 우리 이곳은 당위원회가 있는 고장일세. 당은 자네와 같이 압박받고 착취받는 사람들을 이끌어 일제침략자들을 때려부시고 지주와 한간을 타도하고 우리가 떳떳이 나라의 주인이 되여 행복하게 살아가는 세상을 맞아온다네. 이제 가서 보면 차차 알게 될거네!」

로인은 동굴옆에 있는 바위턱에 앉아서 옛말속에 나오는 신선처럼 백발을 흩날리며 이고장 병사들이 어떻게 일제침략자들에게 골탕을 먹이고 지주, 한간무리들을 처단하고있다는이야기를 전설처럼 구수하게 내리여었다. 귀맛을 당기는 이야기였다. 로인의 말을 듣던 머슴군총각은 로인의 말이 끝나기 바쁘게 로인의 손을 덥석 잡고 일제침략자들을 쳐부시고 부자놈들을 쳐엎는 싸움에 자기도 한몫 들게 해달라고 간청하였다. 로인은 허허 웃으며 자리를 차고 일어났다. 당장 해답을 듣지 못하는게 여간만 아쉽지 않았다. 하지만 아쉬운대로 로인을 따라 걷는수밖에 없었다. 머슴군총각은 동터오는 아침해살을 안고 로인을 따라 채가마을이라는 동네를 향해 걸었다.

그때로부터 류수와 같은 세월은 흐르고 흘렀다. 머슴군총각이 채가마을에 와서 소원을 성취하고 손에 총을 잡고 동에 번쩍 서에 번쩍하며 일제침략자들에게 불벼락을 안기기 시작한지도 벌써 몇해라는 세월이 잘 지나갔다. 그는 항일투사답게 총가목을 굳게 잡고 비발치는 탄우를 헤가르며 훈춘일대를 놀래우는 싸움마당에서 크게 공을 세워 소문이 자자하게 되였다. 이렇게 지내던 어느 하루였다. 전투에 여가가 생기니 머슴군총각은 훈춘시 교구에 외삼촌이 있는데 죽지 못해 살아가니 한번 가서 보고 오겠노라 간청하였다. 너무나도 간절하게 말미를 청하는지라 조직에서는 그의 청구를 들어주었다.

머슴군총각은 농부로 가장해가지고 길을 떠났다. 그때는 농부들이 분망한 기음철이라 머슴군총각은 호미를 메고 외삼촌집에 찾아들어가 외삼촌을 만났다. 서로 갈라져 살면서 오래동안 만나보지 못한 그리움도 그리움이겠지만 죽었다던 외조카를 문득 만나니 꿈이냐 생시냐며 기쁘다는것이 울음이였다. 둘은 한식경이나 부여잡고 어린애들처럼 엉엉 울었다.

외삼촌집에 찾아와보니 듣던 소문이 눈으로 보는거나 마찬가지였다. 쌀독에는 거미줄이 쳐서 입에 풀칠하기조차 어렵게 되였는데 몸에 걸친 누덕

누덕 기운 옷도 째지고 헤져서 눈을 뜨고 볼수조차 없는 형편이였다.

저녁을 치르다 머슴군총각은 귀속말로 소곤거리며 지나온 이왕지사를 이야기했다. 남의 집 머슴으로 있다가 손에 돈 한푼 받아들지 못하고 억울하게 쫓겨난 이야기며 로인을 따라 채가마을에 가서 어엿한 항일투사가 되여 일제침략자와 싸우던 이야기도 했다. 외삼촌은 그의 이야기를 듣더니 외조카의 손을 잡아쥐고 가난한 살림에 쪼들려 죽느니보다 차라리 외조카를 따라가서 자기도 일제침략자들을 때려엎는 싸움에 서슴없이 뛰여들겠으니 함께 가자고 청들었다. 머슴군총각은 외삼촌의 이야기를 귀담아듣고는 돌아가서 물어서 외삼촌의 청을 들어주면 꼭 데리러 올터이니 그때까지 기다려달라고 하였다. 둘은 밤이 깊어가는줄도 모르고 이야기를 주거니 받거니 하면서 밤을 보내였다.

하지만 이때는 이 땅에 기여든 일제침략자들이 특무, 한간들을 내세워 공산당과 항일투사들을 잡겠노라고 눈에 쌍불을 켜고 싸다닐 때였다. 때가 이런 때라 벌써 어느 개다리놈이 냄새를 맡고 외삼촌네 집에 수상한 사람이 왔다고 밀고하였다. 동녘에 계명성이 빛을 뿌리고 닭이 홰를 치며 우는데 누런 군복을 입은 발바리같은 녀석들이 살기등등하여 총창을 빼들고 외삼촌네 집을 물샐틈없이 둘러쌌다.

「네놈들은 독안에 든 쥐야, 꼼짝말고 어서 투항해라!」

그러나 이때는 벌써 머슴군총각이 자취를 감춘 때였고 외삼촌은 풋잠이 든 때였다. 외삼촌은 놈들이 총창을 빼들고 뛰여들어 고아대는바람에 놀라 일어나 앉았다.

「이녀석, 그 공산군녀석 어디다 숨겼나말이야.」

「공산군이라니요? 우리 집에는 내 외조카 한사람밖에 왔다 간 사람이 없는데요. 그 사람은 벌써 돌아가고 없는데요.」

「무엇이? 그래 그게 정말이냐?」

「소인이 나리님들앞에서 거짓말을 하겠습니까. 정말 돌아가고 없습니다.」

「뭣들 하는거냐? 수색해라. 수색해!」

수색한대야 단간방에 수색할 곳도 없었다. 놈들은 가마짝을 들어내고 부엌아궁이도 들여다보고 물독이며 쌀독까지 죄다 들여다보았다. 헛물을 켠

녀석들은 악에 받쳐 외삼촌에게 포승을 지웠다.
　헌병대놈들은 외삼촌을 붙잡아오자 모진 매질도 하고 고추물도 먹여가며 몸서리치는 고문을 시작하였다. 하루가 지나가고 이틀이 지나갔다. 헌병대놈들은 눈만 뜨면 외삼촌을 끌어내다 모진 형벌을 가하며 심문했다. 그러니 외삼촌은 끝내 입을 열고야 말았다. 그는 자기의 외조카는 항일하는 사람인데 채가마을에 있다고 자백했다.
　큰 비밀을 알아낸 놈들은 미칠 지경으로 기뻐하였다. 하지만 그들은 채가마을이 대체 어디에 가 붙었는지 알지 못하였다. 그들은 외삼촌의 입을 통해 채가마을이 라자구쪽에 있다는것을 알아냈을뿐이였다. 하지만 놈들은 하늘에 정찰기와 폭격기를 띄우고 륙로에는 숱한 병사들을 불개미처럼 내몰아가지고 기세사납게 채가마을을 향해 토벌을 떠났다.
　불개미떼같은 일제침략자들은 끝내 량진산 비위밑에 이르러 벼랑에서 떨어지는 폭포수를 보았다. 하지만 그자들은 채가마을로 통하는 동굴만은 찾아내지 못하였다. 그들은 이 골안 저 골안을 메주밟듯하며 눈이 아홉이 되여 쏘다녔지만 끝내 채가마을을 찾아내지 못하고 병사들이 그만 지쳐 늘어져 돌아서는수밖에 없었다. 그런데 련 며칠새 떠돌아다니던 놈들 정찰기 한대가 어떻게 들어섰는지 폭포수 쏟아지는 뒤상공에서 날아돌다가 오붓하게 자리잡고 앉은 채가마을을 발견하였다. 상공에서 내려다보니 바람에 펄럭이는 붉은기가 보였다. 틀림없는 채가마을이였다. 그래서 정찰기가 상공에서 열번 스무번 날아돌면서 숱한 사진을 찍어가지고 돌아갔다.
　목표를 발견한 놈들은 이튿날로 수십대의 폭격기를 띄웠다. 아예 채가마을을 잿더미로 만들 작정이였다. 폭격기와 전투기가 까마귀떼처럼 넓은 하늘을 새까맣게 덮고 채가마을 상공을 날아갔다. 자그마한 산골짜기를 짝 째며 따따따 기관총소사도 하고 우르릉 쾅쾅 산천을 들었다 놓으며 폭탄도 마구 내리떨궜다.
　그런데 참으로 신가한 일이였다. 채가마을에 소사한 기관총알과 육중한 폭탄은 한 개도 채가마을에 떨어지지 않고 훈춘시내 한끝 다리와 포대 그리고 일제침략자들이 올방자를 틀고 앉은 병영우에 와 떨어졌다. 그러니 우르릉 쾅 하는 소리와 함께 연신 불기둥이 솟고 놈들이 애고대고 비명을 지르며 황천에 가는 소리만 높아갔다. 비행기들이 진종일 엇갈아가며 폭탄을 퍼붓고 기관총소사를 미친 듯이 해댔지만 채가마을의 사람은커녕 풀 한대도 건드리지 못하였다. 채가마을 상공에는 여전히 붉은기가 보란 듯이 바람에 펄럭이며 나붓겼다.

일제침략자들은 기가 꺾이었다. 그런데 이때라 우리의 항일투사들이 축지법을 써가지고 산을 주름잡으며 번개같이 달려와서 일제침략자들에게 무리주검을 안기였다. 그바람에 놈들은 통나무 쓰러지듯 나넘어져 시체가 산더미처럼 쌓였다. 한식경이 잘 지나서 놈들의 폭격기가 하늘을 덮고 폭탄을 떨궈댔다. 하지만 이때는 놈들에게 무리주검을 주던 우리의 항일투사들은 하늘에 날아올랐는지 땅에 잦아들었는지 그림자조차 보이지 않았다.

이튿날이였다. 훈춘시내에 와있는 일본군 우두머리는 이를 빠득빠득 갈았다. 그는 죽기를 내기하고 하늘은 비행기로 덮고 땅은 병사들로 채워가지고 채가마을로 토벌을 떠났다. 하지만 이를 갈며 떠난 걸음이나 이번에도 그들은 폭포수 두리를 개미 채바퀴 돌듯 뱅뱅 돌아치기만 했을뿐 채가마을로 통하는 동굴만은 찾아내지 못하였다.

일본병사들이 폭포수 두리를 돌아칠 때 그들의 비행기는 채가마을을 보았노라고 기총탄알과 폭탄을 소낙비처럼 내리쏟았다. 이렇게 미친듯이 퍼부어대는 탄알과 폭탄은 또 얼마전에 있은 그때와 마찬가지로 채가마을에는 떨어지지 않고 새노랗게 땅을 덮고 산두리를 돌아치는 저들 병사들속에 떨어졌다. 비명소리가 산간에 차넘치고 죽어 나자빠진 녀석들의 시체더미가 산과 어깨겨룸을 하게 되었다.

채가마을은 말 그대로 난공불락의 요새였다. 채가마을로 토벌을 떠난 왜군병사들이 살아서 돌아오는것은 누구도 보지 못했다. 채가마을에는 여전히 붉은기가 나붓겼지만 훈춘시내에 와 독사처럼 둥지를 틀고 앉은 일제침략자들의 병영에는 그들이 백기를 들고 망하고 돌아가는 그날까지 무시로 불기둥만 솟아 황천에 간놈들의 수를 헤아릴수 없었다.

정리: 박창묵

놀음산

훈춘 경신땅에는 여름이면 여름마다 아름다운 련꽃이 곱게곱게 피여나는 련꽃늪이 아홉이나 있고 푸른 솔 우거진 뭇산들이 병풍처럼 둘러있어 그야말로 절승경개를 이루었다. 그래서 이곳 사람들은 병풍을 둘러있어 꽃속에서 산다고들 한다. 경신향을 병풍처럼 둘러친 뭇산들속에서 그렇게 높지는 않으나 장수처럼 우뚝 선 산이 하나 있다. 이고장 사람들은 이산을 기리켜 「놀음산」이라 한다. 놀음산은 흰구름을 명주필처럼 허리에 두르고 하늘 높이 우뚝 솟은 명산도 아니고 백설을 머리에 떠이고 천길 벼랑에 은하수 거꾸로 선듯 폭포 쏟아지는 백두산처럼 세상에 널리 알려진 산도 아니다. 하지만 이고장 사람들은 이 산을 놀음산이라 부르며 일제침략자들이 이 땅에 쳐들어왔을 때 있었던 일을 두고두고 이야기하며 오늘에까지 전하고 있다.

예로부터 산은 산마다 생겨난 그날부터 앉으면 앉은 그 자리에서 서면 선 그 자리에서 요지부동으로 움식일줄 모른다고들 한다. 그런데 이상히게도 왜놈들이 이 땅에 기여들자 경신의 뭇산들속에 끼인 한 산만은 움쑥움쑥 자라서 눈뿌리 아득히 하늘을 찌르고 솟는것이였다.

처음에 이 산은 열흘에 한번씩 이런 조화를 부렸는데 차차 날이 지나니 열흘에 한번이 아니라 한달에도 일여덟번씩 이런 신비로운 조화를 일으켰다. 그래서 사람들은 이 산을 「놀음산」이라 하였다.

세월이 흘러감에 따라 사람들의 화제에 오른 놀음산에는 점점 신비로운 일이 더 많이 생겨났다. 산이 움씰움씰하거나 움쑥움쑥 키돋움을 할 때 보면 때로는 눈에 불이 둘둘 일어굴러떨어지고 키가 구척이나 되는 장수들이 바위턱에 걸터앉아 석마돌같은 넘적한 바위에 대고 장검을 썩썩 갈기도 했고 때로는 군마를 잡아탄 기마병들이 서리발치는 칼을 빼들고 함성을 울리며 달리는데 지축을 울리는 함성소리는 천지간에 차넘치였다. 그러다가도 움직이던 산이 조용히 제 자세로 서있을라치면 초록색군복을 가쯘하게 입은 녀자병사들이 활짝 핀 연분홍 진달래를 꺾어들고 나와 둥둥 울리는 북장단에 맞춰 덩실덩실 춤을 추고 남자병사들은 손벽을 치며 흥겨운 놀이판을 벌리였다. 그런데 놀음산에서 한번씩 이런 조화가 생겨난후면 토벌을 나갔던 왜놈들이 무리죽음을 당하지 않으면 헌병대놈들이 볼품없이 되여 끊어진 다리를 질질 끌면서 돌아오군 하였다. 그러니 이런 조화가 생기면 마음속으로 기뻐하는것은 백성이였고 당황실색하여 어쩔바를 모르는것은 왜병들이였다.

일제장관놈은 가슴에 얼음장이 석자 세치나 쭉 건너갔다. 그는 숱한 앞잡이들을 불러다놓고 산이 조화를 부릴 때마다 불길한 일이 생기니 그 연고를 알아오라고 불호령을 내렸다.

장관이 불같은 령이라 누구도 감히 거역하지 못하고 숱한 라졸들이 산이 움직이는 연유를 알아내겠다고 앞서거니 뒤서거니 하며 산에 들어갔다. 그런데 산에 들어가는 라졸놈들은 있어도 산에서 살아나오는 놈은 보고 죽자해도 없었다. 일이 이렇게 되니 놈들은 목숨을 중히 여기는지라 또 나부랭이들을 긁어모아서는 산에는 감히 발도 들여놓지 못하고 촌촌 마을을 궂은날 개싸다니듯하며 눈에 뜨이는 사람이면 붙잡아놓고 「놀음산」이 움직이는 연유를 캐여물었다. 헌데 안다는 사람은 하나도 없고 저마다 도리질뿐이니 물어서 알길도 막히고말았다.

장관놈은 밸이 꼬여 코밑수염까지 다 떨렸다. 하지만 이 일은 콧수염을 바들바들 떨며 성낸다고 알 일도 아니였고 분이 상투밑까지 치민다고 분으로 해결될 일도 아니였다. 아무리 머리를 틀어박고 생각해도 귀신의 작간이 틀림없었다. 장관놈은 큰 발견이라도 한듯 「그렇지!」 하고 무릎을 탁 쳤다. 그리고 그 밤으로 쥐도 새도 모르게 무당을 불러놓고 명령하였다.

「너는 일개 무당으로 귀신과 말이 통한다 하니 오늘밤 이 자리에서 신을 불러다 저 산이 움직이며 키돋움을 하는 연고를 알려라!」

엄한 령이라 무당은 일제 장관놈의 낯짝을 한번 쳐다보았다. 그놈의 상통을 보니 낯반대기에는 노란 털이 온통 덮이고 눈알도 개구리알처럼 툭 삐여져나오고 입은 함박만한데 군도를 잡고 선양을 보니 사람이 아니라 마치 소 잡아먹은 귀신같았다. 무당은 신을 청해오기도전에 겁부터 집어먹고 부들부들 떨다가 왜놈장관이 어서 말하라고 꽥 소리치는 바람에 그만 기혼하고 말았다.

이와 같이 무당을 불러와도 효험을 보지 못하게 되니 장관놈은 골치아픈 「놀음산」때문에 밤잠도 제대로 잘수 없었다.

그러던 어느날 일제 장관놈이 이리뒤척저리뒤척하며 오만가지 생각을 하다나니 북두성이 앵돌아지는 깊은 밤에야 겨우 풋잠이 들었는데 꿈인지 생시인지 또 놀음산이 움씰거리기 시작하였다. 이때라 장관놈이 급히 망원경을 찾아들고 「놀음산」의 산세를 살펴보니 여느때없이 잘 보이는데 움씰움씰 놀음산이 하늘을 찌르고 솟으면서 흰구름 감도는 산허리에서 「악, 악」하는 소리와 함께 숱한 장수들이 나타나 서리발치는 칼날을 번개처럼 동에 번쩍 서에 번쩍 휘두르기 시작했다. 장관놈은 당장 그 칼이 자기 목을 내리칠 것 같아 자라새끼처럼 모가지를 움츠리는데 또한번 칼날이 번쩍하자 「악」하는 외마디 소리를 지르고 그만 악몽에서 깨여났다.

장밤 뜬눈으로 새운 장관놈은 이튿날아침 밥술을 놓기 바쁘게 령을 내려 수십문의 대포를 끌고 들에 나가 대포아구리를 「놀음산」에 마주세웠다.

「다들 듣거라! 저 산이 조화를 부리는 까닭은 워낙 장수의 정기를 타고난데다 숱한 장수무리들이 있어서 그런것이니라. 맹렬하게 포사격을 들이대여 저놈의 산을 잿더미로 만들어라!」

명령이 떨어지자 수십문의 대포가 시꺼먼 아구리를 벌리고 일제히 시뻘건 불덩이를 토해댔다. 「놀음산」은 포연속에 잠기고 비좁은 산골짜기는 대포소리에 마구 찢어지는것만 같았다. 포사격은 아침부터 점심때까지 련속 진행되였다. 수백발의 대포알이 씽씽 날아가 「놀음산」에 떨어졌다.

반나절이나 포사격을 들이대고난 장교놈은 또 한무리의 병정들을 불러다놓고 령을 내렸다.

「인젠 저놈의 산이 키가 낮아지고 장수들은 다 죽었겠으니 다시는 조화를 부리지 못하도록 저놈의 산 정수리에 정을 박고 오로독 하라!」

이리하여 숱한 왜군들이 서발짜리 긴 무쇠정을 둘러메고 놀음산으로 향했다. 그런데 정을 둘러멘 왜군들이 산중턱에도 오르지 못했는데 「놀음산」 이 움직이면서 몸에 묻은 흙먼지를 툭툭 털더니 우뚝 하늘을 찌르고 솟았 다. 그바람에 정을 메고 산에 오르던 왜병들은 천길낭떠러지에 굴러떨어져 그만 뼈다귀도 찾지 못하게 되였다.

이 일이 있은 뒤에도 일제 침략자들은 여러번 이곳에 와 대포를 걸어놓 고 「놀음산」에 포사격을 들이댔지만 번마다 헛물을 켜고말았다.

몇해후 「놀음산」의 장수들이 장검을 휘두르며 달려내려와 왜놈군사를 삼 대 쓸어눕히듯하니 경신땅 사람들도 밝은 해빛을 보게 되였다 한다.

정리: 박창묵

어머니의 마음

장백산 준령이 뻗어내린 양지바른 산골에 흔한 나무 찍어 귀틀집 지어놓고 괭이로 화전 일구어 감자 보리 심어 먹으며 사는 화전민들이 여기저기에 자리잡고 살고있었다.

이 화전민들의 맨 웃집에는 늙은 량주가 과년한 무남독녀 외딸을 데리고 세식구가 살았다.

이 산막살이하는 세식구는 좋은 음식은 먹지 못할망정 그래도 감자떡과 보리밥으로 굶지 않고 지냈다. 그런데 어느해 벌방의 관가에서 오라는 호출장이 왔다. 무슨 일인지 몰라서 관가에 가보니 생뚱같은 남의 땅을 부쳐먹으면서 소작료를 물지 않는다는것이였다.

그들은 관청 호출을 받은후부터는 억울하기는 하지만 땅없는것이 죄인지라 할수 없어서 매년 진땀 흘려 지은 곡식을 몽땅 땅임자라는자에게 져다 바쳤다. 이해부터 식량조차 모자라서 배를 움켜쥐게 되였다. 이렇게 근근득식으로 세월을 보내는 어느날이였다. 령감은 나무하러 가고 없는데 어디서 오는지 끌끌한 젊은 사람 셋이 와서 좀 쉬고 가자고 하였다.

어머니는 그들의 모습을 잠간 훑어보았지만 차림새를 보든가 말이나 행동거지를 본다든가 어느 모로 보아도 나쁜 사람 같지 않아서 모녀간에 서둘러 정성껏 대접하였다.

이런 일이 있은후부터 그 젊은 사람들은 이곳으로 왕래가 잦아졌다. 그럴수록 서로간에 정도 들고 마음도 주고받게 되여 이 집 세식구는 그들이 혁명자들이라는것을 알게 되였다.

그후부터 이 집 세식구는 늙은 마음 젊은 마음 합치여 혁명자들에게서 들은 우리의 앞날을 그려보았고 그럴수록 일본제국주의와 지주놈들에 대한 증오의 복수심이 생기게 되였다.
　이렇게 지나던 어느해 초겨울 어느날 저녁무렵이였다. 자주 왕래하는 그 젊은이들중에서 한사람이 어데 가서 어떤 중한 일을 하고 왔는지 몹시 피곤해보이는데 잠간 쉬여가자 하였다. 그날따라 령감은 겨울 소금을 마련하려고 감자가루를 지고 벌방으로 내려가서 집에서는 모녀간이 겨울준비를 서두르고있었다. 다정한 손님을 맞은 어머니는 그를 방안에서 쉬게 하고 누데기이불속에서 딸의것만 빼놓고 늙은이들의 큰이불과 베개를 내려주면서 말했다.
　「늙은이 냄새가 날것이오만 허물치 말고 덮으시오.」
　「어머니의 마음이신데 무슨 냄새가 있겠습니까!」
　젊은이는 어머니의 따뜻한 정에 감복되였다.
　손님을 쉬게 한 어머니는 그가 쉬는 새에 험한 밥이지만 새 저녁을 해서 먹여보내려고 막 불을 지피는데 밖에서 개짖는 소리가 나기에 부지깽이를 쥔채 내다보았다. 웬 사람 다섯이 마당가에 와 섰는데 차림새를 봐야 어느 백성 같지 않았다. 왜놈의 앞잡이라는것이 한눈에 알리였다.
　어머니는 놈들을 보자 가슴이 뭉클하였지만 태연자약하게 지피던 나무를 그냥 밀어넣으면서 정신을 가다듬고 생각하니 일은 난감하였다. 지금 그를 깨웠자 달아날수도 없는 형편이였다. 귀틀집이라는것은 남쪽에는 문이 있지만 북쪽에는 문도 없다. 문이 있다 한들 지금 어쩌랴. 어머니는 호랑이에게 물려가도 정신을 차려야 하고 하늘이 무너져도 살아날 구멍이 있다고 당황한 정신을 가다듬고 태연스럽게 정지문을 열고 개를 쫓는척하였다. 그러면서 정지방으로 올라가며
　「애들아, 손님이 오셨다. 일어들나라.」하고 우정 큰소리를 쳤다.
　그리고 방을 치우는척하면서 딸을 안방으로 밀고 들어갔다. 그래놓고 정지방문을 열어제치며 비자루로 먼지를 훌훌 내보내면서 그 불청객들을 들어오라 권했다. 놈들은 밖에서 주인 늙은이가 저들을 맞기 위해서 방의 먼지를 털고 쓸어내니까 그속으로 들어갈수가 없어서 잠간 망설이다가 정지방에 들어섰다. 그 집 어머니는 인차 화로에다 이글이글한 불을 떠내다놓으면서
　「어쩌다 오신 손님인데 저녁이 스산해서 어찌겠습니까? 시장하시겠지만 좀 참고계십시오. 보리밥이라도 새로 짓고 닭이라도 잡겠습니다.」라고 급한

양 하면서 방문을 비스듬히 열고
「얘, 빨리 일어나거라. 귀한 손님이 오셨다.」라고 하고는 또
「이 사람, 빨리빨리 일어나서 닭이나 쫓아보게.」라고 핀잔주듯 말하였다.
놈들은 어머니뒤에서 방안을 들여다보았다. 어두컴컴한 방안에는 머리를 쪽진 「각시」가 부끄럽다는 듯 이불속에다 얼굴을 파묻고 「신랑」은 큰 베개를 벤채 태연스럽게 누워있다가 부시럭거리며 일어났다. 놈들이 묻기전에 어머니는
「딸애와 사위입니다. 산골에서 자란것들이라 부끄러워 나오지도 못합니다.」라고 하며 빙그레 웃었다. 놈들도 「신랑」, 「각시」가 누웠다 일어나는것을 보았기에 다른 말 없이 빈정거리기만 하다가 급하다면서 차려준 감자술을 몇잔 마시고 저녁을 퍼먹었다. 그것도 그럴것이 해는 서산에서 얼굴을 감추기 시작했으니 산속에서 한가하게 닭 잡아먹으며 있을수 없었기때문이였다. 놈들은 저녁상을 물려놓고 일어서면서
「늙은이, 공산군놈들이 오면 인차 알려야 하오.」라고 하고는 뒤를 돌아다보며 꼬리를 뺏뺏이 빼고말았다.
어머니는 놈들을 마당앞까지 따라나가 보낸후 돌아들어와서
「젊은이 큰일날번했네…」라고 하였다.
「예! 어머니의 바다같은 덕분으로 범의 아가리에서 벗어났습니다.」
젊은 유격대원은 빼들었던 권총을 든채 어머니를 물끄러미 쳐다보다가 그 집 딸을 뒤돌아보았다. 어머니는 그제야 안도의 숨을 쉬고서 만면에 웃음을 지었으며 딸은 정지바닥에 서서 머리태를 만지면서 무엇인가 생각에 잠겨있었다.

정리: 길운

불행중 다행

연화지구(延和地區)에서 공부하던 한 혁명가가 당의 새로운 임무를 받고 훈춘현 대황구로 가게 되였다.

생소한 지구로 가는 그는 농민으로 가장해가지고 조선을 거쳐 훈춘현 양수천자우의 쿨룽산(窟窿山)밑의 조선쪽에서 두만강을 건느려고 배를 탔다.

배가 두만강을 건너 나루터에 닿자 일본 헌병과 순사놈들이 나와서 건너온 사람들을 하나하나 조사하였다. 왜놈들은 그의 몸을 뒤지면서 어데로 가느냐고 물었다. 생소한 곳으로 가는 그는 태연스럽게 대답한다는것이 「대황구라는 곳으로 친척방문 갑니다.」라고 하였다.

그러니 놈들은 두말없이 「이놈은 공산당이다.」라고 하면서 따로 내세웠다. 놈들은 많은 사람들을 다 조사한후 총살하려는것이였다. 순식간이지만 대답을 잘못했다는것을 느낀 그는 그 자리에 푹 주저앉으면서 「아이구, 참 불행중 다행이로군!」하고 혼자말을 했다. 그러니 놈들은 무엇이 불행중다행이냐고 을러메였다.

「나리들이 그곳에 공산당이 있다는것을 말해주지 않았더라면 내야 친척이나 찾아보려고 대황구로 갔을것이 아닙니까. 그랬더라면 공산당놈들에게 잡혀 그저 황천객이 될것이 아니겠습니까? 그런데 나리들이 말해주었기에 살게 됐습니다. 그러니 불행중다행이 아니겠습니까? 정말 고맙습니다.」라고 했다. 그러니 놈들은 갑자기 태도를 고쳐가지고 끼웃거리더니 자못 총명한듯 「대황구에는 공산당이 있는데 거기 갔다 붙들리기만 하면 죽는다 죽어, 그러니 가지 말어!」라고 마치 일깨워주는척하였다.

「예! 예! 감사합니다.」

그는 인사를 하면서 범의 손아귀를 벗어나 딴길로 하여 대황구로 찾아갔다.

정리: 길운

생콩 한줌

  잔인무도한 일제 토벌대들은 모조리 빼앗고 모조리 불사르고 모조리 잡아죽이는 이른바「3광정책」으로 우리 유격근거지를 없애버리려고 미쳐날뛰였다.
  1930년대의 어느해 겨울 놈들은 샘골유격근거지에 쳐들어와서 또 이같은 만행을 저질렀다. 그리하여 샘골근거지 사람들은 살을 에이는 엄한에 산속으로 피신하지 않으면 안되였다. 놈들은 샘골사람들이 높은 산꼭대기에서 얼어죽고 굶어죽기를 기다리면서 련 이틀밤 사흘 낮이나 떠나지 않았다.
  놈들때문에 샘골사람들은 산에서 추워 떨면서 우등불도 피울수 없었다. 이속에는 광춘이라는 아동단원이 있었는데 그에게는 채옥이란 녀동생이 있었다. 부모의 품에 안겨 자랄 나이에 부모를 잃고 오빠품에서 자란 채옥이는 산꼭대기에서 발이 시리고 배고프다고 칭얼거렸다. 얼어서 퉁퉁 부은 발은 품속에 넣어 녹여줄수 있었지만 주린 창자만은 어쩔 방법이 없었다. 아이들의 울음소리는 그칠줄 몰랐다.
  「울지 말어, 토벌대놈들이 온다!」
  어른들은 가끔 이런 말로 우는 아이들을 달랬다. 시골아이들은 「범이 온다」하면 울음을 그쳤는데 이고장 아이들은 「토벌대가 온다」하면 겁에 질려 흑흑 흐느끼면서도 울음소리를 못냈다. 왜놈토벌대는 아이들 눈에는 사람을 잡아먹는 범과 같았다. 허나 애들은 조금 지나면 또 배고프다고 칭얼댔다. 어른들도 참기 어려운 이 모진 굶주림을 철없는 어린것들은 참아낼수 없었다. 아이들은 또다시 울음소리를 터뜨렸다. 토벌대놈들이 소리를 듣고 덮쳐들가봐 어머니들은 나오지도 않는 주글주글한 젖꼭지로 아이들의 입을 틀어막았다.
  채옥이도 배고프다고 여러번 칭얼대더니 지쳤는지 광춘이의 품에 얼굴을 파묻고 더는 울지도 못했다.
 사흘째되던 날 저녁무렵에야 왜놈토벌대놈들은 샘골유격근거지에서 물러갔다.
 「토벌대놈들이 물러갔으니 모두들 마을로 내려갑시다!」
 이 소리에 로인들과 부녀들이 나무숲속을 헤집고 휘청거리며 나왔다. 입술이 갈라터지고 두 볼이 핼쑥해진 채옥이는 일어서지도 못하였다. 광춘이는 채옥이를 둘쳐업고 숲속을 헤집으며 걸어나왔다. 그런데 몇걸음 못가 하늘땅이 서로 맞붙는것 같이 빙빙 돌아가서 그만 눈무지우에 푹 꼬꾸라졌다. 그바람에 그의 등에 업혔던 채옥이가 「오빠! 오빠!」하고 부르며 울었다. 광춘이는 채옥이를 업고 기여일어나 이발을 악물고 몇걸음 옮기려 했다. 하지만 다리가 후들후들 떨려 한발자국도 옮겨놓지 못했다. 광춘이는 끝내 제자리에 쓰러지고말았다.
 뒤에서 걸어오던 어른들이 채옥이를 받아업고 광춘의 손목을 잡아주었다.
 샘골에까지 겨우 내려와보니 흰 눈무지우에는 검은 잿더미밖에 남지 않았다. 풀막집들은 토벌대놈들이 한채도 남기지 않고 몽땅 불살라버렸다. 쇠꼬챙이로 온돌을 모조리 들춰놓고 수류탄을 던져 산산쪼각을 내였다. 이전에 있은 수십차례의 토벌에서는 그래도 온돌만은 다치지 않았기에 그 온돌우에 대수 풀막을 쳐놓고 불을 때면 그래도 따스한 온돌에서 잠을 잘수 있었다.
 기진맥진한 광춘이는 채옥이를 안은채 자기 집 풀막이 있었던 재무지우에 맥없이 주저앉았다. 채옥이도 지쳤는지 아니면 잠이 들었는지 광춘의 품에 안긴채 잠잠해있었다.
 장년들은 어둡기전에 풀막들을 쳐놓으려고 통나무를 찍어온다, 검불을 거두어들인다 하며 분망히 서둘렀다. 어른들이 모여와서 그들에게 자그마한 풀막을 지어주었다. 그리고 삭정이를 주어다 불까지 피워주고 갔다.
 광춘이는 풀막에서 불까지 쪼이다 온몸이 더 나른해지면서 잠이 몰려왔다. 시간이 얼마나 흘렀는지 잠결에 광춘이는 자기를 부르는 소리를 어슴푸레 들었다. 그는 안깐힘을 써서 겨우 일어나 앉았다.
 「광춘아! 광춘아! 식량 가지러 오너라!」
 그 소리에 광춘이는 펄쩍 정신이 들었다. 채옥이는 어느새 눈을 비비며 일어나 앉았다.
「오빠, 식량 가지러 오라고 해.」
「애 채옥아, 내가 가서 식량을 타올게 넌 어데든 가지말고 기다려 응!」
채옥이는 두눈을 새별처럼 반짝이며 머리를 끄덕였다. 모진 굶주림속에 허덕이던 그 애도 식량이라는 소리에 정신을 차렸다.
광춘이는 겨우 일어나 풀막을 나섰다. 그런데 갑자기 눈앞에서 불꽃이 튀며 다리가 아찔해나더시 하늘땅이 맞붙어 빙빙 돌아가는것만 같았다. 그는 두눈을 싸쥐고 제자리에 물앉았다.
「광춘아! 광춘아! 식량 가지러 오너라!」
누군가 또 소리쳤다. 그바람에 광춘이는 입술을 꼭 깨물고 다시 일어섰다. 그는 무진 애를 써서 겨우 식량 나누어주는데까지 갔다.
유격대에서 식량공작을 나갔던 세 아저씨가 식량을 얻어가지고 돌아왔던 것이다. 하지만 그들이 생명의 위험을 무릅쓰고 얻어온 식량이라야 겨우 서 말도 되나마나한 생콩이였다. 그때 샘골유격근거지에는 어른과 아이들이 백여명 잘되였으니 이 생콩을 백여명이 나누어 먹어야만 하였다.
성이 박씨라는 책임자가 광춘에게 생콩 한줌을 쥐여주며 말했다.
「옛다, 이건 너희들 둘의 몫이다. 이걸로 사흘을 살아야한다. 너희들이 어리다고 다른 사람들보다 더 주는것도 이것밖에 안되는구나, 하루이틀사이엔 식량이 더 올것 같지 못하니 잘 계획해서 먹어라, 알만하니?」
광춘이는 해진 옷섶에 생콩 한줌을 받으며 연신 머리를 끄덕였다. 사흘동안 낟알 한알 입에 넣어보지 못한 그에게는 이 생콩 한줌도 대단하게 생각되였다. 그는 눈이 말똥말똥해서 먹을것을 기다릴 채옥이를 생각하고 생콩을 가슴에 안고 인차 돌아섰다. 인젠 먹을것이 있구나 하는 생각에 발걸음도 훨씬 가벼워졌다.
광춘이가 풀막에 이르니 채옥이가 「오빠!」하고 소리치며 뛰여나와 그에게 매달렸다.
「먹을걸 가져왔나? 오빠!」
일찍 부모를 여의고 기아와 추위에 쪼들린 채옥이는 여윈 얼굴에 두눈만 오목해서 광춘이를 쳐다보며 물었다.

「웅, 가져왔어!」

광춘이는 옷섶에 꽁꽁 싼 생콩 몇알을 꺼내보이면서 기쁘게 대답했다. 채옥이는 새노란 콩알을 보자 앙상한 손으로 답삭 쥐며 막 입속에 넣으려 했다.

「생콩을 먹으면 배가 불어 죽어!」

광춘이는 채옥이의 손에 쥔 서너알 되나마나한 콩알을 도로 빼앗으며 거짓말을 꾸며댔다. 광춘이는 아저씨의 부탁을 잊지 않고있었다. 그는 오는 길에서 콩알을 세고 또 세여보면서 하루에 둘이서 몇알씩 먹어야 한다는것까지 계산해놓았던것이였다.

「채옥아, 오빠가 인차 삶아줄게 웅? 생콩을 삶으면 까치알만큼 커지고 고소한게 영 맛이 있어. 생콩이야 얼마나 비린내가 나니? 넌 먹으면 메스꺼워 막 토할거야. 생콩을 먹으면 속에 바람이 차서 배가 항아리만큼 된단다. 알만하니?」

광춘이는 이런 말로 채옥이를 달랬다. 눈물을 머금은 채옥의 얼굴을 보노라니 불쌍한 생각에 가슴이 짜릿짜릿해났다. 하지만 단꺼번에 다 먹어치운다면 다음날에 먹을것도 없었다.

채옥이는 울먹울먹해서 광춘이를 바라보며 고개를 끄덕였다. 광춘이는 다시 풀막밖을 나와 왜놈토벌대놈들이 버리고 간 빈통졸임통 하나를 주어다 눈을 넣고는 모닥불우에 올려놓았다. 눈이 빨리 녹으라고 삭정이가지로 불무지를 살살 뚜지면서 불었다. 채 타지 않은 생나무가지에서 연기가 어찌도 나는지 눈알이 아려서 눈물이 줄줄 흘렀다. 그래도 광춘이는 손등으로 아린 눈을 쏙 문지르고는 불을 불고 또 불었다.

이윽고 눈이 녹아서 통졸임통안에 물이 한 절반 차나마나하게 되였다. 광춘이는 눈을 좀 더 퍼넣고 생콩 한줌을 넣었다. 삶은 콩을 한끼에 한사람이 여덟알씩 먹으면 사흘을 먹고도 스물여덟알이 남는다. 스물여덟알이면 한끼니에 일곱알씩 두끼는 더 먹을수 있었다. 광춘이는 삭정이불을 불면서 계산하였다. 빨간 불길이 일어나면서 통졸임통에서는 흰 김이 모락모락 피여오르기 시작하였다.

채옥이는 두눈이 말똥해서 통졸임통안만 들여다보았다. 빈입을 자꾸만 다시면서 군침을 꼴깍꼴깍 삼키는 소리가 가슴아프게 들려왔다. 광춘이는 콩만 익으면 자기는 뒤알 먹어보고 나머지는 다 채옥이를 먹이겠다고 생각하였다. 허나 콩알이 채 익기도전에 삭정이불은 사그라지기 시작하였다. 암만 해도 삭정이를 더 주어와야 했다. 광춘이는 삭정이를 주으려고 풀막을 나섰다. 서편 하늘에서는 피빛같은 저녁노을이 타번지고있었다. 광춘이는 삭정이 몇가지를 주으려고 사처로 헤매였다. 허나 온 천지가 깊은 눈에 뒤덮인 심산벽곡에서 삭정이 몇가지를 얻는다는것은 쉽지 않았다. 한식경이나 걸려서야 그는 겨우 삭정이를 한아름 주어안았다.

광춘이가 삭정이를 안고 풀막에 들어서자 채옥이가 화뜰 놀라며 두손으로 입을 가리우고 겁에 질린 눈으로 광춘이를 쳐다보았다. 광춘이는 얼른 삭정이를 내려놓고 통졸임통안을 들여다보았다. 아니나다를가 생콩이 절반나마 없어졌다. 그는 너무도 기가 막혀 얼결에 채옥이의 뺨을 철썩 때렸다. 가뜩이나 겁에 질려 광춘이를 바라보던 채옥이는 귀뺨을 얻어맞자 「엄마! 엄마!」 하고 울음보를 터뜨렸다.

「나흘동안 먹어야 할 식량을 한꺼번에 다 먹어치우면 앞으로 어떻게 살아가니? 응?」

광춘이는 씩씩거리며 채옥이를 흘겨보았다.

「엄마! 엄마!…」

채옥이는 풀막밖으로 나가며 점점 더 섧게 울었다. 이 서러운 울음소리에 광춘의 눈에서는 뜨거운 눈물이 줄줄 흘러내렸다. 광춘이는 달려가 채옥이를 와락 품속에 껴안고 빨개진 그의 왼쪽볼을 어루만져주었다.

「애야, 울지 말아! 얼마나 배가 고팠으면 채 익지도 않은 콩을 먹었겠니? 오빠가 잘못했다. 울지 말아 응?…」

광춘이는 코등이 찡해나는것을 참으며 채옥이의 눈물을 닦아주고 떨리는 목소리로 나직이 얼렀다.

「오빠! 난 다시는 안먹을래, 엉엉…」

채옥이는 광춘이의 품에 얼굴을 파묻고 점점 더 섧게 흐느끼면서 말했다.

한줌의 생콩! 이 한줌의 생콩 때문에 불쌍한 녀동생 채옥이의 뺨을 때리던 일이 평생 잊혀지지 않는 일로 되여 지금까지 그 이야기가 전해지고있다.

정리: 정영석

안순화의 일화

악명이 자자한 대지주 한곰보라면 훈춘사람들은 모르는이가 없다. 그리고 그 집에서 머슴 살며 지하공작을 하다가 놈들에게 체포되여 긴 말뚝이 몸에 박혀도 조직의 비밀을 고수하여 스물아홉 꽃나이에 일생을 마친 당의 훌륭한 딸- 안순화라면 더구나 모르는 사람이 없다.

이것은 안순화가 유격대로 가기전에 있은 한토막 이야기이다.

일제놈들의 악착스런 략탈과 지주놈들의 잔혹한 착취를 피하여 남편을 따라 젖먹이를 업고 정든 고향산천을 떠나 땅이 넓고 물산이 풍부하여 살기 좋다고 소문난 중국으로 온 안순화가 처음 발을 붙인 곳은 훈춘현 동태촌이였다.

소문과 같이 땅은 넓고 기름지나 풍의족식할수 있는 락원은 아니였다. 간악한 일제놈들의 통제하에 백성들은 기를 펴고 살수 없었다.

허나 털면 먼지밖에 없는 신세다보니 다시 돌아갈수도 없었다. 울며 겨자 먹기로 포대일대의 대지주 한희삼의 머슴살이를 하는수밖에 없었다.

지렁이도 디디면 꿈틀한다고 착취와 압박에 신물이 난 농민들이「반일회」를 조직하자 안순화와 그의 남편은 선참으로 참가하였다.

안순화가 처음 맡은 임무는 선전삐라를 보관하였다가 살포하는것이였다.

「일본제국주의를 타도하자!」

「한간지주 한희삼을 타도하자!」

하루밤사이에 자기 집 대문과 토성에 나붙은 이런 구호를 본 한희삼은 깜짝 놀랐다. 그놈은 선불맞은 산돼지처럼 눈에 쌍불을 켜고 공산당을 잡겠다고 미쳐날뛰였지만 그것이 자기 집 머슴살이를 하는 리봉수와 그의 처 안순화라고는 꿈에도 생각지 못했다.

리봉수와 안순화는 조직에서 보내오는 삐라들을 안전하게 보관하기 위하여 비밀굴을 파기로 계획하였다.

「주인님, 우리는 주인님만 믿고 한평생 이곳에서 살겠습니다. 그런데 남의 집 우물만 먹자니 불편합니다. 그래서 앞뜰에다 우물을 팔가 하는데 허락해주십시오.」

머슴 리봉수의 말을 들은 한희삼은 웃음집이 흔들흔들했다. 일부 머슴들이 항일유격대로 달아나고있는 이때에 한평생 자기 집 머슴을 살겠다니 그놈은 어서 파라고 하였다.

리룡수와 안순화는 밤에 낮을 이어 20여일동안 악전고투하여 끝내 보이지 않는 용두레우물을 팠는데 우물벽중간에 가로 비밀굴 하나를 파놓았다. 이때부터 한밤중이면 안순화가 쥐도 새도 모르게 용드레에 앉아 우물로 오르내리며 선전삐라들을 보관하고 꺼내고 하였다. 이리하여 경찰서와 자위단에서는 매일같이 나붙는 삐라의 출처를 찾느라고 혈안이 되여 날뛰였지만 번마다 헛탕을 치고말았다.

1931년 봄, 리봉수와 안순화는 영광스럽게 중국공산당에 가입하였다.

이듬해 겨울, 한가한 겨울철에 막벌이를 떠난다고 한곰보한테 말한 리봉수는 「최노톨」이라고 이름을 고치고 금구 구위서기로 조동되였다.

지부 부녀위원으로 된 안순화는 짬짬이 구실을 만들어 한희삼의 눈을 속여가며 동알라촌, 전선촌, 오가자촌 등지를 다니며 항일구국사상을 선전하고 부녀들을 묶어세웠다.

한곰보 집에서 3년동안 머슴살이를 하고 네번째 봄을 맞은 어느날, 한희삼은 농사철을 어길가봐 리봉수가 어째 돌아오지 않는가고 채문하면서 빨리 찾아가서 데려오라고 독촉하였다. 더는 지체할수 없음을 직감한 안순화는 남편을 데려오려는 이 기회를 타서 항일가족들과 아이들을 데리고 유격구로 가리라 작심했다. 그는 유격구에서 박절히 수요되는 소와 쌀을 가지고 떠나기로 결심했다.

밭갈이를 며칠 앞둔 어느날 밤중, 안순화는 두 항일가족 녀성들과 함께 소 두마리에다 네마대의 쌀을 싣고 그우에다 여덟명의 어린애들을 태우고 떨어지지 않게 바줄로 허리를 동여매고 닭이 홰를 치자 아무도 모르게 포대촌을 벗어났다.
　이때부터 안순화는 유격대의 녀전사가 되여 용감히 싸웠다 한다.

정리: 정영석

지혜롭게 총을 빼앗다

이 이야기는 연통라즈부근에서 활약하던 유격대가 적의 경찰서에 들어가 총을 빼앗은 이야기이다.

지금으로부터 60년전만 해도 연변의 산에는 수림이 우거져 하늘이 보이지 않았으며 강에는 물이 퍼그나 많아 어지간한 강은 쪽배를 타고 건느지 않으면 안되였다.

그때 연통라즈부근에서 활동하던 유격대에서는 다음날 연통라즈의 제일 큰 부자집에서 환갑을 쇤다는 정보를 받았다. 부자집에서 환갑잔치를 베풀게 되면 가근방의 관리들은 물론 여러 경찰분주소의 경찰들까지 초청을 받게 되는지라 이는 총을 빼앗는 절호의 기회였다.

이튿날이였다. 푸른 두만강에 쪽배 한척이 떠오르는데 쪽배에는 두루마기에 멋진 중절모를 쓴 사내와 농군차림의 두 사나이가 앉아있었다. 헌데 시간이 얼마 지나지 않아 쪽배에 앉아있던 농군차림의 두 사내기 싸우기 시작하더니 쪽배우에서 치고 박고하면서 야단이였다. 그러니 그 중절모를 쓴 사람은 그들의 싸움을 뜯어말리노라 두사람사이에 쐐기를 박으며 돌아쳤다. 그래도 싸움은 그치지 않았다. 그러는 바람에 작은 쪽배가 흔들거리며 넘어질 것 같았다. 사공은 하는수 없어 쪽배를 강역으로 몰고 나왔다. 이리하여 쪽배는 목적지도 아닌 연통라즈에 닿았다.

배가 강역에 닿으니 중절모를 쓴 사람은 싸우던 두사람을 붙잡고 경찰서로 찾아들어갔다. 그때 환갑집에도 못가고 경찰서에 남아 공연히 서성거리던 경찰은 낯에 피투성이 된 사내를 보자 짜증부터 냈다.

「웬 일이야?」

중절모를 쓴 사내가 경찰서에 허리굽혀 인사하고 연유를 아뢰였다.

「저도 이 두사람은 초면이여서 모릅니다. 제가 볼일이 있어 배를 탔는데 이 두사람도 한배에 앉았댔습니다. 그런데 앉자마자 서로 말이 곱게 오고가지 않더니 다짜고짜 주먹질을 시작하지 않겠습니까. 그래 싸움을 뜯어말리다 못해 힘은 없고 가만 보고있기도 안되여 여기까지 끌고 왔습니다.」

중절모를 쓴 사내 말이 끝나기 바쁘게 한 사내가 씩씩거리더니 마음속 울분을 터쳤다.

「경찰님, 제 말 좀 들어보십시오. 이자식과 저는 한마을에 있는 소꿉친구입니다. 제가 밖에 일이 있어 이자식 보고 우리 집을 봐달라고 당부했더니 선선히 대답하는것이 아니겠습니까! 그래서 시름을 푹 놓고 한달만에 집으로 와보니 이 자식이 글쎄 우리 집에서 제 안해와 재미를 보지 않았겠습니까! 경찰님 세상에 오쟁이를 지고 가만히 있을 사내가 어디 있겠습니까? 그래서 년놈을 죽여치우자고 이자식 집으로 찾아갔더니 어느새 낌새를 챈 이 자식이 도망치려고 쪽배를 잡아타지 않겠습니까. 그래 나도 그 쪽배를 타다보니 배에서 싸우게 된겁니다. 경찰님, 그래 이런자식을 가만 놔둘수 있습니까?」

그러찮아도 남들은 환갑집에 가 질탕 먹고 마시며 놀아대는데 재수없이 집을 지키게 되여 밸이 비비탈렸던 경찰은 장바 한컬레씩이나 되는 두사람의 말까지 듣고나니 화가 울컥 치밀었다.

「제길, 어서 나가지 못할가?」

경찰은 발길로 싸움질하던 두 사내를 걷어차며 밖으로 내쫓았다. 두사람이 쫓겨나자 경찰은 중절모를 쓴 사나이도 내쫓으려 했다.

「이따위 시시껄렁한 자식들까지 다 경찰서에 끌어오다니요. 어서 나가시우!」

이때였다. 경찰의 말이 끝나기 바쁘게 중절모를 쓴 사나이가 중절모를 벗더니 그속에서 권총을 꺼내 경찰의 가슴팍에 들이댔다. 그러자 쫓겨나갔던 두 사내도 홱 돌아서 들어오더니 경찰의 눈에 고추가루를 확 뿌렸다. 경찰은 고추가루 들어간 눈을 싸쥐고 바빠서 팽이처럼 팽글팽글 돌아쳤다. 그러는 새에 세사람은 벽에 걸려있는 여섯자루의 총을 벗겨가지고 바람같이 사라졌다. 이들 세사람은 항일유격대원이였다.

정리: 차상춘, 장순옥

붉은넥타이

1932년 12월도 다가는 어느날 새벽이였다.

일제토벌대들이 반역자이며 악질주구인 박가놈을 앞세우고 남거우유격근거지로 덮쳐들었다.

보초선에서 토벌대가 온다는 신호총이 울리자 유격구의 사람들은 재빨리 풀막에서 뛰쳐나와 안전한 곳으로 피난하였다.

이들속에는 파파늙은 할머니를 모시고 산에 오르는 어린 소녀가 있었다. 그런데 할머니를 모시고 사람들을 따라 산에 오르던 소녀가 문뜩 걸음을 멈춰섰다.

「할머니, 사람들을 따라 가세요. 난 제격 풀막에 갔다 와야겠어요.」

「이런 때 풀막에는 왜 내려간다고 그러느냐?」

할머니는 소녀의 옷자락을 쥐여당겼다.

「할머니, 붉은넥타이를 두고 왔어요. 얼른 기져오면 돼요.」

소녀는 몸을 살짝 빼고 산아래로 바람같이 달려내려갔다. 사처에서 총소리가 자지러지게 울렸다. 왜놈토벌대들이 꽥꽥거리며 웨쳐대는 소리가 산에 오르는 사람들의 귀를 어지럽혔다. 하지만 소녀는 풀막을 향해 화살처럼 곧추 달려가기만 했다.

풀막안에는 총망중에 미처 가지고 나오지 못한 붉은 넥타이와 곤봉, 포승줄이 있었다. 이는 그때 공산주의아동단의 「삼대무기」였다. 소녀는 공산주의아동단의 이 신성한 무기를 토벌대놈들의 손에 들어가게 해서는 안된다고 생각했다.

어린 소녀는 날래게 풀막안에 뛰여들어 붉은 넥타이와 곤봉, 포승줄을 찾아들었다. 소녀는 「삼대무기」를 휴대하자 지체없이 되돌아나섰다. 그런데 이때는 벌써 풀막에서 백여보도 안되는 곳까지 기여든 토벌대놈들이 서리발치는 총창까지 빼들고 야단치는 때였다.

소녀는 사태를 살피느라 풀막안에서 몰래 밖을 내다보았다. 세빠드가 씩씩거리며 달려왔고 뒤로 토벌대 장교놈과 졸개들이 살기등등해서 풀막으로 달려오고있었다.

빠져나가기 어렵게 되였다. 소녀는 번개같이 풀막뒤를 에돌아 참나무밑 눈무지속을 파헤치고 붉은 넥타이와 곤봉, 포승줄을 묻었다.

토벌대놈들이 코앞에 왔다. 소녀는 풀막앞에 나섰다. 통역관과 세빠드를 앞세운 토벌대 대장놈이 소녀의 앞을 막아섰다. 왜놈장교가 무어라고 씨벌여대자 발바리같이 알랑거리기만 하던 통역관이 소녀앞에 다가섰다.

「애야, 대장께서 너한테 물으신다. 넌 뭘 하느라고 예 남아있었느냐?」
소녀는 통역관의 낯짝을 쏘아보며 입술을 깨물었다.
장교놈은 또 무어라 씨벌였다.
「어서 말을 못하겠나? 유격대와 마을사람들은 어디로 갔느냐말이다.」
소녀는 여전히 입술을 옥문채 서있었다. 장교놈의 상판에 독기가 어렸다. 그러자 눈치행세에 이골이 튼 통역관놈이 소녀의 멱살을 틀어잡고 으르렁거리며 야단을 쳤다.

소녀의 두눈에서 불꽃이 팅겨나왔다. 그는 자기앞에 서있는자들이 자기의 아버지, 어머니 그리고 귀여운 동생까지 무참하게 살해한 살인백정들이라고 생각했다. 소녀는 옥물었던 입을 열고 통역관의 상판대기에 침을 탁 뱉었다.

통역관의 낯짝근육이 푸들거리였다. 분이 상투밑까지 치민 통여관은 틀어잡은 멱살을 놓더니 당장 쓸어눕힐듯 뒤로 물러서며 시꺼먼 권총을 빼들었다. 하지만 그는 총을 쏘지 못하고 장교놈의 눈치를 살폈다.

장교놈은 소녀의 곁에 다가섰다. 그는 입술을 사려물고 군도를 빼들더니 그 군도끝으로 소녀의 어깨박죽을 쑥 찔렀다. 피빛을 보이면서 이 소녀의 입을 열자고들었다.

군도에 찔린 소녀의 어깨에서 붉은 피가 샘솟듯 콸콸 쏟아져나왔다. 허나 소녀는 입술을 깨문채 장교놈을 쏘아볼뿐 신음소리 한마디 내지 않았다.

장교놈의 코수염이 바르르 떨렸다. 눈치놀음만 하는 통역관놈이 소녀앞에 다가가 권총부리로 소녀의 가슴을 찌르며 소리쳤다.

「이래도 말치 않을테냐? 장관나리께선 더는 기다리지 않어. 공산군들이 죄다 어디 가 숨었나말이다. 어서 말해!」

소녀는 먼산을 바라보며 태연하게 서있었다. 꼭 깨문 입술은 철문처럼 닫겨져있었다.

장교놈의 군도가 허공중에서 윙하고 울어대며 번쩍하더니 소녀의 머리를 내리쳤다.

소녀는 입술을 옥문채 땅에 쓰러졌다. 머리에서 붉은 피가 쏟아져 땅을 적셨다. 붉은 넥타이랑 묻힌 그 땅을 붉게 적셨다.

정리: 정영석

용감하고 지혜롭게 탈옥

훈춘현 경신에서 있은 일이다.

동에 번쩍 서에 번쩍하며 일제침략자들에게 무리죽음을 주며 이름 떨친 항일투사 박지형이가 한번은 왜군에게 잡혀 경신 옥천동감옥에 갇히게 되였다. 그러니 그는 산매가 새장에 갇힌듯하여 자나깨나 탈옥하여 일제침략군을 족칠 생각만 하였다. 이 감옥에는 항일에 나선 투사들만 갇혀있었는데 그들은 저마다 박지형이와 같은 생각을 하고있었다.

어느날 아침이였다.

간수놈이 절컥 감옥문을 열고는 아침밥을 먹으라고 밥그릇을 들여보냈다. 이때라 솜씨 날래고 힘이 장사로 이름난 박지형은 번개같이 달려나가 밥사발을 받자 그 밥사발로 간수놈의 대갈통을 깠다. 놈은 찍소리 한번 지르지 못하고 흰눈을 희번덕거리다가 그만 네각을 뻗어버렸다.

《날 따르시오.》

박지형은 낮은 소리를 한마디 던지고는 앞장서서 쏜살같이 감옥문을 박차고 냅다 뛰였다. 그뒤로 옥에 갇힌 사람들도 따라섰다.

항일군이 축지법을 쓴다는 말은 과연 헛소문이 아니였다. 소란한 소리에 놀란놈들이 달려나와보니 박지형이네들은 벌써 앞산기슭에 당도했었다. 소리도 지르고 콩볶듯 총질도 해가면서 죽어라 하고 뒤쫓아갔지만 감옥문을 나서자 눈깜작할새에 산에 들어서고 산에 들어서자 산발을 타고 바람처럼 사라졌으니 놈들은 헛물만 켜고 돌아올 수밖에 없었다.

물에 빠진 개 꼴이 되여 돌아와보니 간수놈은 눈을 치뜬채 죽어 마른 꼬챙이처럼 꽛꽛해있고 감옥문은 지형이네가 지르고 나간 그대로 열려있었는데 감방 한구석에 웬 사람이 머리를 수긋하고 펄쩍 들어앉아있었다.

시에미 역증에 개배때기를 찬다고 경관놈은 그 사람의 궁둥이를 죽어라고 걷어찼다.

「애개개, 나리님 왜 이러십니까?」

「왜가 다 뭐냐? 너 이놈, 다들 도망쳤는데 네놈은 왜 도망치지 않았나말이야?」

일제경관놈은 성이 나서 펄펄 뛰였다. 그런데 감옥에 멍하니 앉아있던 사람은 되려 자리를 차고 일어나더니 일제경관놈앞에 가서 허리를 활등처럼 굽히였다.

「나리님, 소인이야 무슨 죄가 있다고 도망치겠습니까. 소인은 나리님들이 말하는 공산비적도 아닌뎁쇼. 나리님, 사실말이지 저같은 놈은 여기가 감옥이 아니라 좋은 보금자리웨다. 집에 가면 입에 거미줄이 칠 지경이여서 조석으로 근심이오나 여기 있으니 나리님 덕분에 콩밥이라도 끼니는 굶지 않습지요. 나리님, 소인은 이 감방에 있기가 소원이니 제발 소인의 사정을 봐서 소원대로 여기 있게 해줍쇼. 그러면 소인이 나리님을…」

빨래줄처럼 긴 말은 경관놈의 성을 한결 돋구어주었다.

「닥쳐라 망할자식!」

경관놈은 성이 버럭 나서 졸개들을 보고 소리질렀다.

「감방안에 있는 바보같은녀석을 당장 쫓아내라. 저녀석은 공비가 아니라 거지야, 감옥에서 콩밥이나 축내자는놈이야!」

경관의 령이 내리자 나부랭이들은 굽석거리며 감방에 뛰여들더니 그 사람을 마구 감방문밖으로 내몰았다. 경관놈은 그때까지도 성이 가시지 않아 거치른 숨만 몰아쉬고있었다. 감방에서 쫓겨나온 사람은 경관이야 성내건 말건 또 경관놈앞에 다가가서 두손을 싹싹 비비며 제발 감방에 남아있게 해달라고 빌고들었다. 경관놈의 얼굴에 독기가 피여올랐다. 경관놈이 서리발치는 칼을 쭉 빼들었다.

「너 이놈 죽고싶어서 시끄럽게 구는거냐? 어서 썩 물러가지 못해! 당장 물러가지 않으면 네놈의 목을 칠테다.」

「예, 예, 장관님 물러가옵니다.」

「개자식, 잔말 말고 어서 물러가, 물러가란말이야!」

그 사람은 돌아서 걸었다. 하지만 그는 감옥이 정말 떠나기 아쉬운듯 가다가는 서서 감옥을 한참이나 바라보았다. 그러니 경관놈은 상통을 찡그리고 짜증을 냈다.

「제길 공비만 다스리재도 골치가 아픈데 거지까지 시끄럽게 군단말이야.」

폭소가 터질 일이였다. 그 사람은 터져나오는 웃음을 삼키느라 입을 싸쥐고 한참이나 걸어가다가 혼자말을 했다.

「바보같기는 누가 바보같은지 모르겠다. 네놈들이 속은줄은 이후에 알게 될거다.」

사실 이 사람은 우리 당의 지하일군이였다. 그는 미리 박지형이네와 짜고 들어 지형이네가 탈옥할 때 함께 탈옥하지 않고 꾀를 써 거지로 가장하여가지고 감옥에서 풀려나왔던것이다. 그러니 박지형이네는 용감하게 탈옥했고 이 사람은 꾀로써 탈옥한셈이니 알짜 바보는 경관놈과 그들의 졸개들이였다. 놈들은 자기네 상전이 백기를 들고 투항한 그때에야 이 사람이 우리 당의 지하일군이라는것을 비로소 알게 되었던것이다.

정리: 박창묵

불 사 조

항일유격근거지가 도처에 나와 항일의 렬화가 타오르던 나날에 훈춘 항일근거지 인민들은 녀공산당원 황정신을 두고 불사조라 불렀는데 거기에는 이런 이야기가 전해지고 있다.

1933년 6월의 무더운 어느날이였다. 돼지 한마리에 식량이며 위문품을 실은 수레 한대가 설대산골안으로 들어가고있었다. 수레를 몰고 가는 사람들과 수레를 따라 가는 사람들은 중공훈춘현위 지도자가 인솔한 유격근거지 사람들이였고 그들속에는 녀공산당원 황정신도 들어있었다. 이들은 항일무장력량을 확보하기 위해 설대산에 있는 구국군 왕옥진부대를 위문하러 가는 길이였다.

사람들이 수레를 몰고 구국군 병영에 들어서자 구국군에서는 자기들의 부대를 위문하기 위하여 수레에 물건까지 가득 싣고 온 그들을 친형제마냥 다정히 맞아주었다.

그날 밤 설대산골에서는 성대한 모임이 있었다. 모임에서는 여러 사람들이 위문연설도 하고 뒤이어 즐거운 오락회도 있었다. 노래와 춤판이 벌어졌다. 모임은 한창 고조에로 오르고있었다.

이때 개다리들의 밀고를 받은 왜놈토벌대가 불의에 들이닥쳤다. 흥성하던 춤노래판은 어지러운 총소리에 깨여졌다.

현위의 지도자와 구국군 퇀장은 구국군들과 함께 토벌대와 싸웠다. 황정신은 자신의 안전을 아랑곳하지 않고 군중들을 피난시키느라 바삐 돌아쳤다. 그러다보니 자신이 몸뺄 새가 없었다. 토벌대는 이미 코앞에까지 기여들었다.

「정신이, 빨리…」

구국군들과 함께 토벌대와 싸우던 현위 지도자가 다급하게 웨치는 소리였다.

황정신은 그제야 수림속으로 내쏜 화살처럼 내달리였다. 그런데 얼마 달리지 않았는데 그쪽에서 적들이 이쪽으로 조여들었다. 뒤로 물러설데도 없었고 앞으로 나갈 길도 없었다. 순간 산골을 빠져 흘러가는 물소리가 들려왔다. 발밑에 열길도 넘는 벼랑이 있었는데 벼랑을 스치며 깊은 물이 흐르고있었다.

(죽더라도 놈들에게 체포되여서는 안된다.)

황정신은 벼랑에서 뛰여내렸다.

얼마 지나지 않아 토벌대놈들이 벼랑우에 와서 황정신을 보고 씨벌여댔다.

「너 그러지 말고 기여올라와 투항해라. 그러면 살려준다.」

황정신은 바위를 끌어안고 선채 대답 한마디 하지 않고 침묵을 지켰다.

악에 받친 토벌대놈들은 더는 그의 대답을 기다리지 않았다. 「땅」하고 무서운 총소리가 울렸다. 시꺼먼 총구에서 빠져나온 탄알은 정신의 어깨죽지를 뚫고 겨드랑이밑으로 빠져나갔다. 붉은 피가 용용히 흘러가는 강물우에 떨어졌다. 정신의 어깨가 떨어졌다.

토벌대놈들은 정신의 어깨죽지가 떨어지는걸 보고는 한바탕 웃어대더니 그가 죽은줄 알고 물러갔다.

토벌대놈들이 물러간후 피난갔던 사람들이 달려와서 정신이를 구원하였다. 구사일생이였다.

황정신은 유격구병원에 입원하였다. 하지만 상처는 도저히 낫지 않았다. 출혈이 심한데다 유격구에는 의료설비도 없고 약품도 없어서 치료라야 소금물로 상처를 씻어내는것뿐이니 그럴 수밖에 없었다.

하루 이틀 세월이 흘러갔다. 날이 지나니 누워 옴짝 못하던 황정신은 얼마간이라도 움직일수 있게 되였다. 그러자 그는 더는 병원에 누워 휴양하려 하지 않고 중한 상처를 입은 사람들을 간호하였다.

이러구러 1933년 한해도 다 지나 그해 12월에 들어섰다. 이때 박두남이라 하는 악질주구가 수백명의 일제토벌대를 끌고 남거우유격근거지로 덮쳐들었다. 황정신이 있는 병원이 바로 이 유격구에 있었다.

토벌대가 온다는 신호총소리가 울리자 모두들 풀막에서 뛰여나와 안전한 곳을 찾아 피난하였다. 황정신은 자기가 간호하던 중상자들을 피난시키다 보니 뒤늦게야 몸을 피하기 시작했다.

총소리가 콩볶듯했다. 윙윙 소리를 내며 비발쳤다.

황정신은 오금에 불을 일궜다. 하지만 그는 얼마 못가서 그만 얼음강판에 미끌어넘어졌다. 그바람에 어깨상처가 땅땅한 얼음강판에 부딪쳐 숨이 넘어갈듯 아파났다. 그는 이를 옥물고 넘어진 자리에서 일어나려 했다. 헌데 젖먹던 힘까지 내도 까닥 움직일수 없었다. 등뒤에서는 벌써 총창을 빼든 녀석들이 다가오는 어지러운 발자국소리가 들려왔다. 36계 줄행랑이 으뜸이라 했지만 그것은 안되는 일이였다. 피할 방법이 없었다.

토벌대놈들은 그를 부락에까지 끌고 왔다.

악착스러운 고문이 시작되였다. 놈들은 유격대가 몇 명이나 되며 어디로 도망쳤느냐고 따지기도 하고 쏘베트 회장은 어디 숨겨두었느냐고 윽박질렀다

황정신은 입술을 피터지게 깨물고 묻는놈을 쏘아보았다. 눈에서 불이 일었다. 토벌대놈들은 황정신의 입을 열어보겠다고 채찍질도 하고 팔뚝같이 실한 몽둥이를 윙윙 울리며 매질도 했다. 그래도 황정신의 입은 철문처럼 닫겨진채 열리지 않았다.

황정신의 얼굴에서는 피와 땀이 범벅이 되여 도랑물처럼 흘렀다. 그의 머리는 흐릿해지기 시작했다.

(안돼, 이러다가 정신을 잃고 혼몽한 가운데 헛소리라도 하면…)

그는 가까스로 정신을 가다듬고 이발로 자기의 혀를 꽉 깨물어 끊었다. 끊어진 혀가 땅바닥에 떨어졌다. 붉은 피가 콸콸 쏟아져나왔다. 황정신은 정신을 잃고말았다.

토벌대놈들은 더는 아무것도 알아낼수 없게 되였다. 놈들은 황정신을 끌어다가 초막에 처넣고 나오지 못하게 긴 장대기로 문을 꽉 받쳐놓았다. 그리고는 석유를 치고 불을 달았다. 삼단같은 검은 연기가 하늘에 솟아올랐고 뒤이어 시뻘건 불길이 치솟았다. 삽시에 초막은 하나의 큰 불덩어리로 되였다.

놈들이 가버리자 피난갔던 사람들이 달려와 시체라도 찾아내자고 그때까지 채 타지 않은 초막의 불을 껐다. 헌데 놀라운 일이였다. 불을 끄고보니

황정신은 불에 타 죽은것이 아니라 살아있었다. 초막에 불이 달리자 그는 정신이 들었다. 그리하여 그는 초막 한구석에 몸을 의지하고 세찬 불길을 애써 피하였다. 황정신은 이렇게 불사조마냥 초막을 삼킨 불속에서도 죽지 않고 살았다.

이로부터 유격근거지 사람들은 저마다 불사조라 부르며 그의 불요불굴의 정신과 견강한 의지를 찬미하였는데 그때 그 이야기가 지금까지도 훈춘일대 인민들속에서 널리 전해지고있다.

정리: 정영석

비밀쪽지

1932년 5월의 어느날이였다.

아동단원 김증만은 연두봉 구위서기로부터 비밀쪽지를 받아들고 개구(開區)당위 삼동포련락처로 떠나게 되였다. 하지만 불행하게도 아동단원 김증만은 동네어구에서 놈들에게 붙잡히게 되였다.

총칼을 든 놈들에게 잡힌 나어린 그로서는 손을 쓸수도 없었고 달아날수도 없었다. 나어린 아동단원이였지만 자기의 생사보다 먼저 조직의 그 비밀쪽지부터 생각했다. 아동단원 김증만은 몸에 지니고 가던 비밀쪽지를 꺼내 입안에 넣고 마구 씹었다.

총칼을 들고 그를 잡아세운 녀석들이 이것을 보았다. 놈들은 그제야 소년이 비밀쪽지를 가지고있다는것을 알았다. 한놈이 달려들어 한손으로는 나어린 증만소년의 목을 끌어안고 한손으로는 손가락을 그의 입에 걸어넣고 그 비밀쪽지를 빼내려고 기를 썼다. 나어린 소년은 그놈의 손가락을 불시에 꽉 깨물었다. 왜놈은 돼지 멱따는 소리를 지르며 뼈가 뚝 끊어져 너덜거리는 손가락을 싸쥐고 아파서 팽이처럼 팽글팽글 돌아쳤다. 이때가 기회였다. 아동단원 증만이는 짓씹어서 진창이 된 비밀쪽지를 꿀꺽 삼켜버렸다.

그러자 잔인무도한 놈들은 나어린 소년을 단매에 쓸어눕혔다. 그리고는 그가 비밀쪽지를 이미 삼킨줄도 모르고 그를 깔고앉아 나무꼬챙이로 어린 소년의 입안을 마구 쑤셔대며 비밀쪽지를 꺼내려 했다. 하지만 비밀쪽지는 이미 삼켜버린 때라 입에서 나오는건 비밀쪽지가 아니라 시뻘건 피였다.

비밀쪽지를 손에 쥐지 못하고 헛물만 켠 왜놈들은 악에 치받쳐 나어린 소년을 끌고 고문하러 갔다. 그자들은 비밀쪽지 대신 증만의 입을 열어보려고 날뛰였다.

불이 왕왕 소리를 내며 타는 난로우에 넙적한 삽을 올려놓았다. 삽시에 삽이 새빨갛게 달아올랐다. 그자들은 새빨갛게 단 삽으로 증만의 어깨죽지며 잔등을 사정없이 지졌다. 그러면서 누가 시켜서 어디로 가며 유격대와 지하당조직의 책임자며 비밀을 대라고 으르렁거렸다. 증만이는 입을 꼭 깨물고 아무 말도 하지 않았다. 「찌륵찌륵…」 살이 타는 소리가 나고 누린내가 물씬물씬 풍기고 뽀얀 연기가 집안에 꽉 찼다. 숨도 쉴수 없었다. 나어린 증만이는 그만 정신 잃고 쓰러졌다.

「지독한 놈이다. 지독한 놈. 정신 차리게 찬물을 끼얹어라!」

놈들은 증만의 머리며 몸에 마구 물을 퍼부었다. 이윽하여 증만이는 눈을 뜨고 정신을 차렸다.

왜놈들은 마지막 수를 썼다. 그자들은 증만이를 끌고 밖에 내다 세웠다. 왜병 한놈이 총을 받쳐들었다. 시꺼먼 총구가 당장이라도 시뻘건 불을 토할듯 증만의 가슴팍을 겨눴다. 장교놈이 증만이 앞에 나서며 씨벌였다.

「얘, 너 보았을테지. 이제라도 묻는대로 대답하면 살수 있다. 그렇지 않으면 너는 죽는다. 저 총에서 탄알이 날아나와 널 죽인단말이다. 알겠니?」

「……」

「그래 누가 널 시켜 비밀쪽지를 날랐느냐? 통신련락처는 어데야? 너희들 책임자는 공산당이지? 그가 누구냐말이다.」

「……」

증만이는 왜놈장교를 거뜰더보지도 않았다. 입술은 여전히 철문마냥 닫겨있었다. 살인백정들과는 한마디 말도 하지 않으려 했다.

살인백정 장교놈의 낯반대기가 푸들푸들 뛰였다. 마지막 수를 썼어도 비밀은커녕 말 한마디 들어 못봤다. 장교놈이 총을 받쳐든 녀석에게 사격하라 소리질렀다.

「일본제국주의를 타도하자!」

「중국공산당 만세!」

이제껏 말이 없던 증만소년의 입에서 우렁찬 구호소리가 터져나왔다.

「땅!」 총소리와 함께 증만이는 쓰러졌다. 하지만 그의 최후의 웨침소리는 메아리치며 멀리멀리 울러퍼졌다.

정리: 정영석

밀강도끼

민간에서는 밀강도끼라면 너나없이 도끼중에서도 으뜸가는 도끼로 친다. 그러니 함부로 남에게 빌려주지도 않거니와 또 그 도끼를 빌려쓰자는 사람도 별로 없다.

항일의 어려운 나날이였다. 그때 한 시골에 한 농군이 살았는데 집에는 서발장대를 휘둘러도 거칠것이 없었다. 헌데 이 집에 대대로 물려 내려오는 밀강도끼 한자루가 있었다. 그러니 이 도끼가 이 집에서는 큰재산이였다. 농부는 그 도끼를 들고 산에 올라가서 참나무를 찍어다 장에 지고 가 팔기도 하고 참나무 삿자리를 걸어서 팔기도 했다. 그래서 동네사람들은 그 도끼를 부러워하며 이 집에서 그 밀강도끼덕에 살아간다고들 말했다. 이 밀강도끼를 두고 이런 이야기가 전해졌다.

어느 하루, 서켠에 꽃처럼 곱게 피여나던 노을도 사라지고 산촌에 어둠이 내리덮일 무렵이였다. 멀건 죽물로 저녁끼니를 대충 에운 농부는 날이 새면 산에 가서 나무를 해다 팔려고 숫돌에 그 밀강도끼를 썩썩 갈고있었다. 바로 이때 이집에 한 사람이 찾아왔다. 그는 허러굽혀 주인에게 공손히 인사를 올렸다.

「집주인이지요. 인사드립니다. 지나가던 과객이 잠간 볼일이 있어 찾아왔습니다.」

말이 퍼그나 부드러운지라 주인인 농부도 인차 허리굽혀 인사하며 말을 받았다.

「그래 손님께서는 무슨 볼일이 있어 이 루추한 집에 찾아왔소이까? 사양마시고 말하시우.」

「저라는 사람은 이제 차차 알게 될것이옵니다만 찾아온 사연은 다름아니라 이 집 밀강도끼를 하루밤만 빌려쓰자고 그럽니다.」
「그건 안되는 소리우다. 이 도끼는 우리 집 대물림보배우다. 우리 집 온 식구들이 이 도끼에 붙어 살아가나 다름없읍지요. 보다싶이 래일 또 나무를 해다 팔자고 이렇게 갈고 있는중이외다.」
「하긴 사정을 모르는바 아닙니다만 오늘밤 요긴한데 쓰고 날 밝기전으로 꼭 돌려드리겠습니다.」
「요긴한 일이라니우? 그래 우리 집 일보다 더 요긴한 일이 있수?」
「있기 때문에 빌자고 하지 않읍니까.」
「그럼 그게 대체 어떤 일인가유?」
찾아온 사람은 주인의 귀에 대고 낮은 소리로 말했다.
「거리에 나가 개놈들의 경찰서를 치고 무장을 빼앗아오자고 그럽니다. 산에 있는 사람들에게 무장을 보내주어야 왜놈들을 물리치고 우리 농민들도 신세고치고 잘살 날이 올게 아닙니까.」
그의 말에 이 집주인 역시 낮은 소리로 찾아온 사람의 귀에 대고 말하였다.
「나는 죽지 못해 살아가는 사람인데 그런 일이라면야 도끼뿐이겠수. 이 도끼 쓰는데는 그래도 이 주인이 나을텐데 믿어주면 날 데리고 가주우다.」
「실은 도끼도 빌고 사람의 힘도 빌자고 왔습니다. 믿고왔습니다.」
「그러면 진작 그렇게 말할것이지.」
두사람은 손을 으스러지게 잡았다.
그날 밤이였다.
밤은 깊어 사위는 쥐죽은듯하였다. 이때 찾아온 사람과 밀강도끼 주인 그리고 다른 한 사람까지 셋이서 감쪽같이 보초놈을 거꾸러뜨리고 경찰서에 들어섰다. 밤중에 놀라 깬 경찰서장놈은 자기를 겨눈 시퍼런 밀강도끼를 보자 눈이 다까뒤집혀 흰자위만 희번쩍거렸다. 놈이 소리칠 사이도 없이 도끼날이 번개처럼 허공에서 번쩍하더니 경찰서장의 대갈통이 두동강이 났다. 집주인 농부가 밀강도끼를 들고 솜씨를 보인것이였다. 이때 다른 두사람은 경찰들이 자는 방에 뛰여들어 보총 여덟자루를 빼앗아가지고 나왔다. 이 여덟자루의 총은 인차 일제침략자와 싸우는 산사람들의 손에 쥐여졌다.
그후 그 농부는 산에 가서 나무할 때마다 「요놈의 경찰서장 대갈통아!」하며 밀강도끼로 나무를 찍어넘기군 하였는데 그 밀강도끼 덕분에 무장을 빼앗온 이야기가 항일군들속에 널리 퍼져 「밀강도끼」라 하면 모르는 사람이 없었다한다.

정리: 박창묵

보총 한자루

훈춘 연통라즈유격근거지에는 광춘이라 불리우는 소년아동단 단원이 있었다.
광춘이네 집에는 아홉식구가 있었는데 어머니가 병으로 세상뜬후 아버지와 두 삼촌, 삼촌댁과 형님까지 유격대에 참가했다.
하루는 반역자이며 악질적인 친일주구단체 「정의단」 단장인 박두남이란 놈이 수백명의 일본토벌대를 끌고 연통라즈유격구로 와서 닥치는대로 죽이고 빼앗고 불지르는바람에 할머니는 붙잡혀 무참히 살해되고 집에는 광춘이와 네 살난 사촌녀동생 채옥이만 살아남아있었다.
작달막한 키에 오돌지게 생긴 광춘이는 왜놈들의 만행을 자주 겪다보니 일찍이 헴이 들었다. 그래서 유격대원들이 들렀다가 떠나갈 때면 저도 따라가겠다고 졸라도 보고 떼질도 써봤으나 아무런 소용이 없었다. 그때마다 유격대장아저씨는 광춘이의 머리를 쓰다듬어주면서 「네 키가 보총자루보다 더 큰 다음에 보자.」라고 하였다. 그러다가 광춘이의 키가 보총자루를 훨씬 넘고 나이도 열네살이 되여 유격대에 들겠다고 정식으로 신청을 하니 「그럼 좋다. 네가 지닐 총을 너 절로 일본놈들한테서 뺏아오면 유격대원으로 받아주마.」라고 대답했다. 그때부터 광춘이는 자나깨나 일본놈의 총을 로획할 꿈을 꾸었고 항일유격대아저씨들이 빈손으로 놈들의 총을 빼앗은 사실을 모방하여 하루에도 수십번씩 연습을 하였다.
그러던 어느날이였다.
동녘이 희붐히 밝아오는데 자지러진 총소리가 산골의 정적을 깨뜨렸다. 초막에서 옹송거리고 겨우 잠이 들었던 광춘이는 총소리에 놀라 화닥닥 자리를 차고 일어났다. 문을 열고 내다보니 새벽어둠속에서도 골짜기 아래쪽으로부터 숱한 토벌대놈들이 굶주린 이리떼마냥 샘물등지로 기여들고있는 것이 어슴푸레 바라보였다. 광춘이는 쌕쌕 단잠을 자고있는 어린 채옥이를 흔들어 깨웠다.

채옥이는 트집을 쓰면서 칭얼거렸다.

「왜놈토벌대가 온다!」

광춘이가 안타까와 이렇게 부르짖자 어린 채옥이는 그 소리에 울음을 딱 그치고 자리에서 발딱 일어섰다.

광춘이가 어린 채옥이의 팔목을 쥐고 풀막을 나서니 주위에 있던 풀막들에서도 저마다 다급히 뛰쳐나와 산꼭대기 국경선쪽으로 치달아오르고있었다. 허나 무릎까지 빠지는 눈무지속에서 어린 채옥이를 이끌고 아무리 허우적거려도 광춘이는 어른들을 따라갈수 없었다.

이때 그들을 항상 친자식처럼 살뜰히 보살펴주던 연통라즈유격구 쏘베트 회장인 박병섭아저씨가 뒤에서 뛰여오면서 소리쳤다.

「채옥이는 내가 업고 가자!」

그는 광춘이네를 따라잡았다. 채옥이를 덥석 들어 등에 업고 씨엉씨엉 산꼭대기로 치달아올랐다.

광춘이는 박병섭아저씨의 발자국을 따라 부지런히 발걸음을 재우쳤다. 허나 눈무지를 헤가르며 너무 급급히 헤덤벼치다보니 숨이 차서 계속 빨리 달릴수 없었다.

광춘이는 차츰 박병섭아저씨와 거리가 멀어지게 되였다. 허나 그는 기진맥진하여 발걸음을 겨우 옮겨놓으면서도 박병섭아저씨를 불러세우지 않았다. 그것은 놈들이 멀지 않은 뒤에까지 추격해왔는데 소리를 쳤다간 자기는 물론 박병섭아저씨와 채옥이에게 화를 끼칠것이 번연했기때문이였다.

광춘이는 더는 걸을수 없게 되였다. 마침 그리 멀지 않은 오른쪽옆에 썩어서 넘어진 큰 봇나무가 있었다.

광춘이는 삭정이 한가지를 주어들고 돌아서서 뒤걸음치면서 발자국을 메꾸었다. 그리고 썩어넘어진 봇나무뒤에 이르자 깊숙이 쌓인 눈을 두손으로 파헤치고 그속에 몸을 숨겼다.

이윽해서 왜놈 한놈이 어깨에 총을 메고 곧추 광춘이가 숨은 방향으로 다가오고있었다.

광춘이는 이놈이 자기를 발견한줄로만 여기고 항일아동단원들의 유일한 전투무기인 박달나무곤봉을 으스러지게 틀어잡았다. 그런데 나무가지 틈새로 내다보니 이상하게도 놈은 소리도 치지 않고 총창도 꼬나들지 않은채 그저 터벅터벅 발걸음만 재우치는것이였다. 광춘이가 숨어있는 곳에서 여러문걸음앞까지 온 그놈은 그 자리에 멈춰서서 사위를 둘러보다가 발로 눈을 밀어서 자리를 만들곤 썩어넘어진 봇나무에 의지하고 그 자리에 총을 세웠다. 그리곤 그 옆에다 또 발로 눈을 밀어 자리를 마련하더니 산아래쪽을 향하여 쪼크리고 앉으며 바지띠를 풀었다. 그놈은 뒤를 보러 온것이였다.

광춘이는 이놈이 자기를 발견하지 못했음을 확인하자 그놈한테로 살금살금 기여갔다. 총이 있는데까지 기여가서 살그머니 보총을 거머쥐자 슬며시 일어서며 격발기를 제꼈다.

「꼼짝 말엇!」

광춘이는 총끝으로 왜놈의 뒤통수를 겨누며 소리쳤다.

이에 질겁한 그놈은 바지춤을 거머쥔채 디굴디굴 굴러서 산아래로 내려갔다. 광춘이는 굴러내려가는 그놈을 겨냥하고 방아쇠를 당겼다. 그러나 그놈은 그냥 줄행랑을 놓았다. 광춘이는 그놈을 명중하지 못했음을 확인하였다. 유격대아저씨들한테서 총을 다루는 방법을 배웠지만 실탄사격이라고는 이번이 난생 처음이였던것이다.

그놈이 멀리 산아래로 사라지자 광춘이는 그제야 로획한 총을 눈여겨 살펴보았다. 「3.8식」, 새 보총이였다. 광춘이는 흐뭇한 심정으로 「3.8식」 보총을 가슴에 안고 그 자리를 떴다.

광춘이는 이 총이면 유격대에 들수 있다는 기쁨에서 산비탈을 가로질러 산봉우리로 톺아오르다가 백여걸음밖의 썩은 통나무우에 걸터앉아 무엇인가 먹고있는 두 왜놈을 발견하고 그 두놈중 한놈을 겨냥하고 또 방아쇠를 당겼다. 이에 놈들은 경황실색하여 도망쳤다. 광춘이가 그 자리에 가보니 먹다 팽개친 통졸임통들이 너저분하였다. 광춘이는 놈들이 내버리고 간 배낭까지 어깨에 메고 산봉우리로 향해갔다.

이리하여 광춘이는 로획한 보총 한자루를 조직에 바치고 유격대에 가입하였다.

정리: 정영석

신출귀몰

1943년 계미년(癸未年) 여름 어느날 밤이였다.

훈춘현 밀강 중강자촌에서 썩 멀어진 산골에는 큰산을 등지고 드문드문 자리잡은 집들이 있었는데 제일 꼭대기 집으로 두 청년이 찾아왔다.

그 집 주인장은 늙은이였다.

늙은이와 마주 앉은 청년은 「우리는 산에서 온 사람(항일유격대의 속칭)입니다.…」라고 통성명을 나눈후 훈춘시가지로 가서 곡식을 좀 마련하여달라는 부탁을 하였다. 늙은이는 서슴지 않고 알곡 열마대를 주선해놓겠다고 하였다.

그 집을 떠난 두 청년은 옥수수밭을 빠져서 그아래 왕가네 집을 찾았다. 거기에서도 같은 부탁을 한 두 청년은 기약을 변치 않기로 하고서 속거천리하였다.

이럭저럭 기약한 날 밤이 되였다.

주인장 늙은이는 술을 떠오고 저녁밥을 지어놓고서 식량을 가지러 오는 사람들을 기다리고있었다. 허나 밖에는 훈춘에서 홍수같이 몰려온 병정놈들이 마치 노란 버러지마냥 풀속에 엎드려있었다.

밤이 이슥하자 과연 기다리던 산사람들은 수십명이 내려와서 아래웃집으로 나누어 들어갔다.

그들이 들어가자 오만한 늙은이는 헛간앞에 쟁여놓은 쌀마대를 가리키며, 또 술상을 내놓으면서 갖은 너스레를 떨었다. 유격대원들은 베도자(배낭)를 벗어서 마당에 깔아놓은 멍석에다 내려놓고 둘러앉기도 하며 헛간앞의 풀단을 깔고 앉기도 하였다.

한 젊은 유격대원은 모기불에다 풀을 갖다 덮고는 그 집 아이를 붙들고 옛말을 해주고있었다.

「…동해바다 물속에 자그마한 섬나라가 있었다. 섬속에서 바다물만 보고 살던 원숭이는 항상 과일이 많고 넓은 땅이 욕심이 났댔단다. 그래서 원숭이는 있는 힘을 다 써가지고 바다를 건너서 넓고 좋은 나라로 갔단다. 그곳에 간 원숭이는 너무나 좋아서 까불고 헤매다가 그만 낮잠을 자고있던 사자를 노엽혔단다. 원숭이는 노한 사자에게 대가리를 쥐웠다. 아무리 바둥거려야 사자는 움쩍도 안하고 원숭이의 목숨은 그 순두부마냥 흐늘흐늘하여졌단다.」

그가 이야기를 그치자 옆에 앉아있던 유격대원의 아이에게 그 아저씨가 바로 사자라고 하였다. 그러니 만장에는 웃음보가 터졌다.

이때였다. 하늘에서 비둘기소리가 구구구 하니까 유격대원들은 일어섰다. 그러자 땅! 하는 권총소리가 한방 나더니 졸지에 총소리가 콩닦는것 같이 이쪽으로 퍼부었다. 유격대원들은 마당 끝에 꺽세게 들어서있는 역둑대(돌삼)속으로 들어갔다.

그 집주인 늙은이는 신호총소리와 함께 돼지굴같이 파놓은 굴속으로 뛰여들어가 숨었다. 총소리는 산천을 울리고 불총알은 늙은이네 집에다 불을 달아서 하늘을 밝히고있으나 맞불질소리는 종내 나지 않았다. 그러나 한참 있다가 총소리는 저절로 멎었다. 그래도 늙은이는 일어나지 못하고 불기둥만 보며 망설이고있었다.

툰장이 부르는 소리에 잠을 깬듯이 비비고 나온 늙은이는 마당에 쓰러져있는 산사람들의 시체가 즐비하려니 하고 우쭐거리며 나섰다.

그런데 노란 병정놈이 「고노야로(이놈자식)!」라고 왜가리질은 소리를 지르면서 얼굴에 불이 번쩍나게 귀뺨을 쳤다.

늙은이는 한번 얻어맞고서 마당을 자세히 돌아보니 한사람의 시체도 보이지 않았다. 왜병중의 긴 칼쟁이가 늙은이를 붙들고 꽥꽥거렸다.

「산놈들이 어디로 갔는지 모르느냐?」

「나리들은 총을 가지고 쏘면서도 못본것을 소인이 어찌 보아겠습니까? 저는 나리들이 하라는대로 하고 이곳에 엎드린후로는 모르겠습니다.」라고 대답했다.

「어디로 달아났는지 소리도 못들었느냐?」하고 물으니 늙은이는
「그런것은 못듣고 하늘에서 비둘기소리가 나는것만을 들었습니다.」 라고 대답할뿐이였다.
「하늘에서 비둘기소리?…」
「예!」
「그럼 정말 하늘로 날아갔단말이냐?」 라고 웨치더니 장교놈은 뺐던 사무라이 칼로 지붕의 서까래와 기둥을 서너번 갈겨대고서 밤새 이슬에 맞은 꼬리를 흔들면서 내려가고말았다.
그때부터 이곳 사람들은 항일유격대원들은 발바닥에 용수철이 달려있기에 눈깜짝새 하늘로 뛰여올라간다고들 말하면서 이와 같이 신출귀몰하는 항일유격대원들은 꼭 왜놈을 때려이길것이라고 기뻐하였다 한다.

정리: 길운

죽지 않는 사람

옥천동 감옥문을 한주먹에 부셔버리고 감옥에서 뛰쳐나온 지형이가 그날로 산에 들어가 동에 번쩍 서에 번쩍하며 왜병들에게 무리죽음을 주고있을 때 그의 사촌동생 지운이도 오늘은 여기 번쩍 래일은 저기 번쩍하며 왜놈들을 사정없이 족쳐댔다. 지형이의 사촌동생 지운이는 왜놈들과 싸우다 두번이나 투옥되였는데 한번은 밥사발로 간수놈의 대갈통을 까부시고 감옥에서 뛰쳐나왔고 또 한번은 간수놈한테서 담배불 빌어서 피우고는 연기와 함께 오간데 없이 자취를 감추었다.

그래서 오뉴월 독사마냥 독이 오른 왜놈들은 사처에 지운이를 잡아오는 자에게는 상금을 후히 준다는 통고도 내붙이고 숱한 개다리들을 풀어 동네방네 쏘다니며 서캐 훑듯하며 지운이를 찾게도 하고 거의 매일 토벌대를 내몰아서 서리발치는 총창을 받쳐들고 이 산에도 불질하게 하고 저 산에도 총질하게도 했다. 하지만 지운이는 지운이대로 힘꼴 좋은 산사람들을 데리고 먹을 량식도 져가고 왜놈들에게 불벼락도 안겼다. 그러니 통고는 통고대로 담장에 나붙어있을뿐 동네방네에 나가 쏘다니던 숱한 개다리들은 헛물만 켜고 토벌대는 이 산에 가 부러진 다리를 끌고 오지 않으면 저 산에 가 귀신이 되여 땅에 묻혔다. 일이 이렇게 되니 시어머니의 역증에 개배때기를 찬다는 격으로 지운이를 잡자던 왜놈들은 분풀이를 백성들에게 했다. 그들은 숱한 백성들을 몰아 산기슭에 세워놓고 검은 총아구리를 백성들에게 들이대며 관가에서 통고까지 내붙이고 숱한 목숨을 잃어가면서 지운이를 잡으려는데 관가와 맞서서 지운이에게 량식을 메워보내고 또 암암리에 그자와 통한자들이 있으니 오늘 이 자리에서 내통한자들이 나서지 않고 지운의 행방을 말하는자가 없으면 죄다 총살해버리겠다고 으르렁거렸다. 살아남은 개다리들이 이 사람의 멱살을 쥐여 흔들고 저 사람의 뺨을 후려치며 지운의 행방을 대라 족쳐대고 왜놈들은 시꺼먼 총구를 백성들의 가슴팍에 들이대며 지운이와 내통한자는 나서라고 야단을 쳤다. 하지만 산기슭에 끌려나온 사람들은 모른다고 도리질을 하지 않으면 묵묵불언하고있었다. 이렇게 되자 왜놈장관은 총을 든 병사들을 보고 당장 사격하라고 목이 째지는 소리를 쳤다. 바로 이렇게 아슬아슬한 찰나에 땅이 탕탕탕 울리고 산이 쿵쿵거리고 바람이 휙 몰아치더니 바람 타고 왔는지 땅에서 솟았는지 눈깜짝할새에 지운이가 총구앞에 선 사람들앞에 나타났다. 이 바람에 왜놈들은 깜짝 놀라 선자리에서 말뚝처럼 굳어져버렸는데 지운이가 추상같은 눈길로 그자들을 쏘아보며 입을 열었다.

「남의 땅에 기여든 죄만 해도 천추에 용서 못받겠는데 어찌하여 무고한 백성들에게까지 이런 행패를 부리느냐? 이제 이런 일이 다시 있으면 천벌을 면치 못할것이니 백성들을 돌려보내라!」

「무엇이? 애들아, 저놈이 지운이다. 어서 잡아라.」

왜놈장관의 령이 떨어지자 백성들 가슴팍에 총을 겨눠들엇던 왜병들이 번뜩이는 총창을 꼬나들고 벌떼처럼 달려들어 지운이를 붙잡았다. 이렇게 되여 지형이의 사촌동생 지운이는 세 번째로 감옥에 갇히게 되었다.

놈들은 지운에게 족쇄, 수쇄를 채워 감옥에 처넣고서는 그래도 안심되지 않아 숱한 병사들을 감옥담장두리에 한겹 두겹 열두겹 둘러세워놓고는 참새 한 마리 날아들지 못하게 하고 개미 한 마리 기여나오지 못하게 하였으며 옥문옆에는 날창을 뺘든녀석들을 삼대 세우듯 꼭 박아세워놓고 지운의 일거일동을 감시하게 했다. 그런데 옥에 갇힌 지운이는 옥에서 주는 밥을 집에서 상차려놓고 먹듯 달게 먹더니 숨놓기 바쁘게 감방바닥에 누워서 잠을 자기 시작했다. 지운이는 일년 365일을 눈 한번 붙여보지 못한 사람마냥 서리발치는 날창도 거들떠보지도 않고 눕자마자 드르렁드르렁 코까지 골면서 달게 자고있었다. 지운이가 드르렁드르렁 코고는 소리에 온 감방이 들썽들썽 했는데 지운이가 푸푸하며 내쉬는 날숨에 목침같이 큰쇠를 채운 철창문이 철컥하며 밀려나갔다가는 들숨에 철창문이 절커덩 들어와 닫기군 하였다. 이 바람에 옥졸들 빈대잡으러 가는 손가락처럼 꼿꼿이 서서 눈 한번 붙이지 못했다. 지운이는 긴긴 밤을 달게 자더니 날이 희붐히 밝아오자 눈을 번쩍 뜨고 일어나 앉았다. 옥졸들이 들여다보니 치켜 올라간 눈섭은 솔밭처럼 일어섰고 뚜릿뚜릿한 눈에서는 불이 들들 굴러떨어지는것 같았다. 그래서 옥졸들이 뒤로 주춤하는데 지운이가 「네 이놈들 듣거라.」하며 옥졸들을 불렀다. 그바람에 옥졸들은 당장 무슨 큰 변이라도 생길것 같아서 간이 콩알만해서 까만 눈만 판들거리고 섰는데 지운이가 등을 달았다.

「내 산에서 승냥이떼를 족치느라 밤잠도 제대로 자지 못했는데 지난밤에 너희들이 망까지 봐주는바람에 한잠 잘 잤다. 그러니 너들 상전에게 인사나 하고 가야 할게 아니냐? 그러니 어서 가서 너희들 상전에게 아뢰여라. 내가 좀 보잔다구.」

간이 콩알만해서 지운의 말을 듣고있던 옥졸들은 지운이가 인사나 하고 가겠으니 상전을 모셔오라는 말에 가슴에서 큰 돌덩이가 뚝 떨어지는것 같아서 얼굴이 백지장이 되여 어쩔바를 모르고 서있었다. 이때 또 지운이가 「들었느냐?」하는 소리에 한 옥졸놈이 정신이 번쩍 들어 저들 상전을 찾아 줄행랑을 놓았다.

이때 장관놈은 지형이를 잡지 못했어도 그의 사촌동생 지운이를 잡았으니 오늘 당장 그를 죽여 공산군의 기개를 꺾고 제 위력을 과시하려고 술상을 벌려놓고 술을 마시고있었다. 그런데 술 몇잔도 들기전에 옥졸놈이 들숨날숨 바로 가려 쉬지 못하고 뛰여들어와 방금 지운이가 하던 말을 고하는지라 삽시에 고추처럼 독이 올라 술상을 내리쳤다. 그리고는 옥졸놈더러 당장 감옥에 가서 지운이를 반주검이 되게 몽둥이질을 해서 사형장에 끌어내게 하라고 령하였다. 장관의 추상같은 령을 받은 옥졸들은 당장 지운이를 반주검이 되게 하려고 저마다 팔뚝같이 실한 몽둥이를 들고 옥에 뛰여들었다. 상전놈이 오기만 기다리며 옥에 앉아있던 지운이는 상전 대신 몽둥이를 들고 들어온 옥졸들을 보자 껄껄 웃으며 말했다.

「왜 이렇게 경거망동하는거냐? 몽둥이를 잘못 휘두르다간 제 몽둥이에 제가 맞아 넘어질테니 조심들 해라.」

지운이가 이렇게 말하니 옥졸들은 코방귀를 뀌며 약이 올라 풀풀 뛰였다. 제 아무리 축지법을 쓰며 동에 번쩍 서에 번쩍한다 해도 지금은 족쇄, 수쇄

차고 옥에 갇힌 신세요 담장밖엔 총칼을 든 병사들이 열두겹을 싸고있어 쥐도 새도 얼씬하지 못하는데 네놈이 어쩔테냐는듯 저마다 씩씩거리며 달려들었다. 옥졸들은 이를 악물고 몽둥이를 허공에 들었다가 힘나는대로 내리쳤다. 그런데 지운이가 악소리 한마디 지르자 그의 몸이 갑자기 쇠덩이로 변했는지 그렇게 사정없이 내려오던 몽둥이가 지운의 몸에 닿자 윙하고 다시 튕겨올라서는 눈을 뚝 부릅뜨고 몽둥이질하던 옥졸들의 이마를 딱 쳐서 쓸어눕혔다. 이렇게 옥졸놈들은 저마다 자기의 몽둥이에 얻어맞아 이리저리 너부러졌다.

　장관놈은 아침식사를 끝내고 인젠 지운이를 사형장에 내몰려고 병사들을 거느리고 감옥에 찾아왔다. 그런데 반주검이 되였으려니 한 지운이는 편편해 앉아있고 옥졸들이 혀를 가로물고 이리저리 쓰러져있는지라 장교놈은 분이 상투밑까지 치밀어 총을 들고 감옥문앞에 서있는 간수놈들을 볼이 비뚤어지게 뺨을 후려치고는 지운이를 총창으로 떠밀어 사형장으로 내몰았다. 밖에서 담장을 둘러싸고있던 병사들이 이번에는 담장을 둘러싸듯 지운이를 한가운데 세우고 사형장으로 나갔다. 총창에 밀려나온 숱한 백성들은 족쇄, 수쇄를 차고 사형장으로 나가는 지운이를 보자 머리를 떨구고 옷깃만 쥐여뜯었다. 장관놈은 이제 곧 만사람들앞에서 지운이에게 감장콩알을 먹이고 공산당의 기개를 꺾고 제 위엄을 떨치게 되는지라 서슬푸른 장도까지 차고 위엄있게 걸어나갔다. 하지만 지운이는 안색도 변하지 않고 름름한 태세로 철거덕철거덕 족쇄를 끌며 걸어갔다. 지운이는 사람들속에서 나는 흐느낌소리를 듣더니 고개를 번쩍 들고 사형장에 밀려나온 고향사람들을 바라보았다. 지운이는 한식경이나 말없이 고향사람들을 바라보더니 수쇄를 채운 두손을 허공에 버쩍 들고 산이 짝 갈라질 듯 악 하고 소리를 질렀다. 그 소리와 함께 지운의 손발에 채워놓았던 수쇄, 족쇄 토막토막이 되여 땅에 떨어졌다. 이바람에 총칼을 꼬나들고 지운이를 사형장으로 내몰던 왜병들은 물론 위엄을 떨치느라 뒤에서 큰 칼을 차고 걸어가던 왜놈장교까지 놀라서 두눈이 뒤집힌채 선자리에 말뚝처럼 서있었다. 순간 지운이는 한발을 훌쩍 내디디더니 눈깜짝할새에 산허리에 올랐다. 그제야 장교놈은 돼지 먹따는 소리를 지르며 빨리 지운이를 향해 사격하라고 고함을 질렀다. 숱한 총구들이 아가리를 열고 일제히 불을 토했다. 콩볶듯한 소리와 함께 수백발의 탄알이 비발치듯 산으로 날아갔다. 수백, 수천의 탄알이 산으로 날아오르니 산에 선 나무도 한대 성하데 없이 총알에 맞아 넘어지고 꺾어졌으며 바위돌은 총알에 맞아 번쩍번쩍 불꽃을 튕기고 지운의 옷은 총알에 맞아서 채가 되였다. 그래도 지운이가 넘어지지 않으니 놈들은 있는 탄알을 죄다 그에게로 퍼부었다. 비발같은 탄알이 바위에 맞고 땅에 박히여 돌가루를 날리고 흙먼지를 일으켜 산중턱은 뽀얀 안개에 덮인 듯 초연이 자욱하였다. 그런데 초연이 사라지자 죽어 엉망진창이 되었으리라 생각한 지운이가 름름한 자태로 산허리에 서있었다. 지운이는 허허 웃으며 왜놈장관과 병사들을 바라보며 옷을 툭툭 털었다. 그러니 수백발의 탄알이 팔소매와 바지가랭이를 따라 주르르 땅에 떨어져 수북하였다. 이 광경을 본 장교놈은 악에 받쳐 입에 거품을 물고 바르르 떠는데 산허리에서 우렁우렁한 지운의 말소리가 바람을 타고 탄알처럼 날아와서 장교놈의 귀청을 때렸다.

「내 오늘은 손을 쓰지 않을테니 곱도록이 돌아들 가거라. 이제 너희들이 준 이 탄알을 너희놈들에게 푸짐히 먹일 날이 있을테니 그날을 기다려라.」

이 말에 장관놈은 눈앞이 먹통같이 새까매져 선자리에서 허둥지둥하는데 모진 매에도 죽지 않고 비발치는 탄알속에서도 죽지 않고 꿋꿋이 서서 놈들의 탄알을 받아당하던 지운이는 후일을 기다리라는 말 한마디 남겨놓고는 다시 쳐다볼 새도 없이 연기 사라지듯 어디론가 오간데 없이 사라졌다한다.

정리: 박창묵

이름없는 소녀

　항일때 연변의 어느 왜군토벌대 병영에서 생긴 일이다.
　토벌대 장교놈이 토벌을 나갔다가 구사일생으로 거미줄같은 목숨을 겨우 붙여가지고 돌아온 날부터 밤이면 밤마다 괴상한 일이 생기였다. 그놈은 밤새껏 식은땀을 흘려가며 악몽속에서 허덕이다가 새벽닭이 「꼬끼오」하고 홰를 칠 때면 그 소리와 같이 「악」하는 비명을 지르며 놀라 깨군 하는데 그때마다 깨여나보면 머리맡에 「일제를 타도하자!」, 「일제는 이 땅에서 물러가라!」라는 삐라 두장이 꼭꼭 나붙어있는것이였다.
　시어미 역중에 개배때기를 걷어찬다고 이런 일이 있은 날이면 보초놈을 불러다가 볼이 비뚤어지게 귀쌈을 치고 두겹 세겹으로 보초를 증가했지만 꿈은 꿈대로 악몽이요, 삐라는 삐라대로 번듯이 나붙어 장교놈의 간담을 서늘하게 만들었다.
　눈껄이 뒤집힌 토벌대 장교놈은 이번에는 숱한 헌병과 병사들을 풀어 궂은 날 개 싸다니듯 싸다니며 수색을 하고 혐의자를 잡아다 온갖 문초를 들이댔으나 백지 한장 등사기 한대 찾아내지 못하고 헛물만 켰다. 그래도 이만큼 온 마을을 발칵 뒤집어놓았으니 그날 밤은 무사하리라 생각하고 다소 시름을 놓고 잠자리에 들었는데 꿈엔들 생각했으랴.
　「꼬끼오!」
　새벽닭 우는 소리에 장교놈이 화뜰 놀라 잠에서 깨여나보니 머리맡에는 또 전날과 한자 차이도 없는 삐라 두장이 나붙어있지 않겠는가.
　장교놈의 낯판대기에 애기주머니같은 근육이 뭉쳐서 푸들푸들 뛰였다. 악에 받친 장교놈은 그날 아침으로 불호령을 내렸다.
　「온 동네 사람들을 죄다 끌어다가 총살해라! 그놈들속에 공산당이 있어서 이런 일이 생기니 한놈이라도 놓쳐서는 안된다!」

상전의 령이 내리자 서슬푸른 총창을 빼든녀석들이 동네사람들을 총가목으로 떠밀며 사형장으로 내몰았다. 어린것들은 겁에 질려 어머니 품속에 머리를 파묻고 울고 로인들의 얼굴에서는 피눈물이 굴러떨어졌다. 몇몇 장정들은 속으로 이를 갈며「살인백정들의 대갈통을 벼락이나 내리치지 않느냐!」고 하늘을 우러러 탄식하였다.

동네사람들을 다 잡아오자 장교놈은 군도를 짚고 서서 사형장에 끌려나온 사람들을 쭉 훑어보았다. 그놈의 눈은 혈안이 되여 보기도 흉하였다.

「모두들 듣거라! 삐라를 붙인놈을 내놓으면 한놈이 죽고 그렇지 않으면 한놈때문에 모두가 죽으리라! 이제부터 3분이라는 시간을 준다! 다들 알아들었는가!」

장교놈의 말이 떨어지자 살인백정들이 총을 겨누어들었다. 시꺼먼 총구가 무고한 백성들의 가슴을 겨누었다. 장교놈은 시계를 들여다보고있었다. 쨀칵쨀칵 초침은 한바퀴 두바퀴를 돌았다. 2분이 지나갔다. 살인백정들의 식지가 방아쇠에 가닿았다. 쨀칵쨀칵 초침은 또 한바퀴를 돌기 시작했다. 숱한 사람들의 생사를 결정하는 한바퀴였다.

온 마을 사람들의 생사가 경각을 다투는 위기일발의 시각에 한 나어린 소녀가 당돌하게 사람들앞에 나섰다. 천만뜻밖에도 그 애는 동구밖 귀틀집 소녀였다. 사람들의 시선은 일시에 조명등처럼 그 애한테로 쏠렸다. 마을사람들의 죽음을 막아나선 사람은 분명 어른도 아닌 귀틀집 소녀였다. 이 고장에 이사온지 얼마 안되여 이 소녀가 이름이 무엇이며 어느때 어디서 량친부모를 잃고 할아버지네 집에 와 자라는지 사람들은 딱히 모르고있었다. 그래서 동네사람들은 이름 대신에 그 애를 귀틀집 소녀라고 친절하게 불렀다. 그만큼 귀틀집 소녀도 마을사람들과 각별히 다정하게 굴었다. 어른들을 대하면 허리굽혀 곱게곱게 인사하고 애들과 산에 나물 캐러 가거나 꽃 꺾으러 가면 언제나 뜯은 나물은 꼭같이 나누어가졌고 고운 꽃은 꺾어서 다른 애들의 손에 쥐여주군 하였다. 이처럼 나이보다 소행이 어른스러워 보는 이마다 그를 칭찬했다. 하지만 이 나어린 소녀가 대일본제국황군의 병영안에다 삐라까지 붙이리라고는 생각조차 못하였다.

너무나 급작스레 닥친 꿈같은 일에 왜놈장교도 어안이 벙벙하여 말은 못하고 그저 귀틀집 소녀를 노려보기만 하는데 소녀가 장교놈의 코밑에 바싹 다가나서며 야무진 소리로 말하였다.

「삐라는 내가 붙였어요. 마을사람들과는 관계없으니 죽일테면 날 줄여요!」

그렇게 어린 나이에 삐라를 붙였다는것도 믿어지지 않았지만 그보다 생과 죽음이란 무엇인지 알지도 못할 나이에 숱한 사람들의 죽음을 자기 한몸에 끌어들이는것이 더우 믿어지지 않았다. 장교놈은 깜짝 놀라 다시한번 소녀를 내려다보았다.

「그렇게 놀랄것까지는 없어요. 삐라는 확실히 내가 붙였어요..」

이렇게 되자 공산군잡이에 이골이 튼 장교놈은 소녀의 입을 열어 그의 뒤심이 되였을 지하조직의 비밀을 알아내여 더 큰 떡을 얻어먹어야겠다는 궁리가 번쩍 들어 파랗게 날이 선 군도를 빼들고 소녀의 앞에 다가서며 위협했다.

「음 알겠다. 그러면 대체 누가 시켜 삐라를 붙였느냐? 바른대로 말하지 않으면 죽여버릴테다!」

소녀는 조금치도 겁내지 않고 아주 태연스레 높지도 낮지도 않은 목소리로 대답했다.

「장관님, 장관님은 참으로 어리석어요. 새벽에 우는 닭이 누가 시켜서 울며 새벽에 뜨는 새별이 누가 시켜서 뜨는가요? 새벽녘이 되여 때가 되면 동녘에 새별이 뜨고 새벽닭이 홰를 치며 우는거애요. 알겠어요?」

「무… 무엇이?」

「그래 대일본제국의 당당하신 장관님께서 이 나라 나어린 소녀의 말도 못알아듣는가요?」

장교놈의 코수염이 바르르 떨렸다. 수치라도 무서운 수치를 당하였다. 장교놈의 상판에 졸지에 독기가 어렸다. 그놈은 빠드득 이를 갈았다. 하지만 소녀는 아랑곳하지 않고 그를 쳐다보지도 않았다. 소녀는 조용히 동녘하늘을 마주서서 입을 열었다.

「아버지, 어머니, 이 딸도 아버지 어머니처럼 일제놈들과 싸우다가 이제 곧 아버지, 어머니 품으로 찾아갑니다. 아버지 어머니!」

소녀의 눈에서 구슬같은 눈물이 방울지어 굴러떨어졌다. 이윽하여 소녀는 눈물을 씻고 돌아섰다. 그는 장교놈에게 눈총을 쏘며 입을 열었다.

「더 할말이 없다. 어서 죽여라! 하지만 나 한사람을 죽인다고 네놈들이 편안할줄 아느냐?」

사형장에 끌려나오 사람들이 물결처럼 밀려나왔다. 소녀의 할아버지가 소녀를 피타게 불렀다.

「애야―」

왜군병사들이 총박죽으로 밀려오는 사람들을 막았고 구두발이 사정없이 소녀의 할아버지를 찼다.

「좋다!」

서리발치는 군도가 허공에서 번쩍하고 번개를 치며 윙 우뢰로 울었다. 소녀의 머리가 뭉청 나떨어졌다. 그러나 바로 그 순간에 소녀의 목을 내리친 그 장교놈은 피묻은 장검을 땅에 떨구고 눈을 까뒤집으며 뒤로 벌렁 나자빠졌다. 머리 떨어진 소녀의 시체가 넘어지지 않고 그냥 장교놈의 앞에 우뚝 서있었던것이다.

그날 저녁부터였다. 장교놈이 자리에 누워 눈을 붙이기만 하면 이름없는 그 귀틀집 소녀가 나타나서 산천이 쩡쩡 울리게 소리를 쳤다.

「이놈아, 편안히 누워 잘줄 알았느냐? 어서 이 칼을 받아라!」

새파랗게 날이 선 날창이 숨통을 콱 찔렀다. 그바람에 장교놈이 또 「악―」 하는 외마디 소리를 지르고 일어나면 이번에는 머리맡에 두장의 삐라가 붙어 펄럭거리며 「일제를 타도하자!」, 「일제는 이 땅에서 물러가라!」 하고 웨쳐대는통에 넋을 잃고 쓰러지군 하였다.

이렇게 밤마다 소녀의 날창에 찔리고 삐라장에 놀라다보니 왜군 장교놈은 나중에 미치광이가 되고말았다. 그래서 백주에도 쩍하면 「악―저놈의 날창… 악―저놈의 삐라…아이구 귀신이야…목떨어진 저 계집애 … 아이구 나 죽는다!」하고 허튼소리를 쳐댔다.

그러던 어느날 새벽 동녘하늘에 새별이 뜨고 새벽닭이 「꼬끼오!」 홰치며 올 때 그 왜놈장교놈은 「악!」 소리와 함께 피를 물고 그 자리에 쓰러져 죽어 벼렸다 한다.

정리: 박창묵

교묘하게 적들의 무장을 해제

항일무장투쟁시기에 생긴 이야기라고 한다.
그때 남하마탕 전하촌에는 위만주군 마계림보위환이 둥지를 틀고있었다. 그들은 무기가 좋은것을 턱대고 항일유격대 주둔지 코앞에 진을 치고는 늘 밉살스럽게 놀았다. 그자들은 일제침략자와 싸우는 항일유격대의 장애물이였다. 동북인민혁명군 제2군 독립사 제3퇀 퇀장 반진성은 이 장애물을 없애려고 낚시줄을 길게 늘여놓고 고기를 낚는 계책을 썼다.
1934년 어느날이였다. 람루한 옷차림에 얼굴에 때가 덕지덕지한 한 소년이 마계림을 보자 활등처럼 허리를 굽혀 인사하고는 가련하게 말하였다.
「나리님, 소인은 산동에서 밥을 빌어먹으면서 여기까지 죽지 않고 왔어요. 이젠 더 갈래야 갈수도 없고 또 갈데마저 없습니다. 나리님께서 소인을 불쌍히 여겨 이 집에 남겨 밥술이나 뜨면서 살아가게 해주옵소서. 소인이 나이는 어려도 아무 일이나 다 할수 있습니다.」
마계림은 소년을 이모저모 깐간히 뜯어보았다. 람루한 옷차림은 거지같았지만 균형잡힌 몸은 탄탄하고 령리하게 생긴 얼굴에 광채도는 눈은 별처럼 빛을 뿌렸다. 신변에 두고 심부름이나 시키는데는 나무랄데가 없다고 생각한 마계림은 만족스러운 웃음을 지었다. 류랑소년은 일을 곧잘 했다. 아침 일찍부터 저녁 늦게까지 부지런히 뛰여다니면서 마른 일 궂은 일 가리지 않았다. 날이 갈수록 마계림의 신임을 얻게 된 소년은 지어 병영에 드나들고 병사를 불러 령을 내리는 심부름까지 들게 되었다.
봄기운이 채 가시기전인 어느날이였다. 소년은 「삼촌」에게 편지를 부치겠노라 마계림한테 말미를 맡고 병영을 빠져나왔다. 소년은 방퇀장이 보낸 리임철을 만나 보위환의 내막을 속속들이 이야기하고는 그에게서 병퇀장이

주는 새 임무를 맡고 돌아왔다.

손꼽아 기다리던 5월 7일이였다. 기다리던 「삼촌」께서 편지가 오자 소년은 좋아라고 그 편지를 들고 가 마계림앞에서 봉투를 뜯고 랑랑한 목소리로 읽어드렸다.

「…요즘 나는 그곳에 가서 너도 보고 또 너의 마퇀장님께도 감사의 인사를 올려야 하겠다. 마퇀장님께 안부 여쭈어라…」

마퇀장은 「삼촌」되는 사람이 자기 보러 온다니 좋아서 빙글거렸다.

어느덧 약정한 날이 왔다. 방퇀장은 통신원을 데리고 몰래 강변의 버들숲을 헤치고 물을 건너온후 부대를 전하촌 부락앞에 매복시키고 마계림네 병영으로 향했다. 두사람이였다. 하나는 「삼촌」으로 가장한 방퇀장이였고 다른 하나는 「삼촌」의 아들로 가장한 방퇀장의 통신원인 리임철이였다. 방퇀장은 리임철에게 약담배, 술, 사탕, 과자 등 선물보자기를 들게 하고는 앞에서 건정건정 걸어갔다. 방퇀장이 보초군을 보고 말하였다.

「이 애는 내 아들이오. 마퇀장님의 시중군애는 내 조카요. 조카도 보고 마퇀장님께 인사도 드리자고 왔소.」

문보초는 소식을 알리자 진작 들었는지라 두말없이 마퇀장한테로 안내했다.

마계림은 반갑게 그들을 맞았다. 그리고는 한상 풍성하게 차려서 그들을 접대하였다. 방퇀장은 마계림을 보고 례절스럽게 말했다.

「우리 부자가 이번에 천리타향 예까지 와서 마퇀장님의 이렇듯 후한 접대까지 받고보니 감사의 말은 일구난언입니다. 저도 다소라도 장관님의 은혜는 갚아야겠는데 그저 저그마한 본지 특산밖에 가져오지 못하여 죄송합니다. 약소하나 마퇀장님께서 맛이나 본다면 저희는 무쌍한 영광으로 생각하겠습니다.」

말을 마치자 방퇀장은 큼직한 약담배봉지를 정히 넘겨주었다. 약담배에 인이 박힐대로 박힌 마계림은 약담배봉지를 보자 입이 함박만해졌다.

이윽하여 두사람은 베개를 베고 누웠다. 견물생심이라고 약담배를 보았으니 약담배를 피워야 했다. 방퇀장은 마계림의 권고를 이기지 못하여 약담배를 피우는체하였다. 마계림은 방퇀장의 약담배 피우는걸 건너다보더니 머리를 저으며 괴이쩍게 생각했다.

「그 아까운 약담배연기는 왜 내뿜어버리시오? 약담배는 연기를 배속으로 쭉 들켜야 맛이 난답니다.」

방퇀장은 웃으며 대답했다.

「웃지 마시우. 약담배를 배운지가 얼마 안되여 상기 잘 피울줄 모릅니다.」

서로 이야기를 주고받는데 그사이에 보위퇀의 병사들까지 달려들어 서로 다투어가면서 약담배를 피워대는통에 온 방안에 연기가 아침안개 끼듯 자욱하였다.

시중군 애와 통신원 리임철, 이들「사촌형제」는 담배와 차를 나르느라 분주히 들락날락하였다. 그러다가도 기회를 타서 밖에 나가 련락을 하기도 하고 밖의 정황을 눈짓으로 알리기도 하였다.

마계림은 약담배에 취하여 게나른해서 잠들기 시작했다. 심부름 들던 소년은 방퇀장을 보고 머리를 끄덕여보이더니 바람같이 밖으로 달려나갔다. 소년은 번개같이 밖의 문지기를 쓸어눕히고 매복한 3련의 전사들을 쥐도 새도 모르게 마계림 방의 마당에까지 인도해왔다. 그리고 소년은 집안에 들어와 방퇀장에게 눈짓했다. 방퇀장은 품에서 권총을 빼들었다. 리임철이도 권총을 빼들었다. 시꺼먼 권총아구리가 마가놈의 가슴팍을 겨누었다.

「꼼짝 말엇!」

마계림은 와들와들 떨었다. 독에 빠진 쥐 신세였다. 동시에 3련의 전사들은 하늘에서 내린듯 땅에서 솟은듯 병실로 돌격해들어갔다. 불의의 봉변이라 그놈들은 무당처럼 떨기만 하면서 총 쏠 엄두도 내지 못하였다. 3련의 전사들은 총 한번 쏘지 않고 40자루의 보총, 4자루의 권총, 두문의 소형포, 몇상자되는 탄알을 로획했을뿐아니라 이밖에 식량과 옷도 적지 않게 앗아냈다.

장애물이 사라지자 항일유격대는 장백산을 주름잡아 동에 번쩍 서에 번쩍 일제침락자들에게 무리주검을 안겼다한다.

정리: 김일

눈물에 젖은 춤

항일시기에 왕청 한 시골에 열세살 나는 한 소녀가 있었다. 얼굴이 꽃같이 곱고 몸매 또한 물찬 제비같은 그는 춤까지 잘 추어 어려운 나날에도 사람들에게 웃음을 가져다주었다. 소녀는 아동단원이였다. 아동단원 그는 같은또래의 애들을 데리고 늘 항일밀영지에 찾아가 나풀거리며 춤을 추어 항일에 떨쳐나선 우리의 전사들을 기쁘게 하였다. 그래서 왕청일대에서 일제침략자와 싸우던 우리의 항일전사들은 그를 모르는 사람이 없었다.

한번은 이런 일이 있었다.

어느날 우리의 항일전사들은 수비대놈들이 대북구를 지나간다는 정보를 듣고 그놈들을 소멸하려고 대북구 뒤산에 매복하고있었다. 그때 마침 밀영에 찾아갔던 소녀는 우리의 항일전사들이 용맹을 떨치며 수비대놈들을 멋지게 쓸어눕히는것을 볼 생각이 불붙듯했다. 소녀는 항일전사들속에 섞여 산에 가서 숲속에 몸을 숨기였다.

시간이 되자 수비대놈들이 총을 둘러메고 개잡은 포수처럼 우줄렁거리며 산골짜기에 들어섰다. 놈들은 독안에 든 쥐였다.

「땅땅땅…」

항일전사들의 맹렬한 사격이 시작되였다. 총소리는 콩볶듯했고 총구에선 총알이 비발치듯 날아다가 거들먹거리며 산골짜기에 들어선 수비대놈들을 삼대 쓸어눕히듯 모조리 쓸어눕혔다. 골짜기에서는 놈들의 비명소리가 어지럽게 들렸고 산에서는 우리 항일전사들의 승리의 함성이 울려 만리창공에 퍼져갔다.

소녀는 뛸듯이 기뻤다. 그는 벌떡 일어나 덩실덩실 춤을 추었다. 헌데 산비탈에서 좋다고 춤을 추던 소녀는 미끄러져 넘어지면서 산비탈에서 몇고패 구을렀다. 그바람에 팔이 끊어지고 손이며 얼굴의 살가죽이 나무에 찔리고 긁히여 상처에서는 시뻘건 피가 흘러내렸다.

우리의 항일전사들이 달려갔다. 어떤 전사는 다급한 나머지 자기 옷을 쫙쫙 찢어 소녀의 상처를 싸주었고 어떤 전사들은 얼굴에 흐르는 피를 닦아주었다. 한 전사는 다급하게 뛰여가 소녀를 끌어안았다. 절골된 팔이 허공에서 거들거렸다. 그제야 전사들은 소녀의 팔이 끊어졌다는것을 알았다. 어느 한 전사는 다급히 소리 질렀다

「절골이요. 어서 빨리 애를 내려놓고 끊어진 뼈를 이어야 하오.」

몇몇 전사들이 소녀의 뼈를 이어주겠다고 곧은 나무를 찾아 베고있었다. 소녀를 안았던 전사가 소녀를 내려놓았다. 그런데 소녀는 전사들앞에서 신음소리 한번 내지 않고 오히려 전사들을 둘러보며 피흐르는 얼굴에 미소를 지어보였다.

「아저씨들, 잠간만 기다려주세요. 제가 아저씨들이 용맹을 떨치며 수비대 놈들을 멋지게 쓸어눕힌걸 보니 기뻐서 막 춤을 추고싶어요. 아저씨들은 몸에 부상을 입고도 일제침략자와 싸우는데 제가 춤이야 못추겠어요. 자, 봐주세요!」

소녀는 상한 팔은 몸에 딱 붙이고 성한 팔을 절주있게 나풀거리며 맵시곱게 춤을 추었다. 춤추는 소녀의 얼굴에 환한 미소가 어렸다. 새별같은 눈에서 해맑은 빛이 흘러나왔다. 소녀는 꽃나비처럼 나풀거리며 춤을 추었다. 춤을 추는 소녀의 얼굴에는 콩알같은 땀방울이 떨어졌다. 모진 아픔이 콩알같은 땀방울로 솟아 떨어졌다. 눈물없이는 볼수 없는 춤이였다. 전사들은 저마다 눈물을 흘리며 소녀가 추는 춤을 보고있었다. 소녀의 춤은 눈물에 젖었다. 전사들의 얼굴도 감격의 눈물에 젖어있었다.

정리: 박창묵

배낭을 멘 두 젊은이

「9.18」사변이 있은 뒤였다. 날마다 로송령의 홍송을 박아실은 기차가 목도선에서 흰 김을 뿜어내며 달리고있었다. 이것은 일제침략자들이 장백산 북부지방에 대한 목재수탈이였다. 하지만 그자들은 이것도 성차지 않아서 가야하에 떼목까지 띄웠다.

그러던 어느 하루였다. 그해따라 봄장마가 지면서 강물이 많은데다 강도 넓어져서 목재가 가야하를 따라 꼬리에 꼬리를 물고 흘러내렸다. 그런데 이 날 일은 생기고야말았다. 거침없이 떠내려오던 목재가 소황거우 백바위에 거의 당도하게 되였는데 그만 큰 버드나무에 걸려 뒤에 내려오는 떼목들의 길을 막았다. 봄장마에 강이 불어 강기슭도 강심이 된 때라 일이 이렇게 되니 물길따라 떠내려오던 목재들은 걸린데 덧걸리고 쌓인데 덧쌓여 목재더미는 산더미를 이루고 물은 불어서 골짜기를 메우면서 바다를 이루었다.

꼬리를 물고 떠내려오던 목재가 내려오지 않으니 목재를 걷어들이던 일본십장놈은 안달아나서 더는 기다리지 못했다. 그는 무슨 일이라도 생긴줄 알고 권총을 찬 저들 경찰 두놈을 앞세워가지고 가야하를 거슬러 훑기 시작했다. 그들은 소황거우 백바위 있는데 이르러서야 목재가 버드나무에 걸리는바람에 일이 생겼다는것을 알았다. 머리가 팽이처럼 뱅뱅 돈다던 십장놈도 자기 힘으로는 쌓이고 덧쌓인 떼목을 풀 방도가 없었다. 십장놈은 총을 든 경찰을 앞에 내세워가지고 조선인 떼목군들더러 떼목을 풀라고 내몰았다. 그런데 떼목 풀러 들어간 사람은 있어도 떼목을 풀고 나온 사람은 한사람도 없었다.

떼목은 풀리지 않고 날자는 지나 하루, 이틀, 사흘이 되였다. 다급해난 일본십장놈은 아는것도 돈이요. 머리에 찬것도 돈이라 돈이면 덧쌓인 떼목을 풀리라 생각하고 상금을 내걸었다. 처음에는 2천원을 내걸었다. 나서는 사람이 없었다. 5천원을 내걸었다. 그래도 나서는 사람이 없었다. 8천원을 내걸었다. 그래도 떼목을 풀겠다고 나서는 사람은 그림자도 보이지 않았다. 이 험악한 세상에 목숨까지 내걸고 돈을 벌자는 사람은 없었다. 십장놈은 상금으로 돈 만원을 내걸며 가근방 사람들을 내보내여 이 일을 여러 사람들에게 알리게 하였다.

이튿날이였다. 중천에 걸렸던 해가 서산에 비뚤어지기 시작했는데 배낭을 멘 낯모를 두 젊은이가 강가에 찾아와서 십장을 보고 자기들이 떼목을 풀겠노라 하였다. 십장놈이 배낭을 멘 두 젊은이를 보니 몸집은 떡판같이 실팍하지는 않아도 눈에 초롱이라도 단듯 정기가 돌았다.

「그래 너희들이 저 떼목을 풀겠다는말이지?」

「우선 돈 만원을 내놓으시오. 그리고 떼목은 풀테니까 돌아갈 때 무사히만 돌아가게 해주시오.」

「글세 떼목만 풀어라!」

「우리 요구대로 해주겠다는거지요. 그럼 우선 돈 만원을 내놓으시오.」

떼목을 풀자는 사람이 있으니 긴말을 할 새도 없었다. 십장놈은 더는 서슴지 않고 돈 만원을 내놓았다. 한 젊은이가 돈 만원을 받아서 배낭속에 넣어 메는데 다른 한 젊은이가 경찰의 허리에 찬 권총을 가리켰다.

「그 권총도 주시오!」

「권총을?」

「우린 떼목을 풀고 돈을 가지고 가겠는데 그때 당신들 손에 그 권총이 있으니 우리가 안전하게 돌아갈수 있겠수? 떼목 풀고 죽으면 돈은 당신네 것이 아니유.」

그럴듯한 리유였다. 하지만 경찰녀석들은 쉽사리 자기들이 찬 권총을 내놓으려 하지 않았다. 그러니 십장놈이 무슨 꾀가 번개같이 떠올랐는지 경찰들의 귀에 대고 소곤거렸다. 경찰놈들은 십장의 귀속말을 들으며 방아대가리처럼 머리를 련속 끄덕여대더니 권총속에서 총알을 꺼내놓고 빈 권총 두자루를 넘겨주었다. 권총까지 받아서 배낭에 넣으니 일은 생각대로 되였다.

두 젊은이는 배낭을 메자 물새처럼 통나무우를 나는듯 건너가더니 목재가 걸린 큰 버드나무곁에 가서 배낭을 내려놓고 그 배낭을 풀어헤쳤다. 그들은 배낭속에서 굵직한 「진드레」를 꺼내더니 버드나무에 구멍을 뚫었다. 그리고는 그 버드나무 구멍에 남포약을 다져놓고 빙그레 웃으며 담배를 붙여물었다. 강가에 구경나온 사람들이 인산인해를 이루고 두 젊은이를 바라고보있었다. 십장놈과 경찰들도 두 젊은이를 지켜보고있었다.

이때 두 젊은이는 도화선에 불을 달았다. 도화선이 찍찍 소리를 내며 타 들어갔다. 두 젊은이는 또 들어갈 때처럼 통나무를 이것저것 옮겨 밟으며 질풍처럼 달려나왔다. 「쿵」하는 굉장한 소리와 함께 산이 들썽하더니 버드나무가 산산쪼각이 되여 하늘로 날아올랐다. 그러자 걸리고 쌓였던 통나무떼가 와그르르 무녀져 내려갔다. 강가에 모여 구경하던 사람들은 환성을 올렸다. 십장놈은 너무도 기뻐 세찬 물결을 타고 흘러가는 떼목을 바라보았다. 순간경찰들도 환호성에 취하여 흘러가는 떼목만 보고있었다.

시간이 이윽히 지나갔다. 그때에야 십장놈과 경찰들은 정신이 번쩍 들어 배낭을 멘 두 젊은이를 찾았다. 그러나 강가에서는 그들의 그림자조차 찾아볼수 없었다. 배낭을 멘 두 젊은이는 항일유격대원이였다. 그들은 그때 벌써 축지법이나 쓴듯 벌써 산고개를 넘어 사방대(四方臺)유격구를 향하여 가고있었다.

정리: 김일

가야하도 울었다

1930년대에 있은 이야기다.
  그때 가야하강반에 30여호 모여사는 자그마한 마을이 있었다. 헌데 마을은 작아도 농사하는 사람들이 일제침략자들이 무시로 덮치는바람에 편히 마음놓고 농사일도 하지 못하였다.
  어느 하루였다. 이 강역마을에 일제토벌대가 쳐들어온다는 소문이 왔다. 사람들이 이 소식을 얻어들은 때는 밝은 대낮도 아닌 밤이였다. 토벌대가 쳐들어오면 집에 마구 불을 질러놓고 재물을 빼앗아갈뿐아니라 부녀자들을 강탈하고 사람들을 닥치는대로 죽인다는것을 이 마을 사람들은 너나없이 잘 알고있었다. 사람들은 당황하여 어쩔바를 몰랐다.
  밤이 깊어가는데가 밤으로 쳐들어온다는 급보를 받았으니 별수가 없었다. 이 동네에 사는 한 로인이 나서서 먼저 토벌은 피해놓고 보자면서 사람들을 데리고 상변 버들숲에 가 숨게 하였다. 마침 그때는 륙칠월 록음방초 우거지는 때라 버들이 우거지고 풀들이 키높이 자란데다 밤이여서 온 동리 사람들이 버들숲속에 숨어도 눈에 뜨이지 않았다. 불행중 다행으로 버들숲에 나와 숨고보니 밤만은 무사히 지낼것만 같아서 사람들은 동리쪽만 바라보고있었다. 이윽고 토벌대가 마을에 뛰여들었다. 삽시에 온 동리가 불바다가 되고 닭개짐승들이 불바다속에서 소란스럽게 울어댔다.
  토벌대놈들은 온 동리를 불바다로 만들고는 동리사람들을 잡으려고 혈안이 되여 동리안팎을 마구 뒤지였다. 하지만 마을에는 사람의 그림자도 하나 보이지 않았다.
  토벌대 대장놈은 앞에는 앞잡이를 세우고 뒤에는 토벌대병사들을 거느리고 강역으로 오고있었다.

「이녀석 그래 그새 공산군녀석들이 백성들을 한사람도 남기지 않고 다 끼여갔단말이냐? 이놈들이 대체 하늘에 솟았나 땅에 잦아들었나말이야?」

토벌대 대장놈이 앞에서 걸어가는 개다리를 보고 으르렁거리는 소리였다. 그 소리를 들으며 사람들은 숨을 죽이고 길가를 내다보았다. 검은 그림자들이 언뜰거렸다.

「글쎄올시다.」

「글쎄라니 뭐야? 대체 어디로 도망갔어?」

개다리놈이 머리를 긁적거리며 한참이나 대답이 없었다.

「왜 대답이 없어?」

「이 산골짜기로 해서 산에 도망친게 분명합니다. 갈데가 없습니다.」

「뭐 이 골짜기로?」

「네, 네…」

「산골짜기에 대고 사격!」

토벌대 대장놈이 개다리 말을 듣고 령을 내리자 시꺼먼 총구가 불을 토하고 총소리는 콩볶듯했다. 놈들은 한식경이나 실히 잘되게 눈면 총을 쏴대였다. 그래도 사람들이 들어갔다는 그 산골짜기에서는 아무런 반응도 없었다.

「응아응아…」

놈들이 미친 총을 마구 쏘는바람에 한 녀인의 품에 안겨 버들숲에 숨어있던 애가 그만 울음을 터뜨렸다. 총소리와 어린애 울음소리가 함께 나서 천만다행으로 놈들은 어린애의 울음소리를 듣지 못하였다.

녀인의 가슴에 얼음장이 쪽 건너갔다. 헌데 애는 애대로 발버둥을 쳐가며 더욱 크게 울어댔다. 이제 그 소리를 토벌대놈들이 듣는 날이면 그 어린애 울음소리때문에 온 동리 사람들이 무리죽음을 당할것이였다. 녀인은 정신없이 애에게 젖꼭지를 물리며 애를 달랬다. 헌데 놀라서 울음을 터진 애는 물라는 젖꼭지는 물지 않고 죽기내기로 울기만 했다. 버들숲속에 숨어있는 모든 사람들의 눈길은 모두 그 애에게 쏠리였다. 몇몇 안로인들은 보고만 있을수 없어 옆에 가서 애를 달랬다. 죽는 사람에게 백약이 무효라더니 우는 애에게는 방도도 없었다. 어디선가 한숨소리 뒤끝에 푸념하는 소리가 나서 애 어머니의 귀전을 쳤다.

「후유 애두 원, 인젠 우리는 저 애 때문에 죽게 됐수다. 할수 없지. 철없는 애가 이걸 알면 울겠수.」

「그야 그렇지만도…」

아래말은 애 어머니를 나무람하는 소리 같은데 말하는 사람이 그까지 말하고 아래말을 입속에 삼켜버렸다. 그바람에 애 어머니는 정신을 번쩍 차렸다. 품에 안은 어린것 하나 귀하다고만 붙들고만 있다가는 온 동리 사람들의 생명을 해칠수 있었다. 애 어머니는 우는 애를 젖가슴에 꽉 끌어안았다. 그러니 애가 발버둥질하며 배를 마구 걷어찼다. 숨이 막힌 애는 머리를 좌우로 비틀어댔다. 애 어머니는 너무도 안타까와 애만 바라보다가 저도 모르게 두손을 늦추어버렸다. 그러자 애가 숨이 열리면서 울어대는데 그 울음소리는 온 동리 사람들의 가슴을 긁었다.

「안되겠소. 우린 죽었수다.」

애 어머니는 그 소리에 또 정신이 아찔해났다. 총소리가 차츰 뜸해지기 시작했다. 그대로만 있으면 당장 그 애의 울음소리가 토벌대 대장놈의 귀에 들어갈판이였다.

위기일발의 시각이였다. 애 하나의 울음소리에 온 동리사람들의 생명이 오락가락하게 되였다. 어머니는 모진 마음을 먹었다. 그는 우는 애의 입을 포대기로 밀막아가지고 배밀이로 강역에 나갔다.

밤, 어두운 밤이였다.

가야하 검푸른 물결은 쏴—쏴 소리치며 흘러갔다. 애 어머니는 입술이 터지도록 옥물더니 헌 포대기로 애 입을 막은 그대로 어린애를 물속에 처박았다. 그리고는 차마 그 광경을 볼수 없어 눈을 감아버렸다. 가야하 검푸른 물결우에 애 어머니의 피눈물이 뚝뚝 떨어져 강물을 적시였다. 출렁이는 물결소리는 사람들의 가슴을 쳤다. 가야하도 구슬피 울면서 저 멀리 두만강을 향하여 흘러갔다.

어느때가 되였는지도 몰랐다. 토벌대의 총소리도 멎고 그토록 으르렁대며 살판치던 살인백정들도 그림자도 남기지 않고 가버렸다. 마을사람들이 녀인한테 욱 몰려와 녀인을 부축하였다. 녀인은 소리치며 죽은 어린애를 품에 안고 울었다. 마을사람들도 소리치며 울었다. 가야하도 애처로운 울음소리를 담아싣고 흐르며 구슬피 울었다.

 동리사람들은 죽은 어린애를 양지바른 곳에 묻었다. 헌데 누가 어느때 심어놓았는지 불과 삼년도 지나지 않아 봄이오니 무덤가에 빨간 진달래가 피여났다. 이곳 사람들은 누가 그 진달래를 심었는가 묻지도 않았다. 저마다 가지고있는 마음이였다. 그리하여 이 고장 사람들은 이 무덤가에 피여나는 진달래를 볼 때마다 그때 그 이야기를 길이길이 전하면서 강역마을 이름 없는 한 녀인의 이야기를 오늘에까지 전하여왔다.

정리: 박창묵

헝겊뽈

1930년대 왕청현에서 있은 이야기다.

왕청 쟈피거우 동산리라는 마을에 김봉학이와 김봉호라는 두형제가 아버지 슬하에서 의좋게 살고있었다.

어느 하루, 들에서 돌아오신 아버지가 형 봉학이를 불렀다.

「너도 인젠 열한살이니 코빼는 애가 아니다. 오늘 오후 동생을 데리고 마촌 외삼촌네 집에 갔다 와야겠다. 갈 때 중요한 비밀쪽지를 가지고 가야겠는데 자신이 있느냐?」

아버지의 말이 떨어지자 봉학이는 「예」 하고 대답하였다.

아버지는 방에 들어가시더니 두꺼운 누런 종이에 비밀암호로 쓴 쪽지 한장을 쥐고 나와 봉학의 웃옷속에 넣어주면서 조심해 갔다 오라고 신신당부하였다.

봉학이는 대두처 강물이 굽이치는 강기슭을 따라 봉호를 앞세우고 쏘베트근거지 마촌을 향해 걸었다. 얼마쯤 걸었는지 어느새 금성촌마을이 바라보였다. 금성촌은 동산리와 마촌 사이에 있는 부락인데 자위단과 일본경찰놈들이 둥지를 틀고 앉아 행인을 단속하기로 소문난 마을이였다.

(이 쪽지가 발각되면 어쩐담?)

봉학이는 슬그머니 근심이 들었다. 이때 형님의 낯빛을 살펴보던 동생 봉호가 제격 베저고리 호주머니에서 헝겊뽈을 내놓았다.

「헝겊뽈?!」

봉학이는 영문을 몰라 어리둥절할 때 봉호는 히쭉 웃더니 헝겊뽈 매듭을 찾아 풀기 시작하였다.

「그렇지!」

봉학이는 그제야 여덟살나는 동생의 꾀가 기특하다는것을 느꼈다.

봉학이와 봉호는 헝겊뽈을 풀어헤치고는 거기에 쪽지를 넣은후 다시 단단히 뽈모양을 만들었다. 헝겊뽈이 다시 둥그래지니 마음도 한결 든든해지는것만 같았다.

또 한 언덕을 넘으니 금성촌 토성어구에 이르렀다. 이때 봉호가 호주머니에서 헝겊뽈을 꺼내여 땅에 둘둘 굴리다가 봉학이에게 넘겨주었다. 봉학이는 눈치를 알고 헝겊뽈을 보초가 서있는 대문앞으로 냅다 찼다. 그러자 헝겊뽈은 굴러서 보초막을 지나 길옆 도랑으로 데굴데굴 굴러가다가 풀숲에 딱 멈춰섰다.

이때 두 아이를 발견한 보초놈은 「게 섰거라!」하고 고함을 지르면서 봉학이와 봉호를 막아섰다. 보초놈은 두 형제의 아래우를 훑어보더니 어디로 가는가고 물었다. 두 형제가 마촌 외가집으로 놀러 간다고 하니 보초놈은 두 형제를 앞에다 세워놓고 더욱 깐깐히 살펴보았다. 늦가을이지만 베옷 한겹만 걸쳐입은 그들의 몸에는 아무것도 없었다. 꼬물만한 건덕지도 잡아쥐지 못한 보초놈은 그들을 마구 막아버릴수 없는지라

「너희들 돌아갈 때 마촌의 정황을 보고해야 한다. 그곳은 몽땅 공산당이란말이다.」라고 하고는 그들 형제를 마을에 들여보내는수밖에 없었다.

봉학이와 봉호는 보초놈이 들어가자 풀속에서 뽈을 다시 찾아 서로 받아차면서 마촌에 이르렀다.

헝겊뽈속의 쪽지를 받아 본 외삼촌은 두 아이들의 꾀를 칭찬하면서 커서 꼭 훌륭한 혁명가가 되라고 부탁하였다.

그 이튿날 자피거우로 목재 실으러 갔던 왕청의 자위단과 일본놈들은 마촌혁명근거지로부터 밤새 산을 타고 넘어온 유격대들의 감쪽같은 매복전에 걸려 시체와 총을 버리고 황망히 도망쳤다는 소식이 동산리에도 전해왔다.

정리: 김일

유격구로 보내온 약상자

해방전 왕청현 서위자라는 곳에 김씨성을 가진 두형제가 살고있었다. 소작살이를 하는 신세라 살림이 째지게 가난하다보니 자연히 남보다 눈을 먼저 떠서 추수투쟁 때는 형제간이 다 시위대렬에 떨쳐나섰다.

이때로부터 두 형제는 남몰래 항일조직에 가담하여 때로는 망도 보고 때로는 통신련락도 하였다. 이러구러 세월이 흘러 1933년 여름이 돌아왔다.

장마철이 돌아오니 런 며칠 밤에 낮을 이어 비가 억수로 퍼부었다. 그바람에 가야하가 불어서 맹수처럼 사나운 물결은 강가에 선 버드나무며 백양나무를 마구 쓸어눕히기도 하고 뿌리채 뽑아내기도 했다. 사나운 가야하물결에 통나무, 널판자며 농짝 같은 물건들이 떠내려가기도 하고 소나 돼지 같은 짐승들이 떠내려가기도 했다. 지어 왜놈들의 운수차가 런일 내린 비때문에 가야하를 따라 난 길로 달리다가 길이 미끄러워 차가 강에 곤두박질쳤다는 말까지 돌았다.

이때 형이 동생보고 말했다.

「애야, 너는 헤염치는 재간이 이만저만이 아닌데 이런 때 강에 나가 살피노라면 우리 힘으로 유격근거지에 뭐라도 보내줄수 있지 않겠니?」

「형님, 형님 생각이자 내 생각이요. 형님은 헤염도 잘치지 못하는데 공연히 강가에 나와서 사람들의 의심을 사지 말고 집에서 기다리오. 내가 나가 살피겠소.」

동생은 자리를 차고일어나 서슴없이 강가로 나갔다. 형은 동생의 한 말이 일리가 있는데다 동생이 또한 헤염을 남달리 잘 쳐서 이 산골에서는 별책이라도 오를만하여 집에 앉아서 동생이 나가는 뒤모습을 만족스레 보았다. 그는 동생이 무엇이든 유격근거지에 보낼만한 물건을 얻어가지고 돌아오기만 바랐다.
 동생은 자기네 소작 맡은 조밭에 가서 밭을 돌아보는체 하며 강가를 살피였다. 마침 조밭이 강옆에 있어 강가를 살피기도 좋았고 비온 뒤라 밭을 살펴보는체 하니 사람들의 의심을 받지도 않았다. 동생은 한식경이나 서서 강건너편을 유심히 살펴보았다. 물은 전날보다 좀 줄었는데 강가에 폭우에 밀리지 않은 큰나무들이 듬성듬성 서있었다. 동생은 큰나무밑을 살폈다. 큰나무밑에 딱히 보이지는 않으나 무엇인가 네모난것이 걸려있는것 같았다.
 동생은 주저없이 맹수같이 사나운 물결속에 뛰여들어 헤염치기 시작했다. 흉흉한 물결이 소리치며 흘러서 다른 사람들 같으면 이런 사나운 물결속에 뛰여들어 헤염칠 엄두도 내지 못하겠지만 동생은 사나운 물결을 쭉쭉 헤갈라나아갔다.
 이윽하여 가야하를 건너간 동생은 그 큰나무밑에 이르렀다. 큰나무두리에는 나무며 풀들이 걸려 엉켰는데 한 옆에 과연 나무상자 하나가 걸려있었다. 겉을 보니 정성들여 짠 나무상자인데 안에 귀중한것이 들어있는상싶었다. 하지만 거기 서서 나무상자안에 무엇이 들어있는가 살펴볼 형편이 못되였다.
 동생은 지체없이 나무상자를 물에 띄워놓고 헤염치며 나무상자를 밀고 어렵지 않게 맞은켠 대안에까지 왔다. 동생은 나무상자를 안고 우거진 버들숲속으로 가서 그 상자를 열어보았다.
 상자안에는 약품들이 꽉 차있었다. 동생의 환한 얼굴에 꽃같은 웃음이 피여올랐다. 언젠가 이들 형제는 유격구에서 온 사람들에게서 그곳에는 상병원들도 있고 병자들도 있다는 말도 듣고 약이 없어 제때에 상병원들의 상처도 치료하지 못한다는 사정도 들은적이 있다. 동생이 생각해보니 이 한상자의 약을 유격구에 보내기만 하면 상병원들의 상처도 치료하고 몸겨누운 병자들도 치료할수 있었다. 동생은 이런 생각을 하며 버들숲속에 놓은 나무상자가 남의 눈에 뜨이지 않게 버들가지를 꺾어 잘 덮어놓았다. 그리고는 누가 보지나 않았나 하여 사위를 살펴보고는 제격 숲속에서 나와 동네로 통하는 길에 나섰다
 헌데 동생이 굽인돌이를 돌아서자 앞에 총을 멘 녀석들 넷이 강역을 살

피면서 걸어오고있었다. 유격대나 공산당인들을 잡으러 다니는놈들이 아니면 저들 운수차가 곤두박질하며 물에 떠내려가버린 약상자를 누가 주어서 유격근거지에 보내는 사람이 있는가 살피는 놈들이였다. 그놈들은 보는 순간 동생의 머리속엔 한가지 생각이 번개같이 떠올랐다.

동생은 바지춤을 쥐고 바빠라 하고 그들을 향해 마주 뛰여갔다. 총 멘녀석들이 그를 불러세웠다.

「서라! 너 왜 우릴 보고 그렇게 뛰는거냐?」

「아니올시다. 똥 누자고 그러는데 옹맺힌 바지띠를 풀지 못해 집으로 칼 찾으러 가는뎁쇼. 날 빨리 놔줘요. 바지에 똥 싸겠어요.」

그는 일부러 어리숙한체하며 바지춤을 쥐고 말했다.

「뭣이라구? 너 머저리상을 해가지고 우리를 속여넘기려는거지?」 한놈이 총까지 내들고 으름장을 놓았다. 그러니 그는 아예 땅에 주저앉으며 바쁜 소리를 쳤다.

「아유 배야, 바지에 똥 나간다 엉엉…」

그가 엉엉 울어대기까지 하자 한놈은 정말 똥이나 싼줄 알고 낯을 찡그리며 손으로 코를 막았다. 그러자 네놈중에 우두머리인듯한 녀석이 총을 들고 으르렁거리는 녀석을 보고 말했다.

「팔부야 팔부, 그까짓 녀석과 씨앙이질하다가 그새 약상자라도 들고 가는 녀석들이 있으면 어떻게 해, 약상자 하나라도 유격대들에게 전달되는 날이면 큰일이다 큰일이야.」

네놈은 더는 그와 씨앙이질 하지 않고 가버렸다. 그는 앉은자리에서 뒤처리를 하는체 하며 놈들이 버들숲을 지나갈 때까지 살폈다. 녀석들은 개잡은 포수마냥 거들먹거리며 버들숲은 살피지도 않고 지나가버렸다.

동생은 단숨에 집까지 뛰여왔다. 그때까지 형은 집에 앉아 동생이 오기를 기다리고있었다.

「형님, 좋은 일이 있소.」

「그래 정말 강가에서 뭘 줏기라도 했니?」

「약을 꼭 채워넣은 약상자 하나를 얻었소. 버들숲에 숨겨놓고 왔는데 이제 저녁에 가보면 알거요.」

「정말이냐? 그럼 그게 왜놈들 운수차에서 떨어진게 분명하구나!」

「형님, 래일 그 약상자를 소왕청근거지에 가져가지 않겠소?」

「얻어놓은 약상자인데 근거지에 수요되는 약품을 버들숲에서 밤재우겠니? 오늘저녁으로 가져가자. 가져가는것은 이 형님이 있으니 문제 말아라.」

형은 동생이 보란 듯 가슴을 툭툭 쳤다.

그날 밤으로 쥐도 새도 모르게 김씨네 형제간은 어둠을 헤쳐가며 소왕청근거지로 통하는 길에 나섰다. 형이 약상자를 지고 동생이 뒤를 따르는데 콩마대 둘을 옆구리에 끼고 걸으면서도 코노래까지 불러 력발산 항우라 소문이 자자한 형은 약상자를 지고도 어두운 산길을 평지 걷듯해서 뒤에 따르는 동생이 땀을 흘렸다. 이렇게 형제간이 소왕청근거지까지 찾아가니 근거지 사람들이 땀 한방울 흘리지 않고 약상자를 지고 온 형을 놀라운 눈길로 바라보는데 동생이 형님을 세워놓고 약상자를 얻게 된 일이며 총든 놈들 넷을 슬쩍 속여넘긴 일까지 이야기해서 깊은 밤중에 소왕청근거지에 와그르르 웃음이 쏟아졌다. 이로 하여 소왕청근거지에서는 그들 형제들에 대한 이야기가 옛말처럼 퍼져 김씨네 형제라 하면 모르는 사람이 없었다.

정리: 림선옥

마음은 하나

왕청현 라자구라는 곳에 한 한족집이 있었는데 두 내외가 슬하에 아들 하나를 데리고 살았다. 경신년 토벌에 다리를 상한 남편은 평생불구가 되여 문밖에 나서자 해도 지팽이에 의지하지 않으면 안되는 신세여서 일제 침략자라하면 눈에 쌍불을 켜고 이를 갈았다. 기둥이 되는 남편이 이렇게 살아가니 안해나 아들도 자연히 하나의 마음이 되여 산에서 싸우는 유격대원이거나 부상병들을 집에 숨겼다가 부대로 보내는 일이 한두번이 아니였다.

어느날이였다.

황혼이 사라지자 산촌에 어둠이 깃들었다. 밤이 오니 광솔불을 켜놓고 으스름한 불빛밑에 내외간이 마주앉았다. 아들을 외가에 심부름을 보내고나니 마주앉아 날마다 하던 말이라도 주고받을 사람도 그들 둘밖에 없었다.

「여보, 글쎄 이놈의 다리가 원쑤라니, 이놈의 다리만 아니래도 내가 이겨울에 나무 한난이라도 했을게 아니요…」

「덜커덕.」

문소리가 안해의 말을 삼켰다. 문을 열고 한 유격대원이 가쁜 숨을 몰아쉬면서 뛰여들어와 놈들이 뒤쫓아오니 자기를 숨겨달라고 다급하게 말하였다.

「여보, 저 문을 닫아거오.」

안해가 번개같이 뛰여가 문을 닫아걸고 남편을 쳐다보았다. 남편은 유격대원들을 보고 물었다.

「뒤에 쫓아오는 놈은 몇이나 되며 상거한 거리는 얼마나 되오?」

「날이 어두워서 몇놈인지 미처 살피지 못했습니다. 제가 번개같이 뛰여오다보니…거리는 아마 장바 몇컬레는 잘될겁니다.」

유격대원의 말을 들으니 시간여유가 좀 있었다. 남편은 유격대원들은 쭉 훑어보더니 안해를 보고 말했다.

「여보, 이 사람의 나이나 키가 마침 아들애와 비슷한데 어서 아들애의 옷을 가져다 갈아입히오」

궁리가 미처 나지 않아 남편만 쳐다보던 안해는 남편의 말이 떨어지자 추호의 지체도 없이 아들이 입던 옷을 내다 유격대원에게 주었다. 이제까지 주고받은 말은 조선말이였는데 내다주는 옷은 한족옷이였다. 유격대원들은 눈물이 그렁해서 두 내외를 번갈아보았다.

「이 사람, 그리고 서있을 새가 없네. 말은 후에 하고 옷이나 갈아입게」

유격대원은 자기 옷을 벗고 그 집 아들의 옷을 입었다. 그러니 남편 되는 사람이 그에게 새끼를 쥐여주며 허리를 질끈 동이라 하였다. 유격대원은 새끼로 허리를 동이고 바당 한켠에 서있었다. 그러니 남편 되는 사람이 한손에 지팽이를 짚고 한손에 개털모자를 들고 바당에 내려서더니 개털모자를 유격대원의 머리에 푹 눌러 씌웠다.

안해는 다소간 속짐작이 가서 남편을 쳐다보았다. 남편은 안해더러 어서 가마목에 가 앉으라고 손짓하고는 유격대원을 보고 무엇인가 말하려 하였다. 이때 밖에서 탕탕거리는 발걸음소리가 어지럽게 울렸다. 유격대원을 보고 뭐라고 약속할 새도 없었다.

총창을 꼬나든 녀석들이 우당탕 문을 열고 잡아제끼고 뛰여들었다. 그때 남편 되는 사람은 유격대원의 볼을 불이 번쩍나게 후려치며 욕설을 퍼부었다.

「이 망할녀석, 나무를 해오라 했는데 다 큰녀석이 진종일 얼음강판에 나가 놀다니, 이녀석아, 이렇게 하기를 하루이틀이냐? 오늘은 용서가 없다!」

남편은 놈들이 들어선것도 성나서 모르는듯 지팽이를 허공에 추켜들었다. 이때는 안해도 남편이 하는 일에 짐작이 갔다. 안해는 번개같이 뛰여내려가 지팽이를 든 남편을 막아섰다.

「아유 참, 당신도 왜 이러세요. 애가 배가 고플텐데 밥이나 먹여놓고 타이르세요. 얘 이 녀석, 너 아버지한테 빌지 못하겠니?」

유격대원은 무릎을 꿇고 엎디여 두손을 비비며 빌었다.

「아버지…」

「이자식아, 네 눈에도 아버지가 있느냐?」

「아유참, 애가 비는데」

「당신은 애 편만 드두만, 저리 비키지 못할가? 내 오늘은 이 녀석을 때려죽이든지 일을 낼테요.」

놈들은 보다못해 참지 못하고 꽥 소리를 질렀다.

「그만들 못할가 엉!」

「…」

「여기 공산군 유격대녀석 안뛰여들었어? 엉?」

남편 되는 사람은 독오른 고추가 되어 씩씩거리기만 하는데 그의 안해가 총을 든 녀석들의 팔을 쥐여당기며 애걸했다.

「아유참, 나리님들도 우리 집에 공산군유격대가 들어오다니요. 그런 사람이 오면 이다음에라도 꼭 알리겠사오니 먼저 우리 남편 말려주세요. 아들애라고는 이자식 하나뿐인데…」

경찰놈은 안해 되는 사람을 홱 뿌리쳤다.

「망할년, 닥치지 못해? 시끄럽다, 시끄러워. 자 빨리 그놈 놓치면 안돼!」

총을 든 녀석들은 발길로 그를 걷어차고 유격대를 잡는다고 내달아갔다. 걸음소리가 점점 멀어져가더니 나중에는 들리지 않았다.

유격대원은 그제야 자리에서 일어났다. 그는 눈물이 그렁해서 이 집 남편 되는 사람을 쳐다보더다 와락 그의 품에 안겼다.

「아버시…」

아래말은 목이 메여 잇지 못하였다. 뜨거운 눈물이 이 집 남편 되는 사람의 옷을 적셨다. 뜨거운 정이 가슴에 안긴 유격대원의 몸에 흘러들었다.

「이 사람아, 나와 자네는 민족은 달라도 마음은 하나일세. 자네들이 산에서 일제침략자와 싸우느라 생명을 내걸고 있는데 이만한 일이야 도와주지 못하겠니. 자네 이 사람. 나도 경신년 토벌대 다리를 상하여 평생 불구가 된 몸이여서 일제침략자라면 눈에 불을 켜고 이를 갈며 사는 사람이네. 산에서 고생하는 유격대원들이 우리 이곳에 자주 나다니는데 일이 있으면 찾아오라 하세. 내 이만한 일은 할수 있네…」

마음과 마음은 하나로 엉키였다. 민족은 달라도 뜨거운 정은 대하마냥 흘렀다.

정리: 박창묵

묵은 잿더미에 불이 일다

30년대 중기의 어느해 겨울이였다.

일본군대위가 거느린 토벌대가 어슬녘에 한 산골마을에 진주했다. 일본군과 위만군 수백명은 마을의 집집에 들어 숙박했다.

대위는 그 마을에서 가장 멋진 청가와집 웃방에 들었는데 팔간집이라 집안은 휘영청 너르나 식구는 운신이 말째인 안로인 한분과 며느리인듯한 곱살하게 생긴 3십미만의 녀인뿐이였다. 그 녀인은 손부리도 여물어 소반에 챙겨올린 져녁도 맛갈스러웠다.

대위는 채접시에 절이 갈 때마다 엄지를 펴들고 「요시」를 련창하면서 그녀가 따라주는 술잔을 부지런히 비웠다.

토벌에 동분서주하면서 오래동안 계집을 곯은 대위는 옆에 앉은 미인을 보고만 있자니 마음이 싱숭생숭해났다. 그래도 명색이 장관이고 또 상을 같이 한 통역관 소위앞이라 체면을 잃지 않으려고 짐짓 점잔을 빼면서 이름이니 나이며를 신사식으로 물었다.

녀인은 스물여덟, 재작년 회오리바람처럼 마을을 휩쓸고 지나간 전염병에 남편과 자식을 잃고 지금은 늙은 시어머니 한분만 모시고 살아간다는것이였다. 그 당시 연변은 과부풍년이였다. 똑똑하고 혈기 왕성한 젊은이들은 항일의 성전에 떨쳐나섰고 혹시 집에 붙어있는 청장년들은 부역에 잡혀가지 않았으면 일제의 무차별학살에 억울한 죽음을 당했던것이다. 게다가 요 몇해 장질부사와 같은 전염병이 무섭게 휘몰아쳐 숱한 사람을 저세상으로 떠밀어갔다.

술이 얼근해지자 대위는 기생과 놀던 본틀이 되살아나서 실수하는체 하며 녀인의 어깨도 슬쩍 만져보고 녀인의 무릎도 철썩 때려보기도 했다. 그러면서 녀인이 알아듣지 못하는 일본말로 통역관에게 터놓고 치사한 정담을 지껄였다.

「이봐, 사내의 첫째 표준은 풍류야. 통역관, 군은 숫총각이라 계집의 맛을 잘 모를테지만 계집마다 맛이 다르다구.」

통역관은 녀인이 알아듣지 못하리라고 믿어지면서도 어쩐지 바늘방석에 앉은것처럼 송구스러웠다. 그는 여러번 말곬을 탈리고 쐐기를 쳤지만 흥이 도도해진 대위는 그냥 얼음판에 박밀듯했다.

「불을 죽이고 이불속에 들면 미인이고 박색이고 매 한가지야. 속살의 수축정도와 남자를 흥분시켜주는 잠자는 예술이 뛰여나야지. 벌써 맛나는 계집은 애교부터가 싹 죽여준다니.」

대위는 풀귀알수염을 매만지며 턱뼈가 물러난 듯 히들히들 헤프게 웃었다.

「도덕적으로 말하면 사랑에 충성한다는것은 아주 고상할수도 있겠지. 하지만 사내로 태여나서 한 녀자만 품에 안고 산다는건 비극이 아닐수 없는게야.」

녀인은 오마조마해서 머리를 소곳이 숙이고 술을 부었다. 술구기를 든 손이 떨리는것으로 미루어보아 분노를 억지로 참고있는것이 분명했다.

「이런 계집의 맛은 어떤지 알만한가? 나도 아직까지 경험해보지 못했어. 일본으로부터 조선, 중국을 거쳐 숱한 계집을 다루어왔지만 이처럼 도고한 촌계집은 치읍 보는거야. 이런 지성이같은 계집의 속살은 꼭 한겨울 랭방같이 차디찰것으로 생각해. 그런데 사내라면 이런 계집을 마다해선 못써. 얼음같이 땅땅 언 가슴에 불길을 황황 지펴서 계집의 정욕을 뜨겁게 끓여주는것도 밀어버릴수 없는 사내의 의무인거야. 하하하…」

술잔을 든 통역관의 손이 가볍게 경련을 일며 가득 담긴 술이 바르르 잔주름을 잡았다. 기생도 아닌 량민가의 녀성을 꼬집어서 희롱하는 자식을 상대해 앉았는 자신이 인격이 떨어지는것도 분했지만 아름답고 얌전한 조선녀성을 모욕하는데는 민족적량심이 허락치 않았다. 대위놈은 상급이고 삭정이같이 쉽게 불이 당겨 사람잡기를 파리죽이는듯하는 악마였다. 놈은 취해서 원숭이 볼기짝처럼 얼굴이 새빨개지고 토끼눈알처럼 눈알도 불깃불깃했다. 이제 좀만 마시면 눈귀에 눈곱자기가 께저분하게 밴다. 그러면 미쳐서 아무런 일도 서슴없이 한다.

통역관은 연신 술잔을 비우고 녀인의 손에서 술병을 앗아들었다.
「아주머니, 내려가서 국밥을 들여오시오.」
아무런 말도 없이 보살같이 앉았던 그녀는 진작부터 이말을 기다린듯 사뿐 일어나 정주간으로 나갔다.

저녁상을 물린 대위는 보초를 돌아보며 밖으로 나갔다. 군무에는 무척 충실한 군인이였다.

통역관은 일찍 자리에 누웠다. 궁싯궁싯 잠이 오지 않았다. 그도 어린 시절 한때는 서일, 김좌진 등 독립투사들을 숭배해왔었다. 빼앗긴 나라를 찾자고 일본으로 류학까지 갔었다. 하지만 결국은 뭐가 되였는가! 일제의 주구가 되여 항일지사들 토벌을 다니고있는게 아닌가! 토벌대의 피비린 도살을 친히 목격하고있는 지금 동포와 자기의 조국에 대한 죄악감을 느끼지 않을수 없었다.

이윽고 대위는 돌아왔다.

통역관은 잠이 든것처럼 눈을 꼭 감고있었다. 옷을 벗는 모양 한참 부스럭거리더니 대위는 이불을 몸에 감아서 안고있었다. 늘 계집을 안고 놀던 버릇이 있어서 하루라도 자리가 비면 이불이라도 꽁꽁 안아야 잠이 온다는 것이였다. 그놈의 말대로 하면 세상에 이성간의 사랑이란 근본 존재하지 않는 일이고 계집은 기실 사내의 쾌락이나 수면제에 고작이라는것이다. 오락도 한가지만 그냥 즐길수 없고 수면제도 한가지만 그냥 복용하면 수면작용을 잃기 마련인것처럼 한 계집과 계속 논다는것은 아주 따분한것이고 계집은 요자리처럼 늘 바꾸어야 한다는자였다.

대위는 잠이 안오는지 이리 뒤척 저리 뒤척 보채기만 했다.

얇은 흙벽을 사이두고 정주간에서 젊은 녀인의 고르로운 숨소리와 로파의 카랑카랑 코고는 소리가 들려왔다.

대위놈은 벌떡 일어나 앉아 권연을 꺼내 피우기 시작했다. 아무래도 잠을 청할수 없는 모양이였다.

통역관은 놈을 등지고 누워 일제에 대한 증오와 민족에 대한 죄악감을 좇다가 잠이 들었다. 얼마나 시간이 흘렀는지 아랫방에서 들려오는 소리에 그는 잠이 깼다.

「꽃이 고운건 곤충의 힘을 빌어 수정하기 위한게야, 네가 하도 고우니까 일이 이렇게 되는거야.」

「짐승같이 이게 뭐예요.…」

「괜히 비싸게 노지 마. 네 남정이 실컷 파먹은 김치독인데 좀 맛본다고 손해볼게 뭐야.」

「징글맞게 왜 이래?!」

「고거 성을 내니깐 무척 더 이쁜걸. 그러지 말고 달랠 때 말을 들어.」

「썩 비켯! 개발같은 손을 누구의 몸에 대는거야!」

「독수공방 서러운 밤을 눈물로 보낼샘이냐. 벌처럼 톡톡 쏘지 말고 말들어.」

정주칸에서 대위놈의 베천에 대고 문대는듯한 갈린 목소리와 성칼진 주인녀자의 목소리가 티각태각 씨름한다.

색정광! 살인악마!

로파의 비는 소리, 거친 숨소리…

(개같은 놈, 조선사람을 너무 깔본단말이야!)

통역관은 사이문을 박차고 정주로 내려갔다.

「대위님, 점잖은 분이 이게 무슨 망녕이십니까?」

녀인을 깔고 앉아 옷고름을 푸느라고 씩씩거리는 대위놈은 뒤도 돌아보지 않고 명령했다.

「이리 와 거들어. 오늘 계집군을 뚝 떼고 봅세!」

「진정하시오. 대위. 군법이 무섭지 않습니까?」

통역관은 욱 치미는 뱰을 이기지 못하고 대위놈의 뒤덜미를 쥐여서 탁 나꾸어챘다.

대위놈의 뚱뚱한 몸이 절구통같이 쓰러졌다.

「정신 차리시오. 량가집 녀인을 강간하다니 무슨짓이요?!」

뜻밖에 부하의 손에, 그것도 이민족 통역관한테 행동을 제지당한 대위는 비실비실 일어나더니 다짜고짜 귀쌈을 철썩 갈겼다. 그리고 발길을 날렸다. 통역관은 허리가 꺾었다. 대위는 통역관의 뒤덜미를 갈겼다. 통역관은 앞으로 코방아를 찧었다.

통역관은 드디어 악이 났다. 그는 머리에 내려지는 대위놈의 발을 거머쥐고 당기면서 발을 솟구쳐 자식의 중태에 일격을 가했다. 그리고 대위놈이 두 손으로 사타구니를 싸쥐고 절하듯 허리를 굽힐 때 벌떡 일어나며 대위놈의 머리를 두 손으로 누르는 동시에 무릎으로 올리받았다. 놈은 맥없이 스르르 늘어졌다. 그래도 기세는 살아서 지껄였다.

「칙쇼. 상관을 치는 놈 사형이다.!」

「내가 이제까지 일본놈을 상관으로 모신것만 해도 수치스럽다. 난 네놈부터 죽이고 항일대오에 가담할테다!」

통역관은 놈을 결박지운 다음 옷을 주어입었다. 이때 보초놈은 일이 상스롭지 못함을 번연히 알면서도 상관을 다칠가 무서워 감히 손을 쏠수가 없었다.

묵은 잿더미에서 불길이 일듯 새롭게 각성한 통역관은 대위놈을 압송하여 밤도와 유격구로 들어갔다고 한다.

정리: 류일엽

구원받은 소녀

1930년대에 있은 일이다.

어떤 놈의 고발로 왕청의 한 마을에 대참안이 벌어졌다. 놈들은 동네에 덮쳐들자 남녀로소를 가리지 않고 눈에 뜨이는 사람은 죄다 참혹하게 죽이였다. 벌벌 기여다니는 애들과 수족을 바로 쓰지 못하는 늙은이도 죽이고 지어 앞 못보는 소경까지 유격대와 내통한다면서 죽이였다. 그리고도 성차지 않아 집집에 불을 달아놓아 온 동네가 불바다로 되여버렸다. 하루밤사이에 온 동네 사람들은 총에 맞고 총창에 찔려 참혹하게 죽었으며 동네는 페허가 되였다.

이때 이 마을에서 그리 멀지 않은 동네에 우리 항일전사들에게 몰래 식량도 보내주고 소금과 의복 같은것을 보내주는 한 지하공작자가 살고있었다. 그는 밤새에 대참안이 벌어졌다는 소식을 듣고 다문 한사람이라도 목숨이 붙어있는 사람이 있으면 구하자고 이 동네에 찾아갔다.

그때까지도 이 동네에는 이집저집에서 불이 붙고있어 하늘에는 연기가 자욱하였다. 도처에 총에 맞아 죽고 총창에 찔려 죽은 사람들이였다. 비린내가 코를 찔러 숨쉬기조차 어려웠다. 마을은 온통 피바다였다.

이가 갈렸다. 눈에 불이 펄펄 일었다. 그는 동네를 한바퀴 돌았다. 그가 마을 한구석에 왔을 때였다. 타다 남은 집에서 얼마 떨어지지 않은 곳에 자그마한 짚더미가 있었는데 이상하게도 이 짚더미만 타지 않았다. 다행히 바람이 크게 일지 않아 타지 않고 남아있은것이였다.

그는 사위를 유심히 살폈다. 이때 짚더미속에서 가는 신음소리가 들려왔다.

「아니 이게 웬 소릴가?」

그는 걸음을 멈췄다. 분명 가는 신음소리가 났었다. 그는 다시 한번 짚더미 두리를 살펴보았다. 짚더미까지 시뻘건 피가 한줄로 떨어져있었다.

「과연 이 짚더미속에 사람이 살아있다는말인가?」
그는 이렇게 생각하고있는데 또다시 신음소리가 들려왔다.

짚더미속에 분명 사람이 있었다. 그는 사위를 살펴볼 새도 없이 짚더미를 헤쳤다. 과연 짚더미속에는 토벌대놈들의 칼에 허벅다리를 찔리워 중한 상처를 입은 아홉살가량 돼보이는 녀자애가 있었다.

녀애는 짚더미를 헤치는 사람을 보더니 토벌대인줄 알고 무서워 소리를 지르고 내 달리려다 다리가 말을 듣지 않아 뛰지 못하고 그 자리에 쓰러졌다. 그는 눈을 희번덕거리더니 그만 까무러치고말았다.

우리의 지하공작원은 까무러친 애를 안아들었다. 하지만 그는 그 소녀를 안고 당장 갈데가 없었다. 이렇게 피못이 된 애를 집에까지 안고 가다 놈들에게 발각되는 날에는 온 동네에서 하나밖에 살아남지 않은 그마저 구해낼수 없는것은 물론 지하공작을 하는 자기가 놈들의 의심을 받게 되는 날에는 지하공작도 해나갈수 없는것이다. 생각이 헝클어진 삼검불마냥 복잡해만 지는데 갑자기 번개같이 떠오르는 생각이 있었다.

(옳지, 결의형제를 맺고 지내는 동생네 집에 찾아가자. 한족애니까 먼저 눈이나 피해놓고 상처를 치료한후에 다시 방법을 구하자. 그때 가면 방도가 생기겠지.)

우리의 지하공작자는 소녀를 싸안고 결의동생네 집에 찾아갔다. 그는 까무러친 소녀를 내려놓고 전후사연을 이야기한후 애를 며칠만 집에 두고 상처를 치료해주면 후일에 다시 방도를 대겠노라 하였다. 결의동생은 선뜻 나섰다.

「형님의 마음이자 내 마음이요. 또한 우리 백성의 마음인데 애를 살려놓고 봐야지요. 근심하지 마십시오.」

결의동생이 이같이 말하니 마음이 비단같은 그의 안해가 제꺽 일어나더니 미음을 쑤어다 녀애의 입에 한술한술 떠넣었다.

이윽하여 녀애가 정신을 차렸다. 녀애는 정신을 차리자 「엄마, 엄마」 하며 울었다. 녀애가 어머니를 찾는걸 보니 확실히 한족소녀였다. 어려운 세월에 한족이니 조선족이니 할것은 없었지만 놈들의 의심을 피하는데는 애를 받아둔것이 잘된 일이였다. 결의동생네 부부간은 그날부터 한마음이 되여 일심으로 소녀의 상처를 치료해주었다.

지하공작자는 집에 돌아오자 안해에게 낮에 있은 일을 하나부터 열까지 세세히 다 말하고는 이 일을 어떻게 했으면 좋겠느냐고 물었다. 안해는 제꺽 남편의 마음을 알아주었다.

「어떻게 할게 있나요. 당장 데려오면 의심을 받을수 있으니 한달 지나 상처나 나으면 우리 집에 데려다 내가 어머니가 되고 당신이 아버지가 되여 그 애를 잘 길러주면 되지요.」

「당신이 내 마음을 알아주어 고맙소. 나도 그같이 생각했소. 헌데 그 애가 한족이여서 놈들의 의심이라도 사면 어떻게 하겠소?」

「아유참 당신두, 당신과 결의형제로 지내는 사람이 한족이 아닌가유. 그 집에 잔밥이 많고 살림이 어려워 우리가 데려다 그 집에 애를 길러준다면 되지 않아요.」

녀인의 생각은 빨리도 돌았다. 두사람, 세사람, 네사람의 생각이 다한곬으로 몰리니 일은 슬슬 풀려나갔다.

한달이 다 되여갔다. 소녀의 상처도 다 나았다. 지하공작자는 말한대로 때가 되자 결의동생네 집에 찾아가 녀애를 데리고 돌아왔다. 모두들 한마음이 되여 짜고들어 하는 일이라 누가 누구에게 물어도 같은 대답이여서 틈이라곤 생기지 않았다.

마을에 자주 드나드는 왜놈들도 의심을 사지 않았다. 간혹 가다 웬 사람들이 찾아와서 그애 조선말이 서툰걸 보고 이상스럽게 생각하고 물을 때가 있기는 하였지만 그때마다 결의동생네 아이가 많고 살림살이가 어려워서 집에 데려다 기른다 하면 누구도 더 캐여묻지 않았다

세월이 흘러 한해가 지나가니 한족이던 소녀는 한족말 대신 조선말을 아주 류창하게 하였다. 소녀는 눈만 뜨면「아빠, 엄마」하며 이 집 사람들을 무척 따랐고 이 집 사람들도 소녀를 신변에 두고 친자식같이 무척 고와했다.

「기른 정이 낳은 정보다 낫다더니 정말 그렇소!」

동네사람들도 저마다 이런 말을 하며 이들 부부를 칭찬했다. 후에 해방이 되여 이 소녀가 자라 시집갈 때에야 이 동네 사람들은 그 소녀가 참안에서 요행 살아남은 한족소녀라는 것을 알게 되였다 한다.

정리: 박창묵

슬기로운 소녀

1933년 4월초였다. 항일련군의 군장이였던 리연록이는 북만항일유격근거지 건립임무를 맡고 왕청현에 왔는데 마지막 회의 준비로 백여명의 보안련을 거느리고 십리평 황구에 잠시 있게 되였다. 일은 바로 이때에 생겼다.

항일련군이 황구에 와있다는 소식을 들은 일제놈들은 「동기토벌」에 출동하였던 저들의 군대 천여명을 끌어다 황구 마을을 물샐틈없이 포위하였다. 황구는 110여호 되는 산간마을이여서 마을에는 쏘베트정부까지 있었다.

항일련군에서는 이틀밤이나 애써 포위망을 뚫고 나가려고 몇차례 놈들과 맞불질했지만 번마다 성사하지 못하였다.

위험이 시간따라 조여들었다. 항일련군에서는 촌민들과 함께 이 위험에서 벗어날 대책을 세우려고 「제갈량」회의를 하였다. 여러 사람들의 생각은 이런 경우에 외부 유격지대의 지원을 받자는것이였다. 그러나 물샐틈없는 포위에 든 형편에 련락은 가능성이 전연 없었다.

이때 아동단원인 한 소녀가 새까만 눈을 깜박거리며 입을 열었다.

「아저씨, 제가 보초놈을 얼려넘기고 나가 통신련락을 할수 있어요. 이 임무를 저에게 맡겨주세요.」

그 소녀는 항일유격대에 참가하여 동에 번쩍 서에 번쩍 하며 일제와 싸우는 한 항일유격대원의 딸이였다. 소녀는 남달리 영민한데다가 아버지 성미를 닮아 성격도 강직했다.

군장 리연록이 소녀에게 물었다.

「얘야, 너에게 통신련락임무를 맡겨달란말이지?」

「그래요. 저에게 통신련락임무를 맡겨주세요!」

소녀는 류창한 한어로 대답하였다.

군장 리연록이 다시 물었다.
「적들이 너를 내보내지 않을텐데 너는 무슨 방법으로 빠져나갈테냐?」
「저에게 방법이 있어요.」
「어떤 방법이 있니? 어디 말해봐라.」
그러자 소녀는 군장의 귀에 두손을 모아대고 자기 생각을 말하였다. 군장의 얼굴에 웃음이 피여올랐다. 그는 소녀의 말을 다 듣고 그 소녀의 손을 잡고 그 애 얼굴을 다시 한번 쳐다보았다.
지부서기는 그더러 뒤골에 사는 김서기라는 사람을 찾아가서 황구의 정황을 말하고 사흘후 밤중에 와서 신호로 총소리를 내라는것이였다.
이튿날 점심때가 가까워올무렵 한복 치마저고리를 입은 소녀가 녀동생을 등에 업고 메주덩이를 이고 마을어구에 나타났다. 그는 마을어구에 나서자 곧추 뒤골로 뻗은 길을 따라 걸어갔다. 한참 걸어가는데 수림속에 숨어 보초를 서던 적병이 그의 앞을 막아섰다. 어린 소녀는 좀 겁도 났지만 두근거리는 가슴을 진정하며 태연한체하였다.
「너는 어느 마을 애냐?」
「뒤골에 삽니다.」
「뭘 하러 가느냐?」
「우리 집이 뒤골에 있는데 외가집에 메주 가지러 왔다가는길이애요.」
소녀가 이렇게 말하자 적들은 소녀의 몸을 수색하고 머리태도 헤쳐보며 야단이였다. 메주덩이속에 비밀쪽지라도 들어있는가 보자고 메주덩이까지 깨보았다. 어린 계집애인데다 수상하다고 여길만한 증거도 없었다. 메주 얻으러 외가집에 왔다 가는 애가 틀림없는것 같았다.
위만군이 일본병사에게 몇마디 수근거리자 그놈은 량미간을 찌프리고 소녀를 다시 한번 눈박아보더니 손을 휘저으며 가라고 하였다. 소녀는 메주덩이를 싸이고 뒤골로 걸어갔다. 헌데 몇발작 페기도전에 일본병사놈이 그를 불러세우더니 또 그 위만군을 통역으로 내세우고 따졌다.
「오늘아침에 애들이 마을로 들어간 일이라곤 없는데 뭐 뚱딴지같이 집으로 돌아간다는거냐?」
위만군의 말이 떨어지자 일본병사놈은 날창으로 소녀를 찌르는 시늉을 하였다. 이 바람에 업혔던 녀동생이 겁에 질려 울음보를 터뜨렸다. 소녀는 가까스로 마음을 진정시키고 그럴듯하게 엮어댔다.

「저는 그저께 왔어요. 그때는 아직 장관님들이 여기 오지 않았댔지요. 전 공산군들이 인차 쫓겨갈줄 알았어요. 헌데 이틀이 지나도 쫓겨가지 않지 녀동생은 엊저녁에도 어머니를 찾으며 장밤 울어대니 오늘은 할수없이 나온 거애요.」

소녀는 말을 마치며 살그머니 손을 뒤에 가져다 녀동생의 허벅다리를 꼬집어놓았다. 그러자 녀동생은 더욱더 자지러지게 울어댔다. 적들은 소녀를 다시 불러놓고 따져봐도 의심할만한 말 한마디 찾아내지 못했다.

위험한 고비를 벗어난 소녀는 우는 녀동생을 달랠 새도 없이 걸음만 재우쳤다. 마을을 벗어나자 소녀는 머리에 이였던 메주덩이를 길가에 내동댕이치고 잰걸음으로 뒤골 김서기를 찾아가서 급보를 전하였다. 김서기는 그 걸음으로 산속에 있는 유격지대에 찾아갔다.

3일후였다. 급보를 받은 유격지대에서는 약속대로 밤중에 황구에 도착하였다. 때는 음력으로 2월하순이였다. 유격대는 여러 소대로 갈라져 자취없이 북쪽으로부터 여기저기 널려있는 적의 거점에 접근하였다. 전투개시를 알리는 신호총소리가 밤의 정적을 깨뜨렸다. 불의의 습격에 복새판이 벌어져 적들은 어쩔바를 몰랐다. 군장 리연록도 보안중대를 지휘하여 마을어구의 적의 초소를 습격하면서 돌격하여나왔다. 안팎으로 협공을 받게 된 적들은 대세가 기울어짐을 깨닫고 헛총질을 하며 허둥지둥 물러나기 시작했다.

이 전투에서 유격대에서는 적 백여명을 살상하고 보총 이백여자루와 많은 군수품을 로획한 빛나는 승리를 거두었다.

정리: 최상철

백설우에 찍힌 발자국

1930년대의 겨울.

엄한이 대지를 꽁꽁 얼궈붙인 어느날에 있은 이야기다.

왕청 한 시골에 40여호되는 동네가 있었는데 이 동네사람들은 살길이 없어 고향을 등지고 이곳에 와 농사하며 사는 사람들이였다. 손에 철붙이 하나 들지 않은 그네들이였다. 헌데 어느 놈이 어떻게 밀고했는지 엄한이 뼈속까지 스며드는 어느날 일제침략자들은 이 동네로 대토벌을 들이댔다. 급작스레 닥친 일이여서 사람들은 아무런 방도도 대지 못하였다. 일제침략자들은 서슬푸른 총창을 꼬나들고 동네로 들어서자 집에는 불을 달고 사람들은 모조리 끌어내다 한곳에 세웠다. 일제침략자들은 그들에게 공산군과 련계가 있다는 죄명을 씌우고는 동네사람들이 말 한마디 할 새도 없이 기관총을 쏘아댔다. 사람들은 총을 맞고 피를 뿌리며 통나무 넘어지듯 쓰러졌다. 하늘에는 검은 연기가 뒤덮였고 전지산에는 총을 맞고 쓰러지는 사람들의 비명소리뿐이였다. 삽시에 온 동네 사람들이 비참하게 죽었다. 동네 사람들 속에는 12살나는 한 사내애가 있었다. 사내애는 기관총사격이 시작되여 옆사람이 쓰러질 때 총도 맞지 않고 그 사람과 함께 쓰러졌다. 마구 뿌리는 피가 소년의 몸에 뿌려져 그의 전신에도 피뿐이였다. 전신이 피투성이였지만 총을 맞지 않은 그는 죽지 않고 살아있다는것을 직감했다.

담배 한대 피울 새에 온 동네 사람들이 처참하게 쓰러졌다. 일제의 한 지휘관이 명령하자 몇몇 졸개들이 시체더미에 달려들어 총창으로 시체들을 뒤번지며 산사람이 없는가 검사하고있었다. 비린내가 코를 찌르고 얼굴이며 몸이며 피를 덮어쓴 시체는 보기도 흉하였다. 시체더미를 뒤번지던 졸개들은 시체 몇을 뒤지더니 얼굴을 찡그리고 물러섰다. 다행이였다. 사내애는 일제놈들에게 발견되지 않았다.

　일제침략자들은 손에 총 한자루 들지 않은 무고한 백성들을 쓸어눕히고서도 무슨 큰 전역에서 대승전이나 한것처럼 채 타지 않은 집에 들어가 집짐승까지 잡아놓고 질탕하게 먹고 떠나갔다.

　동네는 재더미가 되고 아침까지만 해도 살아있던 사람들은 비참히 죽어 시체까지 돌덩이같이 굳어졌다. 살아남은 짐승도 없는지「야웅」하며 고양이 한 마리도 울지 않았다. 참안뒤에 산촌은 울고있는지 그때까지도 타고있는 집들에서는 머리를 풀어헤치고 우는 녀인들의 머리카락 같은 연기가 하늘에 솟아올랐다. 하늘도 서러워서였던지 흰 닭털같은 함박눈을 펑펑 대지에 퍼부었다. 산천은 흰옷 입은 상제나 된 듯 흰눈을 덮어쓰고있었다. 어디선가「부엉부엉」하고 우는 부엉이 울음소리가 구슬프게 들려왔다. 세상이 슬픔속에 잠겨있었다.

　사내애는 시체더미속에서 일어섰다. 몸에 걸친것은 홀옷뿐이였다 총박죽에 밀려나온 그는 발에 신은것도 없었다. 시체더미에 파묻혀있을 때와도 달랐다. 겨울의 싸늘한 한기가 뼈속까지 스며들었다. 사내애는 입술을 깨물었다.

　「가자, 밀영에 찾아가자, 손에 총을 들어야 아빠 엄마 원쑤를 갚을수 있다. 원쑤를 갚자!」

　사내애는 항일밀영으로 찾아가리라 마음먹고 죽은 사람들의 피묻은 옷을 벗겨입었다. 모두들 맨발바람에 밀려나왔으므로 신을 신이 없었다. 사내애는 피묻은 옷을 벗겨 째서 발을 감았다. 신은 없어도 맨발은 아니였다.

　날은 어두웠는데 펑펑 눈은 퍼붓기만 했다. 사내애는 십리평밀영을 향해 걸음을 재우쳤다.

　「오독오독…」

　눈밟는 소리와 함께 백설우에 신발자국이 아닌 발자국이 찍혔다. 하나 둘… 열… 백 혼자 걸어가는 발자국은 백설우에 또렷이 찍히였다. 겨울밤의 엄한이 엄습했다. 펑펑 쏟아지는 눈이 사내애의 몸에 덮쳤다. 참기 어려웠다. 몰려드는 한기도 참기 어려웠고 배가죽이 등에 가붙으며 몰려드는 주림도 참기 어려웠다. 시골에서 십리평 밀영까지는 50리도 넘는 길이였다. 다리가 후들후들 떨렸다. 사내애는 어린 나이에 맥이 진해 쓰러지기도 했다.

그때마다 사내애는 「가자, 밀영에 찾아가자. 손에 총을 들어야 아빠 엄마 원쑤를 갚을수 있다. 원쑤를 갚자.」라고 시체더미를 헤치고 일어날 때의 그 말을 되뇌이면서 이를 옥물고 일어나 걸었다. 사내애는 걷다가는 넘어지고 넘어졌다가는 일어나 걸으면서 그 말을 몇번이나 되뇌이였는지 모른다. 그 말은 힘이 되였다. 옥물었던 입술에서 피가 터져 엄한에 얼어붙어도 사내애는 걸었다.

「오독오독…」

한자국 또 한자국 백설우에 찍히우는 발자국… 그 발자국에는 눈물이 어렸다. 그 발자국에는 한 동네 사람들의 피가 어렸다.

사내애는 한밤중에 목적지인 십리평 항일밀영에 찾아가고야말았다. 눈내리는 야밤에 피못이 되여 밀영에 찾아온 사내애를 보자 사람들은 놀랐다. 어찌된 일이냐고 사정을 물을 경우도 못되였다. 한 전사가 눈물이 그렁해서 그를 뜨거운 품에 껴안았다. 전사의 품에 안긴 사내애의 눈에서 눈물이 쏟아졌다. 사내애도 목이 메여 그 비참한 광경을 말하지 못하였다. 한참이나 있더니 사내애는 자기를 둘러싼 전사들앞에 손을 내밀고 피타게 웨쳤다.

「아저씨들, 저… 저에게 총, 총을 주세요. 원한을 풀겠어요. 원쑤를 갚겠어요.」

사내애는 연두살 어린 나이였다 하지만 사내의 웨침은 페부에서, 심장에서 울려나오는 전 민족의 피타는 웨침이기도 했다. 이 피타는 웨침소리가 전사들의 가슴을 쳤다.

정리: 박창묵

은화의 이야기

항일련군 제2군에 은화라는 항일녀투사가 있었다.

1936년 때는 한겨울이 지나 대지에 꽃이 피고 새움 트는 봄이였다. 은화는 군의 주임과 머리가 희슥희슥한 송령감과 함께 긴급임무를 수행하기 위하여 돈화현의 다부채허로 가게 되였다.

그런데 일은 생각밖으로 공교롭게 되였다. 그들 셋이 한창 새 우는 숲을 헤치고 길을 다그치고있을 때였다. 갑자기 등뒤에서 자지러진 총소리가 울렸다. 적들의 불의의 습격이였다. 셋이 미처 피할 새도 없이 한 마음이 되여 적들과 맞불질하기 시작했다.

「퐁, 퐁…」 총알은 비발치듯 날아오고 날아갔다. 헌데 세사람을 인솔해가지고 다부채허로 가던 군의 주임이 중상을 입고 쓰러졌다.

(유명한 지휘관인 주임이 절대 놈들에게 붙잡혀서는 안된다.)

은화의 눈에서는 시퍼런 불꽃이 튕겼다. 총알이 뚫고 지나간 상처에서는 시뻘건 피가 끊임없이 흘러나왔다. 놈들은 미친 듯이 총을 쏴대였다. 미처 상처를 처치하고 그를 업고 뛸 기회가 없었다. 은화의 가슴은 바질바질 타번지였다.

총소리가 자지러지게 들려왔으나 목표 있게 날아오는 총알은 아니였다. 총소리에 귀를 기울인 은화는 한가지 생각이 번개처럼 스쳤다.

(지휘관과 송로인을 구하자! 셋이 다 잡혀서는 안된다.)

은화는 주임과 송령감을 번갈아보고는 이를 악물고 자리를 차고 일어나 뛰였다. 목표가 드러나니 총쏘던 녀석들이 고래고래 소리쳤다.

놈들은 헛총질하면서 죽기내기로 뒤쫓아왔다. 은화는 두 주먹을 불끈 쥐고 있는 힘껏 뛰였다. 목에서 겨불내가 확확 풍겨나왔고 다리도 점점 말을 들어주지 않았다. 뒤엉킨 수풀을 헤치고 뛰기란 정말 쉽지 않았다. 잠간새에 은화의 옷은 너덜너덜 찢기여 꼴불견이 되였다. 그의 머리속에는 주임과 송령감의 생명안전을 위해서는 될수록 멀리멀리 뛰여가자는 생각밖에 없었다. 은화가 뒤를 돌아다보니 주임과 송령감이 있던 골이 이제는 수림에 가리워 보이지도 않았다. 인젠 그들이 안전한 곳으로 피할수 있다고 생각하니 저도 모르게 안도의 숨을 활 내쉬였다.

은화는 기진맥진하여 손가락 하나 까닥할 힘조차 없었다. 뒤쫓아오던 놈들이 은화의 뒤덜미를 잡고 총을 빼들었다. 헌데 생각밖에 그자들은 왜 혼자뿐이며 같이 오던 사람은 어디 갔느냐고 묻지도 않았다. 놈들은 하나 사로잡은것만 해도 대단한줄 여기는 모양이였다. 그자들은 하늘의 별이라도 딴듯이 어깨를 으쓱해가지고 은화를 압송하여 저들 병영에까지 왔다. 은화는 만군의 병영에 갇힌 몸이 되였지만 주임과 송령감이 안전한 곳에 피하여 상처를 치료하고 임무를 수행하리라는 생각으로 얼굴에 수심 대신 달콤한 미소가 어려있었다.

하루밤을 자고나니 심문이 시작되였다. 우악지게 생긴 녀석이 무지막지하게 은화를 잡아채면서 으르렁거렸다.

「이년, 뭘 하느라 산에 쏴다녔어? 무슨 임무를 맡았어? 너희들의 유격대가 어디 있는가 바른대로 말해라.」

「나는 유격대의 밥이나 해주던 사람이얘요. 며칠전에 토벌대가 쳐들어오는바람에 부대를 잃어버려 산에서 헤매다가 잡혀왔는데 유격대가 어디 있는줄 어떻게 알아요. 그리고 부대를 찾아 헤매는 저같은 녀인에게 누가 임무를 준다고 그래요.」

「이년!」

심문하던녀석은 은화의 턱을 받쳐들고 징글스럽게 지껄여댔다.

「꽤나 이쁘게 생긴 계집이로구나. 그러지 말고 묻는대로 솔직히 말해. 그러지 않다간 꽃같은 청춘을 땅속에 묻어버리게 돼. 죽게 된다는말이야, 알겠어?」

「죽게 된대도 할수 없지요. 그야 장관님들의 처분에 달린거니까요. 하지만 유격대 작식을 맡고 산에 나가 산나물이나 뜯어오고 밥이나 짓던 녀자가 총을 들고 나다니며 싸우는 사람들의 일을 어떻게 안다고 그래요.」

「이년, 너 매라는 말은 들었어도 채찍맛은 보지 못한게로구나.」

우악지게 생긴 무지막지한 그녀석은 나부랭이들을 불러들여서는 은화에게 매질하라고 쇠채찍을 쥐여주었다. 쇠채찍은 사정없이 은화의 몸우에서 오르내렸다. 삽시에 은화의 얼굴과 온몸은 피투성이 되었다. 승냥이처럼 으르렁대던 놈들도 지쳤는지 씩씩거리며 피투성이 된 은화를 끌어다 독칸에 가두었다. 그후에도 은화는 몸서리치는 이런 고비를 몇번이나 겪었는지 모른다. 그러나 번마다의 심문에서 은화는 첫심문에서 하던 그 말을 어김없이 되풀이하군 하였다.

낮과 밤이 서로 바뀌는 사이에 세월은 류수같이 흘러갔다. 놈들은 은화한테서 아무런 단서도 얻어쥐지 못하게 되자 노예처럼 부려먹으면서 여러 가지 잡일을 시켰다. 은화는 진종일 팽이처럼 돌아치면서 구들도 쓸고 물도 긷고 지어 화식칸의 일까지 했다. 은화가 밥도 잘 짓고 채도 맛갈스럽게 해놓으니 놈들은 좋아 야단이였다. 이렇게 반달가량 날마다 하루와 같이 수격수격 일만 하니 놈들은 은화가 자기들 사람이나 된듯이 따로 감독군을 내세워 지키는 일도 없고 바깥출입해도 뒤따르는 병사가 없었다. 웅숭깊은 은화는 밖에 빨래하러 나갔다가도 짐짓 로실한체하며 시간을 어길세라 꼭꼭 병영에 찾아왔다.

그러던 어느날이였다. 그날도 은화는 빨래감을 힘겨움게 가득 이고 강가에 가서 빨래질하였다. 그런데 어느새 쫓아왔는지 키꼴이 후리후리한 병사가 와서 사위를 살펴보더니 히죽히죽 웃으며 빨래하는 은화옆에 앉았다.

은화는 이 병영에 잡혀온 날부터 자기 생각을 굴리며 병사들과 조용히 이야기를 나눌 기회를 엿보던참이라 그 병사가 치근덕거리며 옆에 와 앉아도 쫓지 않고 빨래질만 하였다. 그러자 그 병사는 입이 함박만해져서 빨래질하고있는 은화의 꽃같은 얼굴이며 별처럼 반짝이는 눈이며, 앵두같은 입술을 번갈아 눈자리나게 보았다. 보면 볼수록 월궁의 상아 내려온듯 천궁의 선녀가 내려온듯 황홀하기만 하였다. 병사녀석은 닭알같은 군침을 꿀꺽 삼키고는 은화옆에 바싹 다가앉으며 치근덕거렸다.

「나와 좀 이야기하면서 놀지 않겠소?」

「빨래하면서도 이야기를 들을수도 있고 할수도 있으니 빨래하는건 걱정 말고 이야기나 하세요.」
「히히, 그럼 나와 이야기하며 지내겠다는 말이지. 나는 말이요. 몸은 만주병영에 있어도 항일련군들의 일을 많이 알고 있소. 내 말 들어보오. 지금 항일련군은…」

이렇게 말을 시작한 그 병사는 횡설수설하면서 항일련군들에 대한 이야기를 장바 몇컬레나 되게 늘어놓았다. 그런데 이 병사가 유격대의 작식을 했다는 은화의 미모에 반해서 그를 안해라도 삼자는건지 아니면 그와 함께 도망쳐 항일대오를 찾아가자는 뜻에서 이런 이야기를 늘어놓은건지 가늠할수 없었다. 은화는 여러가지 생각을 굴리며 빨래감을 돌우에 놓고 쩡쩡 방치질만 하였다. 그러자 그 병사는 혼자만 말한것이 쑥스러운지 은화를 쥐여 흔들었다.

「내 말을 들었지?」
「들었어요.」
「어때? 재미나지?」
「얼음에 박밀듯 말을 잘하시네요.」
그 말에 병사는 히죽히죽 웃더니 은화를 막 끌어안으려고까지 했다.
「왜 이러세요. 누가 보겠어요.」
「누가 보면 뭐라오. 너 좋고 나 좋아 그러는데…」
「난 병영에 잡혀온 사람이애요.」
「그럼 우리 둘이 함께 도망치면 되지 않소.」
「나와 도망치면 만주국 병사노릇 안하겠어요?」
「그까짓 만주국 병사질 누가 하겠소. 일본장교놈 말만 듣고 제 중국사람만 잡아들이는판인데 그까짓 병사질은 해서 뭘 하오.」

그 병사는 은화의 미모에 반해서 빨래터까지 쫓아나와 횡설수설하며 장광설을 늘어놓았지만 듣고보니 일제에 대한 불평도 지니고있었다. 쐐기 박듯 틈만 있으면 뚫고 들어갈 생각만 하던 은화에게 절호의 기회가 생겼다. 이때 은화의 머리속엔 불꽃같이 반짝이는 생각이 있었다.

(좋아하는체하며 이 병사를 쟁취하자.)

은화는 병사를 보고 낮은 소리로 물었다.

「그럼 내 말을 들어주겠어요?」

「내 뜻대로 된다면야 무슨 말인들 못듣겠소. 어서 말하오. 불바다에도 뛰여들고 칼산에라도 서슴없이 오르겠소.」

병사는 은화가 당장 자기 안해나 된듯이 가슴을 들먹이며 은화의 손을 으스러지게 잡았다. 은화는 거머진 손을 살그머니 빼며 병사한테 강경하게 말하였다.

「병영에 만주국병사질 하기 싫어하는 사람이 당신 한사람뿐이 아니예요. 나라 없는 사람은 상가집 개와 같아요. 일본침략자들을 물리치고 나라를 찾고 떳떳이 살아야 해요. 병사들속에 들어가 항일선전사업을 하세요. 어때요. 하겠어요?」

「……」

은화가 시키는 일이면 칼산에라도 오르고 불바다에도 뛰여들겠다던 병사는 대답 한마디도 하지 못했다. 은화는 자기가 너무나도 성급하게 서둘러 오래동안 굳혀오던 생각의 실머리가 드러난것 같아서 인차 뒤를 눌러 무슨 일이라도 생기지 않게 해야겠다고 생각했다. 병사는 여전히 묵묵부답하고 앉아있었다. 그는 은화의 미모에 혹하여 장광설도 늘어놓고 듣기 좋은 장담까지 한 뒤끝에는 머리가 무거워지는것을 어쩔수 없었다. 은화는 병사의 속을 손금보듯하면서 뒤를 눌렀다.

「오늘 한 말은 우리 둘사이에 주고받은것인데 경거망동해서 루설되면 다 좋지 않아요. 나는 당신들 병영에 갇혀있는 사람이지만 당신은 총을 멘 병사예요. 잘못하다간 병영에 와있는 일본장관놈의 감장콩알을 먹을수도 있어요. 알겠어요?」

여전히 묵묵부답이였다. 병사는 말없이 일어났다. 은화도 빨래임을 이고 뒤따라 섰다. 앞서거니 뒤서거니 하며 보초선에 들어설 때였다. 보초병이 은화와 같이 들어서는 병사를 보고 물었다.

「어디 갔다 오는거야?」

「보면 몰라. 이년이 달아날가봐 나가 지켜보다가 오는 길이야!」

병사는 머리가 빨리 돌아 림기응변을 그럴듯하게 하였다.

그후부터였다. 은화가 빨래임만 이고 나서면 의례 그 병사가 따라나섰다. 그 병사는 짐짓 파수군이 되여 누구도 의심하는 사람이 없었다. 은화는 이 절호의 기회를 놓칠세라 번마다 병사에게 항일의 도리를 설명해주고 항일에 나선 사람들이 피흘리며 싸운 감동적인 이야기도 해주었다.

열번 찍어 안넘어가는 나무가 없다는 말과 같이 은화가 빨래터만 나가면 그림자처럼 붙어다니던 병사는 은화의 선전을 마음속깊이 들었다.

그러던 어느날이였다. 둘이 또 빨래터까지 따라나왔댔는데 이제는 그런 단순한 생각만 하고 이 빨래터로 따라 나오는것이 아니요. 나도 항일하겠소. 그리고 내가 임자한테서 들은 항일의 도리와 항일전사들이 피흘리며 싸운 감동적인 이야기를 우리 만군들에게 해준다면 적어도 절반은 임자를 따라 유격대를 찾아 떠나게 할거요.」

「그럼 어떻게 할 예정이얘요.」

「어떻게 할게 있소. 나야 병사들속에 있는 사람이니까 선전활동을 벌리지요. 련장도 전에 형님 동생하며 지내던 사이니까 내 말이면 들을거요.」

「그럼 사업을 시작하세요. 굳게 믿습니다.」

은화는 병사의 손을 으스러지게 꼭 잡아주었다. 병사도 넉가래같은 손으로 은화의 두손을 으스러지게 거머쥐였다. 말없는 가운데서 약속도 마음도 철같이 굳어졌다.

병사는 형님 동생하던 련장부터 나꾸어챘다. 일은 생각밖에 순순히 풀려나갔다. 왜놈장관을 눈에 든 가시처럼 여기던 련장은 그 병사의 말을 몇번 들은후 왜놈장관을 처단하고 기의하여 항일련군에 찾아가자고까지 하였다. 이렇게 되여 일제장관놈이 틀거지를 차리고 들어앉아있는 만주국의 한 병영에서 점차 항일대오가 형성되였다.

새벽녘이 되면 닭이 홰를 치며 우는 법이다. 때가 닥쳐왔다. 은화는 련장더러 부대를 집합시키라 하고는 그 병사와 함께 질풍신뢰와도 같이 일본장교놈의 방에 뛰여들어 당장에서 그놈을 쏴눕히고 나왔다. 은화가 순조롭게 일본장교놈을 처단하고 나오자 련장은 정식으로 기의를 선포하고 집으로 돌아가겠다는 사람은 집에 보내고 나머지 대원들을 거느리고 유격대를 찾아 떠났다.

은화가 맨앞에서 걸었다. 련장이 대오를 령솔하였다. 기관총 3정을 멘 병사들이 은화의 뒤에 섰다. 보총을 멘 병사들이 대렬을 지어 뒤를 따랐다. 위무당당한 항일의 새 대오는 발걸음도 씩씩하게 밀림속으로 들어갔다.

정리: 리영애

≪마하이야≫

1930년대의 이야기다.

우리 항일유격대 모 부대에 「마하이야」란 별호를 가진 한 유격대원이 있었다. 모두들 타보지 못한 하이야를 성이 마가인 그 대원이 타보았으니 그럴만도 하였다. 그때 항일유격대에는 「마하이야」란 별호를 두고 이런 이야기가 전해졌다.

이 유격대원이 모 현 유격대에 있을 때였다. 유격대에서는 급히 거액의 금액이 수요되였다. 이 유격대원은 이 긴급임무를 맡고 단독일신으로 질풍신풍뢰와도 같이 현성거리로 들어가 대재벌인 쿵가네 집 문을 열고 들어섰다.

폭신한 회전의자에 시름없이 앉아 약담배를 빨고있던 쿵가는 웬 낯선 사람이 주인도 찾지 않고 들어서는것을 보자 눈이 휘둥그래서 물었다.

「당신은 누구요?」

유격대원은 문을 떡 막아서서 매서운 소리로 짤막하게 대답했다.

「나는 항일전사다!」

총알같이 튕겨나온 소리가 쿵가놈의 귀청을 때렸다. 쿵가놈은 상판이 새파랗게 질려 후들후들 떨었다. 유격대원은 권총을 뽑아들고 쿵가놈한테 바싹 다가섰다.

「목숨이 아깝거든 어서 금고열쇠를 내놓으시오. 일제놈을 몰아내는데 돈을 써야겠소.」

총부리가 가슴팍을 겨누고있으니 용뻬는 수가 없었다. 그놈은 와들와들 떨리는 손으로 열쇠를 찾아들고 금고문을 열었다.

바로 이때 밖에서 인기척소리가 났다. 유격대원이 창문으로 내다보니 호구조사를 다니는 경찰 두놈이 거들먹거리며 들어오고있었다.

쿵가놈의 창백해졌던 낯반대기에 피기가 돌기 시작했다. 그는 독기어린 눈길로 유격대원을 건너다보았다. 그러나 유격대원은 쿵가놈을 쏘아보며 놈한테 바싹 다가붙었다.

「똑똑히 알려주마. 경찰놈에게 눈치를 보이기만 하면 즉각 네놈의 이마에 총알이 박힐 것이다.」

유격대원은 쿵가놈에게 으름장을 놓았다. 그리고는 번개같은 생각이 돌아 방 한쪽에 놓여있는 장기판을 들여다놓고 쿵가놈과 마주앉았다.

「자, 장기나 둡시다.」

유격대원의 말은 낮았으나 위압이 컸다.

문이 열리며 총을 멘 경찰녀석들이 들어섰다. 유격대원은 경찰이 들어섰는데도 거들떠보지도 않고 쿵가놈과 마주앉아 장기를 노는체하였다.

「왜 이러십니까? 지고 이기는건 병가상사라 하였는데 이제 다시 두번 이길수도 있지 않아요. 어서 장기쪽을 놓아요.」

쿵가놈은 장기쪽을 쥐고 안절부절 못하였다. 당장 경찰들에게 이 유격대원을 고발하고 사경에서 벗어나고싶은 생각이 굴뚝같이 치밀었다. 허나 유격대원의 호주머니에 눈길이 가자 그는 입을 열지 못하고 시키는대로 장기쪽을 놓았다.

경찰놈들은 의심스러운 눈길로 유격대원을 건너다보더니 쿵가놈한테 물었다.

「이 사람은요?」

「나의 조카요.」

쿵가놈의 눈은 또 권총이 찔려있는 유격대원의 호주머니에 멎었다. 쿵가놈의 대답을 들은 두 경찰녀석들은 더 캐여묻지도 않고 밖으로 나가버렸다.

유격대원은 경찰들이 사라지자 다시 쿵가놈더러 그 금고의 돈을 내놓게 하였다. 시꺼먼 총구앞이라 찍소리 한마디 치지 못하였다. 돈까지 내놓은 쿵가놈은 절망에 빠져 땅이 꺼져라 한숨을 쉬는데 유격대원의 불같은 령이 또 내렸다.

「길이 급해서 떠나야겠는데 즉시 하이야를 부르시오.」

해가 서산에 지듯 일이 기울어진 때라 쿵가놈은 더는 다른 생각을 가지지 않았다. 바람앞의 등불처럼 간들거리는 목숨을 건지려면 시키는대로 할 수밖에 없었다.

담배 한대참도 안되여 하이야가 문앞에 와서 멎어섰다. 유격대원은 쿵가놈한테 다시한번 총을 내들었다.

「죽이지 않고 돌려보내줄테니 나와 함께 하이야를 타야겠소!」

살려는 준다 해도 가면 죽는것만 같아서 가슴에 얼음장이 쭉 건너갔지만 코꿰운 송아지라 어쩌는수가 없었다.

「운전수, 내 급한 용무가 있어 나리님과 같이 행차하니 차를 시내밖으로 모시오.」

운전수가 의아한 눈길로 이 낯선 유격대원을 보았다. 이 순간 유격대원은 쿵가놈을 쏘아보았다. 쿵가놈이 운전수를 보고 명령했다.

「왜 귀가 먹었나? 급한 용무가 있다 하지 않나. 어서 시내밖으로 차를 몰게.」

쿵가놈이 이렇게 말하자 운전수는 더는 말없이 하이야를 몰았다. 뽀얀 먼지를 일구며 나는 듯이 달리는 하이야는 미구하여 현성을 무사히 벗어났고 또 얼간 지나서는 시내에서 60리 상거한 한곳에 이르게 되였다.

유격대원은 인가 하나 보이지 않는 무인지경에 다닫자 운전수에게 령하여 차를 세웠다. 그리고는 쿵가놈을 보고 한마디 했다.

「인젠 당신이 해야 할 일을 다했으니 하이야를 몰고 돌아가시오. 하지만 내 당신에게 한마디 충고만은 하려 하오.」

「녜녜…어서 하십시오.」

「이제부터는 일제놈을 등에 업고 돈벌이에만 눈이 어두워 아무짓이든 하지 마오. 이 땅에 기여든 그놈들이 망하고 오라지 않아 자유해방의 그날이 올거요. 알아들었소?」

「녜녜…알아들었습니다.」

쿵가놈은 몇번이나 허리를 굽석거렸는지 모른다. 그때로부터 전사들속에 그 이야기가 바람처럼 퍼져 성이 마가인 이 유격대원에게 「마하이야」란 별호가 붙게 되였다.

정리: 리상준

패망상 만화

「데끼다, 데끼다」

1935년 겨울 우리 동만항일부대가 북만으로 진출하게 되자 당황망조한 일제침략군은 이에 대처한다면서 오늘의 돈화시 관지진일대에 일본수비대 약 50명을 주둔시켰다.

이해 겨울의 어느날 우리 항일부대는 이 수비대를 맹렬히 습격하여 적들을 무리로 쓸어눕혔다. 몇몇 놈들이 구사일생으로 겨우 살아남긴 했으나 어떻게나 골탕을 먹었던지 제 정신이 아니였다. 그바람에 새로 파견된 적들도 무서워 벌벌 떨기만 했다.

그러던 어느날 밤중에 적 기관총수녀석이 자리를 차고 일어서더니 「데끼다」하고 고함을 질렀다. 데끼다란 일본말로 적이라는 뜻인데 먼저번 전투에서 혼쌀이 난데서 정신착란이 왔던것이다. 이자는 기관총을 덥석 잡고 제편을 마구 쏘아댔다. 그통에 숱한 동료가 제편에 의해 꺼꾸러지고 적병영은 일대 수라장을 이루었다.

이날 밤 또 한녀석이 정신착란을 일으켰다. 이자는 옷을 홀딱 벗어던지고 「데끼다! 데끼다!」하고 소리치며 병영밖으로 내뛰였는데 날이 밝은 뒤에도 돌아오지 않았다.

관자리를 다투다

1935년 겨울, 일본수비대는 돈화현 청구자에서도 여지없이 얻어맞고 겨우 두놈이 살아났다. 이 두놈이 서로 살겠다고 관자리를 다툰데서 한차례의 희극이 벌어졌다.

싸움터부근에 한 중국인이 살고있었다. 대세가 기울어지자 조선인통역관은 이 집으로 도망쳐 왔다가 집마당 한쪽 구석에 놓여있는 관을 보았다. 그때까지만 해도 당지에서는 로인들이 미리 자기의 관을 갖춰두는 풍속이 있었다.

(인젠 살게 되였구나!)

조선인 통역관은 살길이 나졌다고 제꺽 관뚜껑을 열고 그속에 들어갔다.

같은 때 다리에 상처를 입은 한 왜놈도 중국인 집으로 왔다가 관을 보고 들어가려고 서둘렀다.

헌데 웬걸, 관뚜껑을 열고 보니 통역관놈이 이미 관속에 들이박혀 떨고있었다.

「너 이놈, 나오지 못할가?」

왜놈이 권세를 믿고 으르렁거렸다. 하건만 통역관은 가타부타 응하지 않았다. 나오라거니 못나가겠다거니 한참 씨부렁거리다가 왜놈이 결국 관속자리를 척 차지하였다. 목숨이 위태한 판국에 관속이라 하여 꺼릴것이 못되였었다.

정리: 리광인

절절 끓는 소낙비

1934년경, 무송현 시리허란 골안에 조씨네 부부가 슬하에 어린 딸 하나를 데리고 살고있었다.

하루는 보리저녁때쯤 되였는데 항일군토벌을 갔다 돌아가던 일본군 일곱명이 무턱대고 그의 집으로 뛰여들었다.

「여봐! 저녁을 좀 해!」

그중 몇마디 뜯게조선말이나 좀 아는자가 이렇게 씨벌였다.

「나리님, 어서 들어들 오십시오.」

조씨네는 내키지 않았지만 별수없이 얼굴에 웃음을 띄우며 맞아들였다.

「저 그런데 닭은 있나?」

있는 닭을 찾는데는 무슨 수가 있으랴.

「예 있지유.」

「어디에 있나?」

그때 마침 뒤울안에서 「꼬끼오! 꼬끼오!」 장닭이 내 바로 예 있다는듯 목을 빼들고 울어댔다.

「저 뒤울안에 있지유.」

「좋아, 좋아, 우리 손수 잡아주지.」

별 몇알 더 박은자가 한번 손짓을 하자 여섯놈이 우르르 뒤문께로 몰려가더니 한창 모이를 쫏고있는 닭들에게 시퍼런 군도를 뽑아 짝짝 내리쳤다. 대번에 일곱 마리 닭들이 목을 잃은채 뻘건 피를 휘뿌리며 푸덕푸덕 굴렀다.

「자 닭을 잡았으니 어서 들여다 튀를 해 끓이소. 그리구 술두 많이많이 뎌오구…」

「예 예 그렇게 합지요.」

조씨네를 놓고 말하면 실로 울며 겨자먹기였다. 하긴 총부리앞에서 용빼는 수가 없었다.

어느덧 저녁상이 다 차려지자 놈들은 띠를 풀고 앉아 질탕하게 마셔대기 시작했다.

(이놈들 꼬락서니를 보니 이번에도 항일군토벌에 헛물을 켜지 않았으면 골탕을 먹고 쫓겼던 모양이로구나.)

놈들은 어떻게나 게걸스레 처먹었던지 저저마다 그 자리에 푹푹 꼬꾸라졌다. 그리고 뒤미처 쿠룽쿠룽 푸푸푸푸 코나팔, 입나팔을 불어댔다.

이때 부뚜막앞에 앉은 조씨네 세식구는 약속이나 한듯 꼭같은 무서운 생각에 가슴들을 부글부글 끓이였다.

생각만해도 끔찍스러운 일이였다. 그들의 열여섯살에 난 맏딸은 바로 그해 초봄 산나물 뜯으러 나갔다가 그만 피에 주리고 색에 주린 야수같은 일본병사 두놈의 손아귀에 떨어져 가냘픈 몸을 망치고 봄내 앓다가 나중에는 강에 몸을 던져 불귀의 객이 되고말았던것이다.

같은 하늘을 떠이고는 도저히 량립해 살아갈수 없는 이 불구대천의 수화상극의 원쑤! 생각만 해도 이가 뿌득뿌득 갈리였다.

조씨는 한아름 나무를 들여다 불을 지폈다. 두가마 물이 씽씽 사품을 치며 끓어번졌다.

조씨가 한뚝배기 물을 퍼담았다. 그의 안해가 큰 박바가지 하나 물을 떴다. 그들의 열세살나는 딸애가 작은 박바가지 하나 물을 떴다. 그들은 날렵하게 정주로 들어섰다.

이윽고 쏴! 쏴! 절절 끓는 소낙비가 쏟아졌다.

「으악! 으악! 으악!…」

얼굴을 마구 싸쥐고 일어나는 돼지떼따는 아우성소리, 아우성소리…

조씨네 일가는 그 밤으로 괴나리보짐을 싸들고 산골짜기를 내렸다. 피신을 떠났다. 그들 일가는 쥐도 새도 모르게 친척들이 모여사는 량강구 주차 돌루께라는 몇호 마을에 와서 정착하게 되였다.

그로부터 한해 뒤 조씨네는 량강에서 얼굴이 만신창으로 흉하게 일그러진 왜놈 하나를 만났다. 무슨놈의 못할짓만 골라 하다가 불벼락을 뒤집어썼는지 아니면 어디서 씽씽 끓는 물벼락을 맞았는지 그 몰골이 말이 아니였다. 어쨌든 무서운 봉변을 겪고 구사일생 살아난놈 같기에 두루 캐여 알아보았더니 아무때 아무 골안 촌민집에서 씽씽 끓는 물벼락을 맞아 그렇게 됐다는것이였다.

(기어이 한놈이라도 죽여버려 딸의 원쑤를 진짜로 갚아야지!)

조씨는 몰래 그놈의 뒤를 밟았다. 그러던 그는 며칠후 한 조용한 곳에서 면바로 그놈과 맞띠웠다. 조씨는 단매에 그자를 까눕혔다. 그리고는 쥐도 새도 모르게 그 부근의 진펄늪에다 거꾸로 처넣어버렸다.

정리: 리룡득

신창동전투

해방전 어느해 칠월 그믐날 새벽이였다. 장백현 「얼도강」(二道崗) 신창동에 한 소식이 전해왔다.

항일련군 한개 부대가 신창동에서 아침을 먹게 되니 아침준비를 해달라는것이였다.

그 소식을 받자 동네사람들은 안속이 다른 눈치를 살피면서도 돼지를 잡는다 기장을 찧는다 하며 분주히 돌아쳤다. 돼지를 다 잡아서 안쳐놓자 항일부대가 당도했다. 동네의 같지 않은 심보의 사람들은 같지 않은 마음으로 부대를 맞아들였다.

유격대원들은 집집에 나누어들었는데 돼지를 안친 가마도 끓기 시작했다. 그러는데 꼬리물고 오는 소식은 일본놈의 소위 토벌대가 「이도강」에 당도했는데 불원간 신창동에 당도하리라는것이였다.

그 소식을 들은 항일유격대원들은 아침 믹을 새도 없이 일어서려고 하였다. 그때 대장이 먼저 나가 산등성으로 올라가서 서서 천기를 보더니 도로 들어와서 아침을 그대로 다해먹으라는것이였다. 신창동농민들은 속으로 근심을 하면서 아침을 서둘러 대접하였다. 유격대는 대장의 명령대로 아침을 천천히 먹고서 일어섰다. 떠나는 그들은 농민들에게 인사를 하면서 왜놈들이 오거든 이러저러하라고 일러주었다. 농민들은 개(왜놈들 앞잡이를 말함)들때문에 집안에서 나오지도 않고 가만히들 환송하였다. 유격대는 두패로 갈라서 떠났다. 한패는 동네뒤에 있는 감자밭비탈로 올라가더니 도로 내려오다가 또다시 올라갔다. 몇번 이리저리 올라갔다 내려왔다 하더니 삼림속으로 들어가서 자취를 감추었다. 또 한패는 「얼도강」쪽으로 왜병들을 맞받아나가는데 동구를 지나 새초밭 있는데까지 가더니 간데온데없이 사라져버렸다.

　뒤미처 왜병부대가 총칼을 꼬나들고서 힐레벌떡거리며 당도했다.

　동네사람들은 할수없이 유격대가 시키던대로 돼지를 잡아 아침을 대접했다고 말하였다. 그러니 왜군 대장은 그렇겠다고 하더니 범에게 놀란 오소리마냥 눈이 둥그래져가지고 그들이 어데로 가더냐고 물었다.

　동네사람들은 또 유격대가 시키는대로 모두 감자밭 비탈을 가리키면서 저리로 올라갔다고 하였다. 그러니 왜군 대장은 군도를 빼들고 졸개들을 감자밭에 난 유격대의 발자국을 따라 올리몰았다. 왜병들이 밭지경에 있는 삼림 가까이까지 가도 유격대의 소식은 감감하였다. 그러니 왜놈들은 펑퍼짐한 비탈밭에 엎뎌려서 삼림에다 무턱대고 총을 땅땅 쐈다. 왜병의 총소리가 나자 원시림속에서 총알이 날아오기 시작했다. 총소리가 맞받아나오니 왜병들은 앞으로는 더 전진 못하고 그냥 그 넓은 비탈밭에 엎드린채 총알이 날아오는쪽을 향해서 눈먼 총질을 하였다. 그러자 원시림속에서는 총알이 점점 더 많이 날아왔다. 그러니 왜병들은 꼼짝도 못하고 다만 엎드린채 그쪽을 향하여 쏘아댔다. 그때 별안간에 동네 저쪽 산등성에서 벼락치는 소리와 함께 기관총과 보총알이 놈들이 엎드려있는 감자밭에 쏟아졌다. 첫방에 큰 칼을 내두르며 꽥꽥거리던 대장놈이 비명을 울리였다. 그러자 놈들은 총을 들 새도 없이 삼대 쓰러지듯 쓰러졌다. 그때 앞에서 나던 총소리는 점점 멀어지고 뒤에서만 불벼락이 내려붓는것 같았다. 그러자 천지를 진동시키는 고함소리와 함께 뒤산등성에서 유격대원들이 돌격해오니 이쪽 삼림속의 멀지 않은데서도 고함을 지르며 나왔다. 앞뒤산 유격대원들이 감자밭에 당도하였을 때는 누런 왜병들의 시체가 돌더미같이 쌓여있을뿐이였다.

　유격대는 산천이 쩌렁쩌렁하게 승리의 나팔소리를 울렸다. 유격대는 로획한 무기와 탄약을 앞에다 쌓아놓고서 동네사람들에게 웨쳤다.

　「우리는 중국공산당이 령도하는 혁명군입니다. 우리는 전 중국에서 이와 같은 승리를 할것입니다.」 라고 하면서 붉은기를 높이 들고 앞으로 나아갔다.

정리: 길운